# 朔黄铁路重载信息技术

主　编　薛继连
副主编　曹彦平　陈　伟
主　审　贾晋中

中国铁道出版社
CHINA RAILWAY PUBLISHING HOUSE

## 内 容 简 介

本书围绕重载铁路企业信息技术应用这个主题，根据企业管理模式和经验，结合朔黄铁路多年企业应用实践，从理论和实际两个方面系统地阐述了重载铁路信息技术概念、原理和成果。全书共十章，内容包括：朔黄铁路重载信息技术发展、朔黄铁路重载信息技术创新、国际国内重载信息化、重载铁路安全管控信息技术、重载铁路运输生产管理信息技术、铁路企业资源配置信息技术、铁路企业综合管理信息技术、重载铁路基础建设信息技术、重载铁路信息技术展望、朔黄铁路信息化贡献与效益评价等。

本书结合企业实际、内容丰富、实用，便于读者自学。

本书也可作为大专院校铁路信息化专业以及相关专业的教材或参考书，同时也可供从事铁路运输信息技术人员学习参考。

**图书在版编目(CIP)数据**

朔黄铁路重载信息技术/薛继连主编．—北京：
中国铁道出版社，2014.2
ISBN 978-7-113-14810-2

Ⅰ.①朔…　Ⅱ.①薛…　Ⅲ.①信息技术—应用—重载铁路—铁路运输　Ⅳ.①U239.4-39

中国版本图书馆 CIP 数据核字(2014)第 018505 号

**书　　名**：**朔黄铁路重载信息技术**
**作　　者**：薛继连　主编

**策　　划**：严晓舟　　　　**读者热线**：400-668-0820
**责任编辑**：魏京燕　金　锋　吕继函
**编辑助理**：亢丽君
**封面设计**：刘　颖
**责任校对**：汤淑梅
**责任印制**：李　佳

**出版发行**：中国铁道出版社(100054，北京市西城区右安门西街 8 号)
**网　　址**：http://www.51eds.com
**印　　刷**：中煤涿州制图印制厂北京分厂
**版　　次**：2014 年 2 月第 1 版　　2014 年 2 月第 1 次印刷
**开　　本**：787 mm×1 092 mm　1/16　**印张**：30.75　**字数**：731 千
**书　　号**：ISBN 978-7-113-14810-2
**定　　价**：180.00 元

# 前　　言

朔黄铁路公司是由神华集团、原铁道部、河北省三方共同出资组建的合资铁路，1998年成立，公司注册资本金58.8亿元人民币，主营业务是朔黄铁路的建设和经营管理，现有固定资产约260亿元。朔黄铁路是国家西煤东运的第二大通道，全长594 km，是双线重载电气化运煤专线，2000年全线开通，设计能力1亿吨，2013年运量2.4亿吨。为了建设管理高效运营这条重载铁路，朔黄铁路创新运营管理模式，采用“大部制，大运输，大集中，大天窗”思路，实行“网运分离，联合运输，两级管理，三级核算”的模式。朔黄铁路重载信息化依据这一模式构建了“555”多维体系：5要素——“天、空、地、车、人”；5个应用——“安全管控信息技术、运输生产信息技术、资源配置信息技术、基础建设信息技术、综合管理信息技术”；5层次——“设备层、监控层、执行层、管理层、决策层”。通过重载信息技术应用提升企业综合实力。

目前，国际上重载铁路大国，如美国、澳大利亚、南非等国，倾向重载信息化的设备层、监控层、执行层的建设，重点发展机车无线同步操纵、电控制动技术、地面中心检测中心等自动化、数字化应用技术。我国铁路发展重载信息化体现在监控层、执行层、管理层、决策层方面技术较多，主要是4G-R无线接入、机车同步操纵、安全监控、专业信息技术、调度集中、综合运输、指挥决策技术等。朔黄铁路在重载信息技术中主要做了如下创新工作：建立了多维监控、红外线等“5T”安全系统，重点研制了LTE为代表的重载信息平台，采用调度集中技术解决重载超长列车中间站过长压岔延时的难题，架构重载列车运输空间数据管理平台，创新应用综合调度信息技术推行重载列车优先权；应用ERP技术实现精细化管理，探索大马力机车等级整备系统管理，大轴重故障预报判断综合技术；公司建设了双万兆网，应用大集中、虚拟化等支撑技术，探索了重载列车综合检测技术、网运分离结算技术；企业实现了无纸化管理，员工享受信息化成果。朔黄铁路通过信息化建设投入产出比达到50倍的高效率，信息化促使公司综合实力显著提高。

朔黄铁路公司通过信息化建设，完成了基础建设、运输生产、安全管控、资源配置、综合管理等信息工程，信息化对企业做出了较大贡献。“让企业得到效益，让社会得到收益，让员工得到利益”这是朔黄信息化建设的理念。几年来，朔黄铁路信息化获得多项国家级奖和技术成果。信息化建设节约了投资，运营增加了收入，增强了员工素质，规范了管理流程，管理得到提升，社会责任顺利履行，回报了股东，增强了企业综合实力，提高了企业运输生产效率，运输安全得到了保障，公司成立至今连续13年无重大事故，实现安全5 000天。

朔黄铁路重载信息技术体现了朔黄人经验和智慧，对铁路企业信息化建设起到借鉴作用。编写《朔黄铁路重载信息技术》一书，总结朔黄铁路重载信息技术的创新实践，既展示重载信息技术创新成果，也希望对从事重载信息技术应用和运输管理的工程技术人员有所帮助。

下列人员参加了本书编写工作：周大海、宋欣、张强、王世强、梁雄、高少民、张志国、杨慧新、樊国智、田晓栋、苏明亮、胡跃华、王平等朔黄铁路公司的同事们。对于本书编写过程中得到了张红麟、邢智明、严晓舟、孙远运等专家的大力支持和帮助，在此表示感谢。

经过紧张的撰写、编辑，本书正式出版。谨以此书，献给为朔黄铁路重载信息技术创新奉献和提供帮助的全体同事们。

**薛继连**

二〇一三年十二月

# 目　　录

# 第一章　朔黄铁路重载信息技术发展

2009 年在世界重载铁路大会上，一篇“中国重载合资铁路创新”的主题发言引起了专家们的关注，国际重载大家庭又冲出一匹黑马——朔黄铁路(图 1－1)。世界重载大会的发言是朔黄创新的宣言，继 2007 年朔黄铁路突破年运量 1 亿吨的设计能力之后，2009 年又突破极限能力 1.5 亿吨的年运量。从 2000 年朔黄铁路全线开通(年运量 500 万吨)至今(2013 年年运量 2.4 亿吨)，运力增加了 48 倍，安全、运输、效益各项指标达到世界领先水平，创造了重载铁路运输奇迹。

(a)朔黄铁路公司总部

(b)穿越太行山的朔黄铁路

图 1－1　朔黄铁路

面对取得的成绩，朔黄人 2010 年下决心进行扩能改造，树立了 5 亿吨的奋斗目标，应用重载新技术构建数字铁路，在重载信息技术的支撑下，2011 年年运量达到 1.84 亿吨，2012 年近 2 亿吨，2013 年完成 2.4 亿吨，2014 年将完成 3.8 亿吨，2015 年将突破 5 亿吨目标。

几年来，朔黄铁路重载信息化建设完成了基础建设、综合运输、资源配置、安全管控、综合管理系等信息工程，建设了万兆交换网，建立了视频监控、“5T”等运输安全系统，企业采用无纸化运行管理，实现了企业信息化。在朔黄铁路，普及了综合运输技术、资源管理技术、网运分离结算技术等重大创新技术，使朔黄铁路公司的综合实力得到显著提高。朔黄铁路结合企业实际，开发了 50 多项具有先进水平的专业应用软件，获得国家级成果 4 项，省部级成果 6 项，并有 47 项获得国家软件著作权，申报 18 项专利。这些重载信息技术的推广应用，节约了资源，提升了企业实力。

信息化“让企业得到效益，让社会得到收益，让员工得到利益”这是朔黄信息化建设的理念。朔黄铁路信息化已实现了“以建为主到建用结合，以用为主到完善提高，以安全为主到创新增效”3 个阶段，朔黄铁路企业信息化工作在迈向新的台阶！

## 第一节　朔黄铁路重载信息化发展阶段

朔黄铁路根据运输发展实际，信息化建设统一规划，分步实施。公司从“十一五”规划开始，制定目标，按照公司“源于国铁，优于国铁”思路，首先提出了“绿色、高效、数字化”的目标，提出了公司信息化总目标：为朔黄铁路及周边地区的社会经济的发展，提供立体、高效、安全的现代铁路货物运输信息网络化体系，更好、更安全、更方便、更高效地服务于企业。通过建设运输管理、安全管控、资源配置、基础建设、综合管理等5大信息板块，80多项应用系统，实现了微机化、网络化、数字化、信息化。

### 一、信息化建设阶段（见图1-2）

朔黄铁路经过多年的快速发展，坚持“源于国铁，优于国铁”的发展思路，提出了“打造绿色、高效、数字化铁路”的发展目标。以重载运输为中心，建立了“运输生产、资源配置、安全管控、综合管理”为核心的重载信息化体系，提升了企业综合实力。

图1-2　朔黄铁路信息化建设推进阶段

1. 第一阶段：规划试点，从零做起

2004年以前，朔黄铁路信息化几乎为零，只是利用简单市话形成简易网络。面对现状，朔黄铁路公司成立了信息化领导组，从顶层设计做起，制订了“以管理为突破口，先试点，再全面推广，实现无纸化办公管理”的方针。2005年建立了相关的公司、分公司、工队、班组、岗位5级综合管理信息系统，公司全员参加，实现企业管理办公自动化。公司企业办公自动化系统（EOA）主要内容是：公司自动化办公、移动办公、电子政务、企业网站、电子档案、社会信息等。公司研制适合公司特点的企业办公系统，将政府事业办公系统开发为符合企业特点的企业办公系统。基本实现了管理信息化，提高了全员工作效率，增强了企业实力。本阶段信息化建设的主要内容是“1246”信息工程：1个体系——通过公司信息化，全面持续创新，建立公司信息体系；2个一流——利用信息手段使企业管理达到国内一流，信息化建设达到国内一流；4个层次——信息化构成公司、分公司、车站（工队）、班组4个层次，建设运输管理互联的信息平台；6个应用——运输管理、安全保障、资源管理、工程管理、办公管理、物业管理。

2. 第二阶段:全面推开,急用现行,产生效益

2006 年开始,朔黄铁路根据第一阶段信息化的应用效果,公司决定采用"总结经验,急用先行,全面推开,产生效益"的方针,重点从薄弱的基础网络进行突破,随后全面建设应用。朔黄铁路采用"大集中、扁平化"的模式建设企业万兆网,各个环节不断完善。朔黄铁路公司沿线各站区、班组和个人应用系统接入骨干网,形成正规、高速、高质的信息网络,不仅使公司信息化基础设施得到大幅度提升,还解决了多年束缚公司信息能力的"瓶颈"问题,而且为公司运用信息化手段建立铁路运输生产、资源配置、综合管理、安全管控、电子商务等信息技术应用奠定了基础。

通过调研和国际国内企业应用范例分析,2007 年朔黄铁路公司确定了实施企业资源计划管理技术(ERP)。ERP 技术将现代管理与信息技术紧密地结合在一起,通过信息手段,采用企业内部供应链管理思想,对企业业务流程不断优化,达到了企业资源结构合理配置的目的。朔黄铁路资源管理系统实现的目的是提高效益,优化结构,精细管理,企业提升。朔黄铁路资源管理系统以财务管理为核心,以资产管理为基础,以人力资源为依托,以信息技术为手段,定位是对财务管理、资产管理、人力资源管理、运输生产整合,同时考虑专业技术管理系统的接口,形成了各专业管理共享资源,达到确保朔黄铁路安全运营,降低朔黄铁路维修运营成本的目的。

3. 第三阶段:深化应用,不断创效

通过前两个阶段的成功应用,朔黄铁路信息化建设使得信息化转化为企业能力,转化为企业综合实力的提升,实现了铁路数字化、智能化,公司实现了企业跨越式发展。因此,公司又进行第三阶段信息化建设的统筹安排和集中管理.要最大限度地发挥全公司信息化的投资效益。根据 3 ~5 年的实施路线,制订公司第三阶段规模信息化建设的任务,明确职责管理。公司业务能力建设要实现"企业制度化,制度表单化、表单信息化,信息人性化"。公司信息能力建设要实现"微机化,网络化,信息化,智能化"。做到企业业务能力和信息能力高度融合。公司信息化建设按照"网运分离,条块结合,修程分管,管理综合"原则,以重载运输为主线,实现生产管理效率最大化,运输生产流程最优化,以增强企业硬实力,提升软实力,并制订重载信息化推进"12568"工程:1(一)体化——信息化建设实现规划、建设、应用、管理一体化;2 条路线——业务能力建设、信息能力建设;5 个板块——安全管控、运输生产、资源配置、基础建设、综合管理;6 项管理——计划、财务、人事、物资、全面预算、风险预控;8 大应用——基础能力、运输生产、路网协同、安全监控、资源集约、工程建设、企业办公、综合管理。

朔黄铁路信息化建设以铁路重载运输的控制与管理为对象,集成了综合运输管理信息系统、生产指挥调度集中系统、可视化运输系统、供电远程集中控制系统、网运分离的走行清算系统、地理信息系统、资源管理系统等,实现铁路数字化、信息化、智能化。

## 二、提升企业五个能力

全面提升公司安全控制能力、质量增效能力、资源集约能力、和谐发展能力、科技创新能力五个能力。

(1)安全控制能力。要借助信息化的手段从政治安全、经济安全和生产安全三个方

面,在全公司建立安全预防控制能力。重点实施了安全管理、动态监控、风险预防等系统。

(2)质量增效能力。建立运输、机务、供电、工务、电务、信息、车辆的现代化协作链体系。在生产指挥中心能力建设的同时,加强协同关系,通过对整个协作链全过程的信息共享,提高生产指挥效率和保证业务计划的落实。在网运分离思想的指导下,重点实施了运输、机务、供电、工务、信息、车辆管理等信息系统。

(3)资源集约能力。公司对有限资源整合和调配,实现企业效益的最大化。建立标准化责任体系,分配调整业务活动过程中的人力、物资、资金分配的能力,实现财务业务在资源管理中的集成一体化管理。在计划、预算、评价指标的制订、跟踪、调整等关键环节具备充分的能力,并为公司最高决策层提供决策支持。重点实施了财务、物资、人力资源、工程管理、客户管理等信息系统。

(4)科技创新能力。科技服务能力在公司范围内可以更有效地推动科技管理标准化,从节能环保到科技开发,从而推动公司科研目标的实现,保证质量。科技创新能力保证公司在一个多专业协作环境中,能够把握每一个专业科技管理,指导各科研项目投资和发展方向,为公司决策层的战略决策提供支持。重点实施了科技管理、项目研发、节能减排等信息系统。

(5)和谐发展能力。主要包括企业规划、党群管理、宣传法律、环保绿化、后勤保障、物业治安、办公自动化等借助信息化提升管理方面的能力。重点实施了办公自动化、党群管理、企业政务、企业规划、环保绿化、后勤保障、物业管理、治安管理等信息系统。

## 第二节 朔黄铁路信息化任务

### 一、朔黄铁路简介

朔黄铁路西起山西神池南站,东至河北省黄骅港口,横跨晋冀两省5个地区(市)、20个县(市),全长594 km;横穿太行山脉,大中桥梁150座,隧道77座,把陕西蒙南神府东胜煤田与河北黄骅港连接起来,形成西煤东运第二大通道,为国家一级干线电气化铁路,线路设计速度120 km/h。图1-3是朔黄铁路示意图。

图1-3 朔黄铁路示意图

朔黄铁路发展有限责任公司(简称朔黄铁路公司,或朔黄铁路,或公司)是由中国神华能源集团有限责任公司(简称神华集团)、中铁建设开发中心、河北省建设投资公司三方共同出资组建的铁路运输企业，总资产260亿元人民币。朔黄铁路沿线共设42个车站，其中神池南、肃宁北、黄骅港为技术站，其余为中间站。

朔黄铁路管理体制是项目法人责任制，实现了所有者、决策者、管理者相互独立，各司其职，保证了科学决策；运营模式实现了“网运分离，条块结合，修程分管，管理综合”；路网引入多家联合运输，“竞争上线，择优上网”；行政两级管理，三级核算，财材集中，降低内耗；设备实行动态监测，状态修，免维护，提高效率。因此企业将先进可靠的信息技术应用到朔黄铁路管理体制和运营模式中，具有重大意义。

朔黄铁路由于地理位置，沿线工作生活条件恶劣，全线必须最大限度地减少人员配备，为此，公司相应地运用先进的管理模式，新型的管理体制，配备最先进的技术设备，实现设备状态修、免维护，车站发展无人化管理。要建设一流的重载铁路物流企业，必须提高企业效率。因此，全面、科学、高效和规范地整合资源，集运输管理、资源配置、基础建设、安全管控、综合管理等功能为一体，运用先进信息技术手段带动企业进步，这是朔黄铁路信息化建设的出发点。建成后的信息系统必须满足企业不断发展的需求，有利于及时掌握运输动态、工程进度和资源动态管理，有利于规范管理程序，掌握任务完成情况，有利于提供全面、及时、优质的信息服务和快速决策，为实现朔黄铁路的快速发展提供有效的技术手段。

### 二、企业信息化任务

1. 朔黄铁路信息化建设任务

为朔黄铁路及周边地区的社会经济发展，提供立体、高效、安全的现代铁路货物运输信息网络化体系，打造中国企业信息化优势，更快、更安全、更方便、高效地服务于企业。

2. 朔黄铁路特点

朔黄铁路西煤东运，位于京津唐三角区，运营在渤海湾经济区，重载运输对促进沿线经济发展发挥了重要作用。设计能力年运量1亿吨，2013年达2.4亿吨，2015运量年将达5亿吨。

朔黄铁路采用大量新技术、新设备，对这些新技术新设备的维护是新课题，横穿太行山脉，大中桥梁多，隧道密，条件恶劣，人迹罕至，技术人员缺乏，必须采用选进成熟的管理模式，实现设备状态修、免维护，无人化管理。

朔黄铁路有良好的发展前景，国家西煤东运的第二通道，随着环渤海湾区域发展，在建黄大、黄万铁路对地区经济发挥决定作用，重载铁路通向出海口是解决运输瓶颈的最佳措施。

3. 特殊要求

朔黄铁路公司既有铁路运输物流的行业特点，又是独立法人的企业，具有庞大的资产，取得生产经营效益是目的，因此对信息化产生的特殊要求是：

(1)运用企业资源计划管理(ERP)技术，将现代管理与信息技术紧密地结合在一起，通过信息手段，采用企业内部供应链管理思想，对企业业务流程再造，达到企业资源结构优化配置目的。

运输生产经营要围绕经济核心进行，体现资源管理，因此各个运输生产环节链必须精细化管理，体现效益最大化。信息系统应为新型管理模式“财材集中，减人增效”服务。

(2)信息化要为重载铁路运输企业自动控制、远程控制服务。要采用大量新技术、新设备用于动态自动控制、远程控制;多种传输方式的立体网络,应具备良好的信息处理系统;信息系统配备必须适应恶劣的条件,可靠工作,远程控制,实现遥测、遥信、遥控。

(3)信息化要为恶劣环境的行车安全服务。为了保障运输安全,必须对设施(路基、桥梁、隧道、车站)、网上移动设备(列车、车辆)、网下固定设备(通信、信号、设备)等进行监测,信息系统必须可靠地传输信息、检测处理,并将处理结果及时送至调度指挥中心,及时发现问题和解决问题,保证行车安全。

(4)信息化要为公司能力提升服务。提升公司安全控制能力、质量增效能力、资源集约能力、和谐发展能力、科技创新能力等五个能力。

(5)信息化要为企业管理现代化服务。通过企业自动化办公、视频会议、网络管理,减少官僚作风,提高工作办事效率。

信息系统本身结构和设备配备要实现免维护,沿线最大限度减少维护人员。

(6)信息化要为职工生活服务。职工生活在小区中,要解决业余生活单调的问题,要体现企业文化,建设智能化小区。

## 第三节　朔黄铁路信息化模式

朔黄铁路信息化建设以需求为导向,以“绿色、高效、数字化”为目标,将信息化转化为企业能力,转化为企业综合实力的提升,实现铁路数字化、信息化、智能化。

### 一、应用模式

朔黄铁路信息化采用“全面覆盖,简捷便利,集中管理,高效维护”的应用模式。

(1)全面覆盖。朔黄铁路根据公司“网运分离、条块结合、修程分管、管理综合”的管理体制,从铁路运输企业信息化建设综合考虑,将信息系统建设与管理体制结合,使信息化手段固化到每个应用链中,达到全面覆盖,普及应用。信息化板块划分为:安全管控、运输管理、资源配置、基础建设、综合管理 5 个板块。

(2)简捷便利。根据公司机构设置,实行两级管理、三级核算和运输生产调度指挥中心的核心决策模式。因此对于信息建设必须简捷,应用方便。公司建立应用中心和数据交换中心模式建成统一的信息网,承担统一的信息传输、数据交换和信息存储平台。几十个应用服务器群集中工作,形成应用中心。在肃宁建立数据中心:基础数据库、各专业数据库、共享数据库、数据交换平台等。

(3)集中管理。根据基层机构设置,公司实行“资源共享、设备共用,机构精简、人员减少、财材集中、基础加强”模式。因此信息化建设方式采用大集中模式,集中管理。朔黄铁路沿线有很多车站坐落边远,甚至无人区,维护需要爬山步行,交通工具很难接近,因此必须采用集中式。

(4)高效维护。根据公司管理扁平化的管理模式:公司(分公司)与车站采用两级架构,保证信息源点与信息中心数据直通交换,体现企业 ERP 思想,信息处理应采用大集中方式。铁路沿线不设信息维护人员,采用终端设备备份方式,出现故障倒换应用,故障设备送至信息中心维护，是解决现场维修难的好做法，可高效维护。

## 二、管理模式

朔黄铁路信息化管理模式采用“管理综合、区域整合、专业复合、外包结合”的模式；业务能力建设实现“企业制度化、制度表单化、表单信息化、信息人性化”；信息能力建设实现“微机化、网络化、信息化、智能化”。

（1）管理综合。朔黄铁路信息技术按照企业大部制管理的模式“以业务需求为导向，信息部门综合管理，IT 队伍技术支持，使用者监督维护”的综合管理模式，突出关键技术，减少业务分层，充分发挥各方的优势，实现板块综合管理。

（2）区域整合。朔黄铁路信息技术应用按照行政区域管理，不分类型，通过大集中、虚拟化实现区域整合。公司信息中心设置应用中心和数据中心，在应用中心服务器群运行运输、资源、关联、安全、经营等方面软件，数据中心虚拟化，运行数据管理软件，应用中心和数据中心建立万兆高速通道。公司机关各终端通过机关局域网与应用中心服务器相连，车站终端通过广域网进入应用中心。调度指挥中心通过大屏幕对运输生产情况大视野决策，各专业生产决策信息通过个人办公终端一目了然。

（3）专业复合。朔黄铁路通过区域信息技术应用，各专业复合，一职多能，在公司核心机房建立应用中心和数据中心，应用中心是对几十个应用系统而言，几十个应用系统都集中到应用中心服务器上，进行虚拟化专业处理，基层不设服务器，应用中心对每一个应用系统可以是一级系统，也可以是二级系统。数据中心是几十个应用系统共享一个海量存储设备，逐步用云技术统一管理软件进行管理。

（4）外包结合。朔黄铁路信息化建设采用“大集中”方式，减少用人，避免铁路沿线站站配备高技术人员现象。掌握信息化核心技术，对于专业应用技术，采用服务外包专业公司的模式，调整信息专业人员构成比例，实现技术核心公司控制与技术服务外包结合。

## 三、建设模式

朔黄铁路信息化建设模式采用“数据共享、安全保障、精细化、大集中”的模式。

（1）数据共享。信息资源整合维护，采用多应用系统数据交换平台。在公司信息化建设中多部门多业务系统采用不同的语言、不同数据库和给予不同的操作平台，这样，当把各个业务系统进行集成，实行一站式服务时，各个业务系统间的数据交换和共享就成为一个重要而且必须解决的问题。通过建立一个能够实现基于异构数据库、基于不同操作平台的通用的数据交换平台来实现不同系统间的数据交换和共享。

（2）安全保障。数据交换平台满足应用需求，满足数据中心数据仓库级别对数据交换的性能要求。因此，要求在功能和性能上完成功能齐全、安全高效的统一数据交换。使每种功能都具有相同的外观和感觉。当用户在一个部分中输入信息，它就自动地在所有地方都反映出来，各种功能的结合确保了各机构获得一致的、精确的、及时的数据。考虑到环渤海湾经济区的发展，朔黄铁路运量增长，在原平建立备灾中心，作为远期发展考虑。

（3）精细化。朔黄铁路应用信息化技术，实现了资源科学配置，管理精细化：

① 信息化与企业管理相结合，对企业业务流程再造，机构扁平化。

② 企业生产过程采用供应链分析方法，精细化管理。

③ 企业资源结构科学优化配置。

④ 企业效益最大化。

(4)大集中。朔黄铁路少用人，多用科技，实现信息化管理大集中模式，如图 1－4 所示。

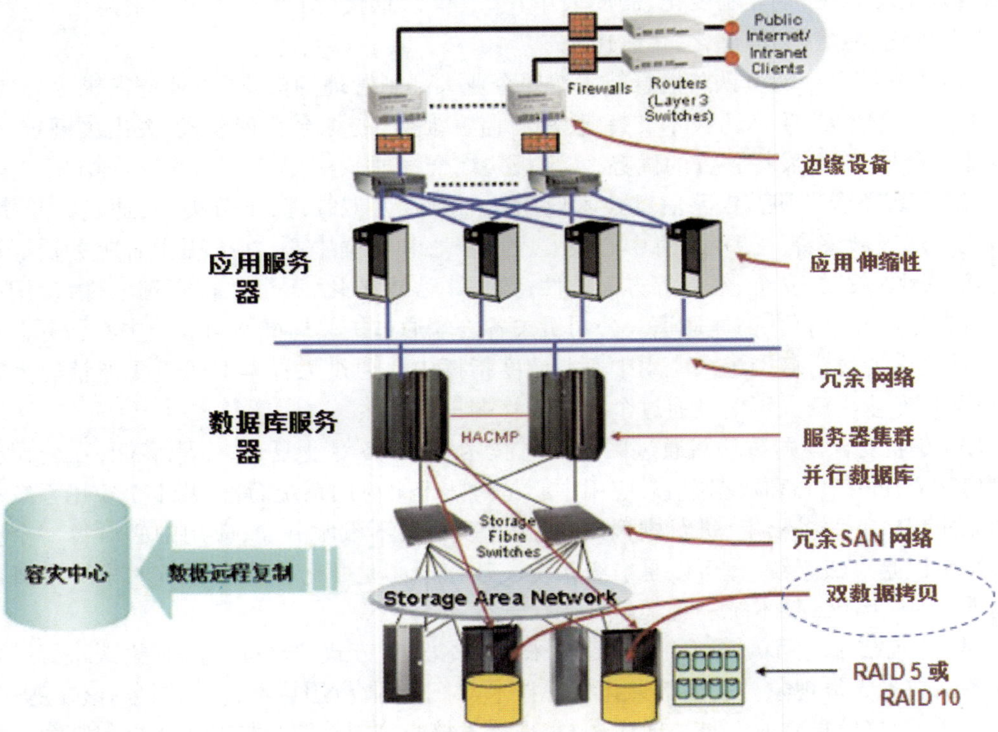


图 1－4　大集中示意图

① 便于软硬件日常结构维护，精简机构。

② 减少网络接点，因而故障率低，安全可靠。

③ 数据交换效率高，结构简化。

④ 节省设备，投资少。

## 第四节　朔黄铁路信息技术体系

朔黄铁路重载信息化建设从基础做起，统一设计，分步实施。初步实现了企业信息化应用目标，信息技术的普及应用，提高了员工素质，规范了管理，增强了企业综合实力，提高了运输生产效率。通过全面、科学、高效和规范地整合资源，集运输生产、资源配置、安全管控、基础建设、综合管理等功能为一体，达到了运用先进信息技术手段带动企业进步的目的。

## 一、铁路重载运输技术体系

铁路重载运输技术主要体现是：大功率机车牵引技术（牵引动力）；大轴重、低自重、低动力作用的重型化货车技术（重载车辆）；以列车同步操控和调度指挥等技术为支持的信息技术（重载信息技术体系）；以装卸能力配置为核心的货物集中疏散技术（装卸配套）；状态修主导的线路维护技术（基础维护）。图1－5是重载运输技术体系结构图。

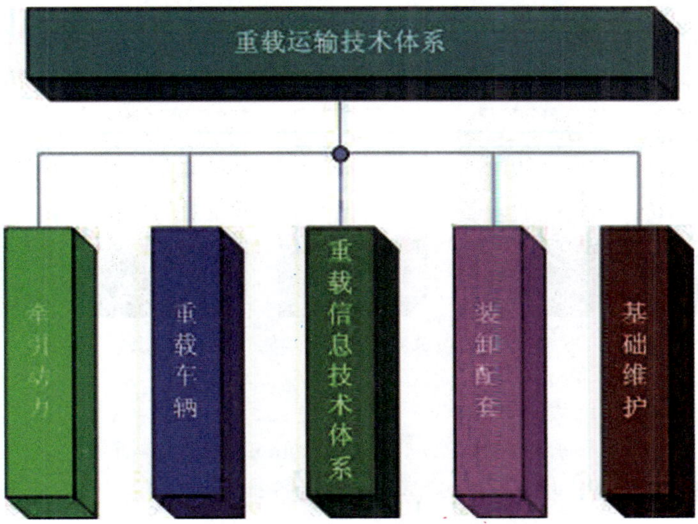


图1－5　重载运输技术体系结构图

## 二、朔黄铁路重载信息技术体系

根据朔黄铁路管理模式，确定了朔黄铁路重载信息技术“555”体系：通过信息化5要素监控，实现5个应用板块，达到5层级的管理，如图1－6所示。

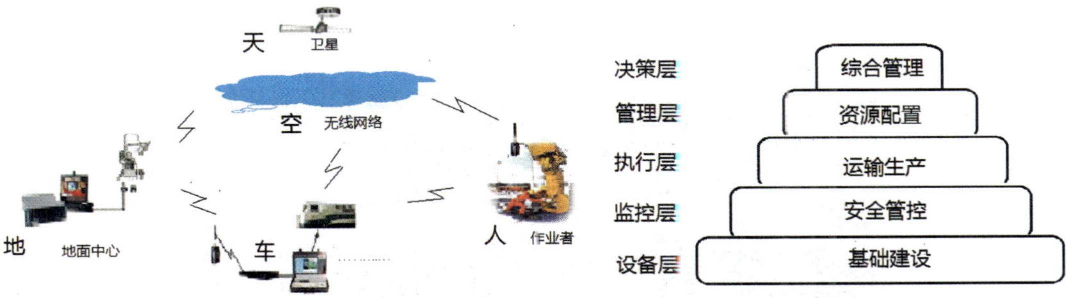


图1－6　信息化“555”体系图

5要素监控：“天、空、地、车、人”。天，即卫星应用信息技术；空，即无线信息接入技术；地，即地面中心信息技术；车，即列车监控信息技术；人，即岗位保障信息技术。

5应用板块：“运输生产、资源配置、安全管控、基础建设、综合管理”。

5层级管理：“设备层、控制层、执行层、管理层、决策层”。

下面重点介绍朔黄铁路重载运输（SR-EHT，Enterprise Heavy Transportation）信息技术（简称重载信息技术）体系的五大应用板块：运输生产（EST）、安全管控（ESC）、资源配置（ERP）、基础建设（EFB）、综合管理（EOM）。图 1－7 是朔黄铁路重载信息技术体系结构图。

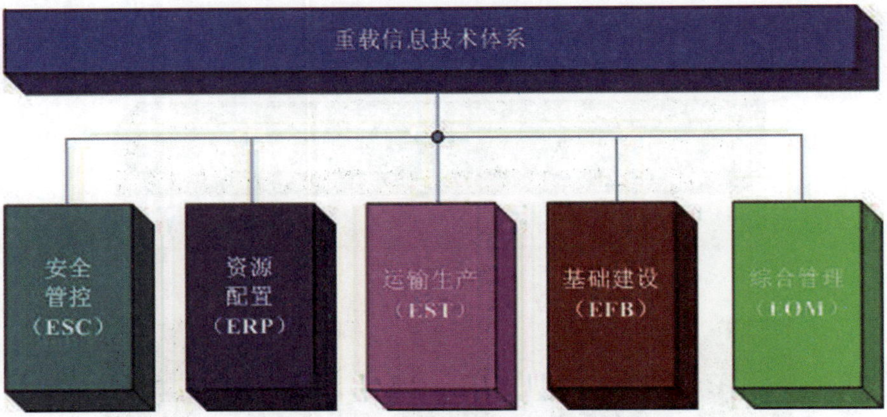


图 1－7 朔黄铁路重载信息技术体系结构图

1. 运输生产（EST）板块

运输生产（EST，Enterprise Sythesize Transportation）板块包括：车号自动识别系统、货票信息管理系统、列车预确报系统、车站综合信息管理系统、货运信息管理系统、运输信息管理系统、综合调度系统、货车和货物动态追踪信息系统、铁路运输统计与清算系统、调度通信系统等 16 个系统。这 16 个系统又统称为综合运输管理系统，也被称为 EST 系统。综合运输管理系统的建设是朔黄铁路信息化五大板块中的关键板块，复杂程度最高，涉及面最广，工作量最大，参加建设系统最多。综合运输信息系统一期工程于 2009 年开工，主要包括调度指挥中心建设、可视化运输、计算机联锁等系统；二期工程于 2010 年建设，主要包括综合调度、调度集中（管理方面）、车站管理、数字调度等系统。整个板块共涉及 30 多个应用系统，采用了智能指挥技术、大集中技术、电子票据技术、综合管理技术等十几项新技术。图 1－8 是朔黄铁路调度指挥中心。

图 1－8 朔黄铁路调度指挥中心

2. 安全管控(ESC)板块

安全是铁路的生命,朔黄铁路围绕安全基础建设重点建设安全管控(ESC)板块,朔黄铁路安全管控(ESC,Enterprise Safty Contral)板块包括:“5T”系统、列车动态监控、电力远动、车站无线调车、列尾装置、计算机联锁、微机信号监测、无线车次号、调度集中(安全方面)、视频监控、应急救援、网络安全、本质安全管理等20多个系统。几年来,通过建设安全管控板块,完善“5T”系统、调度监督系统、风险管理系统等20多项,公司实现了安全运输13年无切轴事故的历史纪录,截止到2013年年底,已实现安全天数5 000天。图1-9是信息化现场安全生产作业。

图1-9　信息化现场安全生产作业

3. 资源配置(ERP)板块

朔黄铁路公司具有铁路运输物流的行业特点,又有独立法人的企业的特征,拥有庞大的资产。运输生产经营管理是其主要内容,因此,公司企业精细化管理要求采用先进适用的信息化手段做支持。通过调研和国际国内企业应用范例分析,2008年朔黄铁路公司确定了实施企业资源计划管理(ERP,Enterprise Resources Planning)技术。ERP技术将现代管理与信息技术紧密地结合在一起,通过信息手段,采用企业内部供应链管理思想,对企业业务流程不断优化,达到企业资源结构合理配置的目的。

朔黄铁路资源配置(ERP)板块包括:财务管理系统、人力资源管理系统、物资管理系统、数字铁路、资产管理系统、食堂核算系统、一卡通管理系统等12个系统。

朔黄铁路资源管理系统实现的目的是:提高效益,优化结构,精细管理,企业提升。朔黄铁路资源管理系统以财务管理为核心,以资产管理为基础,以人力资源为依托,以信息技术为手段,定位是对财务管理、资产管理、人力资源管理、运输生产各专业生产进行整合,同时考虑专业技术管理系统的接口,形成各专业管理共享资源,达到确保朔黄铁路安全运营,降低朔黄铁路维修运营成本的目的。在统一的、标准化的数据管理基础之上,进行一体化实施。图1-10是库房精细化管理(一角)示意图。

4. 综合管理(EOM)板块

为了建设朔黄铁路公司管理信息化,探索合资铁路信息化发展新模式,朔黄铁路公司突出重点,急用先行,信息化建设重点从公司全面管理入手。2004年建立了相关的公司、分公司、工队、班组、岗位5级综合管理信息系统,公司全员参加,实现企业管理办公自动化。公司企业办公自动化系统(EOA)主要内容是:公司自动化办公、移动办公、电子政务、企业网站、电子档案、社会信息等。公司研制适合公司特点的企业办公系统,将政府事业办公系统开发为符合企业特点的企业办公系统。通过第3个阶段的建设,实现了管理信息化,提高了全体员工作效率,增强了企业实力。

图 1－10　库房精细化管理(一角)示意图

朔黄铁路综合管理(EOM,Enterprise Office Management)板块包括:办公自动化系统、企业综合管理系统、规章管理系统、数字档案馆、党群管理系统、合同管理系统、贯标管理系统、网站管理系统、治安管理系统、企业内控管理系统等 22 个系统。综合管理的特点是:

(1)个性化设计:提高个人办公效率,实现个性化,展示个人工作所有工作内容,相关信息集中体现;个人邮箱定期维护、超大邮箱服务。

(2)所有公文是多流程,一次处理;各部门业务办理流程规范化;信息发布多媒体包括文字、图片、视频等;主页信息:各专业、各级机构实现定制服务。

(3)网上办公自动评价,文件处理超时提醒警示;办公效率:自动统计展示个人、单位办公效率;网上考核部门、个人考核评测结果定期产生(月季产生)。

(4)网络学习培训:企业网学习,考试,讨论,自我提高;贯标管理:贯标文件报废、修订、发布自动化。

(5)基层移动办公:工队长、关键人员移动办公管理;公司与联合运输单位形成信息沟通平台。

(6)一站式服务:外网、内网,全部几十个应用系统一站式服务。快速切换:页面信息查询快速切换。

图 1－11 是信息化普及示意图。

图 1－11　信息化普及示意图

5. 基础建设(EFB)板块

朔黄铁路信息化基础建设本着"高起点,高标准,高质量,高效率"的原则,引进吸收消化成熟先进技术,结合企业特点,在故障冗余技术、大集中技术、无人站监测技术、地址编码技术、管理一体化技术等方面不断提升,以"千兆传输,万兆交换"为标志的企业专网建成。朔黄铁路公司的万兆网覆盖了朔黄铁路整个沿线,延伸到分(子)公司、车站、工队、班组和生活小区,满足企业发展需要。

朔黄铁路基础建设(EFB,Enterprise Fundation Biulding)板块包括:机务管理信息系统、车辆管理信息系统、工务管理信息系统、供电管理信息系统、信息管理系统、第一光缆传输、第二光缆传输、综合网络、运输专网、无线宽带网络、网络安全、基础网络、4G 专网管理、机房管理系统、IPTV 网、灾备中心等 18 项。

# 第二章　朔黄铁路信息化创新

朔黄铁路信息化经历了从“以建为主”到“建用结合、以用为主”，从“重建设”到“建设与运维并重”，从“要我用”到“我要用”，从“重应用”到“重效益”的转变，企业多项指标达到世界先进水平，重载信息技术发挥了重要作用，主要应用技术创新如下。

## 第一节　信息化规划模式创新

根据朔黄铁路合资企业特点决定其信息化建设模式。朔黄铁路信息化建设以加强硬实力，提升软实力，坚持“总体规划，分步实施，先试点，后推广，滚动发展”的方针，保证了项目实施的成功率，节约了项目投资，保证了信息化建设稳步推进。坚持“业务牵头，信息管理，IT 支持”的项目管理模式，充分发挥各方的优势，调动了各方面的积极性，特别是充分发挥了业务部门的作用。坚持信息化项目的全过程管理，重点抓好可行性研究、初步设计、详细设计、阶段检查、验收、后评估等关键环节，确保了项目建设质量。

### 一、统一规划，分步实施

根据朔黄铁路运输发展实际，公司从“十一五”规划到“十二五”规划，制订目标 3 年一次细化，按照公司“源于国铁，优于国铁”思路，提出了企业“绿色、高效、数字化”的目标，制订了公司信息化总目标：为朔黄铁路及周边地区的社会经济的发展，提供立体、高效、安全的现代铁路货物运输信息网络化体系，更好、更安全、更方便、更高效地服务于企业。图 2 - 1 是信息化分步实施示意图。

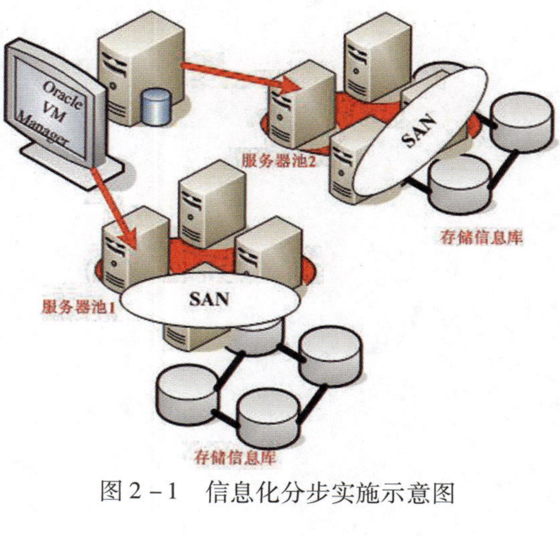


图 2 - 1　信息化分步实施示意图

## 二、提升两个能力

执行规划目标，实现公司信息化转化为企业能力，转化为企业综合实力的提升。

（1）公司信息化建设实现企业跨越式发展。

公司信息化建设的统筹安排和集中管理，最大限度地发挥全公司信息化的投资效益。提升公司综合实力，为公司能力建设打下基础，实现企业跨越式发展。

（2）信息化过程重点放在能力建设上，主要是企业业务能力建设、信息能力建设。

公司业务能力建设重点是实现“企业制度化，制度表单化、表单信息化，信息人性化”。信息能力建设实现“微机化，网络化，信息化，智能化”。做到企业业务能力和信息能力高度融合。

（3）增强企业硬实力，提升企业软实力。

公司信息化建设按照“网运分离，条块结合，修程分管，管理综合”的原则，以重载运输为主线，实现生产管理效率最大化，运输生产流程最优化，增强企业硬实力，提升软实力。

## 三、持续完善

信息化规划是个持续完善的过程，信息化规划不断完善提高，朔黄铁路将“十一五”规划“1246”信息工程继续完善，提出“12568”信息工程。主要内容：

1 是一体化管理：信息化建设实现设计、建设、应用、管理一体化；

2 是两条路线并行：企业能力建设要业务能力建设、信息能力建设并行；

5 是五个板块建设：安全管控、运输生产、资源配置、基础建设、综合管理；

6 是六项管理协同：计划、财务、人事、物资、全面预算、风险预控；

8 是八个应用支撑：基础能力、运输生产、路网协同、安全监控、资源集约、工程建设、企业办公、综合管理。

信息化建设过程中，要坚持“先建业务能力，后建信息系统”的原则，整个项目的安排要以管理业务为主导，以信息技术做支撑。信息化项目建设双轨制（能力建设、系统建设）。能力建设的主体是业务部门，第一责任人是各业务的分管领导；系统建设主要以信息管理部为主，在公司信息化领导小组的领导下，以各业务部门和业务单位为主体，以信息部门为支撑，通力协作，积极推动，确保实现业务能力和信息系统的有机结合，实现综合提升。信息化坚持“6 统一”原则：“统一规划、统一标准、统一设计、统一投资、统一建设、统一管理”。

## 四、落实执行

（1）在公司成立信息化管理办公室，在公司信息化领导小组的领导下开展工作。在信息化项目管理办公室的总体安排下开展工作。要进一步明确项目组工作职责，定期研究子项目建设中遇到的具体问题，并协调子项目的建设进度。

（2）在公司信息化总体规划的框架下开展工作，凡涉及信息化项目均要在信息化项目管理办公室统一安排和部署下进行。

(3)公司信息化总体规划研究确定本部门、本单位信息化的目标、范围及实施路线，确保下阶段项目建设有序推进。

(4)在公司信息化总体规划框架下，结合自身需要，对业务和管理流程进一步细化，提出信息系统建设的有效需求，对业务进行规范化、标准化梳理，在全公司范围内集中统一建设。

(5)提高全体员工对信息化建设和参与认识，实现全员应用和享受信息化成果。

## 第二节 信息工程建设模式创新

企业信息化涉及高深信息技术、高复杂市场运作和高层企业管理决策的“三高”问题，因此公司对于信息化建设首先制订出《信息化管理办法》，明确规定：建立领导小组，总经理任领导小组组长，领导班子成员任组员，强化高层管理，并且主管副总经理亲自抓，每个项目逐一过问，全程参加。

公司信息化建设项目市场复杂，为了防止鱼目混珠，达到“高起点、高质量、高标准、高效益”的目的，从设计到施工，按照FIDIC条款，国际通行惯例招标实施，严格执行设计、咨询、承建、监理方各项建设管理程序，工程完工后，逐项验收，合格投入使用。

### 一、把握“四关”

公司信息化工程建设重点是技术、业务、质量和过程的结合，因此，必须把握“四关”：

(1)设计关。必须通过“3内2外”程序，审查把住设计关，即方案专审、现场复审、设计内审、专家外审、概算外审。

(2)招标关。规范程序，信息化项目做到“四个一”：一律招标，一律明码报价，一律专专家评审，一律集体决策。

(3)实施关。信息化建设过程“四重点”：项目经理重点负责，咨询监理重点把关，阶段节点重点验工，项目过程重点管理。

(4)验收关。信息工程验收做到“四到位”：责任分解到位，全员细节到位，初验终验到位，资料信息到位。

公司在信息化建设同时建立了自己的信息技术政策，主要有《公司信息化管理办法》、《信息化设计标准》、《信息化管理规章》、《信息化建设标准》和《公司企业办公实施细则》等16项，形成了公司企业信息化建设思路和企业信息化管理基础体系。

### 二、过程管理

信息化建设重点是过程管理：

(1)项目建设过程中，领导重视，管理到位。各团队主要负责领导每月到现场工作，讨论实施工作中遇到问题及时解决。公司成立专业配合组，不分早晚，共同交流，抽出专人负责整业务协调，不分内外，加班加点。分公司也成立了配合组，保证了工程进度。

(2)各参建团队做大量细致工作，认真分析了公司运输生产各个环节，吸取了行业先进经验，结合公司实际形成自己的综合运输信息系统。很多骨干人员放弃了大量休息时间，有的带病坚持工作，保证工程进度和质量。

(3)按照程序办事，精益求精。所有运输信息化项目都经过细致的实施方案调研、讨论、审查的程序，最后公司组织评审确定方案，集中了集体智慧，保证质量。

(4)问题及时解决。公司每周召开例会，解决实际遇到的问题，技术沟通协调。很多实施单位没有在公司作过工程，不了解公司运输安全管理程序，对此情况分公司也能够积极给予配合，及时办理施工协议、安全协议，派员工现场监护。

## 三、关键环节

企业信息化工程关键环节是重点，是信息化建设中控制要素。

(1)公司成立领导小组，总经理任领导组长，分管领导任副组长，强化高层管理，并且主管亲自抓，每个项目逐一过问，全程参加。

(2)综合运输信息系统按照菲迪克(FIDIC)条款，国际通行惯例招标实施，严格执行设计、施工、监理各项建设管理程序，工程完工后，按照行业规定逐项验收，合格投入使用。

(3)重点把握信息工程实施、验收关：坚持项目经理负责制，监理重点把关，实施阶段节点验工，责任分解到位，全员过程参加，初验终验分开，资料信息完整。

(4)做好实施基础工作，项目厂家实施方案调研工作要扎实，多在前期工作上下工夫，调研清楚，与公司、分公司充分讨论，对于实施、班组、岗位要落实，时间服从效果，实施方案通过评审后签订合同，进入实施。

(5)做好实施配合工作，机关各部门、分公司、工队做好项目配合，充分参与方案，保证方案可行无返工，各实施岗位要配合和监护，尤其对于既有系统的影响，保证运行设备不受干扰。

(6)公司提供配合条件，电化教室作为开发室，提供网络、微机设备，保证技术开发人员有一个良好的工作环境，项目组在实施现场附近要求有固定工作场所。

## 四、机制保证

(1)建立项目机制：实行项目经理负责制，项目经理具有丰富的项目管理经验，不得兼任其他项目，责权利统一。

(2)沟通机制：朔黄铁路公司确定专业联系人，双方建立固定对应的联系方式，项目经理为责任联系人，项目经理负责业务和总体协调，保证项目协调推进。

(3)计划机制：公司组织每月 1 次总协调会(第一周)，协调进度，每周(周三)1 次各专业组组织专业沟通会，每天各业务组研讨会。所有会议要会后有纪要，发现问题及时解决。

(4)贯彻确认机制：公司、各项目组对于往来的文件，建立双方文件确认机制，建立公共邮箱文件以电子形式为主。

(5)组织发起机制：(EST)项目涉及多家，多家协调，谁发起，谁组织，谁提方案，谁消号。

(6)集体攻关机制：综合运输信息系统(EST)项目涉及多家，整个项目遇到数十个技术难题，集体研究攻关。

(7)统一标准机制:综合运输信息系统是总包制,总包厂家负责集成,统一标准,分清界面,分步实施。

### 五、节资增效

应用大集中、虚拟化等技术满足重载运输需求,信息化建设需要节资增效:

(1)采用大集中、扁平化管理模式。按照行业规定需要建设8个专网:车务网、机务网、工务网、电务网、车辆网、供电网、办公网、财务网等。朔黄铁路采用"建设企业万兆网技术,只建设运输网和综合管理网2个专网,少购置网络设备1 840台套,节约投资8 900万元。

(2)采用大集中、虚拟化技术。根据朔黄铁路管理综合模式,在肃宁建立信息中心,集中部署,少购置核心设备和软件320台套,共减少15个专业重复建设,节约投资4 000多万元。数字铁路建设中,建设1个综合平台,15个专业空间系统建设,节约投资3 000万元。

(3)建设网管中心统一平台管理。按照传统要求,信息化管理维护人员需70多人,现只有25个岗位,节约岗位55个,增收1 100万元。

## 第三节 管理信息化模式创新

根据朔黄铁路"网运分离、条块结合、修程分管、管理综合"的管理体制,从铁路运输企业信息化建设综合考虑,将信息系统建设与管理体制结合,使信息化手段固化到每个供应链中,以业务为导向的信息化平台相应划分为:安全管控、运输管理、资源配置、基础建设、综合管理五个板块,共80多个系统,信息化覆盖企业管理各个角落,渗透到每个岗位,功能分开,数据共享。

### 一、管理手段

朔黄铁路为了抓住时机使企业信息化快速切入,公司决定突出管理重点,急用先行,全力推进公司信息化建设,信息化建设重点从全员企业办公自动化入手,在简单的网络上实现办公自动化。

(1)第一阶段,建设办公自动化(EOA)。通过企业自动化办公、视频会议和电子档案管理的建设,减少官僚作风,提高工作办事效率。第二阶段,企业管理(EOB)主要内容是公司自动化办公、移动办公、电子政务、管理信息、电子档案、社会公网等。第三阶段,综合管理(EOM)。朔黄铁路在集团招标办公自动化内容的基础上,研制适合公司特点的企业办公系统,将原来5部分70项的政府事业办公系统开发为符合企业特点的10部分340项企业办公系统,软件具有自己的知识产权,开发的企业办公系统技术在国内领先。

(2)公司管理信息化普及过程中,管理人员每人1台办公终端,并普及到每个班组1台关键工位1人1台,保证公司运输生产信息及时,管理决策无盲区,彻底实现了办公自动化,公司管理无纸化。随着办公系统普及应用,公司电子档案工作,又抽专人用2年时间,整理封存多年的图纸资料400多麻袋,完成了数百万基础数据整理,并随后开展应用。

(3)铁路企业点多线长,各级领导出差时间长、频次多,为了解决公司各级领导出差多,办公地点不确定,办公文件压时问题,公司第二阶段开发了移动办公系统,将笔记本电脑终端配备到部门主要管理者,提高办公效率,解决办公文件压时问题。随着办公自动化的普及应用,公司紧盯新技术,在3G还未推出的时候,已经和厂家技术研发。在随后进入第三个阶段移动办公的研发,刚发3G牌照的同时,公司在全国首创应用企业3G移动办公,2010年再接再厉,公司实现了手机移动办公,2013年再次升级持续完善,共解决来自各级用户提出的系统问题3 000多个,优化建议500余条。

## 二、应用技术

朔黄铁路信息化综合管理板块主要技术模式:

(1)利用先进的门户平台,以先进的系统导航页概念,将朔黄所有的信息资源和信息系统进行整合,推出一站式服务,实现密码一次输入即可登陆所有业务系统。

(2)优化业务流程,实现效能统计。建设公文效率统计模块,实时监控各级单位和全公司所有人的公文处理效率,为功能优化流程和提高办公效率提供数据支持。

(3)引进先进的虚拟化云技术,实现硬件系统的虚拟化,极大地节约了资源,降低了能耗。

(4)利用工队的移动、管理下移到岗位,通过工队手机进入访问系统。

(5)为促进企业气氛更和谐,引进了微博、论坛等系统,同时为了更便于与外部沟通,建立了企业邮箱。

(6)现在公司建立了有线、3G、WI－FI支持的网络平台,形成公司、分公司、工队、班组、个人5级应用,普及了台式机、移动客户端、手机为一体的管理工作模式,整个综合管理系统获得6项国家软件著作权。

## 三、生产管理方式

### 1. 网运分离,实现联合运输网上工作量电子化清算

朔黄铁路首次实施网运分离联合运输体制,多家公司在朔黄路网上运营,采用市场竞争模式,实现了路网分离。几十个联合运输公司在朔黄路网上运输、运营,如果清算用传统方式,即利用人工统计完成,则几十个公司形成联合运输群,工作量大,要求准确,这是一个繁杂而且难以完成的工作。而利用车号自动识别信息与运输清算技术相结合,将人工统计财务清算变为自动化清算,实现了铁路运营的移动设备在铁路各区段的位移自动统计,对机车、车辆、轨道车等移动设备实现路权占用清算管理。

### 2. 安全、生产、施工、管理一个平台

朔黄铁路综合运输信息系统包含30多个业务应用系统,传统方式是各自为政,独立建设,信息难以共享,投资较大,不能充分发挥效益。朔黄综合运输信息系统结合了朔黄铁路实际情况,集成了铁路多年运输管理经验,总结了国内铁路传统应用的技术,综合了集体的智慧,实现朔黄铁路运输生产、安全管控、路网维护、综合管理等方面一体化。集中监控、集中维护、集中管理,形成动态监测、静态检修、天窗施工一体化管理,将运输效益最大化。

## 第四节 经营管理信息化模式创新

朔黄铁路公司既有铁路运输物流的行业特点，又是独立法人的企业，具有庞大的资产，完成生产经营任务是其重要任务，因此对信息化产生的特殊要求是：根据公司机构设置，实行两级管理、三级核算和运输生产调度指挥中心的核心决策模式。因而对于信息处理与数据交换，采用在朔黄铁路信息中心建立应用中心和数据交换中心的模式。

### 一、精细化管理

运用企业资源计划管理技术（ERP），将现代管理与信息技术紧密地结合在一起，通过信息手段，采用企业内部供应链管理思想，对企业业务流程再造，达到企业资源结构优化配置目的。为了运输生产经营围绕经济核心进行，体现资源管理，因此各个运输生产环节链必须精细化管理，体现效益最大化。信息系统应为新型管理模式"财材集中，减人增效"服务。资源管理（ERP）精细化的主要体现：

（1）信息化与企业管理相结合，对企业业务流程再造，机构扁平化。

（2）企业生产过程采用供应链分析方法，精细化管理。

（3）企业资源结构科学优化配置。

（4）企业效益最大化。

### 二、增收创效

1. 企业精细化管理实现综合增收

朔黄铁路公司通过数字铁路与扩能改造结合，年运量从 1.5 亿吨增加到 2.4 亿吨，定员从 6 143 人增加到 13 920 人，实际为 7 673 人，每年累计节约工作岗位 6 247 个，每年节约 1.249 亿多元。若达到 5 亿吨年运量，则每年累计节约工作岗位 14 330 个，每年可节约 2.866 亿元。

2. ERP 资金集中管理实现财务资金池

朔黄铁路资金集中管理系统实现了收支两条线资金集中管理，创造了良好的经济效益。主要成效：实现资金统一调度和集中管理；防范了财务风险；提高了资金利用率，节约了财务费用。每月上报资金计划，资金计划支出；通过测算，实行收支两条线资金集中管理后，公司每年节约财务费用达 2 000 多万元。

### 三、经营模式改变

1. 企业经营资源管理创新

实施资源管理（SR－ERP）系统：以财务管理为核心，以资产管理为基础，以人力资源为依托，以信息技术为手段。国内首创提出"3 个 1"（1 本账、1 件物、1 个人）工程。"1 本账"重点解决财务管理、核算、定额、单耗等关键问题，提高效益；实现"1 件物"重点解决资产寿命管理，重点突出物资管理，专业化协调；实现"1 个人"重点解决员工薪酬、生涯管理、组织机构优化等问题，发挥人的作用，综合表达资源管理实质。

2. 铁路企业综合动态精算管理技术创新

结合公司具体情况，按照“源于国铁，优于国铁”的发展思路，“国际先进，国内领先”的企业目标，实施“网运分离、条块结合、修程分管、管理综合”的管理体制，“两级管理，三级核算”的管理特点，优化结构，精细管理，资源整合，提高效益，达到公司、分公司、工队、作业组、员工动态准确核算工资、定额、单耗、成本指标。

3. 铁路企业编码标准创新

实施（SR-ERP）系统，首先建立编码系统“确定身份代码，理顺资产代号，统一财务科目、数据交换”。目前我国铁路行业处于空白，借鉴国际成功经验，在标准化的数据编码基础之上，实现一体化的功能，确保各项统计、分析数据都通过一个操作入口获得，避免造成“重复输入，数据不符”，避免企业内信息孤岛。

4. 实现应用业务创新

实施（SR-ERP）系统公司将建立材料定额、设备寿命管理体系，建立设备辆（台）单价体系、人工成本分析和全面预算管理体系，实现智能考勤、绩效考核体系，完成项目管理和招投标管理控制体系，达到一级核算两级管理的目标。

## 第五节　运输生产信息化模式创新

朔黄铁路是重载运输铁路，采用大量新技术、新设备，用于动态自动控制、远程控制，应用多种传输方式的立体网络，应具备良好的信息处理系统。信息系统配备必须适应恶劣的条件，可靠工作，远程控制，实现遥测、遥信、遥控。各信息系统为重载铁路运输企业自动控制、远程控制服务。

### 一、大运输模式

1. 大运输，调度集中、统一指挥，提高效率

综合运输信息系统应用大运输理念，实现了综合调度、车站全面管理、电子票据、网运清算、专业协同等5个创新，实现公司“运输生产、安全管控、路网维护、综合管理”一体化。综合运输信息系统建设结合了公司实际情况，集成了多年运输管理经验，吸取了TMIS、TDCS成功经验，发挥了集体的智慧，实现了运输生产管控跨越式发展。公司获得了6项国家软件著作权，建设了铁路一流的调度指挥中心，在中国创新应用了铁路重载运输调度集中（CTC）的系统，实现了铁路综合调度指挥系统，完成了全专业协同的运输生产平台，是最先进的铁路综合运输信息系统。朔黄铁路综合运输信息系统开通运行，把公司的运输生产能力提高到一个崭新阶段。

2. 综合调度，专业协同，统一指挥

调度指挥中心建设总结了国内外行业应用新理念，采用了智能指挥技术、大集中技术、电子票据技术、综合管理技术等十几项新技术。告别了“一把尺、一支笔、一张图”的历史，使运输调度指挥进入了一个新时代。公司综合运输信息系统中，以调度集中为核心，各专业调度联合协作，集成计划调度、列车调度、机车调度、车辆调度、施工调度、供电调度、统计分析、救援指挥等系统为一体，根据运营管理的需要，实现信息共享、预测分析、

实时监控、应变调整、科学决策。

3. 车站跨专业融合,综合管理

车站综合信息管理系统是“以车站调车为核心,运输计划为指导,站内生产为基础,综合管理为手段”实现信息化管理。将传统的车站调度、生产作业、调度监督、车号识别、无线调车单、机车定位等6大项功能集成,自动完成接车任务,自动加载站间到达车辆信息,自动记录到达及发出时间,对装卸车信息存储,对货物信息的统计,实时显示轨道信号状态、显示机车在站场内位置,无线调车单,车站信息化。

4. 电子票据,实现调度命令、报单、运单、货票、扣车单等无纸化

根据“地对车,车对地,车对地”的技术思路,公司将实现电子调度命令、电子报单、电子运单、电子货票、电子扣车单等,达到等运输票证无纸化。创新应用电子票据技术,消灭运输单据人工传递,减小劳动强度和人身安全危险。

5. 大运输实现“安全管控、生产指挥、作业管理”信息化

调度作业——无纸化;运输环节——可视化;

计划执行——自动化;信息交换——网络化。

业务协同——程序化;安全检测——数字化;

管理控制——集中化;生产指挥——智能化。

## 二、增收创效

1. 调度指挥大集中成果

朔黄铁路公司调度指挥大集中,指挥中心定员68人,指挥管理42车站,按照行业配置,定编应360人,减少岗位292个,人均成本20万元/年,年节约5840万元。

2. 车站无人化管理

朔黄铁路车站采用大运输模式,通过信息化,实现无人化运输,创新效益业绩如下:

(1)车站无人化。朔黄铁路中间站没有货运任务,形成“有人值守、无人值班”的模式,一般车站运输人员12人,与行业配置相比减少5人,共9个车站,则节约岗位45个,资金900万元。

(2)车站运用电子货票取消货票人工传递。电子货票与车号识别系统结合建设,公司已经开展电子货票系统应用,所有的运输结算均以货票为准,所有货票取消机车司机传递。取消人工抄车号30个岗位,减少统计人员20人岗,实现网上电子统计,节约岗位50多个,资金1 000万元。

(3)调度集中。运用CTC调度集中系统实现远程运输调度指挥,特殊情况恢复非常站控模式。

3. 供电无人所

电力远动系统全线分区所已实现无人值班,减少134岗位,牵引变电所13座,人员由8人减至6人,减少26岗位。运营管理模式实现了“三个合一”,即牵引供电与电力调度合一,变电所与配电所合一 ,接触网与电力检修工队合一,节约160个岗位,资金320万元。

4. 机务无人门

(1)机务系统——"无人门"建设——应用电子闸楼建设,取消签到点4处,16人,人均成本20万元/年,年节约成本320万元,机车每台停时3min,日节约机车1.04台,年381台日,年成本480万元,年节约800万元,增收0.8亿元。

(2)机车等级整备管理,机车由每循环1次整备1次,变为2个循环整备1次,压缩库内整备时间1.5h,加上入库往返过渡时间0.2h,车站等待时间0.3h,合计节省2h,则200台机车可节省400h;1台机车循环时间28h,则200台机车1次循环可节约14.2台;现一年循环100次,如果压缩50次,可节约700台日机车,共计年节约2台机车,机车年成本480万元,则可节约成本960万元,故每台机车年可增收0.8亿元,2台则年增收1.6亿元。

5. 列检无人检

(1)铁路列检——"无人列检"建设。列检"5T"系统建设,过去人工检查1列万吨列车需要60 min,实现TFDS动态机检后,1列万吨列车仅需要14 min。以日均技检万吨列车53列为例,过去检查需要3 180 min,实现机检只用742 min,节省了2 438 min,检查效率提高了77%。有效地解决了列车密集到达,缓解了列检作业与运输畅通之间的矛盾。累计减少维护岗位20个,TFDS应用减少肃宁北、神池南列车检车员岗位600个,节约1.24亿元。

(2)压缩技检时间,每列35min,每日120列,4 200min,70列车小时,列车周转时间28.5h,产生2.46列,每年896列,每列增收20万元,年增收1.8亿元。

(3)红外线建设,创新将车号识别系统与红外线采用结合,减少41处探测站重复投资,按30万元/处投资计算,节约投资1200多万元,创造公司连续13年铁路运输安全无切轴事故的历史纪录。

## 第六节　安全管控信息化模式创新

为了保障朔黄铁路运输安全,安全管控信息系统为恶劣环境的行车安全服务,必须对设施(路基、桥梁、隧道、车站)、网上移动设备(列车、车辆)、网下固定设备(通信、信号、设备)等进行监测,信息系统必须可靠地传输信息,由检测中心处理,处理结果及时送至调度指挥中心,及时发现问题和处理,保证行车安全。

### 一、安全保障

1. 红外线系统发挥重要作用,13年无车辆切轴事故

2006年进行红外线轴温探测信息与车号自动识别系统建设,2007年投入运用,实现了两个平台结合目标,填补了国内空白,为运输提供实时动态基础信息源,消灭运输数据人为误差,为公司运输智能化打下坚实的基础。公司红外线系统共建设51个探测站,73套车号识别站,2009年为了实现万吨重载运输,解决240辆超长能力升级改造,具备500辆探测能力。公司将传统的红外线系统与车号识别系统集成,利用IP网络技术形成统一平台。这项集成技术,解决了4个关键问题,其中2项获得国家软件著作权。其中采用最

新光电隔离防雷击技术消灭了公司多年来红外设备遭雷击的惯性故障,保证了运输安全。目前,创新的IP网络技术已经成为铁路新标准,全国正式推广应用,行车调度取消了多点报警模式。公司安全运输13年无切轴事故。

2. 可视化运输,各环节透明

可视化运输系统是公司安全管控的重要组成部分,包括运输设施、生产区、流水线、治安防范和生活区安防。主要分布在站场、咽喉、运转室、关键地点、重点桥梁、隧道、道口处等。视频监控分为中心控制和区域控制两种模式,中心设在公司指挥中心,分公司设分中心,沿线派出所、小区和关键值班室设属地控制。共有1个公安指挥中心,12个派出所,41各车站,163个重点桥梁隧道道口,监控点共464处。可视化运输系统将运输运输、生产过程监控和铁路治安防范结合起来,减少重复投资,职责分明,共同关注,形成生产安防信息共用,从列车接入到交出,整个运输过程透明,整个安全布控可视,整个生产过程可控。

## 二、关键环节

1. 调度集中,运输指挥的关键

调度集中系统(CTC)是调度指挥中心通过信息技术对某一区段内的信号设备进行集中控制,对列车运行直接指挥、管理的重要运输指挥装备,是公司综合运输信息系统的重要组成部分之一。

系统实现了以下功能:列车运行监视,车次号自动跟踪,到发点自动采集,实际运行图自动生成,调度命令的网络下达,车站行车日志自动生成,车站信号设备的集中控制,列车进路的按图排路和调车控制等。

公司克服了传统的做法,“以运输生产为核心,以调度集中为基础,以综合调度信息为依托,以专业化技术为手段”,形成了完整的调度指挥体系。解决了调度手工画图的繁杂劳动,防止了车站列车进路错办、误办等惯性事故的发生,保证运输安全。

2. 列车动态监控,遥控、遥测、遥信

列车动态监控系统是公司的集成创新,是列车安全监控的重要设备,铁路行业实现了铁路运输信息“地对车、车对地、车对车”双向互通,将运输信息一体化,动态在线机车司机工作情况和整个列车的运行数据。列车动态监控系统是信息传输平台,将列车速度、公里标等运行中的关键数据直接传输到地面中心,以电子地图、动态复视等多种手段实时反映列车的地理位置和机车动态信息等。地面中心可向在线运行列车下达调度命令、警示信息及注意事项,提醒和指导机车司乘人员执行相关操作。司乘人员可通过机车电话和地面中心联系,汇报列车运行状况或咨询事故解决方案;地面中心也可通过机车电话向机车传达重要信息,从而为车地之间提供了一个高质量的语音通话平台。

3. 安全管理,风险预控

本质安全管理信息系统是安全生产管理与先进的精细化信息技术密切相关的系统工程,涉及公司、分公司、工队、作业组。通过本质安全管理信息系统的实施,可以规范安全生产流程,统一安全生产数据,打造公司数字化管理基础。利用系统化的管理理念,把危险源信息、隐患信息、事故信息与专业设备监测信息整合，为安全管理决策层提供数据平台，为公司各级多层面的高效管理提供信息手段。建设安全监控、风险管理系统 26 项，2013 年年底实现安全天数 5 000 天。

## 第七节　信息技术模式创新

根据朔黄铁路企业特点，企业信息化建设、应用、管理需要创新、再创新，没有现成经验，不能一味照搬。

### 一、基础模式

1. 大集中技术模式创新

根据公司"网运分离、条块结合、修程分管、管理综合"的管理体制，依据实行两级管理，三级核算和运输生产调度指挥的核心决策模式，按照公司"点多线长，条件艰苦，高技术人才少"的特点，公司结合自身特点打破运输行业信息分散管理，数据分布存储的做法，经过充分论证决定信息化建设采用近年来国际新出现的大集中技术用于企业。所谓大集中技术即是在朔黄公司总部建立应用中心和数据中心。应用中心是对几十个应用系统都集中到应用中心服务器上进行专业处理，基层不设服务器。数据中心是几十个应用系统共享一个海量存储设备，用一个统一管理软件进行管理，铁路沿线车站只作为用户终端。这样，技术管理集中，现场维护简单，沿线不设系统维护技术人员，采用终端设备备份方式，出现故障倒换应用，故障设备送至中心维护，因此是解决现场维修难的好办法。

2. 信息共享，综合利用

朔黄铁路基础信息主要来自工队，将设置在站内的各种自动检测设备汇接，经交换机、路由器纵向实时上报。信息的采集遵循"数出一门，信息共享，分工协作，归口管理"的基本原则。原始信息采集方式：作业过程主要由系统自动生成，必要时人工采集。公司信息中心设置应用中心和数据中心，在应用中心服务器群运行运输、资源、办公、管理、电子商务等方面应用，数据中心虚拟化，运行数据管理软件。应用中心和数据中心建立万兆高速通道。公司机关各终端通过机关局域网与应用中心服务器相连，车站终端通过广域网进入应用中心。各系统、各终端用户对运输生产情况一目了然。要完成上述任务必须做大量的技术创新，几年来，朔黄铁路信息技术创新累计获得国家软件著作权 47 项，专利 17 项。

3. 红外线、车号识别系统 IP 技术

全国红外线轴温探测系统一直采用点对点传输的网络方式，通信资源浪费，网络故障率高，技术停止在 20 年前，对此，公司根据多年行业经验与新技术发展，采用 IP 网络技术将传统的红外线探测系统整合，全国首创了红外线探测 IP 网络系统，利用 IP 网络技术形成跨专业统一的平台。充分利用既有红外线轴温探测设备，在既有红外线轴温探测设备基础上增加智能车号地面装置，形成运输安全监控；在朔黄铁路各个分界口车站新设地面自动识别设备进行车号采集，形成分界统计清算；然后将采集到的车号信息传输到调度指挥中心处理。在调度指挥中心将红外线轴温监测中心预报的信息与车号自动识别系统信息集成为一个 IP 网络系统,同时与“5T”系统整合,降低故障率,减少燃轴,减少现场维护人员,运输信息系统将提高运输安全防范水平,消灭了热切事故,为运输组织安全提供了保障。

4. 网络虚拟化模式

朔黄铁路“大集中、扁平化”的管理模式,要求信息化服务于需求。按照行业规定需要建设 9 ~ 10 个专网:车务网、机务网、工务网、电务网、车辆网、供电网、办公网、财务网等。朔黄铁路 2006 年在国内没有成熟技术的情况下,首创虚拟化技术建设企业万兆网,只建设运输网和综合管理网 2 个专网,减少了购置网络设备,节约了投资。图 2 - 2 是朔黄铁路运输信息网构成图。

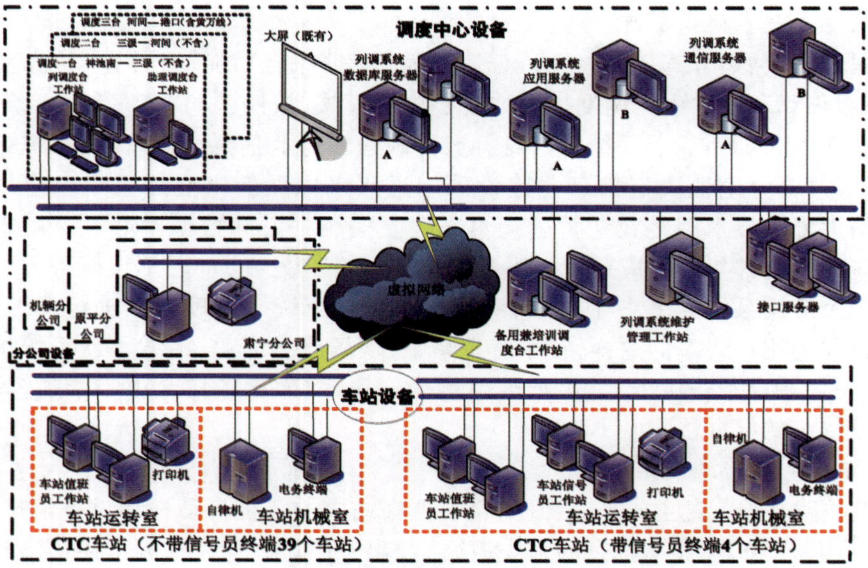


图 2 - 2 朔黄铁路运输信息网构成图

## 二、运输模式

1. 铁路运输预确报技术

货物列车计划信息及所挂车辆的信息,是铁路运输组织中最重要的基础信息之一,是编组站作业、卸车预报和车流调整等工作必不可少的依据。朔黄铁路预确报系统的创新是:在铁路车号识别系统中,识别设备自动采集数据信息的基础上,对信息进行再处理,并形成铁路通用的确报内容。该系统还为其他相关系统在成本核算、设备维护等方面提供资源共享。

2. 电子闸楼技术

机车出入闸楼系统信息是铁路运输的关键数据,传统上依靠签到值班员传统手工操作方式,4 班制作业,对于偏远独立的闸楼值班员 24 h 单调操作,枯燥繁杂,一年闸楼在采暖空调等费用较大,浪费人力财力。根据实际需求,朔黄铁路创新采用一种新图像识别和既有车号技术结合方式解决这一难题,形成无人电子闸楼系统,这样可提高机车出入库效率，并与既有机务信息系统集成，使调度、司机、整备等有关人员可在网上及时准确地掌握机车出入库状况，提高公司机车安全管理水平。电子闸楼系统主要由闸楼分界口轨边设备、管理中心设备、外部数据接口三大部分组成。轨边设备主要是智能相机，用于机车车号图像采集及识别；管理中心设备和外部数据接口主要包括数据处理服务器、接口服务和各种应用设备。

3. 机车等级管理技术

朔黄铁路机车整备管理，传统上机车每次出库后，不管运用时间，运用环境，进库必须整备，虽然管理简单，但是势必造成人力、物力、财力浪费。根据机车走行公里和循环趟数确定机车整备次数，由于机车运用环境不同，走行里程不同，整备状况不同，因此采用机车等级整备管理。由现在每循环 1 次整备，变为 2 个循环整备 1 次。精细化管理，挖潜创效。每个循环可压缩机车库内整备时间 1.5 h，入库往返过渡时间 0.2 h，车站等待时间 0.3 h，共压缩 2 h。公司按现在应用 53 台大马力机车计算，每个循环可压缩 106 h，公司机车循环时间 28 h，每个大循环可压缩机车 3.6 台，即每年节约机车 3.6 台，公司每年可节约创效过数亿元。

4. 列车动态监控技术

列车动态监控系统是朔黄铁路的创新，在铁路行业第一个实现了铁路运输信息"地对车、车对地、车对车"双向互通，将运输信息一体化。列车动态监控系统利用 2G/3G 网络构建信息传输平台，车载单元将列车速度、公里标等运行中的关键数据直接传输到地面中心。地面中心统一管理、保存接收的在线列车运行数据，以电子地图、动态复视等多种手段实时反映列车的地理位置和机车动态信息等。地面中心可向在线运行列车下达调度命令、警示信息及注意事项等，提醒或指导机车司乘人员执行相关操作。司乘人员可通过机车电话和地面中心联系，汇报列车运行状况或咨询事故解决方案；地面中心也可通过机车电话向机车传达重要信息，从而为车地之间提供了一个高质量的语音通话平台。

5. 状态修模式

根据"状态修"理念提出"立体养护，一体化作业"模式，开发了工务信息化管理系统，配备了大型机械化养护设备，向设备设施"状态修"迈出了第一步。铁路综合检测列车的配备，实现了重载铁路"状态修"的目标。公司投入 2 亿元，研制综合检测列车，实现铁路状态修，采用综合检测列车对轨道、接触网、通信、信号等基础设施进行定期检测、综合检测。实现铁路智能综合检测、维修计划、施工作业一体化，设备养护维修的质量和效率得到了提高。

6. LTE 技术创新

LTE 技术正在初期研制阶段，在社会没有应用之前，朔黄铁路已经开始组织研制，研制的主要应用有语音、数据、图像等业务，主要应用包括：调度通信、调度命令、进路预告信息、机车同步操作控制系统数据、列车控制系统数据、列车尾部风压信息、调车监控信息、平面调车信息传输、各专业生产移动信息等。研制主要应用包括：机车无线重联、列尾安全防护、移动闭塞（预留）、调度命令、无线车次号校核、车地通用数据业务、调度通信、铁路公务通信、车地移动视频监控等。

## 三、信息成果明细(见表2－1、表2－2)

表2－1 朔黄铁路获得国家软件著作权明细表

| 序号 | 软件名称 | 证书号 |
|---|---|---|
| 1 | 企业办公自动化系统[简称EOA]V1.0 | 软著登字0535499号 |
| 2 | 企业单元办公自动化系统V1.0[简称EUOA] | 软著登字0535500号 |
| 3 | 铁路货票系统系统V1.0[简称] | 软著登字066612号 |
| 4 | 铁路工程项目管理系统V1.0[简称] | 软著登字062208号 |
| 5 | 红外线与车号综合应用系统V1.0[简称TZCS] | 软著登字097601号 |
| 6 | 铁路车号确报系统V1.0[简称TCQS] | 软著登字097600号 |
| 7 | 铁路企业资源管理系统V1.0[简称] | 软著登字0149985号 |
| 8 | 铁路企业资源编码系统V1.0[简称] | 软著登字0149988号 |
| 9 | 铁路企业项目管理系统V1.0[简称] | 软著登字0149990号 |
| 10 | 企业岗位考勤系统V1.0 | 软著登字0252379号 |
| 11 | 集群综合诊断系统V1.0 | 软著登字0252381号 |
| 12 | 机车车号识别系统V1.0[简称LTIS] | 软著登字0252408号 |
| 13 | 铁路企业综合指标管理系统V1.0 | 软著登字0252554号 |
| 14 | 党群信息系统V1.0 | 软著登字0252556号 |
| 15 | 企业绩效考核系统[简称ERT]V1.0 | 软著登字第0371335号 |
| 16 | 企业岗位体系管理系统V1.0[简称EJM] | 软著登字第0370897号 |
| 17 | 铁路物资定额管理系统V1.0[简称OM] | 软著登字第0371239号 |
| 18 | 铁路资产综合管理系统V1.0[简称TEM] | 软著登字第0371325号 |
| 19 | 铁路资产单耗系统V1.0[简称EUC] | 软著登字第0370639号 |
| 20 | 铁路企业综合税务管理系统V1.0[简称TEC] | 软著登字第0371211号 |
| 21 | 铁路企业综合指标管理系统V1.0[EKI] | 软著登字第0370790号 |
| 22 | 集群综合诊断系统V1.0[简称EMD] | 软著登字第0371486号 |
| 23 | 企业远程维护平台管理系统V1.0[简称ELM] | 软著登字第0371456号 |
| 24 | 铁路企业重载驾驶舱系统 | 软著登字第0573648号 |
| 25 | 企业综合管理系统 | 软著登字第0573681号 |
| 26 | 铁路企业管理平台 | 软著登字第0573672号 |
| 27 | 铁路企业移动终端管理系统 | 软著登字第0573756号 |
| 28 | 铁路企业档案超市管理系统 | 软著登字第0573661号 |
| 29 | 铁路企业数字档案馆系统 | 软著登字第0573939号 |
| 30 | 铁路企业工程计量系统 | 软著登字第0573905号 |
| 31 | 铁路企业工程管理系统 | 软著登字第0573431号 |
| 32 | 铁路企业地理数据管理系统 | 软著登字第0574000号 |
| 33 | 铁路企业防灾减灾系统 | 软著登字第0573956号 |

续表

| 序号 | 软件名称 | 证书号 |
|---|---|---|
| 34 | 铁路企业地理数据平台 | 软著登字第0573641号 |
| 35 | 车站管理系统v1.0 | 软著登字第0371325号 |
| 36 | 铁路运输决策支持系统v1.0 | 软著登字第0370997号 |
| 37 | 运输网安全监控系统v1.0 | 软著登字第0371139号 |
| 38 | 重载运输管理系统v1.0 | 软著登字第0371025号 |
| 39 | 路网清算管理系统v1.0 | 软著登字第0370939号 |
| 40 | 电子采购拍卖系统v1.0 | 软著登字第0371201号 |
| 41 | 铁路企业地理信息系统v1.0 | 软著登字第0370990号 |
| 42 | 机务管理信息系统v1.0 | 软著登字第0371186号 |
| 43 | 铁路企业职教网考学习系统v1.0 | 软著登字第0371156号 |
| 44 | 机车调度管理系统v1.0 | 软著登字第0371006号 |
| 45 | 铁路企业设备管理地理信息系统v1.0 | 软著登字第0371179号 |
| 46 | 车辆调度管理系统v1.0 | 软著登字第0371190号 |
| 47 | 车辆移动作业系统v1.0 | 软著登字第0370924号 |

**表2-2　申报国家专利明细表**

| 序号 | 名称 |
|---|---|
| 1 | 一种XML塔式数据装置 |
| 2 | 一种数据图像处理装置 |
| 3 | 一种强光LED手持终端 |
| 4 | 一种RFID手持终端 |
| 5 | 一种IPV7手持终端 |
| 6 | 一种GPS巡检装置 |
| 7 | 一种全能手持终端 |
| 8 | 一种手持单工作业终端 |
| 9 | 一种便携铁路车号识别终端 |
| 10 | 一种固定铁路机车号采集装置 |
| 11 | 一种铁路视频数据采集机 |
| 12 | 一种铁路视频数据采集机 |
| 13 | 一种铁路电子闸楼装置 |
| 14 | 一种图像调车安防装置 |
| 15 | 一种巡线安全报警器 |
| 16 | 一种视频巡检仪 |
| 17 | 一种机车防火报警装置 |
| 18 | 一种机车数据存储装置 |

## 第八节　信息技术应用集成模式创新

随着朔黄铁路信息化的普及和应用，简单的信息基础网络已经不能满足企业日益发展的要求，搞好信息化基础网建设是关键。

### 一、基础建设

从2006年开始通过公开招标进行基础网建设，包括公司中心机房、5个分（子）公司和41个车站机房监控。中心机房核心监控，其他铁路沿线机房建立远程监控系统终端。建设过程中公司时刻控制重点环节，实行了"统一设计，分步实施"的建设管理模式，本着"高起点，高标准，高质量，高效率"的原则，引进吸收消化成熟先进技术，结合企业特点，在故障冗余技术、数据大集中技术、无人站监测技术、地址编码技术、管理一体化技术等方面不断创新，以"万兆传输，万兆交换"为标志的企业专网顺利建成。公司万兆网覆盖朔黄铁路整个沿线，延伸到分（子）公司、车站、工队、班组和生活小区，并为公司发展提供了充裕的空间。

目前，朔黄铁路公司建成24芯、48芯光缆，1 200皮长公里，干线传输10G，核心10G交换的运输和综合2个专用网络，形成信息网互备的可靠保障。朔黄铁路信息网络有公司局域网、车站局域网、联结两类网的广域网，以及联结集团和友邻的广域网，干线千兆到桌面，支线百兆到用户，目前公司用户数10 000户。

为满足朔黄铁路要求，信息网络按照语音、数据、视频统一模式，实现在一个网络平台上开展多种网络业务，多网合一，以提高公司的工作效率。公司可视化运输实现运输视频监控和铁路安防合一，铁路运输视频会议和保安视频会议系统结合，公用540个监控点，26个会议室，节约投资2 000多万元。网络选用高可靠性产品，合理设计网络构架，制定策略，建设高稳定、安全、灵活的网络。

为了保证信息互联互通，公司进行了10多家网络接口建设。主要有：建立与集团专线接口；建立互联网、网通和铁通专线接口；神朔公司、黄骅港务公司专线接口；北京局、太原局、天津地方铁路公司、铁路沿线电厂等接口。

### 二、信息共享

重载运输平台建成统一的信息网，承担统一的信息传输、数据交换和信息存储平台。几十个应用服务器群集中工作，形成应用中心。在肃宁建立数据中心，有基础数据库、各专业数据库、共享数据库，数据交换平台等。

在公司信息化建设中，多部门多业务系统采用不同的语言、不同数据库和给予不同的操作平台，这样，当把各个业务系统进行集成，实行一站式服务时，各个业务系统间的数据交换和共享就成为一个重要而且必须解决的问题。为此，建立一个能够实现分布式、基于异构数据库、基于不同操作平台的通用的数据交换平台来实现不同系统间的数据交换和共享。

数据交换平台需满足数据中心的需求，需满足数据中心数据仓库级别对数据交换的性能的要求。因此,要求在功能和性能上完成功能齐全、安全高效的统一数据交换,使每种功能都具有相同的外观和感觉。当用户在一个部分中输入信息,它就自动地在所有地方都反映出来,各种功能的结合确保了各机构获得一致的、精确的、及时的数据。

考虑到环渤海湾经济区的发展,朔黄铁路运量的增长,在原平建立备灾中心,作为远期发展考虑。

朔黄铁路采用"大集中、扁平化"模式建设企业万兆网技术,在国内同行业中属于首创。它的建成不仅使朔黄铁路信息化基础设施得到大幅度提升,解决了多年束缚朔黄铁路信息能力的瓶颈问题,而且为朔黄铁路运用信息化手段建立铁路运输生产、资源管理、综合管理、安全管控、电子商务等奠定了基础。朔黄铁路信息基础网应用,各个环节不断完善,朔黄铁路沿线各站区、班组和个人应用系统接入骨干网,形成正规、高速、高质的信息网络。朔黄铁路专网模式得到铁路、交通等行业的肯定,红外线系统形成了行业建设模式。

## 第九节　信息化软实力模式创新

信息化为企业管理现代化服务。通过企业自动化办公、视频会议、网络管理,减少了官僚作风,提高了工作办事效率。信息系统本身结构和设备配备要实现免维护,沿线最大限度减少维护人员。信息化为提升公司安全控制能力、质量增效能力、资源集约能力、和谐发展能力、科技创新能力作出了巨大贡献。

### 一、三基建设

贯穿企业"基础、基层、基本功"的信息化"三基"建设,提升了三基建设综合能力。

1. 通过信息化加强了绩效管理

为保证绩效管理落到实处,公司完善了绩效管理功能,结合逐级负责的绩效管理体系,考核内容涵盖安全管理、运输生产、成本控制、工队建设等"五型企业"建设方方面面,考核对象覆盖全员,实现了无死角考核;考核指标细化、评分标准明确,实现了按专业统一考核,绩效考核过程透明,结果公开,台账记录规范,实现了日清日结;建立了全公司统一的绩效考核办法,绩效管理与员工薪酬收入幅度、能否升级,能否评先结合起来。

2. 通过贯标、流程再造,建立准确的基础数据

根据前三年的经验结合公司发展现状,实施了以公司组织架构为基础,以流程为载体,以 ISO9001 标准为依据的贯标新模式,从公司、分公司层面分别编制了质量体系文件,用分层级的公司、分公司机关作业指导书代替了原有的程序文件,在制度上防止了"两张皮"现象。在原来基础上,根据贯标新模式的创立推行,以流程再造为基础,持续对公司各单位共 501 个流程进行梳理,固化科学程序,优化薄弱环节,简化操作程序,以规范流程保证执行力,使之更加实用化,科学化。

3. 以基础设备整治和完善信息化规章制度为重点,加强了基础建设

根据公司管内运输信息化设备的变化,重新修订并印发了《朔黄铁路综合运输信

息系统管理细则》,完善了工队作业组织管理标准、考核标准及联合运输管理办法,并对安全管理制度进行了细化和规范;编制了《朔黄铁路各专业信息化使用手册》,制定了《朔黄铁路信息化管理办法》、《分散自律调度集中(CTC)及列车调度指挥(TDCS)系统维护管理办法》、机车车号识别系统、车辆管理信息系统等规章制度20多项。

4. 以提高员工队伍素质为重点加强了基本功建设

重点围绕信息新技术新设备运用和运输生产需求加大了对员工专业技能的培训,共举办专业技术培训班28期,培训3422人次。针对综合运输信息系统的建设启用,对全线员工等相关专业进行了24期3000多人次的培训,包括对新入职的80名调度员在内的调度指挥中心新老员工进行了业务强化培训,为综合运输信息系统顺利启用提供了人员与技术保障。为顺利启动实施ERP系统,对全线核算员、工队长近600人进行了相关专业知识的培训。

## 二、构建五型企业

信息化全面提升了公司五个能力,从而建设五型企业。

(1)安全控制能力。要借助信息化的手段从政治安全、经济安全和生产安全三个方面,在全公司建立安全预防控制能力。重点实施:安全管理、可视化运输、动态监控、风险预防等系统。

(2)质量增效能力。建立现代化多专业协作链体系。在生产指挥中心能力建设的同时,加强协同关系,通过对整个协作链全过程的信息共享,提高生产指挥效率和保证业务计划的落实。在网运分离思想的指导下重点实施:运输、机务、供电、工务、信息、车辆管理系统。

(3)资源集约能力。公司对有限资源整合和调配,实现企业效益的最大化。建立标准化责任体系,分配调整业务活动过程中的人力、物资、资金分配的能力,实现财务业务在资源管理中的集成一体化管理。在计划、预算、考核指标的制定、跟踪、调整等关键环节具备充分的能力,为公司提供决策支持。重点实施财务、物资、人力资源、工程管理、客户管理等系统。

(4)科技创新能力。科技服务能力在公司范围内可以更有效地推动科技管理标准化,从节能环保到科技开发,从而推动公司科研目标的实现,保证质量。科技创新能力保证公司在一个多专业协作环境中,公司能够把握每一个专业科技管理,指导各科研项目投资和发展方向,为公司决策层提供支持。重点实施科技管理、项目研发、节能减排等系统。

(5)和谐发展能力。主要包括党群政策、法律规范、环保绿化、后勤保障、物业治安等借助信息化提升管理方面的能力。重点实施办党群管理、公自动化、企业政务、企业规划、环保绿化、后勤保障、物业管理、治安管理等系统。

## 三、和谐企业文化

党群管理信息系统是在结合朔黄公司企业党群工作大部委制的实际需求下研发的党

务、团务、工会为一体的综合信息管理系统，建立科学严谨的管理模型，采用信息综合管理系统平台，构建和谐企业文化。

1. 党群管理信息化

党群管理信息系统是以党、团、工会的基本业务管理为基础，党务部分包括机构设置、组织工作、干部工作、纪检监察、网上党校、基本信息等；团务部分包括人才管理、团组织建设、各级团组织的业务管理、社团管理等；工会管理包括工会消息、会员信息管理、奖励管理、文体设施管理、入会申请、提案管理、济困管理等。集数据采集、计划执行与跟踪、事务提醒与预测、统计分析及汇总等功能为一体的管理信息系统。它主要针对企业各层党群管理工作而设计，为各级党群工作提供管理和统计分析等的数据。党群管理信息系统以党、团、工会一体的形式体现公司、分公司、支部、小组各级管理中，归纳出各级需求的共性和特性，满足基层所各具特色的需求，创新地将企业中党群工作大部委制得以发展，填补了国内空白。

2. 建立和谐环境

建立党群管理信息系统的同时，坚持以人为本的管理理念，从实际行动出发，关爱员工，惠及百姓，谋求和谐的内外部环境。建设应用好企业网站，4 个一级页面和 56 个二级页面，发挥了朔黄铁路各个层面新闻宣传和办公信息应用的作用。网站信息由公司各部门和各分(子)公司提供，公司各部门子站由部门负责维护，部门需按照栏目更新频率及时更新内容。内容包括：朔黄铁路新闻、朔黄铁路网上视频宣传片、深度报道、评论。分(子)公司重要新闻、重点工作、有特色和亮点的新闻、深度报道、评论。员工理论探讨、专业研究的论文。网上员工文学、摄影、绘画、书法等作品。将员工团结在公司周围，同心协力，积极倡导良好网风，利用互联网这一平台提倡网络宣传健康向上的思想和政策，公司建立了触摸屏查询系统，所有工队、班组都有信息触摸屏查询终端和网络终端，让所有员工了解世界，了解公司。设置触摸屏查询终端 140 处，网络终端 2 600 多台，公司建立了企业电视网，为各个站区公寓新增了电视，公司在主要地区建立了 3G、Wi - Fi 无线网络等，用户 10 000 多个；开展了丰富多彩的网络业余文化活动，营造了积极向上的良好氛围。

3. 关爱员工，惠及员工

提倡薪酬分配向一线倾斜，提高偏远车站人员薪酬，增加地方津贴和伙食补助，并将员工收入纳入网站管理，使员工可以随时查询自己的收入明细，从而解决了过去纸条工资单人工传递延误、丢失等问题。

4. 建立关心员工的平台

“信息化为员工服务，使员工享受信息化的收益”这是朔黄铁路信息化的建设理念。关心员工健康，公司定期组织员工健康检查，并将组织员工健康检查情况通过网站随时查询，将员工养老保险、医疗保险、失业保险、工伤保险、生育保险、住房公积金“五险一金”保障体系纳入网站，公开透明，一目了然。

## 第十节　信息化再创新

### 一．合资企业信息化体制

按照公司经营管理模式，探讨公司信息化管理体制，建立企业信息化“管理综合，区域整合，专业复合，外包结合”的新模式。

(1)管理综合。根据公司“网运分离、条块结合、修程分管、管理综合”的管理体制，从铁路运输企业信息化建设方面综合考虑，将信息系统建设与专业管理体制结合，使信息技术与各业务系统（运输、安全、经济、管理等）跨专业管理，达到节约资源，管理综合。

(2)区域整合。为了满足公司机构“两级管理，三级核算和综合指挥”的决策模式，达到信息快速处理与数据交换，采用“公司管核心，分公司管片”的模式，形成公司和分公司按区域整合。

(3)专业复合。根据公司“资源共享，机构精简，财材集中，基础加强”模式，解决朔黄铁路沿线车站信息化专业人才少的问题，在沿线不设专业微机维护技术人员，培养现场通信专业和微机专业维护人员，达到专业复合。

(4)外包结合。公司信息化建设采用“大集中”方式，避免铁路沿线站站配备高技术人员现象。公司掌握信息化核心技术，对于专业应用技术，采用服务外包专业公司的模式，调整信息专业人员构成比例，实现技术核心公司控制与技术服务外包结合。

(5)高效维护。按照惯例企业中通信值班人员、网络信息值班人员、核心维护人员是3个不同岗位人员，实行4班3运转制，平均每班组5 ~6人，公司实行职能优化，组建为一个网管中心，节约维护人员30人。按照惯例朔黄铁路各车站通信室，有1名信息维护人员，4人/站，共42站，公司采用复合岗位，通信、网络2个岗位1人承担，共节约160多人。按照行业信息化工作量计算，公司现有微机3 200余台，网络、视频会议等信息化设备1 600台(套)。通常企业应配有管理维护人员230多人。公司采用服务外包专业公司的模式，增加技术含量，减少工作量，现在只有15人承担管理，工作效率提高近5倍。

### 二、规章与技术标准

朔黄铁路在信息化建设的同时形成了公司企业信息化建设思路，形成了企业信息化管理和技术体系。由于信息技术不断进步，新技术不断涌现，现有的“5年计划”满足不了日益发展的形式需要，为了跟上信息化建设工作步伐，公司定期修改信息化规划，从“十一五”《朔黄铁路信息化5年规划》到“十二五”规划，现在已经修改4次。自建专业管理办法规章25项，完成基础标准、设施标准、运维标准等技术标准48项，其中18项技术标准属创新完成。

1. 专业管理办法规章

(1)《朔黄铁路信息化5年规划》；

(2)《朔黄铁路信息化管理办法》；

(3)《朔黄铁路信息化建设管理办法》；

(4)《朔黄铁路企业办公实施细则》;
(5)《朔黄铁路信息化设备运用维护管理细则》;
(6)《朔黄铁路 TPDS 管理细则》;
(7)《朔黄铁路 ERP 资源管理细则》;
(8)《朔黄铁路 EST 综合运输管理细则》;
(9)《朔黄铁路 SCM 安全管理细则》;
……

2. 信息技术基础标准

(1)信息技术标准(见表 2－3)

**表 2－3　信息技术标准**

| 子　类 | 标准类别 | 编　号 | 标准名称 |
|---|---|---|---|
| 1.1 术语标准 | 道路运输类术语规范 | GB/T 7179—1997 | 《铁路货运术语》 |
| 1.2 信息分类与编码标准 | 基础数据库类编码规范 | SHTL－STD－GENR－001 | 《朔黄信息系统公用基础数据编码规范》 |
| 1.3 数据元素标准 | 数据元标准 | SHTL－STD－GENR－002 | 《朔黄数据元标准》 |
| 1.4 软件工程文档格式标准 | 需求分析文档 | SHTL－STD－GENR－003 | 《朔黄软件需求分析文档规范》(参照软件设计文档国家标准 GB 8567—88) |
| | 概要设计文档 | SHTL－STD－GENR－004 | 《朔黄软件概要设计文档规范》(参照软件设计文档国家标准 GB 8567—88) |
| | 详细设计文档 | SHTL－STD－GENR－005 | 《朔黄软件详细设计文档规范》(参照软件设计文档国家标准 GB 8567—88) |
| | 测试计划文档 | SHTL－STD－GENR－006 | 《朔黄软件测试计划文档规范》 |
| 1.5 信息化工程监理规范 | 信息化工程监理规范 | GB/T 19668 | 《信息化工程监理规范》 |

(2)基础设施标准(见表 2－4)

**表 2－4　基础设施表**

| 子类 | 标准类别 | 标准编号 | 标准名称 |
|---|---|---|---|
| 2.1 网络体系结构 | 网络拓扑 | GB/T 15629.3 ITU－T | 《信息处理系统局域网第 3 部分:带碰撞检测的载波侦听多址访问(CSMA/CD)的访问方法和物理层规范》 |
| | | GB/T 15629.5 (令牌环) | 《基本用户－网络接口——第 1 层规范》 |
| | IP 地址规划 | SHTL－STD－INFRA－001 | 《朔黄 IP 地址规范》 |

续上表

| 子类 | 标准类别 | 标准编号 | 标准名称 |
|---|---|---|---|
| 2.2 硬件设施技术标准 | 系统硬件需求类规范 | GB/T 21028—2007 | 《信息安全技术服务器安全技术要求》 |
| | | 1-1YDN06597 | 《千兆比以太网交换机技术规范》 |
| | | GB/T 18018—2007 | 《路由器安全技术要求》 |
| | | GB/T 20281—2006. | 《防火墙技术要求和测试评价方法》 |
| 2.3 综合布线技术标准 | 布线实施类标准 | GB 50311—2007 | 《综合布线系统工程设计规范》 |
| 2.4 网络接入标准 | 网络连接配置类标准 | YD/T1148-2005 | 《网络接入服务器技术要求》 |
| 2.5 网络机房环境标准 | 机房网络的硬件规范 | GB 50174—2008 | 《电子信息系统机房设计规范》 |

(3)运维与管理标准(见表2-5)

**表2-5 管理标准**

| 子类 | 标准类别 | 标准名称 | 说明 |
|---|---|---|---|
| 3.1IT支持服务 | 发布管理 | ITIL(ITInfrastructureLibrary 信息技术基础架构库) | 发布管理是指对经测试后导入实际应用的新增或修改后的配置项进行分发和宣传的管理流程,目的是要保障所有的软件组件的安全性,以确保只有经过完整测试的正确版本得到授权进入正式运行环境 |
| | 配置管理 | ITIL(ITInfrastructureLibrary 信息技术基础架构库) | 配置管理是将一个系统中软件和硬件等配置项资源进行识别和定义,并记录和报告配置状态和变更请求以及检验配置项的正确性和完整性等活动构成的过程 |
| | 变更管理 | ITIL(ITInfrastructureLibrary 信息技术基础架构库) | 变更管理是要确保在IT服务变动的过程中能够有标准的方法,以有效的监控这些变动,降低或消除因为变动所造成的问题。它的目的并不是控制和限制变更的发生,而是对业务中断进行有效管理,确保变更有序进行 |
| 3.2IT服务提供 | 可用性管理 | ITIL(ITInfrastructureLibrary 信息技术基础架构库) | 可用性管理是在正确使用资源、方法及技术的前提下保障IT服务的可用性和实践可用性要求。目标是确保IT服务的设计符合业务所需的可用性级别 |
| | 能力管理 | ITIL(ITInfrastructureLibrary 信息技术基础架构库) | 能力管理致力于根据现在和未来的业务需要,在恰当的时间以恰当的成本协调的提供所需的IT资源 |
| | IT服务财务管理 | ITIL(ITInfrastructureLibrary 信息技术基础架构库) | IT服务财务管理就是要构建对IT基础设置的管理,从而促进高效和经济地使用IT资源 |
| | 服务级别管理 | ITIL(ITInfrastructureLibrary 信息技术基础架构库) | 服务级别管理的目标就是识别IT服务相关方的共同服务目标和服务目的 |

(4)应用系统标准(见表2－6)

**表2－6　应用系统标准**

<table>
<tr><th>子类</th><th>标准类别</th><th>编号</th><th>标准名称</th></tr>
<tr><td rowspan="4">4.1 应用系统开发技术标准</td><td>应用系统的功能规范</td><td>SHTL－STD－SYS－001</td><td>《应用系统功能描述标准》</td></tr>
<tr><td>门户类设计规范</td><td>SHTL－STD－SYS－014</td><td>《朔黄 SR－ERP 系统项目－综合门户配置规范》</td></tr>
<tr><td rowspan="2">数据库管理规范</td><td>SHTL－STD－SYS－015</td><td>《朔黄 SR－ERP 系统项目－数据库管理规范》</td></tr>
<tr><td>SHTL－STD－SYS－016</td><td>《朔黄 SR－ERP 系统项目－中心数据库信息项数据结构规范》</td></tr>
<tr><td rowspan="7">软件配置规范</td><td>SHTL－STD－SYS－017</td><td colspan="2">《朔黄 SR－ERP 系统项目－SSO 安装与配置规范》</td></tr>
<tr><td>SHTL－STD－SYS－019</td><td colspan="2">《朔黄 SR－ERP 系统项目－MQ 安装配置规范》</td></tr>
<tr><td>SHTL－STD－SYS－020</td><td colspan="2">《朔黄 SR－ERP 系统项目－MB 安装配置规范》</td></tr>
<tr><td>SHTL－STD－SYS－021</td><td colspan="2">《朔黄 SR－ERP 系统项目－MQ 接口开发规范》</td></tr>
<tr><td>SHTL－STD－SYS－022</td><td colspan="2">《朔黄 SR－ERP 系统项目－MQ 消息格式规范》</td></tr>
<tr><td>SHTL－STD－SYS－023</td><td colspan="2">《朔黄 SR－ERP 系统项目－异常与反馈消息处理规范》</td></tr>
<tr><td>SHTL－STD－SYS－021</td><td colspan="2">《朔黄 SR－ERP 系统项目－公共数据管理规范》</td></tr>
<tr><td rowspan="2">服务器开发与管理规范</td><td>SHTL－STD－SYS－005</td><td colspan="2">《朔黄 SR－ERP 系统项目－WAS 应用服务器安装部署规范》</td></tr>
<tr><td>SHTL－STD－SYS－026</td><td colspan="2">《朔黄 SR－ERP 系统项目－项目集中办公场地开发测试环境配置说明》</td></tr>
<tr><td>4.2 数据交换标准</td><td>系统输出数据标准:共享数据技术标准、数据交换条件、数据交换实现方式。</td><td>SHTL－STD－SYS－007</td><td>《重载铁路信息化系统数据交换标准》</td></tr>
<tr><td>4.3 软件生命周期管理</td><td>应用软件版本管理变更标准</td><td>SHTL－STD－SYS－011</td><td>《重载铁路信息化系统版本控制标准》</td></tr>
</table>

(5)信息安全标准(见表2－7)

**表2－7　信息安全**

<table>
<tr><th>子类</th><th>标准类别</th><th>编号</th><th>标准名称</th></tr>
<tr><td rowspan="3">5.1 信息安全风险评估规范</td><td rowspan="3">物理环境和基础网络系统、网络设备和安全区域防护、应用系统安全评估和流程审计、应急响应与备份系统等方面开展技术评估</td><td>GB/T 20984—2007</td><td>《信息安全风险评估规范》</td></tr>
<tr><td>GB/Z 24364—2009</td><td>《风险管理指南》</td></tr>
<tr><td>ISO/IEC27005—2008</td><td>《信息安全风险管理》</td></tr>
<tr><td rowspan="4">5.2 信息安全管理体系风险评估规范</td><td>信息资产的管理</td><td>ANSI/INCITS/ISO/IEC27001－2005</td><td>《信息安全管理系统、要求》</td></tr>
<tr><td>人员安全的管理、业务系统物理环境的安全,系统的通信与运维管理</td><td>ISO/IEC27006－2007</td><td>《信息安全管理系统审核和认证的机构要求》</td></tr>
<tr><td rowspan="2">系统的安全访问控制管理,信息安全事件的管理、业务系统的业务连续性管理</td><td>GB/T 22081—2008</td><td>《信息安全管理实用规则》</td></tr>
<tr><td>GB/T 22080—2008</td><td>《信息安全管理体系要求》</td></tr>
</table>

# 第三章　国际国内重载信息技术

## 第一节　国际铁路重载信息化历程

国际铁路重载运输是从20世纪50年代开始出现并发展起来的。随着第二次世界大战后的经济复苏以及工业化进程的加快，世界各国对原材料和矿产资源等大宗商品的需求量增加，导致这些货物的运输量增长，给铁路运输提出了新的要求，而大宗、直达的货源和货流又为货物运输实现重载化提供了必要的条件。铁路企业从扩大运能、提高运输效率和降低运输成本出发，也希望提高列车的重量。同时，铁路技术装备水平的不断提高，又为发展重载运输提供了技术保障。

重载铁路运输因其运能大、效率高、运输成本低而受到国际各国铁路的广泛重视，特别是在一些幅员辽阔、资源丰富，煤炭和矿石等大宗货物运量占有较大比重的国家，如在中国、美国、加拿大、巴西、澳大利亚、南非、瑞典等，发展尤为迅速。20世纪80年代以后，由于新材料、新工艺、电力、计算机控制和信息技术等现代高新技术在铁路上的广泛应用，铁路重载运输技术及装备水平不断提高，重载列车的牵引重量也有很大提高，尤其是在2000年后，铁路重载运输更是突飞猛进，迅速发展。

在2005年国际重载协会理事会上，对新申请加入国际重载协会的重载铁路，要求至少满足以下三条标准中的两条：一是列车质量不小于8 000 t；二是轴重达27 t以上；三是在长度不小于150 km线路上年运量不低于4 000万吨。重载铁路是一种效率甚高的运输方式。重载列车着重研究的问题是运行管理、轨道的适应性，以及大宗散货的装卸等。重载铁路运输特别是在一些幅员辽阔、资源丰富、煤炭和矿石等大宗货物运量占有较大比重的国家，如中国、美国、加拿大、巴西、澳大利亚、南非等，发展尤为迅速。目前，重载铁路运输在国际范围内迅速发展，重载运输已被国际公认为铁路货运发展的方向，成为国际铁路发展的重要趋势。

### 一、国际铁路重载运输概况

国际重载列车牵引质量一般为1～3万吨，美国重载列车编组通常为108辆货车，牵引重量为1.36万吨；加拿大典型单元重载列车编组为124辆货车，牵引重量为1.6万吨；南非重载列车的牵引重量一般为1.8～2万吨；澳大利亚哈默利斯铁矿铁路重载列车一般编组为226辆货车，牵引重量为2.8万吨；巴西维多利亚—米纳斯铁路标准编组列车为320辆编组，列车牵引重量3.1万吨。2001年6月21日，澳大利亚在纽曼山—海德兰铁路线上，试验开行了编组达682辆货车的重载列车，列车总长7 353 m，牵引重量达9.9734万吨，创造了重载列车新的试验纪录。

目前,世界上重载铁路年运量普遍在1亿吨以下,超过1亿吨的重载铁路仅有几条,主要是:巴西维多利亚—米纳斯铁路(898 km),年运量为1.3亿吨;澳大利亚纽曼山—海德兰铁路(426 km),年运量为1.09亿吨;南非姆普马兰加—理查兹铁路(580 km),年运量为1.05亿吨。

## 二、国际重载铁路标准与模式

国际各国铁路由于运营条件、技术装备水平不同,采用的重载列车运输型式和组织方式也各有特点。为推动国际重载运输的发展,1985年,中国、美国、澳大利亚、加拿大、南非等5国铁路发起成立了国际重载协会。目前,该协会有澳大利亚、巴西、加拿大、中国、印度、南非、俄罗斯、瑞典/挪威和美国等9个常任理事国。

### 1. 重载铁路标准

国际重载协会先后于1986年、1994年和2005年三次修订了重载铁路标准。1994年修订标准的要求重载铁路必须满足以下三条中的至少两条:

——列车重量至少达到5 000 t;

——轴重达到或超过25 t;

——在长度至少为150 km的线路上年运量不低于2 000万吨。

在2005年国际重载协会理事会上,对新申请加入国际重载协会的重载铁路,要求满足以下三条标准中的至少两条:

——列车重量不小于8 000 t;

——轴重达27 t以上;

——在长度不小于150 km线路上年运量不低于4 000万吨。

(目前,我国大秦铁路、朔黄铁路满足国际重载协会2005年的重载铁路新标准)

### 2. 重载列车模式

国际铁路重载列车主要有三种模式:

——重载单元列车:列车固定编组,货物品种单一,运量大而集中,在装卸地之间循环往返运行。这种列车以北美铁路为代表,我国在重载铁路采用C63、C70、C76、C80等开行这种重载列车。

——重载组合列车:两列或两列以上列车连挂合并,使列车的运行时间间隔压缩为零。这种列车以俄罗斯为代表,我国朔黄铁路开行的4×5000 t和2×10000 t列车为这种重载列车。

——重载混编列车:单机或多机重联牵引,由不同型式和载重的货车混合编组而成。(我国京沪、京广、京哈等大干线开行的5 000 t货物列车为这种重载列车)

## 三、国际铁路重载信息技术

### 1. 机车同步操控技术

南非、瑞典等国的重载铁路大都采用了电力机车,而美国、加拿大、澳大利亚等国重载铁路多采用内燃机车。德国生产重载电力机车,美国生产内燃机车,都采用了交流传动技术、径向转向架和微机控制防滑防空转系统。重载电机车的功率普遍在5 000 kW以上,最大达到 9 600 kW，内燃机车的最大功率可达 4 476 kW。重载运输大马力同步操控是关键。

2. 大轴重货车电控技术

大轴重、低自重、低动力作用的重型化货车是当前重载货车发展的方向。在轴重方面，美国、加拿大、澳大利亚等为 32. 5 ~35. 7 t，巴西、瑞典为 30 t，南非为 26 t，俄罗斯计划提高到 27 t。在车体材料方面，国际普遍采用了低合金钢及铝合金、不锈钢，美国 90% 的重载货车采用了铝合金车体。在转向架方面，南非、瑞典采用了谢非尔自导向径向转向架，加拿大、美国、澳大利亚等国也研制了导向臂式货车转向架，大大降低了轮轨间的磨耗。在货车车钩缓冲装置方面，国际车钩强度已提高到 3000 kN 以上，缓冲器容量多在50 kJ以上，美国 E 级钢车钩的破坏强度为 3342 kN，Mark50 型缓冲器的容量为 53. 8 kJ。部分国家重载货车还采用了牵引杆技术，制动采用了 ABDW 和 DB60 重载阀和高磨闸瓦等新技术。

1959 年，美国首先进行了机车无线同步操纵系统的试验。该系统由安装在头部本务机车上的主控设备和安装在从控机车的受控设备及无线通信系统组成。目前，国际列控系统产品已发展到第四代产品，其性能不断完善，可靠性不断提高，性价比较好，已经大批推广应用套。

1995 年，美国开始研制列车电控空气制动系统（ECP），1997 年 ECP 在北美开始装车试验。ECP 电控空气制动系统由机车和每辆车辆上的控制单元及列车网络组成。目前，美国、加拿大、澳大利亚、南非等国已在重载铁路上采用了该项技术。

3. 线路维护信息技术

国际重载线路普遍铺设 60 kg/m 及以上的重型钢轨，采用钢轨涂油润滑和打磨技术，通过强化钢轨材质等措施来提高钢轨的强度，延长钢轨使用寿命和减少维修工作量。同时，各国重载线路基本上铺设了无缝线路，以提高线路的稳定性、平顺性。各国重载线路还通过增加道砟厚度和密实度，来改善线路结构的整体承载能力和提高线路的稳定性，美国、加拿大、南非等国的重载线路道床厚度一般都在 30cm 以上，巴西道床厚度达 40cm。通过信息化维护管理。

4. 装卸配套信息技术

由于重载运输不但要运得快，还要有相应的集疏配套能力。装卸储运能力是关键，配套的装卸机械和堆场管理技术，是重载运输的重要技术组成。国际上主要研究上下游的配套能力，通过信息化实现从买家到用户一条龙协同。图 3 –1 是神华港务公司装卸配套设施图。

图 3 –1　装卸配套设施图

5. 信息技术

国际上重载运输信息技术主要是按照重载铁路企业运输模式,形成信息化5层架构:设备层、监控层、执行层、管理层、决策层。其发展趋势是自动化、数字化、信息化、智能化。归纳国际重载运输信息技术主要系统组成是:运输指挥系统、调度管理系统、养护作业管理系统、机车作业管理系统、车辆管理系统、设备管理系统、信号通信管理系统、环境状态集中监控系统、电力系统控制系统、信息系统等。美国、加拿大、澳大利亚、南非等国由于企业结构单一,运量较小,涉及面小,偏重于重载信息化的设备层、监控层、执行层的建设,如机车无线同步操纵、电控电空制动技术、地面中心等,信息技术重点放在自动化、数字化的应用。我国年运量大,涉及集疏运、产运销和配套能力等诸多方面因素,管理协调工作多,因此发展重载信息化监控层、执行层、管理层、决策层方面技术较多,如机车无线同步操纵、调度集中、综合运输、专业信息技术应用、GSM-R和4G-R技术,目前,重载信息化取得了巨大成就,将重载运输数字化与管理结合向信息化、智能化推进。

## 第二节 国内重载信息技术应用发展

### 一、大秦铁路信息技术应用

我国重载铁路运输发展是以大秦铁路为代表的。其发展过程主要经历了四个阶段,采取了三种相应的重载运输模式。大秦铁路全长653 km,是中国西煤东运的主要通道之一。大秦铁路是中国新建的第一条双线电气化重载运煤专线,1992年底全线通车,2002年运量达到1亿吨设计能力。为最大限度发挥大秦铁路作用,有效缓解煤炭运输紧张状况,自2004年起,大秦铁路实施持续扩能技术改造,开行1万吨和2万吨重载组合列车,全线运量逐年大幅度提高,2008年运量突破3.4亿吨,成为国际上年运量最大的铁路线。2010年大秦铁路达到年运量4亿吨的目标。

大秦铁路在重载信息化建设中,有运输管理信息系统TMIS和行车调度指挥系统TDCS,还有机务管理信息系统,车辆管理信息系统,工务管理信息系统和电务管理信息系统等,在调度指挥中心(调度所)实现了调度集中,列车运行图自动记点、画线、生成。重载信息化在大秦铁路重载运输中发挥了重要作用。

### 二、朔黄铁路重载运输技术体系

朔黄铁路重载运输技术体系见图1-5。

(1)牵引动力。开行重载列车机车需要有足够的牵引和制动功率及机械强度。引进的神八型大功率交流传动电力机车可以很好地满足开行2万吨列车的需要。朔黄铁路使用的主型机车是$SS_{4G}$型机车,通过对制动系统和钩缓装置等进行加强改造后,可以基本满足朔黄铁路开行重载列车的牵引需要。

(2)重载车辆。目前朔黄铁路已经采用的$C_{80}$重载货车,基本上可以满足开行重载列车的需要,通过对部分部件的加装改造,可以进一步提高列车的运行品质。

(3)基础维护。通过对线路、牵引供电等进行适当改造,满足了开行重载列车的需要。

(4)装卸配套。重载列车的装卸、场地环境利用,下游消耗是重载运输节奏性是关键因素,我国还有待突破系列技术。

(5)重载信息技术。重载列车超长,800MHz、LTE 基础网支持列车同步操控,列车追踪、密度、多种列车混合运输。信息化贯穿整个过程,安全保障、运输指挥、管理应用信息技术支撑是重载运输的关键因素。

### 三、朔黄铁路重载信息技术的主要应用

朔黄铁路在重载信息技术应用中主要做了如下工作:

(1)安全管控信息技术。建立了视频监控、红外线等安全系统 20 多个,建立大轴重热轴模型技术,将红外线探测能力范围由 200 辆级升级 500 辆级;重点研制了以 LTE 为代表的重载运输监控技术,2012 年 12 月 11 日,朔黄重载铁路新型移动宽带系统研究采用了先进的 TD - LTE 技术,是国际上第一个 4G 铁路网络,与目前铁路移动通信系统相比,在带宽、传输时延等关键性指标上有重大突破,项目的实施为朔黄铁路开行 2 万吨重载列车列控平台创造了条件。朔黄重载铁路新型宽带移动通信系统已全面完成了网络测试和业务测试,并完成了重载列车试验,项目取得了圆满成功。

(2)运输生产信息技术。采用调度集中解决重载超长列车中间站过长压岔延时的难题,建立重载列车运输空间管理平台,创新应用综合调度信息技术,重点推行重载列车优先权。

(3)资源配置信息技术。采用大马力机车等级整备系统管理技术,探索大轴重故障预报判断综合技术,应用 ERP 技术实现精细化管理等。

(4)基础建设信息技术。公司建设了双万兆网,探索了大集中、虚拟化等支撑技术,重载列车综合检测技术;重载综合运输技术、资源配置管理技术、网运分离结算技术等重大技术创新;朔黄铁路组织研制以 LTE 为代表的重载运输监控技术,以 LTE 接入技术为主要列控平台,主要工作频点为 1. 8GHz。具体实施的步骤:第一步重点用好列控、调度指挥等信息;第二步实现图像监控的信息;第三步实现全范围覆盖。

(5)综合管理信息技术。全员参与,全员管理,实现了企业无纸化管理,企业基本实现信息化,探索了重载运输中企业人文管理,员工享受信息化成果。

## 第三节 朔黄铁路重载信息技术应用路线图

朔黄铁路公司是由神华集团、原铁道部、河北省三方共同出资组建的合资铁路,1998 年 2 月 18 日在国家工商行政管理局注册成立。公司注册资本金 58. 8 亿元人民币,主营业务是朔黄铁路的建设和经营管理。现有固定资产约 260 亿。公司现下设 13 个职能部室、4 中心、1 个公安处、3 个分公司和 1 个控股子公司。3 个分公司共下设 116 个专业工队,386 个作业组。公司负责经营管理、生产指挥和资产的保值增值,分公司负责安全生产、设备维护保养和确保任务指标完成,工队为专业技术生产或维修单位。朔黄铁路包括朔黄线和黄万线。其中,朔黄线 34 个车站,黄万线 8 个车站。2013 年运量达 2. 4 亿吨,未

来几年将达5亿吨。2013年运输收入170亿元，从2000年5月18日到2013年12月31日累计运煤19多亿吨，累计收入超1 300多亿元。

## 一、企业结构（见图3－1）

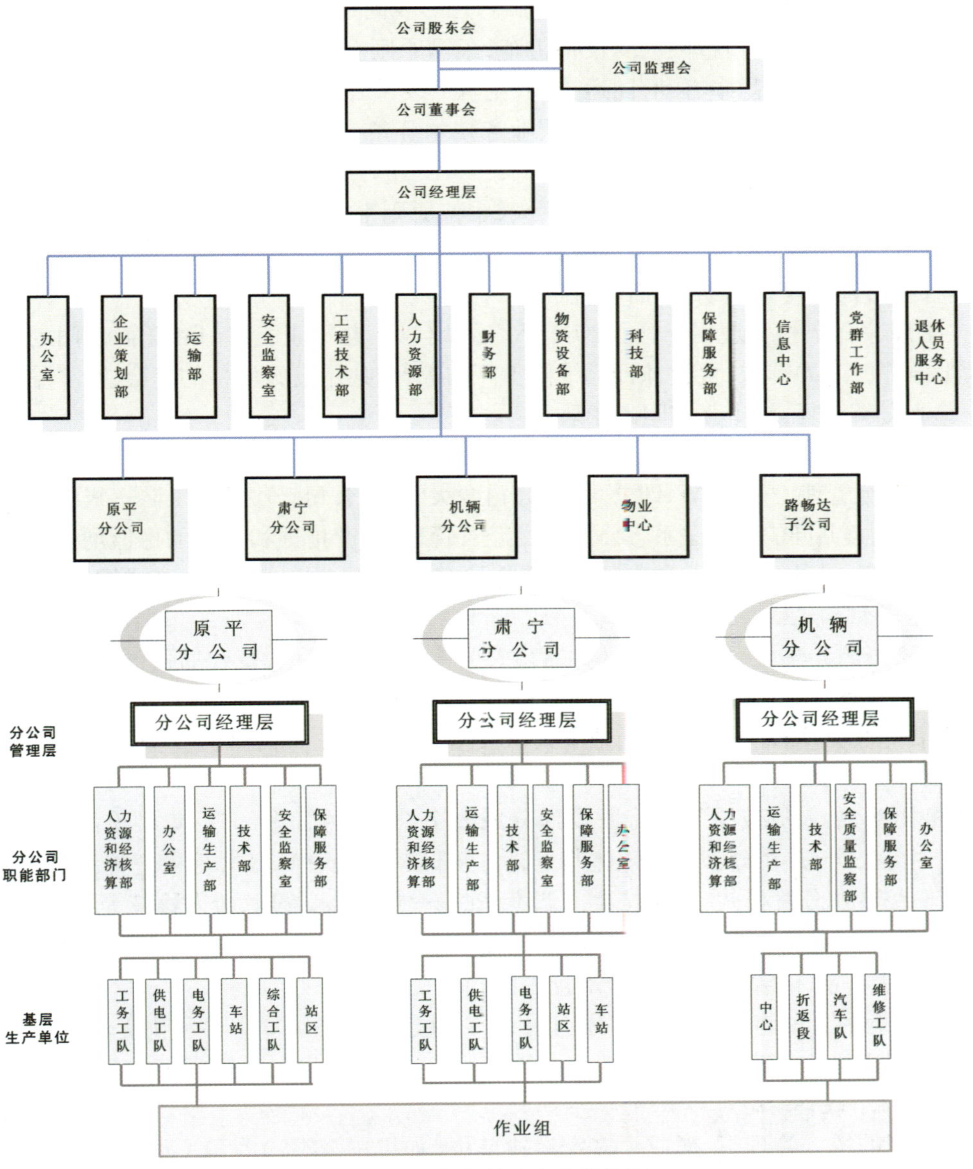


图3－1　朔黄铁路企业结构图

## 二、管理模式

1. 管理体制

确立了“网运分离、条块结合、修程分管、管理综合”的管理体制。

“网运分离”，是一种静态与动态的分离，凡形成固定资产的静态设备和行车指挥、运力分配由公司统一自行管理；动态设备机车、车辆原则上委外经营，公司利用外资采购的机车自行管理。形成静中有动，网运分离，竞争上线，择优上网的运输管理模式。

“条块结合”，指行政管理按块，基层业务技术分条，力求精简机构，减少人员，避免重复扯皮，降低内耗，提高工效。

“修程分管”，指日常养护维修自管，大、中修原则上委外。除机车中修外，其他工务、电务、供电均委外大、中修。通过加强自管设备的养护维修和监测，实行状态修，在保证安全的前提下，延长修程周期，从而节省费用。

“管理综合”，指合理划分管段，实行人、劳、财、计、办等职能部门和党群部门的综合，后勤服务部门诸如车队、食堂、浴池、维修工厂的综合，共用设施设备的综合，减少结合部，减少专业交叉重复，减少互相间的矛盾。

2. 总体机构设置

实行两级管理，三级核算，即公司、分公司两级管理，公司、分公司、工队三级核算，形成权责明确，利益共同的新型关系。公司负责经营管理、生产指挥和资产的保值增值，分公司负责安全生产、设备维护保养和确保任务指标的完成，工队为专业技术生产或维修单位。

3. 基层机构设置

实行“资源共享、设备共用、机构精简、人员减少、财材集中、基础加强”的管理模式。

“资源共享、设备共用”，即管辖内的轨道车、机车、大型通用设备，修配厂及机械加工设施等集中管理，综合利用；空中、地下天窗共用，协调施工，同时维修养护，减少对运输的影响。

“机构精减、人员减少”，即将原设计分成九个站、段的管理部门，集中设原平、肃宁、机辆三个分公司，并在分公司管理体制上，大胆打破了国铁模式，试行了把传统的车、机、工、电、辆按专业分管模式，变为按生产调度、安全教育、技术管理、劳人核算等综合性管理模式，这就大大减少了机构数量和人员数量，减少了辅助人员，同时更有利管理，便于协调，从根本上解决了专业分割、结合部扯皮的问题。

“财材集中”，即将财务和材料分别在原平、肃宁设财务结算中心和物资供应中心，作为公司的派出机构，资金、材料集中统一管理。

4. 采取了联合运输体模式

在公司的统一管理下，形成了多家运输单位（如机车、车务）竞争上线、择优上网的良性局面，实现了资源互补、利益共享、责任共担。（管内共有 9 家联合运输单位在线上运行，在公司的统一管理下，各联合运输单位投入一定的人力物力，自行内部管理，设备自行维修，费用按吨公里单价或其他形式进行承包结算，公司对其进行安全和绩效考核。）

5. 采取了灵活的多种用工新式

形成了长期合同工、短期合同工、季节临时工、个人劳务（返聘）、集体劳务等五种成金字塔结构的用工形式。公司全部定员编制为:9 997 人。

6. 具有良好的高效益的经营态势

截止到 2013 年底:

固定资产:260 亿元。

运量:2.4 亿吨。

表 3 - 1 是朔黄铁路运量情况统计。

**表 3 - 1 朔黄铁路运量情况统计**(万吨)

| 年度 | 2000 | 2001 | 2002 | 2003 | 2004 | … | 2012 | 2013 |
|---|---|---|---|---|---|---|---|---|
| 运量 | 500 | 1 500 | 3 000 | 4 500 | 6 360 | … | 18 900 | 24 000 |

## 三、信息管理模式

朔黄铁路部,专职负责公司信息规划、建设、管理工作,各分公司由技术部和运输生产部分别主管本单位信息化建设和运营管理工作,部门设信息工程师负责本单位信息化的具体工作,分公司电务工队(监控中心)分别对各信息化系统负责维护管理工作。

朔黄铁路信息化建设模式采用"统一设计,集中部署,管用分离,委托支持"的模式,公司信息部负责规划、建设、管理,分公司(网管中心)负责维护,专业公司负责技术支持。2010 年底开始筹备公司信息维护中心,由肃宁分公司管理。信息系统设备维护工作遵循"业务、属地、资产"管理原则,即设备产权单位业务、属地、资产归属划分,并且负责相应设备维护。各系统设备维护工作明确分工,肃宁、原平分公司分别负责属地基础通道、网络系统、信号微机监测系统、计算机联锁系统、综合运输、综合调度、应用终端等系统设备的维护。机辆分公司负责红外线轴温探测系统(外委)、机车信息系统、车号识别系统、"5T"系统的维护;网管中心负责维护中心机房设备、ERP、EOM、EST 核心设备、机关办公等终端设备的维护。

信息维护:朔黄铁路各系统在投入使用前,由信息中心组织编写用管修办法,并经由公司各级征求意见后,会签,请领导审查批准下发至相关单位。

系统设备维护工作分工:属地管理原则,即设备产权归哪个单位,则相应负责设备维护。红外线轴温探测系统、货车管理信息系统等系统委外技术支持。

## 四、信息化需求

朔黄铁路信息化有三大特征。一是数字化特征:企业信息化是企业业务流程、管理和运作的数字化,具有易变更、易操作、易维护的特性。二是过程性和阶段性特征:企业信息化是一个不断扩充、不断发展的过程;阶段性是指在制定信息化目标和实施信息化时,不能一蹴而就。三是整体性和社会性特征:整体性表明企业信息化工程是一项面向整个业务机构的系统工程;社会性是指机构信息化不仅取决于内部条件、环境和资源,而且也取决于外部环境、资源和条件。因此,针对企业信息化的特征制定了规划目标:实现发展有规划、集成有规范、协同有流程、拓展有安排、安全有保障、治理有方略。

1. 规划原则

信息化规划要切合铁路企业实际，体现企业发展的需要，为全面推动企业管理上台阶奠定基础。

(1)综合管理体系的优化设计切合朔黄公司实际。首先，按照公司集约化管理的要求，理顺公司业务部门的职责定位和分工关系，明确各部门管控范围；其次，按照合理配置资源，深度协同的原则，理顺各部门、各业务单元之间的指挥协同配合关系，有利于发挥一体化运营的优势；第三，注重专业化管理，强化业务管理部门职责，有利于提升公司的价值创造能力。

(2)结合公司流程再造适应公司战略发展的需要。流程再造是在公司职责分工的基础上，对业务和管理优化。流程优化为信息化实施奠定基础。

(3)信息化规划合理可行。体现朔黄公司企业信息化向信息化企业转变的特色，是信息化建设与业务能力建设相融合的标志。规划合理，既能快速见效，又能持续发展。充分考虑未来技术的发展，同时兼顾当前的业务管控能力。

2. 规划目的

企业信息化转化为企业管理能力，转化为企业软实力的提升。

(1)公司信息化总体规划实现公司信息化建设跨越式发展。公司信息化建设的统筹安排和集中管理，最大限度地发挥全公司信息化建设的投资效益。规划3~5年的实施路线，明确朔黄公司大规模集中进行信息化建设的任务，为信息化系统建设打下一个基础。信息化总体规划明确的部门职责管理界面，提升公司业务管理能力为核心目标的策略。

(2)能力建设是加强企业基础管理，提升企业软实力的具体体现。能力建设是在结合信息系统建设的基础上，在企业中建立责任明晰的组织体系，制定具体可行的业务规范标准体系，提高业务管理能力，并加速管理变革的过程。

(3)借助信息化工作的全面展开，提升公司经营管理能力，实现生产管理效率最大化，生产运营流程最优化，促进业务能力提升，最终实现再造朔黄公司的宏伟战略目标。

(4)建立一套完整的规范管理标准和规章制度。

3. 提升企业5个能力

全面提升公司安全控制能力、质量增效能力、资源集约能力、科技创新能力、和谐发展能力。

(1)安全控制能力。要借助信息化的手段从政治安全、经济安全和生产安全三个方面，在全公司建立安全预防控制能力。重点实施安全管理、动态监控、风险预防等系统。

(2)质量增效能力。建立运输、机务、供电、工务、电务、信息、车辆的现代化协作链体系。在生产指挥中心能力建设的同时，加强协同关系，通过对整个协作链全过程的信息共享，提高生产指挥效率和保证业务计划的落实。在网运分离思想的指导下重点实施运输、机务、供电、工务、电务、信息、车辆管理系统。

(3)资源集约能力。公司对有限资源整合和调配，实现企业效益的最大化。建立标准化责任体系，分配调整业务活动过程中的人力、物资、资金分配的能力，实现财务业务在资源管理中的集成一体化管理。在计划、预算、考核指标的制定、跟踪、调整等关键环节具备充分的能力，并为公司最高决策层提供决策支持。重点实施财务、物资、人力资源、工程管理、客户管理等系统。

(4)科技创新能力。科技服务能力在公司范围内可以更有效地推动科技管理标准化,从节能环保到科技开发,从而推动公司科研目标的实现,保证质量。科技创新能力保证公司在一个多专业协作环境中,公司能够把握在每一个专业科技管理,指导各科研项目投资和发展方向,为公司决策层的战略决策提供支持。重点实施科技管理、项目研发、节能减排等系统。

(5)和谐发展能力。主要包括企业规划、党群管理、宣传法律、环保绿化、后勤保障、物业治安、办公自动化等借助信息化提升管理方能力。重点实施办党群管理、办公自动化、企业政务、企业规划、环保绿化、后勤保障、物业管理、治安管理等系统。

4. 方法论

资本市场竞争的加剧,互联网的冲击以及入世带来的全球化,使得中国运输企业的业务模式、市场拓展、管理营运、技术创新以及人力资源开发等,都产生了新突破,通过创新和变革带来新的竞争优势。面对挑战,很多企业期望信息技术能成为企业的重要竞争力之一,显著提高工作效率和质量,继而利用信息技术创新业务模式,打造核心竞争力。利用信息技术不仅可以降低运营成本、掌控客户资源,而且还可以创新商业模式、创新管理模式。

IT 规划,是指在理解企业发展战略和评估企业 IT 现状的基础上,结合所属行业信息化方面的实践和对最新信息技术发展的认识,提出企业信息化建设的远景、目标和战略,以及具体信息系统的架构设计、选型和实施策略,全面系统地指导企业信息化建设,满足企业可持续发展的需要。

IT 规划可以帮助企业步入 IT 建设的正规化道路,提升企业整体协作能力、竞争能力。同时,IT 规划可以帮助企业改变以往无序的、没有战略意识的企业 IT 建设模式,集合人类利用信息技术的智慧、经验,融合企业经营战略。从而发现企业 IT 战略机会,协助企业按照预订的最优战略路线,有条不紊地进入 IT 正规发展的道路,进而提升企业整体竞争能力。

5. 传统 IT 规划

IT 规划是达成管理信息化的真正共识、降低管理信息化的风险、科学地确定信息化建设的投资的有力工具。自 20 世纪 60 年代起,随着信息系统在组织中越来越广泛的应用,许多学者开始了对信息系统战略规划方法进行探索和研究,逐渐形成了一些应用较为普遍的信息系统规划方法,包括:

(1)企业系统规划法(BSP);

(2)战略集合转移法(SST);

(3)关键成功因素法(CSF);

(4)企业信息特征法(BICS);

(5)信息分析与集成技术(BIAIT);

(6)应用系统组合法(APA);

(7)信息工程法(IE);

(8)战略系统规划法(SSP);

……

6. 规划方法

纵观各种IT规划方法,其既有共性,也有个性。其共性是都需要对企业的业务现状、业务目标、企业所处的环境、IT现状进行分析,得出IT的目标,继而给出IT建设的思路和架构。个性在于不同的方法站在不同的立场,依靠各自的优势,侧重不同的方面。有规划方法论的具体指引,有工具和模板可供使用,有标杆企业的做法可供借鉴,但这代替不了行业经验、专家经验和创新的思考。不存在这样的方法和工具,将翔实的企业情况信息输入,不经深入的思考就能输出切实可行的IT规划。

随着企业信息化建设的不断深入,企业在IT规划方面的需要也在发生着重大的转变。企业需要的不再是具有华丽外表的泛泛空谈和难以落地的新名词、新技术;而是需要真正能够为其解决存在的问题、实现其业务期望并且切实可行的IT规划。项目组结合目前成熟的IT规划方法论,充分发挥自身在信息化领域的丰富经验,形成了朔黄铁路公司IT规划的方法。将朔黄铁路公司的IT规划分为5个阶段:

第一阶段,进行业务战略分析。

第二阶段,进行业务目标分析。

第三阶段,是IT规划的核心内容。对朔黄铁路公司的信息化建设现状进行分析,主要包括应用架构和环境架构两部分。

在应用架构的规划中,首先应用分块理论,得出整个朔黄应用的框架;对应用框架中各分块进行分析抽象,抽象出典型块进行基于"记录—约束—评估"三段论的分析;最后将应用系统的目标与实际的管理目标进行匹配,定性和定量的分析应用对管理目标的实现程度。环境架构是指应用建设的环境部分的内容。包括朔黄铁路运输信息化标准规划、技术支撑平台、网络拓扑、信息安全等内容。

第四阶段,结合中科软在信息化领域的丰富的经验沉淀,由业务战略和业务目标导出IT目标。

第五阶段,是IT规划的实施阶段,将从规划原则、应用架构、环境架构和数据模型方面对IT规划的项目进行综合分析,按照分析的优先级给出分阶段的实施进度表。IT规划在实施阶段的重点是信息收集和分析,通过监控实施进度和效果分析来调整路线图和实施计划,确保实施计划能够"落地",完成业务目标。

## 五、战略与目标

1. 战略分析

SWOT分析法是西方企业战略管理工作中广泛应用的一种战略分析和选择的方法。利用SWOT分析法将企业经营复杂的内部条件和外部环境归结为优势(S)和劣势(W)、机会(O)和威胁(T)四个方面,之后对其进行综合分析和科学匹配。

2. SWOT分析法

SWOT分析包括:

(1)分析外部环境变化,判断企业存在哪些机会和威胁;

(2)分析企业内部状况,客观认识自己的优势和劣势;

(3)将所确认的企业内部优势和劣势与外部机会和威胁进行匹配,从而修改本企业的现行战略,或制订新的战略。

3. 外部机会(O)

外部分析的重点是识别和评价超出企业控制能力的,同时又值得企业做出反应的外部事件。识别并评价重要的外部因素,可以使企业制订出更明确的任务,设计出能顺利实现长期目标所需的战略。

(1)铁路的快速发展和路权的逐步开放。"十一五"和"十二五"期间是铁路实施快速发展战略的关键时期,要求进一步加快铁路建设。有利的经济、政策、舆论环境将为朔黄铁路的发展创造极为有利的外部条件。随着铁路体制改革的逐步推进,路权开放将是大势所趋,朔黄铁路占据的独特区位优势,将在铁路路网互联互通的新格局下发挥更大的效应。

(2)能源等运输需求仍将快速增长。国民经济较快的发展速度,无疑会导致能源等物资的运输需求大幅度增长。我国正处于工业化发展中期,高耗能产业发展很快,对能源需求保持较高增长速度。神华集团的煤炭资源储备比较充足,同时蒙西、陕北地方煤炭发展迅速,朔黄铁路作为煤炭外运通道的重要组成部分,货源将有充足的保证。

4. 外部威胁(T)

(1)朔黄铁路目前基本上处于相对独立的经营状态,自成体系。这在当前铁路的整体体制环境制约下,是一种优势。但是,随着铁路体制改革的推进,铁路快速发展战略的实施,铁路路权的逐步开放将是大势所趋,随着其他替代性竞争线路的建成,以及其他企业修建的集疏运通道逐步形成运输能力,朔黄铁路目前自成体系的运输优势地位可能面临挑战。

(2)随着运输能力的扩充和出海口的增加,充分利用朔黄的运输资源和岸线资源,进一步开拓运输市场,从运输生产型企业转变为运输经营性企业,就成为朔黄铁路有效配置资源、提高经营效益的必然选择。企业的转型意味着企业在管理体制、运行体制和组织机构设置等方面需要进行大的转变,这对于刚刚完成从基本建设向运输生产转型的朔黄公司来说,又是一个新的挑战。

5. 内外因素分析

任何一家企业都只会在某些领域具有优势或存在劣势。企业战略设计的目的之一就是要放大企业已有的优势,弥补或回避企业存在的劣势,甚至将劣势转变为优势。内部分析需要收集有关企业内部各主要职能领域的信息,如管理、营销、财务、生产、研发及管理信息系统等职能领域,以便评价其中存在的优势或劣势。

6. 内部优势(S)

(1)具有独具特色的管理模式。贯彻"源于国铁、优于国铁"的基本思路,按照《公司法》建立起了较为规范的法人治理结构,自主经营、规范运作,创建了具有朔黄特色的"网运分离、条块结合、修程分管、管理综合"的运营管理模式。

(2)具有独特的区位优势。朔黄铁路与神朔铁路共同组成了我国西煤东运的第二大通道,西线连接陕西蒙南的新兴能源基地,朔黄铁路西段和沿线具有丰富的煤炭资源,东端是快速发展的环渤海经济圈,具有丰富的岸线港口资源。朔黄铁路不仅是"西煤东运"捷径的铁路大通道,还将成为环渤海港区向内地辐射、延伸腹地的铁路大通道,成为东、中、西互动的重要桥梁。

（3）具有较好的货源和集疏运优势。朔黄铁路是神华集团产业链条中的重要环节，具有“煤源优势”和“集疏运优势”，运输自成体系。神华集团在煤炭生产销售方面有着较强的竞争优势，在沿海煤炭市场中占据着领先地位，因此，朔黄铁路有相对充足而且稳定的基本货源。这也是其他铁路难以具备的独特条件。

7. 内部劣势（W）

（1）路网布局有待完善。目前，朔黄铁路仅有自西向东一条线路，西端受到神朔铁路运算能力瓶颈的限制，集运能力稍显不足；东端出口目前还较为单一，无法形成有效连接西部和环渤海区域的铁路网，发展空间受到了很大限制。

（2）运输品种比较单一。朔黄铁路沿线区域有了丰富的矿产资源、煤炭资源、建材资源，环渤海区域有丰富的岸线资源。目前，朔黄铁路以运煤炭为主，在确保煤炭外运需求的前提下，还有相当的运能潜力，尤其是从东往西的回运空车率较高，没有充分利用现有运输资源。同时，朔黄公司目前经营方式比较单一，经营能力没有能充分发挥。

（3）技术装备水平有待进一步提高。目前，制约朔黄铁路运输能力提高的因素包括：供电能力不足、机车车辆数量不足，需要大轴重承载力的运力和高密度的运输模式；需要引进新型车辆。

8. 战略的选择

根据 SWOT 方法“依靠内部优势，克服内部劣势，利用外部机会，回避外部威胁”的战略制定原则，可以用 SWOT 矩阵（见表 3－2）将上述内外部分析结果组合成 SO、WO、ST 和 WT 共 4 类战略。

表 3－2 SWOT 矩阵

| 外部情况 | 内部优势（S） | 内部劣势（W） |
|---|---|---|
| 外部机会（O） | SO 战略<br>（发挥优势、利用机会） | WO 战略<br>（利用机会、克服劣势） |
| | SO1 战略：加快铁路信息化建设（S1 与 O1、O2 匹配） | WO1 战略：提速调图<br>（W3、W5 与 O1、O2 匹配） |
| | SO2 战略：参与国际运输市场竞争<br>（S1、S2 与 O2 匹配） | WO2 战略：科技兴路、跨越式发展（W4 与 O1、O2 匹配） |
| 外部威胁（T） | ST 战略<br>（利用优势、回避威胁） | WT 战略<br>（减少劣势、回避威胁） |
| | ST1 战略：新产品定位<br>（S1 与 T1、T2 匹配） | WT1 战略：新的运输财务清算办法（W1、W2 和 T1、T2、T3 匹配） |
| | ST2 战略：培育发展核心竞争力<br>（S1 与 T1、T2、T3 匹配） | WT2 战略：调整产品结构（W5 与 T1、T2 匹配） |
| | ST3 战略：发展集装箱及联运市场<br>（S1 与 T2 匹配） | WT3 战略：调整服务质量（W5 与 T1、T2 匹配） |
| | | WT4 战略。建立人才激励机制<br>（W5 与 T1、T2 匹配） |

9. 目标

根据市场竞争环境和企业当前情况，采用目标分析方法结合 SWOT 等一系列分析工具，经过调查和严密论证得出当前的短期和中长期目标，并在实施过程中，根据目标实施情况和现实情况的变化不断地对业务目标做出适当的调整。基于对当前朔黄铁路业务发展的普遍分析以及评价体系,得出以下的业务目标:

(1)创新经营模式,增强市场拓展能力(Aim1);

(2)规范管理体系,实现精细化管理(Aim2);

(3)降低综合成本,提高盈利能力(Aim3);

(4)强化内控合规,增强风险防范能力(Aim4);

(5)实施扩能改造,提高运载能力(Aim5)。

业务目标和发展战略的关联分析见表 3-3。

**表 3-3 业务目标和发展战略的关联分析**

| 目标 | SO1 | SO2 | ST1 | ST2 | ST3 | WO1 | WO2 | WT1 | WT2 | WT3 | WT4 |
|---|---|---|---|---|---|---|---|---|---|---|---|
| Aim1 | | ● | ● | | ● | | | | ● | ● | |
| Aim2 | | | | ● | | | | ● | | | ● |
| Aim3 | ● | | | | | ● | ● | | | | |
| Aim4 | ● | | | | | | | | | | |
| Aim5 | ● | | | | | | | | | | |

## 六、总体架构

铁路企业信息化业务架构、应用架构、环境架构和数据模型是整个企业网络架构中最基础的构建部分,它们决定了企业 IT 系统的基本形态。

### 1. 业务架构

业务架构是整个企业网络架构中最有影响力的部分,它决定了企业的业务流程和信息系统应该如何支持这些流程。

朔黄公司的业务架构描述了主要业务要素及其相互关系。运营管理模式具有自己的鲜明特色,以降低成本,提高管理效率为目标,以"网运分离、条块结合、修程分管、管理综合"为基本框架,以路网与运营财务分账核算为基础。

### 2. 业务流程

业务流程是为了确保公司运营目标及运营计划的实现,针对公司日常生产经营活动中重复出现的任务,规定的一整套处理程序,以规范业务活动。

朔黄铁路公司目前是以运输煤炭为主营业务的运输生产型企业,其主要业务流程是:①运输部门获得运输计划、调度部门根据运输计划进行人员和车辆的调配,运输单位根据运输指令将货物送至指定地点,同时据实记录出车情况,运输完成后凭回单进行运费结算。②管理部门根据出车情况进行运输日报处理,通过日报处理可对运输单位完成工作业绩情况进行考评;③财务部门进行财务结算;④信息部门对该业务流程进行计算机管理。因此,对于朔黄铁路公司而言,核心业务流程就是运输生产流程,支持业务流程包括人员、物资、财务、综合保障等活动的流程。

### 3. 应用架构

朔黄铁路信息化整体解决方案的应用架构主要由三层结构组成。三层结构主要是指

信息技术应用架构贯穿朔黄公司运营的三个层次,即操作层、管理层以及决策层。这三层的主要内容基于当前已形成的四个板块:

(1)运输管理

朔黄运输管理板块主要由运输业务、外部信息两个系统构成。运输业务系统将基本完成朔黄主要业务过程——运输管理业务和过程实时数据的集成,并支撑企业的运输管理、能源管理、设备管理、过程控制、质量管理、实时数据采集等日常运输管理业务;在此基础上,运输管理板块将成为企业运输管理统一管理数据平台,为企业运输管理业务应用系统提供统一的数据访问机制,并为生产运营指挥提供动态数据源。

(2)资源管理

资源管理板块是经营管理板块,也是问题比较多的板块,因此以 ERP 为基础进行经营管理业务的综合集成应用代表了企业的创新,建立以财务为核心的物流、资金流和信息流的一体化经营管理平台,为企业的业务人员提供一个统一的操作平台,为预算管理、资金运作、成本控制等提供必要手段,为企业管理人员的经营管理决策、绩效考核等提供信息支撑。

(3)安全管控

安全管控板块将基本完成朔黄主要业务过程——过程实时数据的集成,并支撑企业的安全管理、设备管理、过程控制、质量管理、实时数据采集等日常安全管理业务;过程控制信息的统一管理数据平台,为企业运输管理业务应用系统提供统一的数据访问机制,并为生产运营指挥提供动态数据源。

(4)综合管理

朔黄公司的办公管理平台包括办公管理系统和综合管理系统。其中办公管理系统包括办公信息系统、政务门户网站、移动办公、电子档案管理系统、网络指纹考勤系统等;综合管理系统包括公安信息系统和视频会议系统等。

朔黄公司整体解决方案不同层次的系统既要满足企业不同管理层次的业务需求,也相互之间实现集成,满足信息共享和各种集成应用的需要,实现企业实时化、可视化、智能化监控。

在四大板块的基础上,建立了企业级的绩效管理、商业智能分析应用系统、总部与供应链综合分析系统和外部资源市场的综合分析系统。从四大板块的基础数据中抽取部分数据,进行企业生产经营绩效监控和商业智能分析。

企业决策管理层通过企业绩效管理和商业智能分析应用系统来了解和挖掘企业经营发展中的各种信息和规律,向业务控制与管理层下达成本控制和绩效考核指标。

## 七、环境架构

### 1. 标准规范

(1)基础编码标准《朔黄信息系统公用基础数据编码规范》;

(2)数据库规范《信息系统数据库设计规范》;

(3)数据传输标准《内部数据传输标准》;

(4)实施方案的基本依据标准《应用系统功能描述标准》;

(5)朔黄 SR – ERP 系统项目标准。

2. 技术平台

(1)各应用系统体系

朔黄信息系统共有 B/S(浏览器/服务器)和 C/S(客户端/服务器)两种体系架构,其中大多为 B/S 架构,只有“5T”系统中的红外线轴温智能探测系统(THDS)和货车故障轨边图像检测系统(TFDS)两种系统为 C/S 架构。

(2)系统集成

当前朔黄各信息子系统之间存在一定的数据交换,其中 SR – ERP 系统已经基于 MQ 技术实现了人力资源系统、财务管理系统和资产管理系统三个专业系统的集成。

## 八、搭建模型

1. 数据模型

企业信息化数据模型是信息平台架构规划中最重要的内容,定义良好的数据模型可以反映业务模式的本质,确保信息架构能为业务需求提供全面、一致、完整的高质量共享数据,且为划分应用系统边界、明确数据引用关系、定义应用系统间的集成接口提供开发依据。良好的数据建模与数据标准的制定是实现数据共享、保证信息一致性、完整性与准确性的基础。在这一基础上,朔黄铁路信息平台才能通过信息系统的应用开发,实现基于数据的管理和决策功能。数据模型分为数据概念模型和数据逻辑模型。

2. 数据概念模型

数据概念模型是对铁路运输的各种数据的最高层抽象,用来描述运输信息的概念化结构、数据范围以及数据之间的联系等,与具体业务域和技术实现方法无关。数据概念模型的特点是凌驾于个别业务需求之上,满足全局的共性需求。数据概念模型提供了一个易于理解的铁路运输的整体信息定义框架,是铁路运输信息模型的基础架构。在数据概念模型的指导下,可以针对各个具体的业务域建立相应的逻辑数据模型。因此,数据概念模型将为重载铁路运输信息平台的开发提供一个整体信息框架和数据应用指南。

3. 数据逻辑模型

数据逻辑模型是用户对某一业务域内对数据的抽象描述,从具体的一个业务域提出对数据内容和逻辑关系的理解,而与信息技术实现方法无关。数据逻辑模型的特点是技术无关性。

数据逻辑模型描述具体的铁路运输信息,它与数据概念模型一样独立于任何具体的信息系统。其作用是为铁路运输中各种业务活动的所有记录信息,建立一个统一的标准化的数据表达模式和信息分类框架,并方便对铁路运输信息的快速理解和实现信息共享。

4. 基础数据

企业信息化基础数据是指在整个企业范围内各个系统间要共享的数据,比如,可以是与客户、供应商、账户相关的数据。基础数据通常需要在整个企业范围内保持一致性、完整性、可控性。基础数据将共享信息合并或联合至一个地点,集中对数据进行清理、去重和扩充,是企业内能够跨业务重复使用的高价值的数据。

朔黄铁路编码体系(SR – TIS)中所指明的编码适用于朔黄铁路管理系统中涉及基础

信息的编码，是信息系统初始化或应用过程中需要的基础数据字典，一般不涉及到软件应用过程中产生的中间数据及其对应关系。针对朔黄铁路综合运输信息系统的统计查询、信息共享和交换、信息全过程管理等应用目的，SR－TIS 编码体系包括朔黄铁路功能标识系统、分类编码系统、条码标识系统三大部分：

（1）功能标识系统。包括功能标识和地点/位置标识，功能标识用于对朔黄铁路各专业的设施/设备、组件等维修部位进行功能识别，即对朔黄铁路的主要生产运营用设施/设备资产及其零部件的工艺线路/地点/位置进行标识，以便于识别其功能。其中有工艺线路资料的设施/设备，功能标识具有一定的分类含义，采用生产厂的产品明细表（BOM 表）的层次结构，通过字母和数字组合进行编制。对于没有工艺线路结构图的设施/设备，对其维修部位及其零部件按照任务分类进行功能标识。地点/位置标识采用铁路惯用的公里、序号等标识方法。两种代码对于使用人员是不可见的隐含码。

（2）分类编码系统。针对不同的管理要求，分类编码系统是根据信息内容的属性或特征，将信息按一定的原则和方法进行区分和归类，并建立起一定的分类体系和排列顺序，满足查询、统计和其他管理需要。分类编码参考国家的分类编码原则，结合朔黄铁路既有的各种分类编码系统，包括但不限于目录、科目编码、人员编码、岗位编码、故障编码等。对于已经使用的各种分类编码，保持现分类编码的现状。

（3）条码标识系统。按照制定的编码设计规范，对朔黄公司的物资和设备进行编码，做到“一物一码”。

5. 生产模型（见图 3－2）

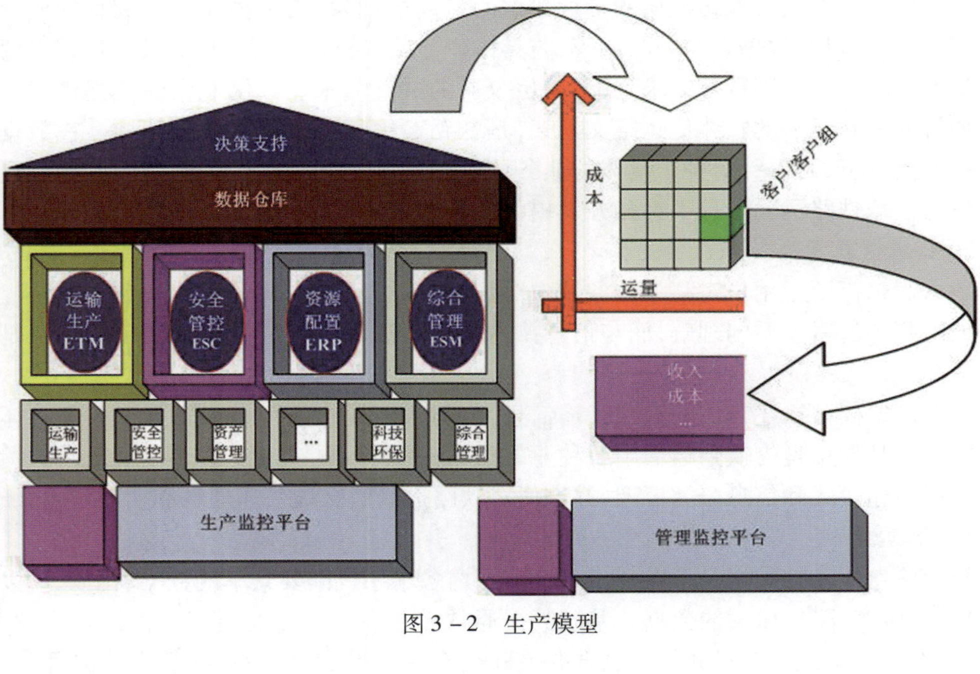


图 3－2　生产模型

6. 管理模型

以全面预算管理为例，见图 3－3。

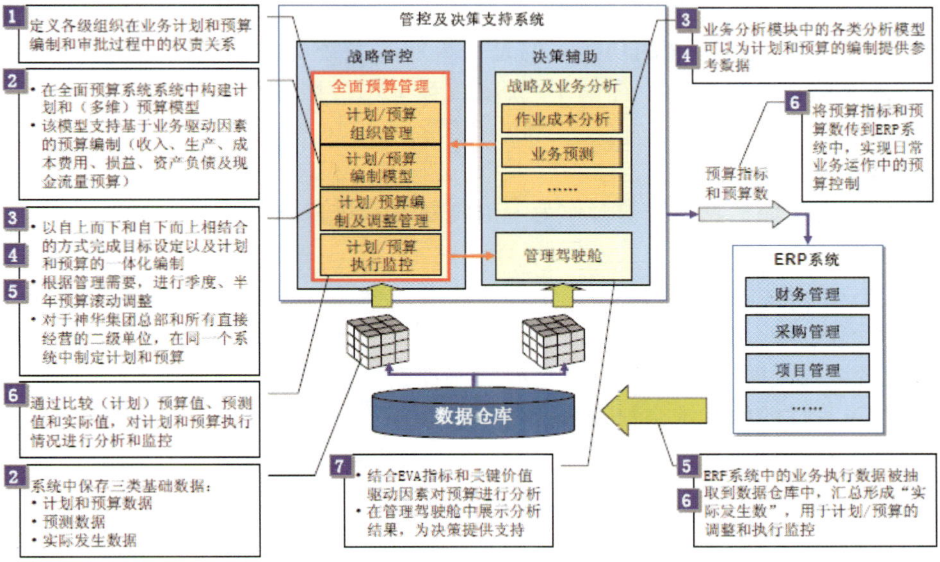


图 3－3　全面预算管理模块图

## 九、实例解析

1. 系统架构（以综合调度系统为例）

系统构架分为三个层次：记录层、约束层、评估层。

记录层：综合调度系统的计划调度子系统的分界口车流、装卸车计划、十八点现车的数据记录模块和列车运行调度子系统的列车运行实时监控与历史查询模块，以及车次号自动识别模块，这一层次包含的系统与模块有：综合调度系统的基础数据记录与查询相关模块、货运管理信息系统的基础数据记录与查询相关模块、重载运输管理管理信息系统的基础数据记录与查询相关模块、“5T”系统部分功能、车号自动识别系统、工务安全监控系统、地理信息系统、房产信息系统、网络指纹考勤系统等。

约束层：主要是针对记录层的数据要素形成一个控制主线，作为核心业务系统约束的一部分，它实质反映了具体的业务逻辑，如综合调度系统的计划调度子系统的列车日班计划的编制模块和列车运行调度子系统的列车运行图编制模块等。这一层次包含的系统有：综合调度系统的计划与运行图编制模块、货运管理信息系统的计划与运行图编制相关模块、重载运输管理管理信息系统的计划与运行图编制相关模块、人力资源系统的管理模块、财务管理系统的管理模块、资产管理系统的管理模块、后勤保障管理系统管理模块、救援指挥系统等。

评估层：处于应用架构末端的位置，该层次包含对约束层的衡量，同时会将结果向下反馈。这样利用评估层对整个系统的优化作用，可以方便地使管理者从宏观层面对具体业务进行改进。这部分内容主要包括综合调度系统的各种统计分析模块等。这一层次的内容主要包括:综合调度系统的统计分析模块、重载运输管理信息系统的统计分析模块、SR－ERP 系统的优化功能模块、企业规划评价系统等。

在当前朔黄的信息化建设规划中,很少有某一系统只涉及上述三层的一个层面,大多是包括两个甚至三个层面的功能。但是如果所有系统都按功能划分,将使分层结构变得过于纷乱繁杂。因此在上面的中,大多数系统均按照主要功能所在层面进行层次划分。

2. 典型块

以铁路综合运输信息系统平台作为一个典型“块”进行分层规划。

(1)记录

系统的一个最主要的功能是记录全部的业务数据,以便进行整个企业的管理。它是核心业务系统内涵的主要方面,也是所有后续工作的基础。当然,记录事实层虽然侧重信息模型,或者说数据模型,但是它也有相应的流程/活动,它反映记录事实时的操作步骤,以及大量非过程性的信息结构约束活动/条件。

记录层的核心是信息结构。采用“要素＋最多要素聚合对象”的表示方法,领域纵向的明细结构是“块”内容结构的“核”。从运输管理的角度出发,有组成运输的要素和要素内部两类结构,如同分子和原子的关系。一个处于上位概念的运输数据结构,按鱼刺图进行分析,包含客户、人员、机车、车站、货物、安全、时间、费用等几个维度的信息。这些都是上位概念,是蓝图性质的。

核心业务系统的基础性工作是:先要建立各要素(元素)的表单结构和数据,再根据具体的明细内容记录有关结构。图 3－4 给出的是最简单的要素和明细结构的对应,它是一个典型的“鱼刺图”,对更一般的情况,可能是一个“树枝图”。

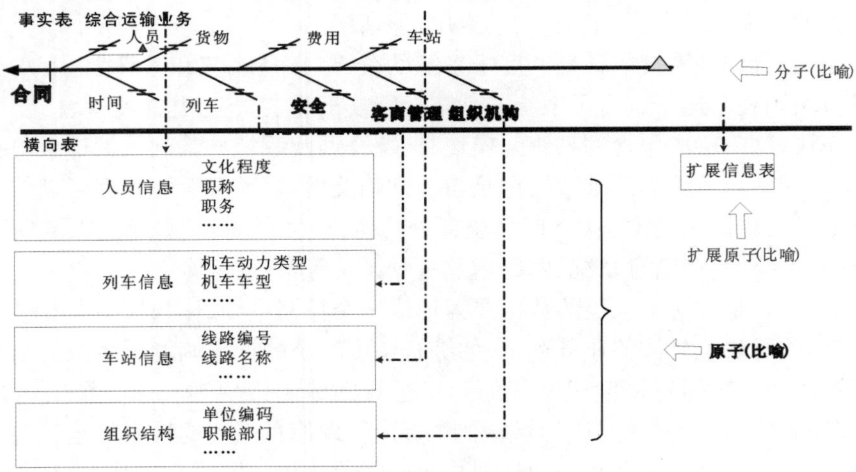


图 3－4 运输业务记录结构

显然,记录事实层虽然侧重信息模型,或者说数据模型,但是它也有相应的流程/活动,它反映记录事实时的操作步骤,以及大量非过程性的信息结构约束活动/条件。

(2)约束

从管理的角度看,核心业务系统的基础工作只是记录有关的事实,运输实务体现了记录的顺序和记录的具体内容。核心业务系统的内涵就是以记录数据(信息)为主的,它的复杂性重点在结构方面。但是当进行更复杂的管理时,它的"重心"向"活动"方向转移,并且构成更加丰富的变化。究其根本原因,人们为了管理的目标,不满足于基础的"记录",加入了各种各样的控制,针对记录中的每一个要素都可能在明细上形成一个控制主线,作为核心业务系统约束的一部分,如图3－5所示。

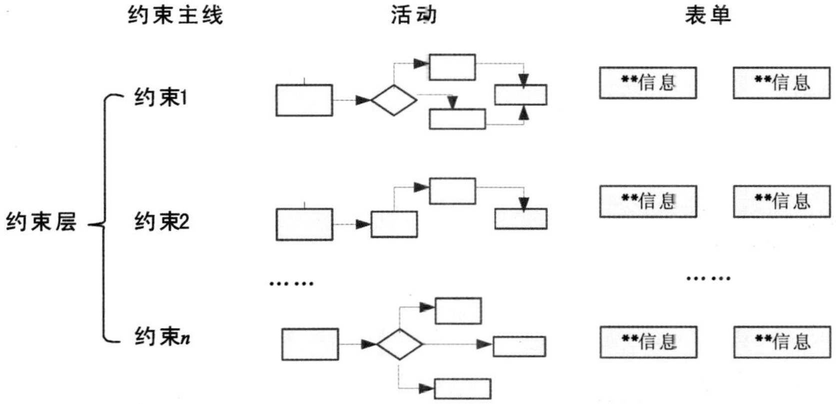


图3－5　约束主线

由于业务有这么多的要素组成,它的基本操作是"全要素"的记录工作。接下来,以每个要素为主,就会形成基于某个要素为主线的约束、管理、控制性的活动。核心业务系统发生的管理需要,逐个要素(主线)进行讨论,将形成核心业务系统的第二层"外衣"(约束层),约束层可以有多条主线,比如机车主线、列车调度主线等等,不同时期,不同的管理要求,企业就会对不同的主线有更细致的管理要求。

(3)评估

评估层尽管是处于应用架构末端的位置,却在整个环节中起到举足轻重的作用。该层次不仅仅是对约束层的衡量,同时会将衡量的结果作用于记录层,那么如何利用好评估层对整个系统的优化作用,就变成了使各层次形成良性闭环循环的重要问题。如表3－4所示,对朔黄经营状况的综合评价包括经营能力、安全保障能力、盈利能力等都有一些具体的指标。

**表3－4　综合能力分析**

| | | |
|---|---|---|
| 经营能力 | 业务分析 | 运输计划分析 |
| | | 资源分析(机车、人员等) |
| | | 服务分析(客户满意度、平均处理周期等) |
| | | 运输收入(市场占比、增长率) |
| | 经营效率 | 机车调度 |
| | | 列车运行编制 |
| | | 人员配置 |

续上表

| | |
|---|---|
| 安全保障能力 | 机车安全维护 |
| | 列车运行安全监控 |
| | 施工安全保障 |
| | 救援保障 |
| 盈利能力 | 承担业务利润率 |
| | 营业利润率 |
| | 平均资产收益率 |
| | 平均净资产收益率 |

“记录—约束—评估”将在应用中形成闭环。例如,记录层包括流程和表单两项内容,其中流程包括机车、货物、人员、日班计划、车站、货票等环节。各子系统或模块记录流程中每个环节的信息,包括货票信息子系统、车站信息子系统、车号自动识别系统等等。在运输的流程的各个环节中,都存在约束,比如在调度环节中规定“客户需求优先”等,这些约束被信息系统以各种方式实现,其具体的执行信息被记录在表单中。在评估层,将利用各种指标对运输成本、运输效率、运输管理水平进行分析,以各种指标的形式量化的体现出来。评估的结果将会反过来影响约束和记录。比如,在评估过程中公司发现某阶段车站甩车和加车的现象过高,公司对甩车加车的案件进行重点分析,发现对调度的约束过于简单,不够全面。经综合分析后,新制定了若干约束,包括“预先估计调度”、“设立全局优化目标”等,为对其有细致的跟踪,又增加了甩加车成本相关信息的记录。因此,在表单中将会增加甩加车成本相关信息。

图 3－6 是记录—约束—评估总体框架图。

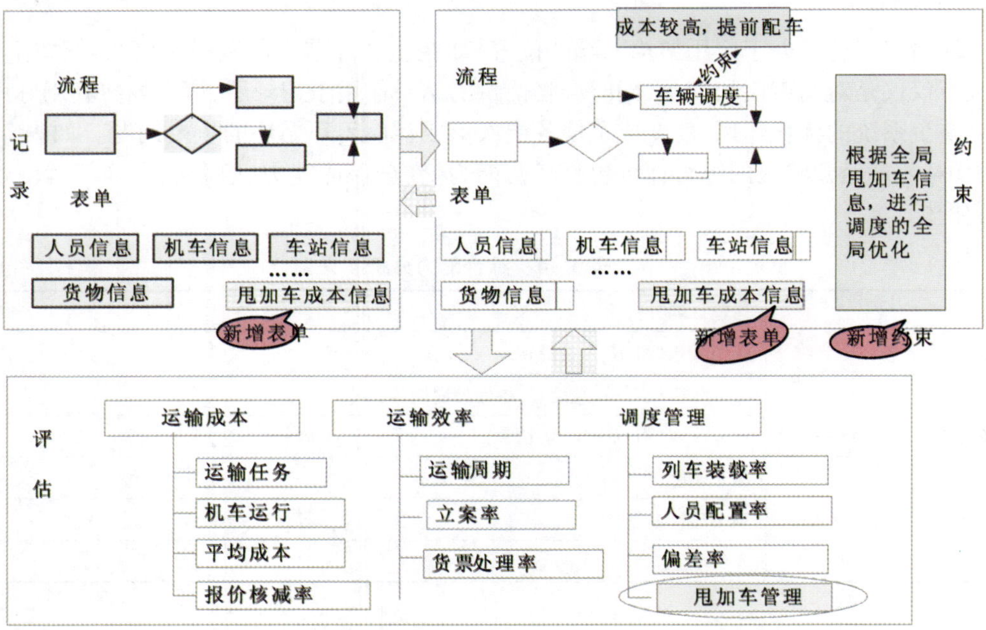


图 3－6 记录—约束—评估总体框架图

3. 环境架构

(1)信息化标准体系

标准化建设是整个信息化建设的基础,尤其是对铁路综合信息平台这种涉及资源广泛、涉及人员众多的信息化项目,标准化更是实现系统之间整合、系统间信息共享、以统一口径进行决策分析的重要基础。根据朔黄铁路信息化发展战略需求,在信息化体系的规划、设计、建设、管理、运行维护、安全、评价等方面建立标准规范,并进行贯标工作,实现了信息系统的标准化设计、开发与运维。

以建立公司整体的信息标准体系库,构筑企业标准管理平台为目标,实现标准的动态更新维护、管理与查询、关键编码等标准,实现统一管理、分级维护。

(2)标准化步骤

标准研制分为三个阶段,即调研阶段、标准化建设阶段、标准撰写与发布阶段。

调研阶段主要工作是对朔黄公司标准化情况进行调查分析。

标准化建设阶段主要工作是分析并制订技术参考图和标准化分类图。研制标准化明细表,将标准详细分类并制订标准研制时间表。

标准撰写发布阶段的工作流程为,撰写标准文档提纲,编制标准,发布标准征求意见稿,通过征求各方意见对标准进行进一步的修改并最终完成标准制定工作。

4. 技术平台

作为技术支撑平台,应当很好地利用分层和构件技术解决应用系统松散耦合的问题,而且通过业务构件和流程,可以作为服务被其他系统调用。当然,也可以将其他系统的服务封装成应用的构件进行调用。这种模式,很好地体现了 SOA 架构的特性,利用这种特性,将各个应用连接成企业级的 SOA 应用架构,这样,通过构造 SOA 的服务,从而把系统内部的模块关系由紧密耦合变为灵活可变的松耦合,同时把系统间的关系由紧密耦合变为灵活可变的松耦合。

在这种架构下,随着多个系统的成功实施,IT 部门可以越来越感受到对 IT 实施和管理带来的价值,包括应用项目实施的周期和过程得到了比较严格的控制,应用的质量得到了整体性的提高,IT 整体投入减少,系统之间的交互变得更加容易,流程开发更加快捷,开发中心、开发商以及平台厂商之间形成了良好的生态链等。

(1)技术平台

技术平台是针对不断变化的需求而设计的面向构件的中间件平台。它将构件技术和 XML 企业总线技术完美结合,通过构件单元作为应用系统的基本组成元素,使应用系统可以快速高质量的搭建,同时拥有最强的需求变化响应能力,并通过构件积累来持续积累软件知识财富。

它基于分布式计算平台(J2EE 平台)之上,可以支撑整个应用软件体系,为其提供了一个构件化的软件全生命周期的开发和管理平台,并确保具备最广泛的可用性。

(2)技术组件

该支撑平台主要包括 J2EE 应用服务器、工作流中间件、报表管理中间件、数据展现中间件、规则引擎组件、界面组件等。支撑平台可以帮助朔黄铁路打造协同的应用系统,实现异构环境中的多样、综合的信息协同,实现跨部门、跨地域的业务流程协同,实现信息访问者在信息展现层的协同。

5. 数据模型

(1)基础数据标准化

基础数据标准化是朔黄铁路信息化建设的基础。对《重载铁路信息化公用基础数据编码标准》来说,项目将按照朔黄铁路编码体系(SR－TIS)完成编码工作,并提供基础数据的管理系统以支持编码工作。

针对朔黄铁路综合运输信息系统的统计查询、信息共享和交换、信息全过程管理等应用目的,朔黄铁路编码体系(SR－TIS)包括朔黄铁路功能标识系统(功能标识和地点标识)、分类编码系统、条码标识系统三大部分。项目将针对不同的编码对象范围,进行相应的编码,满足朔黄铁路重载运输信息系统的需要。

(2)基础数据管理

建设数据编码需要的数据管理与智能赋码软件。软件主要功能是保证"一物一码"和分类的合理性。智能赋码软件应具备基础数据的智能编码、分类管理的功能。另外,将提供业务信息系统数据维护的方案,保证信息系统运行后新数据的采集和编码符合标准规范。

6. 云计算技术应用

朔黄铁路的数据中心将引入云计算技术作为支撑,即以数据中心为基本层面,以数据交换为重点,以云计算技术为支撑。因此这里给出关于云计算技术的展望,为以后数据中心的建设提供参考和依据。

(1)资源调度

计算资源分配是云计算技术的一个重要组成部分,其效率直接影响整个云计算环境的工作性能。由于云计算有很多独特的性质,使得原有的针对网格计算的资源分配和调度算法已无法在该环境中有效工作,因此采用蚁群优化分配算法,综合考虑了云计算的一系列特点,以期在这种环境中能够高效地为用户作业分配合适的计算资源。

(2)多租户技术

与传统的软件运行和维护模式相比,云计算要求硬件资源和软件资源能够更好地被共享,具有良好的伸缩性,任何一个企业用户都能够按照自己的需求对 SaaS 软件进行客户化配置而不影响其他用户的使用。多租户技术就是目前云计算环境中能够满足上述需求的关键技术。

(3)海量数据处理

为保证高效性、高可靠性和经济性,云计算采用分布式储存的方式来储存数据,采用沉于储存的方式来保证储存数据的可靠性,以高可靠软件来弥补硬件的不可靠,从而提供廉价的海量分布式存储和计算系统。

## 第四节 重载信息平台 LTE 无线宽带接入技术

随着 4G 无线技术的普及,无线宽带化已经成为企业技术进步的必然趋势。4G 宽带无线系统采用了 LTE、智能天线、空间零陷等先进的无线通信技术,支持终端的快速移动,能够提供语音、数据、视频等多种业务的综合接入，具有覆盖广、容量大、高并发、高速移动、易于扩容的特点，迅速得到了社会广泛应用。目前，铁路重载运输 LTE 无线宽带接入技术正在朔黄铁路起步。

## 一、研制应用 LTE

图 3－8 是 LTE 组成示意图。

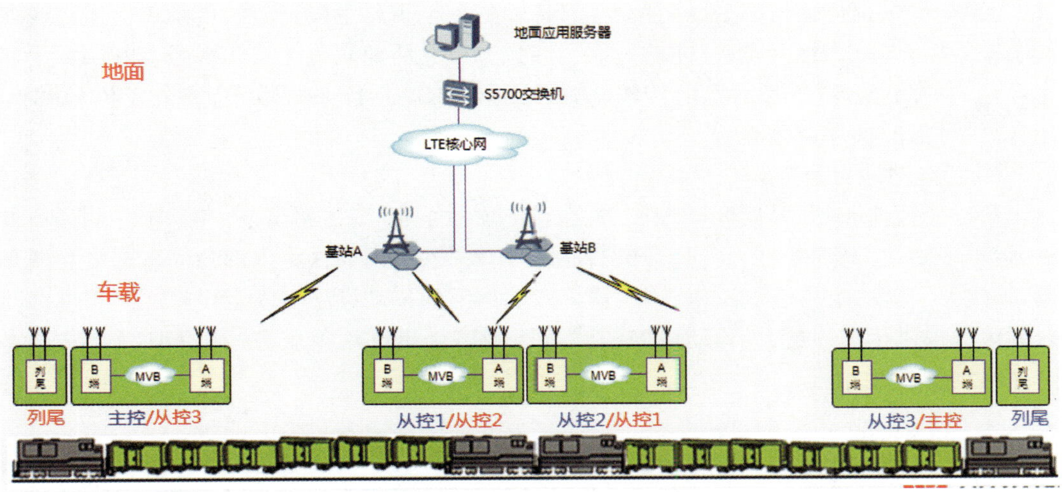


图 3－8　LTE 组成示意图

LTE 在铁路应用主要有语音、数据、图像等业务，主要应用包括：调度通信、调度命令、进路预告信息、机车同步操作控制系统数据、列车控制系统数据、列车尾部风压信息、调车监控信息、平面调车信息传输、各专业生产移动信息等。

1. 语音业务

（1）行车调度：传统调度方式以有线调度、无线列调单频独立系统作业为主。在 4G 通信网络基础上，通过与固定、移动用户接入系统互联互通，实现行车调度员、车站值班员和机车司机之间的"大三角"通信，以及车站值班员、机车司机通信，解决移动固定之间的缝隙，实现有线无线一体化调度通信。

（2）专业语音业务：重点开发调度语音业务外，应满足机务、车辆、电力、工务、电务、运输多专业的实际需要。通过开发各种语音应用网关，实现与铁路内部各语音网络互联互通，为机务、车辆、电力、工务、电务、运输等专业部门的移动设施与固定设施之间实现语音传输通道，开展沿途移动语音服务。

2. 数据业务

（1）"车对车"控制信息：机车同步操控系统由 4G 网络提供可靠的数据传输通道，实现多机车之间的同步操作与控制。4G 系统为机车同步操控系统提供承载业务和补充业务，实现开机/关机、注册/注销、数据传输、状态监督、通信链路监督等功能，不受编组方式、列车长度、机车数量、列车会车、复杂地形地貌的影响，无线接入，快速灵活。

（2）"车对地"控制信息：列车控制系统由 4G 通信系统为列车控制系统提供双向安全

数据传输通道，实现车地之间双向无线数据实时传输。车载通信单元采用双通道无线模块配置，在无线闭塞中心与交换机之间采用冗余配置通道；无线闭塞中心之间的控制权利移交采用“先连后拆”的软移交方式；无线数据传输采用安全处理方式，设置安全认证流程。4G 与 CTC、列车控制系统通过系统集成，能够达到高可靠性、高有效性、可维护性、高安全性等技术指标。

(3)“地对车”信息：调度集中指挥(CTC)在通信网络的基础上发展通信分组无线业务，实现分组数据传输，这是铁路移动信息传输的一个重要手段。突破传统单信道无线列调系统的容量、可靠性等难题，能够可靠、实时、方便灵活地实现无线车次号、调度命令、列车停稳、列车进站预告等信息的传输，为提高运输调度指挥系统效率，充分发挥 CTC 作用，提供可靠的移动通信平台。

(4)“车对地对车”信息

数据交换业务：开发调度和控制等交换数据业务外，满足机务、车辆、电力、工务、电务、运输多专业的实际需要。通过开发各种应用网关，实现与铁路内部各信息网络互联互通，为机务、车辆、电力、工务、电务、运输等专业部门的移动设施与固定设施之间实现移动数据传输提供传输通道，为移动设施的状态检测信息提供承载服务，利用 4G 网络，开展沿途移动信息服务。

3. 图像信息

(1)列车动态监控：移动列车与固定设施之间实现移动数据传输，利用 4G 网络提供传输接入，为移动设施的状态检测信息提供承载服务，开展沿途移动信息服务。

(2)救援服务：应急突发事件，对于事故现场移动视频实现移动数据传输，利用 4G 网络为现场设施的状态记录信息提供承载服务，开展沿途移动图像信息服务。

(3)小区域服务：作业区内 PDA 数据回传，目前技术站内检修数据采用人工抄录、定期上报的方式。为沿线工作人员提供 PDA 无线上网功能，网络建成后，工作人员可使用 PDA 记录数据，并将数据实时上报至中心数据库。

## 二、技术选型

1. GSM－R

GSM－R 在国内中央数据库专用移动通信系统应用，提供铁路运输信息平台，主要业务包括：列控信息传递、语音调度、多优先级强插与强拆、功能寻址、位置寻址等。从通信制式方面看 GSM－R 属于 2G 窄带技术，数据承载能力有限，速率低，仅能承载流量要求较小的专用列控数据；而通用数据服务 GPRS，因为可提供的带宽有限，也无法满足高数据吞吐量的现代通信业务需求。GSM－R 系统技术成熟，但与 3G、4G 等系统相比，总体技术已经落后。

2. Wi－Fi

Wi－Fi 是目前广泛应用的无线宽带接入技术，国内大多数城市地铁采用 Wi－Fi 技术实现车—地之间的双向高速通信，可满足 80km/h 列车运行状态下的数据传输要求。对于 Wi－Fi 技术，存在的主要问题：沿线要布置很多 AP 节点，移动性切换难处理；由于 Wi－Fi 工作在 2.4GHz 的商用频段，不受保护，易受干扰。

3. 3G 技术

广泛应用的3G 技术,是基于 IEEE802. 16e 标准的宽带无线接入城域网技术,可为企业和用户提供宽带无线连接方案。但 3G 技术正在处于过渡期。向 802. 16m 标准发展,现在由于则面临技术产业链支撑不足,许多配套设备缺失的问题;一些厂家技术主要力量正向 LTE 过渡,如果继续 3G 技术研制开发,则将增加项目实施的复杂度及投资成本。

4. LTE

LTE 属于3G 向 4G 进入的主流技术,是 3GPP 在移动通信网络基础上进行宽带化研发的无线技术,目前在国际范围内已大规模商用。LTE 有 FDD 和 TDD 两种制式,LTE 系统采用 All - in - IP 组网,网络结构扁平化,减少了系统时延。在控制面,从空闲模式转为激活模式,时间小于 100 ms;从休眠模式到激活模式,时间小于 50 ms。在用户面,最小时延 5 ms。频谱效率方面,采用 OFDM/MIMO,下行 20MHz 频谱带宽内,峰值速率 100Mbit/s,频谱效率达到 5(bit/s)/Hz;上行 20MHz 频谱带宽内,峰值速率 50Mbit/s,频谱效率达到 2. 5(bit/s)/Hz。同时采用多种抗干扰技术。

LTE 已确定为下一代移动通信的发展目标,目前全球 81 个国家的 218 家运营商已经投资建设 LTE 网络,超过 67 个 LTE 网络正式投入商业运营。从近期和远期来看,LTE 系统在产业链方面有着明显的优势。UIC(国际铁路联盟)和中国中央数据库都已提出铁路无线通信系统向 LTE 发展的指导方向,并已启动理论研究和标准制定的准备工作。

LTE 系统以“正交频分复用”射频接收技术,以及多入多出(MIMO)分集天线技术为基础,并在移动通信系统中全面采用和优化分组技术传输。具有以下特点:

(1)系统可靠性高。LTE 采用扁平化组网方案,可以简化网络架构,减少网元数量,系统可靠性高。

(2)数据业务速率和频谱利用率高。LTE 下行频率利用率可达 5. 5(bit/s)/Hz,上行可达 2. 5(bit/s)/Hz。

(3)数据传输时延小。LTE 采用扁平化网络结构,有效地缩短了端到端的数据传输时延,在与铁路安全业务承载相关的网络注册时延、连接建立时延、端到端传输时延等指标上,比传统系统具有较大优势,更加满足铁路需求。

(4)移动性能优异。根据试验结果,LTE 移动性能可支持到 400km/h 以上,在铁路等高速移动通信环境下可保持优异的性能。

朔黄铁路宽带移动通信系统需要承载重载列车机车无线重联安全数据信息、调度命令和车次号校核信息、集群调度通信和视频监控等业务,未来可为神华集团数字铁路的建设规划和发展提供移动数据业务的承载基础,应具备高可靠性、高数据业务传输速率和低数据传输时延、良好的移动性,而这几个特点正是 LTE 系统的优势。因此,在朔黄铁路选取了 1 个试验段进行 LTE 技术研究。

注:TD - LTE 技术

LTE 标准支持 FDD(Frequency Division Duplexing,频分双工)和 TDD(Time Division Duplexing,时分双工)模式,即 FD - LTE 和 TD - LTE 模式。由于无线技术的差异、使用频段的不同以及各个厂家的利益等因素,FD - LTE 技术在初期的支持阵营更加强大,标准化与产业发展都领先于 TD - LTE。2007 年 11 月,3GPPRAN1 会议通过了 27 家公司联署的 LTETDD 融合帧结构的建议,统一了 LTETDD 的两种帧结构。融合后的 LTETDD 帧结构是以 TD - SCDMA 的帧结构为基础的,这就为 TD - SCDMA 成功发展到 LTE 乃至 4G 标准奠定了基础。

TDD帧结构的融合使更多的厂商参与到TDD的标准化进程中,LTETDD技术受到了广泛的重视,其产业化进程也有了显著的发展。

FDD和TDD是两种不同的双工方式。FDD是在分离的两个对称频率信道上进行接收和发送,用保护频段来分离接收和发送信道。FDD必须采用成对的频率,依靠频率来区分上下行链路,其单方向的资源在时间上是连续的。FDD在支持对称业务时,能充分利用上下行的频谱,但在支持非对称业务时,频谱利用率将大大降低。

TDD用时间来分离接收和发送信道。在TDD方式的移动通信系统中,接收和发送使用同一频率载波的不同时隙作为信道的承载,其单方向的资源在时间上是不连续的,时间资源在两个方向上进行了分配。某个时间段由基站发送信号给移动台,另外的时间由移动台发送信号给基站,基站和移动台之间必须协同一致才能顺利工作。

TDD双工方式的工作特点使TDD具有如下优势:

(1)能够灵活配置频率,使用FDD系统不易使用的零散频段;

(2)可以通过调整上下行时隙转换点,提高下行时隙比例,能够很好地支持非对称业务;

(3)具有上下行信道一致性,基站的接收和发送可以共用部分射频单元,降低了设备成本;

(4)接收上下行数据时,不需要收发隔离器,只需要一个开关即可,降低了设备的复杂度;

(5)具有上下行信道互惠性,能够更好地采用传输预处理技术,如预RAKE技术、联合传输(JT)技术、智能天线技术等,能有效地降低移动终端的处理复杂性。

TDD双工方式相较于FDD,也存在明显的不足:

(1)由于TDD方式的时间资源分别分给了上行和下行,因此TDD方式的发射时间大约只有FDD的一半,如果TDD要发送和FDD同样多的数据,就要增大TDD的发送功率;

(2)TDD系统上行受限,因此TDD基站的覆盖范围明显小于FDD基站;

(3)TDD系统收发信道同频,无法进行干扰隔离,系统内和系统间存在干扰;

(4)为了避免与其他无线系统之间的干扰,TDD需要预留较大的保护带,影响了整体频谱利用效率。

由于TDD方式具有频谱配置灵活,频谱利用率高,上下行信道互惠性等特点,能够满足下一代移动通信系统对带宽的要求以及频率分配零散化的趋势,而且TD-LTE是中国自有知识产权的国际标准,受到工信部在内的国家通信主管部门的大力扶持,因此,国内各行业(电力、民航、能源、交通等)均选择TD-LTE作为其无线移动业务的承载平台,朔黄铁路也采用了TD-LTE技术构建移动通信平台。

## 四、重载LTE应用

### 1. LTE主要业务运用

朔黄铁路移动通信业务需求见表3-5。

**表3-5 朔黄铁路移动通信业务需求**

| 类别 | 业务类型 | 主要特点 | 具体业务 |
|---|---|---|---|
| 1 | 安全数据 | 实时、安全、可靠性要求最高 | 机车无线重联<br>可控列尾<br>移动闭塞(预留) |
| 2 | 非安全数据 | 时延要求较低,可靠性要求高 | 调度命令<br>无线车次号校核<br>其他车地通用数据业务 |
| 3 | 语音 | 时延、抖动要求较高,误码率要求稍低 | 调度通信<br>其他铁路公务通信 |
| 4 | 图像 | 大数据量,时延、抖动要求较高,误码率要求稍低 | 车地移动视频监控 |

2. 覆盖方案

(1)地形平坦地区覆盖方案

地形平坦地区主要采用基站 RRU 进行覆盖,天线安装在铁塔上以提高覆盖范围。

(2)弱场区覆盖方案

对长度较小的孤立短隧道,在隧道一端设同站址 RRU,隧道内敷设漏缆进行覆盖。

长隧道采用 RRU 加漏缆进行覆盖。EBU 尽量安装在隧道进、出口,隧道内安装 RRU。

3. 朔黄铁路应用业务系统

应用业务系统主要包括机车无线重联信息传送系统、车地通用数据传送系统、列车调度集群语音系统。

(1)重载无线重联信息传送系统

系统完成机车无线重联和列尾安全防护业务数据承载,主要由重载无线重联编组应用服务器、重载无线重联车载数据通信设备和列尾安全防护车载通信设备等构成。系统结构如图 3-9 所示。

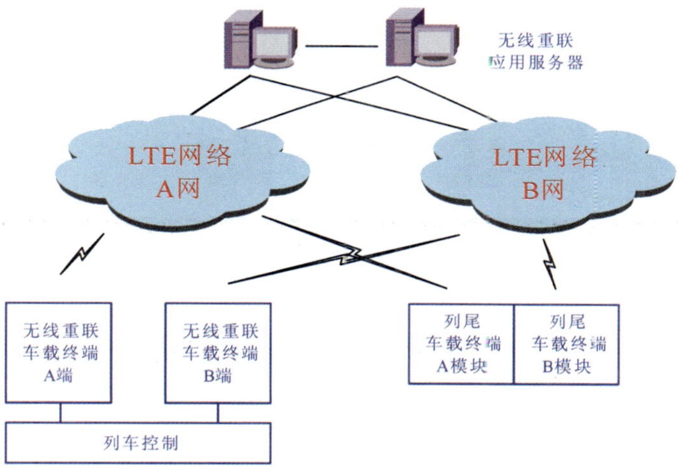


图 3-9　重载无线重联信息传送系统结构示意图

(2)车地通用数据传送系统

系统完成无线车次号校验、调度命令等车地通用数据业务数据承载,主要由接口服务器和列车调度通信机车台等构成。系统结构如图 3-10 所示。

(3)列车调度集群语音系统

系统主要提供列车无线调度通信和其他铁路公务通信业务,主要由调度集群语音服务器、列车调度通信机车台、手持终端等构成。系统结构如图 3-11 所示。

重载运输信息技术中,对于移动设备信息主要来自无线接入平台,朔黄铁路无线接入应用主要有 Wi-Fi、GMS、3G、LTE。LTE 是 3G 技术的发展,它改进并增强了 3G 的空中接入技术,采用 OFDM 和 MIMO 作为其无线网络演进的唯一标准。在 20MHz 频谱带宽下能够提供下行 100Mbit/s 与上行 50Mbit/s 的峰值速率。改善了小区边缘用户的性能,提高小区容量和降低系统延迟。

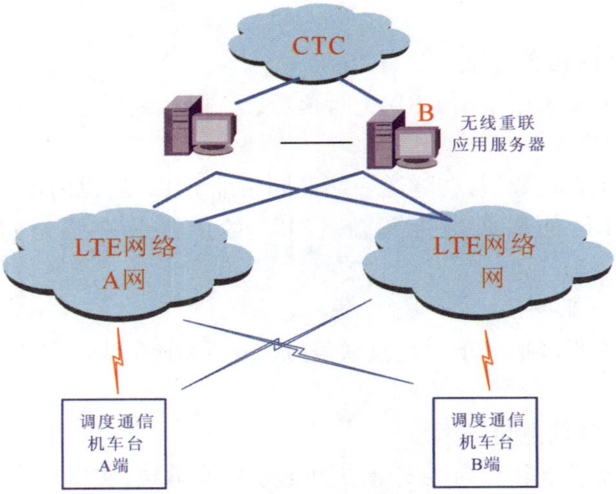


图 3－10　车地通用数据传送系统结构示意图

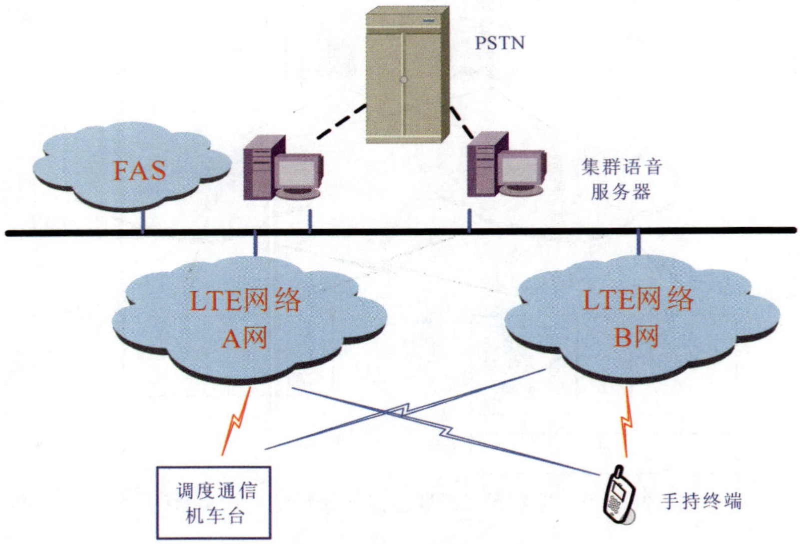


图 3－11　集群语音系统结构示意图

## 五、LTE 技术特征

1. LTE 的发展路线

LTE 长期演进是 GSM 阵营的现时最先进网络。发展路线：

GSM→GPRS→EDGE→WCDMA→HSD/UPA→HSD/UPA＋→LTE

GSM：9k；GPRS：42k；EDGE：172k；WCDMA：364k；HSD/UPA：14.4M；HSD/UPA＋：42M；LTE：300M

2. LTE 的技术特征

（1）通信速率有了提高，下行峰值速率为 100Mbit/s，上行为 50Mbit/s。

(2)提高了频谱效率,下行链路 5(bit/s)/Hz,(3 ~ 4 倍于 R6HSDPA);上行链路 2.5(bit/s)/Hz,是 R6HSU－PA 的 2～3 倍。

(3)以分组域业务为主要目标,系统在整体架构上将基于分组交换。

(4)QoS 保证,通过系统设计和严格的 QoS 机制,保证实时业务(如 VoIP)的服务质量。

(5)系统部署灵活,能够支持 1.25 ~ 20MHz 间的多种系统带宽,并支持"paired"和"unpaired"的频谱分配。保证了将来在系统部署上的灵活性。

(6)降低无线网络时延:子帧长度 0.5ms 和 0.675ms,解决了向下兼容的问题,并降低了网络时延,时延可达 U－plan <5ms,C－plan <100ms。

(7)增加了小区边界比特速率,在保持目前基站位置不变的情况下,增加小区边界比特速率。如 MBMS(多媒体广播和组播业务)在小区边界可提供 1(bit/s)/Hz 的数据速率。

(8)强调向下兼容,支持 3G 系统和非 3GPP 规范系统的协同运作。与 3G 相比,LTE 更具技术优势,具体体现在:高数据速率、分组传送、延迟降低、广域覆盖和向下兼容。

## 六、试验过程

1. 试验段地点及条件

试验段工程选取小觉站、古月站、西柏坡站共 3 站 2 区间作为试验段,全长 40.7km, 15 个隧道,隧道总长约 5.7km,包括开阔平原、隧道、桥梁等地形,能兼顾各种环境的测试,如长大明区间和隧道等弱场区的信号覆盖等。

朔黄铁路目前已申请获得河北、山西、陕西、内蒙古等 4 省铁路沿线 1.8GHz 频段 10MHz 带宽(1785 ~ 1795MHz)的铁路专用移动通信频率资源,可用于构建朔黄重载铁路的宽带移动通信系统。

2. 网络结构

LTE 系统承载业务主要为重载列车机车无线重联安全数据信息、列车调度通信、调度命令和无线车次号校验、视频监控业务。在进行 TD－LTE 网络设计时,通过系统级、网元级和单板级的三级保障,满足重载铁路网络安全性需求。由 LTE 网络、业务应用系统、运行与支持系统和终端设备等四部分组成。网络结构示意图如图 3－12 所示。

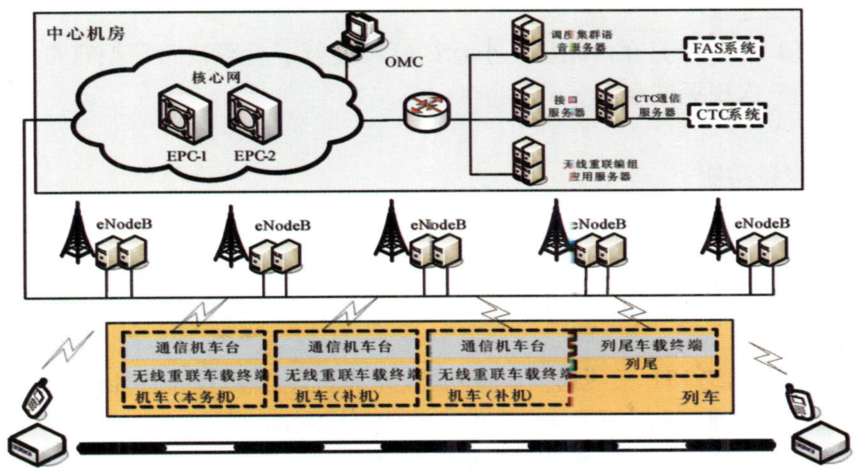


图 3－12 网络结构示意图

TD－LTE 网络包括核心网和无线两部分，在中心机房设置核心网，按链状网结构沿铁路新设 eNB，并接入核心网。基站采用分布式基带处理单元（BBU）＋射频拉远单元（RRU）的方式。

试验段采用共站址双网覆盖建设方案，明区间采用 BBU＋RRU 进行空间覆盖为主，在隧道、路堑等弱场区域采用 BBU＋RRU 结合漏泄同轴电缆、天线的方案进行覆盖。为了充分测试网络性能，试验段分别测试了两种无线组网的性能。

核心网设置两套 EPC，采用负荷分担方式工作。无线接入网 E－UTRAN 在同一站址也设置两套独立基站，分别接入主备核心网 EPC，形成双层网络，组网结构如图 3－13 所示。

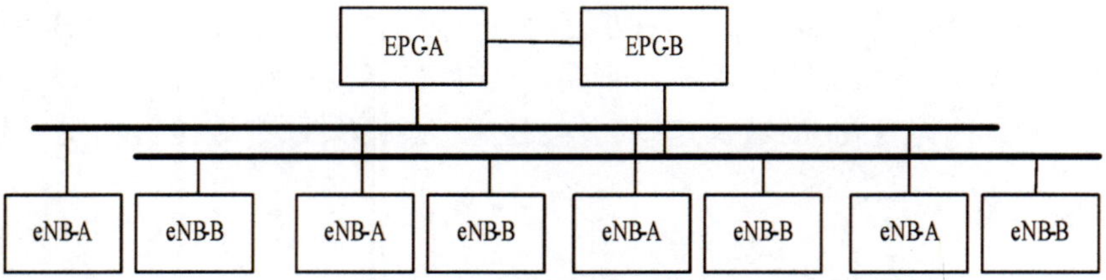


图 3－13　负荷分担方式 LTE 组网示意图

频率按照同频组网方式进行规划。频率资源为 1 785～1 795MHz 共 10MHz 带宽，分为 2 个 5MHz 频率，A 网和 B 网分别使用 1 785～1 790MHz（F1）和 1 790～1 795MHz（F2）。A、B 网无线覆盖范围基本相同，频率规划和场强覆盖如图 3－14 所示。

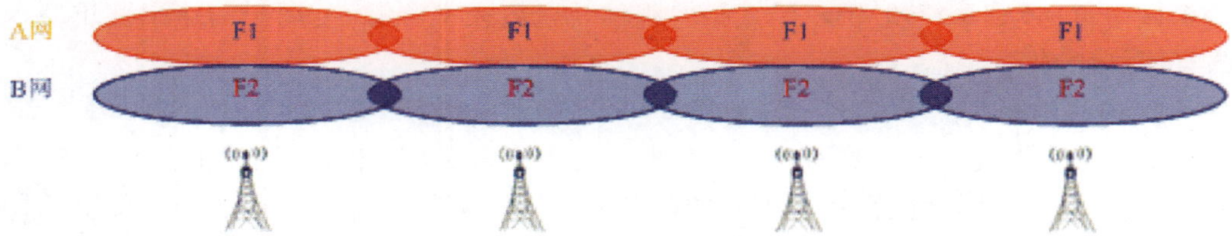


图 3－14　LTE 无线覆盖示意图

3. LTE 试验过程

2013 年 10 月至 11 月在西柏坡—小觉试验段进行了重载铁路新型宽带移动通信系统应用业务第三次现场试验。

（1）目的

① 验证设备功能；

② 验证动态条件下设备的可靠性和稳定性；

③ 对前阶段发现的问题进行测试验证；

④ 测试网络承载业务性能指标。

（2）主要内容

① 无线重联系统 LTE 无线通信系统功能、异常场景自愈、设备性能指标测试；

② 调度通信功能、异常场景自愈和设备性能指标测试；

③ 语音业务、无线重联业务和网络服务质量指标检测；

④ 可控列尾通信及操作显示、双模块冗余和异常场景自愈功能验证。

(3)对设备功能的优化进行主要措施

① 优化了 POC 承载调度通信业务接口,并在实验室进行了验证;

② 更新设备平台,实现调度通信机车台小型化;

③ 优化机车台的语音质量;

④ 实现可控列尾通信单元双模块冗余;

⑤ 完善了 LTE - R 场强和应用业务服务质量测试系统;

⑥ 提高设备容错能力;

⑦ 应用设备异常条件的自愈。

# 第四章　重载铁路安全管控信息技术

安全是铁路的生命，朔黄铁路围绕安全基础建设重点建设安全管控（ESC，Enterprise Safty Control）信息技术。安全管控技术的应用包括："5T"、列车动态监控、电力远动、车站无线调车、列尾装置、计算机机联锁、微机信号监测、无线车次号、调度集中、视频监控、应急救援、网络安全、企业本质安全管理等24个系统。图4－1是安全管控（ESC）板块系统构成图。

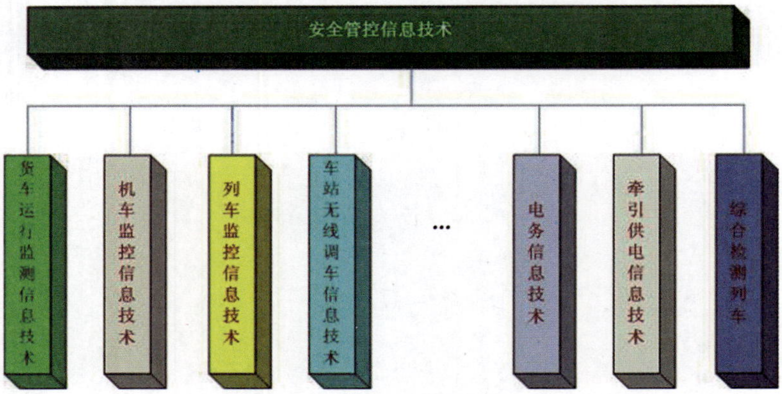


图4－1　安全管控板块系统构成图

## 第一节　铁路货车运用检测信息技术

重载信息技术中，对于车辆运输安全信息主要来自货车运用和检修生产信息，重点是货车运用信息，尤其是"5T"信息，它是运输指挥的核心数据。近年来，"5T"系统对货物列车运行全过程、全方位的监控网络技术，形成了集声学、光学、力学等多学科融为一体的铁路货车综合检测技术手段。铁路货车"5T"系统是铁路安全的主要设备之一，是重载货车信息化的重要组成部分。"5T"系统是：

THDS——红外线轴温智能探测系统；

TPDS——铁路货车运行品质轨边动态监测系统；

TADS——铁路货车滚动轴承故障轨边声学诊断系统；

TFDS——铁路货车故障轨边图像检测系统；

TWDS——铁路货车轮对故障、尺寸动态检测系统。

"5T"系统利用数字化诊查手段，将铁路货车的故障病害在早期发现、早期诊断、早期处理，24 h不间断地对上线铁路货车进行健康体检。"5T"系统采用智能化、网络化、信息技术，在铁路沿线建设系统探测站，实现地面设备对铁路客货车运行安全的动态检测、数据集中、联网运行、远程监控、信息共享，使运输安全防范能力显著提高。

"5T"系统投入使用以来，在运输安全、运输畅通、科学决策、安全管理方面发挥了重要作用，主要体现在：

(1)确保了运输安全。随着运输组织的变化，长交路直通货物列车的大量开行，列检平均保证距离已由300 km提高到500 km，最长已达到1500 km，TFDS的运用有效地解决了长交路货物列车途中人工无法进行技术检查的难题。

(2)确保了运输畅通。THDS红外线探头由外探方式调整为内探方式后，有效地解决了轴承端盖与密封罩摩擦产生的"假热"，提高了预报准确性。另外，通过红外线预报强激热区间拦停处置暂行办法的实施，减少了列车在区间长时间等待货车列检人员前往判断热轴而造成的运输堵塞，确保了运输畅通。

(3)安全关口前移保障运输。从TADS预报的轴承早期故障的确认处理数据分析情况来看，TADS对轴承内外滚道和滚子剥离等故障预报的准确率已经达到了很高水平。随着轴承钢保持架的逐步淘汰，轴承的内外滚道和滚子故障将逐渐上升为主要问题，TADS的作用会愈来愈明显。

(4)为铁路货车列检现代化奠定了基础。采用"5T"系统，可通过动态检查数据分析，对各上报的临修故障进行对比，并通过调阅"5T"历史预报记录，特别是TFDS动态抓拍的图片，可以科学公正地进行临修质量责任追溯。

## 一、货车轴温检测技术

铁路货车来说，轮轴的质量尤为关键，在铁路网上日夜奔波的铁路货车轮轴是安全保障的重要落脚点。轮子转动依靠轴承，轴承非正常运转就会摩擦生热，所以针对铁路货车轴承的车辆轴温智能探测系统(THDS，Trace Hotbox Detection System)(简称红外线系统)随之出现。它是利用轨边红外线探头，根据热辐射原理对通过铁路货车每个轴承温度实时检测，并将检测信息实时上传到车辆安全监测中心，进行实时报警。通过配套故障智能跟踪装置，实现车次、车号跟踪，热轴货车车号的精确预报，重点探测铁路货车轴承温度，对热轴铁路货车进行跟踪报警，防范热切轴事故。THDS实现了联网运行，每个探测站过车和轴温探测信息直观显示，实现跟踪报警。它由轨边的探头箱和轨心的AEI车号识别装置以及开关门磁钢传感器等组成，铁路货车底架装有车号识别标签，当列车通过时，通过微波把车号信息扫到AEI，再通过软件匹配到红外线预报信息。

铁路货车在运行中其轴承由于故障产生高于正常"运转热"的异常热现象称为热轴。在可见光谱红色光的外端有看不见的光线存在，并具有热辐射效应，成为红外线辐射。热轴的发生和发展直接危及行车安全。产生热轴的主要原因是铁路货车轴承安装在轮轴的两端，承担着车体及货物的载重。在运用中，因受到外力磨擦和各种震动会产生正常的运转热，由于产品质量、材质、工艺、受力状态不正常、零部件的损坏或外界因素等原因，将会导致轴承发生热轴故障。红外线检测轴温的基本原理是红外线轴温探测设备利用环温或选定的参照温度为基准，设在轨边的红外探头中的红外线探测器(或称红外元件)检测每个轴箱发出的红外辐射的大小，并将其转换为相应的电压信号。轴承表面的温度越高，红外探头输出的相应电压值也越高，从而达到轴温检测和发现热轴的目的。这就是红外线轴温检测的基本工作原理。THDS 是对行进列车的铁路货车轴温进行非接触式探测，根据轴温及其他信息预报铁路货车热轴故障的运输安全保障系统。

铁路货车在运行过程中，如果轴承内部损伤或外部不合理受力，会导致轴承发生结构部件过度磨耗或损坏、卡滞等故障，如果不及时对这些轴承故障发出警告，最终会导致发生严重的列车安全事故。铁路货车轴承温度过高是轴承出现故障的一个重要表征，而且轴承故障的严重程度与轴承温度的高低有着密切关系。车辆轴温智能探测系统能够实时测量行进中列车车辆的轴承温度，并根据是否出现异常轴温（热轴）判断铁路货车轴承状态是否异常，及时发出警告，从而防止出现列车热切轴事故。经过多年的发展，车辆轴温智能探测系统目前已形成保障列车运行安全的一个智能化、网络化、信息化系统。车辆轴温智能探测系统综合运用红外探测技术、自动控制技术、光机电一体化技术、计算机技术、信息处理技术、网络通信技术，实现分散探测，集中报警，联网运行，信息共享，防止铁路货车热切轴事故的发生，成为保障铁路运输安全与畅通的一个重要体系。

THDS 的构成：由查询中心、车辆运行安全监测站、行车调度复示终端、复示站、列检复示站、探测站及通信网络组成，构成红外线联网系统。

（1）查询中心：由查询双机集群服务器、查询终端等构成，通过铁路计算机网络与各相连接，可查询车辆轴温智能探测系统探测、预报、处理信息及设备运行情况，并进行相关数据汇总和分析。

（2）车辆运行安全监测站：设于调度指挥中心（调度所），业务工作由车辆处管理。监测站由数据传输设备、数据处理设备、监控终端等构成，通过专用通道或铁路计算机网络与管内车辆轴温智能探测系统探测站相连接，实时监测全局车辆轴温智能探测系统探测、预报信息，监控系统运行状态，并进行相关数据汇总和分析。

（3）行车调度复示终端：设于调度指挥中心（调度所）相关列车调度台，复示管辖线路内车辆轴温智能探测系统探测站热轴预报情况，按规定及时处理热轴预报列车。

（4）复示站：设于调度室或动态检测车间，由数据复示终端、通信（网络）接口设备、防雷装置、不间断电源等构成，通过专用通道或铁路计算机网络与车辆运行安全监测站连接，实时监控管内车辆轴温智能探测系统探测站的网络和设备运行状态，汇总、统计、分析及上报相关数据。

（5）列检复示站：设于车辆技术作业场所，由复示终端、通信（网络）接口设备、防雷装置、不间断电源等构成，通过专用通道或铁路计算机网络与车辆运行安全监测站和车辆轴温智能探测系统探测站连接，实时监测本站车辆轴温智能探测系统探测、预报信息，监控系统运行状态，汇总、统计、分析及上报相关数据。

（6）探测站：是车辆轴温智能探测系统的最前端，探测站的列车轴温探测信息是整个红外线联网系统的基础数据，是各级系统报警、查询、分析、统计的数据来源。探测站沿铁路线路每隔 20 ~ 30 km 设置一处，主要由红外探头、车轮传感器、探测站主机、控制箱、电源箱、远程控制箱、车辆智能跟踪装置、防雷装置、不间断电源等组成，实时探测通过探测站的铁路货车轴温，进行信息处理，将数据通过通信网络上传车辆运行安全监测站和各复示站。作为保障铁路货车运行安全的最前端设备，车辆轴温智能探测系统探测站要能够长时间地持续正常工作，若设备本身出现故障，要能够迅速上传报警信息，因此探测站设备具有完善的自检功能，并持续进行设备自检。

## 二、货车运行品质监测技术

随着科学技术在铁路货车安全防范领域的不断应用，监控铁路货车安全的手段也越来越丰富。从轮对入手，逐步延伸动态检查范围，从不同的监控视角综合分析评判铁路货车运行品质，铁路货车的装载状态、车轮踏面擦伤、铁路货车自身的运行状态，对列车运行安全至关重要，它直接关系到铁路现代化管理和运输安全。近年来，随着铁路的提速，空载铁路货车脱轨、铁路货车超载现象，引起了铁路各级管理部门的极大关注。铁路货车运行品质轨边动态监测系统（TPDS，Truck Performance Detection System），实现了在一个检测系统中完成多项检测功能。检测结果可为铁路运输安全管理，掌握轨道实际承载状态提供重要信息。利用轨道测试平台，对铁路货车安全指标进行动态检测，重点检测铁路货车运行安全指标脱轨系数、轮重减载率，并检测车轮踏面擦伤、剥离以及货物超载、偏载等危及行车安全的情况。重点防范铁路货车脱轨事故，防范车轮踏面擦伤、剥离，防范货物超载、偏载等安全隐患，加大铁路货车运行安全监控力度，实现了铁路货车运行安全质量互控。

TPDS 由六大部分组成：测试平台与传感器、车号识别装置、探测站监控机柜、信息传递通道、信息中心、监控终端。具有五大功能：识别运行状态不良的铁路货车；测量铁路货车总重、前后转向架重、轴重；轮重及铁路货车超偏载；识别车轮踏面擦上；统计轨道负荷当辆通过总重。

（1）TPDS 高平顺性测试平台由 22 根专用轨枕组成，中间 6 根，两侧各 8 根。整体框架有钢板固定，形成特殊框架式轨道结构。传感器阵列由 12 只 2 维压力传感器和 8 只剪力转感器组成。TPDS 系统的工作原理是引用移动垂直力综合检测新方法。采用较长的高平顺性测试平台即特殊框架式轨道结构，在两剪力传感器之间设置若干个轨下垂直压力传感器，组成综合检测区。连续测量轮轨垂直、横向荷载，从测试的轮轨力波形量值大小可捕获蛇形失稳铁路货车的主要动力学特征。TPDS 组网结构和数据走向是：首先进行采集预处理，将预处理数据传至测点服务器进行分析、评分、存储、传输，将探测数据传至列检所进行危险铁路货车的处理测点和列检，同时将有关数据上传至监控中心、查询中心。再由监控中心把危险铁路货车名单逐级下达至列检所进行处理。

可以从 TPDS 得到的信息有：列车通过监测系统的时间和日期；各种铁路货车的总重、转向架重、轴重、轮重和轨道当量通过总重；铁路货车超载、前后偏载、左右偏载；车轮踏面擦伤的严重程度；轴位和轮位；铁路货车的轮重减载率、脱轨系数，横向力及其变化特征；蛇形失稳铁路货车的位置；车号信息。

TPDS 由探测站、基层汇聚节点、监控中心、查询中心四级组成，并在列检所设监控复示终端；各级中心间以及基层数据汇聚节点与探测站/列检所间通过铁路通信网络相连。探测站安装铁路货车运行状态地面安全检测装置，实时检测通过铁路货车的运行状态；基层汇聚节点和 3 级中心负责收集所辖下级系统的检测数据和处理情况汇总报告，执行监控、追踪、查询、管理、分析、评判等功能；列检所监视探测站测点过车检测情况，负责铁路货车检查和处理任务的具体执行。

TPDS 的组网形式充分体现了系统运行分散检测、集中报警、网络监测、信息共享的基本要求，实现了三级联网、三级复示以及三级管理信息系统。三级联网为：探测站与基层汇聚节点联网、基层汇聚节点与监控中心联网、监控中心与查询中心联网。三级复示为：前方列检所复示（重点检查、处理问题铁路货车）、复示（主要解决管理和设备维修上的问题）、车辆安全监控技术中心复示（对疑难问题给予技术支持，及时对问题铁路货车进行处理）。三级系统为：查询中心系统、监控中心系统以及铁路基层监测中心系统。

各级中心接收下级系统上报的铁路货车运行状态监测数据，建立管辖范围内的多测点状态不良铁路货车数据库；部中心能对多测点检测情况进行综合评判，生成状态不良危险铁路货车监控名单，并通过/基层数据汇聚节点逐级将危险铁路货车监控名单和处理命令等下达给下级中心，直至由列检所具体执行；各级中心都能提供管辖围内的监测信息查询，可根据时间、地点、车次、车号、不良运行状态类别或等级等进行多角度的分类查询或组合查询；并对管辖范围内铁路货车运行状态进行实时监控，对危险铁路货车自动报警，以及负责对实时检测到各类状态不良铁路货车和监控名单上的危险铁路货车实施跟踪监控。另外，监测中心还要负责远程监视关联探测站设备的工作状况，而列检所需要把列检结果和设备故障处理情况上报到监测中心，并由监测中心定期汇总后上报给查询中心。

### 三、货车轴承故障声学诊断技术

铁路货车滚动轴承故障轨边声学诊断系统（TADS，Trackside Acoustic Detection System）应用到了铁路货车轴承的动态检查中。它是利用设在轨边的声学传感器阵列采用现代声学诊断技术对高速运行列车的铁路货车轴承故障信号进行实时拾取、滤波、采集、处理。根据检测诊断结果判定并预报铁路货车轴承故障类型及轴承缺陷的程度，从而实现对滚动轴承早期故障进行预警、防范、保证行车安全。由于系统采用了声学传感器阵列技术和多传感器信号合成及定位技术，保证了系统对故障轴承诊断的可靠性和准确性。利用故障轴承信号拾取技术和系统降噪技术及频谱分析和小波形分析技术，使得系统对故障轴承缺陷程度具有很高预报精度。TADS 与车号自动识别系统结合，从而实现故障轴承的车号定位和轴位的自动定位。TADS 可及早发现轴承早期故障，重点检测铁路货车滚动轴承内外圈滚道、滚子等故障，安全防范关口前移，在发生热轴故障之前，对轴承故障进行早期预报。与红外线轴温智能探测系统互补，防止切轴事故发生，确保行车安全。

货车滚动轴承早期故障轨边升学诊断系统利用轨边噪声采集阵列，实时采集运动货车滚动轴承噪音，通过数据分析，及时发现货车轴承早期故障。重点防范切轴事故，安全防范关口前移，对轴承故障进行早期预报。TADS 向前方列检预报轴承故障，同时，通过全系统联网运行，对全系统轴承故障进行预警。TADS 地面探测站的室外部分设备主要包括声音传感器阵列、车轮传感器、AEI 地面天线等。

（1）声音传感器阵列：是采集车辆轴承运转所产生的声音信号的装置。声音传感器阵列安装在保护箱内，并对称立装于轨道两外侧。声音传感器阵列保护箱具有抗震性，可适应轨边环境。保护箱还设有保护门，只有当列车通过时才打开。

（2）车轮传感器：TADS 地面探测站采用 5 个车轮传感器。用卡具固定在轨底。其中

2 个用于声学采集系统，另外 3 个用于 AEI 系统。车轮传感器的作用是，当列车接近时自动启动声学系统的采集程序，打开声学传感器阵列保护箱的保护门。同时，启动 AEI 设备天线，进行计轴、计辆车轮定位。

(3) AEI 地面天线：发射微波载频信号，同时接受车载标签反射回来的调制信号，获得车次、车号等信息。

TADS 包括轨边设备和数据处理设备。轨边设备包括磁钢传感器、声学接收传感器、车号读出设备组成。数据处理设备包括控制部分、数据处理部分、通信部分组成。

TADS 的工作原理是：通过轨边声学接收传感器阵列对声波信息进行采集，由数据处理部分通过软件对声波频谱进行分析，判断出轴承内套、外套、滚子、其他 4 个故障部位 5 级数量级的缺陷预报。轨边声学传感器阵列安装在线路两侧，每侧有 6 只带指向性的声学采集传感器，6 只传感器的等距间隔是 1.22 m。阵列之所以要设计这么长，主要是因为一侧传感器采集的有效长度是一个车轮转动 2 周的距离，这样就保证了轴承滚子在滚道上完整转动 1 周，保证了轴承内部一个行程声谱的全方位采集。

也就是说，当列车通过 TADS 采集站时，首先通过轨边声学传感器阵列对轴承声学频谱进行采集，然后将采集数据由机房的数据处理计算机判断轴承故障情况，将探测结果通过专线通道传至设在数据库监控中心。红外线轴温智能探测系统能够对因轴承缺陷造成的热轴进行报警，而 TADS 实现了从报警向早期预警的补充和跨越，使滚动轴承这一铁路货车要害部位在安全防范手段上有了质的提升。"两警"机制的科学结合使朔黄铁路运用铁路货车轴承故障的发生得到了有效的控制，将安全防范关口进一步前移。

TADS 轨边设备安装在车站进站方向，探测的数据经过探测站中央数据处理计算机进行分析和处理形成数据报文，通过专线或 TMIS 网以 FTP 方式发送至节点服务器，节点服务器再通过 TMIS 网以 MQ 方式上传至服务器和中央服务器，各级服务器对数据报文进行分析和入库，同时根据分析的结果，对轴承的故障情况进行报警。设立 TADS 列检复示终端红外复示终端、红外中心监控终端、车辆处查询终端和查询终端，通过访问相应级别的服务器，实现对铁路货车滚动轴承运行状况的多级监控。

### 四、货车故障图像检测技术

一直以来，铁路货车的技术检查主要采用人工检查方式，工作者劳动强度大，且观察视野有局限性。为了进一步释放生产力，选择一种既更好的保证安全又减轻劳动强度的铁路货车技术检查方式，铁路货车故障轨边图像检测系统（TFDS, Trouble of moving Freightcar Detection System）随之孕育而生。它是利用高速摄像技术通过轨边高速摄像机对运行货车进行动态检测，及时发现铁路货车运行故障，重点检测铁路货车走行部、制动梁、悬吊件、枕簧、大部件、钩缓等安全关键部位，重点防范制动梁脱落事故，防范摇枕、侧架、钩缓大部件裂损、折断，防范枕簧丢失和窜出等危及行车安全隐患。

铁路货车故障轨边图像检测系统（TFDS）由查询中心、监控中心、列检检测中心、探测站及传输网络组成。

(1) 查询中心：设在运输指挥中心，由车辆主管部门负责业务管理，用于查询 TFDS 探测、预报和处理铁路货车故障信息情况，定期进行 TFDS 相关数据汇总分析。

(2)监控中心:设在调度指挥中心(调度所)车辆运行安全监测中心内,由车辆处负责业务管理,对管内TFDS网络运行状态进行不间断监控,查询全局TFDS探测、预报和处理铁路货车故障信息情况,定期进行TFDS相关数据汇总、分析、上报。列检检测中心设在运用车间列检所内,由运用车间管理,负责本站铁路货车故障和设备故障信息的预报,并收集、反馈和分析故障车处理情况。

(3)TFDS探测站:由铁路货车信息控制采集计算机、图像采集及关门车自动识别计算机、前置控制箱、车号读取设备、网络传输设备等组成。

TFDS的工作原理是当列车通过时,永磁信号传感器将信号传递到数据处理中转站控制计算机。计算机发出采集指令,轨边和轨心高速摄像机开始对每个铁路货车的转向架侧架、转向架底部、车钩钩缓、中间部4大重点部位抓拍图像。列车通过摄像机采集阵列后,数据处理中转站的计算机将图像信息数据打包压缩整理后,通过专用光缆通道向几公里外的列检检测站服务器发送数据。设置在列检检测站的TFDS服务器接收到数据后,按照预先制定好的检测分析规则向作业工位复示图像。通过复示图像的看图分析方式很灵活,可以按部位划分看,也可以按定员包车看。动态检车工长收到列车通过声音警示后,对全列车首尾图像进行核对,然后下达开始检测命令。当动态检查员发现铁路货车故障后,向动态检车工长复诵,同时对该故障进行录入登记。动态检车工长接到故障预报后,立即对故障进行复核。确认后通知现场检车工长进行现车故障定位,并按照技术标准进行维修,将故障处理信息反馈动态检车工长,由动态检车工长将故障信息上传三级联网数据库。这样就形成了铁路货车故障预报处理的闭环流程:对制动梁折断、脱落;下拉杆脱落,圆销、开口销丢失;制动梁支柱圆销、开口销丢失;交叉杆折断;折角塞门关闭;制动缸及各风缸脱落;重车地板破损影响行车安全;轴承冒烟等其他危及行车安全的符合拦停范围的铁路货车故障,可立即通知车辆运行安全中心监测站进行紧急拦停。通过近年来的实际运用,给铁路运输的列检工作带来了以下变化:

(1)实现了“人控”向“机控”的转变。

列检现场作业受作业者心理素质、精神状态、检查视觉等客观因素影响,作业行为可控度较差。通过安装TFDS,替代部分人工检查,实行专业检查,使作业者专注于具体检查部位,提高列车检测质量。

(2)实现了“室外”向“室内”的转变。

列检作业在露天环境下解进行,例如雨天、高温、低温等不良天气直接影响列车检修质量。实施了TFDS动态检测后,对铁路货车实施了“全天候”检测,改善了作业环境,减轻了劳动强度,增强了故障检测能了,实现了“室外”向“室内”的转变。

(3)实现了“静态检查”向“动态检测”的转变。

现行的作业方式是对列车进行静态检查,以敞车为例,检车员看一辆车对台车和车底检查进出14次,其中仅连接件就需垂敲眼看107个螺栓,67个各部圆销开口销,体能消耗大。TFDS是对运行中的列车进行动态检测,将铁路货车故障情况预报给现场作业人员,使修车人员有了充足的故障处理时间。

(4)提高了铁路货车运行安全的可靠性。

随着运输组织的变化,列检安全保证区段不断延长,对铁路货车运用质量提出了更高的要求。沿途各列检作业场不断安装并使用 TFDS 对铁路货车技术状态进行动态检查,从而弥补了传统技检作业的不足,将人工检查难以检查到的部位清晰地显现在计算机上,通过视频图像来实现对故障的判断,进一步提高了铁路货车运行安全的可靠性。

(5)压缩了列车技术检查时间。

过去人工检查 1 列万吨列车需要 60 min,实现 TFDS 动态机检后,1 列万吨仅需要 14 min。以日均技检万吨列车 53 列为例,过去检查需要 3 180 min,实现机检只用 742 min,节省了 2 438 min,检查效率提高了 77%。有效地解决了列车密集到达,缓解了列检作业与运输畅通之间的矛盾。

(6)减少了现场作业人员,提高了列检劳动生产率。

以前现场检车员按照"以列定组、以辆定人"的原则配备,现在利用 TFDS 系统进行检测,现场作业人员补充到故障处理队伍中,大大缩短了检修时间、提高了列检劳动生产率。

TFDS 是车辆运行安全监控装备中"5T"系统的重要组成部分,它对调整列检作业布局,转变铁路货车运用维修模式起到深远的影响。通过 TFDS 的成功运用,进一步加速了铁路货车周转,提高了运输效率,将安全防范措施前移。

### 五、车辆轮对故障尺寸动态检测系统

铁路货车轮对故障、尺寸动态检测系统(TWDS,Trouble of wheel detection system)是对车辆轮对故障、尺寸进行在线检测,及时发现故障和尺寸超限的装置。系统能够实现对轮对尺寸的自动定量检测,不仅能够发现塌面深度和长度,而且能够为轮对加工提供数据。它是利用高速摄像和扫描技术对运行货车轮对故障及尺寸进行动态检测,及时发现轮对运行故障,重点检测铁路货车轮对等安全关键部位,重点防范轮轨事故,防范轮对故障等危及行车安全隐患,目前,还没有普及应用。

## 第二节　机车监控信息技术

### 一、列车运行监控信息

重载运输信息技术中,对于机车运行信息主要来自列车运行监控装置(LKJ),它是机车运行关键数据源。LKJ 俗称运记,全称列车运行监控装置。现在大多是 LKJ2000 型。LKJ 提供铁路机车管理的综合数据信息表,是为了方便铁路管理者在本站区域内调度车辆,维护列车正常出行秩序的综合数据信息表。其中包括:线路名称表、车站表、股道表、道岔表、坡道表、曲线表、正线起讫里程表、正线线路允许速度表、到发线线路允许速度表、本车站的配线图,这些数据要求非常准确,否则会发生事故。

LKJ 主要是对列车司机对列车的操纵起辅助控制作用,使列车运行起来更加安全,比如司机睡着了,而前方的信号机因为前方闭塞分区有列车占用而显示了停车信号,那么 LKJ 在语音警示未果的情况下就会自动给列车施行常用或者非常制动,使列车不至于冒进关闭的信号机闯入有车的区间,与前行列车发生追尾冲突事故;还有电力机

车在经过分相绝缘区时会提前语音提示司机“禁止双弓”，在一定程度上可以防止司机因为各种原因忽略导致极间短路引起机车主变压器烧毁或者烧断接触网而造成事故。此外，LKJ 还可以语音预告前一架信号机的显示，使司机根据信号的显示提前做好应对措施等等。

LKJ2000 型列车运行监控装置是在 LKJ93 型监控装置成功运用基础上，借鉴国内外先进列车超速防护及列车控制技术而研究开发的新一代列车超速防护设备。是采用了先进的 32 位微处理器技术、安全性技术以及数字信号处理技术等来保证列车行车安全的控制装置。

1. 系统构成

(1)监控主机箱(双套模块冗余)1 台。

(2)显示器(数码显示器或屏幕显示器)2 个。

(3)转储器地面配置。

(4)事故状态记录器(黑匣子)1 个。

(5)双针速度表(带里程计或不带里程计)2 个。

(6)光电式速度传感器 2 个。

(7)压力传感器 3 个。

LKJ2000 型列车运行监控装置(见图 4－2)基本组成结构主要是主机箱和显示器(屏幕或数码)。其速度信息来自安装在机车轮对上的 TQG15 或 DF16 光电式速度传感器，速度信号的基本配置为二通道(可扩充至三通道)，如果二通道速度信号相位相差 90°，则可以满足装置相位防溜功能的需要。在无相位防溜功能的情况下，二通道速度信号可分别取自两个速度传感器。机车信号信息可取自 JT1－A(SJ93)、JT1－B(SJ94)通用式机车信号装置(取点灯条件)，也可通过 RS485/RS422 串行通信方式获取。压力检测除了检测列车管压力外，还检测机车均衡风缸压力及制动缸压力，均衡风缸压力信号用于反馈控制以提高常用制动减压量控制精度。制动缸压力信号主要在机车单机运行时作为状态记录依据。压力传感器可采用 TQG14 型机车压力变送器。指针式速度指示可采用 ZL 型或 EGZ3/8 型双针速度表，双针速度表实际速度与限制速度指针依靠装置主机驱动，驱动信号为 0～20 mA 的电流信号。在装置关机情况下，由数/模转换盒驱动。I 端双针速度表的里程计指示可由监控装置驱动，在安装了数/模转换盒的情况下，也可由数/模转换盒驱动。双针速度表照明电源为机车照明电源。主机箱采用 6U(高度)×160(深度)标准机箱结构，其宽度尺寸为 $84R$($R=5.08$ mm)。主机箱为系统控制中心，其内部由 A、B 两组完全相同的控制单元组成(左边为 A 组，右边为 B 组)，每组有八个插件位置(包括一个预留位置)，各插件位置以机箱中心线为基准对称排列，从中心线开始往左、右，各插件排列顺序依次为：监控记录、地面信息、通信、模拟量输入/出、预留、数字量输入、数字量输入/出、电源。各插件之间采用 VME 标准总线母板连接。机箱采用背板对外出线方式，所有输入输出信号均通过机箱背板连接器引出，在背板内侧装有过压抑制板。

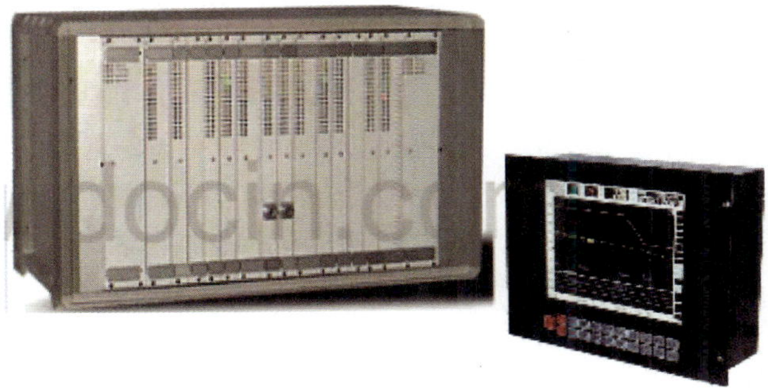

图4-2 LKJ主机和显示器

2. 主机内各插件的主要功能

(1)监控记录插件。作为2000型监控装置的主机模块,是系统的核心部件。模块以32位微处理器MC68332为CPU,主要完成地面线路数据的存储与调用、运行状态数据的记录与同步、控制模式曲线的计算、实时时钟的产生,并通过双路CAN串行总线或VME并行总线现实对系统其他模块的控制与管理。其他模块中带CPU的模块通过CAN网络与主机模块交换数据,而不带CPU的模块通过VME并行总线与主机模块连接。工作主机与热备主机之间的数据交换是通过同步通信实现的。记录用数据存储器与实时时钟器件采用非易失性存储器件,因而在无需外部电池情况下可实现数据的长期可靠保存。记录数据的转储可通过RS232通信接口完成。

(2)地面信息处理插件。从轨道信号感应器上取得地面轨道电路信号,完成轨道电路传输信息的输入,经过电气隔离后进行调整放大,然后经数字信号处理器(DSP)对各种制式的信号进行数字滤波及分析处理。插件产生的过绝缘节信号供监控主机校正距离测量误差,绝缘节信息通过电平方式输出至监控主机,也可通过CAN通信网络传输。地面点式信息或轨道电路叠加信息的处理是根据需要以相对独立的专用处理模块来完成的,此模块叠加在地面信息处理插件上。插件与监控主机通过内部CAN网络交换数据。

(3)通信插件。通信插件提供装置的各种对外串行通信接口,通信接口包括2路RS485接口及1路RS422/RS485接口。1路RS485通信接口用于与TAX2综合信息监测装置通信;1路RS485通信接口用于与列车总线/车辆总线连接,实现监控装置与列车/机车控制系统的信息交换;1路RS422/RS485接口用于与机车信号装置或点式信息设备通讯,从而提高传输信息量以及传输信息的可靠性。插件与监控主机通过内部CAN网络交换数据。

(4)模拟量输入/出插件。主要完成模拟输入信号和频率输入信号的调整、隔离、模/数转换及模拟输出信号的数/模转换、隔离及调整输出。模拟输入信号包括:压力信号、电流信号、电压信号以及加速度信号;频率输入信号包括速度信号及柴油机转速信号;模拟输出信号主要是驱动双针速度表实际速度和限制速度的电流信号,以及驱动双针速度表里程计的电压脉冲信号。所有输入/输出信号全部经过隔离放大器隔离或光电隔离。模拟量输入/出插件经VME并行总线与监控主机连接。

(5)数字量输入插件。完成对机车信号点灯条件输入(50V)的光电隔离与转换,经VME并行总线与监控主机连接,供监控主机读取。

(6)数字量输入/出插件。一方面完成机车工况输入信号(110V)的隔离与转换,另一方面完成常用与紧急制动控制指令的执行输出(继电器触点输出)。输出信号可直接驱动内燃机车常用制动装置控制阀或与电力机车制动控制回路连接,但控制信号不能直接驱动电力机车主断路器。插件经VME并行总线与监控主机连接。

(7)电源插件。采用模块电源方式将110V输入电源转换成系统所需的各种电源。所有输出电源与输入电源隔离。输出电压包括供主机箱各插件工作的5V、+12V、-12V及24V;供数码显示器的15V(屏幕显示器采用110V电源);供速度传感器的15V以及供压力传感器的15V。除5V、+12V及-12V共地外,其他各路输出电压互相隔离。

(8)母板。完成各插件的VME总线连接及输入/输出信号的连接。母板分左、右两部分,左半部分为A机母板;右半部分为B机母板。A、B机母板的上半部分为VME总线,采用标准96芯连接器;下半部分为信号的输入/输出,采用标准48芯连接器。

(9)过压抑制板(安装在后盖板上)。外部110V电源及110V电路输入信号经过过压抑制板,输入至数字量输入/出插件;数字量输入/出插件的继电器输出信号经过过压抑制板输出至机车110V回路。因而所有与机车110V回路相连的信号均经过过压抑制板的滤波及瞬态过压抑制处理,消除机车110V回路干扰对装置的影响。因此,在安装2000型监控装置时,无需在机车上再另外安装过压吸收片。

主机由A、B两个相对独立的单元组成,每个单元都自成系统。由于两个单元互为热备,一个单元工作时,另一个单元处于热备状态,一旦工作单元任何一块插件发生故障时,另一个单元中的相同插件将立即投入工作,故障的插件将自动退出工作。工作单元主机插件有指示灯指示,表示处于工作状态。

主机的输入/输出接口具有一定的扩展空间,它可允许4个压力传感器信号(如列车管压力、机车制动缸压力以及均衡风缸压力等)输入,3路速度信号输入,2路模拟量(原边电流及原边电压)输入,1路柴油机转速信号输入,16个机车信号(50V)开关量及8个110V机车工况开关量输入;7路制动控制指令的输出(110V回路)。

3. 人机界面显示器

LKJ2000型监控装置有两种形式的显示器供用户选择。一种是数码显示器,其操作界面与LKJ93型显示器兼容,因而可维持原LKJ93型显示器操作方式基本不变,同时将大容量IC卡的读卡器直接设计在显示器内,不需另外再配置IC读卡器,操作方法也基本同93型监控装置;另一种显示器是10英寸TFT高亮度彩色液晶显示屏,以屏幕滚动方式显示实际运行速度轨迹曲线及模式限制速度(或线路允许速度)曲线,以图形、符号和文字形式显示地面信号机的位置、种类以及运行线路的曲线、坡道、桥梁、隧道及道口等信息,同时可显示指导性机车优化操纵运行速度曲线和手柄级位曲线,以便提示或引导乘务员操作。数码显示器与屏幕显示器均具备语音提示功能。

4. 列车事故状态记录器(黑匣子)

将记录30 min以内的最新列车运行状态数据(事故发生后将自动停止记录),并且其记录密度大大高于监控主机数据记录密度,列车走行距离超过5 m时,将产生一次相关参数记录。因此在发生严重事故后可提供详细、准确的列车运行状态数据。事故状态记录器具备抗冲击性能。

5. 转储器

转储器将车载记录数据转录至地面微机系统供分析处理。其内部数据存储器采用大容量非易失性数据存储器(可不带电池长期保存数据)。转储器与车载主机的数据传输以及与地面微机的数据转录均采用 RS232 标准通信方式,通信具备数据校验功能。转储器既可转储 LKJ2000 型监控装置数据,也可转储 LKJ93 型监控装置数据,并能自动识别不同设备类型及记录数据格式。

## 二、机车作业起点信息

重载运输信息技术中,对于机车出入库信息主要来闸楼,这是运输统计机车工作信息关键也是清算的依据信息。闸楼是机车出入库签到楼的俗称。闸楼是机车进入(离开)运输起点(终点)是运输统计的关键信息。机车出入闸楼信息依靠值班员传统手工操作方式,4 班制作业。位于偏远独立的闸楼,值班员 24 h 单调操作,工作枯燥繁杂。一年闸楼在采暖空调等费用较大,浪费人力财力。根据实际需求,各级主管人员反复研究论证,提出采用一种新图像识别和既有车号技术结合的方式解决这一难题,形成无人电子闸楼系统,这样可提高机车出入库效率,并与既有机务信息系统集成,使调度、司机、整备等有关人员可在网上及时准确地掌握机车出入库状况,提高公司机车安全管理水平。

在机务折返段出入库签点房处安装电子闸楼装置,实现机车出入库自动签点,取消闸楼值班员,自动记录机车出入库时分,进行车号自动跟踪管理,并结合车载动态监测设备,达到取消闸楼实现电子报单的目的。

分公司配属机车 93 台,其中电力机车 87 台、内燃机车 6 台($DF_4$ 型 1 台,$DF_{4D}$型 4 台,$GKD_0$ 型 1 台);目前三地闸楼机车出入库通过量分别为肃宁北每日 81 台、神池南每日 300 台、黄骅港每日 120 台。每个闸楼配备 4 班人员轮班上岗值守,每班 1 人,共计 12 人,取消闸楼值守人员后,每年可节约人力成本约数十万元。

三地折返段闸楼每日机车出入库通过量合计约 500 余台,机车出入库实现电子闸楼自动签点,取消一度停车,机车通过分界点不停车通过,可提高机车运用效率,经过测算每台机车不停车通过闸楼可节省至少 3 min 时间,24 h 三地可节省机车停时 1503 min,约合 1. 04 台日。

目前机辆分公司统计室每日约有司机报单 200 张需要人工,统计室有 5 人进行司机报单的录入工作,实现了电子报单后,可适当减少统计室工作人员,这样每年可节省人力成本近 40 余万元。动态监测装置实现监控文件无线转储,机车运行数据及时传回地面,实现列车运行在线监控,提升了安全监控管理手段。

综上所述,取消闸楼实现电子报单,全年可节约人力成本百万余元、节省机车折合约 400 台日,从经济效益和企业发展角度综合考虑,非常具有实施的可行性和必要性。

电子闸楼系统主要由闸楼分界口轨边设备、管理中心设备、外部数据接口三大部分组成。轨边设备主要包括智能相机,用于机车车号图像采集及识别;数据处理中心主要包括数据处理服务器、接口服务和各种应用设备;外部数据主要有 LMIS(机务管理信息系统)

系统、朔黄综合运输系统数据接口。

电子报单系统主要由车载设备、地面处理系统组成。车载设备主要为司机提供机车出入库时分确认，交接班电油耗情况确认、监控装置记录文件无线转储功能；地面处理系统主要功能有司机报单确认，司机报单补录及审核等功能，系统实现自动统计。

## 第三节 列车监控信息技术

### 一、列车动态监控信息

在重载运输信息技术中，对于列车运行信息主要来自列车动态监控系统。列车动态监控系统是对机车驾驶员值乘全过程监督和列车运行全过程监控的一种安全设备，它为运输指挥提供了“车对地、地对车、车对车”的一种有效信息互联手段。该系统电子司机报单、电子货票可保证运输数据准确，减轻票据传递劳动量和失误；该系统有效地防止和减少运行列车途停、机车火灾、非法侵入等惯性突发恶性事故频繁发生，减少司机不能及时处理事故而导致事故升级的现象，对于列车运行事故现场记录和监控，事发后准确分析事故原因提供可靠依据。

1. 原理与组成

列车动态监控系统包括车载单元和地面中心两部分，如图 4－3 所示。

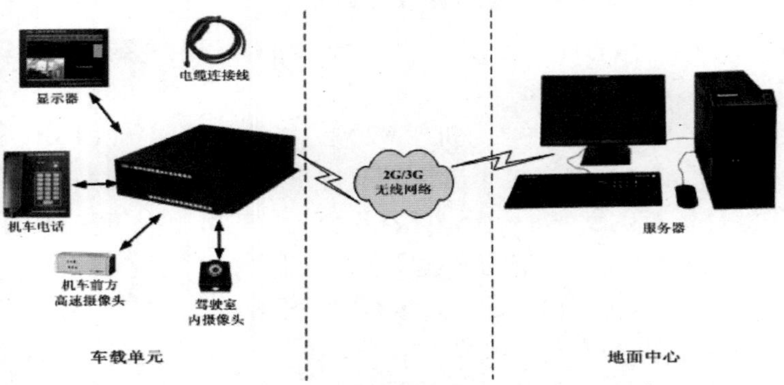


图 4－3 列车动态监控系统

系统利用 2G/3G 网络构建信息传输平台，车载单元将列车速度、公里标等运行中的关键数据直接传输到地面中心。地面中心统一管理、保存接收的在线列车运行数据，以电子地图、动态复视等多种手段实时反映列车的地理位置和机车动态信息等。地面中心可向在线运行列车下达调度命令、警示信息及注意事项等，提醒或指导机车司乘人员执行相关操作。该系统实现了地对车、车对地、车对车之间信息的双向互通互联，解决了机车和地面调度指挥中心信息实时互通的问题，为地面指挥中心对所有在线机车进行网络化管理、系统决策提供了重要依据。另外，当列车运行遇到紧急情况时，司乘人员可通过机车电话和地面中心联系，汇报列车运行状况或咨询事故解决方案；地面中心也可通过机车电话向机车传达重要信息，从而为车地之间提供了一个高质量的语音通话平台。机车上安装的视频声音记录器可记录列车运行过程中机车前方和驾驶室内的信息，为分析事故原因和监督司乘人员作业提供直观的影音资料。该系统实现了运单、报单的电子化可取消人工报单填写和传递，司机和地面人员可时实查阅，保证数据准确。机车“黑瞎子”数据可在途中和基地附近自动转储，简化了工作人员的作业强度，提高了机车管理的自动化水平。

列车动态监控系统由车载单元主机、机车电话、显示器、烟雾报警器、车前方高速摄像和驾驶室内摄像（各设备的安装位置适合万吨列车驾驶室布置）组成。系统采用2G/3G通信的双模系统构建信息传输平台，结合2G网络的技术成熟及3G通信系统的高速性作为支持。

2. 主要功能

（1）“车对地”信息互通

列车动态监控系统车对地信息主要是通过车载单元将列车运行状况传送至地面中心，供地面中心管理和分析应用。其主要包括：

① 列车运行数据。列车动态监控系统的车载单元能够从机车获取运行车次、机车号、司机号、副司机号、总重、辆数、区段号、运行区间、实速、限速、距离、公里标、管压、原边电压、原边电流、原边功率、机车工况、信号、信号机编号等信息。

② 车对地通话。当列车（机车）发生故障或者运行中出现事故时，机车司机可以利用机车上安装的机车电话和地面中心指定部门通话，及时汇报运行状况，听取地面中心的指示。机车拨号只限定（根据实际需求设定）行车电话，无关通话无法拨打，并可记录通话信息（号码、通话时间及通话时长）和保存通话语音，为车地之间提供了一条高质量的语音通话平台。

③ 视频监控。车载单元主机通过安装在显示器前方的高速视频声音记录器和驾驶室内的视频声音记录器全程记录机车前方和和驾驶内的音视频信息。该视频为司机提供非驾驶室内监视情况。另外，机车入库时，在指定区域内，机车主机利用3G无线网络自动传送所记录的视频信息，为地面中心事故处理提供直观的影音依据。视频监控在机车显示器上的显示位置如图4－4所示。

④ 安全揭示信息。车载单元主机可接收地面中心发送的调度命令或指导信息，以文字的形式显示在车载显示器的揭示栏内，并伴有语音提示，供司乘人员查阅。

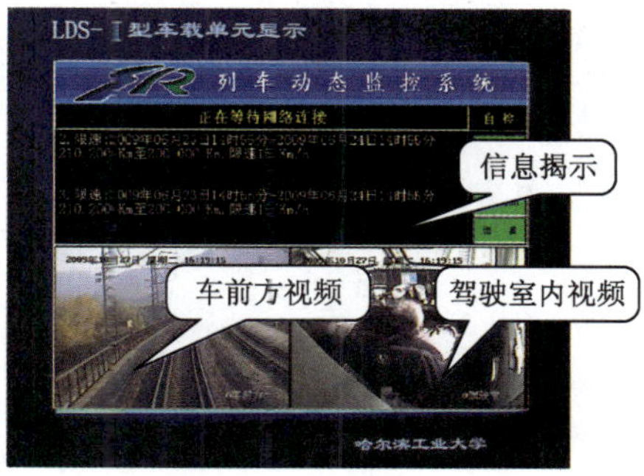

图4－4　显示器界面显示内容

⑤ 电子报单、运单查询。电子报单、运单可自动获取相关信息，生成报单，不需人工填写，从而实现电子报单、运单的信息化和电子化。司乘人员可在运行机车显示器上查阅，同时，电子报单还可直接通过网络传送至地面中心，由地面中心统一管理。

⑥ 监控文件动态转储。当机车入库到达指定区域后，利用3G技术的高带宽特点，向地面中心自动转储LKJ2000监控文件，而不需其他工作人员进入机车进行人工转储。

（2）“地对车”信息互通

地对车通信主要是地面中心利用接收的在线列车运行信息，综合管理和分析所有在

线列车运行状况,并可向机车发送调度命令或指示信息,其主要包括以下几项功能:

① 电子地图。地面中心为调度运输指挥人员以电子地图的形式显示当前所有在线机车的地理位置和机车运行状态信息。该功能可综合全面地反映当前全系统在线机车的运行状况,为地面调度中心科学调度、网络化管理提供依据。

② 动态复视。动态复视以图像化界面在地面中心实时同步显示在线机车 LKJ2000 显示器界面内容,为在线分析机车运行状态提供直观可靠依据。

③ 远程调度。根据电子地图和动态复视的分析结果,地面中心可向一台或多台在线机车发送调度命令或指导信息,实现对列车的远程控制。远程调度命令发送界面如图 4-5 所示。

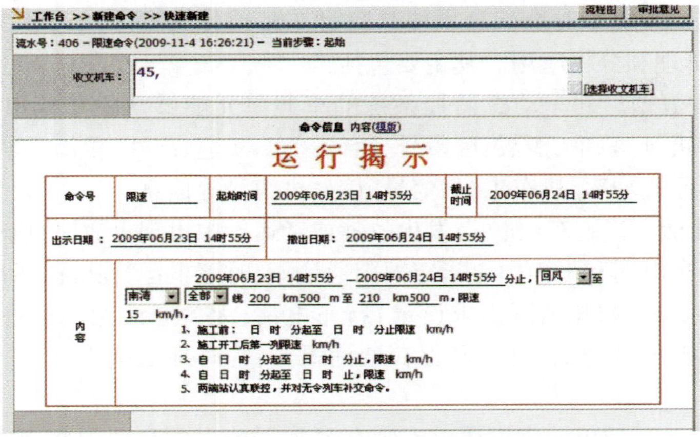


图 4-5 远程调度发送界面

④ 地对车通话。当出现紧急的调度命令或安全信息需要及时准确地向某一机车传达时,地面中心可直接拨打该机车的机车电话和司乘人员通话。机车电话为受限电话,并带有号码过滤功能,地面中心除了指定电话可拨打外,其他电话无法拨打。

⑤ 信息查询。地面中心也可以记录条的形式查看当前在线机车某一时刻的详细信息,包括车次、机车号、司机号、副司机号、总重、辆数、区段号、运行区间、实速、限速、距离、公里标、管压、原边电压、原边电流、原边功率、机车工况、信号、信号机编号等等,从而全面了解机车运行状况。地面中心也可按照查询条件查询机车的历史信息。信息查询结果如图 4-6 所示。

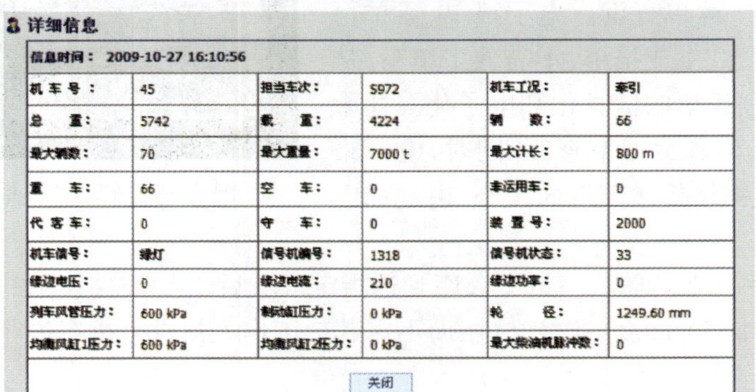

详细信息

| 信息时间: 2009-10-27 16:10:56 | | | | | |
|---|---|---|---|---|---|
| 机车号: | 45 | 担当车次: | 5972 | 机车工况: | 牵引 |
| 总　重: | 5742 | 载　重: | 4224 | 辆　数: | 66 |
| 最大辆数: | 70 | 最大重量: | 7000 t | 最大计长: | 800 m |
| 重　车: | 66 | 空　车: | 0 | 非运用车: | 0 |
| 代客车: | 0 | 守　车: | 0 | 装置号: | 2000 |
| 机车信号: | 绿灯 | 信号机编号: | 1318 | 信号机状态: | 33 |
| 缘边电压: | 0 | 缘边电流: | 210 | 缘边功率: | 0 |
| 列车风管压力: | 600 kPa | 制动缸压力: | 0 kPa | 轮　径: | 1249.60 mm |
| 均衡风缸1压力: | 600 kPa | 均衡风缸2压力: | 0 kPa | 最大柴油机脉冲数: | 0 |

关闭

图 4-6 某一时刻机车详细信息的查询结果

⑥ 统计报表。地面中心对保存的列车运行信息进行统计分析,可生成司机走行公里(见图 4 -7)、机车走行公里、机车担当车次(见图 4 -8)等统计报表。

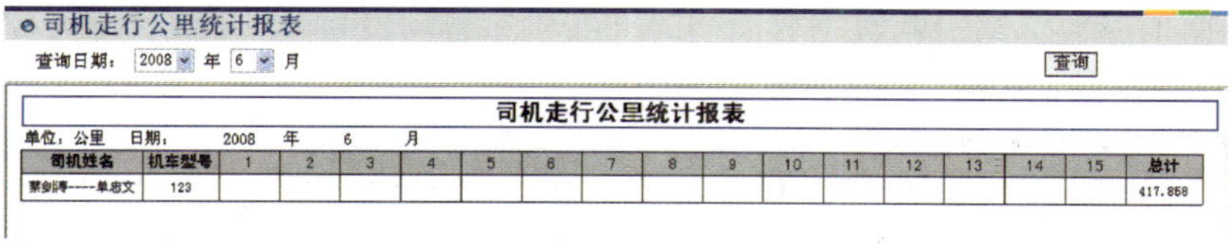

司机走行公里统计报表

查询日期: 2008 年 6 月 查询

司机走行公里统计报表

单位:公里 日期: 2008 年 6 月

| 司机姓名 | 机车型号 | 1 | 2 | 3 | 4 | 5 | 6 | 7 | 8 | 9 | 10 | 11 | 12 | 13 | 14 | 15 | 总计 |
|---|---|---|---|---|---|---|---|---|---|---|---|---|---|---|---|---|---|
| 蔡剑涛-----单忠文 | 123 | | | | | | | | | | | | | | | | 417.858 |

图 4 -7 司机走行公里统计报表

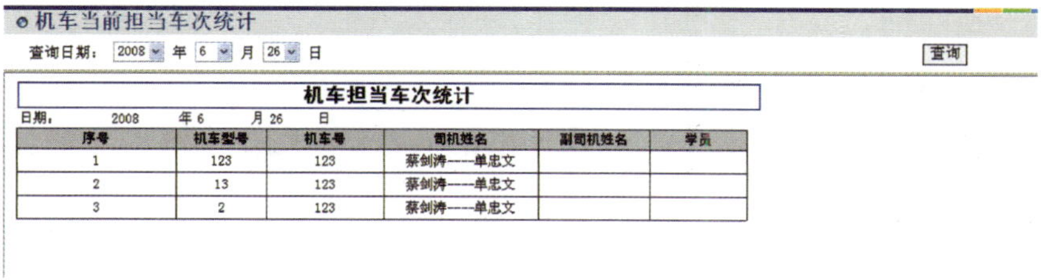

机车当前担当车次统计

查询日期: 2008 年 6 月 26 日 查询

机车担当车次统计

日期: 2008 年 6 月 26 日

| 序号 | 机车型号 | 机车号 | 司机姓名 | 副司机姓名 | 学员 |
|---|---|---|---|---|---|
| 1 | 123 | 123 | 蔡剑涛-----单忠文 | | |
| 2 | 13 | 123 | 蔡剑涛-----单忠文 | | |
| 3 | 2 | 123 | 蔡剑涛-----单忠文 | | |

图 4 -8 机车担当车次统计报表

(3)“车对车”信息互通

① 车对车通信主要是地面中心对所有在线列车进行分析后,可向各在线机车发送该机车前方和后方机车运行的信息,车载单元通过显示器显示前后车距、前后机车速度及公里标等信息,方便司乘人员实时了解其他机车的运行信息。

② 在应急状态下是司乘人员也可直接拨打其他在线机车的机车电话进行通话。

(4)机车“黑匣子”

① 视频回放。当机车运行发生事故后,需分析事故原因时,地面中心可调出事故发生时间段的视频记录进行分析,为直观地了解事发现场的影音资料,相当于火车运行的“黑匣子”,从而为寻找事故原因提供有力依据。图 4 -9 显示了某一时间段机车前方和驾驶室内视频的回放结果。

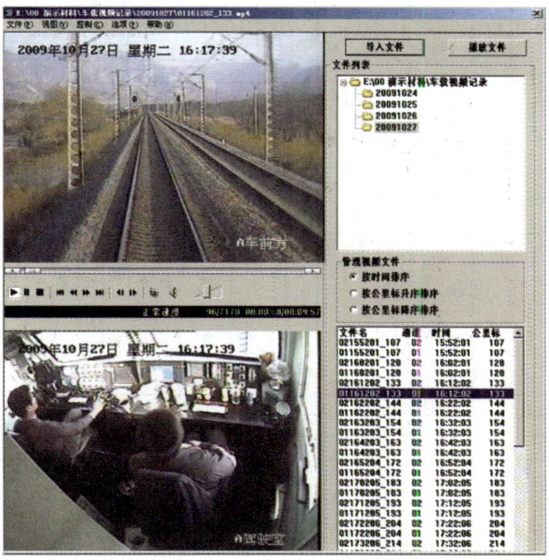


图 4 -9 机车运行的视频回放

② 原态回放。原态回放以图像界面显示当时 LKJ2000 在线机车各项设备运行数据，提供直观可靠分析依据。

③ 数据追溯数。据追溯数据界面当时在线机车各项设备运行原始数据，提供原始可追溯可靠分析数据，其显示界面如图 4－10 所示。

工作台 >> 机车信息 >> 实时信息 >> 实时数据

实时数据　车次：S972　机车号：45　司机：6726　副司机：7052　总重：5742 t　辆数：66

| 编号 | 发送时间 | 当前区间 | 时速 | 限速 | 距离 | 当前公里标 | 管压 | 相关操作 |
|---|---|---|---|---|---|---|---|---|
| 414 | 2009-10-27 16:10:56 | 东冶 — 南湾 | 76 km/h | 85 km/h | 120 m | 131.65km | 600 kPa | 查看详细 |
| 413 | 2009-10-27 16:10:51 | 东冶 — 南湾 | 76 km/h | 85 km/h | 225 m | 131.54km | 600 kPa | 查看详细 |
| 412 | 2009-10-27 16:10:46 | 东冶 — 南湾 | 76 km/h | 85 km/h | 332 m | 131.43km | 600 kPa | 查看详细 |
| 411 | 2009-10-27 16:10:41 | 东冶 — 南湾 | 76 km/h | 85 km/h | 436 m | 131.33km | 600 kPa | 查看详细 |
| 410 | 2009-10-27 16:10:36 | 东冶 — 南湾 | 76 km/h | 85 km/h | 544 m | 131.22km | 600 kPa | 查看详细 |
| 409 | 2009-10-27 16:10:31 | 东冶 — 南湾 | 76 km/h | 85 km/h | 650 m | 131.12km | 600 kPa | 查看详细 |
| 408 | 2009-10-27 16:10:26 | 东冶 — 南湾 | 76 km/h | 85 km/h | 756 m | 131.01km | 600 kPa | 查看详细 |
| 407 | 2009-10-27 16:10:21 | 东冶 — 南湾 | 76 km/h | 85 km/h | 860 m | 130.91km | 600 kPa | 查看详细 |
| 406 | 2009-10-27 16:10:16 | 东冶 — 南湾 | 76 km/h | 85 km/h | 968 m | 130.80km | 600 kPa | 查看详细 |
| 405 | 2009-10-27 16:10:11 | 东冶 — 南湾 | 76 km/h | 85 km/h | 1073 m | 130.69km | 600 kPa | 查看详细 |
| 404 | 2009-10-27 16:10:06 | 东冶 — 南湾 | 76 km/h | 85 km/h | 1179 m | 130.59km | 600 kPa | 查看详细 |
| 403 | 2009-10-27 16:10:01 | 东冶 — 南湾 | 76 km/h | 85 km/h | 1285 m | 130.48km | 600 kPa | 查看详细 |

第1页，共35页，每页显示12条记录　[首页] [上一页] 1 2 3 4 5 6 7 8 9 10 ... [下一页] [末页] 1 go

图 4－10　列车历史信息查询

5. 电子单据

① 电子报单。电子报单可自动从地面设备获取相关信息，生成司机电子报单，不需人工填写，从而实现报单电子化。司乘人员可在机车显示器上查阅，如图 4－11 所示。同时，电子报单还可直接通过无线网络传送至地面中心，由地面中心可管理和查阅。

编号：97

**司 机 报 单**

| 值班员 | | | |
|---|---|---|---|
| 发放 | | 验收 | |

顺序号 97　接点 8 日 6 时　交车 8 日 16 时

朔黄铁路公司　SS4B 型号　号　年　月　日

| 一、机务乘务员 | | | | | | | 二、机车入段时分 | | 四、机车领取油脂 | | | | | | | 四 | | |
|---|---|---|---|---|---|---|---|---|---|---|---|---|---|---|---|---|---|---|
| 职名 | 姓名 | 代码 | 出勤时分 | 退勤时分 | 接车时分 | 交车时分 | 出本段时分 | 入外段时分 | 领取名称及数量 | 地点 | 往路 | 复路 | 文接 | 复路 | 复路 | 领取 | 往路 | 复路 |
| 司机 | 昊焕超 | 1223 | 06:10 | 16:25 | 06:30 | 16:00 | 07:20 | 15:00 | | 日期 | | | 运转使用燃料量 | | | 油库名称 | | |
| 副司机 | 张根鸣 | 1224 | | | | | | | | | | | 段内埋火时间 | | | 领取日期 | | |
| 司炉 | | | | | | | 出外段时分 | 入本段时分 | | | | | 埋火用煤量 | | | 油 | | |
| | | | | | | | | | | | | | 接收量 | 62326 | | 油 | | |
| | | | | | | | | | | | | | 交出量 | 73124 | | 油 | | |
| 司机 | | | | | | | | | | | | | 下一班司机姓名 | | | 油 | | |
| 副司机 | | | | | | | 本段非运用时间 | 外段非运用时间 | | | | | 五、补机重联和有动力附挂机车 | | | 油 | | |
| 司炉 | | | | | | | | | | | | | 机车型号 | 区间公里 | 机车所属段 | 油 | | |
| | | | | | | | | | | | | | | | | 油 | | |
| | | | | | | | | | | | | | | | | 破布、棉丝 | | |

六、列 车 运 行 编 组 情 况

| 车次 | 站名 | 到达时分 | 出发时分 | 停车时分包括调车 | 调车事分 | 机外停车时分 | 早点 | 晚点 | 原因 | 区间公里 | 牵引重量 总重 | 牵引重量 载重 | 客车数量 合计 | 客车数量 所属局 | 客车数量 其中加挂 | 客车数量 相当局 | 货车辆数 重车 | 货车辆数 空车 | 货车辆数 非运用车 | 其他 | 合计 | 列车换长 | 车长所属段及姓名 | 记事 |
|---|---|---|---|---|---|---|---|---|---|---|---|---|---|---|---|---|---|---|---|---|---|---|---|---|
| 1 | 2 | 3 | 4 | 5 | 6 | 7 | 8 | 9 | 10 | 11 | 12 | 13 | 14 | 14+ | 14# | 15 | 16 | 17 | 18 | 19 | 20 | 21 | 22 | 23 |
| 813 | 肃宁北 | 17:28 | 17:30 | | | | | | | | 1518 | 0 | | | | | 0 | 66 | 0 | | | | | |
| 813 | 蠡县 | 18: 01 | 18:01 | | | | | | | | 1518 | 0 | | | | | 0 | 66 | 0 | | | | | |
| 813 | 博野 | 18:11 | 18:11 | | | | | | | | 1518 | 0 | | | | | 0 | 66 | 0 | | | | | |

图 4－11　电子报单

② 电子运单。电子运单可自动从地面行车设备获取相关信息，生成运单，不需人工填写，不用车站传递，减轻车站人员劳动强度，从而实现运单电子化。司乘人员可在机车显示器上查阅，如图 4－12、图 4－13 所示。由地面中心也可同时查阅运单信息。

SHTL-CX-23-R13

列车编组通知书

运统-1-乙

本务机车：型号　SS4B　所属

列车车次：　S752　　20 09 年 10 月 12 日

| 站名 | 牵引重量 | | 客车辆数 | 货车辆数 | | | 守车及其它 | 合计辆数 | 列车换长 |
|---|---|---|---|---|---|---|---|---|---|
| | 总重 | 载重 | | 重车 | 空车 | 非运用车 | | | |
| | 5626 | 4258 | | 66 | | | | 66 | 79.2 |
| | | | | | | | | | |

填报单位：　　　　填报者：

图 4－12　列车编组通知书图示

列车编组顺序表

运统—1

神驰南　站编组　黄骅港　站终到　09 年　10　月　12 日　15 时　25 分　S752　次列车

自首尾（不用字抹消）　　制表者　李伟　　检查者　曹宁宁

| 顺序 | 吨位车种 | 罐车油重 | 车号 | 自重 | 换长 | 载重 | 站 | 货物名称 | 发站 | 篷布 | 收货人或卸线 | 记事 |
|---|---|---|---|---|---|---|---|---|---|---|---|---|
| 1 | C64 | | 14321 | 23 | 12 | 61 | 黄骅港 | 末煤 | 孤山川 | 0 | | 朔黄 |
| 2 | C64 | | 13632 | 23 | 12 | 61 | 黄骅港 | 末煤 | 孤山川 | 0 | | 朔黄 |
| 3 | C64 | | 13530 | 23 | 12 | 61 | 黄骅港 | 末煤 | 孤山川 | 0 | | 朔黄 |
| 4 | C64 | | 12445 | 23 | 12 | 61 | 黄骅港 | 末煤 | 孤山川 | 0 | | 朔黄 |
| 5 | C64 | | 10027 | 23 | 12 | 61 | 黄骅港 | 末煤 | 孤山川 | 0 | | 朔黄 |

图 4－13　列车编组顺序表图示

## 二、列车状态监控信息

重载运输信息技术中，对于列车运行状态信息主要来自列车尾部安全防护装置（列尾装置）。列车尾部安全防护装置是用于货物列车运行状态监控安全装置，反映列车实时编组状态。设备应用计算机编码、无线遥控、语音合成、计算机处理技术，保证列车运行安全而设计生产的安全防护设备，也是重要的铁路行车设备。

1. 列尾装置的构成和工作原理

（1）构成列车尾部安全防护装置主要由以下三部分构成：

① 列车机车部分：列尾装置司机控制盒（简称司机控制盒）。

② 列车尾部部分：列尾装置尾部主机（简称列尾主机）。列尾主机的附属设备包括：

列尾主机检测台、无线确认仪、列尾主机电池、列尾主机电池充电器、简易场强计、屏蔽室。

③ 列车尾部安全防护装置数据处理系统。

(2)主要功能

① 列车尾部风压查询;

② 列车尾部低风压告警;

③ 列车尾部排风制动;

④ 列尾主机电池电量不足告警;

⑤ 列车尾部标识;

⑥ 黑匣子记录功能。

(3)工作原理

机车乘务员操作司机控制盒功能键,首尾以无线数据传输方式传递信令(编码信息),其信令通过机车列调电台(或列尾专用机车电台)发送出去,列尾主机接收到司机控制盒发送的信令后,其响应信息再以同样的方式返回司机控制盒,司机通过司机控制盒合成的语音信息来了解列车尾部风压及列尾主机的工作状态等情况。

列尾主机内设有本机出厂 ID 编号,安装于列车尾部车钩或提钩杆上,与列车尾部制动软管连接。主要用于实时监测列车尾部风压、实现列车尾部排风制动、尾部标识(白天用红白相间斜彩条标识,夜间用红色发光管组闪光标识)。

列尾主机是封装于全封闭壳体内的系统。由高集成微控制器系统、列尾装置运用数据记录、调制解调器、双余度电磁阀、电池组、电台、压力传感器、主风管等部件组成。

(4)司机控制盒工作原理

司机控制盒内设有本务机车的机车号码,有确认(即输号,黑键)、风压查询(绿键)、尾部排风(红键)、列尾主机消号(黑键+绿键)等功能键;带有数码显示,待机状态时显示机车号码查询时(或低风压告警时)显示列车的尾部风压,2 s 后又显示机车号码;自带语音系统(即音频功放、扬声器),司机控制盒带有列尾装置运用数据记录(俗称,“黑匣子”),可滚动记录4000多条数据(即事件)。司机控制盒上设置了两个显示灯:一个是电源指示灯;另一个是排风指示灯。

① 操作程序

始发列车作业步骤如下:

a. 列尾作业员使用确认仪提前将本务机车4位号码(注意:不是车次)输入尾部主机中,随后通知司机“××××机车司机,请检查尾部风压”。

b. 司机应答“××××机车司机明白,并按“风压检查键”(绿键)检查尾部风压,随后通过控制盒自带的扬声器听到主机回示信息:“××××机车(该机车号)风压000”(kPa),表明机车已与尾部主机建立了“一对一”关系。如无回示,可再按绿键重复检查风压,如仍无回示,表明列尾作业员的机车号码有误。司机应立即与列尾作业员核对机车号码,并由后者重新进行确认(输入)。必要时司机应协助列尾作业员重新确认尾部主机。

c. 列尾作业员将主机安装完毕后,由列检作业接通软管并打开折角塞门。司机可再次检查风压,如听到风压值仍为“000”(kPa),应立即与列尾作业员核对主机编号、股道,由后者重新安装到正确股道位置。

② 司机控制盒操纵方法

司机控制盒上有红、绿、黑三个按键,完成以下四个项功能:

a. 检查风压(绿键):用于查询列车尾部风压:按键后可听到回示"××××机车风压×××"(kPa,千帕)。

注:机车乘务员按绿键可随时检查尾部风压,观察车头与车尾风压是否同步升降,从而判断列车风管是否贯通,尾部风压是否正常。

b. 排风(红键):用于对列车进行辅助制动,操纵前须先打开红键护盖,按键后如听到回示"××××机车排风",表明尾部主机开始尾部排风。可听到回示"××××机车排风完毕"。

b. 确认(黑键):用于将本务机车号码输入到尾部主机中(即确认),从而建立本务机车与尾部主机"一对一"关系。按键后可听到回"××××机车确认完毕"。

d. 消号(绿键+黑键):用于"机故"或中途更换机车时,解除主机与原机车(司机控制盒)的"一对一"关系。操纵步骤如下:

(a)本务机车在停车状态下,按"绿键+黑键",如听到回示"××××(本务机车号码)机车消号成功",表明本务机车已经解除与尾部主机"一对一"关系,即消号。

(b)消号后尾部主机重新要求确认,救援机车可听到"××××号(主机编号、救援机车号),等待确认"的语音提示,随即按"确认键(黑键)"发出确认信号。

(c)如救援机车听到回示"××××(救援机车号)机车确认完毕"的语音,表明尾部主机与救援机车建立了"一对一"关系。救援机车还可以按绿键检查尾部风压,如听到回示"××××机车(救援机车号)风压×××(kPa)",表明救援机车可与尾部主机正常沟通。

2. 应用管理

(1)运行使用时

① 列尾装置使用时

a. 凡是列车挂有列尾装置的区段,机车乘务员要严格执行列尾装置使用制度,按照列尾装置操纵的要求,除了确认"一对一"操作外,下列情况还应及时查询列车尾部风压:

(a)始发站、中间站、区间停车再开要对列尾三核对,并手账记录;

(b)试风中继阀排风终止查询尾部风压;

(c)全列开车前及起动出站后;

(d)每站进站前查询尾部风压;

(e)运行中使用列车制动机调速前;

(f)调速减压后及缓解充风完毕查询尾部风压;

(g)区间停车再开车查询尾部风压。

② 使用列尾装置进行检查时,如管压不符合标准或排风异常危及行车安全时,必须立即报告前方站并采取紧急停车措施或使用列尾装置停车。停车后立即检查、处理并报告车站,严禁盲目运行。

③ 列车在运行途中,司机发现列尾装置发出列车管压力不正常报警时,应迅速停止向列车管充风,解除机车牵引力,及时采取停车措施;如确认列车管折角塞门被关闭后,立即按压列尾装置司机控制盒红色按键,采取列尾装置主机排风制动措施。

(2)发车检查办法

机车挂好后,听到列尾作业人员使用确认仪呼叫:“××××司机,××××号列尾主机安装完毕,请检查尾部风压”,待操纵端运器输入完毕后,司机应答“××××机车司机明白”,按压司机控制盒绿键检查风压,并将主机号计入手账。确认无误后再进行试风。

① 充风过程中按压绿键检查风压,达到列车管定压再进行制动机试验。

② 撂闸排风完毕按压绿键检查风压是否与机车减速压量查符及保压过程中漏泄量。

③ 保压完毕缓解后,再次按压“绿”键检查尾部风压是否与机车列车管风压同时上升。试风完毕具备发车条件后按规定发车。

## 三、列车载重检测信息

重载信息技术中,对于列车载重状况信息主要来自列车载重检测信息技术,通过电子轨道衡(见图4-14)完成。

图4-14 轨道衡系统

电子轨道衡提供列车净载重数据。轨道衡是称量铁路货车载重的衡器。分静态轨道衡、动态轨道衡和轻型轨道衡3种。对货车散装货物的称量,是衡量车辆超载、偏载准确计量的基础信息,是钢轨通过总重的基本依据。轨道测重有以下三种:

1. 静态轨道测重

静态轨道测重是静态轨道用于称重静止状态货车载重。有机械式、机电结合式和电子式3类。①机械式静态轨道衡:由承重台、杠杆系统和示值装置三部分构成。称量时,机车以低于3km/h的速度将货车准确停止在承重台上,脱钩后,司秤员移动计量杠杆上的大、小游砣使杠杆平衡,按大、小游砣在主、副杠杆上的示值之和读出称量。它具有准确度较高、性能稳定、经济实用等优点。缺点是操作复杂、效率低、不宜安装在列车出入频繁的线路上。②机电结合式静态轨道衡:结构原理与机械式相同。但在传力杠杆连接处装有一个称重传感器,并由称重显示器自动显出称量。③电子式静态轨道衡:由承重台、传感器、称重显示仪表和数字打印机4部分组成,能自动显示称量数值和打印记录,具有远传信息、连续计量等特点。

2. 动态轨道测重

动态轨道测重用于称量行驶中货车载重的轨道衡。有机电结合式和电子式两种。计量方式有整车计量、转向架计量和轴计量三种。承重台有单台面、双台面、三台面等。电子式动态轨道衡由承重台、称重传感器、称重显示器、微型计算机和打印机等组成。称量时，列车以小于15 km/h 的速度通过承重台，自动判别车头和货车，利用支撑承重台的传感器，将货车载重转换成电信号并经放大器放大，然后由转换器变换成数字信号输入计算机，处理后即可显示出货车载重的多种数据，并可打印记录。电子动态轨道衡具有操作方便、效率高的特点。不计量时允许列车以30 km/h 的速度通过。

3. 不断轨轨道测重

不断轨轨道测重是利用不断轨轨道衡称量测量区的轨道通过钢轨连接夹板（鱼尾板）连接铁路轨道，没有独立的承重台，因此没有过车时导致的冲击振动机械磨损。计量方式以轮轴计量和转向架计量为主。微型计算机管理的电子式轨道衡具有功能完备、操作方便、效率高、可靠性高的特点。可安装在铁路正线上，称量时速度可以达到40（或60）km/h，不计量时允许列车以更高的运行速度通过。有的还可以测量铁路货车的超偏载。

## 第四节　车站无线调车信息技术

重载运输信息技术中，对于车站调车信息主要来自无线调车机车信号和监控系统。车站无线调车机车信号和监控系统作为铁路运输生产的重要组成部分，调车作业是车站运输工作中一项技术性强、要求较高而又复杂的工作。由于调车作业过程中信号的状态主要依靠司机和调车员的人工确认，“冲、挤、脱”等事故时有发生，对运输安全构成了严重威胁，于是在这种背景下提出了无线调车机车信号和监控系统。该系统主要分为地面服务器和车载主机两部分，通过无线传输的方式实现信息交换。地面通过将站场信息处理后变为车载分机所需要的信息，通过无线电台将信息发送出去。车载分机则根据这些实时信息控制机车，从而到达行车安全的目的。在该系统中，地面服务器所要关注的是站场信息的准确性和实时性，车载分机则负责机车走行距离的计算和机车的安全行驶。该系统能够有效防止机车冒进关闭的信号机，防止超过规定速度作业。基于车地通信、进路搜索和站场拓扑结构自动跟踪车列位置和速度，结合LKJ2000列车运行监控装置实现对调车作业的安全防护，防止调车作业事故的发生。另外该系统具有作业现场数据实时记录，将作业期间的调车信号、运行速度、车速控制方式等实时信息全部保存的功能，可进行历史回放，用于事后的故障分析和诊断。

### 一、系统构成

无线调车机车信号和监控系统（STP，Shunting Train Protecting）机车设备由控制主机、点式查询应答器设备、彩色显示器、无线数传电台等组成。它配以机车已有的列车运行监控装置及平面无线调车设备，构成无线调车机车信号和监控系统。

1. 工作机车

当调车机车进入调车作业控制区时，车载设备通过点式查询应答器确认机车所在位置，当调车机车在调车作业控制区作业时，地面设备根据车站信号联锁条件、发送机车位置跟踪的数据，车载设备根据地面数据确定机车的位置，并通过无线数传信道接收的调车作业单及调车安全防护控制信息，确定对机车采用的安全防护控制方式。

2. 机车显示器

在机车设备中的显示器采用LKJ2000型列车运行监控装置的彩色显示器。它的作用是当机车设备进入系统控制模式时，通过图像显示车列或机车在站场中的位置、距停车信号机的实际距离、机车实际走行速度、限速运行的速度、允许信号及停车信号、调车作业单等，并根据系统接收的信息，系统送出有关的报警及提示司机进行有关操作的显示。机车显示器显示的内容为：

(1)机车或车列在站场中的位置显示；

(2)机车或车列距前方停车信号机或停留车辆的距离；

(3)机车的走行速度；

(4)调车作业的允许速度；

(5)系统工作正常显示；

(6)机车设备动作的有关提示；

(7)调车进路前方的有关调车信号显示；

(8)作业机车所处的咽喉信号显示及车辆占用状态的显示；

(9)平面调车信号显示；

(10)调车作业单。

3. 车载控制主机

系统的机车设备主机与列车运行监控装置通过CAN总线通信，系统主机将接收的地面信号显示信息、进路条件、车列占用及出清进路的状态、点式应答器接收的信息、有关限速条件等传送给列车运行监控装置，作为系统控制机车工作的数据及系统工作记录。列车运行监控装置将车列在股道及存车线中的停车距离、机车实际走行速度、设备制动控制时的控制模式、制动减压量、司机的有关操作等信息传送给系统车载设备。系统主机在接收到列车运行监控装置的有关信息后，在系统的显示器上显示相应的信息内容，并通过无线数传电台将机车接收的信息、车载设备工作的有关信息及列车运行监控装置的信息送回地面作为控制信息的安全防护条件，并显示在地面设备的有关显示器上。

4. 车载设备

车载设备由车载主机查询器主机、查询器天线、电台天线及有关接口设备组成。无线调车机车信号和监控系统车载设备配置图如图4－15所示。

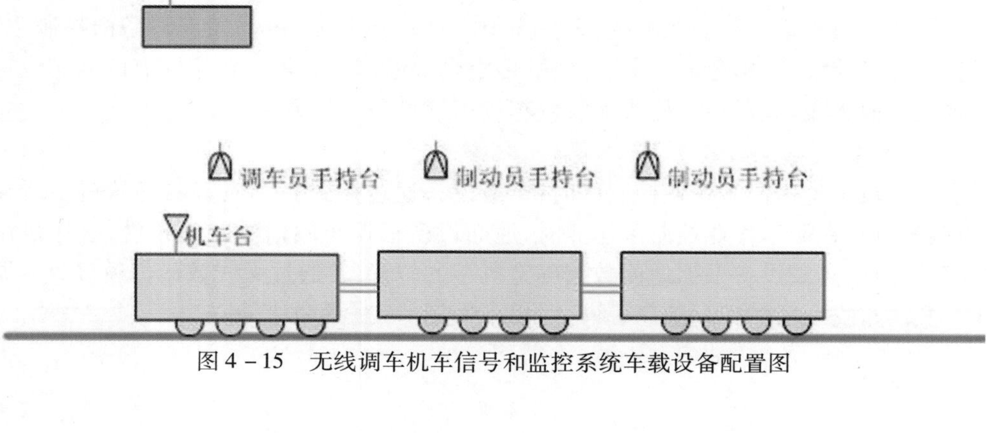


图4－15 无线调车机车信号和监控系统车载设备配置图

5. 平面调车系统的构成

平面调车系统由三大部分组成:机车设备、固定设备、移动设备(见图4-16)。

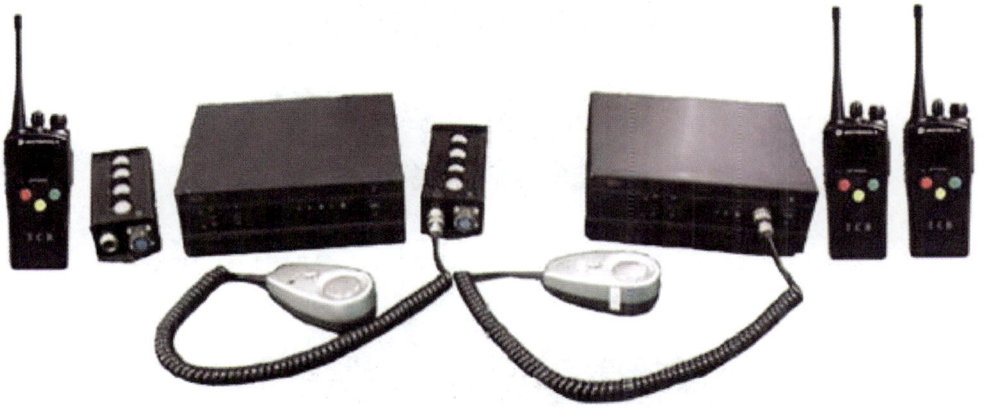

图4-16 平面调车设备示意图

(1)机车设备:以机车台为核心,完成调车作业指令的识别、显示,外围设备有司机送话器、调车作业指令显示灯盒、外接扬声器。(中间站型机车台灯盒和扬声器内置,并采用短天线及电池供电,提高电台使用的灵活性)

(2)固定设备:以调车区长台为核心,解决调车区长与调车组之间的联络问题。外围设备有手持送话器,并有录音插座可外接录音装置以记录调车作业中的通话情况。

(3)移动设备:包括调车员手持台、制动员手持台。主要是由调车人员向机车发送调车作业指令,以指挥机车行动。并可与机车司机以及调车组人员之间进行通话。系统采用大量当今国际上先进的信息处理技术,从而保证了使用的灵活性、可靠性。平面调车系统用户为司机、调度区长、调车员、制动员。

6. 站场调车无线通信系统固定台

固定台(见图4-17)是固定设备的核心设备,主要用于解决调车区长与调车组之间的联络问题。外围设备有手持送话器,并有录音插座可外接录音装置以记录调车作业中的通话情况。固定台供区长监听、指挥所属调车组作业之用,区长可以与调车组之间进行通话。

图4-17 固定台

(1)功能:供调车作业时调车区长使用;能接收呼站信令,同时呼叫灯闪9s,并有提示音提示;对调车组的作业进行监听;具有通话功能。

采用交流220V供电,并可外接蓄电池供电。电源具有交、直流自动切换功能和蓄电池过放保护功能。

(2)特点:①整机的频组非常直观地显示在前面板的数码管上,用户可以根据需要按某频组某键进行更改;②在后面板上有专门的通信接口,方便用户直接和计算机相连;③具有录音接口。主要对外接口见图4-18。

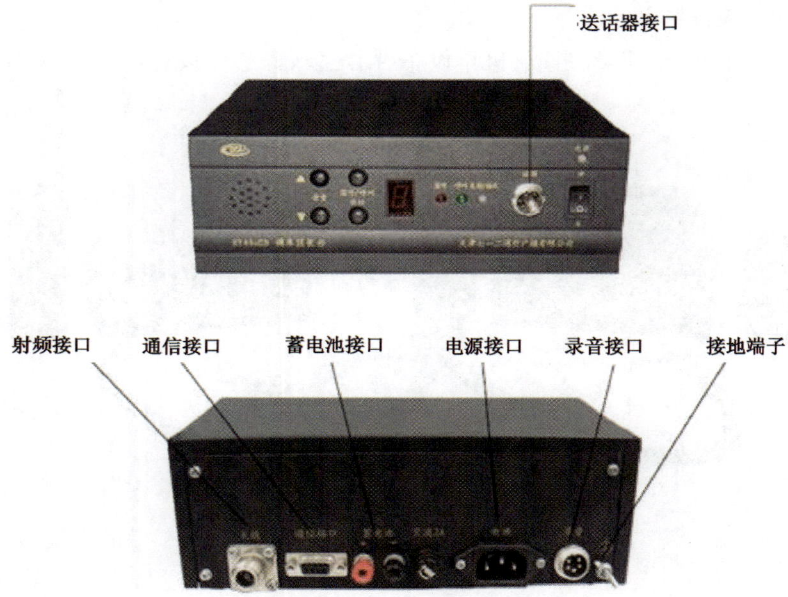


图 4－18　对外接口示意图

## 二、系统功能

1. 功能

（1）在厂区内 2 站（站、站）的 6 台机车，系统能及时从“铁路行车调度信息化系统”读取要发送调车作业计划单（含调度命令），并按调车作业计划单（含调度命令）中的机车号，及时准确地传到相应的机车上，同时打印出来。乘务人员接到调车作业计划单（含调度命令）后，通过车载设备进行确认回复。

（2）车载设施的安全监控功能主要内容有：复示地面信号功能、防护功能、语音提示功能和操作信息（含机车和平调系统）存储功能。

2. 显示功能

（1）以站场图形方式实时显示站场作业状况；

（2）以表格方式实时显示调车作业计划单和钩作业进度；

（3）以图标方式实时显示本车列在调车作业区的位置；

（4）实时显示本作业车列前方信号状态、限速地点预告、平调信号控制命令。

3. 防护控制功能（略）

4. 提示功能

（1）信号机状态提示。车列越过信号机后语音提示乘务员前方信号机状态，便于乘务员控制机车速度。

（2）报警提示。当机车行驶速度接近限制速度时，语音告警乘务员“减速”，收到平调系统发送的控制命令时，语音播报命令内容。

5. 车载打印功能

在机车上配备车载高速打印机，调车作业计划单可以通过该打印机直接打印交调车组。

6. 站调室的安全监视功能

(1)机车自动追踪。给站调值班员提供直观地显示界面，在室内实时了解本站调车车列位置、信号开放情况、机车运行实时关键信息等。主要显示信息包括：信号机状态、区段状态、道岔位置、机车速度、前方信号机、距信号机距离、行驶方向以及调车作业单完成进度等。

(2)调车作业全过程的查询与回放。站调值班员可查询目前所在车站正在执行的调车作业单的内容和执行情况。也可通过选择相应的时间段再现过去 40 天内的整个调车作业过程(含站场信号状态作业单执行过程机车运行状态、机车操作和平调系统操作信息)，便于管理和事故分析。

(3)与铁路行车调度信息系统有调车作业计划单的接口。

## 第五节　电务信息技术

电务信息技术的应用主要包括：计算机联锁系统、闭塞系统、调监系统、无线车次号系统、微机监测系统、调度集中系统等等。计算机联锁系统是综合计算机技术、工业过程控制技术、铁路信号控制技术来实现铁路车站信号自动控制的应用系统。它安全、可靠、故障率低、免维修，是铁路站内信号控制设备的发展方向，并逐步替代继电联锁。调度监督系统是应用计算机通信技术、电子检测技术，将铁路沿线各站场信息传送到调度指挥中心集中显示。调度集中系统是将调度区段内各中间站(或大站上的部分区域)电气集中(计算机联锁)和区间的自动闭塞通过信息技术结合起来，建立一个由调度指挥中心列车调度员直接操纵的信息远程控制的系统。本章重点介绍以下系统。

### 一、计算机联锁技术

朔黄铁路的黄万线采用 6502 电气集中系统，朔黄线采用计算机联锁系统。计算机联锁系统保留了 6502 电气集中的执行电路，包括道岔启动电路、信号机点灯电路、轨道电路、各种联系电路等成熟的继电电路，其他电路则由计算机联锁系统代替。计算机联锁系统采用二乘二取二冗余设备，保证故障—安全。

计算机联锁系统还为电务维修人员配置了电务维修计算机，简称维修机。维修机实时监视车站运行情况、联锁系统的运行情况，记录车站值班人员的操作情况、车站运行情况及联锁系统状态。通过友好的操作界面，为事故分析、电务人员维修计算机联锁系统提供帮助。

图 4－19 是计算机联锁系统示意图。

1. 系统结构

计算机联锁系统包括人机对话层(也称操作表示层)、联锁运算层和执行层。人机对话层与联锁运算层之间采用双通信网通信。联锁运算层和执行层之间采用外部控制总线实现与计算机总线的分离。电务维修机通过电务维修网与操作表示机相连，电务维修网一般采用交换式以太网。

联锁机通过两套故障—安全型动态采集电路采集组合架有关继电器接点的状态，通过两套动态驱动电路输出对执行继电器的控制信息,并由动态检测电路对输出电压进行回读检测。

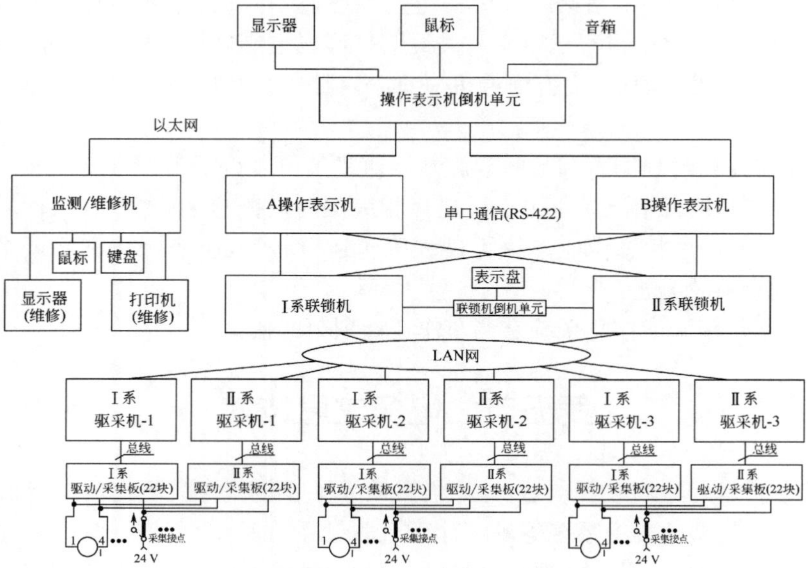


图 4-19　计算机联锁系统示意图

操作表示计算机简称操作表示机,也称人机对话机、上位机。它和联锁计算机构成上下分层结构,有以下功能:

(1)办理进路等功能。它接收车站值班员操作按钮信息,将按钮信息通过网络通信传给联锁机。

(2)站场及信息显示功能。它接收来自联锁机的站场状态数据和提示信息等,在显示器或控制台上显示站场情况、系统工作情况、报警信息等,对主要的错误或者故障提供的相应的语音报警。

(3)信息转发功能。将站场状态数据及提示信息、报警信息、系统状态信息等转发给电务维修机。

联锁机也称下位机,功能如下:

(1)接收操作表示机下发的操作命令。

(2)通过接入口电路采集站场状态。

(3)进行联锁运算。

(4)根据运算结果,通过输出接口电路控制组合架继电器动作。

(5)将站场状态信息、提示信息、故障信息等传给操作表示机。

接口电路:联锁机通过执行层的采集接口电路采集组合架继电器状态,通过输出驱动电路驱动组合架继电器动作。

接口架配线、通道防雷:组合架继电器与采集、输出驱动电路一一对应,即接口信息表规定好了某套采集电路采集哪个继电器,某套输出驱动电路驱动哪个继电器。从组合架室内分线盘到计算机联锁电路间通过32芯电缆相连,在连接之间加装有通道防雷器件。

电务维修机功能如下:

(1)接收操作表示机传来的站场状态信息、操作信息、提示信息、故障信息等。

(2)显示站场运行情况、车站值班员操作信息、故障信息、系统运行情况。

(3)记录一个月的历史信息,可查看一个月内站场运行情况、车站值班员操作信息、故障信息等。

(4)为CTC、TDCS、计算机联锁等提供接口。

2. 主要功能

(1)系统采用独特的外部控制型总线控制器,实现计算机总线和控制总线的分离,使系统抗干扰能力提高,兼容、扩展能力强。

(2)联锁机、操作表示机之间采用双通信网进行通信,双网同时工作,一旦其中一网故障,另一网可保证系统正常通信。

(3)联锁计算机通过故障—安全型动态采集电路采集组合架继电器接点状态,每个采集接点通过两套电路同时采集,提高硬件自诊断功能。

(4)动态驱动电路双套备份,更换备机驱动板时,不影响主机使用。对输出电压进行回读检测,增加输出电路自诊断能力。

(5)不仅电源引入联锁控制系统前进行了防雷处理,组合架内分线盘引入联锁机柜的所有配线都进行了防雷处理。

(6)联锁机柜中输入/输出电路都采用了光电隔离器件,将外界信号与计算机系统隔离开,保证系统不受外界传导干扰。

(7)联锁控制系统具有强大的故障诊断能力,并通过维修机记录下来,供电务维修人员参考。

(8)系统采用二乘二取二的动态冗余结构,并设计有专业用的硬件诊断部件和诊断程序,提供尽量全面的软硬件自检测、互检测功能。I/O故障可精确定位到端口和数据位。检测故障实时送往维修机显示、记录,并给出详细、清晰的故障报告,维修人员可方便地从维修机中得到这些数据,根据这些数据可迅速排除故障。

(9)系统的采集电路为安全输入电路,联锁机控制多功能匹配板产生方波脉冲,再经由继电器接点、输入电路,由联锁机回读。联锁机只有回读到方波脉冲,才判定继电器接点闭合。电路具有故障—安全性能,电路中任何器件发生故障,均可导致动态脉冲中断,从而使设备导向安全。

输出驱动板中的输出驱动电路根据联锁机控制命令产生动态脉冲,驱动电路根据动态脉冲、控制电路充放电,进而产生能动作继电器的直流电平。

回读检测板用以检测驱动电路是否正常工作。计算机联锁控制系统驱动的继电器均采用JPXC—1000安全型继电器。动态驱动电路的输出又通过回读检测电路进行检测,遵循闭环工作原理,保障系统的故障—安全。

## 二、自动闭塞系统

闭塞是指在一个区间内,在同一时间里,只能允许一个列车占用的行车方法。所谓

“闭塞”是指当一列车出发占用区间后，就使该区间两端封闭起来，不允许再向这一区间发车，直到该列车出清这一区间之后，才能向该区间发第二个列车。这样，就可以防止追尾事故，对于单线铁路，还要防止正面冲突事故。因此，人们便研究和创造出各种闭塞方法和闭塞制度以及相应的闭塞设备。

自动闭塞是由运行中的列车自动完成闭塞作用的一种闭塞设备。采用自动闭塞时，将两站间的区间正线划分成若干个小区间，这个小区间称为闭塞分区，每个闭塞分区的起点设置一个通过色灯信号机进行防护。由于每个闭塞分区都装设轨道电路，使信号机的显示根据列车的运行而自动变换，因而能够正确反映列车的运行情况，并及时传给通过色灯信号机显示出来，向接近它的列车指示运行条件。

在自动闭塞条件下，准许列车占用区间的行车凭证是出站信号机（闭塞分区为通过信号机）的开放（绿灯或黄灯）。通过色灯信号机经常显示绿灯，随着列车驶入或离开闭塞分区而自动变换。但进站、出站信号机的显示一般仍由车站实行人工控制，只有在分散自律模式下，才改由列车运行控制。

在每个闭塞分区的始端，都安装有色灯信号机，用来防护其后方的闭塞分区。这些通过色灯信号机平时显示状态是“开放定位式”，即显示绿灯，只有当列车占用该信号机所防护的闭塞分区故障或线路中断等情况时，才显示停车信号。

由于自动闭塞能够在保证行车安全的前提下自动地指挥列车运行，并能最大限度地缩短列车运行间隔，同时还不需要办理闭塞手续，所以能够充分发挥固有线路的通过能力，提高列车的密度与速度。

1. 主要特点

（1）缩短了列车运行间隔，增加了行车密度，同时自动闭塞能不间断地向司机预告其前方列车运行状态，因而提高了列车的运行速度，使区段的通过能力得到显著提高。

（2）节省了车站办理闭塞的时间，简化了车站值班员办理接发及通过列车的手续。不但提高了车站通过能力，而且还减轻了车站值班人员的劳动强度。

（3）由于闭塞分区设置了轨道电路，因此色灯信号机的显示状态，可以反映前方列车运行状态，当和机车信号配合使用时，可以使自动闭塞设备的效能得到更大的发挥，使运输效率得到进一步提高。

2. 自动闭塞的技术条件

根据自动闭塞的工作特点，在研究和设计自动闭塞时，应满足以下各项技术条件：

（1）当列车进入闭塞分区时，防护该分区的通过色灯信号机应自动地显示禁止灯光（红色），列车出清闭塞分区后，应自动地改变为允许灯光（黄色或绿色）。

（2）自动闭塞的工作不应该间断，当Ⅰ路电源停电时，应能由Ⅱ路电源向设备供电。

（3）自动闭塞的工作应当稳定可靠，当设备发生任何危及行车安全的故障时（如线路电路混线或断线，轨道电路钢轨绝缘破损、雷击等），应使色灯信号机显示禁止信号。

（4）当色灯信号机应该显示红灯而灯泡断丝时，为了防止冒进信号引起危险，应将红色灯光自动转移到前一架色灯信号机上。

（5）当色灯信号机应该显示允许灯光而灯泡断丝时，应能使该色灯信号机改为较限制的灯光，而其前方的色灯信号也应转移为相应的灯光。如果信号机本身不能改变其灯光时(例如探照式色灯信号机),也要使其前方的色灯信号机转移为较限制的灯光。

(6)在采用有轨道电路的自动闭塞时,如遇断轨的情况,能使防护该分区的色灯信号机自动处于关闭状态。

(7)电路图的各环节最好能标准化,以便于工厂化施工。

(8)自动闭塞的设备要简单,机件少,消耗电能少。

(9)自动闭塞电路应尽量简单、灵活,即便于改建时能适应各种情况,如增加显示数目,由单线过渡到复线,增装机车信号,向电力牵引发展,向行车指挥自动化发展等,便于工作人员熟悉和掌握。

(10)单线自动闭塞还应绝对防止有对向发车的可能性。

3. UM－71 轨道电路

UM－71 轨道电路是引进法国生产的无绝缘轨道电路。利用无绝缘轨道电路作为列车运行的连续速度信息的传输通道,在此基础上建成自动闭塞区段。UM－71 轨道电路具有可做到一次调整、抗强电干扰、无绝缘、多信息、有断轨检查等技术功能,经实际运用证明设备是先进的,安全程度是高的。

UM－71 无绝缘轨道电路是一种低频调制的移频自动闭塞设备,具有较好的抗干扰性能,采用四个载频,能防护相邻轨道电路及上下行线轨道电路相互影响。由于列车速度控制的需要使用多信息机车信号,在复线区段上下行线各用两种载频。其频率为:下行线 1 700 Hz 和 2 300 Hz,上行线 2 000 Hz 和 2 600 Hz,频偏 +11Hz。低频信息从 10.3Hz 按 1.1Hz 等差数列递增至 29 Hz 共 18 个频率(18 信息)。轨道电路的发送器、接收器、轨道继电器和模拟网络均安装在机械室内,通过电缆和室外设备接通;调谐匹配单元、空芯线圈、补偿电容等安装在现场。

从发送器输出的调制信号经过电缆通道传输到调谐匹配单元,从轨道电路的送电端经钢轨传输到接收端的调谐匹配单元,再经过电缆通道、模拟网络将信号传入到接收器中,接收器将调制信号进行限幅、放大及解调后使轨道继电器可靠吸起。根据轨道继电器的吸起或落下来检查轨道的空闲与占用。

(1)发送器:产生的连续式移频信息通过模拟网络、电缆通道、调谐匹配单元发送到轨道上。轨道上的移频信息,一方面提供受电端接收;另一方面通过机车的接收线圈,把移频信息送到机车上,为机车提供由 18 个低频信息组成的连续式机车信号控制信息。

(2)接收器:轨道电路受电端接收的移频信号,经调谐匹配单元、电缆通道、模拟网络送到接收器入口;接收器完成信息处理,动作轨道继电器。

模拟网络:由对称模拟电缆组成,起到调整电缆长度的作用。这样一来,不管室外轨道电路距离信号楼有多远,都可以调整电缆的长度,即实际电缆长度加上模拟电缆长度等于 7 ~7.5 km,好使得室内设备统一。

(3)调谐匹配单元的种类及作用:调谐匹配单元由匹配变压器、电容和电感组成,针对四种载频有四种调谐匹配单元:1 700 Hz、2 000 Hz、2 300 Hz、2 600 Hz,选择不同的元件值就可制成对应不同频率值的调谐单元。调谐单元的作用:接收本区段的载频信号,短路掉相邻区段的载频信号。

(4)电气绝缘节:是利用 26 m 长的钢轨,在其两端各并联一个调谐匹配单元,26 m 长的钢轨中部加设一个空芯线圈，即组成了一个电气绝缘节。（UM－71 无绝缘轨道电路，指的是无安装在钢轨上的机械绝缘节，但轨道区段之间设有电气绝缘节，是用电气绝缘节隔离的。电气绝缘节长度为 26 m（现场实际为 26 m 左右），这 26 m 是“死区间”——亦即有车也不显示。）

电气绝缘节工作原理：本区段的调谐单元对相邻区段的载频信号呈现串联谐振，相当于一根短路线，使相邻区段的载频信号进入不了本区段，调谐单元对本区段的载频信号呈现并联谐振，出现高阻，有利于传输和接收本区段的信号，这样就实现了不同区段两种载频信号的电气隔离。

（5）空芯线圈：作用是平衡牵引电流的回流、减少干扰、保证调谐区工作的稳定。

## 三、调度监督系统

调度监督系统（TDCS 的调监功能）是应用计算机通信技术、电子检测技术，将铁路沿线各站场信号、联锁、闭塞等信息传送到调度（中心）集中显示，提供调度指挥决策的运输指挥系统。

1. 调度监督系统功能

（1）接发车信号开放与关闭；

（2）调车信号开放与关闭；

（3）进路排列和解锁；

（4）站内轨道区段的占用；

（5）接近离去区段的占用；

（6）站名、股道号；

（7）闭塞状态。

2. 系统构成

TDCS 主要由调度指挥中心（车站调度室）、车站设备及网络设备组成。

（1）调度监督上层系统调度指挥中心的组成：数据库服务器、数据交换服务器、调度员台、大屏幕显示、设备系统维护台、网络设备。

（2）调度监督系统车站设备：主要为车站调监分机，其主要功能如下：具备 6502 车站和计算机联锁设备 ICU、ICM 采集板采集信号设备的功能；在计算机联锁车站通过和计算机联锁系统通信采集现场设备状态；将采集的现场设备状态的数据经处理后传输至调度中心。

## 四、信号微机监测系统

铁路信号微机监测系统是保证行车安全、加强信号设备结合部管理、监测铁路信号设备运用质量的重要行车设备。信号微机监测系统把现代最新传感器技术、现场总线、计算机网络通信、数据库及软件工程等技术融为一体，通过监测并记录信号设备的主要运行状态，为电务部门掌握设备的当前状态和进行事故分析提供科学依据。同时，系统还具有数据逻辑判断功能，当信号设备工作偏离预定界限或出现异常时，及时进行报警，避免因设备故障或违章操作影响列车的安全、正点运行。信号微机监测系统是铁路装备现代化的重要组成部分。

铁路信号微机监测系统是铁路专用信号微机监测设备,可作为电务维护管理的辅助工具。信号微机监测系统利用计算机高速信息处理能力实现不间断地全面、自动地对信号设备进行实时监测。能够取得完整、连续的实时数据,避免人为因素的干扰和影响,提高信号设备管理的质量,防止隐性事故发生。同时该设备存录的大量现场数据对分析事故原因,了解设备状况有很大的帮助。图 4－20 是信号微机监测系统原理图。

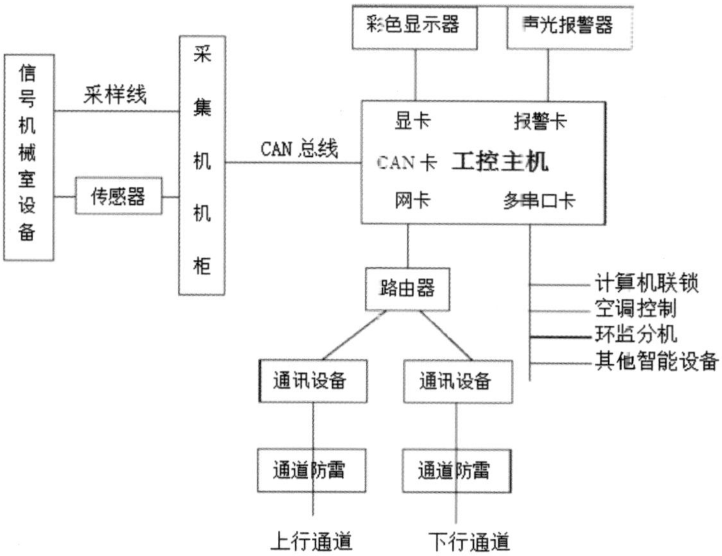


图 4－20　信号微机监测系统原理图

铁路信号微机监测系统主要检测对象是车站电气集中系统。铁路信号微机监测系统将有关开关量(键操作情况、轨道光带状态、道岔位置、信号机状态等)、有关模拟量(轨道电压、道岔表示电压、各种电源电压以及道岔电流等)采集进来,建立原始数据库。

1. 系统构成

车站设备采用全分散结构,站机由车站用工业控制计算机主机、采集机、电源和绝缘测试组合机、广域网路由设备、CAN 网构成。系统负责数据的采集、分类、处理和显示,并将所采集的数据通过网络设备发送给服务器。

微机监测系统网络结构一般分为三层,由车站系统层、电务系统层(电务中心服务器、调度、电务工队电务作业组等终端)和管理层/局系统层(总服务器、管理层/终端)。这三层通过广域网络数据传输系统连接而成。该网络系统采用基于 TCP/IP 协议之上的广域网模式。

(1)监测站机系统

微机监测站机系统作为车站的集中管理设备,它负责对车站各种信号设备的原始数据进行采集、分类、逻辑处理、数据统计与存储、站场显示与回放。同时又为操作人员提供人机界面。根据对信号设备监测的结果,人机界面实现车站作业状态及设备运用状态的实时监测和各种数据的查询。站机还可以将本站的监测信息传送到服务器,为实现远程监测和管理提供基础。

车站系统采集的信息主要有模拟量(通过 CAN 采集机)和开关量(通过 CAN、TCP/IP 或 RS422 等方式采集)。车站基层网设计充分考虑到系统的灵活性和可扩展性,方便各类数据的采集。监测站机同时预留了多方接口(如 CTC/TDCS 接口、计算机联锁和其他设备等)。

(2)电务监测服务器

微机监测系统以公司为单位进行组网,公司设监测中心服务器一台,服务器通过路由器和所辖站机之间采用迂回通道串行连接方式构成广域网。从公司调度指挥中心至所辖车站之间通道既适应数字通道,也适应模拟通道。

在网络规划方面,监测网上的每个计算机(站机、服务器、监测终端)都分配了一个站码、电报码和 IP 地址,且互不相同。IP 地址用于采用 TCP/IP 协议的广域网互连,站码和电报码则用来唯一标识网上每一台计算机。

中心服务器作为整个微机监测网络系统的中心和枢纽,它主要负责联络站机和终端机,是网络通信的主体。主要功能有接收站机数据,存储站机数据,发送有关命令对站机进行操作,提供数据给终端机查询,接收终端机的查询命令,传送查询命令给站机,并把站机的查询数据回送给终端机,以及服务器自身的一些操作功能等。

(3)各类监测终端

监测终端用于人机操作,管理和查看权限范围内车站的站场及其他数据,并做报表汇总。数据报表和图形可由打印机打印输出。同时,监测终端能显示通信网络结构拓扑图及通信状态,进行一定的网络管理。终端软件在监测网的工作站上运行,向用户提供一个方便灵活、直观易用的交互环境。

终端(如分公司终端)一般设在分公司总值班室。该终端可直接登录到服务器上,通过服务器透明地监测到分公司所辖内的所有车站。

2. 系统功能

微机监测系统首先必须实现管理最新制定的有关信号微机监测系统技术条件中规定的所有功能;其次还增加了许多其他信息监视及测试,以及一些系统管理和电务管理方面的功能。

(1)模拟量在线测试

模拟量种类包括:电源屏监测、转辙机监测、轨道电路监测、电缆绝缘监测、电源对地漏泄电流监测、站内电码化监测、站内电码化监测、高压不对称轨道电压测量、频率测量、相位角监测等。

(2)开关量在线监测

实时监测各种开关量状态变化信息,开关量的采样周期不大于 1s。主要信息有:按钮操作信息、控制台表示信息、一些报警开关量以及其他重要开关量(如:继电器信息等)。

(3)故障报警

一级报警:挤岔报警、信号非正常关闭。

二级报警:破封按钮、列车信号主灯丝断丝、道岔缺口报警、熔丝断丝、外电网瞬间断电、道岔失去表示、外电网断电、通信节点故障报警、环境监测报警。

三级报警：电气特性超限报警、串口通信故障报警、道岔缺口三级报警。

(4)车站机负责数据的采集、分类和存储，并以直观的方式显示车站的信号状态。

① 数据采集：

a. 开关量实时采集：开关量包括轨道光带、信号机状态、控制台按钮、道岔表示灯、控制台各种灯、铅封按钮、灯丝报警等报警灯、继电器状态等八种。

b. 模拟量数据采集：模拟量包括电源屏输入输出电压、轨道电路接收端电压、转辙机动作电流、区间发送电压、区间接收电压、站内电码化发送电压和电流、电缆对地绝缘电阻、电源屏漏流测试和电源平衡测试等。

② 数据存储：将采集的数据分类，并按类进行存储。

③ 采集的数据显示站场图：对设备故障进行实时报警。

④ 数据处理：

状态表：显示轨道电压、电源屏电压、区间发送电压、区间接收电压、电码化发送电压和电流的实时测试表。

日报表、月报表、年报表：显示轨道电压、电源屏电压、区间发送电压、区间接收电压、电码化发送电压和电流的日报表、月报表、年报表。

日曲线、月曲线、年曲线：显示轨道电压、电源屏电压、区间发送电压、区间接收电压、电码化发送电压和电流的日曲线、月曲线、年曲线。

⑤ 统计表：

(1)设备故障统计表；

(2)铅封按钮动作次数及时间统计；

(3)列、调车按钮动作次数及时间统计；

(4)调车信号开放次数及时间统计；

(5)道岔动作次数统计；

(6)轨道占用次数及时间统计。

## 五、无线车次号系统

### 1. 系统构成

重载运输信息技术中，对于列车车次号信息主要来自无线车次号系统。

TDCS 无线车次号校核系统如图 4－21 所示，由机车安全信息综合监测装置、机车数据采集编码器、无线列调机车电台、车站数据接收解码器、TDCS 车站分机、TDCS 中心设备和连接电缆组成。机车安全信息综合监测装置、无线列调机车电台、TDCS 车站分机和 TDCS 中心设备为既有设备，机车数据采集编码器、车站数据接收解码器为本工程新增设备，机车上配置数据采集编码器，车站配置数据接收解码器。

机车安全信息综合监测装置，即 TAX 箱，为 TDCS 无线车次号校核系统提供信息来源，通过 RS－485 接口周期地向机车数据采集编码器传送车次号、机车号、列车种类、编组、速度、位置等信息。

机车数据采集编码器随时读取上述信息，当根据信号机种类判为有效时，按照 TDCS 车次号校核系统数据传输协议的规定进行信息数据的编码，包括纠错和检错编码、数据打包,调制并启动无线列调机车电台改变原有的发射频率,以部颁无线列调 2 组 $f_4$ 频率发射。无线列调机车台被车次号信息触发时,不管是否正在通话,均切断话音调制并改变发射频率,强行转为传送车次号信息数据,传送完成后恢复话音通信。如发生在 2 组 $f_4$ 上长发的现象,则应在发射 1.5 s 后自动切断发射并回到原机车电台工作频率,以免影响无线列调正常通信。

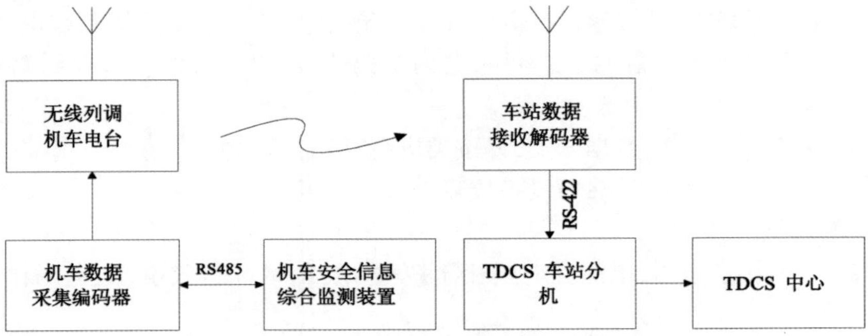


图 4－21 TDCS 无线车次号校核系统

车次号信息发送地点和条件规定为:在始发站内时,当 TAX 箱给出的信息中的监控状态为“非监控状态”,机车速度从 0 变化至 5 km/h 时,单向发射 3 次。在始发站机车对标点时,单向发射 3 次。

在沿线运行,机车在经过各站进站和出站信号机两个位置时,均连续、单向发送 2 次。第一次是在机车数据采集编码器判定有效后立即发送,第二次则随机延时 3～5 s 后发送。车站数据接收解码器以无线列调 2 组 $f_4$ 的接收频率收到车次号等信息,并对数据纠错、检错解码,确认信息无误后读取位置信息进行公里标比较。经比较后确认为本站辖区列车传来的信息,则把接收的信息通过 RS422 接口送到本站 TDCS 车站分机,再由 TDCS 车站分机通过专用二线送给 TDCS 中心设备。如果经列车位置公里标比较判为非本站辖区列车传来的信息,则清除该信息。为了增加数据传输的可靠性,对每帧数据,车站数据接收解码器都向 TDCS 车站分机传送 3 次。地面接收机地面接收机完成的就是 TDCS 无线车次号校核系统中的车站数据接收解码器的功能。

综上所述,系统具有以下功能:

(1)接收无线车次号信息数据并对数据纠错、检错、解码;

(2)根据公里标判断是否本站辖区列车数据;

(3)比较后确认为本站辖区列车传来的信息,则把接收的信息通过 RS422 接口送到本站 TDCS 车站分机;

(4)如果经列车位置公里标比较判为非本站辖区列车传来的信息,则清除该信息;

(5)为了增加数据传输的可靠性,对每帧数据,车站数据接收解码器都向 TDCS 车站分机传送 3 次;

(6)以 LED 方式显示接收的车次号信息;

(7)通过调度命令接口向调度命令转接器传送调度命令信息。

3. 设备组成

(1)地面接收机 1 台。

(2)天线(室内吸盘天线或室外全向天线)1 根。

(3)串口防雷器 1 个。

(4)TDCS 接口扩展线 1 根。

(5)蓄电池连接线 1 根。

(6)交流电源线 1 根。

(7)说明书 1 本。

(8)九针 D 型连接头带壳 1 套。

4. 设备原理

(1)地面接收机工作状态指示是用发光二极管指示地面接收机的工作状态。

(2)看门狗负责在程序异常时复位 CPU。

(3)EEPROM 用于存储公里标数据。

(4)车次信息接收过程:

① 无线信号经天线进接收电台;

② 电台对无线信号解调输出音频信号到调制解调器;

③ 调制解调器对音频信号解调输出数字信号到 CPU;

④ CPU 对数据纠错、检错、解码;

⑤ CPU 把接收到的公里标信息与 EEPROM 中存储的公里标数据进行比较;

⑥ 经比较后确认为本站辖区列车传来的信息,则把接收的信息通过 RS－422 接口送出,为了增加数据传输的可靠性,对每帧数据,车站数据接收解码器都向 TDCS 车站分机传送 3 次;

⑦ CPU 同时把车次号送到接收车次指示部分,以数码管形式显示车次号。

(5)公里标写入过程:

① 调监模拟器通过公里标写入口给 CPU 发送写公里标命令及公里标数据;

② CPU 把公里标数据写入到 EEPROM;

③ CPU 通过公里标写入口给调监模拟器发送写入成功信息。

(6)公里标读取过程:

① 调监模拟器通过公里标写入口给 CPU 发送读取公里标命令;

② CPU 从 EEPROM 读取公里标数据;

③ CPU 通过公里标写入口给调监模拟器发送公里标数据。

(7)调度命令传送过程:

① 无线信号经天线进接收电台;

② 对无线信号解调输出音频信号到调度命令接口;

③ 命令信息的进一步处理在调度命令转接器进行。

5. 机车数据采集编码器

机车数据采集编码器是采集处理装置是实现铁路行车调度指挥管理的新型设备,是铁路运输调度指挥管理信息系统的重要组成部分。可配合机车综合平台、通用机车台和其他各种机车台使用,可安装在各类机车的 TAX－2 机箱内,用于定时发送机车运行状况信息,为调度指挥行车提供准确可靠的数据。同时具备模拟调制信号输出和数字信号输出工作方式,根据设定选择其中一种输出工作模式。TAX 箱的接口部分采用隔离技术,故障时对 TAX 箱设备没有影响。

(1)主要技术指标

① 与 TAX－2 接口传输速率:28.8 kbit/s。

② 对外数字接口传输速率:9.6 kbit/s。

a. 差错控制:采用 CRC 校验相结合的方式。

CRC 校验码生成多项式为:$G(X)=X16+X12+X5+1$。

对外模拟接口传输速率 1 200 bit/s。

b. 编码方式:FFSK。

FFSK 发送频偏:－10 dBm ±2 dB(1 200 Hz)。

特征频率:1－1 200 Hz,0－1 800 Hz。

特征频率误差:1 200 Hz ±12 Hz,1 800 Hz ±18 Hz。

差错控制:采用前向纠错和 CRC 校验相结合的方式。前向纠错码为(26,16)截断循环码。

纠错编码的生成多项式为:$G(X)=X10+X8+X7+X5+X4+X3+1$。

CRC 校验码生成多项式为:$G(X)=X16+X12+X5+1$。

平均无故障时间:不小于 12 000 h。

工作电源:不大于 DC 0.20 A/15V。

(2)工作原理及系统框图

同时具备模拟调制信号输出和数字信号输出工作方式,根据设定选择其中一种输出工作模式。

① 450MHz(模拟)模式:机车数据采集编码器实时采集监测装置的数据,按规定条件通过机车台发车次号信息。

a. 非监控状态下,列车运行速度从 0 变化至 5 km/h 时,发送 3 次,时间间隔为 3 s。

b. 非监控状态转为监控状态时,发送 3 次,时间间隔为 3 s。

c. 列车通过各站进站和出站信号机两个位置时,均发送 2 次。第一次是在判定条件符合后立即发送,第二次则随机延时 3～5 s 后发送。

d. 补机不发车次号信息。

② GSM－R(数字)模式:机车数据采集编码器实时采集监测装置的数据,每 200 ms 将采集到的数据编码发送一次,GSM－R 机车综合无线通信设备按规定条件发送车次号信息。

a. 监控状态下,列车进入新的闭塞分区、进站、出站。

b. 非监控状态下,列车运行速度由 0 变为 5 km/h。

c. 非监控状态转为监控状态时。

d. 补机不发车次号信息。

## 六、调度集中系统

调度集中系统是铁路部门为了在车站联锁及区间自动闭塞基础上进一步保证列车运

行安全并提高运输效率的一种先进有效的技术装备。这种设备集中了若干个相接续的车站与区间的联锁、信号和闭塞设备于一体，由调度员在室内统一了解并操控。在调度中心内的控制台上，有模拟现场各个车站与区间状态的显示器，通过显示器，调度员可以对区间及车站的各个分区及股道是否被占用，道岔的位置，信号机的状态（显示什么颜色）一目了然。必要时，调度员可以可以通过有关的按钮，操控任何一个车站的设备状态并开放进路。调度集中设备提高了区间和枢纽的通过能力，提高了列车运行速度，改善了对列车的管理，提高了列车运行的准点率，提高了劳动生产率并使列车运行更加安全。图4－22是朔黄铁路调度集中示意图。

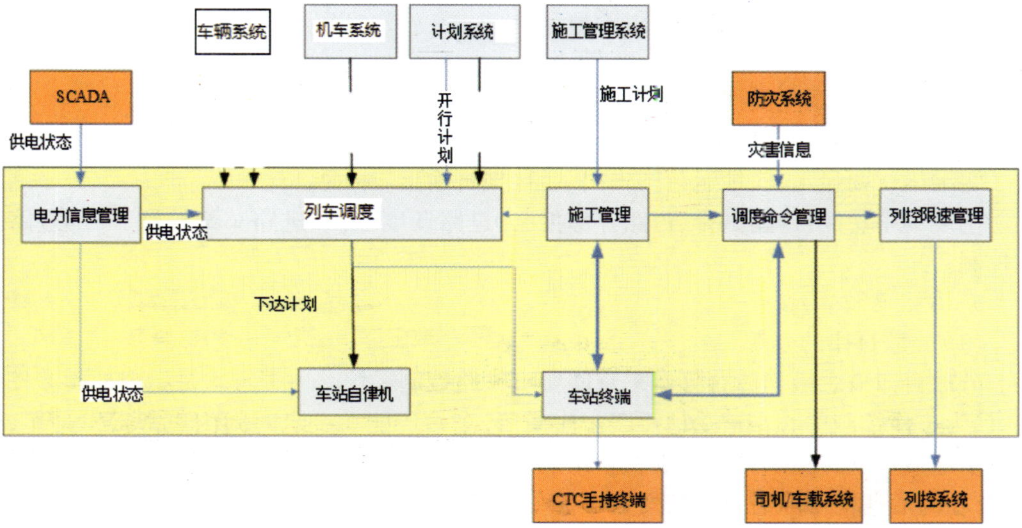


图4－22　朔黄铁路调度集中示意图

调度集中系统（CTC，Centralizedtrafficcontrol）在列车调度指挥系统基础上构建，由中心、车站两级构成。实现列车调度指挥系统功能外，还有列车编组信息管理、调车作业管理、综合维修管理、列/调车进路人工和计划自动选排、分散自律控制等功能。

调度集中原则上将同一调度区段内、同一联锁控制范围内所有车站（车场、线路所）的信号、联锁、闭塞设备纳入控制范围。调度集中区段的两端站、编组站、区段站，以及调车作业比较多、有去往区间岔线列车或中途返回补机的中间站，可不列入调度集中操纵，但出站信号机均应受调度集中控制。

1. 系统构成

调度集中是分散型的远动系统，其控制中心在调度指挥中心，被控对象是铁路沿线各车站。

调度指挥中心设备调度集中总机：联系中央计算机和调度集中分机。

中央计算机：系统的中心环节，联系调度集中总机、操作员台、调度员台、显示盘和系统维护台。

操作员台：供操作员发送控制命令。

调度员台：供调度员指挥列车运行。

大屏幕显示盘：显示相关信息，包括进路、信号机状态、车次号跟踪等。

系统维护台：供系统维护用。

车站设备调度集中分机：联系调度集中总机和车站的被控对象。

车站调度子系统：完成计划的显示、下达、修改、车次号输入等。

与其他系统的接口：实现车站子系统与其他信号基础设备［如计算机联锁系统、微机监测系统、ATP（列车自动防护系统）］的联系。

2. 主要功能

调度监督功能站场表示：信号、进路、区间状态，车次号显示、调度集中分机故障表示、电气集中挤岔、信号机灯丝断丝、报警信息等。

车次号跟踪：自动跟踪列车车次号。

车次号管理：调度员使用键盘或鼠标编辑车次号。

列车记点：列车经过车站，自动记录列车到达、出发或通过时刻。

实绩运行图显示：实绩运行图输出、运行报告输出。

调度集中功能：进路试排、进路存储控制、进路调度控制、进路车站控制、局部进路车站控制。

3. 分散自律系统

（1）分散自律的起源

分散自律概念最初源自日本东京圈城市铁路控制系统。由于日本是一个地震多发的国家，为了使控制中心在遭受地震袭击瘫痪后，车站还能在一定时间内正常接发列车，日本东京圈城市铁路控制系统特别在车站设立自律计算机，通过接收控制中心下达的运行计划，在与心通信中断后自行接发列车。

为了解决行车和调车相互干扰的问题，必须实现在不影响列车运行的原则下，允许控制中心和车站通过调度集中系统自主进行调车的功能。这对于调度集中系统来讲是一种功能的分散，不同于传统意义上调度集中系统的集中控制，而是出现了分布式控制的功能。因此，如果通过在车站设立自律机来完成按照列车运行计划正常接发列车，协调列车、调车冲突的功能，完全实现列车和调车作业的统一控制。这一原则叫做“分散自律”原则。因此，分散自律概念和日本铁路控制系统既相近，又有很大不同。

（2）分散自律系统的特点

分散自律系统（Autonomous Decentralized System）中所有的单元（子系统）都是独立平等的，它们之间不存在任何隶属关系，任何单元都能完成自己的任务而不受其他单元的干预。同时各个单元之间也能协调工作以实现整个系统的运行。这就是分散自律系统的自律可控性和自律协调性两大特点。

① 自律可控性。就是指该系统采用了设备分散，危险分散，进路控制分散的技术路线。各个车站子系统相当于是一个智能的分中心，原来由调度中心统一控制所有车站接发列车作业的方式，转变为车站自行按照调度中心发送过来的列车运行计划和调车计划，排列运行进路的作业方式；系统不仅可以在总、分机之间进行信息的相互传送，而且邻站之间也能互相传送信息；如果车站分机与调度中心总机通信中断，车站分机在一定时间内仍可以进行列车跟踪和列车进路控制。

② 自律协调性。就是车站分机依据不同车站的运输管理办法对列车作业和调车作业进行协调，使它们互不干扰。自律机根据这个计划进行进路的办理和列车计划的冲突检测，如果有冲突，系统会弹出对话框告警，询问是否强行办理。

③ 非常站控模式。当分散自律调度集中系统故障或其他紧急情况时，车站值班员可以按下控制台上的紧急站控按钮，切断分散自律调度集中系统控制输出继电器的电源，直接通过控制台按钮的方式进行控制。在计算机联锁车站，则是在计算机联锁系统的操作界面上，进路非常站控，此时计算机联锁系统不再执行任何 CTC 的控制指令，由车站值班员操作按钮进行控制。

(3)分散自律系统的功能

① 基本功能

a. 实时监视站场信号设备和列车运行状态，实现站间和区段透明显示。

b. 追踪列车运行位置和到发时刻，自动描绘列车实绩运行图。

c. 利用计算机辅助编制和调整列车运行计划，实现调度指挥计算机化。

d. 通过系统网络向车站下达计划和调度命令。

e. 通过系统网络和无线通信向列车下达调度命令、调车作业单、行车凭证和进路预报等信息。

f. 自动编制车站行车日志，生成运统报表。

g. 追踪列车编组状态。

h. 遥控所有联锁设备按钮，人工遥控列车，调车和非正常作业。

i. 按照列车运行计划和车站站细，由自律机自动自主控制列车进路。

j. 按照调车作业计划，由自律机根据机车请求和列车运行状况，自动自主控制调车进路并对调车状况进行监控和报警。

k. 实现维修作业综合管理和远程登记、销记。

l. 具有完备的网络安全防护功能。

m. 实现信息自动交换。

② 基于 TDCS 系统基础上的拓展功能

在 TDCS 的基础上，分散自律调度集中系统还具备列车进路和调车进路的自动/人工控制，从而实现行车指挥自动化。实现了用户登录及交接班登录、调度集中信息显示、调度命令下达、列车编组和速报、安排中间站甩挂作业、车站站存车信息管理、车站行车日志及车站运行图的生成、车站站间透明、运输指标统计等九大功能。

自律分散系统采用了通用过程控制微机，微机分散设置并具有智能终端性质；采用光缆双环传输方式，取消了传统的调度集中(CTC)和其他专用设备，使整个系统的可靠性、实时性、维修性和扩展性大为提高，它与集中型、一般分散型系统不同，它的中心处理装里与车站控制装置完全处于平等地位；车站控制装置独立进行判断和控制，没有来自中心的统一监控，即使中心处理装置或某些车站控制装置发生故障，其余正常的车站控制装置仍可照常控制，整个系统不致瘫痪，仍能保持系统的目标功能。

总之，分散自律调度集中系统相对于传统的调度集中系统的优点主要表现在以下四个方面：

(1)实时性。保证调度员在调度指挥中心迅速、可靠地控制所管辖区段内的信号和道岔;能及时、准确地了解列车分布情况及道岔和信号的状态,使系统成为行车指挥的控制系统。

(2)技术先进性和经济合理性。从实际需要出发,分散自律调度集中系统设计上既考虑了技术要保持先进,同时也做到了经济的相对合理,并为未来的发展留有一定的余地。

(3)高可靠性。系统工作可靠性高,故障便于发现,便于维修。即使某一部分的故障不能进行及时的修理,其分散系统的特性也保证了故障—安全的原则。

(4)通用性和可维护性。系统设计上考虑通用化、系统化和灵活化。调度集中、调度监督、车站遥控和枢纽中心等设备均属于远动系统。硬件和软件的设计采用模块化和结构化,便于移植、扩展和维修。

## 第六节　牵引供电信息技术

重载运输信息技术中,对于牵引供电检测信息主要来自牵引供电远动系统。牵引供电远动系统(TCS)是为了保证供电系统运行的可靠性和经济性,电力调度远距离供电实现人(或者机器)和机器之间交换信息和控制的系统。从调度工作出发,一方面需要收集信息,要求变电所将断路器的位置信号、事故信号及主要运行参数等能迅速、正确、可靠地反映给调度指挥中心(调度所);另一方面,调度指挥中心(调度所)切实了解到系统的运行情况并进行判断处理后,应对变电所(包括分区亭和开闭所等)下达命令,去直接操作某些设备或调整某些参量,或去完成实时控制的任务。

为了完成变电所与调度指挥中心(调度所)之间远距离信息的实时自动传输,必须应用远动技术,采用远动装置。简单地说,远动技术即是调度指挥中心(调度所)与各被控端(包括变电所等)之间实现遥控、遥测、遥信和遥调技术的总称(简称“四遥”)。由远动装置在调度指挥中心(调度所)和变电所之间充当传送各种信息的桥梁。

采用远动装置对于监视和控制系统来说是实现系统实现调度综合自动化的基础。传统远动装置的主要功能是遥控、遥调、遥测和遥信。远动装置分软件化的远动装置和布线逻辑远动装置两种。布线逻辑远动装置的逻辑电路中有一套时序电路,由它控制其余逻辑电路按时序工作,从而使输入的待处理信息(如遥信对象的状态量、要发送的遥控命令等)变成处理好的信息(如遥信信号、遥控指令等)。由于这种装置处理工作全部在逻辑电路中自动进行,要改变处理要求必须重新进行电路设计。而软件化远动装置除硬件外,还包括软件部分。整个装置的工作由输入的软件——加工程序控制。当需要改变处理要求时,只需对程序进行修订。即使需要增加硬件,由于各部分电路是通过总线相互连接,扩展也很方便。因此软件化远动装置更具有灵活性和可扩性。随着微型微机技术的发展和普及,软件化远动装置中以牵引供电远动装置占绝对优势。

从硬件设计上进行划分,牵引供电远动装置的发展经历了三个阶段:片级设计,板级或模块级设计,系统级设计。片级设计是指用户根据自己的要求选用不同类的微处理器片、存储器片、输入输出片等连成自己的系统。板级或模块级设计则是直接采用单板机或软硬件。

## 一、基本原理

以微型机为主构成，以完成常规“四遥”功能为目标的监视控制和数据采集系统，简称为牵引供电远动系统，即SCADA系统（Supervisory Control and Data Acquisition System）。这种远动系统的被控端简称为远方终端，即RTU（Remote Terminal Unit）。由于微机的运算速度越来越快，功能越来越强，使得牵引供电远动系统除了完成常规的“四遥”功能外，还可完成许多其他的数据处理和管理功能，如根据需要，编制各种不同的图形、报表，可提供复示终端，可与其他系统联网等功能，还可提供操作人员的在线培训、防误操作以及辅助决策等功能。因此，具有这些扩展功能的牵引供电远动系统，称之为微机调度自动化系统，也简称为微机监控系统。

远动系统包括三个部分：命令（远动信息）的产生、命令的传送以及命令的接收。远动系统的发送端设备就是命令的产生部分，远动系统的接收端设备就是命令的接收部分，而命令的传送部分就是远动系统的信道。从结构上讲，远动系统与一般自动化系统之间最大的区别就在于信道的存在。由于远动系统中存在着信道，那么被传达的命令也应被转换成适合于在信道中传送的最好形式。这种形式往往与一般自动化系统中命令的形式有很大区别，因此在远动系统中就需要一些特殊的转换设备来转换命令。由于距离较远，再加上信道的存在，远动系统在结构上就存在着一定的弱点，即易受外来的干扰，降低了命令的准确性和整个系统的可靠性。当所需传送的命令愈多、系统愈复杂时，信道的结构也就愈复杂，这个弱点也就愈突出，并且信道的成本也愈高。因此，需要有一系列的措施来保证系统的正常、可靠和经济地运行。把进行控制的一侧称为控制端（调度端，即Cc），把被控制的一侧称为被控端（执行端，即RTU）。这两端由信道连接起来，从控制端向被控端发送的数据称“下行”数据；反之，从被控端向控制端发送的数据称“上行”数据。设在调度指挥中心（调度所）的控制端要将遥控、遥调命令送到被控端去执行，遥控或遥调命令经编码编成数字信号。在远动系统中传送的信号，在传输过程中会受到各种干扰，可能使信号发生差错。

为提高传输的可靠性，对遥控、遥调的数字信息要进行抗干扰编码，以减小由于干扰而引起的差错。由于数字脉冲信号一般不适宜直接传输，例如利用电话线路作为信号传输的通道时，线路的电感、电容会使脉冲信号产生很大的衰减和变形，所以要用通信设备部分的调制器把数字脉冲信号变成适合于传输的信号，如变成正弦信号传输。这样，控制端就把经过调制后的遥控、遥调信号发送出去，送到被控端接收。接收端首先用通信设备中的解调器把正弦信号还原成原来的数字信号，再经抗干扰译码进行检错，检查信号在传输过程中是否因干扰的影响而发生错码。检查出错误的码组就拒绝执行，正确时则遥控、遥调译码后分别执行。

对遥测、遥信，被控端则是发送端，而控制端则是接收端。被控端要将遥测、遥信量送到控制中心去显示或记录。遥测量是电量或非电量，经过变送器后，通常变成0～5V的直流模拟电压，输入模数转换器。模数转换器将输入的模拟电压转换成数字量，进行遥测、遥信编码。而遥信是开关量，可以直接编码。再进行抗干扰编码后，经调制后发送出去，送到控制中心接收端经解调和抗干扰译码进行检查，检查出错的码组就放弃不用，正确的码组则分别去显示或指示。由于距离远而使通信部分的投资费用增大，而控制中心和变电所等被控端之间需要传送的信息又较多，为了使同一信道传送更多的信息，充分发挥信道的作用，就需要采用多次复用的办法。目前有按频率和时间划分的两种制式，简称为频分制和时分制。

远动技术的传送方式分为两大类，即循环数字传送方式（称 CDT 方式）和查询传送方式。循环传送方式是以被控端的远动装置为主，周期性地采集数据，并且周期性地以循环的方式向调度端发送数据，即由被控端传送遥测、遥信量给调度端。查询传送方式是以调度端为主。由调度端发出查询命令，被控端按发来的命令而工作，被查询的站向调度端传送数据或状态信息。

远动装置按工作方式分类，可分为（1：1）工作方式，（1：N）工作方式及（M：N）工作方式。（1：1）工作方式是指在被控端装一台远动装置，在调度端对应地也装一台远动装置；（1：N）工作方式是指调度端一台远动装置对应着各被控端的 N 台远动装置；（M：N）工作方式是指调度端 M 台装置对应被控站 N 台装置。此外，根据远动系统所采用的信道、被控对象和所用元件的不同，也可以有不同的分类方法。例如根据传送信号是利用有线信道还是无线信道，可分为有线和无线远动系统；根据信道数目是随着控制对象数目而增加还是与被控对象数目的多少无关，可分为少信道和多信道远动系统；根据被控对象是分散还是集中、是固定还是活动、是在铁路沿线那样链式分布还是以控制端为中心向四周辐射式分布，就分别称为分散型或集中型远动系统、固定目标或活动目标远动系统、链式或辐射式远动系统等。也可以根据装置采用的元件是有接点还是无接点，而分为有接点和无接点远动系统；按远动功能是用硬件实现还是靠软件实现，而分为布线逻辑式和软件化远动系统；甚至可视其是否有一个远程自动调节系统，而分为开式和闭式远动系统等等。

## 二、系统构成

### 1. 车站监控系统

系统包括高压监控系统、低压监控系统。高压监控系统主要是对车站 10 kV 变压器原边输入电压、输入电流的监控。它包括对输入电压值、输入电流值的监测，以及对安装于 10 kV 电线路上的高压断路器的控制。低压监控系统主要对车站 10 kV 变压器次级输出电压、输出电流的监控。它包括对输出电压值、输出电流值的监测；对输出电流的故障录波；对低压配电盘中低压断路器的控制。

### 2. 变、配电所监控系统

该系统主要包括对铁路变、配电所内高压设备的监控，以及对直流电源系统的监控。该系统铁路内一般采取两种方式。方式一：变、配电所高压设备二次保护装置全面采用微机保护装置。高压设备的分合全部采用微机控制。高压设备的保护整定值的设置也由操作员通过微机设置完成。方式二：变、配电所高压设备二次保护装置仍然采用继电器保护装置。同时，变、配电所内增设微机监测装置。这两种方式都能为牵引供电远动系统提供必要的数据接口，但是在方式二中，变、配电所高压设备微机控制能力略显不足，实现电力系统“远动”比较困难。

3. 通信通道

如果说牵引供电远动系统是一棵大树，车站监控系统及变、配电所监控系统是这棵大树的叶，那么通信通道就是这棵大树的枝干。车站监控系统及变、配电所监控系统所采集的大量信息通过通信通道送往调度中心，调度中心通过该通道向车站监控系统及变、配电所监控系统下达遥控指令。目前，在铁路内部，通信通道一般采用公网进行通信。通信设备一般采用调制解调器。该种方式通信道道运营成本较低，但通信速度较慢。

4. 调度中心

调度中心是牵引供电远动系统的核心，大量的数据从车站及变、配电所通过通信通道被送往调度中心，调度中心对数据进行分析、处理、保存。公司调度人员也可通过调度中心直接远程操控车站及变、配电所的现场设备。

5. 牵引供电远动系统功能

(1)遥测、遥信、遥控、遥调功能

遥测、遥信、遥控和遥调是远动系统的基本功能。应用通信技术传送被测变量的测量值，称为远程测量，简称遥测。应用通信技术完成对设备状态信息的监视，称为远程信号，简称遥信。调度控制中心送给变电所的远程命令有控制命令和调节命令等。应用通信技术，完成改变运行设备状态的命令称为远程命令，又称遥控。当调度控制中心需要直接抑制发电厂、变电所中的某些设备，如断路器的合闸、分闸，发电机的开机、停机等，就发出相应的控制命令。这种应用通信技术，完成对有两个确定状态的运行设备的控制称为远程切换。在我国通常把远程切换也称为遥控。通过自动化系统后台直接对现场设备的一些参数进行设置和修改，主要是保护定值，称为遥调。

远动系统的功能根据电力系统的实际需要还在不断地扩展，为了有助于分析电力系统的事故，保证远动装置的正常运行和便于维护，还具有自检查、自诊断等功能。

(2)线路故障检测

远动系统在线路故障检测中发挥了重要的作用。故障发生时，采用过电流检测原理，即判断线路电流是否超过整定值来检测故障。由 FTU(馈线微机保护装置)检测到故障并上报主站，主站系统首先完成故障自动定位功能，在确认线路失电的情况下，自动遥控断开故障线段两侧的负荷开关，隔离故障点，最后，自动下发遥控命令闭合两侧配电所出线开关，恢复非故障线段的供电，并给出提示信息和故障处理报告，供调度员作进一步分析。故障发生时，主站自动查找故障区间内所有 FTU 的暂态 3I0 值，找到最大值所在的 FTU，则故障点位于该 FTU 相邻的某一侧。然后比较该 FTU 两侧的暂态 3I0 值，找到较大者，并比较最大值与较大值暂态零序电流的方向，如果相同，则故障点位于最大值 FTU 的另一侧；如果相反，则故障点位于两者之间。主站系统根据 FTU 上报的线路电压数据，高压断相故障的位置应该在第一个出现任意线电压或相电压低于断相故障电压上限门槛值(如小于 180V)，而且大于断相电压下限门槛值(不为 0，如大于 30 V)的开关和与其相邻的上游开关之间。

(3)铁路远动系统的干扰分析

① 主要干扰源

主要干扰源主要包括以下几点:

a. 自然干扰源。所谓自然干扰源,是指由于大自然现象所造成的各种电磁噪声,主要包括大气层噪声、雷电、太阳异常电磁辐射以及来自宇宙的电磁辐射噪声等。

b. 放电过程产生的干扰。放电现象包括摩擦分离产生的静电放电、电晕放电(辉光放电)、弧光放电等。其中,静电放电属于瞬态放电,电晕放电、弧光放电属于持续放电。伴随着放电过程会产生放电噪声和电磁干扰,对电路、装置造成危害。

c. 来自电网的干扰。配电线路的阻抗及与配电线路相接的负载发生变化,例如大功率设备和大功率电机的启动,大型变压器的励磁冲击电流等,这些现象都会造成供电电压的瞬时变动。供电电压的瞬时变动会产生掉电过电压、电流冲击和高频振荡等干扰。

牵引供电远动系统设备本身不会对外部产生干扰,因此其抗干扰要达到的目的就是通过各种干扰抑制技术,将干扰源与设备之间的耦合减弱到能接受的程度。抗干扰措施主要有屏蔽、接地、滤波和瞬态噪声抑制技术。

② 抗干扰措施

a. 合理布置自动化设备位置和布线。大多数 RTU 子站(或一体化微机保护装置等)都安装在高压室的开关柜上,“四遥”信息通过一根由高压室接到主控室的通信电缆,以 RS－485 等接口方式与 RTU(或通信管理机等)进行传送。此电缆很容易受到来自开关操作、电力负荷波动以及强电电缆产生的电磁场干扰,这些干扰轻则增大“四遥”信息的误码率,重则会使 RS－485 等接口损坏。另外,高压室内的温度在夏天时较高,RTU 子站(或一体化微机保护装置等)内部因热量而产生的噪声干扰不容忽视。

b. 使用电磁密封衬垫减少缝隙阻抗。电磁密封衬垫是一种弹性的导电材料,它的作用是将缝隙中的非接触点添满,消除缝隙。如果在缝隙处安装上连续的电磁密封衬垫,那么对于电磁波而言,就如同在液体容器的盖子上使用了橡胶密封衬垫后不会发生液体泄漏一样,不会发生电磁波的泄漏。这是目前广泛应用的方法。

c. 使用限流避雷针和电解电极。雷电直击建筑物将带来反击及近距离强烈感应现象,要防止设备损坏,就必须严格进行等电位施工及每台设备前安装避雷器。其实这种要求是很难做到的。当直击雷发生后,减小入地电流,不失为一种最佳选择。使用限流避雷针和电解地极能够有效减小入地电流。

d. 开关电源滤波电路。牵引供电远动系统设备的电源取自贯通线(或自闭线)的变压器。由于贯通线线路用电量经常变化,发电设备工作不稳定,造成电网波形失真严重、电网电压波动范围大,使得远动系统设备的开关电源电路很容易受到干扰,造成开关电源不能正常工作。牵引供电远动技术的应用能够使调度值班员在调度中心就可以实时监控全线电力系统的运行情况,也能够使调度中心的上级主管部门及时掌握系统运行的状态,进一步提高故障分析的全面性,同时远程操作大大降低了操作人员人身事故发生的几率,适应了新时代经济发展的要求。

## 第七节　综合检测列车

在重载运输信息技术中，对于线路综合检测信息主要来自综合检测车。综合检测车装有专用检测设备，对路基道床结构质量、轨道几何参数、钢轨伤损及磨耗、线路表面状态、车辆动态响应、接触网几何参数及接触线磨耗、弓网动态作用、列车运行环境、红外线轴温智能探测设备以及无线场强等数据进行实时采集，并对各专业检测数据进行时空同步定位。各专业检测数据能够传输、存储到数据综合处理及基础设施管理系统进行综合处理、显示、分析等。

在地面配套建设数据综合处理系统，配备大型数据库、高性能存储管理服务器等设备，实现各类检测数据和设备台账的数字化管理、基础设施的状态综合分析，为重载铁路的养护维修提供决策支持。

### 一、列车组成

综合检测车由三辆客车组成，如图4－23所示。

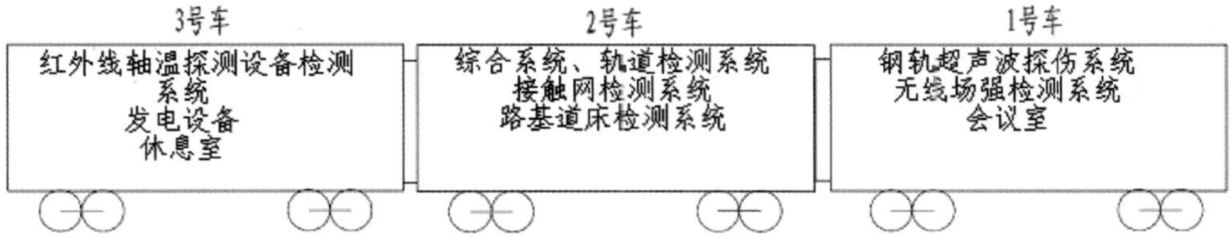


图4－23　综合检测车编组图

各车功能：

1号车：检测室内主要系统包括钢轨超声波探伤系统、线路巡检系统、环境监视系统、无线场强检测系统。会议室、工具室。

2号车：检测室内主要系统包括列车专用网络中心、定位同步系统、环境视频信息采集处理系统、轨道检测系统、钢轨波浪磨耗检测系统、接触网检测系统、路基道床检测系统。

3号车：主要包括红外线轴温智能探测设备检测系统、环境监视系统、发电设备、休息室、工具室等。

综合检测车专用网络贯穿全车，用于进行各种数据、同步定位以及多媒体等信息在各系统间传输。

综合检测车配备稳定的AC 220 V不间断电源，在发电机不工作的情况下可连续为设备供电1h。

## 二、系统集成

1. 检测系统集成

(1)总体方案

按照业主的要求,根据综合检测车的检测、试验和生活的不同需求,与各检测系统供应商和主机厂共同完成综合检测车总体方案。

(2)综合检测车平面布局

1 号车:检测室内设置 4 个机柜及 1 个至少 8 人操作台,主要系统包括钢轨超声波探伤系统、线路巡检系统、环境监视系统、无线场强检测系统。会议室,会议室设置 16 人会议桌及坐椅,并设置 1 台至少 52 英寸工业级大屏显示器。工具室设置在客室 1 位端。配置 UPS 柜单独对电源进行控制。

2 号车:检测室内设置 8 个机柜及 1 个至少 14 人操作台,主要系统包括列车专用网络中心、同步定位系统、环境视频信息采集处理系统、轨道检测系统、钢轨波浪磨耗检测系统、接触网检测系统、路基道床检测系统。配置 UPS 柜单独对电源进行控制。

3 号车:检测室内设置 2 个机柜及 1 个至少 3 人操作台,主要包括红外线轴温智能探测设备检测系统、环境监视系统、发电设备、休息室、工具室等。发电设备采用两台柴油发电机组。主发电机组可以满足为整列车供电的要求。当主发电机组出现问题,或者不需要使用空调机组时,可以使用辅助发电机组供电。车底设油箱,油箱容积 1 000 L。休息室设置 3 个包间,每个包间可供 4 人休息。工具室设置在客室 1 位端。配置 UPS 柜单独对电源进行控制。

(3)检测系统安装接口

在现有的客车上进行适应性,安装检测设备,在安全可靠的前提下,优先满足检测系统需求,美观大方,实用简洁,与实车尽量保持一致,不影响检测车总体性能,检测设备应尽量远离大功率电机等电磁干扰严重的车载设备。

(4)综合布线

并提供足够的出线孔,并要求出线孔密封性良好,出线孔可开启,进行线缆更换,并提供所有检测设备线缆的走线路径及线槽,除在天花板和地板夹层中的线槽,其他线槽均能方便开启。

2. 综合接地

电磁兼容性系统是保证整个检测系统在综合检测车运行时能够正常工作,不受干扰的必须考虑的关键问题之一。

(1)电磁兼容性系统在综合检测车项目集成开展初期,最主要的是对电气化铁路的电磁干扰和车辆运行时产生的干扰进行分析;提出所应遵照执行的标准,供车辆生产厂和设备制造厂参考执行。

(2)在车辆生产及设备安装期间,考虑如下的问题:

接地:接地定义及类型;接地的好处;按层次分析接地的各种方式;地环路引入的干扰及其抑制。

屏蔽:电场屏蔽;磁场屏蔽;电磁辐射屏蔽。

电缆布线：正确选用电缆；电缆的布置；电缆的屏蔽和端接。

3. 车载数据综合处理

（1）功能

车载数据综合处理集成，实现对检测超限、波形、视频数据的统一管理和备份。能够进行台账综合图的联动显示，能够进行检测数据和台账数据查询、检测数据编辑，大值报警信息发送功能。并制定相应管理机制，实现检测数据统一管理、备份、多图联动、台账查询、数据库透明访问和大值报警等功能。

（2）技术方案

① 建立车载文件服务器，实现全车各专业检测数据的集中存储，具有 1 年检测数据的存储容量。目的是在检测过程中提供历史数据参考，并且实现多专业检测数据的集中备份管理。

② 建立车载设备台账数据库，开发相应台账数据查询软件。为各专业检测过程中提供设备台账，辅助进行病害评判。

③ 实现轨道、弓网检测数据的综合波形显示，如图 4－24 所示。

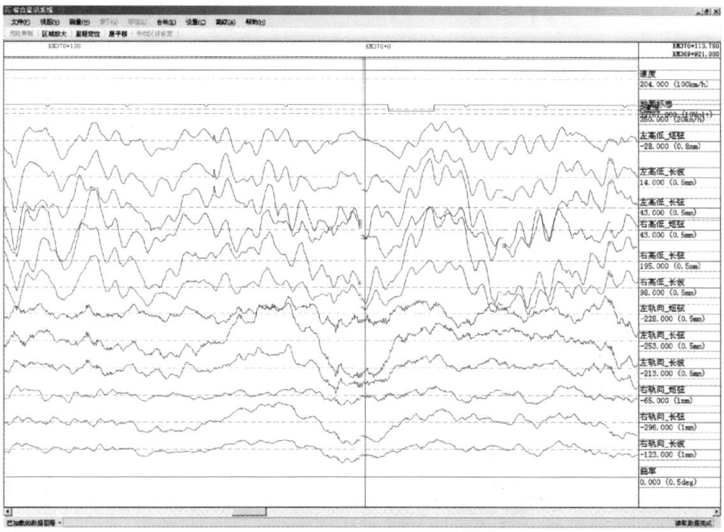

图 4－24　波形综合显示

④ 建立车载大值报警数据库，集中管理存储各专业的各种大值病害，建立分级的大值病害应急机制，对于影响安全的大值病害，如轨检 4 级，即时通过短信等方式通知到相关责任人；对于其他大值病害，通过车地无线传输系统，即时传输到地面数据分析处理中心，由地面人员根据情况安排及时地维修。

⑤ 建立车载基于 GIS 电子地图的综合展示系统，实现列车运行即时速度位置、各专业大值病害的图形化展示，并根据需要实现设备台账的图形化显示。如图 4－25 所示。

4. 弓网检测数据集成

（1）功能

采用综合检测车接触网检测系统（见图 4－26）软件结构架构，主要由接触网检测数据同步处理系统、接触网检测数据集成与处理系统、接触网检测数据波形分析系统组成，各系统共用一个时空同步定位系统，可以实现各系统速度、里程、时间的统一。

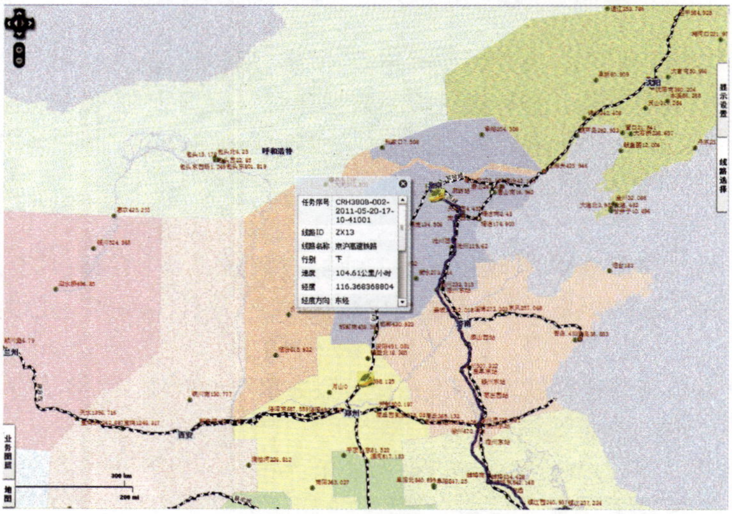

图 4－25　GIS 界面显示

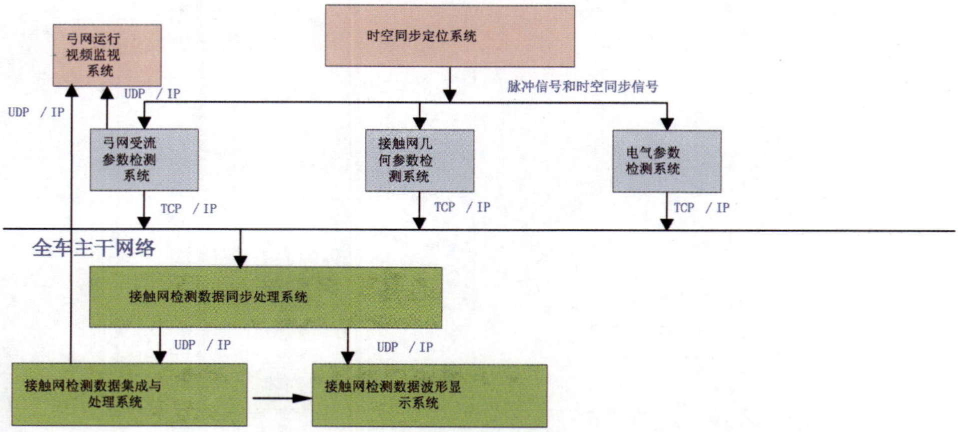


图 4－26　接触网检测车检测系统构成图

① 能输出和保存所有检测参数；实时显示和检测的连续 5～20 个杆号的接触网技术参数及其动态曲线，并具有实时或事后打印曲线功能，用户可自定义实时绘制的曲线。

② 实时显示检测区段的线路名、车站名、区间名、杆号和重要的技术参数。

③ 系统具有自诊断及事后数据曲线回放功能。

④ 数据处理报表包括：数据记录表，缺陷数据记录表，分别按站区、工区、车间、公司统计表，近期 2 次或 3 次数据比较分析表等。

⑤ 打印功能具有超限打印、全项打印、选项打印等。

⑥ 能够按单项、线路、每公里缺陷得分统计；能够按照、线路、统计及其排序；具有接触网质量综合评定功能：分组质量比较评定，对被评定单位中同一地点、同一缺陷的扣分

加权值适当提高，结合车辆运行速度进行归一化评定，数据报表均可以输出为 excel 表格。

⑦ 数据库管理维护操作简捷、方便。

⑧ 系统界面美观合理、层次清楚、功能齐全，全中文操作。计算机软件实现标准化，兼容性强，以方便用户操作。

（2）技术方案

① 接触网检测数据同步处理系统

同步处理系统的主要功能是通过综合检测车专用网络连接，实现各检测子系统的时钟、速度和里程与全车统一信号的同步，同时实现各检测子系统检测数据的同步对齐，并实现检测数据的双向网络传输和远程访问。

通过网络数据同步，检测系统可以实现系统时钟、速度和里程的自动更新。检测系统的数据同步处理系统可以根据当前的检测线路、列车行驶方向、使用的检测受电弓等情况，将全车统一的系统时钟、速度、里程信号与接触网动态检测数据同步整合，并通过综合检测车专用网络将整合后的数据发送给接触网动态检测数据分析与输出系统。

由于检测系统的接触式检测部分和非接触式检测部分位于综合检测车的不同位置，而且接触式检测系统和非接触式检测系统的数据采集时间及发送时延也有较大差异，所以如何同步接触式检测系统和非接触式检测系统的检测数据成为检测系统的一个重要工作。检测系统的数据同步工作由数据同步处理系统完成。首先，程序根据列车运行方向、使用的检测受电弓等信息，分别对接触式检测系统和非接触式检测系统的里程进行修正；其次，程序利用数据缓冲技术，将通过网络接收到的接触式检测数据和非接触式检测数据进行数据缓存，按照里程将接触式检测数据和非接触式检测进行数据整合同步处理，然后再将处理后的数据发送出去。数据整合同步处理，为后续的接触式检测参数和非接触式检测参数的统一波形输出、缺陷判定处理提供了很大方便。线路信息采用配置文件的形式实现，每条检测线路对一个配置文件，配置文件中包括检测线路的名称、行别、里程变化、公司范围等信息，可以实现线路所属公司的自动识别及不同检测线路的连续检测，在新增加检测线路的情况下也可方便的对线路信息进行配置修改。

检测系统的原始数据、波形数据、超限数据和统计数据可以以不低于 100Mb/s 的速度在列车专用网络上进行双向数据传输。软件系统可以通过列车专用网络进行检测数据的远程访问和检测波形的远程显示输出。

② 检测数据集成与处理系统

检测数据集成与处理系统主要包括检测数据实时超限判断、实时超限编辑、报表输出等功能。接触网检测数据集成与处理系统界面，主要功能是在检测过程中通过全车主干网络实时接收“数据预处理系统”发送的检测数据，对各检测参数进行实时显示，对一跨内的数据进行统计分析，并根据超限判断标准和运行速度进行实时自动超限判断、超限编辑处理等。同时也具有在检测过程中，按不同查询条件输出 word 格式报表、excel 格式报表、pdf 格式报表、html 格式报表等多种格式报表的功能。

a. 数据源管理模块。具有在实时检测过程中，对检测生成的数据源信息进行修改的功能，可以把检测过程的一些设备运行信息、天气信息及一些特殊情况，随时存储到数据库中。

b. 数据实时分析处理模块。包括:接收数据、实时监测、统计分析、超限判断、限编辑、数据存储、标号显示等功能。

通过 UDP 协议实时接收、解析“数据预处理系统”和“弓网离线火花检测系统”发送的检测数据的网络数据包。对一跨内各检测参数的检测值进行统计、计算、分析并将结果存储到数据库中。

根据各检测参数的检测标准结合当前的运行速度进行自动超限判断,并自动在“基础信息数据库”中查找缺陷所在的区间和对的支柱号,经人工超限编辑后,最后将超限数据存储到超限数据库中。

c. 报表输出模块。实时检测过程中,“接触网动态检测数据集成环境”系统提供了缺陷报表综合管理功能,检测人员可以随时进行缺陷报表处理,不会影响数据实时分析处理功能。

可以对检测编号、检测日期、检测线路、公司、速度段等条件进行任意组合查询,根据需要生成 word 格式、excel 格式、pdf 格式、html 格式等多种格式缺陷报表。

③ 检测波形显示与处理

波形输出的主要功能是将接触网检测系统的各检测项目参数值,以波形图的直观方式在计算机屏幕上进行实时的输出,并可以以波形的形式对检测数据进行多种方式的对比及统计分析。

综合检测车运行时,波形输出能够根据实时接收到的检测各参数值画出数据波形。为了保证列车运行时,检测数据波形能够实时输出,波形输出程序使用速度较快的 UDP/IP 网络协议进行检测参数的接收。然而,使用 UDP/IP 网络协议也同时导致了检测数据包网络传输时延的不确定性,从而使波形的平移速度时快时慢。为了解决此问题,波形输出程序采用了数据包缓存机制和动态延时重画机制,保证了波形的平滑移动,提高了人机交互界面的表现效果。

除了能够实时显示接触网各检测项目的波形图和参数值外,输出波形图中同时还具有检测线路里程、杆号、分相、锚段等基础信息,以帮助检测人员详细了解检测线路信息。

波形输出可以对超限数据作出相应提示,并能够实现缺陷波形的自动打印或手动打印,以灵活的方式输出检测波形图。

波形输出可以同时输出 1 ~7 个接触网检测参数波形,操作人员可以根据检测的具体需要从所有检测参数中选择感兴趣的部分进行输出。用户可以对检测参数波形进行随意放大和缩小,并可以自由选择每个检测参数波形的绘制颜色,以方便对检测参数波形进行观察和分析。

波形实时输出时,可以暂停波形的平移,并可以回退查看已检测的参数波形,确保检测人员能够在列车运行时认真对缺陷数据波形进行细致分析。而在暂停波形平移或者回退查看波形的同时,并不影响实时的检测参数接收和检测参数波形的绘制。

在同时显示多个检测参数波形时,可以对检测参数波形进行上下平移,动态调整各个参数波形的相对位置,方便检测人员对不同检测参数做直观的对比分析。

波形输出具有对当前检测数据和历史检测数据进行连续、实时对比分析的功能,可以帮助检测人员更好的对比多次检测数据,验证检测数据的重复性,分析检测线路的变化情况，找出接触网运行参数的变化规律。当前检测数据波形和历史检测数据波形采用相同的参数值坐标系，以保证检测数据的可比性。为了有效区分当前检测数据波形和历史检测数据波形，历史检测数据波形及里程标尺用灰色绘制。实时波形输出对比分析功能界面如图所示。为了对线路上相同位置的历史检测波形和当前检测波形进行对比，波形输出程序提供了设置历史检测波形相对于当前检测波形的公里标偏移的功能，实现了线路上相同处所的检测参数波形对比。不同量度的八个偏移值增减按钮为调整历史波形偏移量提供了方便快捷的方式。

波形输出可以对检测参数波形进行分段转储，并以文本格式进行输出，方便检测人员对检测数据进行深入分析研究。除具备实时检测功能外，检测系统还具有原始数据重放功能，可以重现整个检测过程，有利于对检测数据进行事后分析研究。

5. 轨道检测数据

(1)功能

轨检数据后处理部分实现的功能：

① 轨检结果的统计、报表生成打印和导出。

② 轨道检测各几何参数的波形输出、保存和导出。

(2)技术方案

① 轨检数据控制台软件。轨道检测数据控制台实现从数据采集前端到数据事后处理的接口，通过网络将数据接收到本地，将超限数据、TQI 数据、曲线数据存储到数据库中供数据分析软件调用，同时生成波形文件并存储下来。

② 轨道检测数据集成处理软件(TID - IPE)。完成检测数据的显示、统计和报表生成。通过数据源管理界面可以进行轨道几何超限、断面磨耗超限、波浪磨耗超限数据编辑界面之间的切换；还可以进行数据库日常的维护工作，比如清理不需要的检测任务记录、压缩修复数据库等工作。超限编辑界面提供简洁、明确、高效的编辑功能，删除、恢复、刷新新产生的超限数据，鼠标右键提供有弹出式菜单供选择。将 GEO 文件或已经生成的 STE 文件转换或分割成新的通用参数记录文件(STE 文件)。

区段数据处理提供以下主要功能：

a. 单次检测数据分段选择汇总；

b. 多次检测数据合并汇总；

c. 根据选择线路名、工务段名自动查询管界信息；

d. 11 种报表选择打印；

e. 报表预览功能；

f. 区段数据导出功能；

g. 实用分析汇总功能。

在每一次“区段确定”以后均产生一个区段汇总评价，将该评价数据保存，以后可以进行区段之间的横向比较。

通过安装 GSM 无线通信模块，可以实现检测中将大值超限和区段汇总信息发送至各有关部门负责人手机或者其他无线数据接收站点。

③ 轨检波形显示软件

轨检波形软件完成轨道几何参数的呈现、回溯和导出,中间基线为理论“零”值,线路的偏差相对于基线上下波动,它可以用来显示实时或者历史波形数据对比。

在这个面板上,能对波形显示的比例、显示名称、通道单位和通道波形显示的颜色等进行调节。

测量:波形是由一个一个的数据点构成的,所以波形上的每一个点都代表一个采样点的几何数值,在实际的应用中,会经常要对波峰、波谷值进行测量。

6. 多媒体系统

(1)功能

多媒体显示系统,是综合检测车的多媒体信息综合控制中心,全车的各种检测系统VGA/DVI信号、列车视频监视、会议支持包括语音、DVD等各种多媒体信息实现了统一的综合控制,从而在显示终端通过信号切换实现对各个检测点的监控和对多媒体信息的管理应用。

(2)技术方案

在1号车设置会议室,会议室设置1台至少52英寸工业级大屏显示器,在其柜内安装多媒体显示系统的控制系统,是综合检测车的多媒体信息综合控制中心,全车的各种检测系统VGA/DVI信号、列车视频监视、会议支持包括投影及语音录音、DVD等各种多媒体信息实现了统一的综合控制,从而在显示终端通过信号切换实现对各个检测点的监控和对多媒体信息的管理应用。

## 三、综合系统

综合系统由列车数据网络、定位同步系统和环境视频监视系统,主要实现检测车的精确定位,发布列车统一的速度、时钟和里程信息,实现列车运行前后方环境的昼夜实时监测,如图4-27所示。

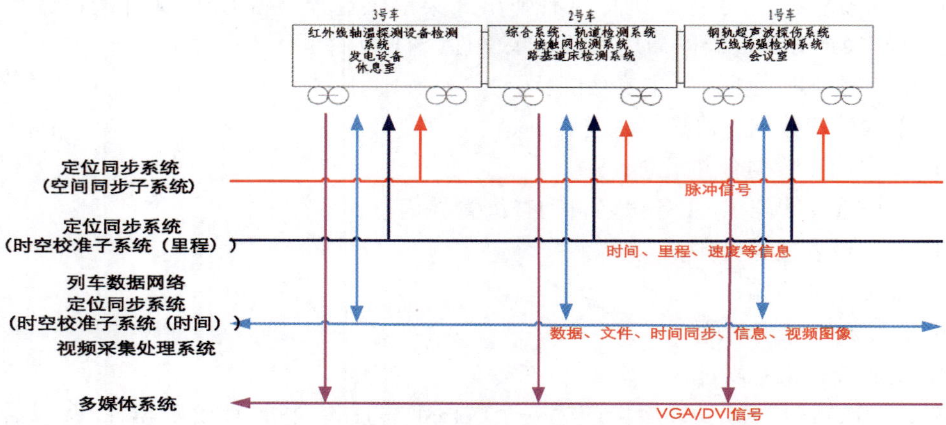


图4-27　综合系统结构图

综合系统将包括3个网络,其中:

列车数据网络,建立列车数据网络,满足全车数据传输。

定位同步系统，为全车位于不同断面检测系统提供同步采集信号和精确里程定位信息等，包括空间同步子系统及时空校准子系统两部分，其中空间同步子系统提供同步采集信号，时空校准子系统提供精确里程定位信息和时间信息。

环境视频监视系统，实现对列车运行环境进行实时视频监视。

1. 定位同步系统

定位同步系统包括空间同步子系统及时空校准子系统两部分。

(1)空间同步子系统

① 功能

空间同步子系统将安装在轴头的光电编码器所产生的距离脉冲信号通过空间同步传输通道传输给分布在全车不同车厢内的各检测系统，可作为检测系统的采样触发和距离计算的信号源。系统采用主备光电编码器、主备传输通道和光纤传输等手段，满足了高可靠性、高抗干扰能力的要求。

② 技术指标

空间同步子系统在检测车强振动和电磁干扰环境下，实时发布全列车统一的距离脉冲信号，实现空间同步误差≤1mm，触发位于不同平断面的各检测系统同步采集。

③ 技术方案

如图4－28所示，空间同步系统由空间同步采集单元、空间同步传输通道和空间同步接口组成。由于轨道检测系统对距离脉冲的要求最高，因此空间同步采集单元的光电编码器应安装在轨道检测系统所在的2号车。

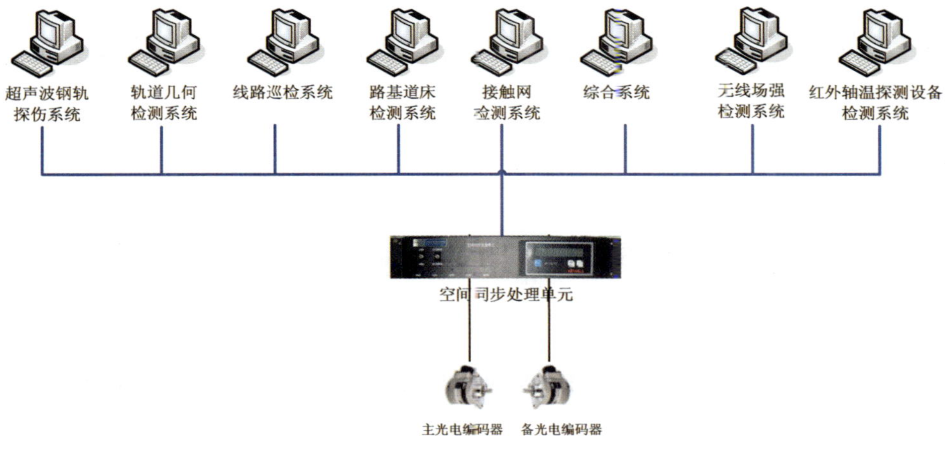


图4－28　空间同步系统示意图

空间同步采集单元包括安装在轴头的主备光电编码器，将其产生的距离脉冲信号通过空间同步传输通道传输给分布在全车不同车厢内的各检测系统，各检测系统安装空间同步接口接收脉冲信号，作为检测系统的采样触发和距离计算的信号源。

a. 空间同步采集单元。在轨道检测系统的轨检梁所在的转向架的轮对轴头分别安装主、备光电编码器，一旦一组发生故障，可以及时切换到另一组工作，不影响综合检测车的正常检测。轴头光电编码器的分辨率选用5 000脉冲/周。传感器的安装满足最高试验检测速度条件下防水、防尘、防护等要求。将轴头光电编码器采集的脉冲信号通过1分4路的BroadCast同时发布到主备两路空间同步传输通道。

b. 空间同步传输通道。全车通过用光纤和光纤转换器连接成环网，形成距离脉冲主备两个传输通道，该传输通道将主备光电编码器的脉冲信号通过光纤转换器进行光电转换后以光信号形式在该环网内传输，避免了恶劣电磁环境的影响，在每个光纤转换器节点将光信号重新转换为电信号，还原为距离脉冲。该环网通道在一处节点出现故障后不影响前面节点的传输，并且主备通道同时工作，主通道出现故障，备通道仍然正常工作。

c. 空间同步接口。在各节点处的光纤转换器将光信号重新转换为电信号，还原为距离脉冲，输出信号的接头为五芯航空插头，定义分别为1:A;2:$\bar{A}$;3B;4:$\bar{B}$;5:GND。

增量型编码器通常有三路信号输出（差分有六路信号）:A,B和Z，一般采用TTL电平，A脉冲在前，B脉冲在后，A,B脉冲相差90度，每圈发出一个Z脉冲，可作为参考机械零位。一般利用A超前B或B超前A进行判向。光电编码器的信号输出方式有TTL电平和差分信号等方式。

2. 时空校准子系统

(1)功能

综合检测车具有多个检测系统，时空校准子系统的目标是将整车各检测系统计算机的系统时钟与GPS时钟精确同步，并按照里程校准协议，为各检测系统计算机提供实时、准确的线路里程信息，达到各个检测系统在检测过程中采用统一时间和里程坐标的目的。

(2)技术指标

① 精确时间校准系统

GPS跟踪精度:当锁定到GPS时，UTC时间跟踪精度优于100 ns;

NTP网络同步:时钟同步精度≤10 ms;

工作温度:0~50°C;

网络接口:1×10/100Mbit with RJ45,IEEE1588,
5×10/100Mbit with RJ45;

服务器防护等级:IP20;

服务器电源:AC 85~264V(50/60Hz);

服务器功耗:30W。

时间校准系统提供两种网络时间同步方式，基于NTP时间同步，对时精度可达10 ms。

② 里程同步校准系统

里程校准精度:发布时刻与地面里程绝对误差≤2 m;

里程数据传输延时:优于0.1 ms;

传输介质:光纤;

里程同步校准网络冗余方式:环网冗余。

(3)技术方案

① 精确时间校准系统

在整车局域网的主干网中，配置一台基于精密时钟协议的GPS时间同步服务器作为整车的基础时钟源。各检测系统只需要将工作站及计算机中部署时间校准客户端软件即可与 GPS 时钟同步。

由于这些工作站及计算机均接入整车局域网,时间同步服务器与各工作站计算机即可通过时间校准软件基于车载局域网进行实时的时间同步,使其一直保持在一个精度范围之内。通过网络时间协议(NTP)的保障,各个工作站计算机可通过时间同步服务器实现毫秒级的时间校准。时间同步服务器的时钟源由 GPS 授时方式提供。

此外,为了满足部分检测系统对更高精度时间同步信息的需求,时间校准系统还可提供了基于高精度以太网授时协议 PTP 的硬件卡对时功能。通过在需要进行高精度时间同步的计算机内部署 PTP 时间同步卡,使时间同步卡与时间服务器直接基于 PTP 协议进行时间同步,可达到纳秒级的时间同步精度。

② 里程同步校准系统

由里程同步服务器接收 DGPS 和射频电子标签信息,结合光电编码器脉冲信号,以光电编码器脉冲信号为基准信号,在朔黄铁路沿线安装电子标签,平时主要以电子标签的信息为主,利用电子标签信息进行里程修正。并通过 DGPS 记录里程信息,建立里程数据库,作为电子标签的备用信息,可自动切换到 DGPS。里程同步服务器将这些信息通过里程同步网络以 RS422/485 协议传输给各检测系统,各检测系统安装有 RS422/485 接口板,接收这些实时信息;并且里程同步网络是冗余结构,网络同时发布里程信息给各检测系统,各检测系统分别从串口接收实时信息,该网络冗余结构还能在一处光纤出现故障时,不影响其他检测系统对实时信息的获取。

里程同步网络实时传送里程数据流,如图 4－29 所示。

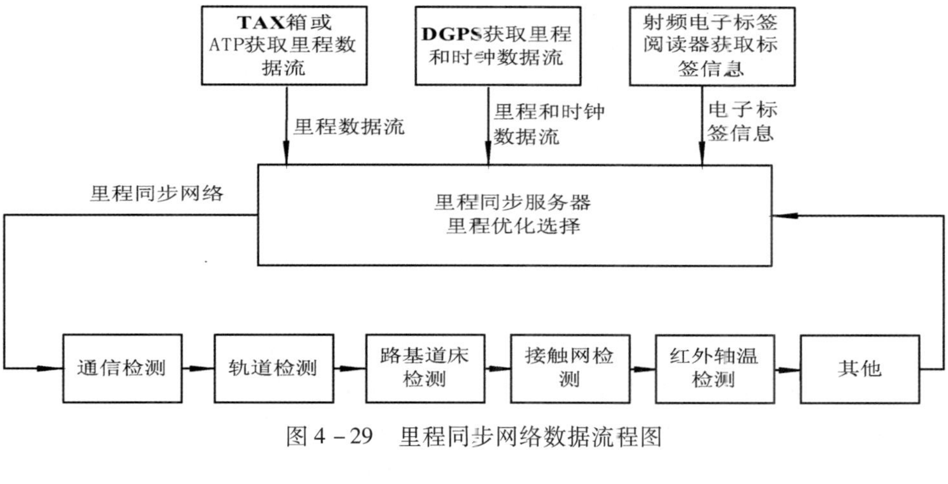


图 4－29　里程同步网络数据流程图

里程同步网络(见图 4－30)利用光纤和 RS－422/485 光纤转换器远距离传送里程和时钟信号。

里程同步网络的网络拓扑结构:将各检测子系统和里程时钟服务器构建成一个光纤网冗余结构的数据传输网络,该网络使用工业级光纤转换器收发电平,光纤转换器减少信号干扰,最高速率可达 921.6 kbit/s,可以满足该系统的要求。综合数据处理车内安装里程时钟服务器和光纤转换器,每个车内布置一台光纤转换器,来接收服务器的数据,该环网可以满足传输里程和时钟的高实时性和低延迟性。

3. 地面电子标签

朔黄铁路的环境多为山区,隧道较多,因此最为可靠和定位精度高的方式采用地面安装电子标签,此定位精度可达到 2 m 以内,完全可满足综合检测车对定位精度的要求。

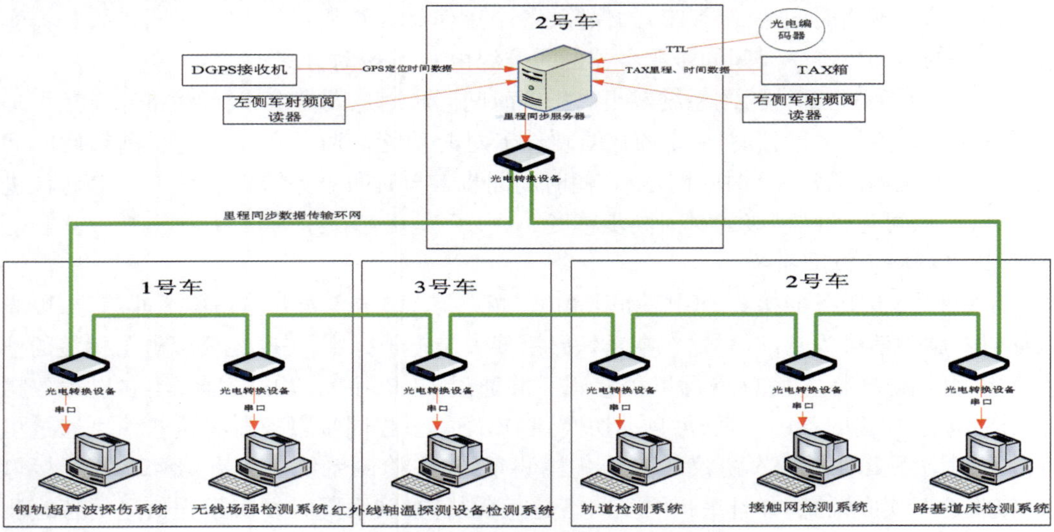


图 4 - 30　里程同步网络示意图

电子标签的安装方式:线路上每 5 ~ 6 km 安装射频卡,同一里程处上下行各装一块,在长短链里程跳变处以及重要的里程地面点也安装。在线路上每个射频卡安装位置的同一横截面上,分别采集上下行轨道中心点处的 GPS 定位经纬度。将以上定位信息综合,建立精确定位数据库,并且当线路因维修等原因里程标改变时,只需要使用数据库编辑工具对数据库进行更改,而无需对地面标签或 GPS 进行布点重新作业。

(1)列车数据网络

① 功能

a. 主干网络具备千兆数据传输通道,应能支持 TCP/IP 以及其他主流协议、标准和接口,支持不同厂家设备的互联接入,具备良好的兼容性;

b. 具备 VLAN 配置与管理能力,能够有效地抑制广播风暴;

c. 具备 IEEE802. 3x 流控和背压式流控功能,能有效地进行流量控制与管理;

d. 具备网络管理与控制功能,支持 SNMPV1/V2c/V3 协议;

e. 具备多重网络冗余功能,能够有效地抵抗突发性故障;

f. 多媒体子系统将检测系统的 VGA/DVI 信号、DVD 和视频信息进行集中展示。

(2)技术指标

① 主干交换带宽不小于千兆;

② 网络具备冗余性,自愈时间≤20 ms;

③ 传输延迟:100μs 以内(64 字节数据包);

④ 工作温度:-40 ~ 80℃;

⑤ 设备必须通过 EN50155/EN50121 -4(铁路)、NEMATS2(交通控制系统)、CE/FCC、IEC61850 -3、IEEE1613 等安规认证;

⑥ 冗余 220VAC 供电;

⑦ 传输介质:光纤。

(3)技术方案

数据网络架构,选用工业级千兆网管型二层主干以太网交换机、三层交换机和二层接入交换机搭建,主要分为 A 环和 B 环两个环网,主备三层交换机支持环网冗余协议,与各车的二层主干交换机组成冗余环网,每个环网都拥有高达 1 000M 光纤带宽的通信能力,并且环网拥有极短的网络自愈时间,当系统的某一网段与网络断开连接的时候,数据网络的通信将在 20 ms 之内恢复正常;主备三层交换机被两环网共享,提供 4 条冗余通道,支持路由冗余协议(VRRP),能够保证在其中主三层交换机故障的情况下,备用三层交换机自动切换为主三层交换机,为车载数据网络提供路由服务,保证了整个网络的健壮性;二层主干交换机、二层接入交换机和三层交换机都具备 VLAN 规划与配置能力,VLAN 之间的数据通信主要通过 2 号车的三层交换机路由来实现;各检测系统划分为不同的 VLAN,配置不同的 IP 子网,以有效屏蔽广播风暴。设备接入主要通过主干二层交换机和三层交换机接入,当网口不够或布线过于复杂时,通过级联二层接入交换机进行扩展。

车载网络采用光纤作为传输媒介,可以很好地避免车辆在行进过程中遇到的各种环境情况下对数据和图像信号的干扰,比如:雷电,磁场干扰,电场干扰,震动,高温。

4. 视频采集处理系统

(1)功能

① 昼夜实时监测线路环境;

② 视频图像叠加线路名、时间、里程和速度等信息;

③ 视频图像实时存储;

④ 可按里程检索视频图像;

⑤ 可按 DVD 格式刻录视频图像;

⑥ 视频图像可实时传输到各车显示。

(2)技术指标

视频采集处理系统实现对线路环境进行实时监测,并在视频图像上叠加线路名、时间、里程和速度等信息后存储,同时,发布到各检测系统进行显示。

线路环境视频图像:彩色视频,分辨率为 1 920 ×1 080,帧率 25 fps。

(3)技术方案

① 系统方案

系统采用最新的 H. 264 视频编码技术,实现 1 920 ×1 080@25 fps 视频的实时编码,并叠加线路名、速度、里程和时间等信息。

列车运行前后环境监测摄像机图像首先传输至对应编码服务器,编码服务器实现视频图像采集、编码、叠加参数及存储,并将视频数据组播到车载数据网络中;各检测系统客户端通过车载数据网络访问视频数据,解码后即可显示视频图像。图 4 -31 是系统结构图。

② 软件方案

系统软件包括高清视频采集处理软件和客户端视频软件。

a. 高清视频采集处理软件

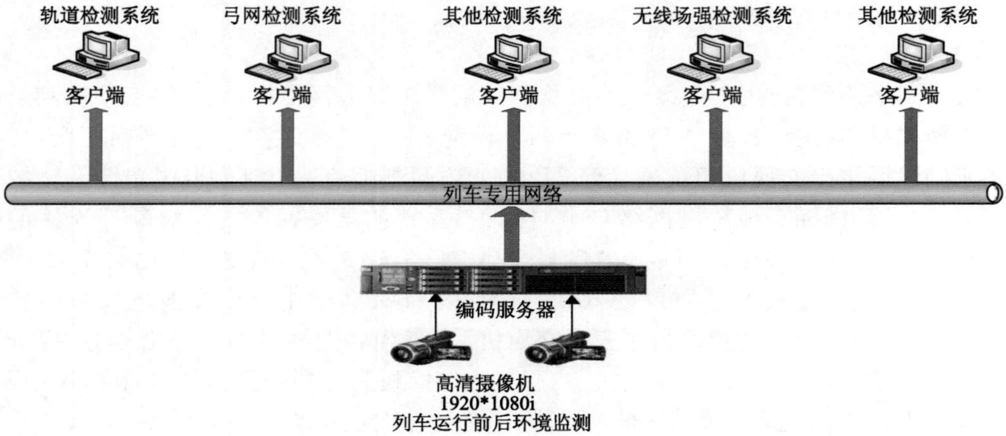


图4－31 系统结构图

高清视频采集处理软件运行在高清视频采集处理服务器上,高清视频采集处理服务器同时接收线路名、时间、速度、里程等信息和高清摄像机采集并按 H.264 格式编码的视频,服务器软件将视频与里程等信息合成一个 RTP 包采用组播方式传出,同时将上述信息存储在硬盘上,并且在数据库中留下记录,便于检索。

高清视频采集处理软件可实现 4 路或 9 路信号的实时处理。

b. 客户端视频软件

在各检测系统通过列车网络访问列车运行前后环境视频图像。

③ 接口

视频采集处理系统外部接口主要包括以下三种接口:

a. 与综合检测车安装接口:实现摄像机、光源等在综合检测车上的可靠安装。

b. 与列车时空校准系统接口:获取实时列车位置、速度和时间等。

c. 与数据综合处理系统接口:提供视频给数据综合处理系统,以便于实现检测数据与视频的联动查询。

④ 主干光缆

主干光缆贯通全车,车与车间采用光纤融接方式。全车隐蔽布线,由机柜下部进入机柜,采用与列车电缆相同的方式实现车与车间的连接,提供车间连接及车端光缆箱。每根直径约 10 mm,暂定 4 根,弯曲最小半径 60 mm。

车端连接处采用专门的光缆箱和护管对光缆进行保护。

## 四、数据综合处理

### 1. 目标

数据综合处理系统及基础设施管理系统(以下简称数据综合处理系统)是与综合检

测车配套的地面检测数据分析处理系统。实现综合检测车检测数据、基础设施台账数据以及养护维修作业信息的统一存储管理。通过对轨道、接触网、道床路基、钢轨状态等基础设施检测数据的综合分析、对比分析和趋势分析,可为制定养护维修计划提供决策支持提供帮助。数据综合处理系统可实现各种检测数据和分析结果的图表化可视化展示,并具备基于 GIS 的伤损、超限、病害信息和设备质量的综合展示功能,为管理部门宏观掌握基础设施状态、病害处理情况和管理基础设施提供信息化手段。系统管理用户设不同级别的访问权限,实现各类检测数据和分析结果报表的网络化访问。

2. 功能及组成(见图 4－32)

数据综合处理系统的功能包括设备基础信息管理、检测业务管理、检测数据管理、数据综合分析、维修决策支持、综合展示、报表报告生成和系统维护管理,满足对轨道、接触网、道床路基以及钢轨探伤等检测数据、波形、图表进行综合显示、处理分析,并生成综合超限报表、超限/伤损统计图表、数据对比报告、线路维护计划以及未来检测计划的需要,以及对基础设施的设备状态、检测设备及车辆的管理需要。

数据综合处理系统的运行环境平台包括硬件和网络系统环境。

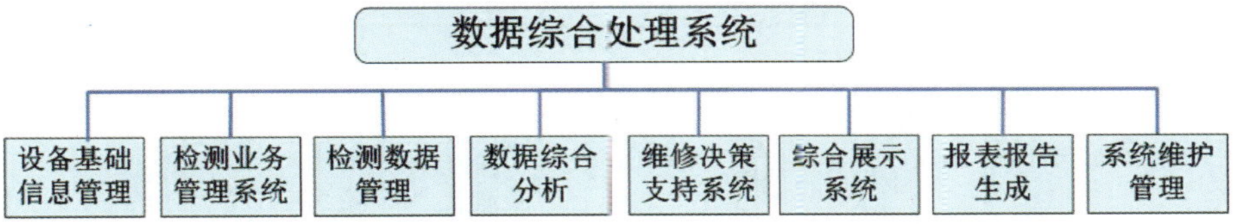


图 4－32 功能组成

(1)设备基础信息管理

实现工务设备、接触网设备、轴温探测设备、通信设备等基础设施的基础台账。

① 工务设备基础信息管理

建立工务设备基础信息台账数据库,并实现基础信息的查询、统计、报表、履历维护的功能,为业务管理及检测数据分析提供基础信息。

建立钢轨、接头、道岔等信息的数据库,实现对轨道设备的电子化管理,并根据运营及维修需要,实现轨道设备的信息采集、共享、查询、统计和报表自动化,为业务管理和决策提供服务。

② 路基道床管理

实现对路基资产电子化管理,主要对路基本体设备、路基防护加固设备、路基排水设备、路基基床加强设备和路基其他设备等路基设备资产信息管理,实现路基资产信息采集、共享、查询、统计和各类路基资产报表自动化,为业务管理和决策提供服务。

③ 接触网设备基础信息管理

建立接触网设备基础信息台账数据库,存储管理接触线、承力索、吊弦、线岔、锚段关节、分项、分段、支柱及挽臂等设备的基础信息,并实现对基础信息的查询、统计、报表、履历维护功能,为业务管理及检测数据分析提供基础信息。

④ 地面红外线轴温智能探测设备管理

建立地面红外线轴温智能探测设备基础信息台账数据库,存储管理所有的轴温探测设备的基础信息,并实现基础信息的查询、统计、报表、维护的功能,为业务管理及检测数据分析提供基础信息。

(2)检测业务管理

检测业务管理包括对检测车辆和设备的日常维护及定期检查、检测计划的制订及执行、检测相关报告的归档及管理等规范化管理功能。

检测设备管理:实现对综合检测轨道检测设备(轨道几何检测设备、钢轨断面检测设备和波浪磨耗检测设备等)、接触网检测设备(接触式和非接触式检测设备等)、钢轨伤损检测设备(钢轨内部伤损超声波探伤设备、钢轨表面擦伤检测设备等)、路基道床检测设备(探地雷达等)、红外轴温智能探测设备检测设备、无线场强检测设备的管理。提供检测设备的基础信息管理和状态维护记录的管理;提供对综合检测车进行维护维修的记录管理。

检测计划管理对轨道、钢轨、路基道床、接触网、轴温探测设备、无线场强的周期性检测计划制定、执行情况等进行管理。提供检测计划信息录入、生成、查询和打印功能,包括检测时间、检测线路、检测设备/车辆、人员等信息。

检测业务管理的详细功能组成如图 4－33 所示。

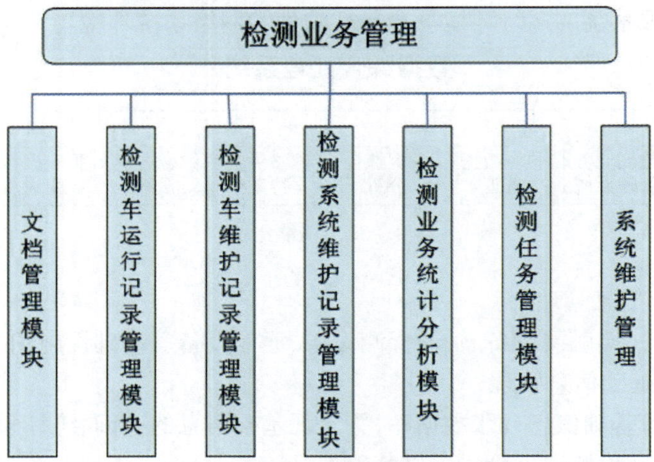


图 4－33 检测业务管理功能结构

(3)检测数据管理

可实现轨道几何、钢轨伤损、路基道床状态、接触网状态、轴温探测设备工作状态、和无线场强分布等项目的动态检测数据的统一组织和存储管理。通过建立由数据库服务器和文件服务器组成的数据存储管理平台,对各种检测数据进行分级分类存储,提供日常数据维护管理工具,实现检测数据的归档、备份、预处理及自动化导入功能。

建立地面无线接收服务器,利用网络安全通道,实现车地无线即时传输,即时接入综合检测车发回的大值病害相关数据,实现应急处置。

对各类检测数据和维修数据提供两种模式的入库方式:

① 对前端符合接口协议的各类电子化数据可实现 C/S 模式的批量自动导入;

② 对其他类型的数据采用 C/S 和 B/S 模式的录入界面由人工录入。

(4)检测数据综合分析

基于数据存储管理平台,建立检测数据综合分析专家系统,对轨道几何、钢轨伤损、路基道床、接触网几何及弓网动态作用、无线场强分布和轴温探测设备工作状态进行分析，结合动态检测数据和静态检查数据以及相关检测项目检测数据，重点从大值病害成因、设备服役状态评价、服役状态变化趋势等方面进行综合性分析，有效指导维修作业，并为维修决策提供可靠的数据依据。

检测数据综合分析系统满足实现将各相关专业的检测数据、波形、图表进行综合处理、同步显示和编辑，以便工作人员对线路各相关参数进行综合分析，准确判断缺陷原因。还能够针对各专业相关的缺陷生成综合报表以及各种统计报告所需要的数据，并满足以下具体要求：

① 对各种检测数据进行连续显示或者回放，分析超限、伤损或病害数据特征；

② 进行检测超限/伤损/病害的历史对比分析，进行检测历史波形的对比分析；

③ 同步显示各相关专业的数据，并将各种缺陷/伤损和超限进行定位；

④ 在同一位置对各专业的伤损、缺陷、病害进行综合对比分析；

⑤ 通过波形图、点状图、统计图表、彩色编码图（用于综合显示区段质量信息）、线路质量历史对比图等，综合分析线路质量。

a. 大值病害成因分析

大值病害是指有可能影响运营安全的设备不良状态，比如大幅值的轨道不平顺和钢轨内部伤损，如果不能及时发现和有效处理，则可能引起非常严重的后果。

对于轨道几何大值病害可以利用波形分析软件进行多次历史检测数据的对比分析，发现大值病害发展变化的趋势，根据其波形特征，结合路基道床检测数据、人工静态检查数据进行综合分析，确定引起大值病害的真正原因。

在进行接触网病害分析时，除了对接触网动态检测波形进行历史对比分析和结合弓网接触视频进行分析外，对接触网状态不良处所的轨道几何不平顺状态进行综合分析，确定病害的真正原因，制订相应维修计划。

b. 设备状态区段质量分析

区段质量分析通过超限集中度、超限分布散点图、重点地段分析等手段发现设备状态不良区段，通过重复病害查询等手段发现反复出现病害的处所，掌握设备质量状态。图 4－34是偏差集中度示意图。

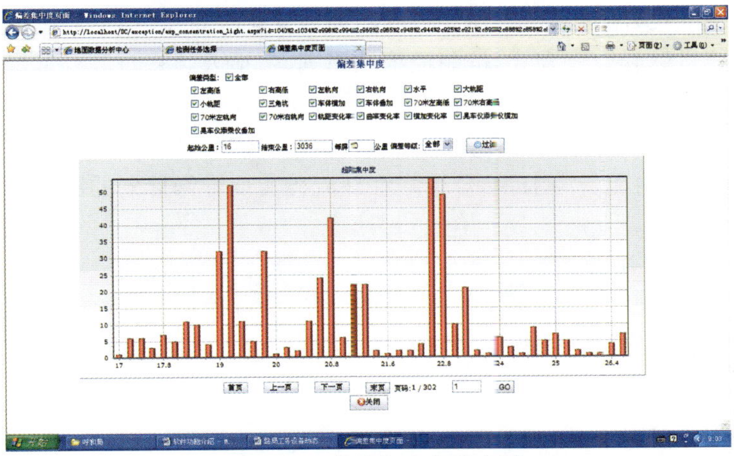


图 4－34　偏差集中度示意图

c. 状态变化趋势分析

趋势性分析主要是采用指标变化趋势图的形式，轨道几何方面主要包括优良率、大值偏差数、偏差扣分、区段 TQI、TQI 累积指标等分析指标，钢轨伤损方面主要包括平均重伤数、断轨率等指标，路基及道床方面包括道床污染指数、路基道床界面粗糙指数、道床厚度超限等指标，接触网方面包括高差、拉出值、硬点、弓网接触压力、接触线磨耗等指标，轴温探测设备的指标包括测量精度合格率、故障数、无故障运行时间，无线场强方面包括覆盖率、通信成功率等指标。

## 五、决策支持

综合利用设备状态评价和设备状态变化趋势和预测结果，为维修计划制定提供支持信息，并满足如下要求：

基于检测结果制定各专业的维护计划清单。内容包括维护工作的专业、时间、计划人数、工作内容和要求、起点和终点等。能够生成维护前后质量对比图，不同时期维护结果对比图等。

1. 大值病害闭环管理

大值病害闭环管理机制对大值病害采用销号管理流程，即检测部门发现大值病害、数据分析部门分析病害成因给出维修建议、维修实施部门根据现场检查及整治作业情况填报整治反馈、技术（质检）部门根据复核情况填写复核意见并根据实际情况进行销号管理。

（1）大值病害提醒：系统在首页中会以醒目的形式滚动显示当前已发现而且未得到处理的各种病害，当具有相关权限的责任人登录系统后，会弹出提示窗口，提醒用户及时处理。

（2）大值病害闭环管理：相关责任人根据管理流程填报大值病害分析意见、整治反馈、复核结果及考核意见。系统自动记录填报用户及填报时间，以保证整个处理流程的可追溯性。

2. 设备维修计划制订

为保证设备的良好服役状态，需要适度超前地安排设备维修计划，维修计划的制订要根据不同的维修目标和维修方式，按照经济性原则，包括人、料、时等要素。

根据数据综合分析中设备区段质量状态的分析和服役状态的综合评价，确定需要维修的设备及区段，根据趋势性分析结果确定维修计划的时间，根据朔黄铁路实际维修方法，确定人员及物料的配备需求，结合维修管理流程实现维修计划的制订和维修作业执行的全过程信息化管理。

3. 维修作业效果评价

通过对维修前后设备质量状态的对比分析可以准确地进行维修作业效果的评价。由于实现了维修作业的信息化管理，在各种趋势性分析中可以同时显示相关维修作业记录，也可以直观地显示出维修作业的效果。

4. 综合展示和信息发布

综合展示系统可以满足在电子地图上明确标识各种伤损/缺陷/超限，并编辑其类型、数值、位置等信息，并使用不同颜色标识线路、路基道床质量。可以通过选择标识显示该地点、区段的轨道、接触网、路基道床以及探伤数据。

5. 基于GIS的轨道状态和大值查询和展示

可实现基于GIS的大值病害、轨道质量状态（可根据用户需要实现特殊的轨道质量状态指标）、设备台账的综合展示。展示的数据可以动态更新，大值病害根据处理状态可以有不同的显示效果，轨道质量状态展示采用红黄绿的形式以图形化手段表示不同线路区段的轨道质量。同时通过链接可以进入其他查询页面。

如果买方未能提供GIS基础数据，需要采集，可以通过检测中心的轨道检测车或综合综合检测车采集线路数据。

（1）设备质量状态：对轨道状态TQI、按公里扣分、优良率等指标进行红黄绿指标抽象，并在GIS上进行状态展示。

（2）大值/病害显示：对影响安全的大值信息、处理状态进行展示和跟踪管理。

6. 信息发布、数据和报告下载

包括大值动态信息，轨道质量指标统计汇总结果，检测计划，月报等信息的发布，检测数据和报告浏览、下载等功能。图4-35是线路状态信息发布示意图。

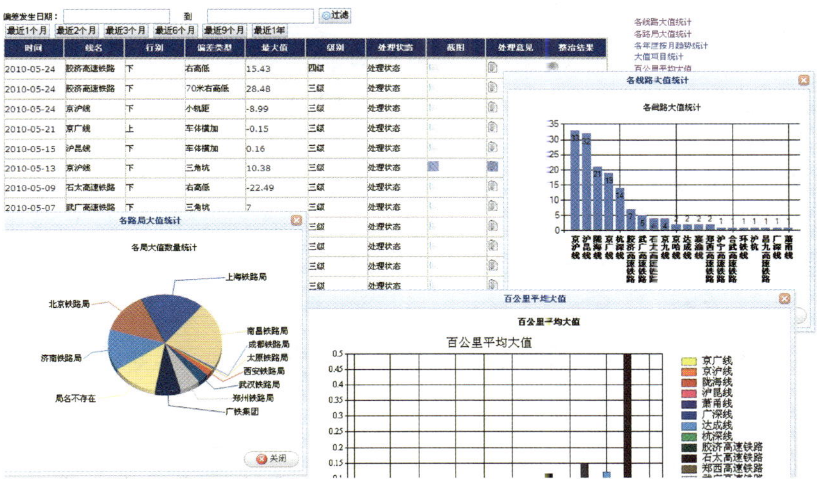

图4-35 线路状态信息发布示意图

7. 报表定制和报告生成

用户可以根据自己的要求，定义统计报表的表头，系统自动生成统计报表统计结果，用于直接生成各种报表和作为报告撰写的素材。（例如：按公里扣分多少分析排序及病害重复处所分析，对每个月或季、半年、全年的检测数据进行汇总，与历月、季、半年、年进行比较，得出线路的整治结果是否有效，也可以对各线路单位进行线路质量考核等）。

8. 用户管理

可以设定具有用户管理权限的人员，此类人员可通过网页进行用户及权限的维护管理工作。

操作权限控制包括查询、附件上传、销号等。根据用户所属的单位，查询权限控制仅返回该用户管理范围内的结果。对附件上传、销号相关信息录入、用户管理等特殊操作设定相应权限管理，只有具有相应权限的用户方可进行这些操作。

9. 系统运行平台

根据对检测数据管理规模的估算，以及对系统的性能、可靠性和可扩展需求，硬件平台、软件平台和网络环境。

(1)硬件平台

硬件环境的服务器系统采用当前主流的高性能企业级服务器系统。

存储系统采用由小型企业级阵列和光纤交换机构成的存储局域网来保证存储容量大容量和可扩展需求。

为保证系统的高可靠性，数据库服务器和 Web 服务器采用双机热备份。交换机采用双机热备实现链路冗余。

(2)软件平台

服务器操作系统：Windows Server 2008 企业版或 Windows Server 2003 企业版。

数据库：Oracle11g Release1 For Windows。

Web 服务器：IIS6.0 以上版本。

工作站操作系统：WindowsXP 或 Vista、Windows7。

IE 浏览器版本：7.0 以上，安装有 Flash Player 10.0 版本以上插件。

(3)网络环境

利用企业内部网络通道，采用工作组交换机实现企业内用户的网络化访问。

远程用户的访问以及综合检测车大值数据的即时传输通过防火墙、VPN 通道等保证数据的安全性。图 4－36 是系统硬件和网络拓扑图。

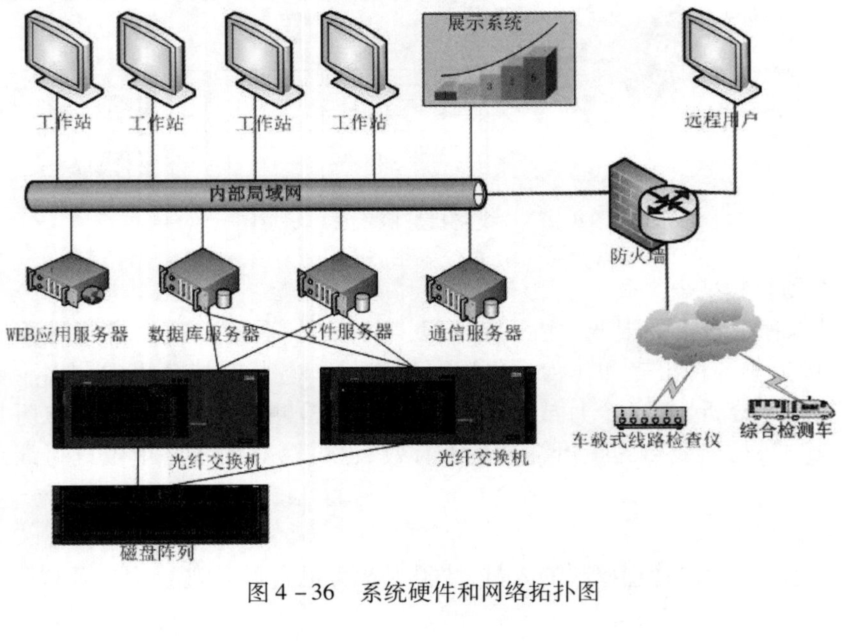


图 4－36　系统硬件和网络拓扑图

## 第八节　信息安全技术

信息时代,人们应用的信息无处不在,信息安全已经成为人们日常工作生活关心的主题。信息安全主要分为:网络安全、电子商务安全、信息安全等。

### 一、网络安全

信息网络基本结构有三种:星型、总线型和环型。一个企业或单位在建立自己的内部网之前,各部门可能已建造了自己的局域网,所采用的结构也可能完全不同。在建造内部网时,为了实现异构网络间信息的通信,往往要牺牲一些安全机制的设置和实现,从而提出更高的网络开放性要求。

一个封闭的系统不向外界提供任何服务(断开),外界是不可能对系统构成安全威胁的。但是,今天的企业接入国际互连网络,提供网上信息、商店和电子商务等服务,等于将一个内部封闭的网络建成了一个开放的网络环境,各种安全包括系统级的安全问题也随之产生。网络安全决定企业成败。

构建网络安全系统,一方面由于要进行认证、加密、监听、分析、记录等工作,由此影响网络效率,并且降低客户应用的灵活性;另一方面也增加了管理费用。但是,来自网络的安全威胁是实际存在的,特别是在网络上运行关键业务时,网络安全是首先要解决的问题。故需要选择适当的技术和设备,制订灵活的网络安全策略,在保证网络安全的情况下,提供灵活的网络服务通道。通过采用适当的安全体系设计和管理计划,能够有效地降低网络安全对网络性能的影响并降低管理费用。

许多人对于自己的数据和网络目前有一种虚假的安全感:在系统安装了防火墙;在桌面上安装了防病毒和防间谍软件工具;使用加密技术发送和保存数据;此外,微软及各大安全公司不断增强安全工具和补丁程序……似乎可以松口气了,但果真如此吗?

以下是有关安全的四大误解,不妨看看你的数据是否有你想象中的那么安全。

误解一　加密确保了数据得到保护

对数据进行加密是保护数据的一个重要环节,但不是绝无差错。如今黑客采用嗅探器可是越来越完善,能够截获 SSL 和 SSL 交易信号,窃取经过加密的数据。虽然加密有助于保护遭到窃取的数据被人读取,但加密标准却存在着几个漏洞。黑客只要拥有适当工具,就能够钻这些漏洞的空子。黑客在想方设法避开安全机制。

误解二　防火墙会让系统固若金汤

许多人说:“装有防火墙。”但防火墙功能再好,经过它们的 IP 数据痕迹照样能够被读取。黑客只要跟踪内含系统网络地址的 IP 痕迹,就能了解服务器及与它们相连的计算机的详细信息,然后利用这些信息钻网络漏洞的空子。

误解三　黑客不理睬老的软件

一些人认为,如果运行老的系统,就不会成为黑客的攻击目标,因为黑客只盯住使用较为广泛的软件,而这些软件的版本要比自己正在用的来得新。

事实并非如此,对黑客来说,最近没有更新或者没有打上补丁的 Web 服务器是一个常见的攻击点。许多旧版本的 Apache 和 IIS(因特网信息服务器)会遭到缓冲器溢出攻击。

误解四 Mac 机很安全

MacOSX 环境也容易受到攻击,即便不是在运行 Windows 软件。赛门铁克公司发布的一份报告发现,查明 MacOSX 存在 37 种漏洞。该公司警告,这类漏洞可能会日渐成为黑客的目标,特别是因为 Mac 系统开始日渐流行。譬如黑客编写了名为 Opener 的一款脚本病毒。该脚本可以让 MacOSX 防火墙失效、获取个人信息和口令、开后门以便可以远程控制 Mac 机,此外还可能会删除数据。

1. 破坏与对策

(1)破坏形式

① Internet 是一个开放的、无控制机构的网络,黑客(Hacker)经常会侵入网络中的计算机系统,或窃取机密数据和盗用特权,或破坏重要数据,或使系统功能得不到充分发挥直至瘫痪。

② Internet 的数据传输是基于 TCP/IP 通信协议进行的,这些协议缺乏使传输过程中的信息不被窃取的安全措施。

③ Internet 上的通信业务多数使用 Unix 操作系统来支持,Unix 操作系统中明显存在的安全脆弱性问题会直接影响安全服务。

④ 在计算机上存储、传输和处理的电子信息,还没有像传统的邮件通信那样进行信封保护和签字盖章。信息的来源和去向是否真实,内容是否被改动,以及是否泄露等,在应用层支持的服务协议中是凭着君子协定来维系的。

⑤ 电子邮件存在着被拆看、误投和伪造的可能性。使用电子邮件来传输重要机密信息会存在着很大的危险。

⑥ 计算机病毒通过 Internet 的传播给上网用户带来极大的危害,病毒可以使计算机和计算机网络系统瘫痪、数据和文件丢失。在网络上传播病毒可以通过公共匿名 FTP 文件传送,也可以通过邮件和邮件的附加文件传播。

概括网路破坏的形式主要有四种方式中断、截获、修改和伪造。中断是以可用性作为攻击目标,它毁坏系统资源,使网络不可用。截获是以保密性作为攻击目标,非授权用户通过某种手段获得对系统资源的访问。修改是以完整性作为攻击目标,非授权用户不仅获得访问而且对数据进行修改。伪造是以完整性作为攻击目标,非授权用户将伪造的数据插入到正常传输的数据中。

(2)主要对策

建立全方位安全体系与其他安全体系类似,企业应用系统的安全体系应包含:

访问控制:通过对特定网段、服务建立的访问控制体系,将绝大多数攻击阻止在到达攻击目标之前。

检查安全漏洞:通过对安全漏洞的周期检查,即使攻击可到达攻击目标,也可使绝大多数攻击无效。

攻击监控:通过对特定网段、服务建立的攻击监控体系,可实时检测出绝大多数攻击,并采取相应的行动(如断开网络连接、记录攻击过程、跟踪攻击源等)。

加密通信:主动的加密通信,可使攻击者不能了解、修改敏感信息。

认证:良好的认证体系可防止攻击者假冒合法用户。

备份和恢复:良好的备份和恢复机制,可在攻击造成损失时,尽快地恢复数据和系统服务。

多层防御,攻击者在突破第一道防线后,延缓或阻断其到达攻击目标。

隐藏内部信息,使攻击者不能了解系统内的基本情况。

设立安全监控中心,为信息系统提供安全体系管理、监控,渠护及紧急情况服务。

① 物理安全

网络的物理安全是整个网络系统安全的前提。在网络工程建设中,由于网络系统属于弱电工程,耐压值很低。因此,在网络工程的设计和施工中,必须优先考虑保护人和网络设备不受电、火灾和雷击的侵害;考虑布线系统与照明电线、动力电线、通信线路、暖气管道及冷热空气管道之间的距离;考虑布线系统和绝缘线、裸体线以及接地与焊接的安全;必须建设防雷系统,防雷系统不仅考虑建筑物防雷,还必须考虑计算机及其他弱电耐压设备的防雷。总体来说物理安全的风险主要有,地震、水灾、火灾等环境事故;电源故障;人为操作失误或错误;设备被盗、被毁;电磁干扰;线路截获;高可用性的硬件;双机多冗余的设计;机房环境及报警系统、安全意识等,因此要尽量避免网络的物理安全风险。

② 网络结构

网络拓扑结构设计也直接影响到网络系统的安全性。假如在外部和内部网络进行通信时,内部网络的机器安全就会受到威胁,同时也影响在同一网络上的许多其他系统。透过网络传播,还会影响到连上 Internet/Intranet 的其他的网络;影响所及,还可能涉及法律、金融等安全敏感领域。因此,在设计时有必要将公开服务器(WEB、DNS、EMAIL 等)和外网及内部其它业务网络进行必要的隔离,避免网络结构信息外泄;同时还要对外网的服务请求加以过滤,只允许正常通信的数据包到达相应主机,其它的请求服务在到达主机之前就应该遭到拒绝。

③ 系统安全

所谓系统的安全是指整个网络操作系统和网络硬件平台是否可靠且值得信任。目前恐怕没有绝对安全的操作系统可以选择,无论是 Microsoft 的 WindowsNT 或者其他任何商用 UNIX 操作系统,其开发厂商必然有其 Back - Door。因此,可以得出如下结论:没有完全安全的操作系统。不同的用户应从不同的方面对其网络作详尽的分析,选择安全性尽可能高的操作系统。因此不但要选用尽可能可靠的操作系统和硬件平台,并对操作系统进行安全配置。而且,必须加强登录过程的认证(特别是在到达服务器主机之前的认证),确保用户的合法性;其次应该严格限制登录者的操作权限,将其完成的操作限制在最小的范围内。

④ 应用系统安全

应用系统的安全跟具体的应用有关,它涉及面广。应用系统的安全是动态的、不断变化的。应用的安全性也涉及信息的安全性,它包括很多方面。例如:

a. 应用系统的安全是动态的、不断变化的。应用的安全涉及方面很多,以目前 Internet上应用最为广泛的 E - mail 系统来说,其解决方案有不下 20 多种。其安全手段涉及 LDAP、DES、RSA 等各种方式。应用系统是不断发展且应用类型是不断增加的。在应用系统的安全性上，主要考虑尽可能建立安全的系统平台，而且通过专业的安全工具不断发现漏洞，修补漏洞，提高系统的安全性。

b. 应用的安全性涉及信息、数据的安全性。信息的安全性涉及机密信息泄露、未经授权的访问、破坏信息完整性、假冒、破坏系统的可用性等。在某些网络系统中，涉及很多机密信息，如果一些重要信息遭到窃取或破坏，它的经济、社会影响和政治影响将是很严重的。因此，对用户使用计算机必须进行身份认证，对于重要信息的通信必须授权，传输必须加密。采用多层次的访问控制与权限控制手段，实现对数据的安全保护；采用加密技术，保证网上传输的信息（包括管理员口令与账户、上传信息等）的机密性与完整性。

⑤ 管理风险

管理是网络中安全最最重要的部分。责权不明，安全管理制度不健全及缺乏可操作性等都可能引起管理安全的风险。当网络出现攻击行为或网络受到其他一些安全威胁时（如内部人员的违规操作等），无法进行实时的检测、监控、报告与预警。同时，当事故发生后，也无法提供黑客攻击行为的追踪线索及破案依据，即缺乏对网络的可控性与可审查性。这就要求必须对站点的访问活动进行多层次的记录，及时发现非法入侵行为。

建立全新网络安全机制，必须深刻理解网络并能提供直接的解决方案，因此，最可行的做法是制定健全的管理制度和严格管理相结合。保障网络的安全运行，使其成为一个具有良好的安全性、可扩充性和易管理性的信息网络便成为首要任务。一旦上述的安全隐患成为事实，所造成的对整个网络的损失都是难以估计的。因此，网络的安全建设是网络建设过程中重要的一环。

3. 主要任务

运行系统安全，即保证信息处理和传输系统的安全。它侧重于保证系统正常运行，避免因为系统的崩溃和损坏而对系统存贮、处理和传输的信息造成破坏和损失，避免由于电磁泄漏，产生信息泄露，干扰他人或受他人干扰。

网络上系统信息的安全，包括用户口令鉴别，用户存取权限控制，数据存取权限、方式控制，安全审计，安全问题跟踪，计算机病毒防治，数据加密。

网络上信息传播安全，即信息传播后果的安全，包括信息过滤等，它侧重于防止和控制非法、有害的信息进行传播后的后果，避免公用网络上大量自由传输的信息失控。

网络上信息内容的安全，它侧重于保护信息的保密性、真实性和完整性，避免攻击者利用系统的安全漏洞进行窃听、冒充、诈骗等有损于合法用户的行为，本质上是保护用户的利益和隐私。

（1）安全特征

网络安全应具有以下四个方面的特征：

① 保密性：信息不泄露给非授权用户、实体或过程，或供其利用的特性。

② 完整性：数据未经授权不能进行改变的特性，即信息在存储或传输过程中保持不被修改、不被破坏和丢失的特性。

③ 可用性：可被授权实体访问并按需求使用的特性，即当需要时能否存取所需的信息。例如网络环境下拒绝服务、破坏网络和有关系统的正常运行等都属于对可用性的

攻击；

④ 可控性：对信息的传播及内容具有控制能力。

(2)物理安全

自然灾害(如雷电、地震、火灾等)，物理损坏(如硬盘损坏、设备使用寿命到期等)，设备故障(如停电、电磁干扰等)，意外事故。解决方案是：防护措施，安全制度，数据备份等。

电磁泄漏，信息泄漏，干扰他人，受他人干扰，乘机而入(如进入安全进程后半途离开)，痕迹泄露(如口令密钥等保管不善)。解决方案是：辐射防护，屏幕口令，隐藏销毁等。

操作失误(如删除文件、格式化硬盘、线路拆除等)，意外疏漏。解决方案是：状态检测，报警确认，应急恢复等。

计算机系统机房环境的安全。特点是：可控性强，损失也大。解决方案：加强机房管理，运行管理，安全组织和人事管理。

(3)安全控制

操作系统的安全控制：如用户开机键入的口令(某些微机主板有“万能口令”)，对文件的读写存取的控制(如 Unix 系统的文件属性控制机制)。

网络接口模块的安全控制。在网络环境下对来自其他机器的网络通信进程进行安全控制。主要包括：身份认证、客户权限设置与判别、审计日志等。

网络互联设备的安全控制。对整个子网内的所有主机的传输信息和运行状态进行安全监测和控制。主要通过网管软件或路由器配置实现。

(4)安全技术手段

物理措施：例如，保护网络关键设备(如交换机、大型计算机等)，制定严格的网络安全规章制度，采取防辐射、防火以及安装不间断电源(UPS)等措施。

访问控制：对用户访问网络资源的权限进行严格的认证和控制。例如，进行用户身份认证，对口令加密、更新和鉴别，设置用户访问目录和文件的权限，控制网络设备配置的权限，等等。

数据加密：加密是保护数据安全的重要手段。加密的作用是保障信息被人截获后不能读懂其含义。防止计算机网络病毒，安装网络防病毒系统。

网络隔离：网络隔离有两种方式，一种是采用隔离卡来实现的，一种是采用网络安全隔离网闸实现的。

隔离卡主要用于对单台机器的隔离，网闸主要用于对于整个网络的隔离。这两者的区别可参见参考资料。

其他措施：其他措施包括信息过滤、容错、数据镜像、数据备份和审计等。近年来，围绕网络安全问题提出了许多解决办法，例如数据加密技术和防火墙技术等。数据加密是对网络中传输的数据进行加密，到达目的地后再解密还原为原始数据，目的是防止非法用户截获后盗用信息。防火墙技术是通过对网络的隔离和限制访问等方法来控制网络的访问权限。

4. 主要措施

(1)安全防范意识

拥有网络安全意识是保证网络安全的重要前提。许多网络安全事件的发生都和缺乏安全防范意识有关。

(2)主机安全检查

要保证网络安全,进行网络安全建设,第一步首先要全面了解系统,评估系统安全性,认识到自己的风险所在,从而迅速、准确得解决内网安全问题。由安天实验室自主研发的国内首款创新型自动主机安全检查工具,彻底颠覆传统系统保密检查和系统风险评测工具操作的繁冗性,一键操作即可对内网计算机进行全面的安全保密检查及精准的安全等级判定,并对评测系统进行强有力的分析处置和修复。

(3)主机物理安全

服务器运行的物理安全环境是很重要的,很多人忽略了这点。物理环境主要是指服务器托管机房的设施状况,包括通风系统、电源系统、防雷防火系统以及机房的温度、湿度条件等。这些因素会影响到服务器的寿命和所有数据的安全。

在这里着重强调的是,有些机房提供专门的机柜存放服务器,而有些机房只提供机架。所谓机柜,就是类似于家里的橱柜那样的铁柜子,前后有门,里面有放服务器的拖架和电源、风扇等,服务器放进去后即把门锁上,只有机房的管理人员才有钥匙打开。而机架就是一个个铁架子,开放式的,服务器上架时只要把它插到拖架里去即可。这两种环境对服务器的物理安全来说有着很大差别,显而易见,放在机柜里的服务器要安全得多。

如果你的服务器放在开放式机架上,那就意味着,任何人都可以接触到这些服务器。别人如果能轻松接触到你的硬件,还有什么安全性可言?

如果你的服务器只能放在开放式机架的机房,那么你可以这样做:

(1)将电源用胶带绑定在插槽上,这样避免别人无意中碰动你的电源。

(2)安装完系统后,重启服务器,在重启的过程中把键盘和鼠标拔掉,这样在系统启动后,普通的键盘和鼠标接上去以后不会起作用(USB 鼠标键盘除外)。

(3)跟机房值班人员搞好关系,不要得罪机房里其他公司的维护人员。这样做后,你的服务器至少会安全一些。

(4)防火墙

Internet 防火墙是这样的系统(或一组系统),它能增强机构内部网络的安全性。防火墙系统决定了哪些内部服务可以被外界访问;外界的哪些人可以访问内部的哪些服务,以及哪些外部服务可以被内部人员访问。要使一个防火墙有效,所有来自和去往 Internet 的信息都必须经过防火墙,接受防火墙的检查。防火墙只允许授权的数据通过,并且防火墙本身也必须能够免于渗透。

(5)安全策略

防火墙不仅仅是路由器、堡垒主机、或任何提供网络安全的设备的组合,防火墙是安全策略的一个部分。

安全策略建立全方位的防御体系,甚至包括:告诉用户应有的责任,公司规定的网络访问、服务访问、本地和远地的用户认证、拨入和拨出、磁盘和数据加密、病毒防护措施，以及雇员培训等。所有可能受到攻击的地方都必须以同样安全级别加以保护。

仅设立防火墙系统，而没有全面的安全策略，那么防火墙就形同虚设。

① 防火墙功能

Internet 防火墙负责管理 Internet 和机构内部网络之间的访问。在没有防火墙时，内部网络上的每个节点都暴露给 Internet 上的其他主机，极易受到攻击。这就意味着内部网络的安全性要由每一个主机的坚固程度来决定，并且安全性等同于其中最弱的系统。

② 防火墙的作用

Internet 防火墙允许网络管理员定义一个中心"扼制点"来防止非法用户，比如防止黑客、网络破坏者等进入内部网络。禁止存在安全脆弱性的服务进出网络，并抗击来自各种路线的攻击。Internet 防火墙能够简化安全管理，网络的安全性是在防火墙系统上得到加固，而不是分布在内部网络的所有主机上。

在防火墙上可以很方便的监视网络的安全性，并产生报警。网络管理员必须审计并记录所有通过防火墙的重要信息。如果网络管理员不能及时响应报警并审查常规记录，防火墙就形同虚设。在这种情况下，网络管理员永远不会知道防火墙是否受到攻击。

Internet 防火墙可以作为部署 NAT（网络地址变换）的逻辑地址。因此防火墙可以用来缓解地址空间短缺的问题，并消除机构在变换 ISP 时带来的重新编址的麻烦。

Internet 防火墙是审计和记录 Internet 使用量的一个最佳地方。网络管理员可以在此向管理部门提供 Internet 连接的费用情况，查出潜在的带宽瓶颈的位置，并根据机构的核算模式提供部门级计费。

③ 与网闸区别

在设计理念方面，防火墙是以应用为主、以安全为辅的，也就是说在支持尽可能多的应用的前提下，来保证使用的安全。防火墙的这一设计理念使得它可以广泛地用于尽可能多的领域，拥有更加广泛的市场，甚至包括个人电脑都可以使用，但是它的安全性往往就差强人意。而网闸则是以安全为主，在保证安全的前提下，支持尽可能多地应用。网闸主要用于安全性要求极高的领域，例如对政府网络，工业控制系统的保护等等。

## 二、电子商务安全

电子商务安全从整体上可分为两大部分：计算机网络安全和商务交易安全。

1. 计算机网络安全

（1）未进行操作系统相关安全配置

不论采用什么操作系统，在缺省安装的条件下都会存在一些安全问题，只有专门针对操作系统安全性进行相关的和严格的安全配置，才能达到一定的安全程度。千万不要以为操作系统缺省安装后，再配上很强的密码系统就算作安全了。网络软件的漏洞和"后门"是进行网络攻击的首选目标。

（2）未进行 CGI 程序代码审计

如果是通用的 CGI 问题，防范起来还稍微容易一些，但是对于网站或软件供应商专门开发的一些 CGI 程序,很多存在严重的 CGI 问题,对于电子商务站点来说,会出现恶意攻击者冒用他人账号进行网上购物等严重后果。

(3)拒绝服务(DoS,Denial of Service)攻击

随着电子商务的兴起,对网站的实时性要求越来越高,DoS 或 DDoS 对网站的威胁越来越大。以网络瘫痪为目标的袭击效果比任何传统的恐怖主义和战争方式都来得更强烈,破坏性更大,造成危害的速度更快,范围也更广,而袭击者本身的风险却非常小,甚至可以在袭击开始前就已经消失得无影无踪,使对方没有实行报复打击的可能。今年 2 月美国"雅虎"、"亚马逊"受攻击事件就证明了这一点。

(4)安全设备使用不当

虽然不少网站采用了一些网络安全设备,但由于安全设备本身的问题或使用问题,这些设备并没有起到应有的作用。很多安全厂商的设备对配置人员的技术背景要求很高,超出对普通网管人员的技术要求,就算是厂家在最初给用户做了正确的安装、配置,但一旦系统改动,需要改动相关安全设备的设置时,很容易产生许多安全问题。

(5)缺少严格的网络安全管理制度

网络安全最重要的还是要思想上高度重视,网站或局域网内部的安全需要用完备的安全制度来保障。建立和实施严密的计算机网络安全制度与策略是真正实现网络安全的基础。

2. 电子商务安全

(1)窃取信息

由于未采用加密措施,数据信息在网络上以明文形式传送,入侵者在数据包经过的网关或路由器上可以截获传送的信息。通过多次窃取和分析,可以找到信息的规律和格式,进而得到传输信息的内容,造成网上传输信息泄密。

(2)篡改信息

当入侵者掌握了信息的格式和规律后,通过各种技术手段和方法,将网络上传送的信息数据在中途修改,然后再发向目的地。这种方法并不新鲜,在路由器或网关上都可以做此类工作。

(3)假冒

由于掌握了数据的格式,并可以篡改通过的信息,攻击者可以冒充合法用户发送假冒的信息或者主动获取信息,而远端用户通常很难分辨。

(4)恶意破坏

由于攻击者可以接入网络,则可能对网络中的信息进行修改,掌握网上的机要信息,甚至可以潜入网络内部,其后果是非常严重的。

3. 网络安全措施

计算机网络安全措施主要包括保护网络安全、保护应用服务安全和保护系统安全三个方面,各个方面都要结合考虑安全防护的物理安全、防火墙、信息安全、Web 安全、媒体安全等等。

(1)保护网络安全

网络安全是为保护商务各方网络端系统之间通信过程的安全性。保证机密性、完整性、认证性和访问控制性是网络安全的重要因素。保护网络安全的主要措施如下:

① 全面规划网络平台的安全策略;

② 制定网络安全的管理措施;

③ 使用防火墙;

④ 尽可能记录网络上的一切活动;

⑤ 注意对网络设备的物理保护;

⑥ 检验网络平台系统的脆弱性;

⑦ 建立可靠的识别和鉴别机制。

(2)保护应用安全

保护应用安全,主要是针对特定应用(如 Web 服务器、网络支付专用软件系统)所建立的安全防护措施,它独立于网络的任何其他安全防护措施。虽然有些防护措施可能是网络安全业务的一种替代或重叠,如 Web 浏览器和 Web 服务器在应用层上对网络支付结算信息包的加密,都通过 IP 层加密,但是许多应用还有自己的特定安全要求。

由于电子商务中的应用层对安全的要求最严格、最复杂,因此更倾向于在应用层而不是在网络层采取各种安全措施。

虽然网络层上的安全仍有其特定地位,但是人们不能完全依靠它来解决电子商务应用的安全性。应用层上的安全业务可以涉及认证、访问控制、机密性、数据完整性、不可否认性、Web 安全性、EDI 和网络支付等应用的安全性。

(3)保护系统安全

保护系统安全,是指从整体电子商务系统或网络支付系统的角度进行安全防护,它与网络系统硬件平台、操作系统、各种应用软件等互相关联。涉及网络支付结算的系统安全包含下述一些措施:

① 在安装的软件中,如浏览器软件、电子钱包软件、支付网关软件等,检查和确认未知的安全漏洞。

② 技术与管理相结合,使系统具有最小穿透风险性。如通过诸多认证才允许连通,对所有接入数据必须进行审计,对系统用户进行严格安全管理。

③ 建立详细的安全审计日志,以便检测并跟踪入侵攻击等。

(4)商务交易安全措施

商务交易安全则紧紧围绕传统商务在互联网络上应用时产生的各种安全问题,在计算机网络安全的基础上,如何保障电子商务过程的顺利进行。

各种商务交易安全服务都是通过安全技术来实现的,主要包括加密技术、认证技术和电子商务安全协议等。

1. 加密技术

加密技术是电子商务采取的基本安全措施,交易双方可根据需要在信息交换的阶段使用。加密技术分为两类,即对称加密和非对称加密。

(1)对称加密

对称加密又称私钥加密,即信息的发送方和接收方用同一个密钥去加密和解密数据。它的最大优势是加/解密速度快,适合于对大数据量进行加密,但密钥管理困难。

如果进行通信的双方能够确保专用密钥在密钥交换阶段未曾泄露,那么机密性和报文完整性就可以通过这种加密方法加密机密信息,随报文一起发送报文摘要或报文散列值来实现。

(2)非对称加密

非对称加密又称公钥加密,使用一对密钥来分别完成加密和解密操作,其中一个公开发布(即公钥),另一个由用户自己秘密保存(即私钥)。信息交换的过程是:甲方生成一对密钥并将其中的一把作为公钥向其他交易方公开,得到该公钥的乙方使用该密钥对信息进行加密后再发送给甲方,甲方再用自己保存的私钥对加密信息进行解密。

2. 认证技术

认证技术是用电子手段证明发送者和接收者身份及其文件完整性的技术,即确认双方的身份信息在传送或存储过程中未被篡改过。

(1)数字签名

数字签名也称电子签名,如同出示手写签名一样,能起到电子文件认证、核准和生效的作用。其实现方式是把散列函数和公开密钥算法结合起来,发送方从报文文本中生成一个散列值,并用自己的私钥对这个散列值进行加密,形成发送方的数字签名;然后,将这个数字签名作为报文的附件和报文一起发送给报文的接收方;报文的接收方首先从接收到的原始报文中计算出散列值,接着再用发送方的公开密钥来对报文附加的数字签名进行解密;如果这两个散列值相同,那么接收方就能确认该数字签名是发送方的。数字签名机制提供了一种鉴别方法,以解决伪造、抵赖、冒充、篡改等问题。

(2)数字证书

数字证书是一个经证书授权中心数字签名的包含公钥拥有者信息以及公钥的文件数字证书的最主要构成包括一个用户公钥,加上密钥所有者的用户身份标识符,以及被信任的第三方签名第三方一般是用户信任的证书权威机构(CA),如政府部门和金融机构。用户以安全的方式向公钥证书权威机构提交他的公钥并得到证书,然后用户就可以公开这个证书。任何需要用户公钥的人都可以得到此证书,并通过相关的信任签名来验证公钥的有效性。数字证书通过标志交易各方身份信息的一系列数据,提供了一种验证各自身份的方式,用户可以用它来识别对方的身份。

3. 电子商务的安全协议

除上文提到的各种安全技术之外,电子商务的运行还有一套完整的安全协议。目前,比较成熟的协议有 SET、SSL 等。

(1)安全套接层协议 SSL

SSL 协议位于传输层和应用层之间,由 SSL 记录协议、SSL 握手协议和 SSL 警报协议组成的。SSL 握手协议被用来在客户与服务器真正传输应用层数据之前建立安全机制。当客户与服务器第一次通信时,双方通过握手协议在版本号、密钥交换算法、数据加密算法和 Hash 算法上达成一致,然后互相验证对方身份,最后使用协商好的密钥交换算法产生一个只有双方知道的秘密信息,客户和服务器各自根据此秘密信息产生数据加密算法和 Hash 算法参数。SSL 记录协议根据 SSL 握手协议协商的参数,对应用层送来的数据进行加密、压缩、计算消息鉴别码 MAC,然后经网络传输层发送给对方。SSL 警报协议用来在客户和服务器之间传递 SSL 出错信息。

(2)安全电子交易协议 SET

SET 协议用于划分与界定电子商务活动中消费者、网上商家、交易双方银行、信用卡组织之间的权利义务关系,给定交易信息传送流程标准。SET 主要由三个文件组成,分别是 SET 业务描述、SET 程序员指南和 SET 协议描述。SET 协议保证了电子商务系统的机密性、数据的完整性、身份的合法性。

SET 协议是专为电子商务系统设计的。它位于应用层,其认证体系十分完善,能实现多方认证。在 SET 的实现中,消费者账户信息对商家来说是保密的。但是 SET 协议十分复杂,交易数据需进行多次验证,用到多个密钥以及多次加密解密。而且在 SET 协议中除消费者与商家外,还有发卡行、收单行、认证中心、支付网关等其他参与者。

### 三、信息安全

信息安全本身包括的范围很大。大到国家军事政治等机密安全,小到如防范商业企业机密泄露、防范青少年对不良信息的浏览、个人信息的泄露等。网络环境下的信息安全体系是保证信息安全的关键,包括计算机安全操作系统、各种安全协议、安全机制(数字签名、信息认证、数据加密等),直至安全系统,其中任何一个安全漏洞便可以威胁全局安全。信息安全服务至少应该包括支持信息网络安全服务的基本理论,以及基于新一代信息网络体系结构的网络安全服务体系结构。

1. 信息安全的概念

信息安全是指信息网络的硬件、软件及其系统中的数据受到保护,不受偶然的或者恶意的原因而遭到破坏、更改、泄露,系统连续可靠正常地运行,信息服务不中断。信息安全主要包括以下五方面的内容,即需保证信息的保密性、真实性、完整性、未授权拷贝和所寄生系统的安全性。

其根本目的就是使内部信息不受外部威胁,因此信息通常要加密。为保障信息安全,要求有信息源认证、访问控制,不能有非法软件驻留,不能有非法操作。

信息安全是一门涉及计算机科学、网络技术、通信技术、密码技术、信息安全技术、应用数学、数论、信息论等多种学科的综合性学科。

2. 信息安全的重要性

信息作为一种资源,它的普遍性、共享性、增值性、可处理性和多效用性,使其对于人类具有特别重要的意义。信息安全的实质就是要保护信息系统或信息网络中的信息资源免受各种类型的威胁、干扰和破坏,即保证信息的安全性。根据国际标准化组织的定义,信息安全性的含义主要是指信息的完整性、可用性、保密性和可靠性。信息安全是任何国家、政府、部门、行业都必须十分重视的问题,是一个不容忽视的国家安全战略。但是,对于不同的部门和行业来说,其对信息安全的要求和重点却是有区别的。

不管是机构还是个人,正把日益繁多的事情托付给计算机来完成,敏感信息正经过脆弱的通信线路在计算机系统之间传送,专用信息在计算机内存储或在计算机之间传送,电子银行业务使财务账目可通过通信线路查阅,医生们用计算机管理病历,所有这一切,最重要的问题是不能在对非法(非授权)获取(访问)不加防范的条件下传输信息。

传输信息的方式很多,有局域计算机网、互联网和分布式数据库,有蜂窝式无线、分组交换式无线、卫星电视会议、电子邮件及其他各种传输技术。信息在存储、处理和交换过程中,都存在泄密或被截收、窃听、窜改和伪造的可能性。不难看出,单一的保密措施已很难保证通信和信息的安全,必须综合应用各种保密措施,即通过技术的、管理的、行政的手段,实现信源、信号、信息三个环节的保护,借以达到秘密信息安全的目的。

3. 主要威胁

(1)实现目标

① 真实性:对信息的来源进行判断,能对伪造来源的信息予以鉴别。

② 保密性:保证机密信息不被窃听,或窃听者不能了解信息的真实含义。

③ 完整性:保证数据的一致性,防止数据被非法用户篡改。

④ 可用性:保证合法用户对信息和资源的使用不会被不正当地拒绝。

⑤ 不可抵赖性:建立有效责任机制,防止用户否认其行为,这一点在电子商务中是极其重要。

⑥ 可控制性:对信息的传播及内容具有控制能力。

⑦ 可审查性:对出现的网络安全问题提供调查的依据和手段。

(2)安全威胁

① 信息泄露:信息被泄露或透露给某个非授权的实体。

② 破坏信息的完整性:数据被非授权地进行增删、修改或破坏而受到损失。

③ 拒绝服务:对信息或其他资源的合法访问被无条件地阻止。

④ 非法使用(非授权访问):某一资源被某个非授权的人,或以非授权的方式使用。

⑤ 窃听:用各种可能的合法或非法的手段窃取系统中的信息资源和敏感信息。例如对通信线路中传输的信号搭线监听,或者利用通信设备在工作过程中产生的电磁泄露截取有用信息等。

⑥ 业务流分析:通过对系统进行长期监听,利用统计分析方法对诸如通信频度、通信的信息流向、通信总量的变化等参数进行研究,从中发现有价值的信息和规律。

⑦ 假冒:通过欺骗通信系统(或用户)达到非法用户冒充成为合法用户,或者特权小的用户冒充成为特权大的用户的目的。黑客大多是采用假冒攻击。

⑧ 旁路控制:攻击者利用系统的安全缺陷或安全性上的脆弱之处获得非授权的权利或特权。例如,攻击者通过各种攻击手段发现原本应保密,但是却又暴露出来的一些系统"特性",利用这些"特性",攻击者可以绕过防线守卫者侵入系统的内部。

⑨ 授权侵犯:被授权以某一目的使用某一系统或资源的某个人,却将此权限用于其他非授权的目的,也称作"内部攻击"。

⑩ 特洛伊木马:软件中含有一个觉察不出的有害的程序段,当它被执行时,会破坏用户的安全。这种应用程序称为特洛伊木马。

⑪ 陷阱门:在某个系统或某个部件中设置的"机关",使得在特定的数据输入时,允许违反安全策略。

⑫ 抵赖:这是一种来自用户的攻击,比如:否认自己曾经发布过的某条消息,伪造一

份对方来信等。

⑬ 重放:出于非法目的,将所截获的某次合法的通信数据进行拷贝,而重新发送。

⑭ 计算机病毒:一种在计算机系统运行过程中能够实现传染和侵害功能的程序。

⑮ 人员不慎:一个授权的人为了某种利益,或由于粗心,将信息泄露给一个非授权的人。

⑯ 媒体废弃:信息被从废弃的磁碟或打印过的存储介质中获得。

⑰ 物理侵入:侵入者绕过物理控制而获得对系统的访问。

⑱ 窃取:重要的安全物品,如令牌或身份卡被盗。

⑲ 业务欺骗:某一伪系统或系统部件欺骗合法的用户或系统自愿地放弃敏感信息等等。

(3)主要来源

① 自然灾害、意外事故;

② 计算机犯罪;

③ 人为错误,比如使用不当,安全意识差等;

④ “黑客”行为;

⑤ 内部泄密;

⑥ 外部泄密;

⑦ 信息丢失;

⑧ 电子谍报,比如信息流量分析、信息窃取等;

⑨ 信息战;

⑩ 网络协议自身缺陷,例如 TCP/IP 协议的安全问题等等。

⑪ 嗅探,sniff。嗅探器可以窃听网络上流经的数据包。

4. 安全策略

(1)信息安全策略

信息安全策略是指为保证提供一定级别的安全保护所必须遵守的规则。实现信息安全,不但靠先进的技术,而且也得靠严格的安全管理,法律约束和安全教育:

① DG 图文档加密:能够智能识别计算机所运行的涉密数据,并自动强制对所有涉密数据进行加密操作,而不需要人的参与。体现了安全面前人人平等,从根源解决信息泄密。

② 先进的信息安全技术是网络安全的根本保证。用户对自身面临的威胁进行风险评估,决定其所需要的安全服务种类,选择相应的安全机制,然后集成先进的安全技术,形成一个全方位的安全系统。

③ 严格的安全管理。各计算机网络使用机构,企业和单位应建立相应的网络安全管理办法,加强内部管理,建立合适的网络安全管理系统,加强用户管理和授权管理,建立安全审计和跟踪体系,提高整体网络安全意识。

④ 制定严格的法律、法规。计算机网络是一种新生事物。它的许多行为无法可依,无章可循,导致网络上计算机犯罪处于无序状态。面对日趋严重的网络上犯罪,必须建立与网络安全相关的法律、法规,使非法分子慑于法律,不敢轻举妄动。

(2)主要问题

① 网络攻击与攻击检测、防范问题；

② 安全漏洞与安全对策问题；

③ 信息安全保密问题；

④ 系统内部安全防范问题；

⑤ 防病毒问题；

⑥ 数据备份与恢复问题、灾难恢复问题。

(3)数据加密策略

数据加密策略是从数据本源进行安全防护。数据加密直接作用于数据本身,根据加密技术的不同可以产生不同的模式、等级的数据安全防护效果。而现今,多模加密技术是企业为了适应多样的数据安全环境和多种加密需求而经常使用的加密技术。多模加密主要有以下特点：

① 系统内核透明加密功能:可以应企业现有任何软件产生之文件的加密需求;加密模式为实时进行,并对用户透明,不需要用户的任何干预;企业现有软件的加密,包括常用office 类软件、可能的设计类软件如 CAD 等、可能的编程类软件如 c + + 、java 等、可能的烧录类软件,如 PLC 类软件等。加密软件满足对绿色软件的加密,满足对 RAR 等压缩软件的加密。这些加密均不通过二次开发即可满足。

② 加密模式的多样选择功能:防火墙系统采用加密 3.0 技术,即多模透明加密技术,领先于加密 1.0 环境加密技术和加密 2.0 文件格式加密技术,3.0 技术处于业界领导地位。在多模加密模式中,用户创建密文的方式支持主动和被动两种方式,至少包含如下模式:特定格式加密模式、特定目录加密模式、特定格式不加密模式、特定用户空加密模式(但可以修改和查看别人的密文的高级别模式)、特定用户不加密模式(可以查看别人但不能修改别人密文的阅读者模式)、U 盘外设加密模式、网上邻居网络加密模式、手动加密、全盘加密等等。这些加密模式可以赋予不同的用户或者用户组。

③ 一文一密钥透明加密功能:采用对称加密和非对称加密技术,实现任何文件的加密密钥均不一样,防止被破解,安全性能大大优先于单密钥或者多密钥设备。

④ 通信加密:该功能可以实现防火墙客户端和服务器端间流转的账号、密码、策略等内容无法被监听到或者监听到的均是加密的。

⑤ U 盘加密:采用 U 盘客户端管理模块,系统认定的管理策略将指向 U 盘,这样,在任何一台电脑上防火墙将自动执行,并对用户的加密数据执行对应的加密和管控策略。

⑥ 密文图标:通过控制台的设置,可以让客户端的密文显示、或者不显示、或者不同级别密文显示不同的图标。

## 第九节 本质安全管理

铁路运输安全是建设和谐铁路的重要保障,随着朔黄铁路扩能改造、集疏运系统建设以及发展重载技术等一系列战略举措的实施,对铁路安全要求越来越高。近年来,朔黄铁路公司各业务部门运用科技手段,建设和运月了一大批相对成熟、可靠的安全检查监测技术装备和系统;在安全管理方面,结合公司实际研究制定了完善的本质安全管理《体系管理手册》,并进行了业务流程优化,进一步强化了安全管理。各专业监测系统的应用,为保证运输安全发挥了很好的作用,但从全公司来看,目前建设的安全监测系统多为分专业建设,专业应用,信息利用不充分,资源共享程度不高,致使系统整体效用不能充分发挥,安全质量管理部门也缺乏有效的监控手段;对于朔黄铁路本质安全管理体系的实施、风险管理、隐患治理、专项检查等工作的状态和结果均无法利用现代信息手段跟进和共享;且专业设备监测报警信息和风险预控信息没有充分融合,对安全质量管理部门缺乏完整的信息系统支撑,未形成统一的本质安全管理信息技术体系。因此,以本质安全管理体系为目标,以风险预控为核心,以检查检测数据为基础,建设朔黄铁路本质安全管理信息系统SR-IMS(Intrinsic Management System 以下简称"本安信息系统"),形成安全长效机制,是深入推进本质安全体系建设的关键性、基础性工作,对确保朔黄铁路持续安全稳定具有重要意义。

朔黄铁路本质安全管理信息系统(SR－ISM)是安全生产管理与先进的精细化信息技术密切相关的系统工程,涉及公司、分公司、二队、作业组。朔黄铁路本质安全管理信息系统按照业务可以划分为风险管理子系统、监督检查子系统、事故调查分析子系统、应急管理子系统、综合管理子系统、本安体系管理子系统、职工健康管理子系统、作业环境管理子系统、特种设备管理子系统、专业监测子系统、系统管理等十一大部分。

通过本质安全管理信息系统的实施,可以规范安全生产流程,统一安全生产数据,是公司信息化的基础。用系统化的管理思想把危险源信息、隐患信息、事故信息与专业设备监测信息整合,为安全管理决策层提供数据平台,为公司各级多层面的高效管理提供规范信息手段。

## 一、业务管理

"强化安全管理,创新管理模式,推行风险预控,实现本质安全"是朔黄铁路公司经营管理的基本思路;"以人为本,防患未然,有序可控,科学管理"是朔黄铁路公司安全管理基本方针;消除安全隐患,实现企业"安全、质量、健康、环保"一体化是安全管理的总体目标;打造本质安全型铁路运输企业,一直是朔黄铁路安全管理的主题。全公司各级安全监察部门是实现这些思想的核心力量,是朔黄安全生产监督的主体。

安全监察部门主要职责有以下几个方面:

(1)监督、指导朔黄各单位安全生产和安全管理工作;

(2)拟定安全管理中的各项规章、制度、方法和处理流程;

(3)对拟定有关文件负责提出安全方面的意见;

(4)发现、总结、归纳各专业各类型的危险源,并与各生产管理部门商讨、确定预防措施和控制标准;

(5)检查、发现安全风险、重大隐患、设备故障等安全问题;

(6)组织各级部门完成风险预控、重大隐患、交通事故、故障调查、处理、整改;

(7)负责安全状态、安全趋势的统计分析工作;

(8)对各级各生产部门的安全绩效进行考核、评估。

各专业部门、工队作业组是朔黄安全生产具体的落实实体,主要的安全管理业务是安全生产责任的落实,通过日常安全检查、春秋检及各项专项检查,发现和落实整改安全风险隐患问题,并完成交通事故、设备故障及其他行车安全问题的调查处理和闭环管理,按照专业建设、专业管理和专业运用的原则,建设和完善本专业的安全监测系统,并负责落实报警信息的闭环管理。

公司调度是安全生产的重要单元,主要负责第一时间事故概况信息、设备故障概况信息的提报,以及即时处理已接入调度部门的行车安全报警信息。

1. 本安信息系统的服务对象

本质安全管理信息系统主要供公司各级安全质量管理人员使用,同时为各级领导和相关专业管理人员提供安全信息的查询、分析、预警等信息服务。系统服务对象根据公司组织结构和职责,分为公司领导、公司安监室监察、公司调度值班员、公司业务部门领导和安全管理人员、分公司领导和分公司安监室人员、分公司专业科室管理人员、工队和作业组工作人员。具体服务对象及主要需求如下:

(1)公司领导

可查询掌握公司管辖范围内的各专业设备监测严重报警,全公司事故、设备故障、危险源、隐患问题等综合汇总信息。

(2)公司安监室监察

可查询掌握公司管辖范围内的各专业设备监测报警相关综合信息,及时掌握严重设备监测报警信息及处置情况,在事故调查分析时可了解各专业监测系统的报警详细信息情况。

公司安全风险信息全面管理,主要包括危险源信息录入、督办、整改反馈、延期、审核、发布、查询及统计分析等功能,实现安全危险源信息的全面、分类管理等。

重大隐患问题信息闭环处理,主要包括重大隐患信息录入、批转、整改反馈、验收、审核销号、查询及统计分析等功能,实现重大隐患问题信息的全程跟踪控制和闭环管理等。

实现对事故、设备故障和安全联控信息的闭环处理和全面信息管理。

(3)公司调度值班员

实现对公司管辖范围内的各专业设备监测系统的综合监控;公司管辖范围内的各专业设备监测严重报警信息查询;在第1时间对每起发生的交通事故、设备故障及安全联控信息,以《铁路交通事故(设备故障)概况表》(安报1)等形式填写发送给安监室。

(4)公司业务部门领导和主管安全人员

本专业设备监测报警信息的查询及统计分析;本专业安全危险源信息的全面管理;本专业安全隐患问题信息的闭环管理;调查、处理本专业设备故障、相关安全联控问题信息,提交调查结果反馈。

(5)分公司领导和分公司安监室人员以及分公司专业科室管理人员

本级安全危险源信息的全面管理;上级(公司)安全隐患问题信息的整改反馈;分公司所辖范围内事故/故障调查分析相关报告材料;也可通过系统执行对分公司范围内的风险信息、监督检查信息闭环管理。

(6)工队长及工队作业人员

本级安全危险源信息的全面管理;上级检查隐患信息的整改反馈;也可通过系统执行对本工队范围内的风险信息实现闭环管理。

(7)作业组长及作业组作业人员

本级安全危险源信息的全面管理;上级检查隐患信息的整改反馈;也可通过系统执行对本作业组范围内的风险信息实现闭环管理。

(8)系统管理员

用户及权限管理、系统运行参数配置、基础数据维护。

铁路安全监督管理业务是将各种检查监测手段发现的信息,通过危险源信息处置、监测报警信息处置、安全监督检查信息处置、事故调查分析处置四个核心业务闭环管理,进行实时传递、即时处置;综合分析、把握规律;采取对策、消除隐患;重点检查、督促落实。

2. 本安信息系统需要与相关信息系统间交互数据,主要包括:

(1)各专业监测系统监测报警及处置信息接入。车辆地对车安全监测5T系统、工务车载式线路检测系统、综合检测车、电务信号微机监测智能分析系统、电务检测车、供电接触网检测、电力远动、车务运行图专家分析系统、CTC、DSS、综合雨量计实时监测、视频管理和车号管理等专业监测系统监测报警及处置信息的接入。

(2)相关专业业务管理系统信息接入:机务安全管理、工务安全管理等系统的计划/实绩、调监、车辆、确报、路网、监测设备等基础数据数据的接入。

(3)为其他相关专业业务管理系统提供的安全共享和督办信息。

3. 公司发现危险源管控业务和数据流程

图4-37是与相关系统间数据流分析示意图。

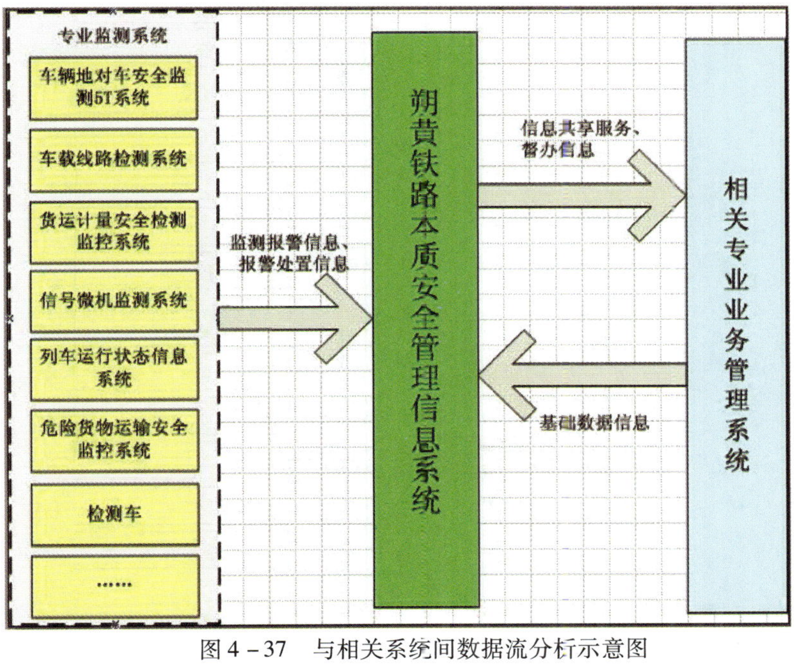


图4-37 与相关系统间数据流分析示意图

二、系统构成(见图4-40)

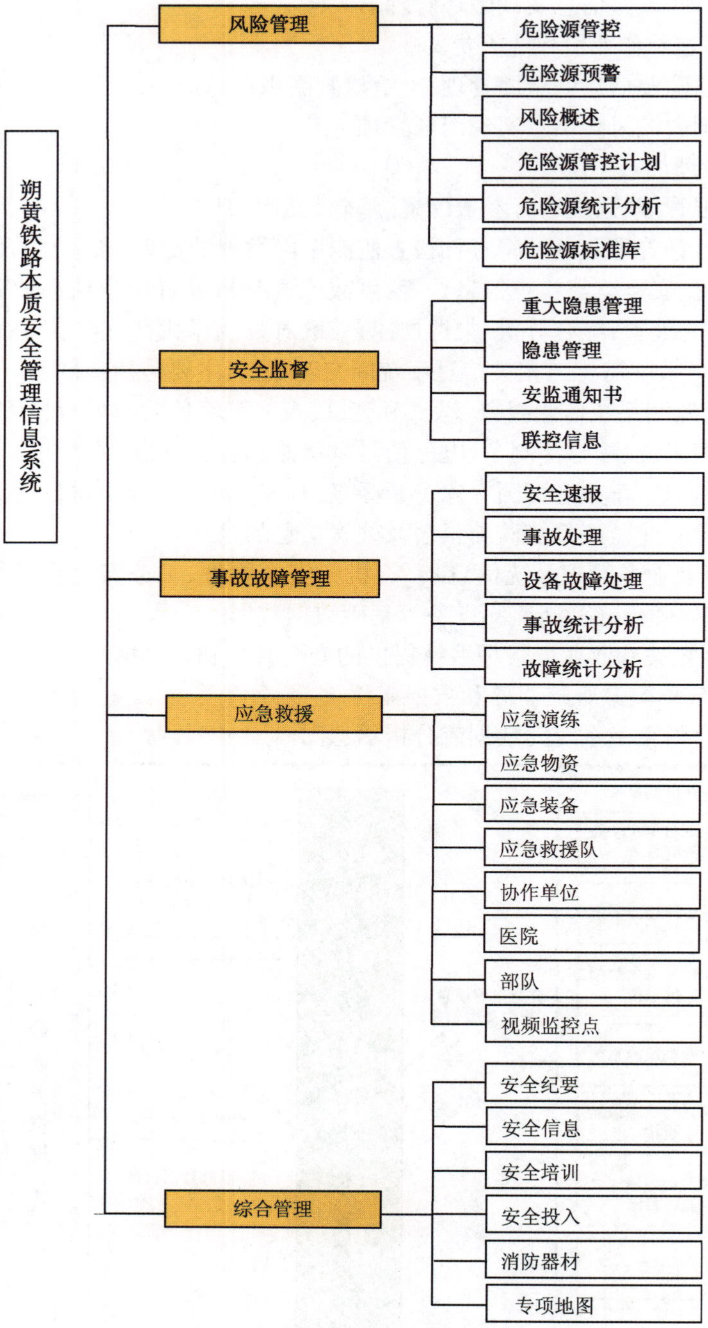


图4-38 系统应用功能设计(一)

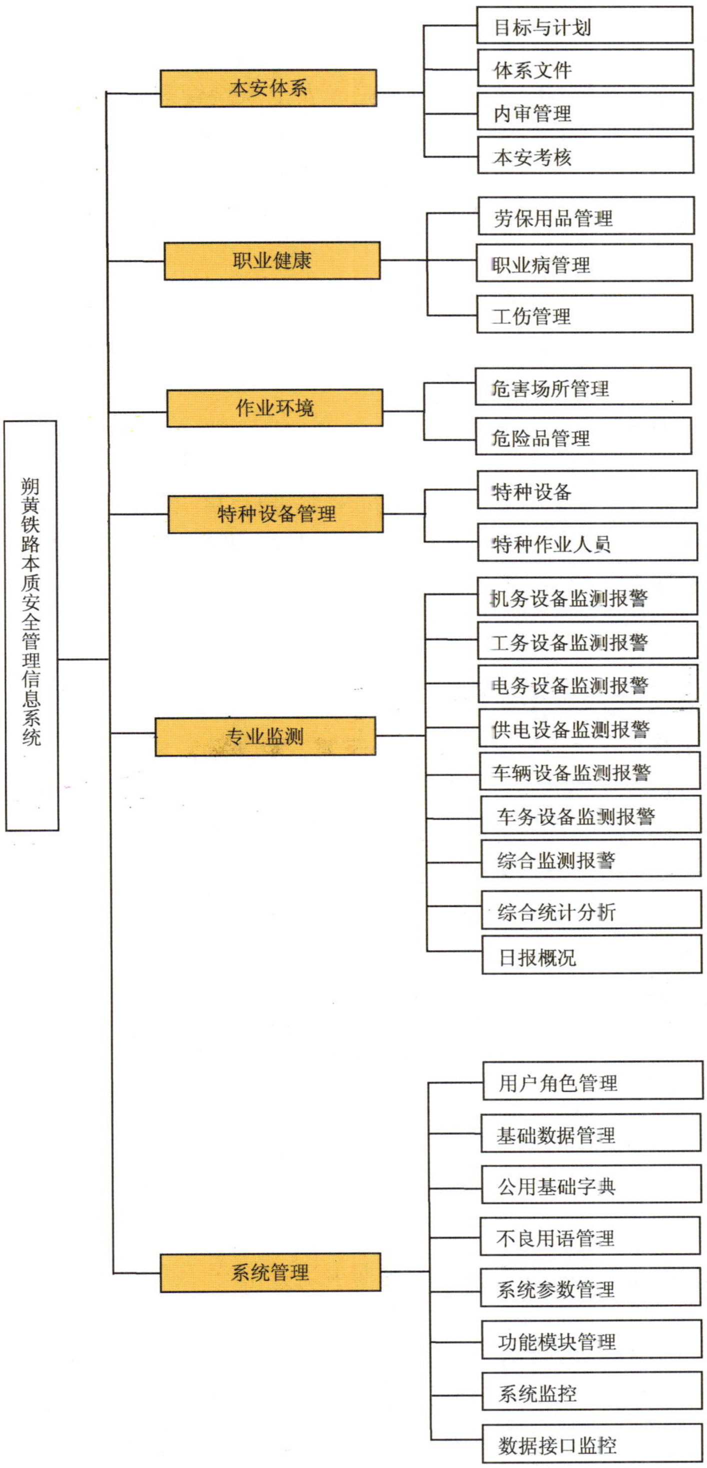


图 4－38 系统应用功能设计(二)

## 三、系统应用

朔黄铁路本质安全管理信息系统需要完成安全风险管理、监督检查、事故调查分析、应急管理、综合管理、本安体系、职工健康、作业环境、特种设备、专业监测等系统功能，以本安体系为目标，以风险预控为核心，以检查检测数据为基础，建设朔黄铁路本质安全管理信息系统，形成安全长效机制，实现企业本质安全管理目标。

1. 风险管理

主要功能包括分级分类检查发现和专业系统导入的危险源闭环处置全过程管理，对危险源整改的动态跟踪及闭环控制，危险源预警及危险源查询与分析，危险源预控库管理。

(1)危险源预控库

通过流程梳理法和事故树分析法对朔黄铁路公司运输安全所涉及的车务、机务、工务、电务、机辆、调度、后勤等相关业务中的危险源进行详细的梳理和确定，对机务、车务、工务、电务、供电、房建、给排水、供暖、食堂、公寓专业和路畅达公司货场、石材厂、加油站、汽修厂10个专业和4个单位主要作业流程、设备、环境的安全风险进行分析评价，针对每一个危险源从发生概率、危害程度两个维度评估风险级别，并确定相应的风险预控管理标准，如自检、巡检频率，危险源责任人，安全分值，隐患整改时限等，通过危险源识别，分专业建立朔黄铁路公司危险源预控库。

(2)危险源数据库

公司、分(子)公司标准库：

① 建立危险源数据库，可以进行增加、修改和删除，经审核后进入系统使用。

② 实现数据库批量导入与删除功能，如EXCEL导入数据库。

③ 分类别、专业、等级、管理对象、设备名称、人的不安全行为、环境处所进行查询、统计，以图形方式显示。

(3)危险源管控

检查发现与专业系统导入的危险源实现自动定位、实时监控、督办整改、跟踪处置等闭环处理，包括危险源录入、督办、审核、审批(延期申请)、申请上级单位解决、整改反馈、销号、查询分析等功能，系统功能可实现公司、分(子)公司、工队、作业组分级分类管理。

① 公司管控

a. 实现数据实时更新功能。

b. 实现人工录入、督办、审核、审批(延期申请)。

录入信息包括序号(自动生成)、报告时间(自动生成)、专业、地点(原站名，可输入)(4字宽度)、类别(选择)、管理对象(原风险来源)、危险源(原风险定位)、风险名称(选择)、风险等级(根据风险名称自动生成风险等级)、处理时限、整改单位(可输入，也可列表选择)、整改负责人(可输入，也可列表选择)、剩余时间、实际处理时间、处理结果、验证人(可输入，也可列表选择)及备注等。

c. 人工录入危险源时，系统根据专业、地点自动定位整改工队(责任单位)，由工队确定整改作业组,由作业组确定整改负责人。公司录入的问题,分公司机关管理人员都能看到和查询出来。

d. 将专家系统检测到的危险源实时、分级、分类、分单位等导入系统。各专业专家诊断系统导入危险源时,系统根据专业、地点自动定位整改工队,由工队指定整改人或作业组(如工队指定作业组,由作业组指定整改负责人)。专家系统导入的危险源,公司、分(子)公司不主动显示,但是可以查询到。工队主动显示。

e. 督办分三级:公司 A 级,分公司 B 级,工队为 C 级,同级(作业组之间、工队之间、部门之间)为 D 级。分别用红、黄、蓝、灰四种颜色区分(红底白字、黄底白字、蓝底白字、灰底白色)。

f. 自动生成风险概述,并以图表等形式展现。

按照各分公司、专业、风险等级、类别和管理对象,分实时和历史(可任选时间)两种显示方式,并具备对比功能。固定时间段分为月、季、半年、年。

g. 分月、季、半年、年动态排序(需要注明序号、专业、风险类别、管理对象、责任单位、风险等级、风险名称、数量),默认排序是风险等级,其次风险名称数量排序(即数量最多排在最前);可按专业、风险类别、管理对象、风险等级、风险名称选定条件的数量排序。

h. 分月、季、半年、年,以责任单位(站区、工队、中心、车站、作业组等)为统计单位,按录入、自动生成、外单位录入、管理单位检查发现的风险、超期整改、超时时间、待整改、已整改、风险预警数量排序(数量最多排在最前)。

i. 数据保存 5 年。

② 分(子)公司管控

a. 实现数据实时更新功能。建立分公司危险源数据库,具备编辑、删除、修改、导出打印功能。

b. 将各类危险源录入系统。

实现人工录入、督办、审核、审批(延期)、申请延缓、申请公司协助解决功能。

录入信息包括序号(自动生成)、报告时间(自动生成)、专业、地点(原站名,可输入)(4 字宽度)、类别(选择)、管理对象(原风险来源)、危险源(原风险定位)、风险名称(选择)、风险等级(根据风险名称自动生成风险等级)、处理时限、责任单位、整改负责人、剩余时间、实际处理时间(自动生成)、处理结果及备注等。

c. 根据要求,自动生成需要各级单位管控的危险源列表。

人工录入危险源时,系统根据专业、地点自动定位整改工队(责任单位),由工队确定整改作业组,由作业组确定整改负责人。分(子)公司录入的问题,分公司所有的人都能看到和查询出来。

d. 本单位不能整改的危险源,可以逐级申请上级单位协助解决。

e. 自动生成风险评估,并以图表等形式展现。

按照专业、风险等级、类别和管理对象,分实时和历史(可任选时间)两种显示方式,并具备对比功能。固定时间段分为月、季、半年、年。

f. 具备危险源多条件分类统计、检索。

分月、季、半年、年动态排序(需要注明序号、专业、风险类别、管理对象、责任单位、风险等级、风险名称、数量),默认排序是风险等级,其次风险名称数量排序(即数量最多排在最前);可按专业、风险类别、管理对象、风险等级、风险名称选定条件的数量排序。

分月、季、半年、年,以责任单位(站区、工队、中心、车站、作业组等)为统计单位,按录入、自动生成、外单位录入、管理单位检查发现的风险、超期整改、超时时间、待整改、已整改、风险预警数量排序(数量最多排在最前)。

g. 数据保存5年。

h. 各级单位危险源控制计划及落实执行情况。

i. 实现分单位危险源控制状态的查询和更新。

③ 工队管控

a. 将各类危险源录入系统。

实现人工录入、督办、审核、审批(延期申请)、申请延缓、申请分(子)公司协助解决功能。

录入信息包括序号(自动生成)、报告时间(自动生成)、专业、地点(原站名,可输入)(4字宽度)、类别(选择)、管理对象(原风险来源)、危险源(原风险定位)、风险名称(选择)、风险等级(根据风险名称自动生成风险等级)、处理时限、责任单位、整改负责人、剩余时间、实际处理时间(自动生成)、处理结果及备注等。

b. 根据危险源,工队指定整改作业组,由作业组指定整改负责人。

c. 工队不能整改的危险源,可以逐级申请上级单位协助解决。

d. 自动生成风险评估,并以图表等形式展现。

按照风险等级、类别和管理对象,分实时和历史(可任选时间)两种显示方式,并具备对比功能。固定时间段分为月、季、半年、年。

e. 具备危险源多条件分类统计、检索。

分月、季、半年、年动态排序(需要注明序号、风险类别、管理对象、责任单位、风险等级、风险名称、数量),默认排序是风险等级,其次风险名称数量排序(即数量最多排在最前);可按风险类别、管理对象、风险等级、风险名称选定条件的数量排序。

分月、季、半年、年,以本工队、作业组为统计单位,按录入、自动生成、外单位录入、管理单位检查发现的风险、超期整改、超时时间、待整改、已整改、风险预警数量排序(数量多排在前)。

f. 数据保存5年。

④ 作业组管控

a. 将各类危险源录入系统。

实现人工录入、督办、申请延缓、申请工队协助解决功能。

录入信息包括序号(自动生成)、报告时间(自动生成)、专业、地点(原站名,可输入)(4字宽度)、类别(选择)、管理对象(原风险来源)、危险源(原风险定位)、风险名称(选择)、风险等级(根据风险名称自动生成风险等级)、处理时限、责任单位、整改负责人、剩余时间、实际处理时间(自动生成)、处理结果及备注等。

b. 根据危险源,由作业组指定整改负责人。

c. 作业组不能整改的危险源，可以逐级申请上级单位协助解决。

d. 按照风险等级、类别和管理对象，分实时和历史（可任选时间）两种显示方式，并具备对比功能。固定时间段分为月、季、半年、年。

e. 分月、季、半年、年动态排序（需要注明序号、风险类别、管理对象、责任单位、风险等级、风险名称、数量），默认排序是风险等级，其次风险名称数量排序（即数量最多排在最前）；可按风险类别、管理对象、风险等级、风险名称选定条件的数量排序。

分月、季、半年、年，以本作业组为统计单位，按录入、自动生成、外单位录入、管理单位检查发现的风险、超期整改、超时时间、待整改、已整改、风险预警数量排序（数量最多排在最前）。

f. 数据保存5年。

(4)危险源预警

① 工队或作业组

同一风险在同一单位，一个月造成三个危险源，风险等级升一级；危险源超周期整改，风险等级升一级。

预警等级升级后，风险等级项变为红色。

② 分（子）公司

危险源预警超过一级时，由安监室调查处理。

2. 安全监督

(1)序号：系统自动生成，具备按"序号"查询、统计、打印功能。

(2)录入时间：录入时的系统日历时间，具备按"时间段"查询、统计、打印功能。

(3)检查单位：采用手工填记，具备按"单位"查询、统计、打印功能。

(4)检查人员：采用手工填记，具备按"姓名"查询、统计、打印功能。

(5)检查时间：按检查实际时间录入，系统提供日历和时间选择框，具备按"检查时间段"查询、统计、打印功能。

(6)检查方式：建立检查方式字典进行选择。检查方式按干部检查制度中规定的"检查方式"制作下拉菜单，从菜单中选择录入。按"检查方式"查询、统计、打印功能。

(7)存在问题或隐患：采用手工填记或从危险源管理数据库中"存在问题"栏内提取或自动转换。

(8)业务分类：建立业务分类字典，业务分类内容包括机务、工务、电务、供电、车务、物业管理公司、其他单位，采用下拉菜单选择相关单位（如，"工务"）；具备按"业务分类"查询、统计、打印功能。

(9)问题性质：建立问题性质下拉菜单进行选择，问题性质分类内容包括安全管理、内业资料、现场作业、人员素质、设备质量、行车安全、人身安全及其他。具备按"问题性质"查询、统计、打印功能。

(10)检查部门（人员）整改建议：采用手工填记。

(11)审核后的整改要求：安委会等会议纪要确定的整改措施，采用手工填记。

(12)整改期限：按整改期限时间录入，系统提供日历和时间选择框，具备按"整改期限"查询、统计、打印功能（系统具备超时提示功能，并用颜色表示整改情况）。

(13)责任单位:建立责任单位下拉菜单,责任单位包括公司各部门、各单位。采用下拉菜单选择录入,(如,“安全质量部”);按“责任单位”查询、统计、打印功能。

(14)责任人:建立责任单位下拉菜单,责任人包括公司领导、各部门、各单位负责人姓名。采用下拉菜单选择录入,具备按“责任人”查询、统计、打印功能(主要指公司主管领导、部门分管领导和各单位负责人)。

(15)整改时间:检查时间:按检查实际时间录入,系统提供日历和时间选择框,具备按“检查时间段”查询、统计、打印功能。

(16)整改情况:手工填记,对整改效果进行描述。

(17)责任单位领导签字:电子签字,建立姓名模板库。

(18)验证记录:手工填记,对验证情况进行描述。

(19)验证人签字:电子签字,建立姓名模板库。

(20)审核销号:销号后画“√”。具备按“√”查询、统计、打印功能。

(21)具备“两个或两个以上关键字段”的组合查询功能。

(22)分级分类安全检查发现的安全问题闭环处置全过程管理,安全检查问题整改的动态跟踪及闭环控制,安全检查信息查询及统计分析,安全检查管理各类统计报表。

3. 事故故障管理

(1)事故调查分析处理

按“四不放过”原则,按《铁路交通事故调查处理规则》进行事故报告,实现事故调查分析、查询、处理、责任追究全过程管理。

① 安监报1(按事规规定填写提报)填报、审核、调查处理。安监室收到安监报1后根据内容,分铁路交通事故、设备故障、其他三类存放系统,根据分类情况,系统自动转化成对应表格。

② 事故调查的原始资料(图片、影音等)存档,每个事故形成完整档案(包括安监报1、安监报2、安监报3、事故调查资料等)。

③ 事故调查处理情况网上通报。

④ 安监报2(按事规规定填写提报)填报、审核、调查处理。

⑤ 安监报3(按事规规定填写提报)填报、补报、审核、调查处理。

⑥ 事故结案及超期预警。

(2)行车设备故障调查处理

行车设备故障报告,实现行车设备故障调查处理、查询、统计处理、责任追究全过程管理。

① 安监报1(按事规规定填写提报)填报、审核、调查处理。

② 行车设备故障调查原始资料(图片、影音等)存档,形成行车设备故障档案。

③ 业务管理部门出具认定书,安全质量部审核。

4. 应急管理(应急救援)

(1)预案管理

① 应急预案的录入、修改。

根据《国家处置铁路行车事故应急预案》及《生产经营单位安全生产事故应急预案编

写导则》(AQ/T 9002—2006)制定综合预案和以下专项预案,并按规定进行审批。

铁路交通事故应急预案:

a. 铁路地质灾害应急预案;
b. 铁路火灾事故应急预案;
c. 铁路防洪应急预案;
d. 铁路破坏性地震应急预案;
e. 铁路危险货物运输事故应急预案;
f. 铁路网络与信息安全事故应急预案;
g. 铁路信息系统应急协调预案;
h. 铁路处置群体性突发事件应急预案;
i. 路突发公共卫生事件类应急预案;
j. 铁路长大隧道突发事件应急预案;
k. 铁路特大桥梁突发事件应急预案;
l. 铁路暴风雨雪雾等恶劣天气应急预案。

② 应急预案的备案与查询。

(2)演练管理

① 年度演练计划的录入。

② 建立演练评价报告模板,统计年度演练完成情况,及预案的改善情况。

(3)应急物资与装备管理

① 建立应急物资与装备信息库,并实现定期更新。

② 实现应急物资与装备信息的展示、查询。

③ 实现应急物资与装备的检查、检验管理。

(4)应急救援队

① 人员管理;
② 工具配备;
③ 工具检查;
④ 出动演练;
⑤ 消防器材变更管理。

5. GIS 地图(综合管理)

(1)待整改危险源专题图;
(2)待整改重大隐患专题图;
(3)雨量计信息实时显示专题图;
(4)危险品分布专题图;
(5)管内危害场所分布专题图;
(6)铁路周边危害场所分布专题图;
(7)消防器材分布专题图;
(8)事故救援相关信息专题图;
(9)视频监测信息专题图;

(10)车站站场平面专题图;

(11)线路综合专题图;

(12)工务动态添乘仪报警实时信息专题图。

6. 本安体系管理

(1)安全目标与计划管理

① 方针。具备集团、公司方针的录入、编辑、发布功能。(发布范围:领导及所有部门单位不进待办事宜。首页显示)

② 目标。具备集团、公司、分(子)公司目标的录入、编辑、删除、导出打印、发布功能。(发布范围可选择)录入由公司、分(子)公司安监室操作。目标分解推进计划表和完成情况以附件形式上传,附件可上传多个。

(2)体系文件管理

① 实现体系文件的导入、查询、发布等管理。公司、分(子)公司安监室具有添加、删除、发布功能。

② 体系文件查询:可以按时间、关键字、分布单位排序查询。

(3) 内部审核管理功能模块

支持内部审核、管理评审等管理活动。具备按受审单位,固定时间和任意时间查询功能。

① 建立内审员信息数据库。建立和维护内部审核人员信息的数据库,具备录入、导入、编辑、删除、导出打印功能。

② 内部审核文件标准条款库。建立和维护内部审核依据文件规定、标准条款库,具备录入、导入、编辑、删除、导出打印功能。

③ 编制内部审核计划表。使用朔企05《内部审核计划》,具备录入、导入、编辑、删除、导出打印功能。发送审核部门可选。可多次审核。

④ 编制内审检查表。使用朔企09《内部审核检查表》,录入、导入、编辑、删除、导出打印功能。

⑤ 开具不合格报告。系统根据《内部审核检查表》选择项自动生成朔企10《内部审核不合格报告》,具备编辑、删除、导出打印功能。内审员(指定管理员)选择发送单位或个人(可选),也可以多级选择发送,由受理不合格报告单位填写原因分析及纠正措施后,发送给内审员,由内审员认可签字。发送给管理者代表审核,审核后返回内审员,由内审员填写验证结果,或者由内审员填写完验证结果后发送给管理者代表审核。归档保存。流转过程中,基本信息编辑、删除功能,只能由填写人修改。

⑥ 内部审核报告。填写《内部审核报告》,具备录入、导入、编辑、删除、导出打印功能,完成后,发送至管理者代表审核后归档。

⑦ 内部审核档案。实现内部评审档案历史查询、导出打印功能。

⑧ 管理评审报告。实现《管理评审报告》录入、删除、查询、导出打印功能。

⑨ 相关表格。存储相关表格,具备相关表格上传、下载功能。

(4)本安考核

① 考核标准数据库:

a. 建立考核数据库,可以进行增加、修改和删除,经审核后进入系统使用。

b. 可实现数据库批量导入与删除功能,如 EXCEL 数据导入数据库。可实现数据实时更新功能。

c. 考核标准数据库维护、发布,可实现数据实时更新功能。建立并维护公司、分公司本质安全管理体系考核评分标准,将体系管理、危险源辨识、人力资源管理、保障能力建设、运输调度管理、施工管理、应急管理、监督检查、持续改进这 9 大项及其中的要素、扣分标准、设计分值、权重信息保存到信息系统中,并提供增减、修改功能。

d. 考核标准数据库查询

② 考核管理:

a. 支持内部审核、达标考核、管理评审等管理活动。实现公司、分公司本安体系考核。

b. 考核评分。检查人员可以录入评价指标的检测考核记录,系统自动生成考核评分汇总表。

c. 考核查询。公司、分公司各单位、部门相关人员可以查询历史考核结果,查看考核排名情况。

7. 职业健康管理

(1)劳保用品管理

实现劳保用品的采购与发放管理。根据预警状态,系统自动辨识危险源,导入危险源管控流程。

(2)职工健康管理

职工职业安全健康档案的登记与查询,包括职业病和工伤登记查询统计报表

8. 作业环境管理

(1)实现管内危害场所信息的录入、管控、查询、预警、删除、导出打印等功能,并根据危害场所地点在 GIS 地图上标注,内容包括:地点,场所名称,危害类型,检测结果,所属单位。

(2)实现铁路周边危害场所信息的录入、管控、查询、预警、删除、导出打印等功能,并根据危害场所地点在 GIS 地图上标注,内容包括:地点,场所名称,潜在危害,所属单位。能够链接至管控表。

(3)危害场所根据地点在 GIS 地图上标注,标注场所名称,危害类型,危害级别,检测状态,所属单位

(4)检测不达标场所跟踪整改

实现对检测不达标场所的跟踪整改情况编辑、查询、管控功能。

(5)实现危险品信息的录入、查询、删除、导出打印等功能,根据危险品存储地点在 GIS 地图上标注,标注危险品名称,危害类型,危害级别,检测状态,所属单位

9. 特种设备管理

(1)特种设备管理

实现对特种设备档案管理(台账编辑、查询、统计、导出打印)的功能。

(2)特种人员管理

特种作业人员档案管理(编辑、查询、统计、导出打印)。

10. 专业监测

(1)对收集的各专业业务系统监测报警信息进行转换和效验,完成联网评判及相关数据关联等集成处理,建立监测信息库,提供信息查询和综合运用的数据基础,同时提供数据接收情况的汇总信息,掌握各专业报警信息收集的动态情况。

(2)设备故障报警信息统计。在统计周期内,将设备报警信息统计汇总,分类统计出各类故障报警和预警的次数,通过统计结果掌握设备故障的分布规律,为制订下一阶段的维修计划提供科学的依据。

(3)分级、分类查询设备报警监测信息,按时间、专业、监测系统、管辖地域、铁路线路、车次车辆、报警级别等进行灵活的专项或综合查询,可以进行历史数据查询。

(4)对重点监测对象的监测信息及处置跟踪监督,需要督办的进入风险预控管理流程。

对设备监测报警信息处理实行整体规划,分层接入,按需进行督办,并自动分类、分专业、分等级进入风险预控管理流程。实现雨量监测、工务动态添乘仪、微机监测智能分析与故障诊断系统接入。

11. 系统管理(略)

## 第十节　朔黄铁路安全管控信息技术实例

朔黄铁路安全管控(ESC)信息技术的应用包括:"5T"、列车动态监控、电力远动、车站无线调车、计算机联锁、微机信号监测、无线车次号、调度集中、视频监控、应急救援、网络安全、生产本质安全管理等系统。安全管控信息技术主要应用实例如下:

(1)红外线系统。朔黄铁路从 2004 年开始,安全管控信息化分期建设,特别是"5T"系统的红外线系统。红外线轴温智能探测与车号识别设备(见图 4－39)建设,实现红外线系统与车号系统两个平台结合,填补了国内空白,为运输提供实时动态基础信息源,消灭运输数据人为误差,为朔黄铁路运输智能化打下坚实的基础。红外线系统共建设 51 探测站,73 套车号识别站,2009 年实现万吨重载运输,解决了 240 辆超长能力升级改造,现在具备 500 辆探测能力。红外线与车号识别技术,解决关键技术 4 项,其中 2 项获得国家软件著作权,采用最新光电隔离防雷击术消灭了公司多年来红外设备雷击惯性故障,保证了运输安全。目前,创新的 IP 网络技术已经成为行业新标准,全国推广应用,公司实现安全运输 13 年无切轴事故历史纪录。

图 4－39　车号－红外设备图

（2）铁路车辆走行部故障状态监测系统（TFDS）。2008 年投入使用，可发现车辆走行部故障、钩缓故障及车辆底架故障等问题，通过实时视频信息，对故障车辆及时报告列检人员检修，防止故障车辆出轨和对轨道设施的损坏；分析潜在的车辆隐患，制订合理的维护计划。

（3）铁路车辆状态监测系统（TPDS）。2009 年投入使用，可发现车轮冲击力异常、车辆超偏载及车辆转向架失稳等问题，通过实时报警信息，及时为故障车辆制订在线维修计划，最大化地防止列车出轨和对轨道设施的损坏；通过追踪分析车轮的历史数据，分析潜在的列车隐患，制订合理的维护计划。图 4－40 是 TPDS 监控界面图。

| 公司 | 线别 | 探测站 | 方向 | 车次 | 过车时间 | 均速（km/h） | 总辆数 | 报警辆数 | 运行状态不良（辆） | 超载（辆） | 左右偏（辆） | 前后偏（辆） | 踏面损伤（辆） |
|---|---|---|---|---|---|---|---|---|---|---|---|---|---|
| 朔黄 | 朔黄线 | 行别营 | 下行 | 657 | 2010-09-01 16:22 | 65.46 | 66 | 0 | 0 | 0 | 0 | 0 | 0 |
| 朔黄 | 朔黄线 | 原平南 | 下行 | 2021 | 2010-09-01 16:27 | 67.52 | 54 | 0 | 0 | 0 | 0 | 0 | 0 |
| 朔黄 | 朔黄线 | 鑫县 | 上行 | 674 | 2010-09-01 16:24 | 75.54 | 66 | 0 | 0 | 0 | 0 | 0 | 0 |
| 朔黄 | 朔黄线 | 鑫县 | 上行 | 862 | 2010-09-01 16:17 | 75.56 | 66 | 0 | 0 | 0 | 0 | 0 | 0 |
| 朔黄 | 朔黄线 | 行别营 | 下行 | 787 | 2010-09-01 16:11 | 66.93 | 66 | 0 | 0 | 0 | 0 | 0 | 0 |
| 朔黄 | 朔黄线 | 原平南 | 下行 | 12059 | 2010-09-01 16:08 | 67.18 | 54 | 0 | 0 | 0 | 0 | 0 | 0 |
| 朔黄 | 朔黄线 | 行别营 | 下行 | 2127 | 2010-09-01 15:58 | 66.19 | 52 | 0 | 0 | 0 | 0 | 0 | 0 |
| 朔黄 | 朔黄线 | 鑫县 | 上行 | 874 | 2010-09-01 15:56 | 77.51 | 66 | 0 | 0 | 0 | 0 | 0 | 0 |
| 朔黄 | 朔黄线 | 原平南 | 下行 | 731 | 2010-09-01 15:58 | 67.18 | 66 | 0 | 0 | 0 | 0 | 0 | 0 |
| 朔黄 | 朔黄线 | 鑫县 | 上行 | 26 | 2010-09-01 15:50 | 77.57 | 66 | 0 | 0 | 0 | 0 | 0 | 0 |

图 4－40　TPDS 监控界面图

（4）轮轨界面力跟踪系统（IFTS）。2010 年投入使用，IFTS 可即使发现车轮冲击力异常、车辆超偏载及车辆转向架失稳等问题，通过实时报警信息，及时为故障车辆制定在线维修计划，最大化地防止列车出轨和对轨道设施的损坏；通过追踪分析车轮的历史数据，分析潜在的列车隐患，制订合理的维护计划。

（5）可视化运输系统是公司安全管控的重要组成部分，包括运输设施、生产区、流水线、治安防范和生活区安防。主要分布在站场、咽喉、运转室、关键地点、重点桥梁、隧道、道口处等。视频监控分为中心控制和区域控制两种模式，中心设在公司沿线派出所和关键值班室设属地控制。共有 41 各车站，163 个重点桥梁隧道道口，监控点共 464 处。可视化运输系统将运输、生产过程监控和铁路治安防范结合起来，减少重复投资，职责分明，共同关注，形成生产安防信息共用，从列车接入到交出整个运输过程透明，整个安全布控可视，整个生产过程可控。图 4－41 是视频监控集成图。

图 4－41　视频监控集成图

图 4－42 供电远动作业图

(6)电力远动系统。2004 年投入使用,远动系统可对沿线变、配电所遥信量、遥测量的采集,通过编制集中操作卡片实现天窗停送电的集中操作,技术人员利用远动系统修改保护装置的各项定值,改变运行方式更换灵活、快速。电力调度员通过自动分段开关可以快速查找贯通线的故障区段,节省供电工区查找故障的工作量。图 4－42 是供电远动作业图。

(7)计算机联锁系统。2009 年开始分步实施,系统具有检错、诊断、储存、记录等功能,设备维修简便,故障诊断准确,能再现进路办理、车列行走过程,还可进行故障记录、报警和打印。提高了信号联锁制式的等级,并可为其他运输系统提供可靠的信号设备信息。

(8)信号微机监测系统。2009 年开始分步实施,系统能够实时、动态、准确、量化地对信号设备进行在线监测,反映信号设备的运用质量、结合部设备状态,并对状态信息进行储存、查询、重放、报警,对于防止违章作业,分析判断故障,尤其对分析发现潜伏性故障、瞬间故障和间歇性故障提供重要的手段和依据,为确保运输安全发挥着重要作用。

(9)列车动态监控系统(见图 4－43)。列车动态监控系统是公司的集成创新,通过领导挂帅,信息中心主持的科研项目,2007 年立项,2009 年完成通过集团验收,集成创新,铁路行业第一个实现了铁路运输信息“地对车、车对地、车对车”双向互通,将运输信息一体化。列车动态监控系统利用 2G/3G 网络构建信息传输平台,车载单元将列车速度、公里标等运行中的关键数据直接传输到地面中心。地面中心统一管理、保存接收的在线列车运行数据,以电子地图、动态复视等多种手段实时反映列车的地理位置和机车动态信息等。地面中心可向在线运行列车下达调度命令、警示信息及注意事项等,提醒或指导机车司乘人员执行相关操作。司乘人员可通过机车电话和地面中心联系,汇报列车运行状况或咨询事故解决方案;地面中心也可通过机车电话向机车传达重要信息,从而为车地之间提供了一个高质量的语音通话平台。

(10)调度集中系统以重载铁路运输指挥控制方式为中心,具有列车运行监视、车次号自动跟踪、到发点自动采集、实际运行图自动生成、调度命令网络下达、车站行车日志自动生成等功能,实现了车站信号设备的集中控制、列车进路的按图排路,从根本上解决了列车冲突、列车相撞、向占用区间发出列车、向占用线接人列车、未准备好进路接、发列车、未办或错办闭塞发出列车等铁路重大恶性事故的发生,极大地提升了运输生产安全保障能力。图 4－44 是调度指挥图。

图 4－43　列车动态监控系统

图 4－44　调度指挥图

（11）朔黄铁路综合运输信息系统包含 30 多个业务应用系统，传统方式为各自为政，独立建设，信息难以共享，投资较大，不能充分发挥效益。朔黄综合运输信息系统结合了公司实际情况，集成了铁路多年运输管理经验，总结了国内铁路传统应用的技术，综合了集体的智慧，实现公司运输生产、安全管控、路网维护、综合管理等方面一体化，形成动态监测、静态检修、天窗施工一体化管理，将运输效益最大化。图 4－45 是综合运输系统界面图。

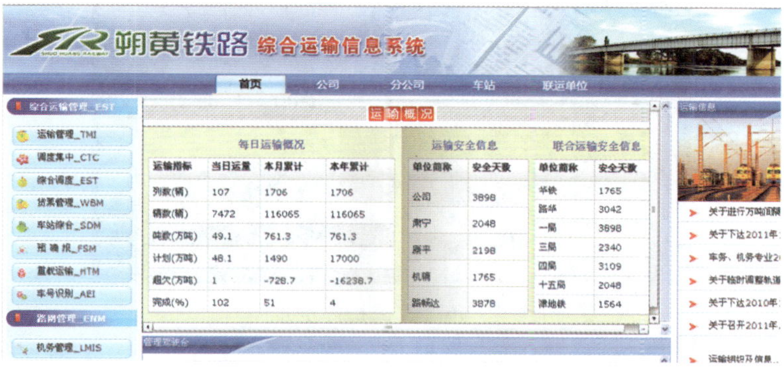


图 4－45　综合运输系统界面图

（12）电子闸楼系统。机车出入闸楼信息依靠值班员传统手工操作方式，4 班制作业，对于偏远独立的闸楼值班员 24 h 单调操作，枯燥繁杂，一年闸楼在采暖空调等费用较大，浪费人力财力。根据实际需求，各级主管人员反复研究论证，提出采用一种新图像识别和既有车号技术结合方式解决这一难题，形成无人电子闸楼系统。这样可提高机车出入库效率，并与既有机务信息系统集成，使调度、司机、整备等有关人员可在网上及时准确掌握机车出入库状况，提高公司机车安全管理水平。电子闸楼系统主要由闸楼分界口轨边设备、管理中心设备、外部数据接口三大部分组成。轨边设备主要包括智能相机，用于机车车号图像采集及识别；数据处理中心主要包括数据处理服务器、接口服务和各种应用设备。

（13）车号自动识别信息系统，能够实时、准确地反映铁路车辆、列车、机车运行位置的原始信息，利用车号自动识别信息与调度指挥系统、确报管理系统、货票系统的信息、运输清算相结合技术，为铁路的运输组织和管理现代化更有效地发挥作用。系统将传统的红外线轴温探测与车号识别技术集成，利用 IP 网络技术形成统一的平台，实现了红外线轴温探测与车号自动识别信息两个系统平台结合的目标，填补了国内空白，为朔黄铁路公司运输智能化打下坚实的基础。目前，创新的 IP 网络技术已经成为铁路行业新标准，全国正式推广应用。

(14)救援指挥系统。目前国际对于铁路应急保障卫星技术是关键，并将卫星技术应用于列车追踪、标准授时、应急救援和地理信息服务。目前朔黄铁路公司将卫星技术应用运输安全保障和应急救援中，主要有：资源卫星应用综合地理信息，将铁路地貌险情监控和区域气象预报；GPS 定位卫星应用与列车追踪、调度指挥、系统时钟服务；海事通信卫星应用于应急救援服务、远程通信指挥；海事救援系统形成建立空地立体救援信息系统。海事救援系统主要由海事卫星设备、多媒体图像处理便携主机、无线数字图像传输设备（发射机、接收机）和摄像机组成，分别装设久远列车、公务列车中，肃宁、原平、机辆分公司安监室分别装备手持终端。由于形成了朔黄铁路空—天—地一体化系统，创造了朔黄铁路 13 年无重大事故安全运输生产记录。图 4 – 46 是救援指挥示意图。

图 4 – 46　救援指挥示意图

(15)灾害预测预报系统。灾害预报系统是利用数字朔黄数据库，集合雨量检测系统、气象预报系统、空间地理信息等，通过国家气象灾害预报系统数据传递，对于特殊时期，每 2 h 更新数字朔黄信息库，网上实时发布气象预报信息，形成灾害预测预报系统。图 4 – 47 是灾害预报系统预报示意图。

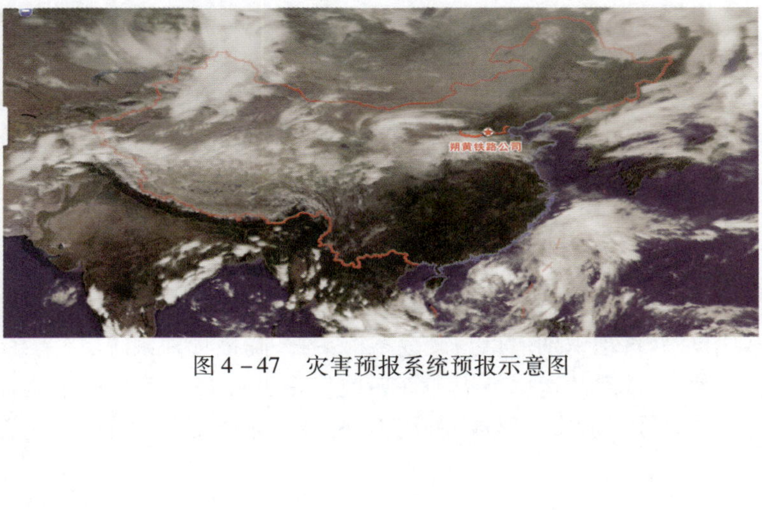


图 4 – 47　灾害预报系统预报示意图

(16)应用综合检测列车实现状态修。综合检测列车包括地面中心和检测列车两部分,主要功能:对路基道床结构质量、轨道几何参数、钢轨伤损及磨耗、线路表面状态、车辆动态响应、接触网几何参数及接触线磨耗、弓网动态作用、列车运行环境、红外线轴温探测设备以及无线场强等数据进行实时检测,并对各专业检测数据进行时空同步定位。各专业检测数据传输、存储到地面中心进行综合处理分析。这是重载铁路的养护维修决策支持的重要手段。列车组成及各车功能如下:

1 号车:检测室内主要系统包括钢轨超声波探伤系统、线路巡检系统、环境监视系统、无线场强检测系统。

2 号车:检测室内主要系统包括列车专用网络中心、定位同步系统、环境视频信息采集处理系统、轨道检测系统、钢轨波浪磨耗检测系统、接触网检测系统、路基道床检测系统。

3 号车:主要包括红外轴温探测设备检测系统、环境监视系统、发电设备、休息室、工具室等。

图 4-48 是综合检测列车系统图。

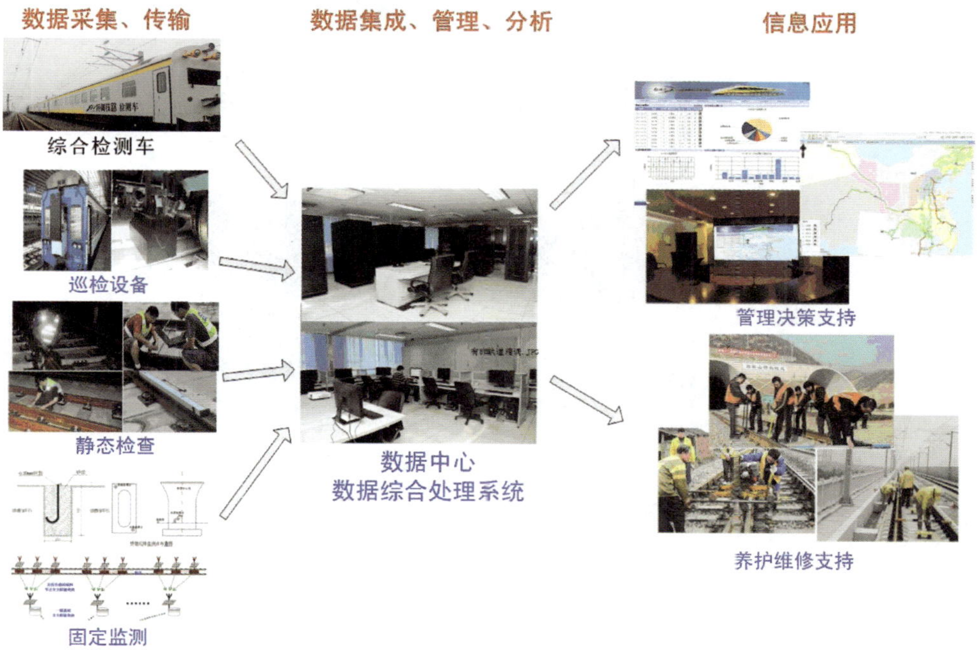


图 4-48 综合检测列车系统图

(17)信息化实现安全管理,风险预控。本质安全管理信息系统是安全生产管理与先进的精细化信息技术密切相关的系统工程,控制公司、分公司、工队、作业组 4 级。通过本质安全管理信息系统的实施,规范了企业安全生产流程,统一安全生产数据,打造公司数字化管理基础。利用系统化的管理理念把危险源信息、隐患信息、事故信息与专业设备监测信息整合,为安全管理决策层提供数据平台,为公司各级多层面的高效管理提供信息手段。几年来,公司通过建设安全管控板块,完善“5T”系统、调度监督系统、风险管理系统

24 项，截止到 2013 年底实现安全天数 5 000 天。

本质安全管理信息系统包括环境信息、风险评估、风险应对、内控、监控预警、综合考评、信息沟通。企业开展风险管理对基本信息、影响企业运营和战略决策层面的各种风险进行分类、定性分析和定量分析，风险评估各个业务部门和风险管理专职部门共同参与风险评估工作，确定企业真正需要关注的重大风险及其等级。结合风险应对使企业实现对所有重大风险的有效监控和持续管理改进。企业各级领导人通过“风险驾驶舱”中仪表盘的告警指示，准确把握企业各项经营指标的变化以及相应的各风险影响因子的变化。通过对经营指标变化趋势的量化预测，提供给企业领导人前瞻性的信息，使企业能够提前采取措施，保证企业战略目标的顺利完成。通过评价环节明确风险管理存在的问题，加以改进，逐步提高风险管理水平和实际效果。

图 4－49 是本安信息系统界面图。

图 4－49 本安信息系统界面图

# 第五章　重载铁路运输生产管理信息技术

重载铁路运输生产（EST，Enterprise Synthesize Transportation）板块信息技术应用包括：车号自动识别系统、铁路货票管理信息系统、列车预确报系统、车站综合管理信息系统、货运管理信息系统、运输管理信息系统、货车和货物动态追踪管理信息系统、综合调度系统、数据中心、铁路运输统计与清算信息系统、综合运输管理信息系统、调度通信系统等16个系统。本章介绍其中的12个系统。图5－1是运输生产（EST）板块系统构成图。

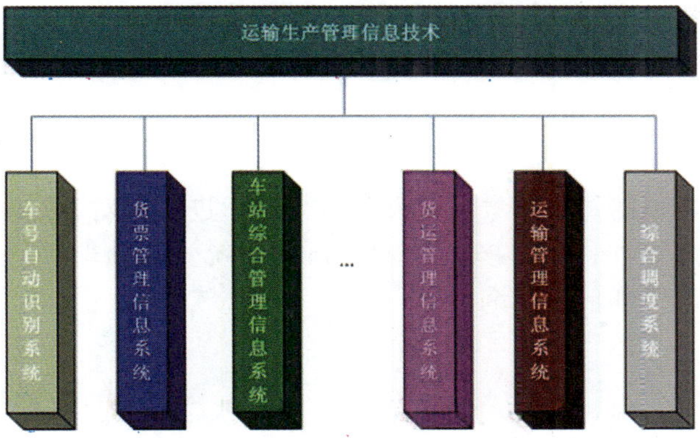


图5－1　运输生产板块系统构成图

## 第一节　车号自动识别系统

车号自动识别系统对提高铁路机车、车辆、集装箱的使用率、利用率及运输管理水平有极其重要的作用。系统结构简单，维护方便，便于功能扩展，是实现铁路运输管理和列车车辆管理现代化的重要基础。车号自动识别系统采用微波反射调制技术、变型FSK编码技术，与国际标准接轨，将计轴、计辆、测速、测距等技术与车号自动识别技术相结合，实现标签定位。

### 一、系统构成

系统主要由电子标签、地面识别系统、复示终端设备、信息跟踪查询终端、标签编程系统、中央数据库管理系统等部分组成。

1. 货车/机车电子标签

标签内部存储器中存有车号信息及车辆技术参数信息。标签安装在机车、货车底部的中梁上，由微带天线、虚拟电源、反射调制器、编码器、微处理器和存储器组成。每个电子标签相当于每辆车的“身份证”。

2. 地面识别系统

地面识别系统(AEI)由车轮传感器、天线、RF 射频模块、读头、电源防雷装置、信号及通信防雷装置等部分组成。其中,车轮传感器、天线安装在线路上,地面识别设备安装在铁路干线运行区间、分局交界口、编组站出入口,实时准确地完成列车的识别,并将识别出的标签信息及辅助信息通过通信电缆传输至中央处理设备和终端设备。

3. 集中控制管理计算机系统及复示终端设备

由计算机、打印机、通信模块及软件构成。安装于编组站、交界口车站及列检所等场所,完成对列车标签信息的显示功能。提交各个有关部门使用。

4. 信息跟踪查询终端设备

信息跟踪查询终端设备设在公司车辆调度中心,查询车辆跟踪管理信息及车辆的运行区间位置,查询车辆检修状况信息报告、交界口车流统计结果等。

5. 标签编程系统

标签编程器是标签安装前,将车辆信息写入标签内存装置,可在车辆部门或车辆工厂进行编程写入,操作数据对用户开放。

6. 中央数据库管理系统

把标签编程站申请的每批车号与中央车号数据库进行核对,对重车号则重新分配新车号,再向标签编程站返回批复的车号信息。既集中统一的处理、分配和批复车号信息,同时又是一个信息管理和信息查询中心。

## 二、工作原理

1. 地面识别系统的技术关键——微波反射技术

当列车即将进站时,列车的第一个轮子压过开机磁钢时开始计数,速度大于或等于 6 km/h,此时开启微波射频装置(RF),微波射频装置在没有列车通过时保持关闭状态。微波射频装置开启后,安装在轨道的地面天线开始工作,向每辆车底部的电子标签发射微波载波信号,激活标签,识别标签。首先,标签在微处理器控制下,将标签内信息通过编码器进行编码,通过调制器控制微带天线,开始向地面发射信息;地面天线立即接收发射回的标签内信息,并传送到铁路旁的探测机房;由机房内无人值守的地面设备读出计算机将接收到的已调波信号进行解调、译码、处理和判别;然后将处理后的信息送入车站机房的 GPS 集中管理系统。当列车的最后一辆车的轮子压过关门磁钢时,关闭射频装置,准备下次车辆到来时工作。GPS 系统对多台识别设备进行管理,按照铁路 TMIS 的通信协议规程,将识别后的信息向铁路信息系统传送,即向目的地存储转。

2. 信息处理 CPS 多线程多目标存储转发

CPS 具有多线程多目标存储转发机制的特点。可以同时向多个目标发送报文,具有较高的发送效率;CPS 转发程序具有准确无误、不丢失报文的特点,有一定的实时性,是一个存储转发装置。当 CPS 收到报文时,转发程序立刻向各个预定义目标发送报文,如果此时到达某个目标的网络线路不通,转发程序会把未成功发送的报文存储起来,等线路通时,转发程序自动把以前未成功发送的报文发送出去。转发程序的文件传输基于 TCP/IP 协议。高层传输协议使用 FTP 协议或 CPS 自定义协议。对于主机操作系统如 UNIX、

OS/2、WINDOWS 等具有 FTP 服务程序的操作系统，使用 FTP 协议传输报文，对 WINDOWS 不带 FTP 服务程序的操作系统，在其上安装转发系统配备的 CPS 报文接收程序，使用 CPS 自定义协议传输报文文件。CPS 转发程序具有广泛的适用性，是车号自动识别系统中一项重要的软件工程。

3. 防止标签出现重号错号的技术——容错

出现重车号不但会严重影响车号信息的使用效果，而且会造成车号自动识别系统整个工程的失败。建立一套完善的、严格的、科学的管理制度和作业流程，避免标签出现"重号、错号"。在计算机方面，要求开发出的标签编程管理软件应具有合理的流程、严密的防错、纠错及容错技术。下面是几项主要的容错技术。

(1)"相关项目一致性"校验法

对一辆车的信息输入完毕后，系统纠错。如果车号范围为 3 000 000—3 499 999；选择了棚车的车种，而却输入了一个 4 300 00 的车号，则认为该号为错号，确保相关联的项输入一致，对保证车号输入的准确性加了一道防线。

(2)"重要项目两次输入一致"校验法

在标签编程站，车号是最重要的输入项。为了避免误操作造成的错车号，对车号要进行两次输入两次校验。第一次输入校对后，如果提示"输入正常"信息，则输入框内的输入信息被清空，再将"现在车号"进行第二次输入，再校对。然后再按[两次输入一致]校验键，比较两次输入的车号，如果无异常提示信息，两次输入车号完全一致，车号输入正确，可进入下一车辆的信息输入；不一致时，需重新输入两次车号，直至正确。

(3)"比较过滤"校验法

每个标签编程站确保输入的一批车号信息正确无误后，可向中央数据库申请此批车号的批复。当部数据库接到申请后，采用"比较过滤"法，自动把申请的车号逐一与中央车号库进行比较，如果申请的车号已经被分配过了，说明申请的车号为重车号，必须过滤掉此车号，即此车号不再分配，则重新分配一个新车号；不重号的仍用原申请车号。最后部中央库将批复的此批车号反馈回标签编程站，由信息编码计算机输出到标签编程器，并写入到编程器上安置的电子标签内；同时将打印的 3 份标签内容记录贴在标签正反面和附表上；再把贴好的标签拿到站段对号入座地安装在每辆现车底部中梁的指定位置上。全部安装完毕并检验无误，上网向部中央库再次确认此批车号，此批确认后的车号不再分配，这样才能避免已分配过的车号再被重新分配。

(4)"理论与实际结合"校验法

一列车的每辆车的标签安装完成后，在安装现场由检查员、验收员进行检查验收，他们使用便携式读出器逐一复读出每辆现车车底标签内的信息后，首先仔细与现车车体记录及安装单逐一核对；再将便携式读出器送到标签编程站，由计算机读出其内存的内容，并自动与计算机存储的有关车号的信息核对，如果无异常提示信息，说明实际工作中车号标签没有错装、重装现象，核实结果证实"理论"与"实际"相一致。

(5)"断点续接"容错技术

有时编程系统发生故障(断电、死机、机器故障等)，如果防范措施不当，就会出现重传、重输、漏传和漏输的现象，重车号错车号也就难以避免，甚至造成标签编程系统工作混乱，从而影响整个车号自动识别系统的顺利进行。在标签编程站，比如车号信息还未完全输入，系统发生故障，待系统恢复后，通过采用断点续接技术，计算机能够把新输入的车号信息与以前已输入过的车号信息自动连接在一起。

车号全部输入完毕，在向中央数据库中央库申请车号批复时，系统出现故障或线路中断时，同样待系统恢复正常后，采用断点续接技术，系统会自动从断点处继续申请批复车号，故障前已申请的车号无须重新申请。计算机在向标签编程器的标签写入车号信息时，如果发生故障，故障排除后，同样利用断点续接技术，还可以从断点处继续写入，无需重写，即以前的标签编程有效，标签既不会作废，也不会漏写、重写和错写信息。

## 第二节 铁路货票管理信息系统

铁路货票是铁路公司内部和用户清算的依据，是铁路运输管理信息系统的重要组成部分。货票管理系统包括普通现付国际联运水陆联运等货运制票软件，用于有货运制票业务的所有货运站（含报告点和非报告点）、有货运业务的临管线、合资铁路股份制铁路、地方铁路制票站联营制票点、面向货主设立的咨询点等；公司建库子系统用于各公司建库和共享；中央处理子系统用于中央数据库，在中央数据库建立中央完整货票库，最终实现全系统货票共享。系统运行在多种操作系统多硬件平台上通过网络集成，将所有货票信息综合到一起，以货主咨询计划和运单接入→制票→发送公司→中央数据库→到达公司→到站→卸车及到达查询信息流为基础，完成整个货运过程的货票信息管理。货票管理信息系统以下简称货票系统。

### 一、系统功能

1. 基层货运制票系统

具有运单计划数据的录入或网络接入功能，根据铁路运输规章填制货票，采用预进、非预进方式完成整车零担、集装箱货票信息输入、修改径路里程、计算费用、计算打印货票、存储货票信息等一系列操作，完成整个制票操作过程；具有货票综合处理功能，完成本站范围有关运输财务和统计处理；具有信息转储与传输功能，为收入审核公司精密统计以及中央货票库提供原始信息；具有丰富的维护功能，完成各种基础文件参数字典的维护工作。

2. 公司货票系统

接收基层车站的制票信息，在公司计算中心的服务器上建立管内货票库；将公司货票信息实时或者阶段报告中央数据库中央货票系统；对管内发到的货票信息进行整理，在管内以车站为单位进行交换；接收中央系统转发来的外局到达本管内货票信息，和管内发到货票信息一起转发终到站；利用公司货票信息库实现管内货票信息共享，具有管内货票查询统计功能。

3. 中央货票系统

接收基层车站（或公司）以消息或文件方式报告来的货票信息，在中央数据库中央主机建立完整货票库；对跨公司（局）发到货票信息进行分类整理，以标准格式按照到达处理文件生成统计结果。

货票系统从用户观点分为四级，即用户、车站、公司、中央数据库，其功能侧重不一样：从软件策略上按照基层和中央处理分为两级，基层系统侧重于信息产生和报告，中央系统侧重于建库和共享公司系统。若作为一级系统考虑，只是处理的信息范围和面向的对象不一样，在功能上相当于中央系统的一个子集系统结构。

## 二、货票信息

1. 货票信息收集

货票信息要实现全系统高度共享，发挥其整体效益必须要求达到百分之百进入系统；对于基层制票源点，均按照规定的标准 80 列格式报告发送货票信息；货票发送报告采用实时传输和阶段传输两种方式，信息组织采取消息方式或文件方式，以文件方式为主；基层信息源点分为联网报告点和非联网报告点两种类型，对于联网点，要求货票信息及时报告公司，并接力转报中央处理系统，对于非联网点又分为有无机器两种情况，即配有计算机的采用软盘或其他通信方式，没有计算机的采用送票据方式到车务段集中报告系统，投入运行之后所有货票应在 24 h 内 100% 入库。

2. 货票信息转发

中央系统按照到达组织文件，第一步转发到达公司，第二步由公司转发到站。货票信息的转发采用阶段方式，数据组织采用中央数据库统一的标准格式。

3. 货票信息存储

在中央数据库中央货票处理系统，前置机负责货票信息接收转发，并进行预处理，前台存放用于运输指挥所必需的摘要货票信息，为实时追踪系统的处理后台存放完整货票信息，面向集团使用的完整货票信息在中央货票库，即公司管理系统，信息中心存放公司（或局）产生的完整货票信息、外局到达的货票信息，为本公司（或局）提供信息共享。在基层车站，车站货运制票系统只存放本站的制票信息，到达货票信息存放在车站货运系统。

## 三、系统建库

1. 中央货票库

中央货票库采用货票信息库，记录定长，处理内容以目前货票票面信息为基础，包括现行货票信息和运单（订单）内与运输密切相关的一些内容，以及整个运输过程中与货票信息有关的变更修改、到达和交付等信息。由于货票是有价证券，所有货票修改信息应以不能覆盖原始信息为准则，为此需要另设子库，记录修改轨迹信息，为提高查询和统计响应速度，增设摘要统计库，对常用数据进行预处理。

2. 公司货票库

根据各公司的设备环境，在公司信息中心建立货票信息库，包括：管内发送货票库到达管内货票库中转，货票库数据结构与中央库结构保持一致。

3. 基层货票系统数据文件

基层制票车站保留各自的发送货票数据，各种货票共用相同的数据结构，不同种类的货票要对一些字段进行重定义，发送货票库不可修改，修改信息不能覆盖原货票记录，鉴于收入审核的特殊要求，车站货票信息采用二进制文件存储。

## 第三节　列车预确报系统

铁路列车预确报是列车预报和列车确报的总称。列车预报是铁路调度指挥中心（调度所）间、铁路调度指挥中心（调度所）和车站间为编制日班计划的需要而相互通报计划到达列车的信息。列车确报是铁路调度指挥中心（调度所）、车站和司机间相互传递列车编组、到站时间等信息。

调度计划是调度日计划和班计划的总称。日计划是当日 18 时至次日 18 时的运输工作计划。日计划又分为两个班计划，当日 18 时至次日 6 时为第一班计划，次日 6 时至 18 时为第二班计划。调度日班计划由货运工作计划、列车工作计划和机车工作计划组成。货运工作计划包括：各站卸车数，各站按发货单位、品名、到站别的装车数，重点直达列车、集装箱直达列车、企业自备直达列车和成组装车的列数、组数及车数，装卸劳力、机械调配计划和篷布运用计划。

确报系统是由计算机系统自动生成确报，通过计算机网络实现确报传输，在车站与车站、车站与调度指挥中心（调度所）、铁路与铁路之间交换预确报信息，构建确报网络系统，可以将确报点直接设在车站的各个车号室、计划指挥台、铁路调度指挥中心（调度所），发挥计算机网所特有的站点多、信息准确、处理能力强、传递快的优势，及时全面完整地收发列车预确报信息。

### 一、列车预报

（1）列车预报应根据装卸车计划、班车确报、列车运行计划、分界站接车计划、车站的现在车和有调车流、无调列车的到发车次接续以及本站作业车的编挂安排等进行。

（2）列车预报的内容包括：车次、编组内容（按前方作业站出发列车编组去向别、达到邻铁路者为到站别的重车数，车种别空车数）、编组车数、列车总重、换长、到达作业站时分或分界站交出时分。对到达作业站的卸车，预报车种、车数。班计划的前方作业站出发列车编组去向号（到站），由公司规定（跨局的由有关局共同商定）。对区段较近，预报资料尚不能全面掌握时，预报可先按编组计划规定的内容传递，允许在后 6 h 修订计划时补充一次具体编组内容。

（3）铁路调度指挥中心（调度所）间、铁路调度指挥中心（调度所）与车站间在编制日班计划过程中交换列车预报资料分六次进行，交换时间原则上不得迟于下列规定时间：

第一次十五点三十分；

第二次十六点三十分；

第三次二十三点三十分；

第四次三点三十分；

第五次四点三十分；

第六次十一点三十分。

(4)摘挂列车预报由铁路调度指挥所(调度所)于摘挂列车到达摘挂作业站1 h前向作业站或邻铁路调度指挥中心(调度所)通报摘挂车数、车种、品名、收货人摘挂车辆在列车中的编挂位置等;小运转列车预报在保证班计划内容及交换资料齐全、及时的前提下,由各公司(局)根据枢纽实际情况制定。

## 二、列车确报

(1)列车确报的主要内容为:

① 铁路调度指挥中心(调度所)间为列车车次、机车型号、列车到站、分界站交口时间、编组辆数、列车重量、列车长度和有关运行限制及途中摘挂内容、列车到站的变化情况。铁路调度指挥中心(调度所)间的确报由列车调度员每隔3~4 h交换一次。列车由确报站至终到站运行时间不足4 h的应缩短交换资料的间隔时间。

② 铁路调度指挥中心(调度所)向技术站和列车终到站为到达列车车次、到达时分、机车型号、编组内容和其他变化情况及到站后的具体作业要求和注意事项。铁路调度指挥中心(调度所)向技术站和列车终到站的确报由列车调度员每隔3~4 h通报一次。列车由确报站至终到站运行时间不足3~4 h的应缩短通报资料的间隔时间。

③ 技术站或其他编车站在阶段计划安排好后,立即向调度指挥中心(调度所)报告阶段编发列车的编组内容。

④ 计算机列车确报为列车编组顺序表规定的全部内容。

(2)计算机列车确报的传输径路是:

① 跨局列车确报由公司转发中心中央转报系统,中心中央转报系统向列车运行的前方局转发。

② 跨铁路列车确报由铁路转发公司转报系统,公司转报系统根据列车终到站情况向列车运行的前方铁路转发。

③ 管内列车确报由始发站(或指定的确报站)发出确报传输到铁路,由铁路向有关车站转发。

(3)跨局列车必须有确报。跨局列车确报在交口前由指定的确报站发出或转发列车确报,并在确报报头的列车车次后增加径路识别符。如有变更,按局间协议执行,并报中心备案。

(4)对于出发列车,确报站应于列车出发后10 min内发现列车确报;对运行区段较短的列车,在保证车次、编组内容正确的前提下,可提前发出确报(局管内列车由各公司(局)规定,跨局列车按局间协议办理)。

(5)编组站、区段站对有技术作业的无调中转列车,必须认真核对现车,要做到现车和列车编组顺序表内容一致。修改列车编组顺序表内容,必须重新发报。

(6)非确报站始发列车的确报,由始发站列车编组顺序表用电话向管内前方确报站报告或交机车乘务员转交前方确报站发报。

(7)列车保留时,铁路调度指挥中心(调度所)和有关车站要做好列车确报、货运票据等资料的保管工作。交分界口的列车保留时,铁路预确报调度员应及时通知邻铁路。保留列车解除保留时,其列车确报由铁路预确报人员(或公司指定的确报站)补发。

(8)管内运行的摘挂列车、小运转列车确报办法由公司制定;跨局运行的摘挂列车或跨局列车途中发生摘挂时,确报应按局间协议进行。

(9)确报系统故障或施工,影响确报系统正常工作时,须进行电话确报。电话确报的传递内容,局管内列车由各公司(局)制定,跨局列车由有关局商定。

### 三、确报系统

列车确报系统由车站确报处理系统,车站、公司、中心转报系统构成,是运输生产的重要设备。

确报站确报处理系统(软件)要具备以下基本功能:①自动接收到达列车确报;②根据 YIS 生成出发列车确报;③按规定自动发出出发列车确报;④按规定反馈确报发送成功的回执;⑤文件日志、统计功能;⑥根据运行车次、发报站、编组站、解体站、经由、日期、车号等条件查询;⑦报文显示、修改、打印;⑧特别赋权条件下,处理保留列车确报。

## 第四节 车站综合管理信息系统

朔黄铁路沿线的车站主要分为编组站、货运作业站和一般中间站。车站综合管理信息系统(SMIS,Station Manage Information System)是以“车站调车为核心,运输计划为指导,站内生产为基础,综合管理为手段”实现车站信息化管理。

SMIS 将车站调度、生产作业、调度监督、车号识别、无线调车单、机车定位等 6 大项功能集成,实现指挥中心向各车站调度下达货运及行车计划,车站调度向机车下达调车命令并将作业单传送至机车,机车工作人员根据作业单进行调车作业。SMIS 与运输管理、站场管理、设备管理、维护管理、站务管理、信息管理等信息结合,实现安全监督、程序作业、站务协同、统一管理。系统可自动完成接车任务,自动加载站间到达车辆信息,自动记录到达及发出时间,对装卸车信息进行存储,对货物信息进行统计,实时显示轨道信号状态,显示机车在站场内位置,采用无线通信传递调车作业单等,实现了车站信息化。

主要功能如下。

1. 编组站

编组站信息系统包括车站调度、现车管理、区长、车号、统计分析、综合办公,以及和商检、列检、货调等系统的接口,也包括编组站所必要的货运作业管理功能。系统向上还提供了和调度系统、货车动态追踪、统计等系统的接口,提供了和联锁、驼峰、机车控制系统的接口。系统要实现生产作业和管理的现代化,减轻生产人员的劳动强度,缩短列车车辆在站的停留时间,加速车辆周转,充分挖掘站场(股道)、调车机和其他设备资源配置的最大潜力,充分协调车站各岗位及作业环节的工作。

为编组站的运输生产提供了一整套规范化的信息平台,使编组站运输生产信息准确、安全、畅通和共享,发挥信息化的整体效益,实现了减员增效的目标。编组站岗位的信息系统功能如下:

(1)总站调:接收计划,铺画技术作业图表,推算车流,编制出发列车计划,平衡各场车流,对计划兑现率和正晚点情况进行分析。

(2)上下行站调:铺画技术作业图表,编制到达和出发列车的股道占用计划,编制列车的解体和编组顺序计划,编制调车机计划,确认列车实际到达和出发时间和调机实际作业。

(3)值班主任:检查各岗位的作业情况,计算各岗位完成的作业指标,接收和下达命令,检查命令执行情况。

(4)现车助调:接收计划,生成日班计划大表,推算实际车流。

(5)确报调度:为计划到达的车次配预确报。

(6)区长:编制钩计划,管理现车。

(7)车辆管理:对进出的特种车、检修车、作业车以及专用线车辆进行管理。

(8)调车区长:记录和管理调机的实际作业,负责钩计划的实际执行。

(9)货调:管理货车的实际作业,生成装卸7甲。

(10)抄编:管理到达和出发车货票的交接。

(11)车号:检查核对到达和出发列车的车号。

(12)商检:检查到达和出发列车所装货物是否符合货运安全要求。

(13)值班员:记录行车日志。

(14)统计:每天自动生成运输18点统计报表。

(15)分析:实现全站运输指标及设备使用情况的统计分析。

(16)预警系统:监视非正常的指标及情况。

(17)综合查询:查询领导及业务人员关心的数据。

(18)设备管理:对车站的运输设备进行全面管理。

(19)收入管理:车站收入自动汇总,支持收入分析。

(20)办公管理:实现车站无纸化办公。

(21)接口:和信息系统、车站的货运系统、控制系统、行车安全检测系统接口。

2. 货运站

货运站信息系统包括车站的货调、货运营销、整车装卸作业管理、货区货位管理、内外交付、商检、货运安全、货运统计和货票接口,也包括站调、现车管理、区长、车号、列检接口,以及综合查询系统。

货运站岗位的信息系统功能如下:

(1)站调:接收计划,铺画技术作业图表,推算车流,编制出发列车计划,编制列车的股道占用计划,编制列车解体和编组顺序计划,编制调车机计划,确认列车实际到达和出发时间,确认调机实际作业,对计划兑现率和正晚点情况进行分析。

(2)现车助调:接收计划,生成日班计划大表,推算实际车流。

(3)篷布调度:对出入的篷布以及在站的篷布进行管理。

(4)区长:编制钩计划,管理现车。

(5)车辆管理:对进出的特种车、检修车、作业车进行管理。

(6)调车区长:记录和管理调机的实际作业,负责钩计划的实际执行。

(7)货调:货运营销货统一记录了营销单位从月请车到日请车,再到实际装车的轨迹;装卸作业表记录了从接收装卸计划到实际装卸车,再到装卸完成的轨迹;货场作业大表记录了货场各作业股道和专用线的使用情况,货场的残存货物等,使货调系统能清楚地掌握车站以前、现在、将来的货物作业信息。

(8)车号长:管理到达和出发车的货票。

(9)车号:检查核对到达和出发列车的车号。

(10)商检:检查到达和出发列车所装货物是否符合货运安全要求。

(11)值班员:记录行车日志。

(12)货运营销:实现货运营销、运货五、运单、货票信息共享。

(13)装卸管理:整车装卸管理。

(14)货场管理:图形化货场管理。

(15)内交付:到达货票管理、到达货物催领、内交付管理。

(16)外交付:外交付出门管理。

(17)列检接口和 HMIS 的接口管理。

(18)货运安全:货运事故处理和保价运输。

(19)防货盗接口:给公安预留防货盗接口

(20)统计:18 点货报、集报和运报。

(21)分析:实现全站运输指标及设备使用情况的统计分析。

(22)预警系统:监视非正常的指标及情况。

(23)综合查询:查询领导及业务人员关心的数据。

(24)设备管理:对车站的运输设备进行全面管理。

(25)收入管理:车站收入自动汇总,支持收入分析。

3. 中间站

系统主要包括现车管理、货运管理和统计三部分,主要是结合中间站的作业特点,将中间站众多作业充分集成在一个界面上。中间站岗位的信息系统功能如下:

(1)现车管理:集成值班员、车号、现在车管理、钩计划编制等功能。

(2)货运管理:集成货运营销、货调、装卸管理等功能。

(3)统计:完成 18 点统计。

(4)查询各车站作业情况和 18 点报告的查询。

(5)货运安全:车务段货运事故处理和保价运输管理。

(6)设备管理;设备进行全面管理。

(7)收入管理:收入自动汇总,支持收入分析。

(8)办公管理:实现车务段无纸化办公。

4. 车站调车

(1)运输作业图板微机化,实时显示各股道的车辆情况,经过调度作业后屏幕显示自动变更。

(2)不同方向车辆解编体作业和编排复杂的车辆顺序,向机车传送打印调车作业单。

(3)实时显示站场信号设备信息。(车辆到达自动接车图)

(4)通过车号识别器读取车号信息、对车号信息的补录、纠错。

(5)实时跟踪机车,反馈机车及车辆信息。

(6)综合信息管理：

车辆管理中可对车辆到达、车辆发出、装车作业、卸车作业、调车作业、历史记录查询等信息进行管理。

自动查看有车辆股道的车辆列表信息，并可对其进行修改，可以完全取代调度运行记录大表的手工填写，实现管理自动化。

在统计中可对到卸记录、装发记录、交接汇总、超时车列表等数据进行详细统计。在基础信息中可查看并修改现车、机车、品名、单位信息等。

(7)实现运输管理信息化，相关运输生产信息得到共享，并可储存。自动生成车辆运行日志，实现微机管理车号、跟踪车辆状态，停时等各种信息查询、打印，及货运统计的各种报表等信息。

(8)无线传送调车作业单。

5. 运输管理

车站综合管理信息系统(见图5－2)主要实现车站日常运输工作的组织管理，包括车站计划系统、车站作业自动化系统、确报管理系统、现车管理系统、统计分析系统及车站货运管理系统。其基本涵盖车站所有运输作业内容。

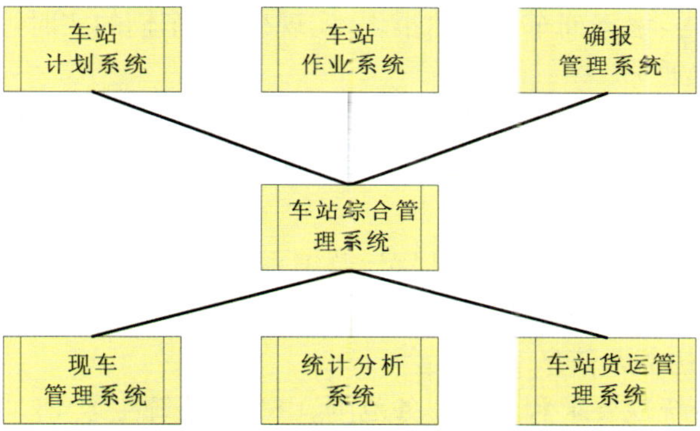


图5－2　车站综合管理信息系统

(1)车站计划系统：主要是车站日常作业计划的编制、修改和下达。包括车站的日班计划、阶段计划和调车作业计划。

① 日班计划：是车站每天作业的计划与安排。体现了调度指挥中心(调度所)对车站规定的任务和要求，其数据可由运输调度管理子系统中的计划调度模块获取。

② 阶段计划：是指一个班各阶段(一般为3～4 h)工作的具体安排。其数据可由调度管理子系统中的行车调度模块获取。

③ 调车作业计划：包括调车作业计划单的生成、修改和下达。

(2)车站作业自动化系统：主要是车站日常运输工作的办理，包括接发车作业、调车作业、装卸车作业、技术作业和施工作业等。

6. 其他系统

(1)指挥中心调度系统

① 日班计划：包括日班的到达计划、出发计划、装车计划、卸车计划和调度命令。

② 阶段计划:包括阶段列车到达计划和出发计划。

③ 临时调整:调整计划和命令。

④ 现车数据:推算分阶段、分方向的站存车。

⑤ 列车预告:当到达列车从邻站出发时,自动通知本站,以确定列车办理的时机,并作为运统 2 信息、被显示和记录临站到达报点、临站出发报点、列车运行图显示列车运行图和本务机信息。

⑥ 列车到达报点:列车进入车站或出发时,通过 CTC 取车次、时刻、到发场股道等信息列车出发报点。

⑦ 列车通过报点:到达、出发场列车进路表示信息实时显示车站到达场入口咽喉和到发场出口咽喉的站场表示信息。

⑧ 站编车出发计划:站编出发车随时反馈到调度指挥中心(调度所)。

(2)确报系统

① 到达确报:所有到达、出发列车的编组顺序表。

② 预确报:发送确报。

(3)货车和货物动态追踪

① 列车到达报告:根据列车的到达报告,实现列车、车辆的实时追踪列车出发报告列车摘挂报告运非转换报告。

② 运输分析系统:18 点统计运报。按统规要求和车站业务范围,由车站系统生成 18 点统计运报,并按照规定的数据格式定时自动上报。

(4)货运管理系统

① 货运营销:货运营销计划。共享货运营销系统原提月计划信息。

② 货票:发送发票。发送货物时,共享发送货票信息中转和到达货票货物到达或中转时,共享中转和到达货票信息。

③ 货调系统:按统规要求和车站业务范围,由车站系统生成 18 点统计货报、集报,并按照规定的数据格式定时自动上剧毒品追踪系统承运、装车、发车、到达、卸车、交付、局间界口通过、倒装、重车滞留报告。

车站系统为剧毒品追踪系统提供剧毒品发站承运、装车、发车报告,到站到达、卸车、交付报告,局间界口剧毒品通过报告,中途站剧毒品倒装报告,中途站剧毒品重车滞留报告。

④ 危险品追踪系统:承运、装车、发车、到达、卸车、交付、局间界口通过、倒装、重车滞留报告。车站系统为危险品追踪系统提供危险品发站承运、装车、发车报告,到站到达、卸车、交付报告,局间界口危险品通过报告,中途站危险品倒装报告,中途站危险品重车滞留报告。

⑤ 货运安全系统。货运记录、商务记录、普通记录、铁路传真电报、速报、查复书、局间行文、查询答复书、鉴定书、赔偿要求书、赔款通知书、定责通知书、事故报告、赔偿审批报告、无法交付通知书等。

⑥ 保价信息:车站系统汇报保价和赔付信息。

## 第五节　货运管理信息系统

货运管理信息系统(简称货运系统)应用范围涉及各级主要业务部门,将整个系统分为七部分,整体规划,分步建设。在各部分能够相对独立运行的基础上,综合应用,实现数据共享,发挥整体效益。系统包括:货票管理、货运与生产管理、客户管理,以及车站货运、预确报、现车管理、统计分析等系统。

货运系统以提高运输生产,特别是货运管理水平为目标,为运输调度部门提供实时掌握货车、机车、列车及所运货物的位置、状态变化的信息,为宏观决策和科学管理提供可靠的依据;同时将货物运输的动态信息提供给货主,作为企业组织生产和适应市场变化的重要依据。货运系统重点围绕货运辅助决策的综合管理和可视化分析,对货票、车站货运组织、生产管理、统计、日计划和预确报等系统集成应用。

### 一、系统建设思路

货运系统建设是以客户管理 CRM 思想为核心,根据铁路货运的特点,实现对货主按照运量、运费、行业、收入率、增长率等不同指标的货运市场细分。重点货主的发现与提升,货主流失自动预警以及对复杂营销形势进行直观分析,对货运工作进行准确市场定位等目的。

系统通过货票系统和货运计划系统等数据及重点货主档案数据的重新整合,建立系统的货运数据库,再通过系统搭建的平台功能,实现货运综合管理。

根据上述货运系统的管理思想,按照下述步骤建立货运系统:

(1)货票为基础,对相关数据进行整合,并输入空间和属性数据实现货票制票系统的联网,为实时掌握重点货主的运量变化,货物发送量,货运收入等工作业绩,为进行营销辅助决策分析奠定了基础。

(2)收集输入空间及相关属性数据,货场及车站等 GIS 地图;建立货主档案库及货主分布电子地图。

(3)对营销形势、车流、收入和货主位置等信息进行处理、分析,获得简要分析结果。工作业绩评定与营销形势分析,重点货主查询与统计,车流分析与货运收入统计分析,分析结果直方图、饼图、折线图、GIS 专题图和报表等不同形式显示。

(4)输出正式结果以文字报表、各种图形等方式输出;利用分析结果为决策提供技术支持,同时为各个部门工作提供技术支持。

### 二、系统需求

1. 货票系统的需求

(1)根据铁路运输规章填制货票,完成货票信息的输入、修改、径路里程计算、计费、打印、存储等一系列操作。具有快速检索、键盘输入控制、数值和逻辑校验、计费和记事智能处理、完整或部分货票复制、联机帮助等辅助功能。完成本站的货票信息综合处理,例如:生成报告数据、货主结账、收入统计、分类装车报告、保价运输、货票查询、备份等。

(2)接收基层站通过运单库自动转换电子货票系统(制票信息),在公司建立货票库,并转报集团公司中央货票系统;对发、到的货票进行整理,接受中央系统转发的外公司到达货票,利用公司货票库,实现货票信息共享。

(3)接受基层站、公司转报的货票信息,在集团公司建立中央货票库,并同步生成统计摘要库和修改轨迹库。轨迹库记录货票的作废或恢复、运输途中的变更、转装、径路变更等信息。对跨公司发到货票信息,以标准格式转发到公司,再由公司转发到到站。

(4)为公司各级业务和管理部门以及货主提供货票信息查询。生成共享文件提供给集团公司有关部门和各级用户,实现信息共享。

2. 货运与生产管理系统的需求

货运与生产管理系统是与运输生产计划改革同步进行的配套项目,包括货运计划和技术计划两大部分。货运计划部分主要是受理货主提报的货运计划,通过网络将受理的货运计划原提实时上报,按照各级规定权限对提报的货运计划原提进行审批并将审批信息自动下达。为适应目前市场经济环境下货物运输的需要,系统为货运计划的审批提供了集中、随时和自动三种审批方式。系统将所有原提和批准信息都收集到集团数据库中,通过对这些原始信息的统计分析,为铁路货运策略的制定提供科学依据。技术计划部分利用货运计划确定的货源信息,编制车辆运用计划,通过合理安排各区段车辆的运用,提高车辆运用效率和铁路运输能力,压缩运输成本。并通过将信息链接到集团数据库进行信息查询和货物跟踪。

货运与生产管理系统的需求是:

(1)按规定要求随时录入托运人在任何时期内的订单一、订单二、合同运量、请求车、装车完成实绩及有关客户服务信息。

(2)按规定要求与车站交换如下信息:订单一、订单二的(原提、核准、完成)、货车运用指标、装车完成实绩、到卸预报等信息。

(3)向有关部门交换并输出订单的批准、装车完成实绩、到卸预报等信息。

(4)完成有关货运计划的编制和计划完成情况的统计。

(5)根据货运站系统提供的装车完成实绩,完成运输生产计划执行情况的分析考核。

(6)能方便地查询上述有关信息。

(7)加工处理所需的有关统计报表。

(8)能方便地向客户提供有关运输产业的信息服务。

3. 客户管理系统的需求

建立客户数据库,对客户需求规律和收发货种类,数量,时间,区域进行系统分析,对客户资料进行分类管理,便于将来营销工作的展开。

4. 其他系统的需求(略)

## 三、各系统的组成

1. 货票系统(详见本章第二节)

2. 货运与生产管理系统

(1)系统功能

货运与生产管理信息系统(以下简称货运系统)是由托运人、营销中心、集团三级组成。系统的主要功能是完成有关货物运输计划方面的原始数据采集（录入、查询、修改），车、货流计划的编制、各级数据交换以及计划完成情况的统计、分析工作。

（2）组成结构（略）

（3）主要信息组成与流向

① 货运与生产管理信息系统数据信息的组成

a. 货主订单信息；

b. 车站上报的装车完成实绩；

c. 下发车站或货主的原提数据（审定数据）；

d. 下发车站或货主的到达（卸车）数据；

e. 请求车信息；

f. 下发货主的实际装车数据；

g. 其他有关信息。

② 货运与生产管理信息系统数据信息流

货运与生产管理信息系统原始数据的基层采集点为货主提要车计划表或货运订单。营销公司审批，下达给货运系统。

3. 车站货运

货运管理包括计划管理、货物受理、仓库管理、装卸车、中转配装、到达交付、进出门管理、货运安全等功能，对发送货物和到达货物进行站内全过程的管理，并完成相关统计分析，生成运输生产情况的各种上报信息。

4. 确报信息（略）

5. 现车管理

现车管理系统主要是为了实现对在站车辆的跟踪管理及状态修改，同时提供查询功能和运统一的生成等功能。

（1）现车核对：主要是车辆状态的核对，包括车种、车号、空重、装载货物情况。

（2）现车查询：提供查询站存车的位置、去向、空重、运用/非运用、解备/列备状况。

（3）车辆状态：由现车管理人员根据现车核对信息对车辆状态进行修改，包括车辆出入、去向、空重状态变化、运用/非运用间转换、解备/列备转换等。

（4）运统一生成。

6. 统计分析

统计分析系统将实现货车和机车运用、固定资产投资、运输设备及能力等一系列指标的统计；实现对集团公司、公司和分公司、车站等统计资料汇编，满足各级管理人员对业务相关信息的综合查询；它不仅为日常组织、指挥运输生产、编制和考核月度运输工作计划提供可靠依据，而且能更好地为公司、企业的经营管理、成本核算提供决策信息。且根据车站日常工作状况对相关指标进行统计，主要包括日常统计（18 点统计）、旬统计、月统计、年统计等数量指标和运输工作质量指标。

（1）工作量（数量）指标统计：发送量（车数）、到达量（车数）、装卸量、车站办理辆数、分界口交接辆数等。

（2）效率（质量）指标统计：平均净载重、中停时、计划兑现率、正点率等。

7. 客户管理

建立 CRM 客户管理系统,基于网络、通讯、计算机等信息技术,实现不同职能部门的无缝连接,能够协助管理者更好地完成客户关系管理的两项基本任务:识别和保持有价值客户。CRM 客户管理系统由客户信息管理、销售过程自动化、营销自动化、客户服务与支持管理、客户分析系统五大主要功能模块组成。

(1)企业通过 CRM 系统能够了解更多的客户的需求,从而为客户提供个性化的产品和服务,提高客户满意度,与此同时也能够获得更大的收益。

(2)CRM 是选择对待客户的方式和从客户身上得到的收益,CRM 是关于理念、组织和技术的基础,从而将所有的业务过程围绕着各个不同客户的需求进行。

(3)CRM 是健全、改善企业与客户之间关系的新型管理系统。企业利用信息技术,通过有意义的交流来了解并影响客户的行为,以提高客户招揽率、客户保持率、客户忠诚度和客户收益率。CRM 是一种把客户信息转换成良好的客户关系的可重复性过程。

(4)CRM 是建立在信息技术平台上,分析并影响拥护消费行为的管理技术。具有以下特征:确定客户满意度;对客户构成进行分析;深度分析利润构成;分析的连续性;巩固与现有客户的忠诚度。

## 第六节　运输管理信息系统

朔黄铁路运输管理信息系统由公司、分公司、车站三级构成。硬件系统由中心级、车站二级构成,提供确报管理、货运管理、车站管理、运输统计、货车和货物运输动态追踪管理、运输计划管理、运输业务管理等具体应用。

运输管理信息系统以提高运输生产,特别是货运管理水平为目标,为运输调度指挥部门提供实时掌握朔黄铁路货车、机车及所运货物的位置、状态变化的信息,也为领导和计划、统计、财务等部门进行宏观决策和科学管理提供可靠的依据;同时,将货物运输的动态信息提供给货主,可作为企业组织生产和适应市场变化的重要依据。

1. 系统构成

(1)综合调度系统

朔黄铁路综合调度指挥信息系统是运输管理信息系统的核心,以建成计划准确、安排超前、实施快速、调整得当、应急可靠、反应快速、工作协调的现代化的朔黄铁路综合调度指挥系统为目标。

朔黄铁路综合调度系统由调度中心系统和基层系统二级构成,综合调度中心系统、基层系统构成朔黄铁路运输调度指挥体系的核心,实现对朔黄铁路运输生产的实时调度指挥。

综合调度系统包括以下功能子系统:

① 计划调度子系统;

② 列车运行调度子系统;

③ 机车调度子系统;

④ 车辆调度子系统;

⑤ 施工调度子系统;

⑥ 供电调度子系统;

⑦ 货运调度子系统;

⑧ 统计分析子系统;

⑨ 救援指挥调度子系统。

综合调度系统以运输计划调度系统为龙头,以列车运行调度指挥系统为核心。因为该系统直接涉及行车安全,应该确保其安全可靠性,所以该系统应相对独立,供电调度系统为既有。

(2)货票管理信息系统

目前,朔黄公司财务部已建立了货运制票及货运收入统计系统,在公司管内所有货运站投入使用。后期将对货票系统进行升级、扩容。

货票管理信息系统是运输统计、财务管理、货流货物分析的原始信息,也是运输调度指挥作业不可缺少的基础依据。

货票管理信息系统主要实现货票信息的收集、传输、存储、交换和综合应用,完成货运制票、补/退款信息采集、收入更正信息采集、统计更正信息、货票信息查询及货票统计等整个货运过程的货票信息管理功能,为朔黄铁路各级业务和管理部门、用户提供尽可能及时、完整、正确的货票信息服务。

(3)确报管理信息系统

确报管理信息系统是铁路运输组织的重要信息源之一,主要实现确报信息的接收、发送、与车号自动识别系统(ATIS)的匹配等功能,为车站相关工作人员提供准确的列车编组信息,是提高车站作业效率的有效保障。

(4)车站管理信息系统

车站管理信息系统作为货运管理信息系统最重要的子系统之一,是整个货运管理信息系统的建设基础。

车站管理信息系统包括现车管理、货运管理二大部分,其中现车管理部分主要实现列车接发、解编,站内调车、取送车、现在车统计等功能,货运管理部分主要实现货物受理、承运,货物到达、交付、货车装卸、中转配装(预留)、货场管理、货运统计等功能。

车站管理信息系统是货运管理信息系统的重要信息源点,确报系统、货票系统等其他系统的基础信息,也都在车站管理信息系统中采集。

(5)货车和货物动态追踪管理功能子系统

货车和货物动态追踪管理功能子系统主要利用车号自动识别信息、车号识别与确报匹配信息、确报信息及站存车复制信息,并结合车站管理信息系统上报的车辆、列车、机车动态报告,作为基本的信息源以实现货车和货物运输的动态追踪管理。

(6)运输计划管理子系统

运输计划管理子系统主要用于编制合理运用机车车辆的技术指标计划,包括装卸车计划、空车调整计划、周时指标计划、车流径路等四个功能。

(7)运输业务管理子系统

运输业务管理子系统主要实现交接口、直达列车、管内矿区装车、到港卸车等主要运输业务的管理工作。

2. 业务功能

(1)系统功能结构

为了保证朔黄铁路月度货运计划的实现,必须在现有的机车车辆类型和数量的条件下,编制合理运用机车车辆的技术指标计划,就运输生产活动来讲,机车车辆的运用指标是运输生产活动的主要数量和质量指标。运输技术计划在确定运输工作量及机车车辆合理运用的有关指标时,必然涉及区段通过能力的限制条件,因而正确确定车流径路、合理利用通过能力也是一项很重要的工作内容;从这个意义上讲,指标计划、车流径路问题也是技术计划要解决的两方面问题。

从软件的组成来看,系统的主要功能可以分为装卸车计划、空车调整计划、周时指标计划、车流径路等四部分。

系统的具体应用形式是自动生成计划,人工进行调整,或者是人工编制计划,给予辅助支持的功能。

(2)主要功能

① 装卸车计划

装卸车计划包括如下功能:

a. 增加使用车录入。此功能要求录入本单位增加使用车计划信息,包括发站、到站、车种、车数。

b. 增加使用计划。此功能提供给所有用户,用于对增加使用车信息进行查询、修改、添加和删除记录,以及按去向统计增加使用车数。

c. 装车数据入库。此功能执行从神华销售中心数据管理系统将批准要车表数据转入技术计划系统。

d. 装车、卸车计划汇总。此功能从神华销售中心数据管理系统将装车、卸车计划转入并进行汇总。

e. 计算装车数据径路。对装车数据计算径路。

f. 技术计划拼车。此功能执行拼车操作,将月车数按车种、去向、分界口等条件严格拼成日车。

g. 计算分界口重车流。此功能计算分界站重车流,统计出各分界口通过车数。

h. 车种别使用车计划。此功能用于查询车种别使用车计划。

i. 去向别使用车计划。此功能提供给所有操作员,用于查询去向别使用车计划。

j. 装卸车查询。此功能用于查询本单位管内装卸车。

k. 重车流查询。按分界口查询重车流。

l. 车流查询。按发站、到站、径由分界站等条件任意组合查询车流。

(2)空车调整计划

a. 卸车到站调整。此功能用于调整管内的卸车到站。

b. 空车自动调整。执行自动空车调整功能,根据管内各站装卸车情况,以及车种代用情况,自动确定空车走行。

c. 分界站空车调整。此功能用于根据自动调整空车情况,再考虑各口实际车流,确定各分界站排空车数。

(3)指标计划

按照技术计划编制规则,需要编制的指标计划主要有:工作量计划、货车周转时间计划、重车去向保有量计划、车种别运用计划、货车运用指标计划、区段列车回数计划、站段指标计划。分为指标计算和调整两部分,指标计算根据数据库内的数据计算出的各项指标,指标调整指人为调整指标的界面。

(4)指标计算

① 计算工作量;

② 计算货车周转时间;

③ 计算重车去向保有量;

④ 计算车种别运用车;

⑤ 计算货车运用指标;

⑥ 计算区段列车回数;

⑦ 计算管内站段指标。

(5)指标调整

① 调整工作量;

② 调整货车周转时间;

③ 调整重车去向保有量;

④ 调整车种别运用车;

⑤ 调整货车运用指标;

⑥ 调整区段列车回数;

⑦ 调整管内站段指标。

(6)报表统计

技术计划所涉及的报表包括:

① 使用车去向查定表;

② 使用车去向计划表;

③ 接运重车去向计划表;

④ 卸空车计划表;

⑤ 重车车流表;

⑥ 重车车流简表;

⑦ 空车调整图;

⑧ 货物列车列数计划表;

⑨ 技术指标计算表;

⑩ 车种别运用车计划表。

(7)车流径路

车流径路的功能是以批处理的方式将要计算的原提径路信息添加到数据库当中,计算出的径路符合运输组织的各种规定。

3. 系统实现

(1)矿区装车

主业务信息:根据回空记录建立主业务记录,同时保存回空记录标识,以此建立主业务同回空记录的关联关系，作为运输业务处理的主线，在后续的办理流程中主业务信息一般不允许修改。

装车明细：建立主业务的同时，可以输入该列车的装车明细信息，主业务信息与装车明细是一对多的关系。

(2)回空处理

首先需选择对应的请批车计划，然后填写好其他信息后，把页面输入的数据提交到数据库进行校验，如果有误则返回错误信息，若正确则生成新的记录，保存在数据库中。根据回空记录中的请车计划标识，可以与请车计划、批车计划进行关联，以确定请车计划的批车情况及回空情况。

(3)交重处理

由装车记录交重：全部装车明细记录，可以在每条记录后面输入交重车数、吨数及甩车车数、吨数，同时系统会列出现有甩车记录，可以输入车数、吨数，编入交重车中。新生成的交重记录中包含主业务标识，同主业务建立关联关系。

新建交重：对于没有装车记录的情况，系统允许新建主业务信息，可以新起一个车次，生成一个新的业务标识，同时系统会列出现有的甩车记录，可以通过在每条甩车记录后面输入车数吨数进行编组。

(4)直达销售处理

新建直达信息：交重信息列表为主业务信息中的交重主信息，即整列的交重情况，做直达处理时，新的直达记录会自动继承列车原有的信息，并可以进行修改，若直达用户的车数、吨数不符，系统会产生故障车记录。

直达明细：直达用户的明细信息。

(5)到港卸车

交重到港：根据所选交重记录的信息自动继承主业务信息标识到新增页面，提交页面数据并保存，同时根据主业务标识同主业务建立关联关系。

新增列车到港：可新建主业务信息，系统自动生成新的业务标识，并在到港信息中加入该标识，建立关联关系。

卸车归垛：保存卸车记录同时，在垛位卸煤详细记录中生成垛位卸煤记录，包括业务标识，垛位标识车次、煤种、数量等。之后更新垛位存煤信息表中具有相同业务标识、垛位表示、车次、煤种的记录的存煤数量。

卸车还煤：是指神华的煤炭运抵港口时，直接还给其他公司。保存卸车记录同时，在借还煤信息表中生成借还煤信息，记录下还煤的相关信息，但是不核算垛位的库存量。

道卸：处理类似于归垛，会产生垛位卸煤记录，并更新存煤信息表，但是所选垛位只能是虚拟垛位，实际并无此垛位，只是为了处理直接装船的情况。

4. 系统部署

朔黄铁路5个技术作业车站和18个货运站的货运管理信息系统建设，同时包括中心货运系统的设备，应用服务器、货调员台等。

(1)主要内容

① 调度中心1套机房设备，包括数据库服务器、应用服务器、接口服务器设备的供应

和调试等。

② 调度大厅1套货运调度台设备供应和调试等。

③ 朔黄铁路5个技术作业车站和18个货运站货运管理信息系统的设备供应和调试。

④ 与其他系统包括综合列调系统、综合调度其他系统、现车和预确报系统、其他相关系统的结合。

⑤ 系统所需的技术资料、技术培训、相关软件的免费升级和售后维护等。

(2)配置和功能要求

货票管理信息系统采用一级建库、二级综合应用的结构方案,建立朔黄公司完整的货运信息库,可为中国神华能源股份有限公司提供共享货票信息,为各级业务部门实时提供决策支持信息。

① 货票管理信息系统软件功能包括:

a. 基层货票原始信息生成和采集功能。

b. 货票建库和综合应用系列功能。

② 基层货票原始信息生成和采集功能:

基层货票原始信息生成和采集功能部署于车站货运部门,是车站管理信息系统的主要组成部分之一,主要为货运制票员、管理员、统计员提供信息服务。

基层货票原始信息生成和采集功能主要包括基层货运制票,基层补/退款信息采集、收入更正信息采集,统计更正信息采集等功能。

a. 基层货运制票

(a)制票功能。基层货运制票功能完成朔黄公司管内货票信息输入、修改、径路里程计算、计费、打印、存储等一系列操作,采用预存或非预存方式制票。具有快速检索、键盘输入控制、数值和逻辑校验、计费和记事智能处理、完整或部分货票复制等功能,包括以下主要内容:

货票录入:利用预存或非预存方式,完成货票录入工作,预存方式为从运单提取信息制票,非预存则根据实际情况逐项录入。

检索:具有根据品名、站名、货主等多种检索方式进行快速检索。

径路里程计算:根据货物运输需要,选定指定经由后自动计算里程,提供给计费处理。

计费处理:根据朔黄公司铁路运输规章及其认可的地方运价管理相关文件及财务规定,完成货运费用计算。

杂费处理:完成铁路杂费和代收费用的计算、票据打印、信息存储等。

(b)基层货运制票系统综合处理功能。基层货运制票系统综合处理功能主要包括数据处理,统计、分析,入库回执处理功能。

数据处理:主要完成货票信息联号处理;制票点存根数据及共享信息的备份、清除、转储;存根数据合并处理;存根数据查询、检索、浏览;货票作废/恢复。

统计、结账:完成财收4统计、货报2、本统计、货物承运簿、保价报告、货票清单、票号段结账、装车去向统计等功能。其中财收4统计文件指按指定起止日期统计,项目包括票数、作废张数、财收情况、发送重量等,该文件是车站财务统计上报的基本文件,也是收入审核的重要依据之一。

入库回执处理:主要用于查看货票报告在朔黄公司中心级数据库的详细入库情况,包括取回执设置、收取回执、查看打印回执。

b. 基层补/退款信息采集、收入更正信息采集

基层补/退款信息采集功能完成由于取消托运、变更等因素导致的退/补款信息采集,实现货票补退款数据录入、保存、本地查询、统计、报告文件的生成与报告处理。

c. 统计更正信息采集

完成统计部门对货票发送重量的更正信息采集,实现货票统计更正数据的录入、保存、本地查询、统计、报告文件的生成与报告处理。

③ 货票建库和综合应用系列功能

货票建库和综合应用系列功能部署于中心级货票管理信息系统(朔黄公司信息中心),包括建库功能、交换功能、基本应用等主要功能。

a. 建库功能。该功能主要用于接收基层车站信息源点报告的货票信息、制票点财收4信息、汇总财收4信息、退补款更正信息、统计更正信息等,经严格的信息校验、冗错处理后,在朔黄公司信息中心建立完整的发送货票库、到达货票库、统计库、摘要库、财收4库、退补款库、统计更正库,生成到达文件,建立基于货票信息处理的数据库。

b. 信息交换功能。在基层车站之间,基层车站与朔黄公司信息中心之间进行相关货票数据的信息发送与转发,完成货票系统与货运管理信息系统其他相关应用系统之间的共享数据交换。

c. 基本应用功能。基本应用功能主要包括以下功能:

货票信息查询;

货物装车及去向统计;

货物运输统计

运输收入统计;

卸车预测统计;

货运统计分析;

退补、更正查询统计。

(3)其他功能

① 货运管理功能。主要包括车站货票管理、装卸车管理、到达交付管理、统计等功能。

② 货票管理。同货票管理系统中的“基层货票原始信息生成和采集功能”。

③ 装卸车管理。做好日装卸车的计划安排和组织工作,为站调做阶段计划准备可靠的资料,具体工作包括编制与执行日班装车计划,对待卸车进行配线,根据车辆及货物的实际时空分布准确采集装卸作业的开始及完成时间。

④ 到达交付管理。办理朔黄铁路管内货物列车的到达交付手续及费用核算,包括到货催领和到达交付处理。

⑤ 统计分析。自动收集作业人员完成各项货运业务的有关数据(运报、货报等),根据各种货运作业信息,按日、旬、月、季、年等进行有关统计分析、打印报表、上报上级单位。货

运管理信息系统采用主机/终端、客户机/服务器的混合体系结构，具有良好的扩展性和适应性；应用系统按作业岗位划分功能，配置参数化，实现较强的通用性、可裁剪性和可移植性。

⑥ 接口实现部分。系统应可以和综合调度系统进行数据交换。

⑦ 现车信息实时显示。系统现车信息显示采用现车窗方式在车站站场调监图上实时显示，现车窗上显示现车的概要描述信息，对不同种类的车以不同底色显示。

⑧ 轨道衡、车号识别数据的自动接入。系统可以和其他信息系统结合实现车号识别、轨道衡系统信息的自动接入，从而可以节省工作人员大量的时间和精力，节约人力和物力。

⑨ 现车信息自动推算。系统可以通过调车作业计划的完成情况，自动实现现车流的推算，并根据各处设置的车号识别系统进行校核，一旦不一致则进行报警处理，系统同时应提供现车信息自动纠错功能。

## 第七节　货车和货物动态追踪管理信息系统

铁路货车跟踪就是通过全国铁路网络上的“货车实时追踪信息管理系统”，对运用中的铁路货车进行动态跟踪，掌握每辆货车运行的踪迹。实现铁路货车跟踪，必须先形成完整的网络和传输速率、误码率低的通信信道以及大容量的大型数据库，然后借助有关的系统和应用软件，把众多货车的动态、静态信息输入，经过分类、修改和加工处理后，才能准确无误地掌握每一辆货车的情况。

当一列列货物列车由车站编成之后，由编发货物列车的车站将货车在列车中的顺位、每辆车的车号、车种，货物的发站、到站、收货人、品名、重量等信息，通过网络，按规定时间发往规定的地点。这些信息又同时送入“货车实时追踪信息系统”的中央数据库中，为铁路货车跟踪的实现提供数据依据。

有的铁路货车在运行过程中，经过一些车站，要进行甩挂作业。这些铁路货车甩挂的动态信息，由信息报告点及时传输到“货车实时追踪信息系统”中去，以便更新已传输过的信息，从而使“货车实时追踪管理信息系统”及时掌握各辆货车的最新动态信息，准确无误地进行铁路货车跟踪。

### 一、系统功能

货车和货物运输动态追踪管理功能子系统主要利用车号自动识别信息，车号识别与确报匹配信息，确报信息及站存车复制信息，并结合车站管理信息系统上报的车辆、列车、机车动态报告，作为基本的信息源。

货车和货物运输动态追踪管理功能子系统的主要功能如下：

1. 建库

建库的功能为系统的数据库建立。主要分为原始报告库、动态库、轨迹库、历史库和字典库五类。

系统的主要数据源以车站上报的原始报告库为主，以车号识别信息与确报、货票信息匹配后产生的模拟到发报告为辅，并可对二者的数据进行校验。主要有如下类型的原始报告：

(1)车站装卸作业报告表；

(2)列车到发报告表(接收校验后分解为列车、车辆、机车到发报告入库)；

(3)运非转换报告表；

(4)列车摘挂报告表(接收校验后分解为列车、车辆、机车摘挂作业表入库)；

(5)新车加入报告表；

(6)报废车剔除报告表；

(7)列车保留解保报告表；

(8)晚点原因报告表；

(9)调度报告表。

系统根据各类原始报告或模拟到发报告，更新列车、车辆、机车的动态库并写入轨迹库。同时依据一定的转储策略，将相应的列车、车辆、机车轨迹信息写入历史库。

列车运行动态表：记录列车的最新位置和状态，主要包括列车的编组站、解体站信息，编组时间、解体时间、报告站信息，到发站，车站到发时间，车站到发的部属车/企业车及其空重统计信息等。

列车编组动态表：主要包括列车上所挂车辆的始发终到信息、车辆信息、货物信息。

列车运行轨迹表：与列车运用动态表对应，它反映的是正在活动着的各列车从编组出发到解体整个过程的信息。具体内容与列车运行动态一致。

列车编组轨迹表：与列车运用动态表对应，它反映的是正在活动着的各列车从编组出发到解体整个过程中车辆组成信息、各车辆的始发终到信息及货物信息。具体内容与列车编组动态表一致。

列车运行历史表：是转储已经解体的列车的轨迹信息；车辆动态表记录全系统车辆的最新状态；机车动态表记录机车的最新状态；车辆轨迹表和历史表按车辆的使用周期实时转储车辆信息。

2. 车号识别报文接收校验入库

实时从通信中间件队列中取得车站车号自动识别信息，经合法性校验(报告站、事件发生日期、时间)后，对有效报文进行规范化处理并分解入库，保存列车、车辆、机车的原始信息，将报告名等信息写入报文匹配登记表，将待匹配列车、车辆信息写入匹配列车、车辆表，将车辆轨迹信息写入集装箱车辆追踪轨迹表，将原始报文写入报文备份数据集。由总控程序启动后在数据库服务器端运行。

3. 车站报告接收校验入库

实时从通信中间件队列中取得车站报告(列车到达、出发、摘挂、装车、卸车、运非转换、新车加入与报废车剔除、列车保留/解除保留等)，经合法性校验(报告站、报告日期、报告类型)后，根据报告类型的不同，分别进行报文分解并存入列车、车辆、机车等报告表中，同时将报告名、事件发生时间、报告接收时间等信息写入报告到达登记表。

4. 车号识别与确报匹配

对于上报的每一个合法报文，在实时插入车辆、列车、机车库后，与确报进行匹配，将匹配信息写入匹配列车/车辆表，然后更新统计库(分界口分阶段出入列车表和车辆表，公司分阶段出入列车表和车辆表)的相关记录；对于重车，将报文名、车号、通过日期、通过时间及发到站信息写入一个货票匹配临时表，供货票匹配调用。

5. 车号识别与货票匹配

列车标识为货车、小运转、行包专列的列车，经过公司分界口 AEI 设备记录下位置及通过时间等相关信息后，与确报进行匹配，如果能匹配上相应的确报并且是重车，就可以根据列车上的车号信息和过口时间到货票库里匹配相应的货票，以求能掌握该车上的完整货票信息。有了确报信息和货票信息作补充，理论上就可以实现实时更新车辆动态库和历史库，这对于列车/车辆的追踪有着重大的意义。

货票匹配过程：一个报文经确报匹配成功后，可以从确报报文中摘出每辆货车（仅考虑重车）的发站和终到站。将报文名、车号、通过日期、通过时间及发到站信息写入一个货票匹配临时表。货票匹配即从该临时表中读取需匹配的报文及相关车号、时间、发到站信息，有了车号作关键字，制票日期早于 ATIS 通过日期且货票发站、到站与确报一致作匹配条件，就有可能找出相应的货票了。为了提高匹配速度，也为了避免因匹配货票而造成对货票原始库的频繁访问，货票组提供了一个数据接口，往共享货票库里插入为期两个月的所有货票信息。

6. 列车动态库更新

涉及列车动态库更新的信息源有：电子确报、调度报点、列车出发、列车到达以及摘挂报告。核心为确定输入报文所对应的列车唯一标识，根据列车标识更新动态库中相应的列车动态记录，即出发信息、到达信息、摘挂信息等，以及向列车轨迹库中插入一条轨迹信息。

在理想的运输组织中，确报的编组车次在列车编组出发后直到解体应该是不变的，允许变化的是列车的运行车次。列车的唯一标识可以很简单地确定为由编组站、过口时间、车次组成的复合关键字。

但是在实际运输组织中，列车的编组车次由于各种原因经常发生变化。比如，本确报站未收到上一确报站上报的编组车次；车站生成确报的软件未能限制编组车次不能改动；列车驶入另一编组站，人为因素习惯地改变编组车次和编组站、解体站；列车被保留等。在确定列车唯一标识问题上不能单纯地以确报的基础信息进行组合。确定列车唯一标识采用的原则是：从编组站始发的新编组的列车其 TRAINID 为报告站（3bytes）、过口时间（11bytes）、车次（15bytes）组成的 26 字节列车标识；列车行驶至解体站的过程中，通过车辆组成确认该列车对应于哪一个 TRAINID。具体方法如下：首先根据报文名在到发报告表里取出相应的列车报文和车辆报文信息，并根据车辆组成等分选取六个车号设备。

在确定列车唯一标识时，首先判断一个报文是否为最新报文。如果是，通过列车动态表和列车组成动态表查找到列车标识；否则，通过列车运行轨迹表和列车编组轨迹表查找列车标识。

对于新到报文，在列车编组动态表中查找这六个车号对应的列车标识，然后分别统计出每个列车标识对应几个车号并按大小排序。如果对应最多的车号数满足了预先定义的植，比如 80% 以上的车辆能匹配上，可以断定这个列车标识就是该报文对应的列车标识，表明此列车和数据库中为此标识的列车记录属于同一列车，列车链逐渐形成。如果未找到对应的列车标识，表明该报文是新编组出发的列车报文，或者是对应本次列车的最先上报的报文,为报告站、过口时间、车次组成新的列车标识。

如果不是新到报文,到列车轨迹表中查找与该报文具有相同的编组车次且尚未解体的列车记录。然后依次在列车编组轨迹表中查找每辆列车有几个车号能匹配上预先选择的6个车号。如果匹配的车数超过了参数设置值,则认定该列车对应的列车标识为本报文对应的列车标识。如果找到了TRAINID,还需要考虑该TRAINID对应的列车是否已经解体,或者是否已经被保留。如果确认列车已经解体或者保留了,取消该列车标识,视同未查找的列车标识处理。

7. 车辆动态库更新

(1)列车到发报告。分别从列车到发报告和车号确报匹配表中得到车辆的有关信息,如报告站代码、报告时间、车辆属性、运/非标志、重/空标志码、车主、车种、车型、罐车油种、车号、自重、载重、标重、换长、整零标志、货票标识/装载清单标识、货票号/装载清单号等。

(2)摘挂作业报告。从摘挂作业报告中得到车辆的有关信息:报告站代码、报告站码、报告时间、摘挂标志、车辆标志、运/非标志、空重状态、车主、车种、车型等。然后更新车辆动态表、在站车辆动态表、车辆时间轨迹表。

(3)装卸车报告。从装卸车报告中得到车辆的有关信息:报告站代码、报告站码、报告时间、车种、车型、罐车油种、车号、装/卸车标志、整零标志、装/卸车站、装/卸车完成日期、装/卸车完成时间、货物品名收货人、发货人、始发站、终到站等。

(4)运非转换报告。从运非转换报告中得到车辆的如下信息:报告站代码、报告站码、报告时间、车主、车种、车型、罐车油种、车号、运非转换标志、非运用种类、转换地点、转换日期、转换时间等。然后更新车辆动态表、车辆时间轨迹表。

(5)新车加入报告。从新车加入报告中得到车辆的如下信息:报告站代码、报告站码、报告时间、车辆标志、车主、车种、车型、车号、自重、换长、制造厂、出厂时间、入路时间等。然后更新车辆基本表、车辆动态表。

(6)报废剔除报告。从报废剔除报告中得到车辆的如下信息:报告站代码、报告站码、报告时间、部调度命令号、车种、车型、车号、报废原因、报废时间、报废地点等。然后更新车辆基本表、车辆动态表。

8. 列车历史信息整理

(1)列车运行历史信息整理。列车运行历史信息整理从列车终到登记表中取得终到列车标识,从列车动态表里把该次列车的始发、终到等信息插入列车基本历史表,所有到发信息转储到列车运行历史表,所有晚点信息转入列车晚点历史表,将每次列车出发的组成信息转入列车组成历史表。同时,将列车标识从列车终到登记表中删除,插入列车转储登记表,列车转储登记表用于定时删除列车动态表中已转储的列车信息。

(2)列车保留历史信息整理。从列车解除保留登记表中取得列车标识,从列车保留状态表里把该次列车的保留、解除保留等信息插入列车保留历史表。同时,将列车从列车保留状态表、解除保留登记表中删除。

9. 车辆历史信息整理

(1)车辆装载历史信息整理。车辆装载历史信息整理根据事件发生时间、空重状态、品名、到站等信息，从车辆装载周期表中查找相应的周期。若找到，取相应的周期开始时间，否则，生成一个新周期，同时结束上一个周期。

(2)车辆运行历史信息整理。产生车辆运行历史，并用周期开始时间与车辆装载周期关联。

(3)车辆在车站作业历史。产生车站作业历史，并用周期开始时间与车辆装载周期关联。

(4)运非转换历史信息整理。记载运非转换历史信息。

(5)检修车历史信息整理。记载车辆检修、修竣历史，整理修程别走行公里信息。

10. 阶段统计(略)

## 二、统计数据共享

1. 货运统计系统按照行业规范主要包括的内容

(1)铁路运输业总产品统计：总产品产量统计、运输密度统计。

(2)车辆统计：分界站货车出入统计、货车现在车统计、装卸车统计、货车停留时间统计、货车运用效率统计、货车运用工作量统计、货车检修统计。

(3)机车统计：机车台日统计、机车运用效率统计、机车工作成绩统计、机车燃料消耗统计、机车车辆运用成绩统计、机车检修统计。

(4)列车运行统计：列车正晚点统计、列车速度统计、列车密度统计。

(5)铁路运营指标的经济效果分析。

在货物运输统计系统中阶段统计的主要内容如下：

车辆、列车、机车历史库基表的数据是进行统计分析的可靠依据。将按一定的计算方法统计计算出日常运输生产、指挥需要的各种运输信息。

根据用户需求，可以定时进行统计分析，也可以按输入的时间随机调用进行统计分析。其数据来源为：车辆、列车、机车历史数据库各基表，各种指标的计算公式、方法，时间段。实现的阶段统计如下：

① 按阶段(3 h、6 h、12 h)的各分界口货车出/入统计(重车按车种、去向、;空车分车种)；

② 按公司范围的列车运行正晚点统计；

③ 按时间段的分车次的列车正晚点率统计；

④ 按公司范围的保留列车统计；

⑤ 按公司范围的装卸车统计；

⑥ 按公司范围的分品类装车统计；

⑦ 按公司范围的装车去向统计；

⑧ 主要装车站分品类的装车统计；

⑨ 主要装车按去向的装车统计；

⑩ 主要卸车站的卸车统计；

⑪ 主要站的现在车统计；

⑫ 货车在站停留时间、中转时间、车辆小时的统计；

⑬ 货车运用成绩统计。

2. Web 查询

① 现在车分布信息；
② 十八点车辆保有量信息；
③ 专用车型往日十八点分布信息；
④ 分界口车流车种、去向统计信息；
⑤ 分界口去向别车流信息；
⑥ 分界口车种别车流信息；
⑦ 分界站通过列车图形显示；
⑧ 车辆、列车、机车实时及轨迹信息；
⑨ 车辆实时信息及轨迹信息；
⑩ 机车实时信息及轨迹信息；
⑪ 车辆走行 km 信息；
⑫ 动态追踪图形化界面；
⑬ 车流动态分析与预测信息；
⑭ 自装交出使用车去向统计表；
⑮ 接入到达使用车统计表；
⑯ 各分界口接入货车去向统计表；
⑰ 各分界口交出货车去向统计表；
⑱ 各分界口车种别接入货车统计表；
⑲ 各分界口车种别交出货车统计表；
⑳ 各分界口接入自卸重车统计表；
㉑ 各分界口自装交出重车统计表。

## 第八节　综合调度系统

按照调度工作“分级管理、集中指挥”的原则，综合货运、列车、枢纽、机车、车辆、供电、施工、统计、信息调度等岗位及相关生产单位的运输业务，将车流计划、机车计划、施工计划汇总建成日班计划平台。建立的综合调度系统，将运输管理涉及的各环节集成为一个规范化体系，强化调度指挥手段、优化岗位作业程序、提高作业效率。图 5－3 是综合调度系统图。

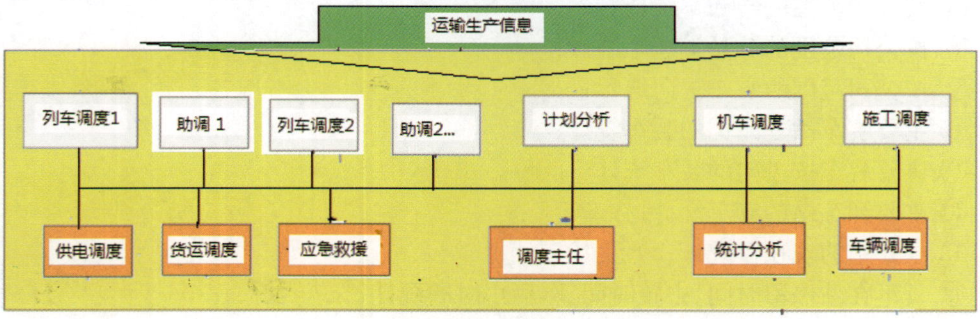


图 5－3　综合调度系统图

## 一、总体构成

1. 原则

(1)统一的开放技术架构体系。开放的技术架构，是应对信息系统规模不断扩大，开发组织难度越来越高的有效技术措施。采用统一的 JAVA 计划平台，实现子系统之间的松耦合，奠定系统未来可持续发展的基础。

(2)统一的企业级中间件平台。中间件软件平台是提高系统性能、加快研发速度、降低运维成本的重要基础设施，系统采用标准统一的中间件软件平台产品。统一规划使用，统一部署与优化调整。

(3)统一的公用基础信息模型。系统各功能模块管理的对象是构成运输指挥管理的有机组成部分，伴随着多维度管理意图的新增，必须规范管理对象的访问，建立统一的对象描述模型与字典，规范化公用基础信息的管理和维护，为实现子系统间信息共享与复用，以及系统功能置换和集成创造条件。

(4)统一的数据采集和管理机制。数据是应用系统的基础，既要避免同类数据的多次重复采集带来的浪费，同时也应注意建立多维原始数据的采集机制，在数据间建立耦合校验机制，保证采集数据的准确性与权威性。对原始生产数据采用一元化管理下综合采集机制，统筹规划部署。

(5)统一的用户界面风格。用户界面应遵循“风格统一，友好简单，适度引导”的人性化原则。系统各子系统皆采用图形界面进行软件操作，实现所见即所得。采用通用化表格技术，可以方便实现用户定义表格的输出内容和格式。

(6)统一的开发集成标准。模块化开发是研发大型复杂应用系统的必然选择，建立良好的应用集成标准，是应用系统成功进行模块化开发的保障。既要保证系统功能模块便于拆分，又要保证功能模块间的紧密集成和正确运行。

(7)统一的安全管理制度。建立统一的组织机构和权限字典，实现统一的用户管理、身份认证、权限管理。从技术和管理两方面保证各子系统的信息安全。

2. 系统架构

系统基于标准的服务整合优化，使其重新组合和应用，建成面向服务的系统架构。面向服务的系统架构可以更好地体现和继承现场运输生产组织中的应用模型、业务逻辑关系和数据。

3. 系统功能

通过建立综合调度系统，将运输业务的各个运行过程，按规律将有关的数据联系起来，组成一个有机的系统，使得生产信息能自动生成所需的报表和单据送交给各个职能部门及决策层。充分利用网络的优势，从各部门之间快速准确地传递运输数据，实现各部门的资源共享，减少数据的重复录入和资源的重复建设，用代替一些人工作业，减小劳动强度，提高劳动效率，实现生产信息化、管理现代化目的。

系统依据计划调度、机车调度、施工调度系统提供的列车工作计划、机车日计划、施工日计划，对基本列车运行图进行调整，把传统表格形式的日班计划，编制成日班计划运行图，调度和车站各岗位按图组织行车。调度各工种在日班计划平台，按照调度作业流程协同编制、调整、下达日班计划，系统按照作业流程、岗位职责，卡控作业过程和安全环节，实现协同作业、过程控制。

4. 系统的特点

综合调度系统重点通过整合改造各调度工种业务流程，优化提升各调度工种间的数据共享，建立“调度计划编制平台”，实现了多工种协同编制调度日班计划，实现了日常生产闭环管理，进一步提高日班计划编制的自动化水平，使得调度系统在应用功能、体系结构、技术创新等方面实现新突破，能够更好地为调度部门组织运输与指挥生产提供技术支撑。主要有以下特点：

(1)建立调度计划编制平台，实现日班计划协同编制。综合调度系统在实现信息共享的同时充分发挥优势，按照调度作业流程协同编制、调整、下达日班计划，系统按照作业流程、岗位职责等的要求，为各调度工种提供一个统一的计划编制平台。各工种数据经平台计算后生成完整的调度日班计划，构建全局完整日班计划，其输出形式为列车运行图(即“一日一图”)，实现了日班计划表现形式由“表”向“图”的转变。系统将调度员所管辖区段内的作业经推算放大为全局范围内的作业，并根据相关工种信息提供相应的实时指标统计，为调度员编制计划提供决策支持。

(2)完善调度工种系统功能，实现运输生产闭环管理。综合调度系统将在强化信息源点建设的基础上，在列调、计划、货调、机调、施工等主要调度工种系统功能方面，梳理规范、整合改造既有各工种系统功能，实现对主要调度工种作业流程的功能覆盖，同时增加满足调度部门生产、施工、安全、基础的综合管理功能，实现调度作业流程化衔接与协作，构成有机联系的整体；并按照调度相关规章、规程，建立严谨的逻辑判断模型，对调度作业流程、作业标准进行程序化管理、约束、控制、警示，实现管理上安全卡控。

(3)优化提升作业流程，实现信息充分共享。综合调度系统实现安全交换信息，尤其把列车调度纳入统一和开发，实现调度计划与实际的闭环管理，实现数据全流程无障碍交换。以日班计划图为基础，准确、完整、动态的日班和阶段调整计划，整体提高了自动化、智能化程度。重点解决调度作业全过程信息共享的问题，实现相同工种间信息的实时交换，不同工种间信息的实时或批次交换，信息共享方式由调度员的主动查看转变为系统对调度员的主动提示。综合调度系统采用数据一次录入，所有系统共享的理念，实现多个流程自动化，尤其体现在各类施工命令的自动生成、施工符号的自动上图、各种作业信息的自动生成。

(4)统筹规划，建立统一系统维护体系。铁路运输调度工作实行分级管理、集中统一指挥的原则。在系统规划、开发建设、部署实施、运行维护各个阶段，也将贯彻分级维护，统一指挥的原则。

5. 建设目标

(1)提高调度指挥效率

① 系统使调度和车站成为零距离，使公司调度指挥中心(调度所)能够准确掌握现场车流，提高列车工作计划的质量，提高计划兑现率；同时合理安排调小机车的运用和摘挂列车的作业，提高作业效率。

② 系统能够预计未来数天各区段、各分界口列车交接对数，综合施工天窗时间，为各

级运输指挥人员合理、正确地安排运力和运能提供了超前的决策依据。

③ 系统可有效地防止违流、违编开车和接车,从而提高列车编组质量。

④ 通过对大组车的追踪和提示,为计划调度员组织车流集结,编组高质量列车提供有效的技术支持。

⑤ 通过对“老牌车”的预警,为货调、计划员和列调监控车站作业,查找原因,寻求解决办法及时、准确地提供了依据。

(2)为调度安全监控提供有效手段

① 对执行的列车运行图实行连续、叠加式管理,列车运行线携带有执行文号及有关调度命令信息,并可将有关信息下达到站段,为实现列车运行图新旧交替安全、平稳过渡提供了技术支持。

② 对列车运行图进行集中管理和维护,保证列车运行图数据的正确性和可靠性,减少调度指挥中心(调度所)及各运输站段在每次调图过程中的核对工作量,防止调图过程中因基本图数据有误造成的错办现象发生。

③ 减少了各工种间、各岗位间大量计划交换、车位的交换环节,大幅度减少了人工信息交换过程中可能出现的差错。

## 二、技术构架

1. 总体功能

(1)实时控制与监视功能

① 全线列车运行情况及各种设备状态;

② 全线有关设备监控信息;

③ 必要时监视事故及施工救援现场。

实时控制功能主要为:

① 控制全线列车进路及列车群的运行;

② 控制列车发车时机;

③ 控制牵引供电系统,紧急情况下自动切断电源。

(2)具备预测分析及应变处理能力。综合调度系统应能根据邻线的预报、本线列车运行情况及天气变化等因素预测出列车正晚点情况及 18 点当时在途列车的位置。

结合机车车辆运力情况,根据技术设备、设施运行情况及相关检测数据,分析其状态,准确判断其对运营的影响及危害程度,并快速做出相应决策。

当由于突发事故引起列车正常运行发生紊乱时,综合调度应有强大的应变力,能够根据事故现场信息尽快做出调整计划并快速实施。

(3)提供相关信息共享功能。综合调度系统涉及运输计划、列车调度、机车调度、车辆调度、供电调度、施工调度等多个专业,系统必须具有各专业相关信息共享的功能,为各专业协调、高效的调度指挥提供技术基础。

2. 总体性能要求

综合调度系统的构建应符合技术先进、安全可靠、结构简单、维修量少,运营成本低等原则。

(1)实时性。运输指挥系统是实时控制、实时信息处理系统。它对信息传输、响应时间有严格要求。

(2)可靠性。系统要具有高可靠性,能有多种安全控制,能提供系统容错机制,保证数据信息的安全性。

(3)安全性。综合调度系统是列车运行安全指挥中枢,CTC(调度集中)系统应严格执行相关信号系统和网络安全。

(4)可用性。为保证运输畅通及正点运行,系统必须提供可靠的数据后备和恢复手段,提供系统故障恢复功能,保证系统不间断运行能力。

(5)可维护性。系统应便于维护和维修,提供方便的维护手段,维护、维修工作不应导致整体系统停机或中断。

(6)友好性。系统应提供友好的人机界面,方便灵活的使用方法,最大限度地满足用户需求。

(7)可扩展性。系统能方便地进行容量扩充,软件版本升级。

为满足综合调度系统的总体功能、总体性能及总体构成需求,综合调度指挥中心(调度所)包括的计划调度子系统、列车运行调度子系统、机车调度子系统、车辆调度子系统、施工调度子系统、供电调度子系统、货运调度子系统应具备下面介绍的主要功能,并能实现与相关调度子系统之间、与相关信息系统之间的信息交互。

## 三、系统配置

### 1. 计划调度子系统

计划调度子系统集中体现铁路调度层层指挥的功能,上级机构根据下级单位上报的计划申请,结合运输生产实际进行调整,然后编制列车工作计划,下达给下级单位具体执行,完成运输组织过程中车流的集结和分散,对铁路运输有关部门、工种进行综合调度指挥,使其相互配合,协同工作。

计划调度子系统依据分界口车流情况、装卸车计划,并集合十八点现车数据,推算当日的管内重车、移交重车和空车结存等信息,编制列车工作日(班)计划,并自动上报运输部、下达至相关工种调度及站段等基层单位。

计划调度子系统设置计划台,并和值班主任台共用,系统配置一套设备,四屏幕显示。

计划调度子系统的主要功能模块为:

(1)基本图管理。从列调数据库导入车流的参数、停点控制和行调对应的站名。

(2)编制列车开行计划。以站存车、计划到达车流、编组计划和基本图为依据,编制货物列车开行计划。

(3)编制货物列车甩挂计划。根据沿途摘挂列车编组内容和车站站存,编制列车在各站的甩车和挂车计划。

(4)计划的上传及下达。将列车开行计划、甩挂计划及施工调度提报的施工计划形成列车日(班)计划,上报值班主任,下达列调、机调、货调等各个调度工种及各区段站、中间站。

(5)管内现在车管理。根据列车的到发、运修、保留情况,自动推算管内各阶段的站存情况。

(6)管外间信息交换。根据管外的列车预确报信息,对管外开行的列车编组、时间、分界口通过时间及将来的情况进行预计。

(7)分界口交、接列车统计。统计和分析分界口货物列车交接去向、时间及数量。

(8)站调管理。根据计划的车站端程序,对区段站、编组站、中间站实现列车计划得下达。

(9)车站股道运用管理。动态掌握各站的股道占用情况。

(10)与相关系统的信息交换。计划调度子系统接收:列调、机调、辆调、电调的当日运用实绩及机车、车辆、供电检修计划;施调的维修计划;各车站的现车状况;运销公司的运销计划;公司及运输部的有关指令。

(11)计划调度子系统发送的信息。向各调度台及车站发送日(班)计划;向调度指挥中心(调度所)统计部门发送统计数据。

2. 机车调度子系统

机车调度子系统是综合调度系统中的重要子系统,负责机车运用工作的组织及管理工作,编制并执行机车工作计划是日常运输计划的主要组成部分,也是机车调配工作的依据。

机车调度与其他调度紧密结合,数据交换和信息共享的实时性要求很高。机车调度子系统要准确、及时地掌握机车的运用状况,必须掌握列调子系统的列车实时运行信息、计调子系统的列车开行计划、施工调度子系统的线路施工信息,以及实时的机车状态信息,汇总成机车实际运用概况,编制合理高效的机车运用计划、车运用指标。同时机车工作计划和实际运行的相关信息,以及各种统计指标要能及时地下达到相关站段,上报到相应的业务主管部门,并能收取各站段上报的计划安排、实际运行信息及部分报表信息,接受上级下达的安排。

机车调度子系统调度大厅配置机车台一个,系统配置双屏幕显示。车站各处、机务折返段、折返点设置车站终端设备和打印设备。机车调度子系统的主要功能模块为:

(1)计划周转图编制。根据列车工作方案了解车流、去向、编组辆数、吨数,核实日计划列车对数,通过基层系统了解可提供的机车台数及机车概况等,在此基础上进行综合平衡、统筹安排,周密编制机车日班计划并以调度命令的形式下达给机务。

(2)实际周转图绘制。根据列车实际运行图,绘制、打印机车实绩周转图。

(3)机车数据统计。提供机车运用概况、周转图兑现率、机务责任晚点等同机数据。

(4)机调数据查询。提供下列报表的数据汇总、修改、保存、查询、打印等操作:

① 机车配属;

② 机车运用概况;

③ 列车开行机车适用情况;

④ 实际周转图附表;

⑤ 货机拨供兑现表;

⑥ 机务责任晚点;

⑦ 机车乘务员超劳;

⑧ 列车等线情况；

⑨ 对开单机情况；

⑩ 会送机车登记表；

⑪ 救援列车概况；

⑫ 机车乘务员动态；

⑬ 安全情况登记表；

⑭ 机车配属变更登记表；

⑮ 机车应用检修情况。

(5)与相关系统交换信息。机调子系统接收:计调的日(班)计划,列调的阶段计划,机车运用、检修概况,接收相邻既有线调度指挥中心(调度所)跨线车的机车周转图日班计划。机调子系统发送:向计调度台及机务发送机车周转图日班计划及乘务员运用计划;向相邻既有线调度指挥中心(调度所)发送本线的机车周转图日班计划。

3. 施工调度子系统

施工调度子系统编制、申报、优化、审批、下达施工月度计划,在由施工月度计划自动产生的施工日计划的基础上,根据行车计划的安排对施工时间加以调整,生成施工调度命令,并迅速、准确、安全地将命令下达给相关单位,汇总、统计、分析各施工单位实际施工情况和施工信息,从而实现施工调度的综合管理。

施工调度子系统在中心设置施工台一个,系统设置为双屏幕显示,车站施工单位设置施工计划接收终端。系统施工计划和命令可以直接下达给列调系统行调台,并由行调台下达给列调系统车站值班员终端。

施工调度子系统的主要功能模块为:

(1)施工计划子系统。人工编制施工计划,并通过手工调整各个施工的时间和范围;根据施工申请,自动合并调整施工安排,优化施工方案;根据施工方案自动生成施工命令。

对各分公司、施工单位申报的施工月度计划进行审批上报、查询监控和调整优化。通过查看某路段(天窗)内申报的施工项目,对在同一区间内不同时间的施工进行有效的调整,优化施工计划,实现天窗时间的最大化利用,提高了施工效率。调整优化完成后,开放天窗,生成月内每日施工计划并下发施工单位。各单位可以随时查询月计划、日计划情况,进行预先安排,也可以查询历史计划完成情况。

(2)施工调度命令子系统。提供对施工调度命令的快速编辑、预发送核实、打包下发、回执确认、径路追踪、历史查询和日志记录等功能,实现每日施工计划和组织实施的统一管理,以及施工调度命令的实时传输。

调度员把生成的施工命令下发到相关的机务和折返段,并进行确认签收,并回执调度员,从而完成命令的下达。各受令单位接收、签认下达的施工调度命令,完成打印、记事等相关业务,并根据命令内容布置施工作业。

(3)施工统计子系统。为运输调度部门、各施工单位提供施工计划、施工命令、施工进度的查询和统计。根据组合条件的查询生成各种形式的报表,如每日天窗兑现率、施工单位施工兑现率等等。统计分析的结果可以作为施工单位和调度指挥单位的年度、月度施工实绩考核标准,也可以作为安排施工天窗、优化天窗共用的参考,为上级相关部门的运输指挥提供决策支持。

(4)与相关系统交换信息。施工调度子系统接收:计调的日(班)计划;电调的维修计划计划;分公司工队的工务、电务设备故障及报修概况、维修计划。施工调度子系统发送:向计调度台、电调台及分公司工队发送施工维修计划。

4. 车辆调度子系统

车辆调度子系统主要根据红外线轴温智能探测系统、车号自动识别系统所采集的车辆信息,实时掌握车辆运行情况;根据日(班)计划、阶段计划,以及货车公司、站修所提供的可用车辆台数及车辆概况,合理运用车辆。

车辆调度子系统在中心设置辆调台一个,系统设置为双屏幕显示,货车公司、站修所、列检所设置终端设备。

(1)编制车辆运用计划。根据计调下发的日(班)计划,列调下发的阶段计划,通过货车公司、车辆检修中心、站修所了解可用的车辆台数及车辆概况等,编制车辆运用日班计划,并以调度命令的形式下达给货车公司、站修所。

(2)实时监视车辆运行情况。根据安全监控系统、车号自动识别系统所采集的车辆信息,实时掌握车辆运行情况,根据管制规则及时对故障车做出相应处理措施,作为调度命令下发至前方技术作业站,并将相关信息及时提报列调台。具备车辆在车站长时间停留的预报功能,以提高车辆的使用效率。

(3)车辆运用、检修管理。根据车辆在货车公司、站修所、列检所的检查、检修等技术作业情况,对车辆运用、检修情况管理。

(4)日常统计分析。提供车辆运用、检修概况等统计分析报表的汇总、分析及上报。按指定时间段,统计任意分界口货车出入列数、车数,分车种的重空车辆级计信息和重车的去向信息。

(5)与相关系统交换信息。接收:计调的日(班)计划;列调的阶段计划;货车公司、站修所、列检所的车辆运用、检修概况。发送:向计调度台及货车公司、站修所、列检所发送车辆运用计划。

5. 救援调度指挥子系统

救援调度指挥子系统设置援调台一个,配置为双屏幕显示,用于线路事故救援调度指挥。在事故发生时,该调度台拥有最高指挥权限,平时则处于放权状态。

救援调度指挥子系统应具备的主要功能如下:

(1)事故现场信息的采集、显示。通过与部署在运输管理平台、安全监控领域的“救援指挥系统”互联,在调度指挥中心(调度所)救援指挥中心调度台工作站实时掌握事故现场的语音、图像等信息。

(2)救援调度指挥预案的编制。针对朔黄铁路运输生产现状、事故多发地段、运输隐患等因素,模拟事故发生情况下的场景,编制救援调度指挥预案。

(3)救援调度指挥方案的编制、下达。根据事故现场的情况,当时在途列车运行实绩、机车、车辆运用实绩、基础设施状态、救援列车位置,编制救援调度指挥方案并及时下达至各专业调度台执行。

(4)救援调度指挥实绩的分析及存档。对事故发生、处理过程中采取的救援调度指挥实绩、事故原因进行全程的记录、分析及存档。

6. 统计子系统

系统统计子系统设置两个统计台。朔黄铁路统计区段为:神池南—黄骅港站(含港口)全线及各条联络线等。运输统计内容主要包括运输收入、机车、车辆的各项数量、质量指标完成情况,其中机车统计部分的数据源于机辆分公司、联合运输单位的统计部门。

(1)统计报告制度。各种运输生产统计报表均以北京时间为标准,采用18时结算制,即自昨日18:00起至本日18:00止24 h为统计报告日。各种报表通过电话、电传、网络等形式逐级上报。

(2)货车出入和时分的确定。货车出入是平衡货车现有数和计算货车周转时间的依据,货车主要分为随同列车(包括单机、轨道车,下同)出入的货车、不随同列车出入的货车(新购入货车、报废车)两类。

随同列车出入的货车时分以列车到、发时分为准。新购入货车由车站在“新造车辆移交记录单”上签字时加入,“报废车”由车站自接到统计或车辆部门通知的时分起剔除。

(3)分界站货车出入统计(朔黄 YB-1)。分界站货车出入统计反映朔黄铁路与国内铁路行业之间、朔黄铁路与其他地方铁路之间的列车、货车出入情况,作为统计朔黄铁路货车现有数、考核货车交重及排空计划完成和经营管理的依据。

(4)现在车统计(朔黄 YB-2)。现在车统计是反映朔黄线管内各站每日18时货车现在车数及运用情况,作为日常调度指挥、编制运输工作计划、调整资源配置及经营管理的依据。现在车按产权分为部属货车、企业自备车,按运用状态分为运用车、非运用车。

(5)18时重车去向报表(朔黄 YB-3)。本报表反映18时朔黄铁路管内重车及移交车去向,作为公司组织卸车和掌握重车车流的依据。

(6)货车停留时间统计(朔黄 YB-4)。货车停留时间统计反映运用车的货物作业和中转停留时间完成情况,作为检查、分析、改善车站运输组织工作,提高货车使用效率的依据。

(7)装卸车统计(朔黄综合货报)。装卸车统计反映朔黄铁路实际完成的发送量、到达量和货车装卸作业情况,据此考核管内工作量情况,为编制运输计划、改进货物运输工作及运输成本核算提供统计信息资料。

(8)货车运用效率统计(朔黄 YB-5)。为正确反映货物列车和货车运用质量,加强货车运用计划考核,量化货车运用效率分析;同时,给运营成本计算、财务清算提供正确依据,由调度指挥中心负责进行货车运用效率统计。

(9)运输收入速报。每日运输收入速报在“运输日况报告表”中填报,当日报送公司领导及运输部、财务部。

(10)机车工作时间统计:

① 列车机车的工作时间。按全周转时间、回段机车的全周转时间、循环运转机车和

轮乘制机车全周转时间、在站换班机车、纯运转时间、中间站停留时间、旅行时间、本段折返段停留时间、本段折返段所在站停留时间进行统计。

② 专调机车工作时间。按调车作业时间、调车停留时间、机务停留时间、车务停留时间进行统计。

③ 机车运用指标统计。

a. 机车运用指标统计包括机车运用效率指标、机车运用指标。

b. 机车运用效率指标按运输密度、机车牵引总重吨公里、机车平均牵引总重、载重吨公里、机车平均牵引载重、机车日车公里、技术速度、旅行速度等统计。

c. 机车运用指标按机车平均全周转时间、单机走行率、机车使用系数、机车总走行公里、沿线走行公里、本务机车走行公里、辅助走行公里、换算走行公里、本务机车纯运行时间、本务机车旅行时间、机车燃料消耗。

7. 分析子(综合)系统

分析台主要根据公司工作安排和部门负责人要求,制订部门工作计划,进行运输工作定期和专题分析,提出改进措施,建立运输统计台账,充分发挥分析工作指导运输,具体功能如下:

(1)根据公司工作安排和运输生产实际情况,制订本部门月、季、年度工作计划,指导各项工作开展。

(2)建立运输统计台账,健全各项统计资料,为领导决策提供可靠依据。

(3)正确计算运输生产各项指标,及时提供考核工作数据。

(4)做好运输分析工作,不断提高运输效率,确保运输安全。

(5)建立日常分析工作制度,根据作业图表及有关统计资料,找出成绩和不足,不断改进运输组织工作。

(6)建立旬、月运输工作分析制度,分析旬、月生产任务、安全情况,针对薄弱环节、运输中的重点带有普遍性、关键性问题进行专门分析,深入调研总结,提出有效改进措施。

(7)根据统计台账、调度指挥中心(调度所)完成考核指标数据。

(8)根据运输工作分析和分公司、调度指挥中心(调度所)完成任务情况,提出工作考核意见。

## 四、软件功能

1. 企业门户

(1)B/S 浏览器服务器架构。

(2)安全性。要求为客户、合作伙伴、服务供应商和员工提供受控而且安全的信息访问方法。应用程序和数据必须得到保护,以防止未经授权的用户访问关键的应用程序、机密数据或网络的通信数据。对应用程序和数据的访问必须根据用户的类型进行适当的管理。要求有稳定可靠的安全框架来管理访问和网络通信。

系统应提供综合用户验证、跟踪、日志记录和审核等以满足严格的内部要求或规定,充分利用 J2EE 应用服务器对访问和身份验证的安全措施。还可以利用轻型目录访问协议和单点登录等措施集中管理访问,从而可以简化和优化用户对应用程序的访问和身份验证。

(3)单点登录。

(4)系统使用SSO解决方案。通过SSO验证了身份的用户无需再次登录即可访问企业内其他应用程序。

2. 公共信息模型

(1)要求数据必须统一到ORACLE数据库中,便于数据交换和系统集成。

(2)在综合运输系统中建立企业定义一致的数据模型,为数据交换提供了一种信息标准,这种信息标准可以作为数据交换的元数据标准。

(3)通过构建主题数据模型的方法和过程能力。实现对企业信息资源进行有效的规划和建模。实现对信息资源目录的合理划分、数据元素的统一定义(标识、数据类型、信息编码)等。

3. 数据交换平台

系统应用集成平台将建立统一的数据交换平台要求如下:

(1)有效地降低系统间的耦合度。每个应用系统逻辑上只和数据交换平台有关系,而不必考虑数据交换另一端的具体部署,使系统间形成简单的数据耦合,有效降低了系统间的耦合度。

(2)提高数据交换接口的规范性。由于系统接口统一面向数据交换平台,在接口的逻辑和技术形态上都具备一致性,这样就为系统接口的稳定和规范提供了基础,有利于和实现一致和规范的接口。

(3)提高数据交换的开放性。数据交换平台就如同系统间的一个逻辑数据总线,可以对外提供灵活的多种形式的接口,让系统很容易地集成进来,从而提高了数据交换的开放性。

(4)保证数据交换的安全性。采用数据交换平台后,系统间的数据交换可以完全受到平台的控制,可以充分利用到交换平台认证、授权、加密等安全性服务,从而有效地保证了数据交换的安全性。

(5)提高数据交换的可扩展性随着系统需求的发展,一个数据交换过程往往不是固定不变的,当需求变化产生时,通过数据交换平台定义(而非直接编程实现)的数据交换,可以很容易地进行修改和扩充,从而极大地提高了系统的扩展性。

(6)数据传输格式要求:必须支持XML格式的数据交换和传输。

(7)数据库访问服务:通过提供相应的用户名,连接串和相关其他信息,实现相应的数据服务。这种服务通常具备跨异构数据库访问的能力。

## 第九节　数据中心

朔黄铁路运输生产(EST)板块构筑数据中心,满足运输管理平台内综合调度、货运管理、安全监控等各应用系统之间,以及与资源管理、办公管理等相关应用系统之间的信息交换、服务共享的需要。

数据中心构建统一的数据仓库,采用统一的技术与体系结构,提供信息交换管理,为各系统间的信息交换与共享提供公用的数据交换、存储、访问服务。

数据中心设置安全访问控制层，在数据交换共享时对系统的访问进行安全认证、协议转换、格式识别，对交换的信息进行内容过滤，保证数据交换的合法性和合理性。

各应用系统应提供插件方式的接口与安全访问控制层相连，提供或访问共享信息，实现应用系统的整合。

应用系统应为需要共享的数据定义访问接口，规定接口的安全性，系统间应采用灵活的数据接口格式，其信息交换应采用数据库级信息共享方式。

朔黄铁路运输信息系统数据中心是一个为朔黄铁路运输信息系统各业务信息系统间、业务信息系统与公用基础信息平台间，运输信息平台与资源管理、办公管理、工程管理平台之间提供信息交换服务、信息共享服务和功能共享服务的平台。该平台具有一定信息加工、数据转换和处理能力，采用优先级服务机制，优先满足实时性要求高的交换和共享请求，并保证信息交换和共享的安全性和可靠性。

## 一、主要功能

数据中心定位于铁路业务信息系统间信息交换和共享的枢纽。数据中心建成后，为实现信息交换和共享，各业务信息系统不再需要直接与众多、异构的系统打交道，只需利用统一、规范的访问接口，通过数据中心完成信息交换和共享。不仅提高了系统间信息交换的透明度和信息的共享度，而且大大减少了业务信息系统的交互接口，降低了业务信息系统开发和维护的难度和成本，缩短了业务信息系统开发和实施的周期。数据中心提供的服务共享功能可避免大量相同功能模块的重复开发，为功能模块重用创造了条件。

数据中心的主要功能如下：

(1)跨系统信息提取；

(2)跨系统信息发送；

(3)数据转换格式转换；

(4)构建共享信息库；

(5)提供共享服务。

## 二、技术框架

(1)结合铁路业务信息系统集成的实际需求，数据中心的基本技术框架如下：

① 为满足业务信息系统间实时和非实时交换要求并存的信息共享需求，数据中心以SOA 和 ESB 架构为基础，并吸纳 EAI 适应实时交换的优点。

② 共享服务模式既提供功能性共享服务，又提供信息交换和共享服务。

③ 新建系统可采用自描述 XML 元数据方式实现数据交换和共享。

(2)J2EE(平台企业版)。考虑到数据中心的构建应具备跨平台特性，并能支持 Linux、UNIX 等操作系统，因此数据中心应采用 J2EE 平台构建。J2EE 是使用 Java 技术开发企业级应用的一种事实上的工业标准，是为了克服传统 Client/Server 模式的弊病，为应用 Java 技术开发，服务器端应用提供一个平台独立的、可移植的、多用户的、安全的和基于标准的企业级平台，从而简化企业应用的开发、管理和部署。J2EE 是一个标准，按照

J2EE 规范分别开不同的 J2EE 应用服务器,J2EE 应用服务器是 J2EE 企业级应用的部署平台。由于它们都遵循了 J2EE 规范,因此,使用 J2EE 技术开发的企业级应用可以部署在各种 J2EE 应用服务器上。

## 三、体系结构

朔黄铁路运输生产管理信息系统数据中心应采用适应朔黄铁路业务信息系统、面向服务、具有松散耦合特征、兼有实时和非实时交换特点的 ESB 架构。该架构为业务信息系统提供两种级别信息共享方式:一种方式是数据库级共享;另外一种方式是应用系统级共享。

1. 数据库级共享

数据库级共享直接从数据库层面实现业务信息系统间的信息共享和交换,适合于大批量、与事务控制逻辑无关、纯数据库级的数据提取和发送。实现数据库级共享的主要功能模块如下:

(1)数据联邦:用于建立异构环境下多个业务数据库数据的统一视图。

(2)数据转换:用于将源系统的数据格式和语义转换成目标系统所理解的数据格式和语义,包括格式转换和语义转换。

(3)共享数据库:用于集中存储为业务信息系统共享的数据。

数据库级共享可根据数据交换的特点,采取直接数据库访问方式或共享数据库方式实现信息共享和交换。

直接数据库访问方式,即数据中心只负责建立源系统和目标系统间的连接,不存储交换的数据,以便实现业务信息系统间的快速数据交换。

2. 应用系统级共享

应用系统级共享直接从应用层面为业务信息系统提供高频度、与事务控制逻辑相关的数据交换功能和通用的服务共享功能。其主要功能包括:

(1)将业务信息系统、数据中心和空间信息平台中可共享的功能发布为服务,实现服务管理和重组,主要包括服务定义、服务注册、服务权限管理、服务队列管理、服务功能的分解、服务功能的重组等。

(2)为业务信息系统提供订制的业务服务。

(3)提供数据格式定义和数据转换。

(4)将业务信息系统间的信息交换功能、数据库级信息交换和共享的功能包装成服务,在企业信息服务总线(ESB)中注册,供其他业务信息系统调用。

(5)采用可靠的消息中间件来提供可靠的消息服务和智能路由,动态地识别和理解从源系统发出的消息并且把它发向目标系统,提高系统间数据交换的可靠性。应用系统级共享可根据服务方式的不同,分为信息直接交换方式和服务共享方式。

信息直接交换方式,对于不便于包装成通用服务接口的业务信息系统,可通过专用数据交换接口与 ESB 连接,ESB 负责完成源系统接口到目标系统接口的格式转换和协议转换,实现业务信息系统间的快速信息交换。

服务共享方式,业务信息系统通过通用服务接口与 ESB 连接,通用服务接口是指符合业界信息集成标准的接口,例如 XML 接口,WebServices 接口等。ESB 以服务的方式提供数据交换、服务共享，以及实现空间信息平台的空间信息共享和服务共享功能。通过对业务信息系统所需的功能服务的提炼，按标准格式对单一功能模块或经过抽取重新组合的功能模块，进行封装和注册，为各业务信息系统提供共享服务。

## 四、数据集群交换

1. 车号基础平台

车号自动识别信息是实时、准确地反映铁路车辆、列车、机车运行位置的原始信息，利用车号自动识别信息与调度指挥系统、确报管理系统、货票系统的信息相结合，为朔黄铁路的运输组织提供基础数据信息：

(1)利用车号自动识别信息与确报信息结合，可以随时或按指定时刻提供朔黄关内现在车保有量，分车种、分重/空的车辆分布信息；可以按阶段提供分界口货车出/入情况和车流动态。

(2)利用车号自动识别信息与确报信息结合，可以更准确地掌握分界站实际车流，获取预计到达车流，辅助编制列车工作日班计划，实时进行车流调整。

(3)利用车号自动识别信息与十八点运输统计信息结合，可以准确地进行每日货车使用辆数和货车使用费清算。

(4)车号自动识别信息与确报信息、货票信息结合，可以实现对列车、车辆、机车及所运货物的动态追踪，为运输组织和管理部门提供更详细、准确的货车和货物运输位置、运行轨迹等信息。

(5)车辆走行公里统计。

(6)机车走行公里统计。

(7)机车车辆检修。

2. 综合调度系统(内容见本章第六节)

3. 货运管理信息系统

货运管理信息系统由中心级、车站级二级构成，在由中心级、车站级系统构成的货运管理信息平台上，提供确报管理、货运管理、车站管理、运输统计等具体应用。

货运管理信息系统以提高运输生产，特别是货运管理水平为目标，为运输调度指挥部门提供实时掌握朔黄铁路货车、机车及所运货物的位置、状态变化的信息，也为领导和计划、统计、财务等部门进行宏观决策和科学管理提供可靠的依据；同时，将货物运输的动态信息提供给货主，可作为企业组织生产和适应市场变化的重要依据。

(1)货票管理信息系统

货票管理信息系统主要实现货票信息的收集、传输、存储、交换和综合应用，完成货运制票、补/退款信息采集、收入更正信息采集、统计更正信息、货票信息查询及货票统计等整个货运过程的货票信息管理功能，为朔黄铁路各级业务和管理部门、用户提供尽可能及时、完整、正确的货票信息服务。

(2)确报管理信息系统

确报管理信息系统是铁路运输组织的重要信息源之一，主要实现确报信息的接收、发送、与车号自动识别系统(ATIS)的匹配等功能，为车站相关工作人员提供准确的列车编组信息,是提高车站作业效率的有效保障。

(3)车站管理信息系统

车站管理信息系统作为货运管理信息系统最重要的子系统之一,是整个货运管理信息系统的建设基础。

车站管理信息系统包括现车管理、货运管理两大部分,其中现车管理部分主要实现列车接发、解编,站内调车、取送车、现在车统计等功能,货运管理部分主要实现货物受理、承运,货物到达、交付、货车装卸、中转配装(预留)、货场管理、货运统计等功能。

车站管理信息系统是货运管理信息系统的重要信息源点,确报系统、货票系统等其他系统的基础信息,也都在车站管理信息系统中采集。

同时,为提高调车作业的现代化管理水平,考虑在朔黄线的神池南、原平南、肃宁北、黄骅港、港口共5个技术作业站设置车站调车管理系统,实现调车机固定调车场调车作业和本务机车中间站调车作业的安全作业管理。

(4)货车和货物运输动态追踪管理功能子系统

货车和货物运输动态追踪管理功能子系统主要利用车号自动识别信息、车号识别与确报匹配信息、确报信息及站存车复制信息,并结合车站管理信息系统上报的车辆、列车、机车动态报告,作为基本的信息源以实现货车和货物运输的动态追踪管理。

4. 运输生产管理信息系统

朔黄铁路运输生产管理信息系统由中心、基层两级构成,提供运输计划管理、运输业务管理、货物及货车动态追踪管理等具体应用。

朔黄铁路运输生产管理信息系统应以提高运输管理水平为目标,制定并组织实施朔黄铁路的运输技术计划;掌握交接口的交重/回空情况,实现直达列车、管内矿区装车、到港卸车等主要运输业务的管理工作;利用车号自动识别信息、确报信息和货票信息,实时追踪、掌握朔黄全线的机车、车辆、货物的运输动态。

(1)运输计划管理子系统

运输计划管理子系统主要用于编制合理运用机车车辆的技术指标计划,包括装卸车计划、空车调整计划、周时指标计划、车流径路等四个功能模块。

(2)运输业务管理子系统

运输业务管理子系统主要实现交接口、直达列车、管内矿区装车、到港卸车等主要运输业务的管理工作。

5. 对外信息交换内容

目前与朔黄铁路公司发生业务联系的单位有:神朔铁路调度指挥中心(调度所)、港务公司、销售中心、货车公司、北京局、太原局调度指挥中心(调度所),天津地方铁路神华公司、中铁十五局、天津煤码头公司以及沧黄铁路、国华定州电厂、西柏坡电厂等企业,需要与朔黄进行信息交换。

## 五、中心部署

综合调度系统建立在运输数据中心的基础上,包括:

数据交换和备份等内容。数据中心(见图5-4)是一个可管理的高速存储区域网络,是由服务器、存储设备、连接设备、管理软件构成。

(1)服务器:双服务器;

(2)存储设备:双磁盘阵列;

(3)连接设备:双光纤交换机;

(4)管理软件:存储区域网管理、存储策略配置等。

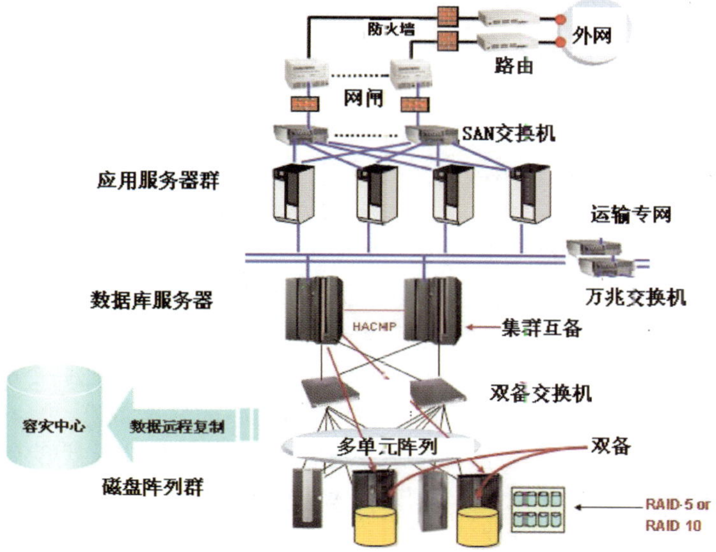


图 5-4 数据中心部署图

6. SAN 交换机

根据系统实际应用需求,采用基于光纤通道数据存储结构——SAN 来建立数据存储中心,将原本分散的数据存储备份通过光纤通道重新集中起来。

为了实现集中化存储,选择高性能的存储服务器作为基础存储设施,同时来满足已有多台服务器的在线存储要求,并配置 2 台磁盘阵列来完成数据的备份。此外配置 2 台专用的数据存储管理服务器,来实现对复杂的虚拟化存储环境的简单和有效的管理。配置 2 台光纤通道交换机作为连接设备,连接介质为光纤,相应需在连接服务器上配置安装光纤通道卡,数据传输速率可达到 2Gb/s。

存储服务器和扩展柜支持光纤通道技术,选择每块硬盘容量为 146.8GB,转速 1 万转的高速高性能关纤通道硬盘。目前存储需求为 10TB,既要能保证实现完全备份和增量备份,并预留有存储空间。

## 六、存储管理

数据存储备份中心选择与 TSM 同类功能的管理软件。TSM 由 Server 端和 Client 端构成。在需要数据备份的多台服务器上安装 Client,并由安装有 TSMServer 的数据存储管理服务器进行数据存储的集中管理。配置支持 Oracle/SQL 数据库在线备份的软件来实现数据的在线备份和恢复。配置软件支持 LctusDomino 数据库的在线备份。SAN 存储区域网络是一个全新的存储网络,配置存储区域网络管理软件来对 SAN 网络进行管理。配置存储资源管理软件对存储资源实现管理。

(1)制定备份策略。管理员通过对 TSMServer 进行初始化,配置存储设备、定义备份节点和制定备份策略,其中备份策略包括自动备份进行的时间,数据需要备份和存档、存储地点及保存时间。

(2)数据的集中存储备份和管理。利用已有的网络系统和即将建成的存储系统,采用集中存储方式,来降低数据备份的成本,减少数据备份的工作量,提高数据的可靠性和完整性。

(3)数据库的在线备份:

① 系统数据库一旦数据库或系统受到破坏,那么没有及时备份的数据则无法恢复,为了进一步加强重要数据库和应用系统的安全性,需要对诸如 Oracle、SQL、Domino、DB2 等数据库和应用系统实线集中、在线、增量备份、自动存储管理等功能。

② 数据保护支持对 Oracle10g 数据库的在线和离线备份。

③ 在线备份是在数据库打开的情况下做的,所以在备份前一定要保证数据库的完整性。

(4)远程异地备份。对于不同的数据存储备份中心,可以利用 TSM 提供的服务器到服务器通信来完成数据在多个 TSM 服务器之间的传递,这样就可以把一个中心的数据集中备份到另一个数据存储中心,实现了两个数据存储中心的异地备份。当在公司本部外建立了与朔黄铁路数据存储中心相同的存储系统后,实现远程异地数据容灾和备份。

(5)存储区域网络管理。相对于 LAN 或 WAN,SAN 是一个用于存储的全新网络,如对局域网络管理能对存储系统、存储设备及相关连接单元实现监视、管理,并生成存储区域网络拓扑映射图,来帮助管理员了解都有哪些物理资源连接。对 SAN 网络系统管理和监控,并定期生成数据分析报告,作为决策的依据。协助管理员对系统事件收集和性能分析,使管理员作出正确的判断。

(6)存储资源管理。利用 SRM 软件,管理员可以对关键任务系统中的数据进行分析。通过深入到数据库管理系统内部对已分配空间和已用空间进行分析,确定是否为这些已用分配了过多的存储。根据历史增长信息对所有数据类型的增长进行预测是长期 SAN 计划的关键。并利用 SRM 提供的用户占用的历史发展趋势和关于文件访问、修改、创建和大小的统计信息,管理员利用这些信息来实现 SAN 存储的最优分配。了解所拥有的存储,哪些应用正在使用这些存储以及增长的原因,将可以帮助确定和避免现在和将来可能发生的问题。

(7)数据的灾难恢复。数据备份的目的是为了当数据发生灾难时,可以实现数据的恢复。管理员可以通过 TSM 来实现数据恢复。

## 第十节 铁路运输统计与清算信息系统

### 一、货运统计系统

1. 按照行业规范主要包括的统计内容

(1)铁路运输业总产品统计:总产品产量统计、运输密度统计。

(2)车辆统计:分界站货车出入统计、货车现在车统计、装卸车统计、货车停留时间统计、货车运用效率统计、货车运用工作量统计、货车检修统计。

(3)机车统计:机车台日统计、机车运用效率统计、机车工作成绩统计、机车燃料消耗统计、机车车辆运用成绩统计、机车检修统计。

(4)列车运行统计:列车正晚点统计、列车速度统计、列车密度统计。

(5)铁路运营指标的经济效果分析。

2. 调度综合中心系统统计子系统(内容见本章第八节三、6.)

3. 阶段统计

车辆、列车、机车历史库基表的数据是进行统计分析的可靠依据,按一定的计算方法统计计算出日常运输生产、指挥需要的各种运输信息。

根据用户需求可以定时进行统计分析,也可以按输入的时间随机调用进行统计分析。其数据来源为:车辆、列车、机车历史数据库各基表,各种指标的计算公式、方法、时间段。实现的阶段统计如下:

(1)按阶段(3 h、6 h、12 h)的各分界口货车出/入统计(重车按车种、去向,空车分车种);

(2)按公司范围的列车运行正晚点统计;

(3)按时间段的分车次的列车正晚点率统计;

(4)按公司范围的保留列车统计;

(5)按公司范围的装卸车统计;

(6)按公司范围的分品类装车统计;

(7)按公司范围的装车去向统计;

(8)主要装车站分品类的装车统计;

(9)主要装车按去向的装车统计;

(10)主要卸车站的卸车统计;

(11)主要站的现在车统计;

(12)货车在站停留时间、中转时间、车辆小时的统计;

(13)货车运用成绩统计。

4. 查询(内容见本章第七节二、2.)

## 二、网运分离清算系统

铁路移动设备走行统计与清算系统是铁路机车大中小检修,传统机车走行统计系统依据人工统计,人多,时间长,时间滞后,准确性不高。

车辆检修按照时间周期检修,由于车辆运用次数不同,破损状态不同,破损程度“苦乐不均”,数万辆车人工统计无法实现,为了实现机车车辆状态修,急需一套走行统计系统。

朔黄铁路公司实现联合运输,多家机车上线竞争,实现了路网分离,但是由于人工统计,公司财务清算繁杂,严重影响了网运分离运用效果,为了改变现状,急需一套走行统计系统。

走行统计系统是铁路运营的移动设备,在铁路各区段的位移自动统计系统。包括机车、车辆、轨道车等,并对其实现路权占用清算管理。

走行统计系统利用车站上车号系统自动采集各交接口、红外线探测站(25 km)行车信息,形成列车确报信息。将列车确报信息作为共享资源使用,列车信息系统实现信息传递,车站产生的确报信息,通过网络传输到公司、公司和分界口进行车流统计,保留车管理、成本核算等,在走行统计系统中,成本列车信息库和出入分界口列车信息分别是从确报库和分界口列车信息库中采集而来,形成移动设备统计与清算系统。

## 三、系统功能

1. 列车确报自动生成

利用车号系统自动采集列车信息形成列车确报报文,自动发送数据中心处理。

2. 数据传输子系统

数据中心接收后,自动向各车站发送列车确报报文,中心自动统计分界站车流和机车、货车等移动设备走行数据。

3. 数据处理系统

(1)逻辑检验,加工整理,设置各种标志位;

(2)通过字典进行代码转换;

(3)统计货列车方向、车流去向;

(4)将数据传成本核算系统。

4. 走行统计系统(机车、货车)

(1)采集管内和过口列车确报信息;

(2)车、货车辆经路和走行公里,建立成本列车信息库;

(3)查询显示成本列车信息库中信息;

(4)显示修改和打印某天的机车、货车走行统计表;

(5)汇总月机车、货车车走行统计数据。

5. 货票确认

利用车号系统交接口、车站车号识别装置自动采集本站车辆信息,形成车站车辆保有量信息,保证装车信息准确(发车确认)。

6. 报表打印子系统

用户可任意形式的表格,此系统根据用户输入的表格框架和控制字典,自动完成报表并可进行显示和打印。

7. 系统维护子系统

用户可使用维护系统提供的工具对本软件使用的所有字典进行查询、增加、修改和删除。此系统根据用户设定的天数自动删除成本列车信息库中的过期数据,利用此系统还可以进行数据库的备份和恢复。

## 四、系统性能

(1)准确性。对铁路运输成本核算系统中机车、货车运输成本的统计,按实际列车走行区间,实际车辆重空和车种情况进行统计。关键确定列车实际装载情况和走行区间。

利用列车确报库和分界站列车信息库中的列车确报信息作为数据源进行统计。因为运行的列车确报系统，它准确地反映出了列车运行的线路，而且确报内容是由各个站确认的，因而与实际运行编组一致，因此利用列车确报信息和分界站车流信息，能够准确地计算出机车、货车车走行统计报表。

根据现行确报原则，机车、货车走行也采用分段计算方法，即逐段计算出列车实际走行区间。为了精确计算出列车走行公里，列车车号装置字典，通过该字典可以精确地计算出任意两站间的公里数。

(2)快速性。根据网络、设备、软件环境和完成的功能，对服务器与客户机（浏览器）的负载进行了合理的分工，对运行策略进行了深入的研究。凡是网络数据处理、与用户界面不密切的运算均在服务器上进行，大大地减少了数据在服务器与客户机间的往返传输，减少了以客户机数目为系数的频繁访问数据库的次数，避免了突发事务的发生。

(3)采用 Oracle 数据库作为数据存储模式。为了给用户提供最好的运行效果，提高系统性能，系统使用多种数据库应用技巧。例如：随着确报综合系统各功能子系统不断增加，用户要求的数据存储期限加大，系统数据存储种类和数据存储量不断增大，出现数据存取、查询速度和数据存储量间的矛盾。采用对数据库建立索引的技术来解决这一矛盾。通过分析用户需求，对于最常查询和对查询速度影响较大的数据建立索引，提高用户查询和计算各种报表的速度。

系统使用 Oracle 过程化选件技术，即将客户端各个应用中大量与服务器交换信息的程序打包放在服务器上运行。这样当多个用户运行同一程序时，在服务器上调用的是同一存储过程，既节省客户端进程运行的速度，又提高服务器的性能。

为了增强用户程序的实时性，数据库系统定时器使用户端界面每 5(10 可选) min 自动刷新一次，保证用户能即时看到最新的确报信息。

为了减轻系统维护人员的工作量，采用数据库作业技术，提交后台进程，自动定时删除用户库中的信息，解除了维护人员每天烦琐的工作。

(4)实现资源共享。列车确报是运输组织、行车指挥重要的基本的资料之一，传统确报只限于在车站和公司运输生产上使用，应用范围很小，现在已成为列车确报管理信息系统。列车确报分界站车流统计系统和机车、货车车走行统计系统共同使用的原始信息。

## 第十一节　综合运输管理信息系统

综合运输管理信息系统是大运输系统，也称为 EST。以大运输的思路将运输管理、综合调度、机车、车辆、供电、工务、电务、信息、统计、财务等有机结合，是涵盖众多调度业务的综合性管理信息系统，其各子系统之间的数据交换是实现系统功能的重要基础。系统可分为朔黄内部系统、外部系统接口两大部分。

朔黄内部系统由多家公司承建，多个子系统集成，业务间交互和数据交换错综复杂。内部系统由以下子系统构成：

(1)调度集中系统(CTC);

(2)综合调度系统(含计划、列调、供电、机调、辆调、施工、统计、货运、救援);

(3)运输管理系统;

(4)车站综合信息管理系统;

(5)货票系统;

(6)确报系统、车号识别系统;

(7)车辆管理信息系统(HMIS);

(8)机务管理信息系统(LMIS)。

内部系统需与以下外部系统进行接口:

(1)神朔 TMIS 系统;

(2)运销公司系统;

(3)港口作业管理系统。

## 一、业务功能

### 1. 调度集中系统(CTC)

CTC 系统实现列车运行计划自动调整,实绩运行图自动描绘,行车日志自动记录,调度命令电子化传输并且为统计分析提供原始数据,在此基础上进一步实现了车站信号设备的集中控制、列车进路的按图排路功能。

### 2. 综合调度系统

综合调度系统以日(班)计划为基础,以列车调度为核心开展工作。各专业调度台的工作相互关联,紧密配合,从而有机形成了一套高度智能化、信息化的包括计划、列调、供电、机调、辆调、施工、统计、货运、救援等调度功能的综合调度系统。

### 3. 运输管理信息系统

运输管理信息系统是以运输计划为基础,对公司的运输能力、资源配置、运输状态进行有效把握和重点监控,实现合理的动态调配,主要适用于朔黄运输部的子系统。

### 4. 车站综合管理信息系统

车站综合管理信息系统是以技术站作业为应用模型,覆盖了货运、调度、调车防护等业务的综合性系统。对车站综合信息管理系统进行裁剪后适用于中间站。

### 5. 货票管理信息系统

货票管理信息系统主要实现货票信息的收集、传输、存储、交换和综合应用,完成货运制票、补/退款信息采集、收入更正信息采集、统计更正信息、货票信息查询及货票统计等整个货运过程的货票信息管理功能。

### 6. 确报系统

列车确报是调度指挥中心、车站间相互通报列车具体内容的信息资料。朔黄铁路的列车确报系统采用了基于货票系统和车号自动识别系统,进行确报跟踪的方式。

### 7. 车号自动识别系统和红外线轴温智能探测系统

红外线轴温智能探测系统,主要完成红外轴温探测数据的采集、处理、传输,实现车辆热轴跟踪与报警。

车号自动识别信息是实时、准确地反映铁路车辆、列车、机车运行位置的原始信息，利用车号自动识别信息与调度指挥系统、确报管理系统、货票系统的信息相结合，可以为朔黄铁路的运输组织和管理现代化发挥极大的作用。

车辆调度利用红外线轴温智能探测系统和车号自动识别系统实时监测车辆轴温信息。

8. 供电远动系统

朔黄铁路目前已设置了供电调度系统，实现了对牵引供电、设备供电实时远程监控，对牵引供电和设备供电故障点进行标定，对牵引供电和设备供电系统进行安全闭锁，能够满足目前运营组织的需要。

9. 车辆管理信息系统

车辆管理信息系统（HMIS）对车辆的运用、设备状态、检修维护等信息进行监控和管理，覆盖调度指挥中心的车辆调度、机辆分公司等相关部门。

10. 机务管理信息系统

机务管理信息系统（LMIS）监控和管理机车运用、机车检修、乘务管理等信息，覆盖调度指挥中心的机车调度员、机辆分公司等相关部门。

11. 数据中心

信息化建设的基础是数据的处理，因此 SR－EST 系统的数据中心是整个系统的核心，需遵循以下原则：

（1）可扩展性：需满足不断增长的数据存储量的需求。

（2）可用性：数据中心需满足所有应用系统的需求。

（3）可管理性：需提供易用的管理维护手段。

（4）可靠性：需保证数据中心中数据的安全可靠，不能因设备故障导致数据损坏或丢失。

（5）安全性：需保证数据的访问安全，不允许出现未授权访问等数据泄漏问题。

基于以上原则，SR－EST 数据中心的软硬件组成如下：

（1）采用高可靠性的冗余磁盘阵列提供数据存储，保证数据的可靠性、可用性，同时，磁盘阵列也能提供良好的可扩展性，数据增长时可通过增加磁盘的方式提供扩展方案。

（2）采用 Oracle11g 数据库管理系统作为数据中心核心管理软件。Oracle 数据库管理系统是一个以关系型和面向对象为中心管理数据的数据库管理软件系统，其在管理信息系统、企业数据处理、因特网及电子商务等领域有着非常广泛的应用。在数据安全性、数据库管理等方面具有卓越的性能。

12. 应用中心

应用核心采用面向服务的体系结构（SOA，Service－Oriented Architecture），它将应用程序的不同功能单元通过服务之间定义良好的接口和契约联系起来。接口是采用中立的方式进行定义的，它独立于实现服务的硬件平台、操作系统和编程语言。这使得构建在各种这样的系统中的服务可以一种统一和通用的方式进行交互。具体来讲，应用核心由 WebLogic、Portal、MQ 搭建，以 XML 作为信息交互的基础，并以润乾报表作为报表器，实现系统业务的核心。

（1）外部接口

SR－EST 系统在 DMZ 区配置专用的外部接口服务器用于和外部系统接口通信和数

据交换。图 5 – 4 是接口示意图。

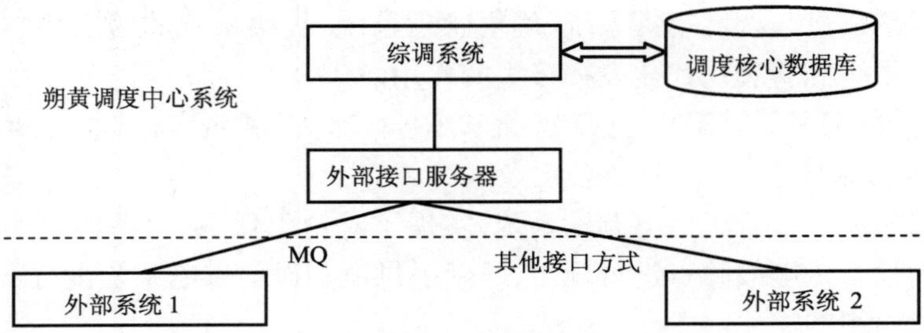


图 5 – 4　与神朔公司 TMIS 系统接口示意图

神朔公司 TMIS 系统目前是国铁信息中心提供的 2.5 版本,是已经开通再用的系统。神朔 TMIS 系统包含列调、机调、货调、计划等调度子系统,并且还包含车站作业管理系统和货票系统。

朔黄运输管理信息系统与神朔 TMIS 接口需要通过远程专线通道连接,考虑到对方已经是建成投产的系统,双方的数据交换方案应按照对神朔 TMIS 改动最小的方式。也就是说如果有必要应该由朔黄运输管理信息系统负责数据格式转换,所以系统中应该开发神朔 TMIS 接口子系统(应用网关),完成相应的数据转发和格式转换。图 5 – 5 是神朔接口子系统示意图。

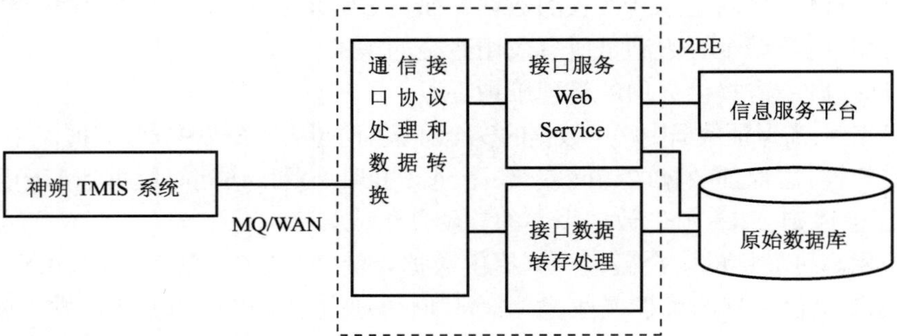


图 5 – 5　神朔接口子系统示意图

(2)数据项

神朔 TMIS 向朔黄运输管理信息系统发送的数据:

① 神池南接入上行列车开行计划;

② 神池南接入上行列车阶段计划;

③ 神池南接入上行列车编组信息;

④ 神池南接入上行列车货票信息。

朔黄运输管理信息系统向神朔 TMIS 送的数据:

① 神池南交出下行列车开行计划;

② 神池南交出下行列车阶段计划;

③ 神池南交出下行列车编组信息;

④ 神池南交出下行列车货票信息。

14. 与港口作业管理系统接口

港务公司的已经配备了由西安华光公司开发的“港口生产作业管理系统”。该系统已经覆盖了港口的装船、卸车、库场三大工作流程的主要生产环节,有效实现了工作流与生产过程的管理。

朔黄运输信息和该系统接口的目的是实现车站作业与港口作业的有机配合和计划透明,以提高双方的工作效率。

两种接口方案分别如下:

方案一:中间库数据交换方式。双方物理连接可以采用以太网方式,考虑到网络安全问题,可配备百兆级的小型防火墙系统进行隔离。

中间库建立两个用户分别由双方使用,每个用户分配不同数据表的读写权限,数据表只能由数据提供方写入、修改、删除,数据接收方只能读取数据。

朔黄公司提供的数据(朔黄写入、港务读取):重车到达的车次、到达的时间点、发车站、煤种。

港务公司提供的数据(港务写入、朔黄读取):

① 卸车计划(哪车次进哪个翻车机,第几列进入);

② 翻车机检修计划;

③ 翻车机故障信息通报;

④ 天气预报;

⑤ 煤中的调配计划;

⑥ 公文往来。

方案二:MQ 数据交换方式,如图 5-6 所示。港务系统与朔黄中心的外部接口服务器通过 MQ 交换数据,朔黄中心的外部接口服务器将港务系统发来的数据转存至内部的“港务原始数据库”,最后由应用服务逻辑处理后,写入调度核心数据库。同时,外部接口服务器还负责通信协议的处理,并将港务系统需要的数据发送给对方。

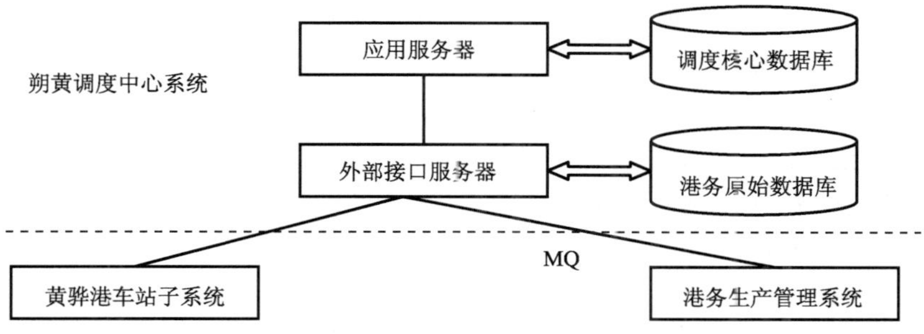


图 5-6 港务系统与朔黄中心的外部接口示意图

15. 与销售系统接口

集团公司已经配备了“中国神华煤炭销售中心数据管理系统”。该系统已经覆盖了总部、交接口、矿区,港口等不同地域,业务主线包括基本的信息,从交接口回空开始,到码头装船或者直达地结束。

朔黄铁路公司运输业务的车流信息,体现在整个集团公司的车流组织信息,主要实现交接口、直达列车、管内矿区装车、到港卸车等主要运输业务的管理工作。因此存在从销售系统获取信息的需求。

采用 WebService 的方式交换，具体数据采用 XML 格式，内容如下：

(1)装卸车计划；

(2)矿区装车；

(3)回空处理；

(4)交重处理；

(5)直达销售处理；

(6)到港卸车。

鉴于销售系统已经开通使用，朔黄综合运输信息系统的建设晚于其后，本着有利于销售系统改动最小的原则，因而对具体数据不做定义。

16. 与运销公司办事处接口

考虑到运销公司实际承担了朔黄铁路公司货运管理的大部分工作，所以方案是在运销公司驻朔黄办事处设置一套运销公司(货运管理)终端，该终端直接纳入综合运输信息系统。

运销公司管理终端的功能如下：

(1)可以输入黄骅港、神港、王佐交重计划表；

(2)可以输入朔黄沿线卸车计划表、装车轮廓计划表；

(3)可以输入列车的重车编组表；

(4)可以输入朔黄公司相关的运销统计数据；

(5)可以通过终端查询日班计划、阶段计划、实际到发点、早晚点、列车实时位置、列车实际编组、货票、甩挂计划、装卸车统计等信息。

## 二、系统实现

朔黄铁路中心级运输管理信息系统部署于朔黄铁路公司信息中心，实现运输管理信息系统的集中建库、数据集中管理、信息综合应用。

在朔黄铁路公司信息中心集中设置数据库服务器，采用开放的 UNIX 服务器双机系统和大型关系数据库技术，统一建立运输管理信息系统的原始信息数据库和动态信息数据库，使系统具备高可靠性和可维护性。

"数据集中管理、信息综合应用"是指采用中心集中的模式，取消传统国内铁路行业模式的"车站级服务器"，采用"中心集中的模式"，把车站级服务器集中到朔黄铁路公司信息中心，在信息中心集中设置"双机热备"的数据库服务器、应用服务器。同时考虑到运输管理信息系统中的确报、货票、车站管理信息系统关联密切，信息交换频繁，因此构建统一"运输管理信息系统"，定义统一的数据基础字典，利用统一的开发平台，最大限度地实现各应用子系统之间的信息共享。

1. 基础信息编码规范

朔黄铁路运输管理信息系统公用基础信息是能够适应朔黄铁路各类运输业务信息系统对公用基础数据需求的通用平台，主要提供国际、国家和行业信息化标准与规范，提供统一的公用基础编码、铁路空间信息、业务基础字典等公用基础信息,并实行统一的管理、维护与更新服务,以保持各业务信息系统基础信息的一致性,减少管理、维护、更新的工作量。

公用基础编码平台是为朔黄铁路各运输业务信息系统提供统一、标准、规范的公用基础编码和运输基础信息的通用平台。

公用基础编码是指服务于各业务信息系统的公用基础编码体系、规范和编码表等,例如:统一的车站编码、货运品名编码等。朔黄铁路公用基础编码按专业领域可划分路网、机车车辆、货运、电务、经营资源五大类,具体内容可根据业务的发展和需要进行扩充。其中机车车辆类编码还可根据机车、货车等类别对每类编码进行细化。

运输基础信息指描述各业务信息系统公用的运输基础数据字典和相关信息,例如:线路字典、车站字典、列车运行时刻表等。运输基础信息主要分路网、机车车辆、货运、电务、调度指挥、经营资源六大类,具体内容可根据业务的发展和需要进行扩充。

综上所述,根据对需求的分析和整理,目前朔黄铁路运输信息系统共用的、急需形成标准的公用基础编码和运输基础信息为以下几类:

(1)线路、区段、车站、车种、车型、品名类编码等;

(2)线路字典、车站字典、区段字典、区间字典、专业工队字典(如车辆、机务、工务、电务工队等);

(3)公司(分公司)字典、联合运输单位为字典等。

此外,朔黄铁路运输信息系统公用基础编码和运输基础信息应遵循以下编码原则:

(1)根据公用基础编码和运输基础信息的具体需要,采用适宜的编码分类方法,如顺序编码、属性编码、分类编码等;

(2)编码应具有唯一性;

(3)编码应具有可扩展性,每个信息的编码都要留有扩展位;

(4)编码应具有较高的可读性,关键字段的编码含义明确;

(5)编码应具有可维护性,方便编码的添加、删除及更新;

(6)编码应具有有效性,编码的制定、更新应由相关责任部门统一安排。

2. SR－TIS 的编码

按照朔黄铁路编码体系(SR－TIS)统一朔黄铁路运输的功能标识系统(功能识别)、分类编码系统和条码标识系统(条码标识)。

(1)功能标识系统

用于对朔黄铁路、各专业、设备和组件进行功能识别,或简单地说,对朔黄铁路的主要生产运营用设施/设备资产及其零部件的工艺线路/地点/位置进行标识,以便于识别其功能和作用。其中的工艺标识代码具有一定的分类含义,采用生产厂的 BOM 图的分类层次结构,通过字母和数字组合进行编制。地点/位置标识采用铁路惯用的公里、序号等标识方法。

朔黄铁路功能标识系统完全按照朔黄铁路现有设施/设备的生产厂或单位提供的工艺线路 BOM 图的结构进行功能标识,对其功能下的零部件进行编码。对于没有结构图的设施/设备,对其下零部件进行编码。编码按照相应规则进行。

(2)分类编码系统

针对不同的管理要求,分类编码系统是根据信息内容的属性或特征,将信息按一定的原则和方法进行区分和归类,并建立起一定的分类体系和排列顺序,满足查询、统计和其他管理需要。

分类编码使用朔黄铁路既有的各种分类编码系统,包括但不限于物资目录、科目编码、人员编码、岗位编码、资料/图纸编码等。编码范围为所有需要进行分类编码的编码对象,并参考应用软件的基础数据结构。

3. 软件技术要求

(1)系统技术要求。朔黄铁路确定综合运输系统软件应该具有的业务和技术体系架构。对软件的具体技术要求如下:

① 整个项目所采用的软件应 B/S 体系架构的软件,并且最终用户端不应安装任何插件。

② 在客户端使用最通用的浏览器的基础上,软件还应有高度的易用性。

③ 软件的集成和开发性是重要指标。目前对开发性的考核标准是软件的标准化,即通过 J2EE 标准化的软件认证,认证软件应采用标准的 Java 体系架构。

④ 在综合运输系统系统中,有大量的流程定制工作,为了降低实施项目组的开发工作量和运行后系统管理员的维护工作量,对软件的流程定制能力应有较高要求,软件应做到:

a. 可以图形化地绘制企业资产相关管理流程;

b. 绘制后的流程不需定制和开发即可在软件中完全实现;

c. 在流程的运转过程中应该时刻可以追踪历史情况和当前的节点;

d. 流程应具有权限控制等功能。

⑤ 因此系统的稳定性要求高,针对于此要求,系统需要有采用市场主流的中间件系统如 IBMWebSphere、BEAWebLogic 的门户、服务器、中间件以保证系统的稳定性和高可靠性。

⑥ 为了满足企业应用的需求,企业综合运输系统软件应具有强大地二次开发能力和灵活性,包括可以图形化地定制应用程序等等。

⑦ 后台数据的可集成性。要求后台数据必须统一到 ORACLE 数据库中,便于数据交换和系统的数据集成。

(2)界面风格要求。在 B/S 结构下,综合运输系统部分的所有界面风格要求必须达到:

① 界面标准,格式统一。每个应用程序都要具有统一的(标准浏览器方式的)外观。应用程序页面显示在浏览器的地址栏下方并包含以下区域:

a. 导航栏:标识应用程序并提供导航链接。

b. 工具栏:包含搜索选项、操作菜单和经常执行的操作按钮。

c. 应用程序标签页:包含应用程序中类似字段和操作的分组。

d. 记录标题:包含标识当前记录的关键字字段、“描述”和一个或多个其他字段。

e. 区域:包含字段的分组,这些字段包含应用程序页面中类似或相关的数据。

f. 表窗口:同时显示数据库的多条记录。

② 可根据界面中的每个字段进行“智能化”的模糊查找，搜索要查询的纪录。

③ 要求所有的编码和标准项都可通过下拉式列表选项进行筛选，减少大量的键盘录入工作。并且，编码和标准项的可选择内容可根据指定（如登录用户、指定字段等）条件进行智能过滤。功能实现：

a. 根据登录用户的编号或所选择的专业、班组等字段，对会计科目字典、修程编码、资产、位置信息等进行智能化的过滤，减少用户的选择范围，便于现场人员操作。

b. 对可选择的内容支持必须多种查询方法，主要包括：明细数据方式，即可用图形工具查看和浏览数据层次结构，并选择要返回的记录作为字段的值；下拉值列表方式，即在指定条件范围内的值列表内，还可以用模糊查找的方式实现；转至方式，即转至指定的功能界面进行操作，并选择要返回的记录作为字段的值。

④ 要求能够实现可以由管理员根据用户的权限和业务范围不同，对每个功能界面是否显示、是否可操作进行任意设定。

⑤ 系统管理员的所有操作界面要求必须是纯浏览器方式，可在不安装任何插件的情况下进行系统功能的配置。

## 三、功能要求

随着企业信息化建设的不断深入，企业经历了单机应用→部门应用→企业应用→集成应用的多个发展阶段，在不断提升企业的管理水平，信息技术的应用为业务的开展和应用提供了强有力的技术保证。

1. 系统技术框架要求

（1）数据层集成。主要是实现综合运输系统中内部数据的交换，用于实现数据的共享。根据综合运输中各系统的实际情况，采用点对点集成或基于主题数据模型的集中交换技术等手段进行数据交换，然后在各自的应用程序中，实现数据的调用。

（2）表现层集成。在综合运输系统中，主要包括对应用的界面级集成，对数据的报表级集成。也就是不对底层数据库和应用逻辑进行集成，可以通过一些平台技术，如报表平台，实现跨平台、跨数据库的获取，实现数据的展现和分析。或者是通过门户技术，使用PORTLET技术实现对原有系统的应用界面实现重新组合。

（3）应用层集成。在综合运输管理系统中，应用级集成主要是实现企业资产管理系统、财务管理系统和人力资源系统各个应用系统之间的流程互动和业务传递。

2. 技术要求

（1）可靠原则，体现应用性。系统应用集成平台是企业信息系统的承载体，必须确保系统应用集成平台的稳定、健壮、可靠，才能为信息系统的可靠提供保障。要求平台具备高度的可靠性、强大的恢复能力。

（2）实用原则，体现合理性、可用性和可管理性。企业信息化目的是为经营管理提供高效、共享的信息化支撑手段，系统应用集成平台的建设应以此为中心，在考虑先进技术的同时，要考虑技术的成熟。实用的原则。

（3）创新原则，体现先进性。信息技术的迅速发展，要求平台建设应该是先进的，在目标系统中合理使用国内、国际先进和成熟的软硬件技术，延长目标系统的技术生存期。

(4)整体原则,体现完整性。系统应用集成平台作为企业今后信息化建设的基础,其功能是完整的,并能适应今后的应用扩展。

(5)可扩展原则,体现超前性。系统应用集成平台系统架构必须具备灵活性、可扩展性和可维护性,提供柔性的、适应性的接口功能。使平台系统架构能适应企业的发展变化的应用需求。

(6)经济原则,体现高性价比。目标系统建设应结合企业信息应用现状,在整体规划中既要高起点地运用新技术,又要合理保护现有投资,降低投资成本,使整个信息系统建设既高效实用,又经济合理。

3. 平台软件要求

方案中对于关键的平台产品与应用,应考虑系统的可用性与稳定性。其他涉及系统安全、系统管理等方面的内容,系统应用集成平台建设应充分考虑对今后各个应用系统建设的支持与集成,应遵循主流的工业标准与规范(如 J2EE 等),为应用系统建设构建一个开放的、灵活的支撑平台。

(1)建立综合运输系统中所有信息的标准规范和一个统一的企业信息的表示方法,建立统一的企业内部数据视图,保证信息系统数据的一致性,建立统一的企业内部数据交换标准;

(2)实时动态的反映综合运输中企业各个层面的信息,保证系统的即时响应,充分发挥系统的高效性;

(3)能够集成不同来源的信息,既要集成各综合运输管理系统的信息,也要集成其他应用系统的数据;

(4)能够同各种联机事务处理(OLTP)系统进行双向的数据连接,能够为企业的决策管理过程提供实时的多维信息;

(5)用组件技术和中间件(基础件)技术,提高系统的可靠性、稳定性、灵活性和可扩展性,实现应用系统间信息的可交换性,实现流程的灵活调整;

(6)采用信息开放等级划分、用户权限许可和角色认证等多种方法,建立系统安全机制。

4. 系统功能要求

(1)安全性要求。要为客户、合作伙伴、服务供应商和员工提供受控而且安全的信息访问方法。应用程序和数据必须得到保护,以防止未经授权的用户访问关键的应用程序、机密数据或网络的通信数据。对应用程序和数据的访问必须根据用户的类型进行适当的管理。要求有稳定可靠的安全框架来管理访问和网络通信。系统应提供综合用户验证、跟踪、日志记录和审核等以满足严格的内部要求或规定,充分利用 J2EE 应用服务器对访问和身份验证的安全措施。还可以利用轻型目录访问协议(LDAP)和单点登录(SSO)等措施集中管理访问,从而可以简化和优化用户对应用程序的访问和身份验证。

(2)单点登录。系统使用 SSO 解决方案,通过 SSO 验证了身份的用户,无需再次登录即可访问企业内其他应用程序。

(3)B/S 浏览器服务器架构(略)。

5. 公共信息模型

(1) 要求数据必须统一到 ORACLE 数据库中，便于数据交换和系统集成。

(2)在综合运输系统中建立企业定义一致的数据模型，为数据交换提供了一种信息标准。这种信息标准可以作为数据交换的元数据标准。

(3)通过构建主题数据模型的方法和过程能力。实现对企业信息资源进行有效的规划和建模。实现对信息资源目录的合理划分、数据元素的统一定义(标识、数据类型、信息编码)等。

6. 数据交换平台

系统应用集成平台将建立统一的数据交换平台，具体要求如下：

(1)有效地降低系统间的耦合度。每个应用系统逻辑上只和数据交换平台有关系，而不必考虑数据交换另一端的具体部署，使系统间形成简单的数据耦合，有效降低了系统间的耦合度。

(2)提高数据交换接口的规范性。由于系统接口统一面向数据交换平台，在接口的逻辑和技术形态上都具备一致性，这样就为系统接口的稳定和规范提供了基础，有利于和实现一致和规范的接口。

(3)提高数据交换的开放性。数据交换平台就如同系统间的一个逻辑数据总线，可以对外提供灵活的多种形式的接口，让系统很容易地集成进来，从而提高了数据交换的开放性。

(4)保证数据交换的安全性。采用数据交换平台后，系统间的数据交换可以完全受到平台的控制，可以充分利用到交换平台认证、授权、加密等安全性服务，从而有效地保证了数据交换的安全性。

(5)提高数据交换的可扩展性随着系统需求的发展，一个数据交换过程往往不是固定不变的，当需求变化产生时，通过数据交换平台定义(而非直接编程实现)的数据交换，可以很容易地进行修改和扩充，从而极大地提高了系统的扩展性。

(6)数据传输格式要求：必须支持 XML 格式的数据交换和传输。

(7)数据库访问服务：通过提供相应的用户名，连接串和相关其他信息，实现相应的数据服务。这种服务通常具备跨异构数据库访问的能力。

7. 系统集成数据报表

(1)中央数据库报表：

① 合资铁路和地方铁路主要运输指标快报(合地快报—1)；

② 货物运输量及吨公里统计表(行运 4)；

③ 合资铁路分省市分品类货物发送量统计表(行运 9)；

④ 合资铁路公司区段密度表(行运 5)；

⑤ 合资铁路和地方铁路劳动统计表(铁行劳 1 表)。

(2)神华集团报表：

① 铁路运输主要指标(神统生 14 表)；

② 铁路公司成本构成表(神统铁路 2 表)；

③ 企业生产经营总值(神统铁路 3 表)；

④ 铁路基本情况表(神统铁路4表);
⑤ 铁路生产能力(神统铁路5表);
⑥ 铁路运输主要指标(神统生14表)。
(3)朔黄铁路公司综合生产统计报表(公司内部报表):
① 运输生产简况表(SH-YJ);
② 朔黄铁路公司综合生产状况表(SH-ZH);
③ 分界站货车出入报表(SH-YB1);
④ 现在车报表(SH-YB2);
⑤ 装卸车报表(SH-YB3);
⑥ 货车停留时间及办理车数报表(SH-YB4);
⑦ 货车运用成绩报表(SH-YB5)。
(4)综合报表:
① 朔黄铁路运输日况;
② 调度日报。
(5)货车统计报表:
① 分界站货车出入统计(朔黄YB-1);
② 现在车统计(朔黄YB-2);
③ 18时重车去向报表(朔黄YB-3);
④ 货车停留时间报表(朔黄YB-4);
⑤ 装卸车统计(朔黄综合货报);
⑥ 货车运用效率报表(朔黄YB-5)。
(6)机车统计报表:
① 机车效率报表(朔黄机报-2);
② 机车运用成绩报表(朔黄机报-6)。

## 四、系统配置

### 1. 硬件配置

运输管理信息系统数据中心构建于网络安全等级最高的综合调度系统核心网上,以运输信息系统核心层网络的2台核心网络交换机为核心,连接数据中心的数据库、应用及通信服务器:

数据中心服务器及存储系统配置如下:

(1)数据库服务器:双机热备,配备业界主流的中高端UNIX服务器,服务器上划分若干个逻辑分区,安装主流的数据库系统。

(2)应用服务器:双机热备,配备业界主流的中端UNIX服务器,安装支持集群技术的应用服务器中间件系统。

(3)通信服务器:双机热备,配备业界主流的中端UNIX服务器,与应用服务器共用一台服务器。

(4)GPS时钟服务器:单台配置,为运输信息系统提供统一的标准时间。

（5）存储系统：数据中心、综合调度系统、货运管理信息系统共用一套 SAN 存储系统，以利于实现共享和数据的集中备份。同时，配置备份存储阵列，可以实现按需的数据备份。

（6）在信息中心设置一套运输信息系统核心网数据备份系统，设置 2 台互为冗余的 32 口 SAN 光纤交换机为核心，连接磁盘阵列等存储设备；并通过为数据中心、综合调度系统、货运管理信息系统的应用服务器及数据库服务器添加备份系统软件及光纤接口卡，提供 SAN 光纤交换机与应用及数据库服务器的互联。

存储区域网络是以数据存储为中心，采用可伸缩的网络拓扑结构，通过具有高传输速率的光通道的直接连接方式，提供 SAN 内部任意节点之间的多路可选择的数据交换，并且将数据存储管理集中在相对独立的存储区域网内。

SAN 系统与服务器之间通过光纤连接，组成独立的专用网络，不影响既有网络的性能和服务器的性能。SAN 可以实现跨越服务器、存储器和磁带库，管理异构环境，并且通过对存储资源进行灵活组合，达到改进可用性、提高性能、操作效率及减少成本的目的。

2. 软件配置

带空间数据引擎的数据库管理软件；

数据接口转换软件；

企业服务总线（ESB）中间件软件；

数据转换及消息传输中间件软件；

信息集成软件。

3. KVM 功能

（1）电力管理

首先，KVM 设备提供全系列的智能配电装置，使用户可以测量输入智能配电装置的总电流，并同时能够控制连接在 IPDU 上的设备的电源。对于智能配电装置测量电力消耗的能力，其重要性不可低估。如果通过智能配电装置来分配整个数据中心的电力，便可以利用智能配电装置来测量每个设备机架的电力消耗。这样做可以精确地计算出每个设备机架消耗了多少功率。电力消耗特别巨大的设备机架也很容易找出，而且可以更方便地测量配置变化所产生的影响，为提高效能做好准备。

KVM 设备的智能配电装置可以帮助用户进行任务调度，如服务器在夜间不使用时关机，减少电力消耗和劳动量。传统的服务器通常电力消耗较大，只要是有电源选项的服务器，都可以从 KVM 设备的电力管理解决方案中获得巨大的实惠。

（2）串行和控制台管理

KVM 设备还提供高级控制台服务器（ACS）系列。该系列提供传统控制台串行通信技术与 IP 网络之间的桥接通信，使用户可以从一个位置访问任意类型设备的所有串行控制台。可以在单台设备上支持最多 48 条串行线路，使用户能够在单一地点访问多个设备。任何串行控制台设备都可以利用 Web 浏览器，通过局域网或 WAN/VPN 来访问。另外，通过连接调制解调器（拨号、GPRS、GSM），还可以在出现故障时在无局域网或广域网的情况下提供访问能力。

（3）服务处理器管理

KVM 设备还提供系列服务处理器管理器。在大型数据中心中，要想单独管理和监视各类服务处理器,带来巨大劳动量,需要大量的知识,并需对众多不同的设备进行配置和单独监视。服务处理器管理器可将专有和开放服务管理协议合并在一个统一的管理平台上。服务处理器管理方案完全在同一地点完成合并、监控和管理。管理员可以定义各类需要警惕的情况(如过热),并利用 SNMP、即时消息或电子邮件通知有关人员。因此,IT 工作人员的负荷大幅度减轻,监视的质量得到了加强。

(4)KVMOverIP 交换

KVMoverIP 交换机可以为 IT 专业人员提供企业级的 KVMoverIP 解决方案,实现服务器和网络设备的远程访问和管理。DSR 交换机可以实现 BIOS 级的控制,对连接的服务器和串行设备进行电源重启。

KVM 设备 DSR 系列解决方案还可在远程地点提供整个基础设施的控制台访问能力,减少本地访问的需求。利用该技术,可以减少或关闭耗电较大的显示器,节省能源并减少散热负载。由于不需要亲身访问数据中心,无人值守数据中心还可以对散热环境产生积极的影响。

(5)DSView 管理软件

最重要的是,KVM 设备还提供 DSView 管理软件,为数据中心提供一种安全的集中式管理解决方案,并且适用于所有的 IT 资产。在众多功能之外,DSView 管理软件还提供基于浏览器的单一的安全的控制台,用于管理整个数据中心环境,其中包括以下几项:

① KVM 设备电源管理技术。电源管理软件使用户可以实时监测数据中心中的 IT 设备的能耗和能源使用情况。DSView3 管理软件提供对物理和虚拟 IT 资产的安全、集中的管理。具有采集和汇集各种设备—不管设备是配电设备、机架还是机架组—的电源信息的能力,帮助数据中心管理人员提高运营效率。

② 通过部署 KVM 设备技术,电能消耗可以被准确测量,并且来自多家厂商的以多种方式进行通信的多种设备信息可以被整合在一起。这就使得可用于准确评估并能减少数据中心能耗的参数被低成本和高效率地收集起来。

③ KVM 设备的技术确保优化实现。通过部署智能配电装置(IPDU),可以对已连接设备的功率使用情况进行远程控制和监视。IPDU 可通过 IP-KVM 交换机,或使用控制台实现远程控制。远程电力控制对于数据中心的电力管理战略是至关重要的,因为它提供从一个中心点实施这个战略的能力。

④ 带外服务处理器技术,可以提供电源管理功能。例如,利用 IPM 可以对服务器进行远程开机和关机操作。自动提高服务器 CPU 的时钟速度,满足服务器上应用活动水平的需求。

⑤ 合并战略的成败取决于在应用和操作系统层对服务器活动的监视水平。由于系统负载会随时间变化,而且服务会在能力水平不同的硬件之间移动,因此监视服务器的活动是一个持续的过程。通过将典型数据中心的运营预算中的能源成本减少 20%,将对节省成本和保护环境创造巨大的机遇。

## 五、系统实例

### 1. 系统架构

朔黄铁路综合运输管理信息系统的网络系统采用三层架构将应用服务器与数据库服

务器分离，其间通过高速以太网连接。在用户端安装浏览器 IE；主干为 10G 快速以太网，为大量数据传递、数据查询提供足够带宽；公司内部为本地局域网，分公司采用光纤主干通信，提供高性能、高保密性的通信环境。公司内网通过逻辑划分将综合运输管理系统划为业务独立资源共享的 VLAN。

朔黄铁路综合运输管理系统硬件网络架构如图 5－7 所示。

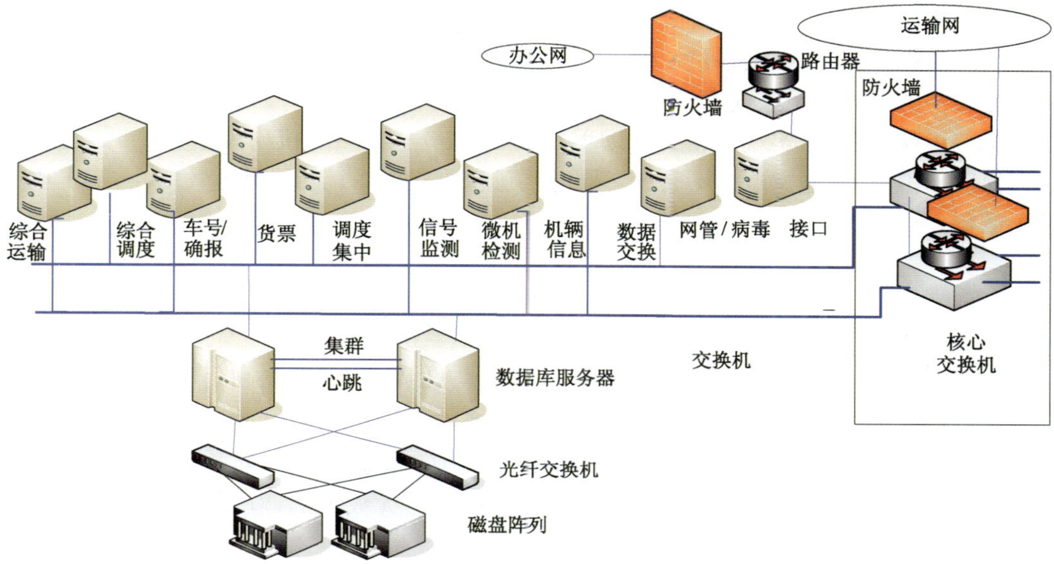


图 5－7　朔黄铁路综合运输系统拓扑图

系统有以下特点：

（1）主要应用服务器和数据库服务器互为冗余，在减少中心服务器数量的同时，确保系统可用性。在此配置下，当其中一台服务器故障时，可将另一台服务器可以接替故障服务器工作；

（2）根据数据重要程度、保密程度和应用的关键性的不同，将综合运输管理系统服务器群各自分开，以确保企业核心数据的安全性，使运输系统的安全性符合国家对大中型企业财务数据的保密性要求；

（3）根据铁路行业地域分布特点，充分考虑移动/无线终端的接入需求，确保在未来库存管理、维修管理等业务能够在无线应用的基础上进行，确保能够以移动/无线技术来促进业务的及时性、方便性和准确性；

（4）存储网络使用 SAN 架构，能够实现对存储设备的高速访问。

2. *产品配置要求*

系统组成：

（1）服务器部分：综合运输系统服务器、综合调度系统服务器、调度集中子系统服务器、车号数据中心服务器、货票确报服务器、机辆服务器、报表服务器、数据交换服务器、数据库服务器、网络管理/防病毒/备份管理服务器、接口服务器、应用服务器、数据服务器等。

（2）存储系统：磁盘阵列和光纤交换机。

(3)网络设备:路由器和防火墙。

3. 系统容灾

针对朔黄铁路公司综合运输管理系统的情况,制定了三级保护体系架构。要求实现:

第一级保护:针对本地软硬件故障,采用服务器的集群技术,实现本地集群。服务器的硬盘采用RAID5镜像策略保证数据存储介质的安全,当发生软件或硬件故障时,可以通过本地集群切换,实现业务持续运行。

第二级保护:采用数据备份软件,通过双机热备互备、双磁盘阵列实现数据的自动备份。当发生数据物理错误或逻辑错误时,可以从磁盘中恢复数据。

第三级保护:采用实现数据实时远程复制(预留)。在核心机房发生灾难时,容灾中心还保存一份数据,确保数据不丢失。同时还可以将应用系统切换到容灾中心,实现业务持续运行。

## 第十二节 调度通信系统

调度通信系统是调度员与车站、调度员与机车、机车与机车、站间、站内、重要用户等联络指挥行车的重要通信工具。主要业务包括:调度电话(行调、电调和货调等)、站场通信(与车站站场内的各种不同用户通信)和站间通信(2个相邻站之间的通信闭塞业务)、调度员与车站、调度员与机车等。调度通信系统由铁路无线列车调度通信系统和铁路有线调度通信系统组成。

### 一、铁路无线列车调度通信系统

铁路无线列车调度通信系统列以铁路运输调度为目的,利用无线电波的传播,完成列车与调度中心之间或列车与列车之间通信的系统,简称无线列调。这是一种铁路专用的移动通信系统,是铁路调度通信系统的重要组成部分。

1. 系统构成

无线列调系统由调度指挥中心(调度所)设备、沿线地面设备、移动电台设备、传输设备构成。

调度指挥中心(调度所)设备包括:调度总机、调度控制台、录音仪以及监控总机等部分,供调度员与机车司机、车站值班员进行通话,必要时还可以进行数据通信。

沿线地面设备包括:与传输设备相连的控制转接部分、收信机、发信机、双工器、传输线和天线,以及调度分机等设备。

移动电台设备包括:机车电台和车长电台。装载于运行列车上。

传输设备:用于把调度设备和沿线各地面固定电台连接起来,为信息传输提供音频通道。

2. 制式

列车无线调度通信系统分为A、B、C三种制式,采用150 MHz、450 MHz、800 MHz频段,除个别呼叫采用数字编码外,其他呼叫信令均为模拟信令方式。为了解决弱场强区段通信问题,采用异频无线中继器。为了解决隧道中通信问题,采用150 MHz或450 MHz频段漏泄同轴电缆。

A 制式系统:适用于装设有调度集中设备的铁路干线,以调度员直接指挥司机为主的作业方式调度区间。采用有线、无线相结合的组网方式,基站电台与移动电台间的通信采用无线方式,调度指挥中心(调度所)至基站电台的通信采用四线制音频话路构成。基站电台按场强覆盖合理设置,并具有跟踪功能以保证通信连续。调度员可以个别呼叫指定的司机,也能够识别司机的呼叫,还能够向调度区间内所有的机车司机发出呼叫(全呼)。调度员与司机之间除了话音通信外,还可以传输数据和指令,并能在调度指挥中心(调度所)内打印和显示,以便及时掌握列车运行状态。为了保证系统正常工作,调度指挥中心(调度所)设备应能对各基站电台进行集中监测和检测。在紧急情况下,机车司机可以向调度员发出紧急呼叫。

B 制式系统:适用于繁忙的铁路干线,以车站值班员办理行车业务为主的方式,也采用有线、无线相结合的组网方式。车站电台与移动电台间的通信使用无线方式,调度指挥中心(调度所)至车站电台的通信采用四线制音频话路构成。B 系统应该优先满足调度员与司机间的通信。调度员呼叫司机时,先选呼运行列车最近的车站电台(选站),再呼叫该电台覆盖区内的所有机车电台(组呼),然后用话音叫出所有通话的司机,下达调度命令。调度员也可以通过各个车站电台呼叫调度区间内的所有司机(全呼)。机车司机在紧急情况下可向调度员发出紧急呼叫。车站值班员可以通过车站电台与其覆盖区内的司机、运转车长进行通话。有条件时,相邻车站值班员之间可以通过车站电台进行通话。在同一车站电台覆盖区内,司机与司机、车长与车长、司机与车长之间也可以进行单工通话,异频单工的通话则需要经车站电台转接。B 系统也可以经调度员人工转接进入铁路公务电话网。

C 制式系统:适用于以车站值班员办理行车业务为主的一般铁路线路和支线上,车站电台按车站沿线布设,车站值班员与司机、运转车长之间以同频或异频单工方式进行通话,车站电台设录音机记录通信内容,有条件时,相邻车站值班员可以通过车站电台进行通话。

## 二、铁路有线调度通信系统(数字调度系统)

1. 系统构成

数字调度系统按照功能可分为调度主(分)系统、调度台(车站值班台)、维护终端和电源四大模块。其中调度主(分)系统、调度台(车站值班台)及维护终端是调度系统的基本组成部分。电源为选配。

2. 调度台主要功能

(1)调度直呼分机呼叫中继;

(2)调度呼分机多方通话组织会议;

(3)调度应答分机与外线用户电脑话务、中继汇接;

(4)调度智能应答分机或中继呼叫计费系统;

(5)集呼、选呼、组呼远程维护;

(6)调度强拆、强插、监听用户或中继调度台的测试、对讲、清铃、蜂音;

(7)分机出局局向限制功能出局缩位拨号功能；

(8)分机弹性编码设置显示主叫号、主叫岗位名称；

(9)用话机有紧呼键即能达到紧呼功能分机等级设置、模拟中继类型设置、离位服务设置。

3. 调度分机主要功能

(1)分机呼叫调度分机强插功能；

(2)分机间无阻塞自由交换分机转接；

(3)呼叫中继功能自动催挂。

4. 系统组网方案(例)(见图5-8)

(1)朔黄铁路西段数字环网

根据以上业务需求分析，利用既有的西段2Mbit/s数字环，增设维修一台、维修二台、机辆调度、公安专用及录音管理业务时隙。

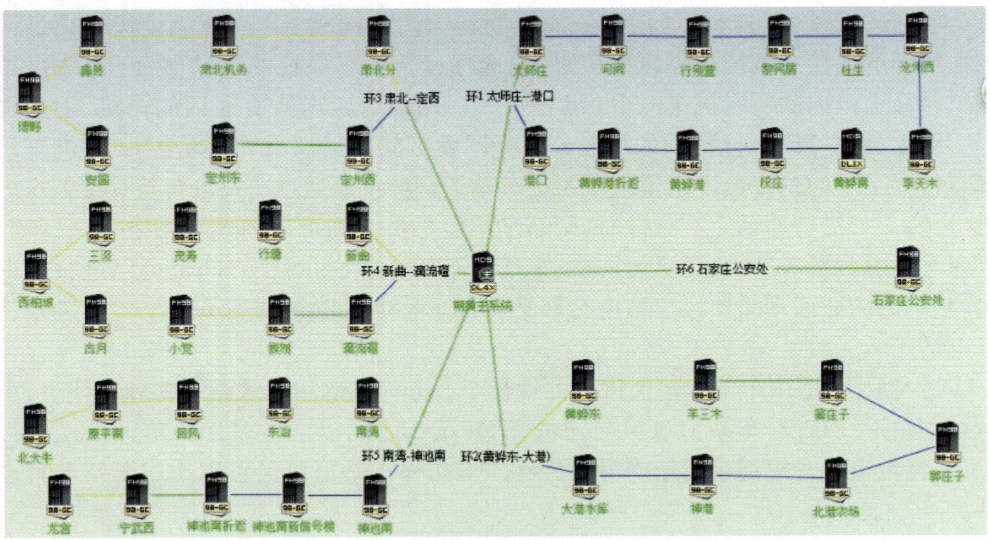


图5-8 数字调度组网方案

针对西段既有2Mbit/s数字环时隙紧张的情况，以及改造业务需求，采用以下方案：

① 在神池南站—神池南机务折返段、肃宁北分系统—肃宁北机务分系统之间各敷设1条8芯充油直埋光缆，分别利用其中的2芯开通一对8MPDH准同步数字传输系统，以提供神池南站—神池南机务折返段、肃宁北分1—肃宁北机务之间的2Mbit/s数字通道。

② 新增肃宁北枢纽主系统—神池南站—神池南机务折返段—原平南—肃宁北—肃宁北机务—肃宁北枢纽主系统之间的2Mbit/s数字环网。

③ 在新增的2Mbit/s数字环网上除开通维修一台、机辆调度6个远程时隙，还需开通列调一台、列调二台、电调二台、电调三台、无列一台、无列二台、维修一台、维修二台、机辆调度、公安专用、录音管理业务时隙。

(2)朔黄铁路东段数字环网

根据以上业务需求分析，利用既有的东段2Mbit/s数字环，增设维修二台、机辆调度、公安专用及录音管理业务时隙。

在黄骅港—黄骅港机务折返段之间敷设1条8芯充油直埋光缆，利用其中的2芯开通一对8MPDH准同步数字传输系统，以提供其间的2Mbit/s数字通道。

将黄骅港机务折返段纳入东段2Mbit/s数字环。

5. 调度员操作台设置方案

根据原平分公司、肃宁分公司、机辆分公司、公安指挥中心的设置地点，以及枢纽主系统、车站分系统的既有布局，新增5台48键的调度员操作台，设置地点及方式如下：

（1）在原平分公司调度值班室设置维修一台，为远程调度操作员台，接入原平南站车站分系统。

（2）在机辆分公司调度值班室设置机辆调度台，为远程调度操作员台，接入肃宁北机务分系统。

（3）在肃宁分公司调度值班室设置2个维修二台，为本地调度操作员台，接入肃宁枢纽主系统。

（4）在公安指挥中心设置2个公安专用台，为本地调度操作员台，接入肃宁枢纽主系统。

6. 调度分机设置方案

根据原平分公司、肃宁分公司、机辆分公司、公安指挥中心的管辖范围，在各相关工队、机车车辆基层单位、公安派出所（值班室）设置共电分机，就近接入车站、段、所分系统。

7. 录音系统

数字录音系统（以下简称录音仪）采用国际上通用语音压缩技术，符合CCITT的标准，将话音信号经取样、数字化、压缩后存储在硬盘上，放音则是通过对硬盘上的语音数据进行解压缩后恢复录音的内容。

（1）录音仪的设置

① 枢纽主系统端

目前，朔黄铁路枢纽主系统配置有1套4通道录音仪、1套8通道录音仪，但因使用期限已长达5年，故障率较高。

新设1套24通道、双机热备的数字录音仪；硬盘容量为120G；2套录音仪之间通过网口互联。

② 车站分系统端

根据朔黄公司的要求，分别在神池南站、神池南机务折返段、肃宁北站（分1）、肃宁北机务、黄骅港站、黄骅港机务折返段、原平南、黄骅南分系统处新设1套录音仪。其中原平南站、肃宁北站分系统处各配置1套8通道录音仪，其余6处各配置1套4通道录音仪。

（2）系统接口

录音仪接至主系统、分系统U口板的录音接口，实现对相关调度员台、操作员台的录音；录音仪接至朔黄铁路的电话交换机，每台录音仪占用1个自动电话号码，为任何一部自动电话机提供拨号、调听录音功能。

考虑到原车站分系统配置的U(2B+D)口板不带录音接口,将上述8处车站分系统配置的U口板更换为带录音接口的U口板。

(3)系统功能

录音仪系统功能如下:

通道容量:同时对多条电话线路进行实时录音,各线路之间互不影响、分别存储,不影响通话双方正常通话,其中必有一通道用于放音或实施监听。

录音功能:当电话打进来,值班人员提话机时系统便自动进行录音,系统把语音信号以数字化语音格式写入硬盘。同时系统记录其通话日期,摘机时间,挂机时间和当前通话时间等信息,挂机时系统便会自动停止录音。

查询放音:使用人员可通过电话拨入或通过键盘、鼠标操作进入录音系统,选择需要的部分调听,系统将根据使用者输入的信息和权限播放符合要求的录音资料。

监听:使用人员通过电话拨入录音系统,可选择相应的通道,实时监听。用户挂机或监听时间到1 h,系统自动关闭放音通道。监听时不会影响通话人通话,也不会影响录音质量。

语音备份:操作人员通过电话或操作屏幕界面可将重要语音转入永久存储区,所有使用者均可进行此操作。此区域不能被自动覆盖,只能人为控制写入以保证重要通话的不丢失。

用户管理:操作人员通过电话或操作屏幕界面建立或删除账号,仅有系统管理员才可进行此操作。

系统告警:当系统的剩余存储空间达到设定的告警范围时,系统会自动产生声音告警,以提示相关人员并有相关记录。

网管功能:具有远程管理功能,可在维护人员所在地设置一台网管终端,与录音仪通过LAN或WAN组成网络,对网内录音仪进行参数设置、语音文件管理、故障告警等网管。

## 第十三节 重载铁路运输生产管理信息技术实例

朔黄铁路通过EST应用,提升了公司硬实力,实现了调度作业无纸化,运输环节可视化,计划执行自动化,信息交换网络化,业务协同程序化,安全检测数字化,管理控制集中化,生产指挥信息化的目标。下面是11个EST应用实例。

(1)综合运输管理信息系统。实现了综合调度、车站全面管理、电子票据、网运清算、大专业协同等,实现公司"运输生产、安全管控、资源配置、综合管理"一体化。综合运输管理系统建设结合了公司实际情况,集成了多年运输管理经验,吸取了TMIS、TDCS成功经验,发挥了集体的智慧,实现了运输生产飞跃越发展。公司获得了5项国家软件著作权,建设了铁路一流的调度指挥中心,在中国创新应用了铁路重载运输调度集中(CTC)的系统,实现了铁路综合调度指挥系统,完成了全专业协同的运输生产平台,把公司运输生产能力提高到一个崭新阶段。图5-9是综合运输管理信息系统示意图。

图 5－9　综合运输管理信息系统示意图

（2）综合调度系统。综合调度系统总结了国内外行业应用新理念，采用了智能指挥技术、大集中技术、电子票据技术、综合管理技术等十几项新技术，使运输调度指挥进入了一个新时代。系统以调度集中为核心，各专业调度联合协作，集成计划调度、列车调度、机车调度、车辆调度、施工调度、供电调度、统计分析、救援指挥等系统为一体，根据运营管理的需要，实现信息共享、预测分析、实时监控、应变调整、科学决策。图 5－10 是调度指挥中心机房。

图 5－10　调度指挥中心机房

（3）车站综合管理信息系统。系统“以车站调车为核心，运输计划为指导，站内生产为基础，综合管理为手段”实现信息化管理。将传统的车站调度、生产作业、调度监督、车号识别、无线调车单、机车定位等 6 大项功能集成，自动完成接车任务，自动加载站间到达车辆信息，自动记录到达及发出时间，对装卸车信息存储，对货物信息的统计，实时显示轨道信号状态、显示机车在站场内位置，无线调车单，车站信息化。

（4）清算信息系统。清算信息系统解决了联合运输体制下多家机车上线竞争，路网分离清算问题。联合运输网上清算传统方式是利用人工统计完成，工作量大，要求准确，这是一个繁杂的问题。系统利用车号自动识别信息与运输清算相结合技术，由人工统计财务清算实现自动化。实现铁路运营的移动设备，在铁路各区段的位移自动统计，对机车、车辆、轨道车等移动设备实现路权占用清算管理。图 5－11 是综合运输信息系统界面。

（5）车号自动识别系统。2007 年投入运用，实现了红外线和车号识别系统两个平台结合目标，填补了国内空白，为运输提供实时动态基础信息源，消灭运输数据人为误差，为公司运输智能化打下坚实的基础。铁路综合车号系统、车号确报系统 2 项软件申报了国家软件著作权。

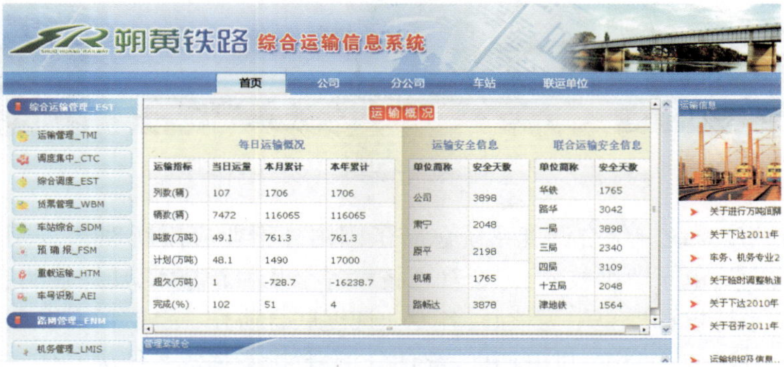


图5－11　综合运输信息系统界面

(6)机车车号识别系统。机车识别系统(LTIS)是网运分离的主要设备之一，主要功能实时为运输生产提供列车车次、机车号、位置、时间等信息，动态掌握机车(列车)运行区间，牵引能力，实现机车统计、运费清算、乘务劳效等功能。机车车号识别系统由系统中心、监控管理中心、复示站、查询终端、地面站、车载设备及通信网络组成。系统设备检修维护管理工作按照“以主管业务部门为主，相关业务部门为辅”的原则，实行公司、机辆分公司和监控中心三级管理，充分发挥各级机构的作用。

图5－12是机车车号识别系统界面图。

图5－12　机车车号识别系统界面图

(7)列车确报系统。列车确报主要内容包括货物列车以及所挂车辆的基本信息，如列车编组站、列车解体站、列车出发时间、列车总重、列车载重、车辆车种、车辆载重、车号、品名和收货人等内容，它是铁路运输组织中最重要的基础信息之一，是编组站作业、卸车预报和车流调整等工作必不可少的信息。确报系统是在铁路车号设备自动采集数据信息的基础上，对信息进行再处理，并形成铁路通用的确报内容。该系统还为其他相关系统在确报系统，成本核算，设备维护等系统中实现资源共享。图5－13是确报系统界面图。

(8)数字调度系统。2010年完成升级。西段数字环网：增设维修一台、维修二台、机辆调度、公安专用及录音管理业务时隙。东段数字环网：增设维修二台、机辆调度、公安专用及录音管理业务时隙。根据原平分公司、肃宁分公司、机辆分公司、公安指挥中心的设置地点，以及枢纽主系统、车站分系统的既有布局，新增5台48键的调度员操作台，设置地点及方式如下：在原平分公司调度值班室设置维修一台，在机辆分公司调度值班室设置机辆调度台，在肃宁分公司调度值班室设置2个维修二台，在公安指挥中心设置2个公安专用台。

图5-13 确报系统

(9)调度集中系统。调度集中系统(CTC)是调度指挥中心通过信息技术对某一区段内的信号设备进行集中控制，对列车运行直接指挥、管理的运输指挥系统装备。朔黄铁路调度集中系统朔黄线34站为CTC系统(黄万线有7站为TDCS系统)。调度集中系统主要完成：列车运行监视，车次号自动跟踪，到发点自动采集，实绩运行图自动生成，调度命令网络下达，车站行车日志自动生成，车站信号设备集中控制，列车进路按图排路和调车控制等。调度集中系统包括中心和车站两部分。指挥中心：调度员监控管辖范围内列车运行位置、编制、调整和下达列车运行计划、指挥列车运行、维护实绩运行图、下达调度命令、与相邻区段交换信息；助理调度员人工进路操作控制、闭塞办理、非常处理功能，监视调度管辖区段站场信息。车站部分：调度集中系统采用分散自律的理念，完成进路选排、冲突检测、控制输出等核心功能。车站子系统采用局域网结构，与调度中心和邻站通过广域网连接。

(10)运输管理信息系统。朔黄铁路运输管理信息系统涉及朔黄公司、分公司、车站运输管理，主要部门：公司运输部、分公司运输相关部门、联合运输单位。包括计划管理、运输管理、综合管理。计划管理包括销售年计划和月计划；运输计划是年度运输计划和月度运输计划。综合管理主要是货物、机车、车辆信息追踪。朔黄铁路运输信息管理系统业务包括车站、交接口、矿区，港口等业务系统管理，运输业务主线从交接口回空开始，到码头装船或者直达地结束。运输管理信息内容涉及矿区、交接口、直达地、管内用户、港口等。

图5-14是运输设备。

图5-14 运输设备

(11)无线车次号校核系统。朔黄铁路公司为加快信息化建设,在朔黄铁路综合运输信息系统二期工程中进行了无线车次号系统的施工工作,旨在提高运输系统的自动化程度。系统主要涉及朔黄铁路41个车站地面接收机的施工及运行在线路上的170台机车数据采集编码器的安装工作。无线车次号校核系统由机车监控装置、机车数据采集编码器、无线列调机车电台、车站数据接收解码器、车站分机、中心设备和连接电缆组成。机车装置、无线列调机车电台、车站分机和中心设备为既有设备,机车数据采集编码器、车站数据接收解码器为新增设备,机车上配置数据采集编码器,车站配置数据接收解码器。

# 第六章　重载铁路资源配置信息技术

资源配置(ERP,Enterprise Resource Planning)信息技术的应用包括:企业资源管理信息系统、财务管理信息系统、企业资产管理信息系统、设备管理信息系统、人力资源管理信息系统、企业一卡通与食堂核算信息系统、铁路工程管理信息系统、数字朔黄等。图 6 - 1 是资源配置(ERP)板块系统构成图。

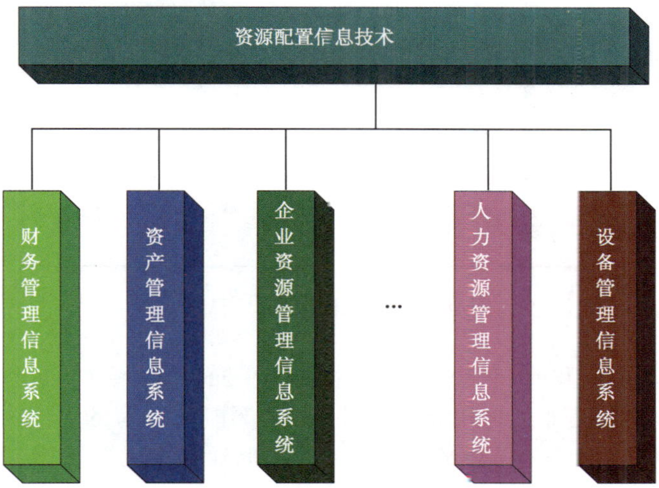


图 6 - 1　资源配置板块系统构成图

## 第一节　企业资源管理信息系统

### 一、企业资源管理

1. ERP 的概念

ERP(Enterprise Resource Planning)是英语企业资源计划(管理)系统的缩写,是指建立在信息技术基础上,以系统化的管理思想,为企业决策层提供决策运行手段的管理平台,并为多层面的高效管理提供规范手段。ERP 系统的管理对象包括生产、销售、人才、财务、组织等各种资源及生产要素。通过 ERP 的使用,使企业在生产过程中能及时、高质、准确地完成用户的订单和需求,最大限度地发挥这些资源的作用,并根据用户订单及生产状况做出调整资源的决策。

ERP 系统使用计算机技术特别是数据库技术的发展为企业建立管理信息系统,借助计算机的能力及系统对用户订单、在库物料、产品构成的管理能力,实现依据用户订单,按照产品结构清单展开并推算物料需求计划。以实现计算机管理生产排程的功能,同时也将财务、人力、资产功能囊括进来,形成管理系统的动态产、供、销全部环节统一优化管理。

实施 ERP 前后结果如图 6－2 所示。

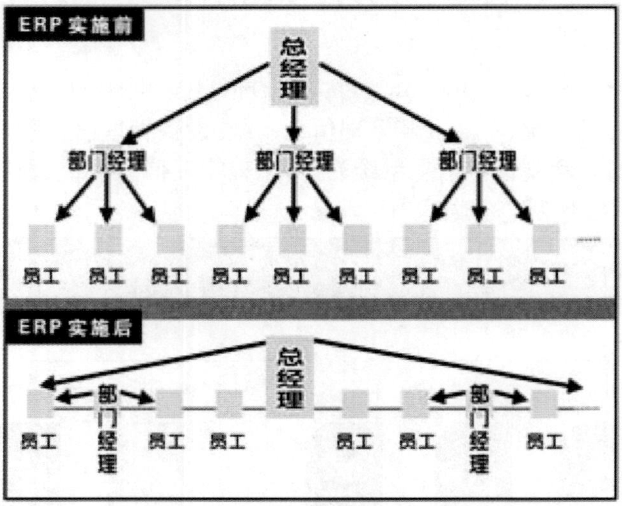


图 6－2　ERP 实施前后对比图

ERP 的概念是美国 GartnerGroup 公司于 1990 年提出的,其确切定义是:MRPⅡ(企业制造资源计划)下的制造业系统和资源计划。除了 MRPⅡ已有的生产资源计划,制造、财务、销售、采购等功能外,还有质量管理,实验室管理,业务流程管理,产品数据管理,存货、分销与运输管理,人力资源管理和定期报告系统。

2. ERP 系统的管理思想

ERP 把用户需求和企业内部的制造活动以及供应商的制造资源整合在一起,形成一个完整的供应链,其核心管理思想就是实现对整个供应链的有效管理,主要体现在以下三个方面:

(1)体现对整个供应链资源进行管理的思想

在知识经济时代仅靠自己企业的资源不可能有效地参与市场竞争,还必须把经营过程中的有关各方如供应商、制造工厂、分销网络、用户等纳入一个紧密的供应链中,才能有效地安排企业的产、供、销活动,满足企业利用全社会一切市场资源快速高效地进行生产经营的需求,以期进一步提高效率和在市场上获得竞争优势。换句话说,现代企业竞争不是单一企业与单一企业间的竞争,而是一个企业供应链与另一个企业供应链之间的竞争。ERP 系统实现了对整个企业供应链的管理,适应了企业在知识经济时代市场竞争的需要。

(2)体现精益生产、同步工程和敏捷制造的思想

ERP 系统支持对混合型生产方式的管理,其管理思想表现在两个方面:其一是"精益生产"的思想,它是由美国麻省理工学院(MIT)提出的一种企业经营战略体系。即企业按

大批量生产方式组织生产时，把用户、销售代理商、供应商、协作单位纳入生产体系，企业同其销售代理、用户和供应商的关系已不再简单地是业务往来关系，而是利益共享的合作伙伴关系，这种合作伙伴关系组成了一个企业的供应链，这即是精益生产的核心思想。其二是"敏捷制造"的思想。当市场发生变化，企业遇有特定的市场和产品需求时，企业的基本合作伙伴不一定能满足新产品开发生产的要求，这时，企业会组织一个由特定的供应商和销售渠道组成的短期或一次性供应链，形成"虚拟工厂"，把供应和协作单位看成是企业的一个组成部分，运用"同步工程(SE)"，组织生产，用最短的时间将新产品打入市场，时刻保持产品的高质量、多样化和灵活性，这即是"敏捷制造"的核心思想。

(3)体现事先计划与事中控制的思想

ERP 系统中的计划体系主要包括：主生产计划、物料需求计划、能力计划、采购计划、销售执行计划、利润计划、财务预算和人力资源计划等，而且这些计划功能与价值控制功能已完全集成到整个供应链系统中。另一方面，ERP 系统通过定义事务处理相关的会计核算科目与核算方式，以便在事务处理发生的同时自动生成会计核算分录，保证了资金流与物流的同步记录和数据的一致性。从而实现了根据财务资金现状，可以追溯资金的来龙去脉，并进一步追溯所发生的相关业务活动，改变了资金信息滞后于物料信息的状况，便于实现事中控制和实时做出决策。此外，计划、事务处理、控制与决策功能都在整个供应链的业务处理流程中实现，要求在每个流程业务处理过程中最大限度地发挥每个人的工作潜能与责任心，流程与流程之间则强调人与人之间的合作精神，以便在有机组织中充分发挥每个人的主观能动性与潜能。实现企业管理从"高耸式"组织结构向"扁平式"组织机构的转变，提高企业对市场动态变化的响应速度。总之，借助 IT 技术的飞速发展与应用，ERP 系统得以将很多先进的管理思想变成现实中可实施应用的计算机软件系统。

## 二、铁路资源配置管理信息系统

1. 朔黄铁路资源管理(SR－ERP)

朔黄铁路企业资源管理(SR－ERP)信息系统是企业围绕运输生产经营核心，用系统化的管理思想把财务、资产、人力资源整合，为企业决策层提供的管理平台，它实现了各个运输生产环节链的精细化管理，为多层面的高效管理提供规范手段。SR－ERP 系统的管理内容包括：生产、人才、财务、资产等各种资源及生产要素，使企业的生产过程能及时、高质、准确地完成生产需求，最大程度地发挥这些资源的作用，并根据需求及生产状况做出调整资源的决策。ERP 系统把需求和企业内部的活动以及资源整合在一起，形成企业一个完整的供应链，使用 IT 技术为企业建立管理信息系统，对生产、在库物料、产品构成管理体系，实现依据需求，展开计划，合理生产排程，以成本管理为核心，形成管理系统动态全部环节统一，优化管理。

2. SR－ERP 内容

朔黄铁路资源管理(SR－ERP)信息系统按照朔黄公司"源于国铁，优于国铁"的发展思路，"国际先进，国内领先"的企业目标，"网运分离、条块结合、修程分管、管理综合"的管理体制，"两级管理，三级核算"的管理特点，以设备管理、财务管理、人力资源管理为重点，在公司、分公司、工队、班组四级开展朔黄铁路资源管理信息系统的实施。

朔黄铁路资源管理信息系统实现的目的是提高效益，优化结构，精细管理，企业创新。做法是以财务管理为核心，以资产管理为基础，以人力资源为依托，以信息技术为手段。实现“财务一本账”重点解决定额、单耗、资金等关键问题，提高效益；实现“一个物”重点解决资产寿命管理，重点突出物资收发存，达到零库存；实现“一个人”重点解决职工生涯管理、组织机构优化等问题，发挥人的作用。

朔黄铁路资源管理信息系统定位是对财务管理、资产管理、人力资源管理进行设计和整合，同时考虑专业技术管理系统的接口，形成各专业管理与资产的综合管理相关联的系统设计模式，达到确保朔黄铁路安全运营，降低朔黄铁路维修运营成本的目的。技术实现上的整体设计核心点是：以“统一的身份代码，统一的资产代号，统一的会计科目”（简称“三个一”）为根本，在统一的、标准化的数据编码设计基础之上，进行一体化的功能设计，确保各项统计、分析都通过一个操作入口获得，避免造成“重复输入，数据不符”的不良效果。

（1）人力资源管理信息系统

2008 年开始建设，业务应用平台是人力资源管理信息系统的主要构成部分，其由信息处理、流程处理、战略处理和网上自助四部分构成。信息处理主要是基础档案信息的管理，如职能职务管理、员工基础信息管理、劳动合同管理、制度政策管理和薪资福利管理；流程处理主要是日常事务处理，如招聘甄选管理、培训开发管理、员工调配管理、员工离职管理、休假管理、出差管理、考勤管理和加班管理；战略管理主要是战略规划和绩效管理，同时支持对整个公司人力资源状况的综合查询和监管，包括人力资源规划、绩效管理和综合查询。

（2）财务管理信息系统

2008 年开始建设，公司财务 ERP 系统体现了大集中的思路，公司建立财务部和外派财务中心的模式，实行两级管理，主要内容包括：风险管理、全面预算管理、资金管理、银行账户管理、固定资产管理、高价互换配件管理及核算、低值易耗品管理、工程价款结算及验工计价管理、基建及更改项目竣工决算编制、运输收入管理、其他收入管理、联合运输运费结算、专项资金管理及核算、费用开支标准及核算、机关经费管理、会计核算中心管理和核算、基础会计、财务内部稽核检查管理、档案等。具体模块包括：

总账：凭证管理、账簿处理、个人往来款管理、部门管理、项目核算和出纳管理等。

固定资产：固定资产管理、折旧计提等。可同时为总账系统提供折旧凭证，为成本管理系统提供固定资产的折旧费用依据。

报表系统：自动出具资产负债表，利润表，现金流量表，成本分析及成本汇总表。

低值易耗品管理：低值易耗品的出入库管理。

（3）资产管理信息系统

2008 年开始建设，包括：物资管理、设备资产管理、工单维护管理三部分。主要栏目分为系统功能、用户名单、用户功能权限、流程、报表、综合查询等内容；从组织机构的结构分为公司、肃宁物资中心、分公司、工队或中心、班组；用户主要内容：物资管理：采购计划、招标和询价、采购订单及合同、验收入库、退货、仓储管理、物料发放、成本核算。资产管理：前期管理、台账记录、技术文档管理、维修及移动历史记录、安全防护、停机记录、维修成本记录、设备监测记录。维修管理：生产/动力设备的维修计划、标准修程制订、作业计划的执行、故障修理、根据状态监测的维修、维修(维护)过程跟踪、故障信息统计分析。其他:维修员工管理、日历(人、机)、供应商管理。

资产管理信息系统与其他系统存在数据交换。与威视数据:物资项编码、物资编码、资产编码、位置编码、分类编码、仓库编码。与人力资源:组织机构信息、人员信息。与财务系统:固定资产信息、物资入库信息、物资出库信息、物资退库信息、物资消耗信息、发票信息、维护管理人员费用信息、科目信息、物资科目分类信息。与集成系统:门户管理、项目管理、招投标系统、与 OA 系统接口。

主要栏目包括:

(1)系统导航。主要内容是:提供各专业系统单点登录及导航。

(2)企业用户管理。主要内容是:实现 ERP 所有用户管理及授权,同各专业系统进行用户信息同步,设置系统导航,设置用户访问系统权限等。

(3)企业客商管理。主要内容是:管理 ERP 系统的客商信息,并同各专业系统进行数据共享,提供便捷组织机构代码查询。

(4)门户内容管理。主要内容是:管理 SR－ERP 系统显示内容,包括频道管理、栏目管理及各栏目、频道的内容编辑、审核、发布等。

(5)系统集成监控平台。主要内容是:监控 ERP 各专业系统消息传递情况,帮助维护人员分析系统运行状况。

(6)固定资产查询。主要内容是:同财务系统同步固定资产信息,按照部门及用户权限查询固定资产情况。

(7)待办事项。主要内容是:显示 ERP 各专业系统待办事项,链接到各专业系统中。

3. SR－ERP 特点

(1)第一个企业经营资源管理。以财务管理为核心,以资产管理为基础,以人力资源为依托,以信息技术为手段。国内第一个提出“3 个 1”(1 本账、1 件物、1 个人)工程。“1 本账”重点解决财务管理、核算、定额、单耗等关键问题,提高效益;实现“1 件物”重点解决资产寿命管理,重点突出物资管理,专业化协调;实现“1 个人”重点解决员工薪酬、生涯管理、组织机构优化等问题,发挥人的作用。

(2)第一个铁路企业综合动态精算管理。结合公司具体情况,按照“源于国铁,优于国铁”的发展思路,“国际先进,国内领先”的企业目标,实施“网运分离、条块结合、修程分管、管理综合”的管理体制,“两级管理,三级核算”的管理特点,优化结构,精细管理,资源整合,提高效益。达到公司、分公司、工队、作业组、员工动态准确核算工资、定额、单耗、成本指标。

(3)第一个铁路企业编码标准。实施 SR－ERP 系统,首先建立编码系统“确定身份代码,理顺资产代号,统一财务科目、数据交换”,目前我国铁路行业处于空白,借鉴国际成功经验,在标准化的数据编码基础之上,实现一体化的功能,确保各项统计、分析数据都通过一个操作入口获得,避免造成“重复输入,数据不符”,避免企业内信息孤岛。

4. 公司 ERP 资源管理信息系统取得的成果

朔黄铁路按照国际惯例通过招标选择咨询、监理、设计、实施 7 个项目组,内容独立,数据共享,实施团队研制人员 76 人,公司 48 人参加。2006 年以贯彻 ISO9000 为基础做好基础资料规范,共制定控制程序 48 个,规范基础报表 867 多张,2008 年继续开展流程再造，进一步优化企业管理和运输生产流程，优化流程600多个，进一步配合了工程实施。

2009年10月机辆分公司在全公司首创完成ERP资产管理信息系统上线任务，在没有经验，没有行业示范的情况下，机辆分公司各中心、班组核算员、物资中心、仓库管理人员，虚心学习，积极应用，努力探索，作为该系统应用的试点单位，抓好ERP建设的每一个环节，落实好具体工作，完善系统，及时沟通，保证上线一次成功，不留后患；从实际工作出发，本着人性化、科学化的态度，按照公司贯标的统一要求，优化并固化流程；按照时间、进度服从质量的原则，扎扎实实，打牢基础，为提升公司精细化管理水平奠定了基础。

肃宁分公司ERP资产管理信息系统上线工作自2010年3月18日正式启动，涉及物资管理工作的43个专业工队、车站和仓库，分公司组织管内各工队、站区认真学习，成立工作组，下发专门通知，明确了上线期间的要求和注意事项，制定了详细的推进计划，明确了各单位联络员，编制了联络表，启动分公司资产管理系统的上线工作。在上线过程中，测试各模块功能，不断完善，加强与厂家的沟通，开发废旧物资管理模块和工器具管理模块等。物资中心收集整理工器具台账的基础资料，为启动做好准备工作。

原平分公司按照公司统一安排部署，先后选派114名来自分公司各站区、工队（车站）的核算员、材料员分三批参加了公司组织的ERP知识培训。参训人员认真学习，经考试全部合格，为分公司ERP工作的正常开展打下了基础。分公司成立领导小组，指挥协调分公司的试运行工作。定期召开协调会，建立阶段目标，阶段检查，定期评比，不断推进，吸取肃宁分公司成功经验，不断创新，并随时解决系统运行过程中遇到的问题，及时解决了运行过程中出现的一些技术问题和组织协调问题。谨慎实施、摸索前进，在不断地总结、完善、整改、提高中推进系统运行。ERP上线试运行工作在一个月的时间内按规定顺利完成，各项数据核对无误。

5. 公司ERP资产管理信息系统上线体现出来的特点

（1）通过规范化的流程对物资管理过程进行全程控制，使流程更加优化，管理更加规范，实现业务处理的标准化和规范化，业务处理过程的随意性被系统禁止，降低了人为因素的影响，本质上使企业管理的基础工作得到加强，工作的质量进一步得到保证。

（2）进一步提高了办公自动化水平。由于数据的处理由系统自动完成，准确性与及时性大大提高，分析手段更加规范和多样，通过系统替代原来的手工登记台账和填写领料记录，手工编制各种物资报表，不但减轻了工作强度，还有利于将基层物资管理人员从琐碎事务中解放出来，用更多的时间研究业务过程中存在的问题，研究并运用现代管理方法改进管理水平。

（3）提供集成的信息系统，实现业务数据和资料共享，例如当某一工队需要从其他工队调拨物资时，可以很便捷的查找到相关信息。

（4）加强了内部控制，各级管理人员可以通过系统实现实时控制，例如物资计划管理人员可以随时掌握库存和材料动态情况，科目负责人、会计部门可以随时查看当前成本列支情况和定额执行情况，任何相关单位的每一环节所存在的问题都可以随时反映出来。

（5）公司的决策层能适时得到企业动态的经营数据和ERP系统的模拟功能来协助进行正确的决策。系统的数据集成作用，实际上是对企业资源进行整合，有利于对其进行统一规划和运用，有利于降低库存和加快资金周转的速度，同时促进各部门连接成一个链条，协调运作。

6. 公司 ERP 资产管理信息系统应用的拓展

ERP 不仅是一个商业软件，更是管理思想和管理流程的体现，实施 ERP 系统是对旧观念的冲击，是从粗放管理到精细管理的飞跃。

首先，ERP 不仅是一个新的软件系统，它更代表了一种新的管理方式、新的操作方式，对业务流程也需要进行新的梳理，新系统运行难免会遇到为难情绪。实施 ERP 系统，首先需要宣讲精神、端正态度、动员力量，实施过程是一个消除阻力、克服惯性的过程。公司在启动上线工作之前，就对各相关人员进行调查，了解大家对使用 ERP 系统的看法和态度，宣传解释 ERP 的特点和作用，在启动上线工作之初，就通过通知形式明确了要求、纪律和责任人，在全体参与人员理解、支持和积极参与的基础上，公司的上线工作和试运行工作才得以顺利完成。

其次，ERP 上线工作，不仅仅是某个领导、某个部门、某些工队工作，更不能理解为单独依靠实施团队就完成的。它是一项系统工程，其功能和模块的特点决定需要多个职能部门、业务部门和专业人员的共同参与，需要所有相关单位的密切协作、配合，是一项需要发扬团队精神的工作。系统中的流程是呈链条状的，任何一个单位的数据缺失或时间之后，都会影响后面多个环节的工作。公司资产管理系统能够顺利上线，离不开业务部门、实施团队的精诚协作，离不开各工队核算员、联络员的支持和配合，是所有相关部门的通力协作的成果。

再次，要重视基础资料的作用。人们常说，实施 ERP 三分靠软件，七分靠管理，十二分靠数据。如果基础数据不准确，在此基础上进行工作，就会产生错上加错的结果，结果只能是推倒重来，带来更大的工作量，重新梳理数据，直至完全正确。在上线过程中基本是在整理数据上下功夫，即便是后来启动了计划功能，仍然拿出很多精力整理计划中的数据信息，因此，数据看似简单，实则举足轻重，是系统得以顺利运行的基础。

最后，要建立良好的信息沟通渠道，发现问题要及时沟通和反馈。在上线工作前期，主要是大项的、整体的工作，通过通知形式进行安排即可，越往后推进，在系统试运行的过程中，便会出现许多细小的、琐碎的问题，这就需要更及时的反映问题和处理、反馈。在处理问题的过程中，建立的三层控制机制。第一层是工队层，当工队发现问题时，同时报送分公司和厂家，分公司负责对问题进行汇总、备案，为此还专门建立了交流群，方便各单位间的信息沟通。第二层是分公司层，分公司每周总结工作量、工作进度，本周发现问题及处理情况，报送信息中心、物资中心等部门，并同时反馈给实施团队。第三层是公司层定期组织各部门召开阶段总结会，总结项目推进的成果和存在问题，对下一阶段进行部署安排，明确责任方和完成时间、预期效果等。三个层次的控制实现了问题反馈、解决、验证的闭环管理，确保了项目推进的效果。

## 三、ERP 与企业的关系

ERP 是借用一种新的管理模式来改造原企业旧的管理模式，是先进的、行之有效的管理思想和方法。但目前 ERP 技术在实际的推广应用中，其应用深度和广度都不到位，多数企业的效果不显著。

1. 实施 ERP 是企业管理全方位的变革

企业领导层应该首先是受教育者,其次才是现代管理理论的贯彻者和实施者,规范企业管理及其有关环节,使领导者、管理层及员工自觉行动,将现代管理意识扎根于企业中,成为企业文化的一部分。

2. 企业管理班子要取得共识

要眼睛向内,练好内功,做好管理的基础工作,这是任何再好的应用软件和软件供应商都无法提供的,只能靠自己勤勤恳恳地耕耘。把 ERP 的实施称为"关键工程",这说明了企业的决策者在 ERP 实施过程中的特殊作用。ERP 是一个管理系统,牵动全局,领导层是关键,应当亲自抓,带头用。

3. ERP 的投入是一个系统工程

ERP 的投入和产出与其他固定资产设备的投入和产出比较,并不那么直观、浅显和明了,投入不可能马上得到回报,见到效益。ERP 的投入是一个系统工程,并不能立竿见影,它所贯彻的主要是管理思想,这是企业管理中的一条红线。它长期起作用、创效益,在不断深化中向管理要效益。

此外,实施 ERP 还要因地制宜,因企业而别,具体问题具体分析。首先,要根据企业的具体需求上相应的系统,而不是笼统地都照搬,或者不顾企业的规模上,这样长期运作,对企业危害性极大。其次,这种投入不是一劳永逸的,由于技术的发展很快,随着工作的深入,企业会越来越感到资源的紧缺,因此,每年应有相应的投入,才能保证系统健康地运转。

4. ERP 的实施需要复合型人才

他们既要懂计算机技术,又要懂管理。在企业现代化管理之初复合型人才起到了先导作用,而随着管理进入常规,他们又成为骨干,成为专业带头人,他们是企业现代化管理中一支重要的队伍。

## 四、ERP 的风险及其预防

企业的条件无论多优越,所做的准备无论多充分,实施的风险仍然存在。在 ERP 系统的实施周期中,各种影响因素随时都可能发生变化。如何有效地管理和控制风险是保证 ERP 系统实施成功的重要环节之一。

1. ERP 项目的风险

通常人们在考虑失败的因素时,一般着重于对实施过程中众多因素的分析,而往往忽视项目启动前和实施完成后 ERP 系统潜在的风险。对于 ERP 项目而言,风险存在于项目的全过程,包括项目规划、项目预准备、实施过程和系统运行。归纳起来,ERP 项目的风险主要有以下几方面:

(1)领导认识不足,短期行为。

(2)准备不充分,基础数据不全不准,培训不到位。

(3)实施过程控制不严格,阶段成果未达标。

(4)设计流程缺乏有效的控制环节。

(5)实施效果未做评估或评估不合理。

（6）应用系统与生产脱节，不切合实际，两张皮。

（7）生产的唯一手段。

2. ERP 项目风险的预防

（1）战略规划

随着社会的信息化发展，IT 系统对于企业不仅是工具，更是技术手段。ERP 作为 IT 系统的重要组成部分，长期服务于企业，是企业长期规划的手段和保证。ERP 的目标源于 IT 系统规划，是评价 ERP 系统成败的基本标准，应依据 IT 系统规划，明确 ERP 系统的实施范围和实施内容。

（2）项目预准备

确定硬件及网络方案、选择 ERP 系统和评估咨询合作伙伴是该阶段的三项主要任务，也是 ERP 系统实施的三大要素。硬件及网络方案直接影响系统的性能、运行的可靠性和稳定性；ERP 系统功能的强弱决定企业需求的满足程度；咨询合作伙伴的工作能力和经验决定实施过程的质量及实施成效。

（3）项目实施控制

在 ERP 系统实施中，通常采用项目管理技术对实施过程进行控制和管理。有效的实施控制表现在科学的实施计划、明确的阶段成果和严格的成果审核。不仅如此，有效的控制还表现在积极的协调和通畅的信息传递渠道。实施 ERP 的组织机构包括：指导委员会、项目经理、外部咨询顾问、IT 部门、职能部门的实施小组和职能部门的最终用户。部门之间协调和交流得好坏决定实施过程的工作质量和工作效率。目前，在企业缺乏合适的项目经理的条件下，这一风险尤其明显和严重。

（4）业务流程控制

企业业务流程重组是在项目实施的设计阶段完成的，流程中的控制和监督环节保证 ERP 在正式运行后，各项业务处于有效的控制之中，避免企业遭受人为损失。设计控制环节时，要兼顾控制和效率，过多的控制环节和业务流程冗余势必降低工作效率，而控制环节不足又会有业务失控的风险。

（5）项目实施效果

虽然项目评估是 ERP 实施过程的最后一个环节，但这并不意味着项目评估不重要。相反，项目评估的结果是 ERP 实施效果的直接反映。正确地评价实施成果，离不开清晰的实施目标、客观的评价标准和科学的评价方法。目前普遍存在着忽视项目评估的问题。忽视项目评估将带来实施小组不关心实施成果这一隐患，这正是 ERP 项目的巨大风险所在。

（6）系统安全管理

系统安全包括：操作系统授权、网络设备权限、应用系统功能权限、数据访问权限、病毒的预防、非法入侵的监督、数据更改的追踪、数据的安全备份与存档、主机房的安全管理规章、系统管理员的监督等。在实施 ERP 系统时，普遍存在着不重视系统安全的现象，诸如用户不注意口令保密、超级用户授权多人等。缺乏安全意识的直接后果是系统在安全设计上存在着漏洞和缺陷。近年来，不断有报章披露企业计算机系统被非法入侵的消息，这给企业敲响了警钟。

(7)意外事故或灾难

水灾、火灾、地震等不可抗拒的自然灾害会给 ERP 系统带来毁灭性的打击。企业正式启用 ERP 系统后,这种破坏将直接造成业务交易的中断,给企业带来不可估量的损失。未雨绸缪的策略和应对措施是降低这一风险的良方,如建立远程备份和恢复机制,在计算机系统不能正常工作的情况下,恢复手工处理业务的步骤和措施。

## 五、ERP 应用成功标志

1. 系统运行集成化

这是 ERP 应用成功在技术解决方案方面最基本的表现。ERP 系统是对企业物流、资金流、信息流进行一体化管理的软件系统,其核心管理思想就是实现对"供应链"的管理。软件的应用将跨越多个部门甚至多个企业,为了达到预期设定的应用目标,最基本的要求是系统能够运行起来,实现集成化应用,建立企业决策完善的数据体系和信息共享机制。

一般来说,如果 ERP 系统仅在财务部门应用,只能实现财务管理规范化、改善应收账款和资金管理;仅在销售部门应用,只能加强和改善营销管理;仅在库存管理部门应用,只能帮助掌握存货信息;仅在生产部门应用只能辅助制订生产计划和物资需求计划。只有集成一体化运行起来,才有可能达到降低库存,提高资金利用率和控制经营风险;控制产品生产成本,缩短产品生产周期;提高产品质量和合格率;减少财务坏账、呆账金额等。这些目标能否真正达到,还要取决于企业业务流程重组的实施效果。

2. 业务流程合理化

这是 ERP 应用成功在改善管理效率方面的体现。ERP 应用成功的前提是必须对企业实施业务流程重组,因此,ERP 应用成功也即意味着企业业务处理流程趋于合理化,并实现了 ERP 应用的几个最终目标:企业竞争力得到大幅度提升;企业面对市场的响应速度大大加快;用户满意度显著改善。

3. 绩效监控动态化

ERP 的应用将为企业提供丰富的管理信息,如何用好这些信息并在企业管理和决策过程中真正起到作用,是衡量 ERP 应用成功的另一个标志。在 ERP 系统完全投入实际运行后,企业应根据管理需要,利用 ERP 系统提供的信息资源设计出一套动态监控管理绩效变化的报表体系,以期即时反馈和纠正管理中存在的问题。这项工作,一般是在 ERP 系统实施完成后由企业设计完成。企业如未能利用 ERP 系统提供的信息资源建立起自己的绩效监控系统,将意味着 ERP 系统应用没有完全成功。

4. 管理改善持续化

随着 ERP 系统的应用和企业业务流程的合理化,企业管理水平将会明显提高。为了衡量企业管理水平的改善程度,可以依据管理咨询公司提供的企业管理评价指标体系对企业管理水平进行综合评价。评价过程本身并不是目的,为企业建立一个可以不断进行自我评价和不断改善管理的机制,才是真正目的。这也是 ERP 应用成功的一个经常不被人们重视的标志。

## 第二节　财务管理信息系统

财务管理信息系统是指利用现代信息技术和网络通信技术，对财务管理中的分析、预测、计划、控制、监督等各个环节进行全面管理的系统。

### 一、系统组成模块

财务管理信息系统是由若干个构成模块的集成来实现的，一般来说，财务管理信息系统应该包括组织互连信息模块、会计事务处理信息模块、财务管理信息模块、财务决策支持模块以及财务主管信息模块五个部分。这些模块的成功建立以及相互之间的集成管理是财务管理信息化成功的体现，它们之间的关系密不可分。

1. 组织互连信息模块

组织互连模块可以使企业的财务部门与其他部门、本企业与其他关联企业之间的财务信息自动流动，用以支持企业财务管理的计划、组织、控制、分析、预测、决策等各个环节，以支持企业的管理与生产。

2. 会计事务处理信息模块

当企业的经济业务发生时，会计事务处理信息模块就会对这些业务进行处理并将它存储到指定的数据库中，财务管理的各个部门和各个员工都能在其授权的范围内以某种形式对其进行访问。会计事务处理信息模块通常由多个不同功能的子模块组成。每个子模块可以通过组织互连来完成特定的会计数据处理，提供特定部分的会计信息。各子模块之间互相传递信息，共同完成一个既定的目标。会计的基本职能是反应、监督，因此，会计事务信息处理模块通常分为会计核算信息子模块、会计管理信息子模块。其中，每个子模块可根据会计业务的范围继续分为若干个功能模块。

在工作过程中，当有一项业务出现时，工作人员或顾客直接通过终端键盘将此事件输入，构成一项事务。经过计算机处理，可能有两种输出：一种是打印文字文件；另一种是把信息返回终端。在处理过程中，处理装置和数据文件或数据库之间会有信息往来。

3. 财务管理信息模块

从财务管理的具体内容来看，财务管理中的一部分问题，属于结构化的问题，他们具有固定的处理模式，具有一定的规范性，对这一类问题，可通过建立财务管理信息模块（狭义）来进行解决。财务管理信息模块是一种新型的人机财务管理系统，它以现代化计算机技术和信息处理技术为手段，以财务管理提供的模型为基本方法，以会计信息模块和其他企业管理系统提供的数据为主要依据，对企业财务管理的结构化问题进行自动或半自动的实时处理。财务管理信息模块的主要目标是概括发生的事情，并把人们引向存在的问题和机遇。例如，对产品库存的管理，财务管理信息模块可以提供显示哪些产品库存已降低到需要补充的日报表，以提醒财务人员应采取订购更多产品的措施。

模块的输入是内部与外部的有关数据，内部数据有的来自会计事务处理模块，有的来自其他数据源（如生产现场），经过财务管理信息模块程序处理后可以存入数据库。当用户请求生成财务报告时，模块能够打印出书面形式报表，也可在用户终端屏幕上显示。

4. 财务决策支持模块

财务决策支持模块是一种人机对话系统,它以现代化信息技术为手段,以管理会计提供的模型为基本方法,协助决策者对企业管理中带有不确定因素的半结构化问题进行分析决策,为管理者做出正确决策提供帮助。该模块是在管理信息系统的基础上发展起来的,其特征是调用信息资源支持决策,它仅仅帮助管理人员完成结构化及半结构化的决策问题,同时可以解决一部分分析工作的系统化问题,但对这一过程的控制还需要决策者的洞察力和判断力。财务决策支持模块为支持管理决策,首先需要建立各种数据库甚至数据仓库,其次需要建立各种数学模型,组成模型库对数据库中的数据进行深加工,探索其内部的规律,并对数据的运算结果进行比较、分析和评价。同时,为了充分利用管理者的经验、知识和智慧,模块还设置人机交互接口和专家知识库,采用人工智能技术判断环境生成方案、评价决策。

模块的输入信息来自管理信息系统或其他内外部信息源,但这些信息并不都是拿来就可以用的,因为财务决策支持模块需要的大多是汇总的、综合的信息。一般来说,财务决策支持模块通过其良好的交互性,使财务人员能够进行一系列"what - if"分析,再通过运用不同的模型,列举可能方案,协助分析问题、估计各种不确定方案的结果、预测未来状况等方式,为企业决策者制定正确科学的经营决策提供帮助。财务决策支持模块主要包括人机对话子系统、数据库子系统、模型库子系统、知识库子系统。

5. 财务主管信息模块

财务主管信息模块是将会计事务处理模块、财务管理信息模块、财务决策支持模块相结合并与之高度交互的信息系统。该模块是一个"组织状况报导系统",能够迅速、方便、直观(用图形)地提供综合信息,并可以预警与控制"成功关键因素"遇到的问题。财务主管信息模块还是一个"人际沟通系统",财务主管们可以通过网络下达命令,提出行动要求,与其他管理者讨论、协商、确定工作分配,进行工作控制和验收等。

通过财务主管信息模块,财务主管还可以充分利用企业数据仓库,对其进行数据挖掘,而且可以对财务报告的输出形式进行灵活选择,以提供更明确和更具深度的信息。

## 二、系统主要功能

财务管理软件分为企业财务和决策两个层次。企业财务以总账系统为核心,包括总账、应收应付、现金管理、项目管理、工资管理和固定资产管理等,为企业的会计核算和财务管理工作提供了全面、详细的解决方案。

1. 企业财务

(1)总账

总账系统的功能是处理记账凭证输入、登记,输出日记账、一般明细账及总分类账,编制主要会计报表。它是整个会计核算的核心,应收账、应付账、固定资产核算、现金管理、工资核算、多币制等各模块都以其为中心来互相传递信息。

(2)应收应付

应收应付系统是核算每一笔业务的欠款情况以及收、付款情况,提供详细的客户、供应商和产品的统计分析,能有效的管理应收应付账款。应收应付系统从总账取得客户、供应商信息，提供查询功能。

(3)现金管理

现金管理主要是对现金流入流出的控制以及零用现金及银行存款的核算，它包括了对硬币、纸币、支票、汇票和银行存款的管理。

(4)固定资产管理

固定资产管理完成对固定资产的增减变动以及折旧有关基金计提和分配的核算工作。它能够帮助管理者对目前固定资产的现状有所了解，并能通过该模块提供的各种方法来管理资产，以及进行相应的会计处理。

(5)工资核算

进行企业员工的工资结算、分配、核算以及各项相关经费的计提。它能够登录工资系统、打印工资清单及各类汇总报表，计算计提各项与工资有关的费用。在工资系统中进行日常的工资核算，并且生成人工费用凭证。

(6)存货核算

存货是保证企业生产经营过程顺利进行的必要条件。存货管理系统将协助企业实现对存货的管理与核算，对存货的收发情况进行实时处理，为管理者提供动态的存货信息，从而在保证生产经营的同时将存货成本控制到最小。录入各种出、入库单，进行数量核算。在存货核算系统进行存货的成本管理，并生成凭证传递到总账。

(7)项目管理

在实现财务核算的同时，企业需要对一些重要项目(如在建工程、产品成本、旅游团队、合同等)进行单独管理。项目管理为企业的特殊管理需求提供了完善的解决方案，即从总账中取得各项目信息，在项目管理系统中进行查询。

2. 决策

财务决策软件以 UFO 报表为核心，包括 UFO 报表和财务分析等。

UFO 报表为制作企业所需的各种报表。财务分析是财务管理的重要组成部分，是利用已有的账务数据对企业过去的财务状况、经营成果及未来前景的一种评价。

## 三、应用环境

财务管理信息系统的应用环境是指保证信息系统正常工作所必备的运行平台，它包括硬件平台、软件工具和数据源。

1. 硬件平台

硬件平台主要是指对各种业务数据和财务信息输入、存储、加工和输出等的各种电子设备。根据所需数据来源的复杂程度，硬件平台可分为单机结构和网络结构。目前最为理想的硬件平台为“微机局域网络 + 远程通信设备”。它一方面能够从企业的不同子系统中获取数据，另一方面可以为企业整个管理信息系统中的各级财务管理人员提供管理和决策支持。

2. 软件工具

软件工具主要依据各级财务管理人员的需要，帮助建立企业财务分析、计划、预测和决策等模型，以支持财务管理活动。随着计算机软件技术的迅猛发展，目前软件工具品种繁多,因此,在选择软件工具时,应该从解决特定的财务管理角度进行考虑。一般而言,经营管理中所使用的软件工具应该具有较强的分析功能,如 Excel 等工具。

3. 数据源

数据源是指支持财务管理活动所需的数据集,包括财务数据、业务数据和企业外部数据,它是经营管理工作的起点,因此,只有及时、准确地获取这些数据,才能保证经营管理工作的顺利实现。

## 四、财务管理 ERP 环境

1. 关于 ERP 环境

ERP 通过信息技术等手段,实现企业内部资源的共享和协同,克服企业中的传统管理模式的制约,使得各业务流程无缝平滑地衔接,从而提高管理的效率和业务的精确度,提高企业的盈利能力,降低交易成本。它是基于计算机技术和管理理论的最新发展成果,从理论和实践两个方面为企业的管理提供整体解决方案。

ERP 首先是一种管理思想。它将许多先进的管理,如敏捷制造、精益生产、并行工程、供应链管理、全面质量管理等进行系统集成;其次,ERP 是一套先进的计算机管理信息系统。该系统是一项崭新的现代企业的管理手段,是衡量企业管理现代化的一个标尺。ERP 的主要宗旨是将企业的各方面资源(包括人力、资金、物料、设备、信息、时间、方法等方面)充分调配和平衡,使原来企业内部分散、孤立的"信息化孤岛"通过内联网、外联网和因特网连接到一起,实现企业由相对封闭走向开放,信息处理由事后走向适时,管理方式由传统走向现代,组织结构由"高耸式"向"扁平式"的转变。它不仅能实现对企业内部的采购、销售、库存、计划、质量、人力资源、财务等多方面的管理,而且还能实现对供应商和客户的管理以及竞争对手的监视,为管理者提供整个供应链上的管理信息。企业的管理者可通过该系统快速掌握企业的内部情况和外部信息,使企业实现快速生产和敏捷制造,帮助管理者做到事前计划、事中控制、事后反馈,使企业的运营均在管理者的计划、控制之中。从而为企业减少库存、加快资金周转、提高生产效率、降低成本、提高客户服务水平等提供强有力的工具,同时为高层管理人员经营决策提供科学的依据,以有效提高盈利水平,最终提高企业核心竞争力。

2. ERP 环境下的财务管理信息系统的特点

在 ERP 环境下,财务管理信息系统除了完成财务信息的事后反映和财务管理模型的构造,还能为多层次财务管理活动提供支持,其特点主要表现在以下几个方面:

(1)财务管理的整体性。在 ERP 环境下,企业的管理活动中需要统一调用、查询、控制、清对、比较的具体对象都统一定义为"管理对象",经营管理可实时地提供某一管理对象所发生的任何一种管理业务的明细记录和汇总数据;经营管理把虽然发生在不同的业务流程,但其业务本质相同或相近的业务数据项目统一定义为"管理业务",可实时提供发生在不同的子系统或流程中的同一类管理业务的整体汇总数据;经营管理把管理对象和管理业务的组合定义为"管理关系",以实现不同的管理目标,可按需要定义各种"成本中心"、"投资中心"、"利润中心"等;系统扩展了"管理单据"、"管理凭证"的概念,使之不再是单一业务流程的反映,而成为把整体的各个部分联系起来的纽带。

（2）信息获取的时效性。在ERP环境下，经营管理不仅与内部的各生产、经营环节充分集成，而且还实现了与供应商、分销商、客户等供应链上各环节的无缝连接，各种管理信息在内联网和外联网上自由高速流动，各个作业部门或环节能够随时获取它所需要的信息。由于反映企业各项经营业务的财务信息及时准确地反馈到了各个作业部门或环节，从而保证了资金流与物流的同步记录和数据的一致性，真正做到事前计划、事中控制、事后反馈，提高了对资金流管理和控制的时效性且便于实时做出决策。

（3）信息服务的全面性。由于ERP实现了企业资源的集中化管理，企业经营活动中的全部数据都存储在其中央数据库中，这样，经营管理的数据来源就显得更便捷。在中央数据库的支持下，经营管理更全面地提供财务管理信息，为战略决策和业务操作等各层次提供管理服务。例如，经营管理能提供各个管理层次所需要的财务报表、管理性报表和查询功能，并提供易于最终用户使用的财务管理模型和分析模块，为外部的信息使用者提供各种视图，从而实现了对企业所在整个供应链的用户的信息服务。

（4）财务决策的科学性。财务计划的核心作用在于分析预算和实际执行情况的差异并帮助做出必要的调整。在ERP环境下，利用会计核算资料、财务资源和财务分析模块，可以进行公司级和部门级的预算和预测，并且能支持自上而下、自下而上以及分布式的预算生成。利用财务分析模块，企业各层次员工及外部有关人员在得到授权的前提下，可以对财务数据进行建模分析。更复杂的财务分析可以利用在线数据分析处理工具（OLAP）进行多种角度的数据建模，例如，可以将销售数据分别按照地区、产品类、销售员进行比较，并对影响销售的各因素（如价格）进行敏感性建模分析，从而实现财务决策的科学性。

## 第三节　企业资产管理信息系统

企业资产管理（EAM，Enterprise Asset Management）即用计算机系统辅助企业管理好有形资产（如生产设备、厂房设施、交通工具和仪器仪表等），使之物尽其用，能安全运行并保证生态环境不受侵害，同时最大限度地维护效益、降低维修成本。专业的管理信息系统和专业服务能保证系统的顺利建设和正常运行，为企业的运营和发展保驾护航。作为资产密集型行业，其特点要求企业应用系统不同于常规的制造业，而EAM恰适用于资产密集型的企业，尤其对于设备多、价值高，对设备完好率要求高的资产密集型企业，都可以通过EAM来定义、维护和管理其企业资产。

### 一、主要功能

1. 资产管理

通过资产管理，企业便可在资产的生命周期内更好的跟踪和管理企业所有的资产。

（1）资产详细信息：掌握并分析资产的位置、工单核成本历史记录，提高生产力并延长资产寿命。

（2）位置和设备结构层次：从系统、子系统和位置三个侧面进行成本累计、完全掌控资产成本。

（3）状态维修：建立主动性维修机制，降低应急维修和非计划停机时间。

2. 工作管理

从提出服务需求到工单的产生和关闭,通过“工作管理”执行计划性和非计划性的维护工作。工作单计划员能够根据工作需求调配资源、预估和得到相关费用批准,建立工作优先级,在企业范围内完成维护工作。

(1)跟踪:详细分析现有的人力、物资以及设备的利用状况、成本,从而降低人力和物资方面的成本。

(2)形象化的工作委派工具:优化维修工作排程和人力调配,从而保证把正确的工作委派给符合技能要求的人。

(3)预防性维修管理功能:保证预防性维修计划的落实,减少非计划性停机和应急维修。

3. 物资管理

该模块可记录所有物资的相关信息,实时了解物资状态,包括物资名称、入库时间、存放位置、数量、价值。

(1)跟踪库存的所有相关事务:优化零件和物资管理,消除库存过剩或者呆滞,从而降低成本。

(2)最佳库存量设置和计划:保持库存量满足维修工作需求,并在需求时方便获取,消除库存短缺以及储运方面的成本,通过资源共享获得最佳的规模经济效益。

4. 采购管理

设备采购是一个设备的生命周期的开始,而备品备件的采购工作,则是设备维修工作的物质保证,因此,采购管理在企业资产管理中有着举足轻重的作用。如何有效地选择供应商、控制采购成本和供货期、保证采购件的质量是采购管理要解决的问题。该功能支持企业各个阶段各种类型的采购活动,包括直接产生采购需求和补充库存。采购人员能够在系统中获得各种信息。可以与第三方的财务系统集成协同工作。

(1)供应商设定及供应商表现分析:消除非合同性采购,保证供应商的可靠性以及采购物资的质量。

(2)自动化的物资采购:根据维修计划进行,保证在相应的时间获得需要的零件。

(3)基于时间间隔和仪表读数自动设定采购周期:消除人为因素,优化采购流程,消除人工数据输入差错。

(4)支持全球化采购:提高集团化采购效率,降低采购成本。

5. 项目管理

基于工程管理与项目管理的集成解决方案,包括项目启动、项目计划、项目实施、项目控制、项目收尾五个阶段的全生命周期管理。

6. 基础数据管理

基础数据管理是对保证系统正常运行的系统基础数据和业务基础数据的管理,基础数据设置的正确与完整与否,直接关系到整个系统的安全、正常的运行。基础数据主要包括:系统基础数据、设备基础数据、采购库存基础数据、会计规则等。

7. 库存管理

库存管理是EAM系统的基础组件。它通过有计划地监督和控制物料的流动,并对EAM备品备件进行使用分析,从而对库存进行一个或几个库位的优化。无论是基于窗口或是基于互联网,该组件非常便于使用。简单标准的程序自动运转,使时间和资源得到高效配置。通过它还可以对库存进行深入研究和分析。

8. 项目管理

项目管理(PM,Project Management)是整个应用的基础性的组件之一,是一个集中维护项目、子项目和其他各种类型活动的信息以及与项目有关信息的集成环境与集成库。项目管理组件可有效与应用系统其他组件连接和交互。用户可以通过项目管理组件监督项目的进程、跟踪项目成本、时间和绩效。通过与总账组件的连接,可以分析项目的实际成本和实际收入。一个完整的项目分析,可以帮助用户找到问题所在,从而提高绩效,增加以后项目的获利能力。

9. 设备管理

设备是企业资产管理系统的基础。设备基础数据建立的完善与否以及与设备有关的信息,如供应商、保修信息、备品备件、状态检测点信息、型号规格、技术文档、维修费用等相互关联性如何,直接影响设备管理的效率和易用性、易操作性。

10. 预防性维护

预防性维护包括单项预防性维护和检修路线型预防性维护,后者主要用于简单的,巡检性质的工作。对于重复性的维护工作,通过建立预防性维护策略可以减少工作量。预防性维护主要用于计划性检修,如大修、小修、扩大性大修等。对于大修计划中的项目,如果在下次大修中还要做,就可以建立该项目的预防性维护,每次大修时通过大修事件即触发产生相应的工单,因此可以把预防性维护形象地理解为创建工单的模板。

11. 工单管理

工单是企业进行设备维护、检修、操作等工作的任务书,是工作开展的凭证。以工单为中心载体,可以实现设备技术信息、安全信息、维修物资、专用工具、人力、维修成本等信息的关联。工单管理可以对工单从生成到注销的全过程进行监督和控制。

12. 服务管理

帮助最终用户提交服务请求同时进行状态查询,随时更新未完成的服务申请。

(1)服务目录:加强部门之间的信息沟通,保证提供的服务能够满足业务的需求。

(2)服务级别协议(SLA,Service Level Agreement):加强维护部门和其他业务部门之间的沟通,保证提供的服务水准与业务要求相一致。

13. SLA 监察

设立相关指标主动监察 SLA 的执行状况,从而保证高水准的服务交付。

(1)事件上报管理:保证资源的有效调配,从而达成服务协议中设立的目标。

14. 合同管理

该模块对各类合同进行全方位的控制,包括采购、租赁、保修、人工费率等各类主合同、一揽子合同及用户自定义的合同。

(1)合同关联:与 SLA 建立关联,帮助用户确定不可靠的供应商和不符合标准的产品。

(2)合同条款信息库:保证合同的一致性和标准化,贯彻执行公司政策。

(3)自动通知和提示:帮助用户执行供应商要求的条款,并充分获得合同约定的相关权利。

(4)付款计划功能:降低管理成本,提高工作流效率并巩固与供应商之间的关系。

15. 文档管理

16. 人力资源管理

该模块可与生产控制系统(DCS、SCADA、PLC)及地理信息系统 GIS 接口,采用行业数据接口标准 OPC 获取 DCS、SCADA、PLC 等自动控制系统的实时数据,打破生产控制系统和管理信息系统之间的信息壁垒,真正做到企业的“管控一体化”。

17. 决策支持系统

该模块中将业务绩效考核(BP)和平衡记分卡(BSC)相融合。由于平衡记分卡可以集成企业的各种数据与信息来源(如设备维护系统、财务系统、SCADA 实时信息和历史信息等),因此可以使企业的经营管理人员以个人门户的方式快速了解企业的生产形势,查看预先定义的各项指标,从而为企业高层的经营决策提供及时准确地决策信息。

### 二、技术架构

1. 客户接入层

该层包括客户端各种前台接入方式,通过通信中间件的 WebService 技术,使系统支持 WAP、GPRS、PDA 等多种无线接入工具的委托指令。

2. 业务逻辑层

该层对各种事务请求进行处理,并将处理结果通过查询、报表等形式进行反馈。系统特别将事务处理部分独立出来,通过增加应用服务器,使得业务的扩展性和处理效率变得灵活而近乎线性提高,因而极适合大集成的项目应用。在 EAM 的系统架构下,它包含以下几个层面的业务处理:

(1)业务过程:实现系统与外界的数据通信和协议转换,并实现整个广域网的网络管理。

(2)业务活动:接受来自接入层发来的事务处理请求,根据事先定义的工作流中的业务逻辑判断并将请求拆分后发往不同的业务实体。

(3)业务实体:用来提取和修改数据。

(4)数据层:对系统的各种处理数据和中间数据进行存储。

## 第四节　设备管理信息系统

设备管理是对设备的选型、购置、使用、维修、更新、改造全过程实行全面综合管理。它是一种终身寿命管理,可为企业提供先进的技术装备,逐步提高企业的经济效益,保证企业经营目标的实现。

### 一、设备过程管理

设备过程管理包括设备的前期管理和后期管理。

1. 设备的前期管理

(1)设备选型:对设备的选型及对供应商的询价进行比较管理。

(2)设备请购:对由业务部门或设备使用部门所提出的设备采购申请单进行审核管理。

(3)设备采购:对设备采购单(合同)的管理,包括对采购设备的型号、名称、描述、规格、数量、价格以及要求交付的日期等信息进行跟踪管理。

(4)设备验收:新设备到公司以申报计划、订货合同、发货凭证、装箱单及出厂技术资料(图纸和有关的检验合格证、出厂试验报告、验收试验记录)为依据。

(5)设备建档:建立设备档案卡片和设备台账,为每一个设备编号,定义设备的使用位置,收集和整理设备的基础数据及各种有用的技术资料,包括电子照片、电子文档等。

(6)备品备件:定义设备所用的备品备件,建立备品备件的卡片和台账。定义设备和备品备件的相应关系,包括备品备件的种类、数量、经济采购批量、库存控制的方式等。

(7)设备故障:统计设备故障率。在初期故障期,找出原因进行调整和改进,保持稳定;在偶发故障期,注意操作工和维修工的技术水平,进行定期培训;在磨损故障期,组织加强设备的日常维护保养工作。

(8)建立设备维护计划:为每一个设备(特别是主要设备)建立维护计划。

(9)预防性维护:为重要的设备建立预防性维护定义,以最大可能地减少非计划抢修。

2. 设备的后期管理

(1)设备移动跟踪:对设备从购进开始,直到报废处理掉为止的全过程的跟踪管理,包括设备的调拨使用、设备的故障送修、设备的暂停使用、设备的报废处理等历史信息。

(2)计划性维护:对设备按照维护计划进行维护的全过程进行跟踪管理,包括按照计划的大修(翻修)、中修、小修、巡检、润滑等各项维护作业。

(3)非计划性维护/维修:对由设备故障或特殊条件所引起的非计划性的维修作业进行全过程的跟踪管理,包括收集和反映设备的故障情况、故障发生的地点、发现故障的人员、维修的过程、调换的备件等信息。

(4)紧急抢修:建立一个快速的反应机制,对设备的紧急抢修过程进行跟踪管理,同时着重于反馈的方便性、灵活性,由此满足管理的严密性。

(5)设备故障跟踪分析:对设备的故障历史进行跟踪、反馈、统计和分析,通过分析和改进以提高设备的完好率,减少设备故障对生产的影响,降低设备维护/维修的成本。

(6)备品备件采购管理:按照经济采购批量和最低库存量,根据实际使用量控制采购量。对使用部门提出的采购需求(如请购单)进行分析后建立采购单。对采购单进行全过程的跟踪管理,直到采购物品全部收到并通过验收为止。

(7)备品备件库存管理:对所有备品备件进行库存跟踪管理,包括入库、移库、领用、退库等作业,记录汇总所有的历史信息。

## 二、设备润滑管理

监督跟踪设备润滑制度的执行情况,主要做到润滑"五定":

定点:规定润滑部位、名称及加油点数。

定质:规定每个加油点润滑油脂牌号。

定时:规定加、换油时间。

定量:规定每次加、换油数量。

定人:规定每个加、换油点的负责人。

(1)要求岗位操作及维护人员认真执行设备润滑“五定”规定,并做好运行记录。

(2)技术设备部要定期检查和不定期抽查润滑“五定”执行情况,发现问题及时处理。

(3)岗位操作和维护人员必须随时注意设备各部润滑状况,发现问题及时报告和处理。

### 三、设备管理数据库

1. 降低库存成本和零件采购成本

该数据库使上万种备件的出入库管理和统计变得有效,且对备件使用情况和采购价格的分析成为可能,因而使备件的购买更有效且能够降低采购成本。

2. 预防性日常维护数据库

(1)日常维护数据库包括日常操作和维护的工作规范,可以保障机器和操作者的安全,充当员工的培训系统。

(2)执行良好的日常维护,可以降低设备的故障,从而降低维修费用,降低运行成本。

(3)执行良好的日常维护,可以延长设备使用寿命,从而减少购买设备的资本支出。

3. 维修数据库

(1)维修数据库保存了大量维修案例,是设备维修的知识库和专家库,它使设备的平均故障间隔、平均修复时间等分析手段成为可能,为设备的采购提供准确的参考。

(2)维修数据库还可提供维修工作量的统计,为合理配置维修力量提供依据。

## 第五节　人力资源管理信息系统

人力资源管理信息系统(HRIS,Human Resource Information System)是一个由具有内部联系的各模块组成的,能够用来搜集、处理、储存和发布人力资源管理信息的系统,该系统能够为一个组织的人力资源管理活动的开展提供决策、协调、控制、分析以及可视化等方面的支持。企业借由人力资源管理系统将人力资源运用到最佳经济效益,也由于知识经济的来临,所谓人力资本的观念已经形成,人力资本的重要性更不低于土地、厂房、设备与资金等,甚至超越,除此之外,人是知识的载体,为了有效运用知识,将知识发挥最大的效用,便需要妥善的人力资源管理,才能够发挥人力资源的最佳效用。

人力资源系统有六大模块:人力资源规划、招聘与配置、培训与开发、绩效管理、薪酬福利管理、劳动关系管理。人力资源信息系统就是人力资源管理软件,它可以将日常的工作信息化,其主要功能包括:

1. 人事档案

人事档案分为在职、离职、退休、后备四个人员库。系统内置丰富的人事档案字段,用户可自行定义人事档案的数据字段,可自行设计人事档案界面。

人事档案中包括薪酬记录、考勤记录、绩效记录、培训记录、社保记录、调岗记录、调薪记录、奖惩记录等常用数据子集,用户也可自行增加新的数据子集,可以针对子集进行独立的导入、导出、统计分析。

系统支持人事业务的在线办理，包括：入职、转正、调岗、调薪、奖励、处分、离职、复职等。这些业务既可以直接办理，也可以通过系统工作流平台进行审批处理。业务办理的结果直接记录在人事档案中。

人事档案数据支持分部门管理，各分公司或部门可以独立管理本部人员。

可以使用人事档案的所有字段（包括自定义字段）组合查询。查询条件可以保存为查询模板。快捷查询与组合查询可以联合使用。

人事档案数据支持 Excel 格式的导入与导出。用户可对人事档案进行批量编辑。

系统内置丰富的人事报表、图表，包括：人员构成情况分类统计表、员工明细花名册、部门员工花名册、各部门职务统计表、员工入职离职统计表、各部门员工生日报表、各部门及岗位编制人数统计表。用户可自定义二维统计报表，也可使用系统报表平台，自行设计个性化的人事报表。

支持自动快速识别、读入员工身份证信息，杜绝伪造身份证，提高员工个人档案信息准确度，减少信息录入工作量。（实现此功能需要配备硬件设备身份证识别器）。

2. 组织架构

（1）部门管理

用户可以对部门进行设立和撤销操作，建立无限层级的树形部门结构。可以回顾部门结构的历史记录。可以即时查看组织机构图，并直接打印，也可以导出为 HTML 格式。

（2）职务及岗位管理

用户可以对职务和岗位进行设计和撤销。对岗位编制进行管理。可以为职务及岗位建立说明书。可以实时统计通过各部门及岗位编制人数统计表，随时了解企业编制情况。

（3）模型化管理

用户可以利用系统指标库构建精确的岗位及员工能力素质模型，该模型为人力资源各项工作提供了量化依据。

3. 合同管理

客户可以对员工的劳动合同、培训合同、保密协议进行新签、续签等操作。提供劳动合同期满提醒、未签劳动合同人员提醒、合同续签提醒。

合同报表功能可以随时展现各类合同的明细数据。

合同数据支持分部门管理，各分公司或部门可以独立管理本部的合同。

4. 薪酬管理

用户可以自定义薪酬账套。通过计算公式、等级表等方式，实现岗位工资、级别工资、工龄工资、学历津贴、考勤扣款、社保扣款、绩效奖、个人所得税等各类常见的工资项目。

可实现一月多次发放工资，支持多次工资合并计税。

支持年终奖的十二个月分摊计税。

薪酬数据支持分部门管理，各分公司或部门可以独立管理本部的薪酬。

薪酬数据支持在线批量编辑。

薪酬发放支持标准的工作流审批。

员工可以在线进行薪酬申诉。

每月薪酬数据自动记录在人事档案中。

系统内置薪酬报表,包括:各部门员工薪酬明细表、各部门及岗位薪酬汇总表、部门月工资条打印表、职务薪酬汇总表、部门及岗位薪酬多月合计表、部门及岗位多月薪酬对比表、员工薪酬多月合计表。

5. 社保管理

用户可以自定义各类保险福利类别。

用户可为员工批量创建保险账户,支持为当月入职员工开户,离职员工退保。

社保缴费自动核算。

可以工资计算中自动引入社保缴费数据。

社保报表。

6. 绩效管理

系统支持定性及定量两种绩效考核方式,如:360 度考核、量化考核等考核方式。

系统内置各岗位常用的绩效考核表,可供用户直接使用。用户也可以自行设定考核指标、评分权重、计分公式等项目,创建自己的考核表。

考核任务发布后,员工直接在线进行绩效打分,自动完成分数汇总计算。考核结果自动记录在员工档案中。

薪酬模块可以自动引用绩效考核结果,直接计算用户的绩效工资。

员工可以在线进行考核申诉与反馈。

系统内置绩效报表,包括:绩效考核结果一览表、绩效考核记录一览表、考核结果单指标分析表、考核评分记录明细表、各部门量化指标分析表、部门考核等级汇总表。

绩效数据支持分部门管理,各分公司或部门可以独立管理本部的绩效。

7. 考勤管理

与企业现有考勤机结合,实现班次定义、员工排班、智能抓班、考勤汇总计算等功能。

系统支持请假、出差、加班、补休、调班、停工等考勤业务管理。

薪酬模块可以直接引用月考勤结果进行相关计算。

假期管理中可以自定义法定假期与企业假期。

考勤数据支持分部门管理,各分公司或部门可以独立管理本部的考勤。

系统提供常用的一组考勤数据报表。

8. 培训管理

培训管理员可以向员工进行培训需求调查。

各部门上报培训需求,汇总成培训计划,计划内容包括培训的时间、地点、参与人、预算等。培训计划可以在线申报。

由培训计划生成培训的实施方案,详细记录培训实施情况。

培训评价管理,记录员工在每次培训中的评价。

培训记录自动记入员工档案。

培训资源管理。可以管理培训课程、培训机构、培训讲师、培训资料、培训地点等。

培训数据支持分部门管理,各分公司或部门可以独立管理本部的培训。

系统内置培训报表,包括:各部门培训计划费用统计表、各部门培训计划人数统计表、各部门培训实施费用统计表、各部门培训实施人数统计表、各部门实施费用明细表等。

9. 招聘管理

用户可以制订招聘计划，包括招聘的岗位、要求、人数，招聘流程定义等。招聘计划可在线申报。

应聘简历可以详细记录应聘者资料，并记录他们在应聘各阶段的评价。

应聘流程通过系统工作流平台完成，可以管理求职者的整个应聘过程。

系统内置招聘报表，包括：各部门招聘计划明细表、各部门招聘岗位应聘情况明细表、应聘人员构成情况分类统计表、招聘计划各阶段人数统计表、各岗位招聘及应聘人数统计表。

10. 招聘门户

企业可在互联网上对外发布招聘网站，通过网站实时发布各类招聘职位。

应聘者可以在招聘网站上直接应聘，在线填写简历等信息。

招聘管理员可在系统后台直接查阅、筛选、统计应聘人员信息。

招聘全过程管理，可以记录应聘者在各阶段面试、笔试中的成绩、评价。

通过筛选的应聘人员，可以直接入岗，转为在职人员，或进入企业后备人员库。

提供各岗位应聘人员汇总表等报表。

11. 报表中心

报表设计中心，用户可以自行定义各类明细、统计报表。

12. 预警功能

劳动合同期满提醒。

员工生日提醒。

未签劳动合同人员提醒。

合同续签提醒。

员工转正提醒。

## 第六节　企业一卡通与食堂核算信息系统

朔黄铁路分布在太行山两侧，铁路沿线600多公里，员工出差多，尤其是机车乘务员，多地食宿持有多种餐卡，很不方便。而一卡通可实现电子金额自动结算及交易数据自动汇总，且保证数据统计准确。因此，利用一卡通不仅能够解决员工的实际问题，还可做好食堂核算。

### 一、IC卡管理信息系统功能

(1)定额扣费和自选扣费、记次消费三种模式。

(2)企业补贴和个人现金两种充值模式。

(3)系统具备余额清零功能，支持补贴钱包支持覆盖上月余额或累加上月余额两种模式选择。

(4)设置就餐时间，不是就餐时段拒绝消费。

(5)不同餐别票价设置。

(6)可限定一餐(或一天)的最高消费额，超额拒绝消费。

(7)不同卡类的设置,可以设定同一餐不同的卡扣不同的金额。

(8)可以限制一餐只能消费一次或者消费第二次扣不同的金额。

(9)IC 卡使用有效期限定,离职人员无法使用。

(10)支持联网、脱机使用。

(11)支持硬件查询消费金额和人次。

(12)自动生成各种报表(充值报表、发卡报表、退卡报表、消费报表、经营汇总表、平衡报表,可以按年、月、周、日、时段查询及打印报表等)。

(13)支持挂失、黑名单下载、黑名单拒绝消费功能。

## 二、企业一卡通系统

一卡通系统是一套计算机智能控制系统,集计算机技术、网络通信技术、自动控制技术和智能卡技术于一体,将单位内部各个分散的管理和服务设施全面纳入计算机综合管理系统中,使整个智能化管理系统高度集成,真正实现全方位"一卡通"智能综合管理的目的,为管理数据带来便利的同时也为员工提供方便。系统应支持一卡多用,除满足当前应用的需要外,同时能支持今后应用的扩展,并要求能为遗留系统提供数据接口。

企业一卡通系统界面如图 6-3 所示。

图 6-3 企业一卡通系统界面

### 1. 设计原则

在设计一卡通系统方案时,需遵循如下的总体原则:

(1)采用先进、可靠、实用的技术。目前,感应式智能卡技术发展已经比较成熟,因此,在技术上要提高其科技含量,要有相应的档次和水平,要有适度的前瞻性;要强调其应用的成熟性,不允许任何带有实验性质的应用;在使用上要求可靠、简便实用。

(2)系统应具有集中统一的管理能力。由于各类应用分布在各个相关部门,位置分散,但对数据的共享应是集中统一的,因此,要求系统应具有集中统一的数据中心,并实施科学化的管理,使系统的效能得以充分发挥。

(3)系统应具有开放性、可扩性、兼容性和灵活性。对于系统来说,以后可能还有其他的应用需要加入和集成,因此系统要求具有良好的开放性,能随时适应对系统的扩展要求,同时要求系统具有很强的兼容性和灵活性,能适应升级换代,保持旺盛的生命力。

(4)系统必须具有安全性、可靠性、容错性。系统本身的安全性是系统工作成败的基础。系统中所采用设备及系统的整体可靠性是关键性指标。用户的层次和素质不齐难免系统在使用过程中被误操作,故要求系统具有较强的容错性和自检功能。

(5)合理的性能价格比。在系统设计规划时,应为投资者考虑,尽量提高性能价格比,降低系统的工程造价。

2. 解决方案

(1)IC 卡选型

IC 卡的种类繁多,其性能指标因卡而异。非接触 IC 卡又称感应卡或射频卡,将射频识别技术和 IC 卡技术结合起来,结束了无源和免接触这一难题,是电子器件领域的一大突破。它具有以下特点:

① 可靠性高:非接触式 IC 卡与读写器之间无机械接触,避免了由于接触读写而产生的各种故障。此外,非接触式卡表面无裸露的芯片,无须担心芯片脱落、静电击穿、弯曲损坏等问题,既便于卡片的印刷,又提高了卡片的使用可靠性。

② 操作方便、快捷:由于非接触通信,读写器一般在 10 cm 范围内就可以对卡片操作,所以不必插拔卡,非常方便用户使用。非接触式卡使用时没有方向性,卡片可以任意方向掠读写器表面即可完成操作,这大大提高了每次使用的速度。

③ 加密性能好:非接触式卡的序列号是唯一的,制造厂家在产品出厂前已将此序列号固化,不可再更改。非接触式卡与读写器之间采用双向验证机制,而且在通信过程中所有的数据都进行加密,大大提高安全性。

(2)一卡通应用

① 系统结构

a. 公司、分公司、生活小区、办公室等工作生活场所电子门。

b. 食堂、员工电子饭卡。

c. 覆盖全公司分布成支持网络。

② 食堂消费管理

消费管理系统由消费管理软件、收费机、发卡机、网控器和感应卡及网线等组成。员工预先在感应卡中充值,然后持卡在消费机完成消费,计算机工作站完成所有消费机消费数据的采集及处理。

(3)主要功能

支持联网、脱机的工作运行方式。

联网方式时,工作站能对消费机进行参数设定和采集消费数据。

脱机时,消费机可独立处理消费业务。联网后,消费数据可及时上传至工作站进行数据处理。

① 卡识别及异常报警

每个应用系统都有本项功能,用以识别正常卡及非法卡,其中,异常分为:挂失、非法、坏卡等。

② 人事管理

包含了人员的基本信息,具备人员名单的导入、导出功能,减轻批量办卡手工录入的繁琐程度。

③ 押金、管理费、搭伙费管理

有些企业对卡要收押金,有些企业对外来人员办卡要收管理费或搭伙费。这些要求在系统中均能实现,并能提供相应的报表。

④ 窗口机具有部门分组

窗口机具有分组功能,既可指定几台窗口机属于一层食堂、二层食堂等,又能指定窗口机属于小卖部、浴室等,并可分组进行营业额的统计。

⑤ 核算统计和查询

具备按日、月或某个特定时段的统计、查询、报表功能。

具备按关键字(工号、姓名、部门)进行有关数据的统计、查询功能。

自动汇总交易数据,实现金额结算并生成相应报表。

⑥ 补贴管理

系统具备对员工进行补贴分类,补贴的发放,补贴查询等一系列的管理措施。

⑦ 多用户接入

软件采用 SQL 数据库平台,彻底支持网络共享,同时该数据库具有极大的安全性和可靠性。各分散食堂计算机可通过企业网访问数据服务器进行实时数据交换,所有数据直接保存在服务器上。由于采用数据实时操作方式,数据一致性得到了保证。对各个分点的操作人员来说,无须进行专门的数据收发操作。

⑧ 数据维护、操作员管理

数据维护包括数据备份、数据恢复、数据归档等功能。

操作员管理模块可以对操作员的使用权限进行设定,如操作员只有接收数据、处理数据、浏览报表权限、充值权限等。

(4)系统硬件

① 系统最大容量 256 台收款机。

② 感应距离大于 5 cm。

③ 计算机和收款机之间采用 RS-485 协议通信联网,最大通信距离为 1 200 米。

④ 收款机可脱机工作,脱机时间时仍可识别已挂失卡及非本系统卡。

⑤ 具有掉电数据保护功能,数据保存时间≥10 年。

⑥ 收款机内置不间断电源,停电工作时间≥20 小时。

⑦ 窗口机可设成多种方式:计算器方式、份饭方式、定额扣款、补贴。

⑧ 窗口机可存储 9 600 笔交易。

⑨ 窗口机具有扣错现场退款功能。

## 三、企业食堂核算信息系统

1. 系统功能

(1)库存采购管理

① 采购。根据每日、周或月的菜谱和库存情况生成采购单。

② 入库。根据实际采购内容填写入库单,提供采购细节包括物品名称、计量单位、数量、单价合计金额和备注,完成采购物品入库。

③ 领用。领用时填写领用单,提供领用细节包括物品名称、计量单位、数量等,采用先进先出原则实现物品领用。

④ 退库。可以填写退库单,提供退回细节包括物品名称、计量单位、数量等,实现物品归返仓库。

⑤ 可以对上述单据某些细节进行修改,所有的修改都要相应审核者确认才有效。

⑥ 可以实现对库存明细的查询和打印操作。

(2)售饭管理

① 服务员可以根据食堂实际供应情况制定当日当次就餐菜单,可以对当日当次菜单进行增、删、改操作。

② 编制菜单一经确定都要作为历史保存,历史菜单可以查看但是不能修改。

③ 就餐员工确认刷卡,系统将从第三方门禁系统获得的有关个人信息:姓名、部门、照片显示出来,并显示当次点菜内容和金额,以及员工当月累计就餐金额。

④ 餐卡管理:完成餐卡的开户、更改、发卡、挂失解挂、注销、补卡、充值、统计等操作。

(3)核算统计

① 单位员工可以按姓名或工号查询历史用餐记录,包括日期、菜谱、消费金额、月累计金额等各项明细。

② 个人可以查询个人消费月、年报表。报表列出的为个人消费总费用、本月每日消费的费用、已付和未付的费用。

③ 对库存盘点。分类列出所有库存物资清单,包括数量、单价和金额。

④ 报表统计。每日、每月、每年收入支出报表,此表统计菜品销售情况和物资分类领用情况。食堂月报和年报表中要统计各种厨房工具的购入、领用和损坏数量和价格,日报中不用统计此信息。可按日、月、年查询收支情况。部门只能查询该部门的收支情况,其中包括客人每日、每月消费的情况。所有报表可根据权限在网上查询,要按人事部门的要求提供Excel形式输出保存。

食堂核算信息系统界面如图6-4所示。

2. 系统内容

(1)每日的采购计划、入库、出库及库存管理,即时查询库存情况。

(2)可网络发布当日菜谱,使用餐人即时了解用餐信息。

(3)核算使用先进先出法,以及每日、每月盈利情况自动报表,随时查询。

(4)可与工资系统做接口。

(5)刷卡时系统自动报出刷卡人姓名,并显示刷卡人的照片和本月就餐次数。

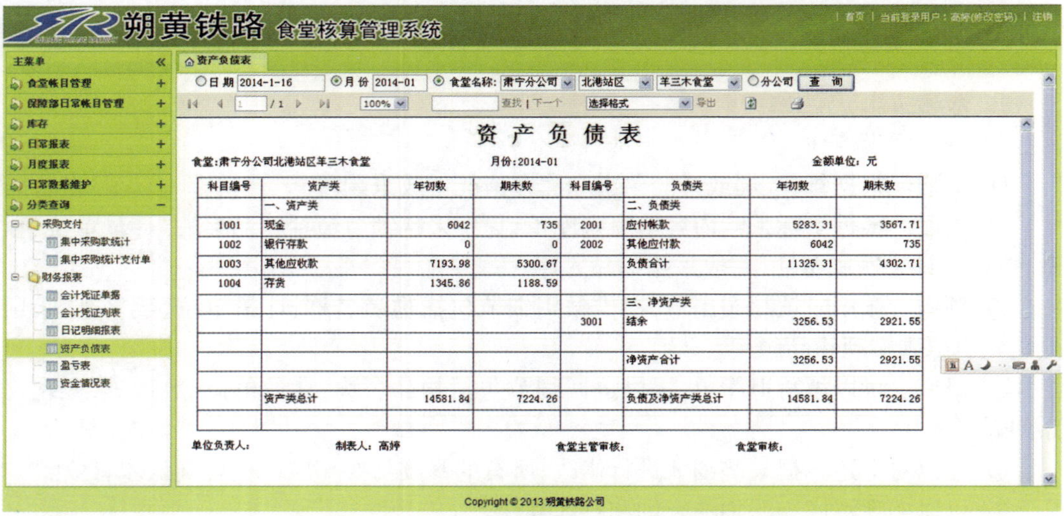


图6-4 食堂核算信息系统界面

3. 系统设计原则

(1)操作简便快捷。

(2)实现电子金额自动结算。

(3)实现交易数据自动汇总。

(4)保证数据统计准确。

(5)软件界面友好,易于操作。

4. 系统结构

(1)系统结构

食堂管理主机装有数据库和食堂管理系统客户端,主要用于采购计划的制订、入库、出库的填单和审核,菜谱的发布。

读卡器主要用来识别消费者的身份,只要信号读出电脑,授权人即可对该卡执行充值或售饭或查询的功能。在读卡的同时,系统可以根据卡号显示持卡的人的相关信息,如照片、用餐次数卡内余额等。

(2)系统工作流程

食堂管理系统可管理食堂的库存和财务情况,以及售饭情况。

## 第七节 铁路工程管理信息系统

朔黄铁路工程管理信息系统(SR-EIM)主要管理内容包括基于业主建设(运营)单位工程管理,施工、监理单位工程管理。从项目群的理念出发,提出公司工程部专业岗位管理、工程项目指挥部管理、分公司工程管理。系统的功能范围包括项目前期管理、招投标管理、项目过程管理、项目后期管理、综合管理查询、工程计量管理,其中各子系统又分为不同的功能模块。

项目群是指经过协调统一管理以便获取单独管理时无法取得的效益和控制的一组相互联系的项目。项目群中的项目需要共享组织的资源，需要进行项目之间的资源调配。项目群管理(Program Management)是指为了实现组织的战略目标和利益，而对一组项目(项目群)进行的统一协调管理。项目群管理需要运用知识和资源来界定、计划、执行和汇总客户复杂项目的各个方面。

项目群管理是指针对组织中进行的多个项目进行全生命周期的管理。项目群管理是伴随着项目管理方法在企业或政府部门等组织中的广泛运用而形成的一种以长期性组织为对象的管理模式。形象地讲，就是指在企业中同时管理、协调多个项目的选择、评估、计划、控制、执行，以及收尾等各项工作，使所有项目的综合执行效果达到最优的项目管理方式。项目群管理是通过对项目群、项目组合、以及项目的成功管理来实现的。

项目群就是对现有的和将开展的一些类似项目进行集群，最终创造超出集群个体项目总和的价值。项目群管理提供了一个完整的框架和系统的方法，解决了不同项目目标之间的差异所导致的资源浪费和管理成本增加等，为实现公司的战略目的提供了保障。

项目组合管理是从企业整体出发，动态选择不具有类似性的项目，对企业所拥有的或可获得的生产要素和资源进行优化组合，有效、最优地分配企业资源，以分散风险，达到效益最大化，这些项目组合起来可为企业战略服务，从而提高企业的核心竞争能力。

项目群管理是站在企业层面对现行组织中所有的项目进行筛选、评估、计划、执行与控制的项目管理方式。与单个项目管理不同的是，单项目管理是在假定项目的资源得到保障的前提下进行的项目管理，思考角度采取"由因索果"的综合法方式。项目群管理则是在假定存在多个项目的前提下，如何协调和分配现有项目资源、获取最佳项目实施组合的管理过程，其思考角度一般采取"由果索因"的分析方式。项目群管理根据工程项目的生命同期可划分为5个阶段：

1. 可行性研究阶段

以自然资源和市场预测为基础，选择建设项目，寻找有利的投资机会；判断工程项目的生命力，进行市场调查、工厂试验等专题研究；对建设规模、产品方案、建设地点、主要技术工艺、工程项目的经济效益和社会效益等进行研究和初步评价和可行性论证；深入研究市场、生产纲领、工艺、设备、建设周期、总投资额等问题。

2. 选型阶段

编制方案及工程项目总概算书，考虑项目实施的成本、费用支出，以及系统运行的安全性，进行设备选型。

3. 实施阶段

包括施工准备、组织施工和竣工前的生产准备，对设备按照方案进行安装与调试。

4. 运营/维护期

对工程从安装调试合格进入正常使用起，直至该工程退出生产的全过程，通过组织、管理、监督等一系列措施，使工程项目处于良好的技术状态，需要对工程进行更新改造、对设备进行维护。根据工程使用情况，及时做出报废、整改、替换的决定。

5. 跟踪/评估期

合理选取指标，科学建立模型，选择不同的评估时点进行动态评估，实现对工程项目的跟踪管理。将评估结果及时反馈,根据实际情况做出分析,指导日后的建设管理,形成闭环管理体系。

## 一、主要内容

朔黄铁路工程管理信息系统是朔黄铁路公司工程管理的重要专业信息系统,涵盖铁路工程建设项目的管理、决策、技术等相关领域,将工程管理功能分为5大部分:工程前期管理、招标管理、工程过程管理、工程后期管理和综合管理查询。基于朔黄铁路的工程特点,在五大功能模块的基础上实现工程计量体系,项目群标准化管理和一体化集中管控,同时通过系统权限管理,按照业主、监理单位、承包单位、其他第三方单位,结合不同部门、不同岗位进行灵活有效的安全权限管理,实现业务功能和信息的有效控制,方便集团、公司、部门进行相关管理、检查和审查等,从而覆盖朔黄铁路工程建设的核心业务环节,以提高朔黄铁路工程项目建设管理水平和管理效率。

各个业务子系统的涵盖的具体业务功能如表6-1所示。

表6-1 朔黄铁路工程管理信息系统的组成表

| 名　称 | 功 能 简 述 |
| --- | --- |
| 工程前期管理 | 实现对项目前期的管理,重点包括年度计划、项目立项、工程和工程预算控制等的管理 |
| 招标管理 | 主要围绕招标工作的管理,如招标准备、招标跟踪、中标管理,以及承包商、监理方、供应商和招标代理机构管理,实现对工程招投标阶段各个工作环节的管理 |
| 工程过程管理 | 对项目的开展过程进行管理,包括合同、计划、物资、安全、质量、进度、调度、验工计价及变更等 |
| 工程后期管理 | 主要包括竣工验收、概算预算结算分析、组固管理、项目后评价等 |
| 综合管理查询 | 主要包括工程图纸和资料管理、项目统计工作、工程协同工作中心、交叉跨越管理、工程可视化和GIS展示、工程管理手册等 |
| 工程计量体系管理 | 实现对工程项目的标准化计量管理,对工程整个阶段(前期、招标、过程、后期)的作业,实现以结果为导向的量化管理。主要包括项目配置管理、计划模板管理、工程计量权重管理、计量报告等 |
| 系统权限管理 | 项目机构与权限管理、作业流程管理 |

## 二、功能架构

朔黄铁路工程管理信息系统的整体功能架构如图6-5所示。

其中,朔黄铁路工程管理信息系统由以下三部分组成:

(1)系统权限管理:主要包括用户管理、权限管理和基础数据管理等平台级、公用性的功能模块。

(2)业务模块:包括工程前期管理、招标管理、工程过程管理、工程后期管理、综合管理查询等五大业务子系统,并在此基础上实现工程计量体系的管理。

(3)数据存储:多个应用数据库(按照应用逻辑分为多个应用数据库,实际物理上可以为一个数据库实体)。

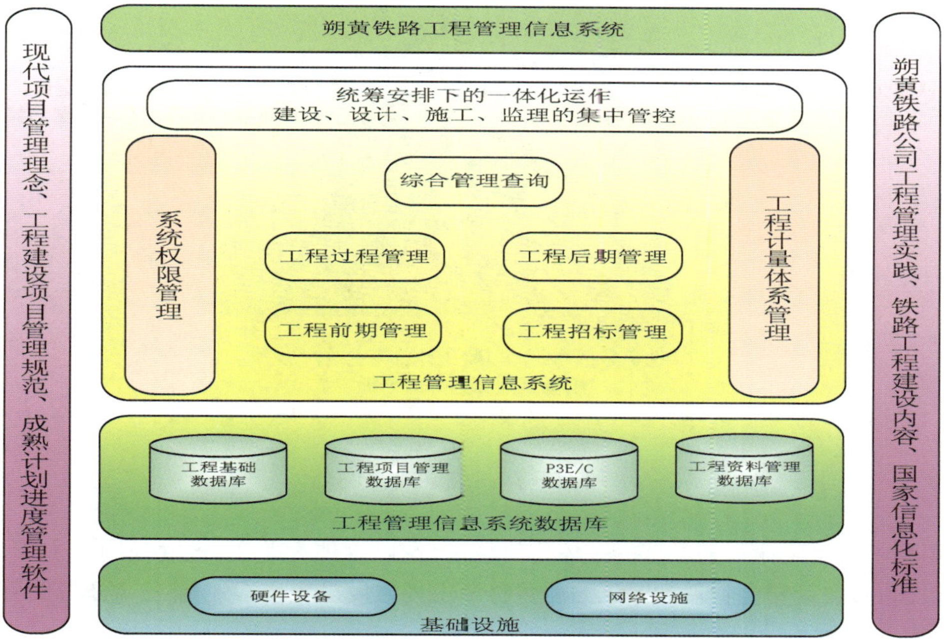


图 6－5　朔黄铁路工程管理信息系统功能架构图

## 三、系统构成及特点

1. 系统构成

朔黄铁路工程管理信息系统构成如图 6－6、图 6－7 所示。

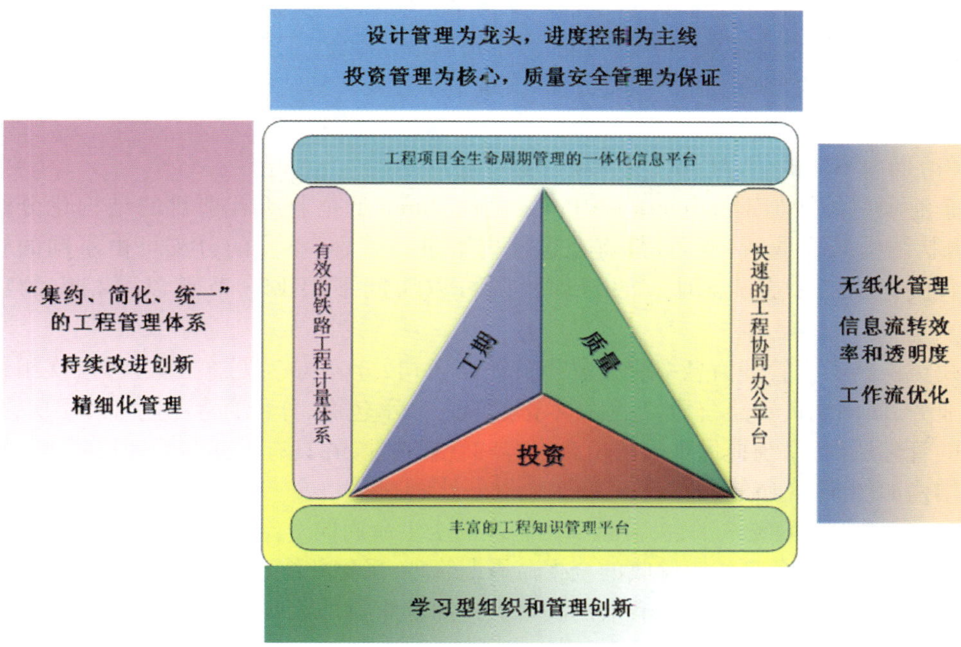


图 6－6　系统构成(1)

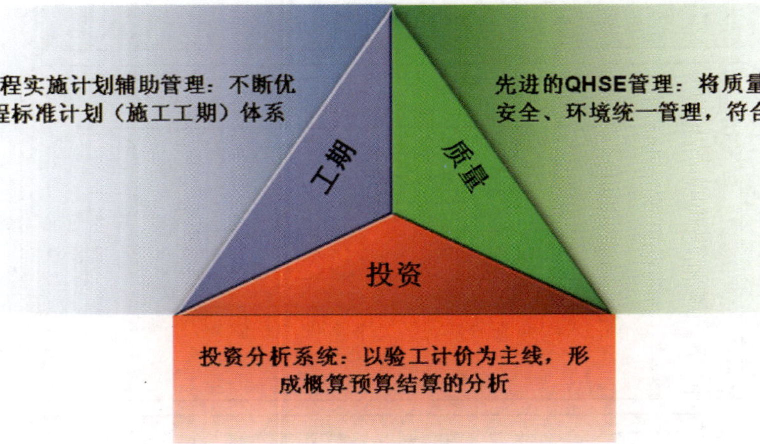


图6－7 系统构成(2)

工程项目全生命周期管理的一体化信息平台：以管理为龙头，进度控制为主线，投资管理为核心，质量安全管理为保证的涵盖整个工程建设过程（立项、施工、监理）的管理信息系统。

有效的铁路工程计量体系：实现工程项目管理制度化、体系化、科学化和持续改进创新，解决专业分割、结合部扯皮等工程项目建设缺陷，实现质量有效控制，进一步提高工程项目管理的精细化管理能力和实施执行力。

丰富的工程知识管理平台：建设工程项目知识库管理，为建设学习型组织和创新提供有力支撑。

快速的工程协同办公平台：提供信息支撑平台实现业主、监理、施工单位的信息化无纸化管理，提高信息流转效率和透明度，实现资源最佳配置、工作流优化。

在最为核心的工期、质量、投资方面，实现集中管控。其结构如图6－5所示。

2. 系统具备的特点

(1)面向不同的管理层次，支持项目群管理

企业项目结构（EPS，Enterprise Project Structure）是企业所有项目的结构化分组编码（树状结构），企业所有项目都将在这棵树下进行管理，不同的分支可由不同的管理团队负责，树的上层节点对应的管理团队可以访问下层EPS节点以及相应的项目数据。

朔黄铁路工程管理信息系统覆盖朔黄铁路公司、分公司、站区（工队）多层次组织机构的业务，面向朔黄铁路公司、工程技术部、监理、总承包商、分包商等不同管理层次，根据不同的管理层次，系统提供不同的信息内容和管理功能，并具有不同的管理权限。其项目分解结构如图6－8所示。

(2)工程管理的统一平台，覆盖项目管理的全生命周期

覆盖从项目立项到竣工验收的全生命周期管理，采集并统一管理工程管理数据，能够对铁路工程管理重要事项提供有效的决策支持的专业项目管理信息系统。其全周期生命管理过程如图6－9所示。

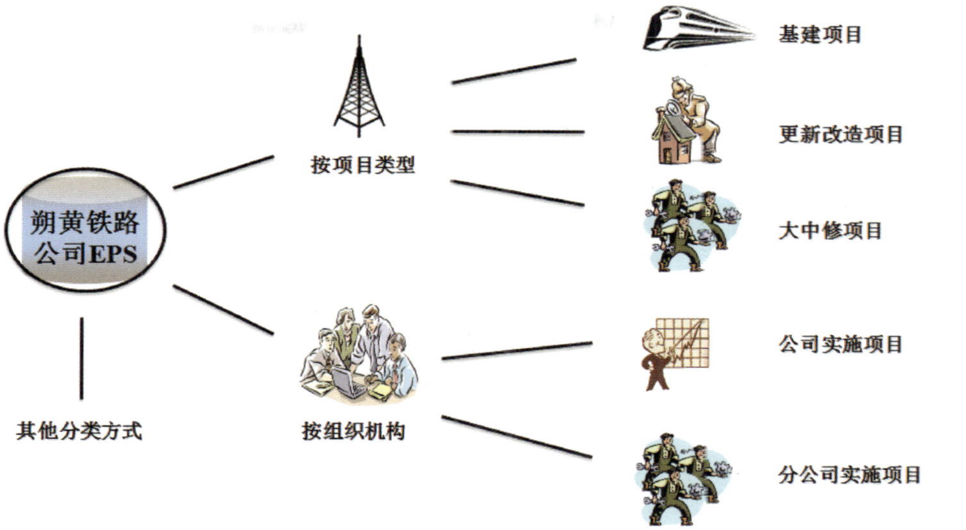


图6－8　朔黄铁路项目分解结构

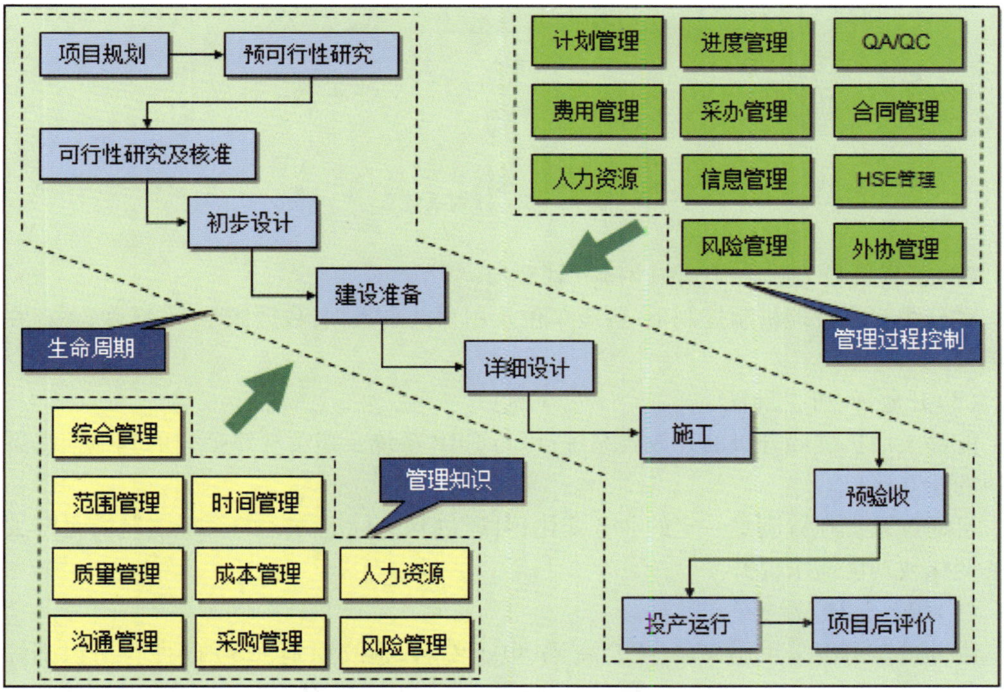


图6－9　工程项目全生命周期管理

(3)融入了先进的项目管理思路，涵盖项目管理九大知识领域

系统以《项目管理知识体系指南》为主导思想，结合了国内基建工程管理规范与习惯，形成体系。

(4)面向业主单位、监理单位、参建单位的统一平台该系统的组成如图 6－10 所示。

业主方：适用于公司决策层、工程管理层、工程实施层。

承建方：单位、监理单位、施工单位等。

（5）与国外成熟项目管理软件集成

系统支持与 P3、EXP 或微软 Project 等国外成熟项目管理软件接口，通过底层二次开发的方式，实现数据的自动导入 P3 或 Project。

（6）以工程计划为龙头，集成其他各项业务

其计划系统如图 6－11 所示。

系统按照工程计划实时管理，阶段预警，提醒管理进度执行情况。

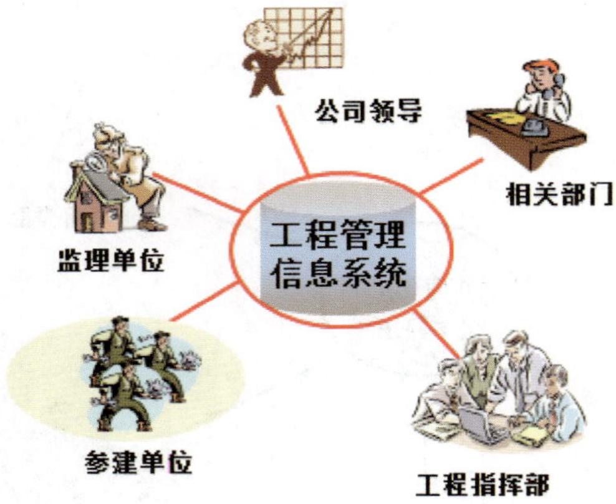


图 6－10　系统组成图

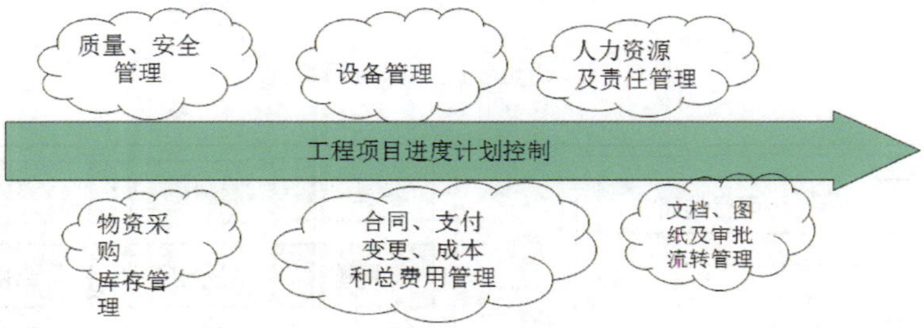


图 6－11　计划系统

（7）工程资料分散入库，集中存储、管理、共享

在分级权限管理机制控制下，各级单位及用户共享数据；数据源唯一、准确，不存在重复填报。

（8）开放性、可扩展性

能够灵活扩展和升级的开放式系统；可与 ERP 系统及朔黄铁路公司的其他信息系统方便的建立接口。

可通过系统配置满足一定的业务变化；可通过基于标准方式的系统定制满足较大的业务变化或功能需求提升。

（9）统一认证、授权

内部员工可以采用用户名、用户密码、电子签名、指纹识别、USB 硬件身份识别等多种方式进行身份认证；工程监理、承包商、分包商等可以单独建立账户，设置不同的访问权限和数据权限。

## 四、系统评价

### 1. 系统主要应用创新点

系统主要有如下几个应用创新点：

(1)工程建设和计量统计的结合,形成铁路工程计量体系,进一步提升工程管理水平。

(2)数据挖掘和智能分析(BI)的应用,实现工程数据一致性校验、准确性校验,实现工程计划辅助管理。

(3)工程项目管理和工作流引擎的融合,实现灵活的工程管理流程,改变了过去工程管理流程僵化固定,很难满足长期使用的需要。

(4)工程项目管理思想、资料电子化、知识管理和全文检索的完美结合,实现对专项技术数据的结构化存储,形成方便好用的工程知识管理平台,为学习型组织和知识创新提供支撑平台。

(5)工程管理、协同办公、多媒体应用(施工现场远程视频监控、手机短信、即时通信消息、邮件等)的有效融合,实现工程管理和沟通的多样化。

(6)工程项目管理业务与地理信息相结合,实现可视化工程管理。

2. 对创新点的具体叙述

(1)通过标准化、模块化、信息化的方式,建立工程建设项目的系统管理方法,准确、形象地掌握工程各项计划作业内容所占比重和整体进展状况,结合工程项目计划安排和工程概算,通过对具体作业进行合理的权重分解,实现对项目控制计划和工程项目进展的量化管理。朔黄铁路工程计量体系如图 6-12 所示。

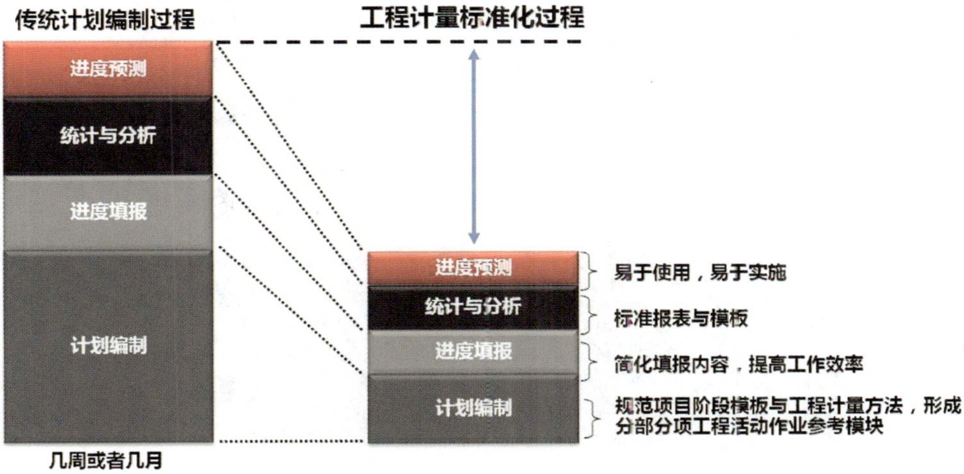


图 6-12　朔黄铁路工程计量体系

(2)按照单项、单位、分部、分项的自上而下方式进行结构化、标准化、模块化分解,再根据实际项目情况,按照分项、分部、单位、单项的自下而上方式进行自动组合,准确、形象地掌握工程各项计划作业内容所占比重和整体进展状况,结合工程项目计划安排和工程概算,通过对具体作业进行合理的权重分解,实现对项目控制计划和工程项目进展的量化管理,这也是借助信息化手段实现工程精细化管理的有力工具,是工程项目管理的主要发展方向之一,实现"集约、简化、统一"管理体系,实现了真正意义上的工程管理知识积累、实践和不断完善的管理体系,同时符合国家对工程建设管理的要求——"安全、高效、和谐”发展目标。工程计量的总体流程如图 6－13 所示。

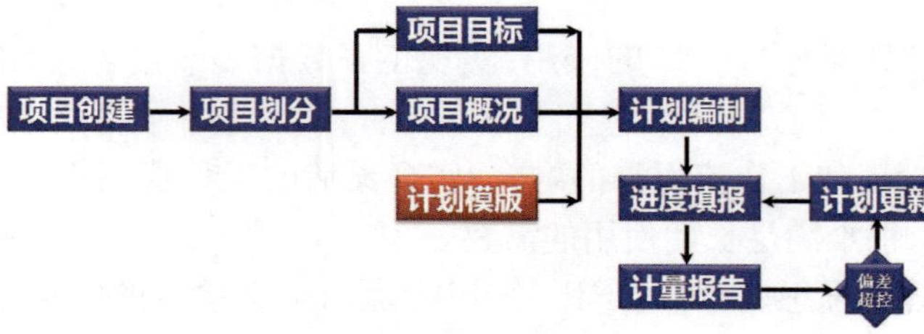


图 6－13 工程计量的总体流程

（3）大型项目计划编制难度大，要求编制人员经验丰富；中小项目建设周期较短、建设工期紧张，施工单位现场人员水平素质参差不齐，很容易出现计划延后、计划不可执行跟踪甚至根本没有计划，或者停留在个人脑子里，没有时间、精力制作完善、科学的计划。通过工程计量体系，结合计划辅助管理系统，将经验形成知识，将知识形成标准规范，将标准规范形成电子模板，只需在电子模板上填报很少的数字，就能快速编制和自动生成计划，并且可以不断积累完善和改进，就像现在应用的验工计价软件一样，解决了过去手工方式很难解决的规范化管理问题。其层次示意如图 6－14 所示。

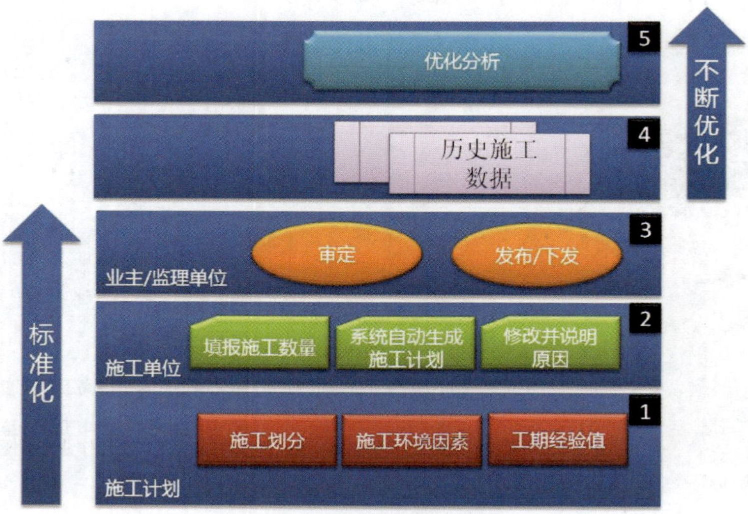


图 6－14 工程计量与项目管理持续改进

（4）工程项目管理和工作流引擎相融合，构建动态成长工程管理流程

工程管理信息系统通过简单固化流程进行管理，很难适合中国国情和实际工作需要，很多情况信息系统反过来成为工作的负担和阻碍，这也是很多单位对上线的工程管理信息系统评价不高的一个非常主要的原因。在本次中，通过引进工作流引擎，以工作流引擎为基础的工程流程管理，提供灵活的作业流程定制功能。通过灵活的流程模板自定义、灵活的流程流转设置、灵活的消息传递机制、灵活的跟踪反馈系统，实现管

理流程灵活并可追溯，可以满足各种特殊情况的需要。其结构如图 6－15 所示。

通过工程项目管理和工作流引擎相融合的应用创新，实现灵活的工程管理流程，改变了过去工程管理流程僵化固定，很难满足长期使用的需要。

(5)工程项目管理与地理信息相结合，实现可视化工程管理

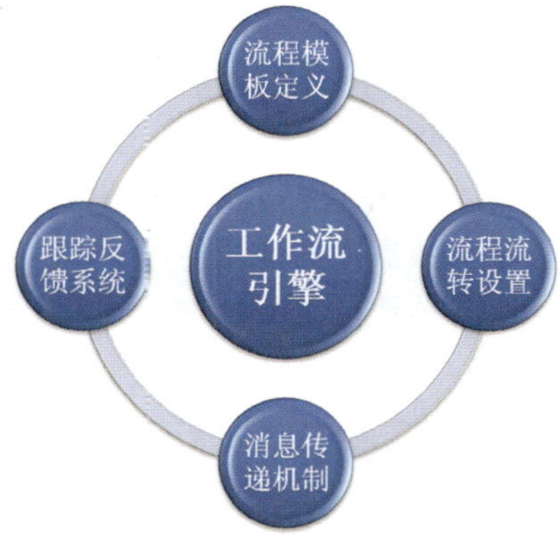


图 6－15　工程项目管理和工作流引擎相融合

工程三维可视化展示管理系统定位于组织与工程建设相关的地理数据、业务数据采集，根据工程图纸和公司 GIS 系统空间基础地理信息数据，建立站场、线路、设备设施的三维模型，通过空间查询、定位、分析、制图和报表等功能，实现工程建设可视化的技术平台，同时能够提供与其他系统的接口。

施工部署可视化展示：将工程部署信息，如标段划分、施工机组、施工单位分布、施工进度等信息通过可视化界面进行展示。

铁路线路可视化展示：按照工程划分对铁道线路数据进行展示，方便快速找到线路的相关技术数据资料。系统应能够宏观展现整个铁路在地理上的分布位置及走向，包括途经的市县、河流、山脉等情况，在微观上能够展现重点关注铁路附属设施以及周边地形地貌、人口分布、地质构造等情况。

勘察专题可视化：可研、勘察过程中产生了众多专题地图数据，专题地图数据对铁路的建设和运营管理具有非常重要的指导意义。可研报告专题图主要包括铁路沿线主要气候专题图、社会环境专题图等，具体的专题的内容及数量根据各铁路工程的可研分析过程和可研报告的内容决定。工程地质专题图也是根据铁路沿线的地质情况进行专题分析。地质灾害类型专题图是铁路沿线历年地质灾害类型的专题分析，这部分数据均来源于可研或勘察阶段。

铁路站场三维浏览与查询：铁路站场三维浏览和查询，以地理空间三维模型为载体，叠加线路、站场等信息，辅以地形地貌分析和铁路信息的查询，进行全区域管网建设的三维展示，同时能够实现二、三维互动。可以通过基本操作功能对站场各个角度进行查询和浏览。

(6)系统组成

根据前面对朔黄铁路工程管理信息系统功能的，系统功能主要包括：工程立项、招投标管理、项目综合管理、项目过程管理、工程资料管理、工程安全管理、投资造价审计、工程基础管理、项目综合查询等九个子系统，覆盖朔黄铁路工程建设的核心业务环节，以提高铁路工程项目建设管理水平。

其中，朔黄铁路工程管理信息系统由以下几部分组成：

① 系统权限管理：主要包括用户管理、权限管理和基础数据管理等平台级、公用性的功能模块。

② 工程计量体系管理：主要通过 WBS 模板管理和综合权重管理，结合业务模块对项

目控制计划和工程项目进展的量化管理。

③ 业务模块:包括5大业务子系统:工程前期管理、工程招标管理、工程过程管理、工程后期管理、综合管理查询等。

④ 数据存储:多个应用数据库(按照应用逻辑分为多个应用数据库,实际物理上可以为一个数据库实体)。

各个业务分系统的涵盖的具体业务功能如表6-2所示。

**表6-2 朔黄铁路工程管理信息系统的组成表**

| 名　称 | 功能简述 |
| --- | --- |
| 工程前期管理 | 实现对项目前期的管理,主要包括年度计划、项目立项、工程和工程预算控制等四个子模块 |
| 工程招标管理 | 主要围绕招标工作实现对工程招投标阶段各个工作环节的管理,如招标准备、招标跟踪、中标管理,以及承包商、监理方、供应商和招标代理机构管理等 |
| 工程过程管理 | 针对施工过程的全方位管理,包括工程技术数据、合同、计划、物资、安全、质量、进度、调度、验工计价以及变更等 |
| 工程后期管理 | 主要是竣工验收、概算预算结算(实时统计和管控)、清算和组固、项目后评价等 |
| 综合管理查询 | 包括图纸资料管理、项目统计工作(上报集团的年度计划、年报表、月报表)、工程协同工作中心(项目相关单位、人员的工作协同平台,是一个针对工程管理的相关工作的办公平台)、交叉跨越管理、工程可视化和GIS展示、工程管理手册(法律法规库、标准规范库、管理文件库、体系文件库等) |

(7)系统接口

系统在外部接口方案时,一方面考虑朔黄铁路公司现有的需要与朔黄铁路工程管理信息系统发生数据交换的信息系统,如ERP、OA系统等;另一方面考虑朔黄铁路公司将来规划建设的其他类信息化系统也可能与工程管理信息系统发生信息的交换,因此需要保证系统接口的开放行,便于将来新系统的信息通过开放的接口进行接入和导出。系统数据交换接口如图6-16所示。

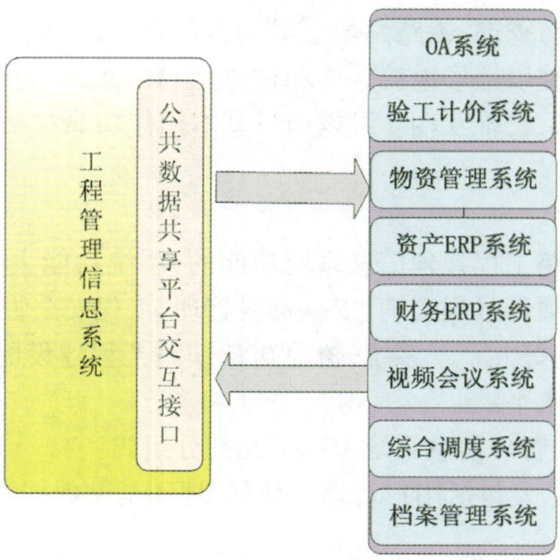


图6-16 朔黄铁路工程管理信息系统数据交换接口

① 与办公自动化系统接口

从 OA 系统中提取审批后的文件资料，在工程管理信息系统中进行存储。

② 与验工计价软件接口

需要从验工计价软件获取项目验工计价的数据。

③ 与概预算软件接口

需要从概预算软件获取项目概预算数据。

④ 与物资管理系统接口

需要从物资管理系统中，读取项目物资的相关信息。

⑤ 与视频会议系统接口

需要将现场施工监控数据接入到视频会议系统。

⑥ 与财务 ERP 系统接口

需要从财务 ERP 系统中获取项目结算信息。

需要从资产 ERP 系统中获取物资编码、设备机具信息，向资产管理 ERP 系统中提交物资需求计划。

物资到货后，需要从 ERP 系统中获取项目施工中所消耗的物资信息。

⑦ 与综合调度系统接口

需要将施工调度数据集成到综合调度系统中。

⑧ 与档案系统接口

需要将工程资料数据归档到档案系统中。

## 第八节　3D 朔黄

为了满足铁路规划、建设、运营对信息资源的迫切要求，朔黄铁路启动以基础数字、运输管理、资源管理、安全管控、综合管理组成的数字朔黄。

数字朔黄是朔黄铁路数字化建设简称，是朔黄铁路信息化的重要组成部分，是重载铁路空间信息技术应用的具体体现。它集成了空间遥感、地理信息系统、全球定位系统、宽带网络、三维仿真与虚拟等技术，建设多尺度、多时相、多分辨率、多源数据的基础数字平台，融合车站、线路、桥梁、隧道、机车、车辆、通信、信号、供电、供水等专业信息资源，对空间信息的数字化重现与认识。它包括朔黄铁路全面信息的数字化、网络化、可视化和信息化的全部内容与过程。目标是在统一的时空框架下，实现来源广泛、多维海量、时空变化的数据融合，通过通信网络提供数字化、拟人化和信息化的信息服务。其建设过程如下所示：

1. 建设目标

数字朔黄建设的总体目标是：建成以地理数据为基础，以三维管理软件为核心，以平台应用系统为延伸的地理信息在线服务体系。实现朔黄铁路地理信息资源的有效集成，并形成有效的数字运行服务机制，为铁路运输应用、决策支持、应急管理提供地理信息服务，最终全面提升服务能力和水平。

2. 建设内容

数字朔黄建设的主要包括以下内容：

（1）平台数据体系建设

涵盖铁路业务开展相关的空间地理信息数据的采集和数据库建设。具体来说包括了基础地理数据、铁路三维实景数据、铁路设备设施数据、铁路专业图纸数据以及其他专题数据的采集、整理、加工、建库管理。

（2）基础平台软件建设

基础平台软件实现了面向公司各部门提供地图浏览、地名查询、专题信息加载、空间分析等地理信息服务，并向各专业部门提供标准服务接口，支持基于平台资源开发专业应用系统。按照面向服务构架（SOA）的基本思想和方法，完成门户网站系统建设、开发支持系列互操作接口规范的地理信息服务基础软件、平台管理软件及二次开发接口库。

（3）平台应用系统开发

建设服务与职能部门的专业应用系统，如面向后勤保障部的地亩管理系统、绿化管理系统；面向治安处的治安管理系统；应对突发事件的应急指挥系统；车务、机务、车辆、工务、信号、通信等专业的应用系统。

（4）运行支持环境建设

运行支持环境建设是平台建设和运行的底层基础。基于现有网络环境，建设数据库集群服务、存储备份、安全保密控制和管理的软硬件环境。

3. 总体方案

数字朔黄是以朔黄铁路基础地理空间信息资源为基础，以铁路设备设施数据为核心，利用现代信息服务技术，建立一个面向各专业用户的、开放式的信息服务平台，对各种分布式的、异构的地理信息资源进行一体化组织与管理，在多重网络环境下实现各种信息资源的整合与共享，实现各类信息（空间或非空间）网络化服务。

4. 总体思想

参照国家、行业相关标准规范，采用先进的测绘技术对基础地理、铁路设备设施、铁路沿线三维实景等数据进行精确、快速的采集；采用先进的硬件和网络架构安全、稳定、高效的运行环境；采用先进的空间数据库技术建立面向地理实体的公共地理框架数据库；采用ServiceGIS和面向服务架构（SOA）的理念与方法，建立数字朔黄基础数字平台总体架构；基于平台开放可扩展的体系结构，选择已明确需求的应用服务对象和网络环境开展平台应用系统的建设。

## 一、技术路线

根据总体思想，具体实现技术路线如下：

1. 面向应用构建铁路空间数据体系

依据国家、行业相关标准规范，进行数据采集生产，扩展和完善铁路空间数据体系。根据应用需要进行数据的整理建库，并根据国家保密相关规定根据数据用途进行解密处理，形成面向发布、面向专业系统的发布数据库。

2. 采用SOA和ServiceGIS技术搭建基础数字平台

平台采用基于SOA和JAVAEE体系理念，便于实现跨平台与互操作，利用WebServices 方法实现一种松散耦合的异构式环境，地理信息数据功能封装成符合 OGC 标准规范接口，构建面向服务的、融共享服务提供方、使用方和管理方于一体的地理信息数据共享框架体系结构，实现基于统一注册和分级授权的服务组织模式与运行管理机制，达到地理信息共享交换的持续扩展。

3. 采用先进的 IT 架构建设平台运行支撑环境

以现有网络软硬件设备为基础，采用以存储为中心的 IT 架构思想，体现高度的前瞻性和可扩展性，采用“分期投入，逐步扩展，保证平台应用的完整性和硬件投资的有效性”原则，基于运输专网和办公网搭建数字朔黄基础数字平台的运行支持环境，包括网络软硬件设备、支撑软件和安全保障体系。

4. 基于平台接口开展平台应用系统建设

利用平台提供的丰富的地理信息资源和多层次的开发接口，快速构建业务应用系统，实现地亩管理系统、绿化管理系统、治安管理系统、应急救援系统的建设。

5. 系统总体结构

数字朔黄基础数字平台总体框架自下而上由“支撑层”、“数据层”、“服务层”、“应用层”组成，其逻辑关系如图 6－17 所示。

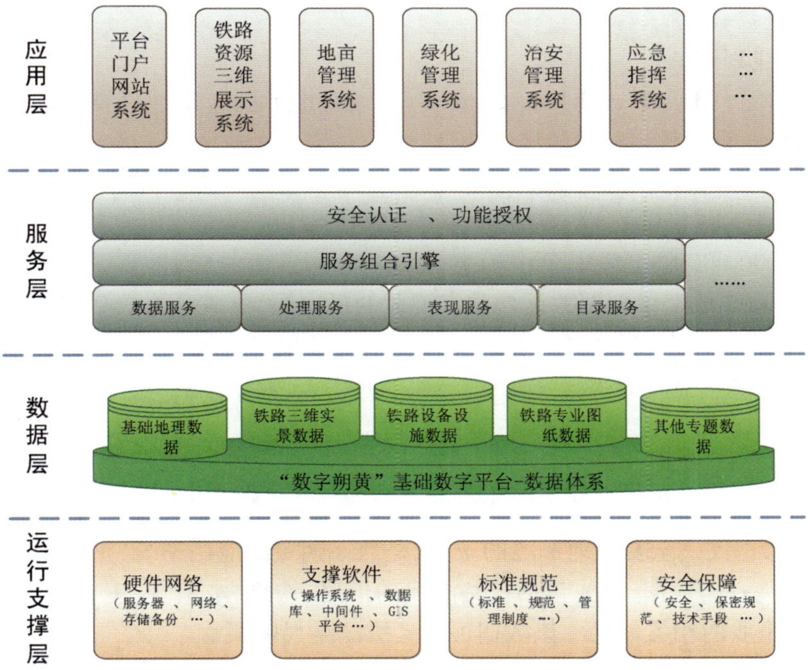


图 6－17　数字朔黄基础数字平台总体框架

（1）支撑层

支撑层是平台运行的支撑与保障，包括网络设备、支撑软件、安全保障体系等内容。

（2）数据层

数据层是数字朔黄基础数字平台服务的基础，包括用于地理信息服务的系列空间资源，主要由基础地理数据、铁路设备设施数据、铁路三维实景数据、专题数据等组成。

(3)服务层

服务层是数字朔黄建设的核心内容,是根据多数用户对地理信息应用的共性需求而并实现的系列标准服务接口,以及在此基础上建立的在线服务系统和运用管理系统。通过在线服务系统向应用层提供所需的各种应用服务,如数据服务、处理服务、表现服务、目录服务、信息交换服务、业务访问、业务集成、安全可信和可管理等通用性的服务。

## 二、数据体系

1. 数据基础

根据《中华人民共和国测绘法》,统一采用国家大地 2 000 坐标系。中国自 2008 年 7 月 1 日起启用 2 000 国家大地坐标系,要求 2 000 国家大地坐标系与现行国家大地坐标系转换、衔接的过渡期为 8 至 10 年。现有各类测绘成果,在过渡期内可沿用现行国家大地坐标系;2008 年 7 月 1 日后新生产的各类测绘成果应采用 2 000 国家大地坐标系。现有地理信息系统,在过渡期内应逐步转换到 2 000 国家大地坐标系;2008 年 7 月 1 日后新建设的地理信息系统应采用 2 000 国家大地坐标系。因此,数字朔黄的空间参考应该考虑采用 2 000 国家大地坐标系,高程坐标系统统一采用 1985 国家高程基准。

2. 基础地理数据

(1)数字线划图

数字线划图(DLG,Digital Line Graphic)是现有地形图基础地理要素的矢量数据集,且保存要素间空间关系和相关的属性信息。

从平台应用和数据来源考虑,在数字朔黄数据体系中,数字线划地图数据主要选用 1∶4 000 000、1∶10 000、1∶1 000 三个基本比例尺。

① 1∶4 000 000 数字线划图

1∶4 000 000 数字线划图数据是数字朔黄的最底层、覆盖全国的基础数据,数据内容主要包括县和县级以上境界、县和县以上人民政府驻地、5 级以上河流、主要公路(国道)和铁路等。数据量约 0. 02GB。

② 1∶10 000 数字线划图

a. 用途及数据内容

数字朔黄基础地理数据中的“1∶10 000 数字线划图”并不是测绘部门绘制的 1∶10 000 全要素地形图,它仅是全要素地形图的子集,是数字朔黄的应用系统(治安管理系统、应急指挥系统等)关心的数据,主要包括铁路沿线的道路、铁路、水系、村庄、各种政府机构、学校、大型工矿企业的相关信息。该数据可从省级测绘局购买。

b. 范围及数据量估算

从应用考虑,该数据需覆盖铁路沿线左右各扩充 5 km 的条带范围。朔黄线与黄万线总长约 670 km,总面积约 6 700 $km^2$,估算数据量为 7GB。

③ 1∶1 000 数字线划图

“1∶1 000 数字线划图”是数字朔黄数据体系的重要组成部分,其精度最高,是铁路设备设施数据的地理参照。它依据国家相关标准规范制作,数据内容主要包括测量控制点、水系、建(构)筑物、交通设施、管线、境界和政区、地貌、植被。

(2)数字正射影像

数字正射影像(DOM,Digital Orthophoto Map)是利用数字高程模型对扫描处理的数字化的航空像片/遥感影像(单色/彩色),经逐个象元进行投影差改正,再按影像镶嵌,根据图幅范围剪裁生成的影像数据。

从平台应用和数据来源考虑,在数字朔黄数据体系中,数字正射影像的精度主要选用960 m、30 m、2.5 m、0.1 m四种。

① 960 m影像数据

全球960 m分辨率的BuleMarble卫星影像数据,数据量共约40GB。

② 30 m影像数据

全国30 m分辨率的LandSet卫星影像数据,数据量共175GB。

③ 2.5 m影像数据

铁路沿线左右各扩展5 km的范围的2.5 m分辨率的SPOT卫星影像数据。

面积估算:$670 \times 10 = 6\ 700\ km^2$

数据量估算:$6\ 700 \times 1\ 000 \times 1\ 000/2.5/2.5 \times 3/1\ 024/1\ 024/1\ 024 \approx 3GB$

④ 0.1米影像数据

该数据获取建议采用航空摄影方式完成,由于飞机飞行等的客观原因,获取数据的实际面积将大于方案的面积(暂按面积的1.2倍计算)。根据应用的实际需要出发,分为三种情况:

a. 铁路沿线左右各扩展500 m的条带范围

面积估算:$(670 - 5 \times 7.5 - 37 \times 5) \times 1 \times 1.2 = 537\ km^2$

数据量估算:$537 \times 1\ 000 \times 1\ 000/0.1/0.1 \times 3/1\ 024/1\ 024/1\ 024 \approx 150GB$

b. 现有的5个大站,长度7.5 km,左右各扩展2 km的范围

面积估算:$(7.5 \times 4) \times 5 \times 1.2 = 180\ km^2$

数据量估算:$180 \times 1\ 000 \times 1\ 000/0.1/0.1 \times 3/1\ 024/1\ 024/1\ 024 \approx 50.3GB$

c. 其余37个站,长度5 km,左右各扩展1 km的范围

面积估算:$(5 \times 2) \times 37 \times 1.2 = 444\ km^2$

数据量估算:$444 \times 1\ 000 \times 1\ 000/0.1/0.1 \times 3/1\ 024/1\ 024/1\ 024 \approx 124.1GB$

(3)数字高程模型

数字高程模型(DEM,Digital Elevation Model),它是用一组有序数值阵列形式表示地面高程的一种实体地面模型。

从平台应用和数据来源考虑,在数字朔黄数据体系中,数字高程模型的精度主要选用100 m、2.5 m两种。

① 100 m数字高程模型

全国范围100 m分辨率的数字高程模型数据,数据量共约65GB。

② 2.5 m数字高程模型

该数据获取建议采用航空摄影方式完成,由于飞机飞行等的客观原因,获取数据的实际面积将大于方案的面积(暂按面积的1.2倍计算)。

(4)铁路三维实景数据

三维实景数据采用国际领先的移动道路测量技术(MMS,Mobile Mapping System)。

MMS代表着当今世界尖端的测绘科技，它是在机动车上装配GPS（全球定位系统）、CCD（视频系统）、航位推算系统等先进的传感器和设备，在车辆高速行进之中，快速采集道路及道路两旁地物的空间位置数据和属性数据，并同步存储在车载计算机中，经专门软件编辑处理，形成各种有用的专题数据成果。

三维实景地图具有以下特点：

① 可视：所有地物均以符合人眼视觉习惯的实景图片来显示，可方便进行查询、缩放和漫游。

② 可读：移动鼠标到实景图片中的目标地物上，系统弹出对话框，显示对应的属性信息。

③ 可写：可直接在实景图片上标注属性信息。

④ 可画：基于有地理参考和真实纹理的实景图片，可轻松建立虚拟3D模型。

⑤ 可量：在影像上可进行地物空间坐标和几何尺寸的量算，例如：测量建筑物的高度、通道的尺寸、通视距离等。

⑥ 可链接：点击图片中标注过的地物，可直接链接到人口、预案等专题数据库中。

⑦ 可挖掘："真图"好比将城市装入了电脑中，决策指挥人员可以在"真图"上深入观察现场关键点、准入区域、疏散路线等，依据业务需要进行任意测量，如同亲临现场，从而能够更好地分析事件，制定更为详细的战术计划并部署行动。

三维实景数据将铁路沿线的实际影像直观地在电脑上呈现出来，可更好地满足业务部门的工作需要，尤其适合为铁路运营提供可视化的实景影像数据，应用于应急抢险、安全监控、铁路设施（R－GIS）的资产统计与管理。

铁路沿线的三维实景数据，原始数据的数据量较大，经过拼接处理后的原始数据量约每公里0.5GB，朔黄铁路全线约670 km，总数据340GB。

（5）铁路设备设施数据

铁路设备设施数据是数字朔黄数据体系中与铁路各专业密切关联的部分，包括运营铁路线路、区段、车站、站线、道岔、信号机、站场设备、铁路建筑、铁路用地、桥梁、隧道、立交、道口等信息。这些信息可根据不同部门的应用需要，挂接不同的属性库，并根据自己专业的需要建立专业的数据分析模型。

根据粗略统计，拥有的设施约2 500多个种类。而信号、运输、通信、供电、工务专业拥有的设备约3 000多个种类，机车与车辆专业拥有的设备约150多个种类。其中与空间（位置）相关的种类数量占一半以上。

在数字朔黄数据体系建设中，铁路设备设施信息的表现形式主要分为两种，一种是设备设施平面图，另一种是铁路设备设施的模型。

① 铁路设备设施平面分布图

铁路设备设施平面分布图即在1∶1 000数字线划图基础上，根据铁路设备设施的实际位置，以点、线、面的符号表现方式，标志在地图上。提供给各专业系统使用。

估算该数据（包括图形数据和设备设施的属性数据）的数据量为3GB。

② 铁路设备设施模型

对于铁路沿线的可见的设备设施，进行三维建模，即按设备设施利用专业的三维建模软件（如SketchUp）按设备设施的类型进行模型创建，并在数字朔黄相关系统提供的三维应用场景中进行展示使用。

单个模型的数据量平均为 0.2MB，估算该数据的数据总量为 0.2MB ×6 000 = 1.2GB。

(6)建库管理方案

① 铁路专业图纸数据

铁路专业图纸数据即在铁路竣工后，按各专业需要通过测量、绘制而成的专业图纸，目前已按专业、工队完成整理并扫描数字化的图纸约 48 000 张，数据量共计约 200G。

② 其他专题数据

a. 地亩数据

朔黄铁路建设过程中产生的征用土地数据约 140 份，包括土地证、批文等各种纸质资料。

但由于历史原因，土地证中仅有土地大致范围描述，没有明确的土地坐标信息。在土地管理的专业领域中需要由土地管理部门进行勘界定界后才能确定土地的精确坐标范围。在土地管理部门尚未实施勘界定界工作的情况下，将暂按土地证中关于土地范围文字描述沿铁路线进行粗略的划分，生产“地亩示意图”。并将现有土地证、批文等资料进行扫描数字化形成图片文件，并通过数据库系统进行管理，供地亩管理信息系统使用。估算该数据的数据量为 0.2GB。

待后期土地管理部门进行完土地勘界定界后，再将加工的精确的“地亩图”替换“地亩示意图”。

b. 绿化数据

绿地数据是铁路站区、沿线以及办公区域、生活区域的植被数据，该数据是在 1∶1 000 数字线划图基础上，进行专业采集(确定树种、测量树高)并挂接业务数据(挂接绿化业务数据，如种植时间、施工单位等)而成。

这些数据将按以下几何图形的方式在地图上进行展示，同时通过专业的绿化管理系统进行数据管理。

(a)点状图形。主要是较高大、树种珍贵、需要特殊养护或具有标识方位作用的树木，在地图上以点状符号进行表现。属性信息至少应包括：品种、种植时间、高度。

(b)线状图形。主要是呈线状连续有规律分布且种类相同的植被或树木，如道路边的行道树，在地图上以线状符号进行表现。属性信息至少应包括：品种、种植时间。

(c)面状图形。主要是在地表呈面状，其植被种类相同则以一个面状符号进行表现，如生活区中的人工草地、铁路沿线斜坡上种植的草皮等。属性信息至少应包括：品种、种植时间。

估算该数据(包括图形数据和绿地的属性数据)的数据量为 2GB。

c. 地质灾害数据

收集铁路沿线的地质灾害数据，建立地质灾害专题数据库，包括沿线 5 km 范围内的已发生的地质灾害信息，如泥石流、滑坡、斜坡、塌陷和地裂缝等。

估算该数据(包括图形数据和地质灾害的属性数据)的数据量为 0.1GB。

d. 视频监控点分布数据

收集整理视频系统建设的监控点分布数据，并在基础平台软件中集成实时的监控信息，并在平台中根据用户权限提供视频摄像头控制功能(如治安处对站内的摄像头不能控制，仅能浏览其实施视频数据；对沿线的摄像头既可浏览也可控制），为治安管理系统、应急指挥系统提供数据支持。

数字朔黄不对摄像头的实时视频数据进行存储，仅管理存储视频监控点的分布图，估算其数据量为0.1GB。

(7)卫星影像生产

主要是先完成2.5 mSPOT卫星影像的采购，然后对采购的影像进行正射纠正、匀光匀色处理，生产出数字正射影像图。其具体的工作步骤如下：

① 原始卫星影像图的采购

确定卫星影像采购的种类、时相、范围，向对应的卫星影像代理机构确认是否有满足要求的存档数据，如SPOT影像在国内的代理是“北京视宝卫星图像有限公司”，如无存档数据，还需与代理机构确定编程数据的获取时间。

② 影像图的纠正、配准与融合

影像图的纠正，配准与融合作业流程如图6－18所示。

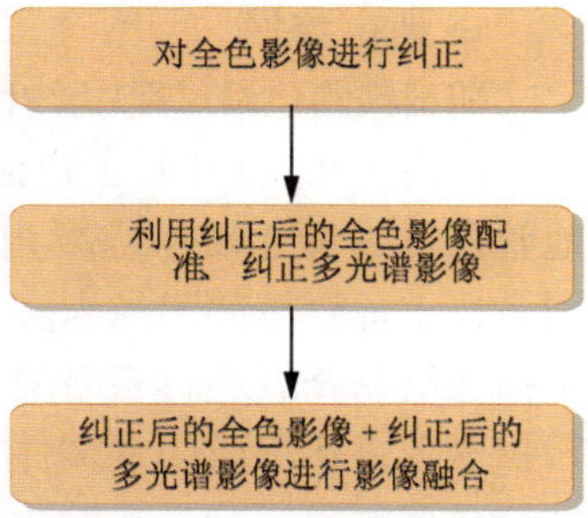


图6－18　影像图的纠正、配准与融合作业流程

## 三、平台构成

基础数字平台的软件体系结构是一个较为典型的三层体系结构，以服务为中心，将各种空间资源包装成地理信息服务，从而屏蔽了资源的异构性，以地理信息服务这种统一的软件实体对外提供共享接口。

平台软件系统主要包括：数据管理系统、数据转换、服务系统、门户系统、应用系统。

### 1. 平台数据管理系统

平台数据管理系统用于对基础地理数据和铁路沿线图像数据、铁路设备设施数据、铁路专业图纸数据等专题数据进行更新和维护，对目录进行集中维护，对元数据信息进行维护，对属性数据进行批量挂接形成空间数据。对数据进行备份和历史回溯。对地图切片进行管理。对站区范围、治安范围进行调整。完成对平台基础数据的维护。

服务用户：平台数据管理系统服务于中心数据管理员，为中心数据管理员提供了一个对基础数据和铁路专题数据进行管理维护的工具。

### 2. 数据转换

通过一定的映射条件将源数据的数学基础转换成目标数据数学基础。数据转换包含数据格式的变换、坐标系统的变换、栅格数据的接边处理。

(1) 数据格式变换，将源数据的数据格式变换为系统支持的数据格式。

(2) 坐标系统的变换，将源数据的坐标系统变为系统支持的坐标系统。

(3) 接边处理，对于经过投影编号之后的栅格数据的边缘进行平滑、重采样等操作处理。

### 3. 服务系统、门户系统、应用系统(略)

## 四、应用系统

在平台服务和服务接口的基础上，能够集成或建立各部门业务系统的应用需求。

能够集成视频监控系统，为应急指挥提供地理信息数据服务；能够同连通治安处、后勤保障部等对治安管理、铁路用地、绿化工作等日常业务信息共享；基于平台建设后勤保障部、治安处等部门的业务系统，如地亩管理系统、绿化管理系统、治安管理系统和应急指挥系统等。

1. 地亩管理信息系统

(1)系统概述

服务用户：地亩管理系统服务于朔黄铁路公司各级后勤保障部。

系统提供对铁路用地范围内的土地进行管理的功能。

铁路用地范围：铁路中心线左右各 15 m 范围内为铁路合法用地。早期国土部门颁发的铁路土地使用证上没有明确的铁路用地范围。由于目前没有勘界的界桩，大概范围确定为铁路沿线护栏（铁丝网）以内的范围。

(2)地亩数据库组成

基础地理数据：由基础数字平台以服务的形式提供数据，图层内容包括 1∶10 000 数字线划图、1∶1 000 数字线划图、2.5 m 分辨率影像、0.1 m 分辨率影像、100 m 数字高程模型、2.5 m 数字高程模型。

铁路专题数据：铁路沿线三维实景数据和地亩范围数据（包括地亩范围示意图和档案扫描数据等）。

(3)功能

① 连接应用服务目录

可以连接分布式的共享服务目录。根据目录服务器的 IP 地址和服务类型调用目录服务，查找可用的服务，并调用服务将服务结果显示在客户端。连接好的内容设置可以保存修改。

② 地亩数据浏览

地亩数据浏览提供可视化地图界面，可对地亩管理系统中涉及的基础地理数据、铁路沿线矢量数据和铁路专题数据进行加载和浏览，并具有放大、缩小、平移、鹰眼、浏览等基本功能，以及距离量算、面积测量等 GIS 常用功能。

③ 地亩档案数据查询

提供地亩档案数据的信息查询，根据铁路位置，模糊查询某段铁路及其 15 m 范围内的铁路用地概况图、铁路用地地籍图和铁路用地规划图等档案数据。

④ 专题制图打印

对铁路沿线地亩专题数据提供制图打印功能，包括铁路沿线设备设施分类专题图和铁路备用数据分布专题图。

⑤ 系统展望

可行的方式为在完成铁路运力扩能的基础上完成铁路用地勘界工作，最终确定铁路准确的用地范围。

铁路用地勘界：勘测定界工作，在各级国土资源行政主管部门组织下，由有资格的勘测单位承担。

2. 绿化管理信息系统

(1)系统概述

服务用户:地亩管理信息系统服务于朔黄铁路公司各级后勤保障部。

系统主要功能是辅助制定绿化方案、分公司进行铁路沿线的绿化预算、调查和实施。帮助完成对铁路用地范围内的绿化工作监督检查和整改验收。

(2)绿化数据库组成

基础地理数据:由基础数字平台以服务的形式提供数据,图层内容包括 1∶10 000 数字线划图、1∶1 000 数字线划图、2.5 m 分辨率影像、0.1 m 分辨率影像、1∶10 000 数字高程模型。

铁路专题数据:铁路沿线图像数据和绿化专题数据。

(3)功能

① 连接应用服务目录

可以连接分布式的共享服务目录。根据目录服务器的 IP 地址和服务类型调用目录服务,查找可用的服务,并调用服务将服务结果显示在客户端。连接好的内容设置可以保存修改。

② 绿化数据查询

提供各种灵活方便的查询方式。查询绿地、树木属性信息及空间位置,根据树木、绿地属性信息定位其空间位置。

③ 绿化数据统计

结合铁路后勤保障管理的需要,系统增加了对朔黄铁路沿线各类绿地进行汇总统计的功能。针对附属绿地统计绿地面积,计算人均绿地面积、绿化率等绿化指标,生成相关明细汇总表;对线路绿地进行面积分类统计、汇总,计算各种绿化数据指标,生成各分公司绿地面积汇总表;计算全线路各类绿地的各项数据指标信息,生成全线路绿化三大指标汇总表等。

④ 绿化工作预案

结合朔黄铁路公司绿化实际办公流程,提供绿化审批、更新方案,数据修改、编辑、审核、更新的一系列功能,将数据管理方式成为实时数据审批、更新的模式,保证园林绿化数据的现实性,使数据库中的数据与现场绿地情况保持一致,为公司绿化管理部门提供准确、方便、有效的绿化数据信息。

绿化工作流程如下:

a. 后勤保障部门负责制订绿化方案。

b. 分公司负责铁路沿线的绿化预算、调研。

c. 后勤保障部门审批。

d. 分公司负责铁路沿线的绿化实施。

e. 负责监督检查和整改验收。

绿化工作流程如图 6-19 所示。

⑤ 绿化专题制图打印

对铁路沿线专题数据提供制图打印功能,包括铁路沿线绿化专题图。

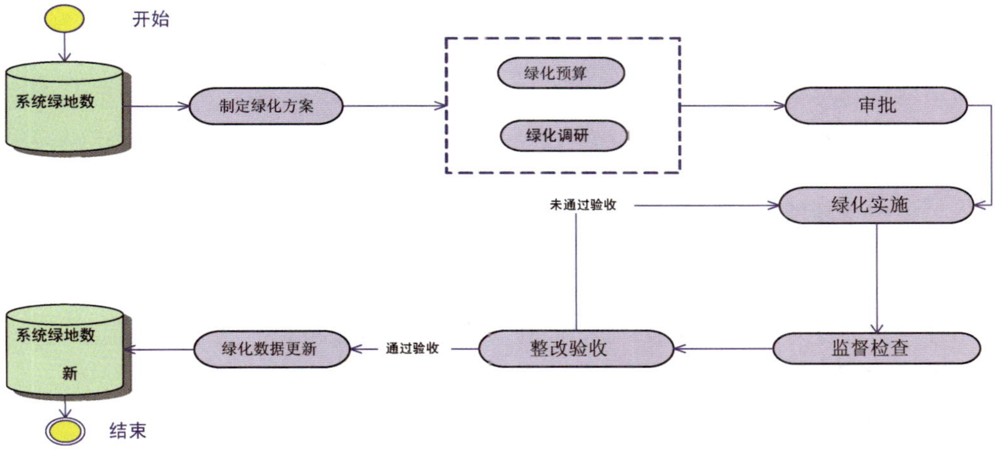


图 6－19　绿化工作预案流程图

3. 治安管理信息系统

(1)系统概述

服务用户:治安管理信息系统服务于朔黄铁路公司公安处、各铁路公安派出所。

完成对铁路沿线治安的管理、设备及物资的检查,保障铁路沿线设备和备用物资的安全。

(2)治安数据库组成

基础地理数据:由基础数字平台以服务的形式提供数据,图层内容包括 1 : 10 000 数字线划图、1 : 1 000 数字线划图、2. 5 m 分辨率影像、0. 1 m 分辨率影像、100 m 数字高程模型、2. 5 m 数字高程模型。

铁路治安关注的信息为:派出所管界数据、学校分布数据、沿线村镇分布数据、沿线道口分布数据、沿线路网分布数据和沿线大型厂矿企业分布数据等。这些信息由 1 : 10 000 数字线划图数据提供。

铁路专题数据:铁路沿线三维实景数据、铁路设备设施数据、视频监控点分布数据、备用物质分布数据等。

(3)功能

① 连接应用服务目录

可以连接分布式的共享服务目录。根据目录服务器的 IP 地址和服务类型调用目录服务,查找可用的服务,并调用服务将服务结果显示在客户端。连接好的内容设置可以保存修改。

② 治安数据浏览

治安数据浏览提供可视化地图界面,可对治安管理系统中涉及的基础地理数据、铁路沿线矢量数据和铁路专题数据进行加载和浏览,并提供治安数据的信息查询,具有放大、缩小、平移、鹰眼、浏览等基本功能以及距离量算、面积测量等 GIS 常用功能。

4. 沿线设备管理

系统提供朔黄铁路沿线设备设施的数字化成果,实现分类查询、统计等功能,为治安人员的沿线巡查提供实时详尽的依据。

(1)备用物资管理

系统提供朔黄铁路沿线备用物资的数字化成果,实现分类查询、统计等功能,为治安人员的沿线巡查提供实时详尽的依据。

(2)视频系统连接

朔黄铁路视频系统已经建成,系统提供相关接口调用视频系统中的实时视频数据,为治安人员进行线路的巡查和监控提供方便,并对监控空白地带进行标识,以安排巡查人员定期巡查。

(3)路径分析

路径分析通过对现有铁路线路数据、道口数据、周边道路和河流数据等信息的分析,为处理突发治安事件提供最优路径,保证治安人员最快抵达案件现场。

(4)专题制图打印

对铁路沿线专题数据提供制图打印功能,包括铁路沿线设备设施分类专题图和铁路备用数据分布专题图。

5. 应急指挥系统

(1)系统概述

服务用户:应急指挥系统服务于朔黄铁路公司各级应急指挥管理部门。

应急指挥系统具有事故、灾情和应急对策等信息的实时快速获取、处理、分析、显示、集成等功能。为日常工作和应急指挥提供技术保证;可通过信息网络和公司的应急指挥中心、上、下级管理部门交互信息。系统还是一个信息服务系统,自动处理各种事故、灾情信息,保证实时跟踪救援活动,保持和各相关部门的信息畅通。在运输繁忙时期,该系统应处于应急状态,可实时获取、分析关于铁路运输活动、沿线交通情况及处置对策等信息,并保持公司相关部门的畅通联络,提供应急保障。

(2)突发事件性质和分级

突发事件是指突然发生,造成或者可能造成重大人员伤亡、财产损失、生态环境破坏和严重社会危害,危及公共安全和铁路生产安全的紧急事件。

按突发事件的性质,可将其分为自然灾害、事故灾难、公共卫生事件和社会安全事件四类。

① 自然灾害:主要包括水旱灾害,气象灾害,地震灾害,地质灾害,海洋灾害,生物灾害和森林火灾等。

② 事故灾难:主要包括工矿商贸等企业的各类安全生产事故,交通运输事故,危险化学品事故,公共设施和设备事故,核与辐射事故,环境污染和生态破坏事件等。

③ 公共卫生事件:主要包括传染病疫情,群体性不明原因疾病,食品安全和职业危害,动物疫情,以及其他严重影响公众健康和生命安全的事件。

④ 社会安全事件:主要包括恐怖袭击事件,民族宗教事件,涉外突发事件和群体性事件等。

突发公共事件的预警级别一般划分为四级:Ⅰ级(特别严重)、Ⅱ级(严重)、Ⅲ级(较重)和Ⅳ级(一般),并依次用红色、橙色、黄色和蓝色表示。

(3)应急数据库组成

基础地理数据:由基础数字平台以服务的形式提供数据,图层内容包括 1∶10 000 数字线划图、1∶1 000 数字线划图、2.5 m 分辨率影像、0.1 m 分辨率影像、1∶10 000 数字高程模型。

应急专题数据:救援人力组织分布数据、救援设备数据、救灾物资储备数据、河流分布数据、沿线路网分布数据、主要村镇及医院分布数据和山洪滑坡分布数据等。

(4)功能

① 连接应用服务目录

可以连接分布式的共享服务目录。根据目录服务器的 IP 地址和服务类型调用目录服务,查找可用的服务,并调用服务将服务结果显示在客户端。连接好的内容设置可以保存修改。

② 应急数据浏览

应急数据浏览提供可视化地图界面,可对应急指挥系统中涉及的基础地理数据和铁路应急救援专题数据进行加载和浏览,并提供应急事件现场的信息查询,具有放大、缩小、平移、鹰眼、浏览等基本功能,以及距离量算、面积测量等 GIS 常用功能。

③ 应急资源管理

系统提供朔黄铁路沿线救援人力组织分布、救援设备、救灾物资储备分布的数字化成果,实现应急资源的分布进行查询、浏览、统计等功能,完成对应急资源的数字化管理。

④ 应急预案管理

系统的业务流程主要包括:监测预警、事故接报核实、应急准备、应急响应、评估分析。其流程如图 6-20 所示。

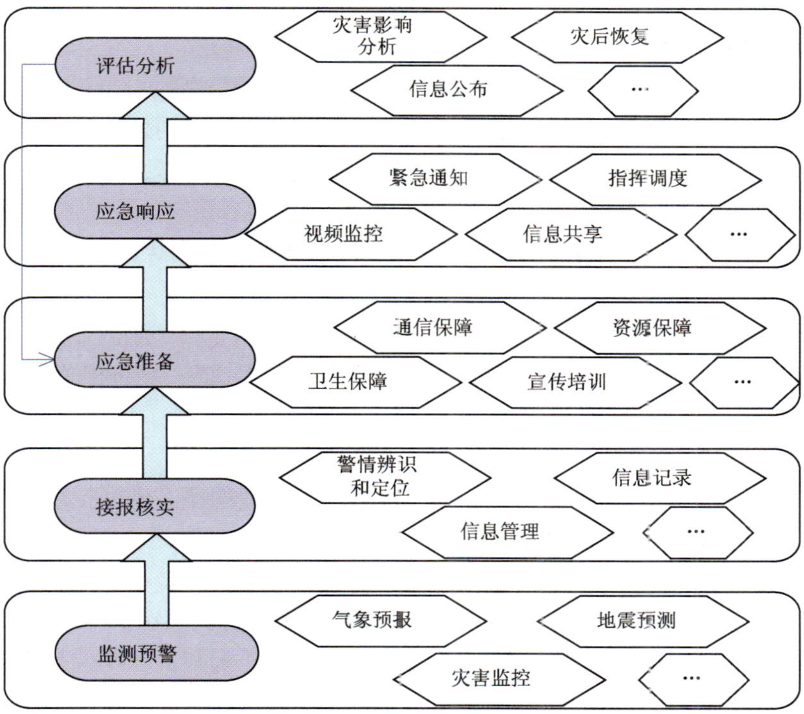


图 6-20 应急业务流程图

a. 监测预警

结合政府及有关部门要针对各种可能发生的突发公共事件,完善预测预警机制,做到早发现、早报告、早处置。

b. 事故接报核实

(a)警情辨识和定位

接警时,系统从用户数据库中调出主叫用户标准资料,如:单位、地址、联系电话、所署辖区等内容。值班员确认报警后,可根据报警内容输入报警类别,如突发公共事件和群众求助等相关信息以及处警措施等,并和 GIS 一起使用,在电子地图上进行定位,也可人工输入信息进行定位。

(b)信息记录

接入报警后,系统自动提取相关信息,值班员可根据报警叙述输入更详尽的内容,存入数据库以备查询统计使用。接警时录音录时系统自动启动进行录音,通话结束后将语音、时间、日期等信息存入计算机语音系统中备案。

(c)信息管理

具备对重要案例整理、存储、管理、统计、检索、查询、分析等功能。

具备对重大事件的处置经验、建议、计算公式的整理、存储功能。

c. 应急准备

在日常工作中,要时刻保障通信顺畅,应急救援资源(包括人力资源和物资)充足,做好应急救援的宣传培训工作。

d. 应急响应

(a)分级响应

应急指挥中心应依据突发公共事件的级别和种类,适时建议派出由该领域具有丰富应急处置经验人员和相关科研人员组成的专家组共同参与事件的处置工作。一旦发现事态有进一步扩大的趋势,由应急指挥中心调配其他应急资源参与处置工作。

(b)紧急状态

进入紧急状态的决定应当立即通过广播电台、电视台等新闻媒体公布。

(c)新闻报道

对突发公共事件的新闻报道,遵循"归口管理、政府发布,区别情况、分层报道,讲究方式、注重效果"的原则。地区应急委员会设立新闻发言人,统一发布相关信息。

e. 评估分析

(a)善后处置

各级政府要广泛发动群众,尽快恢复正常的生产、生活秩序。做好抢险救灾的宣传工作,、推广抢险救灾和自救互救的经验。

(b)调查与评估

地区应急指挥中心组织由有关部门组成的调查组,负责突发公共事件的调查、评估、处理工作。按照有关规定对造成突发公共事件的有关责任人和责任单位提出处理意见报市、地区应急委员会。

(c)恢复与重建

恢复重建工作由地区党委、政府统一领导，统一规划，统一部署，统一实施。

⑤ 救援路径分析

救援路径分析通过对现有铁路线路数据、道口数据、周边道路和河流数据等信息的分析，为处理突发应急事件提供最优路径，保证各类应急救援的人力和物资最快抵达救援现场。

⑥ 专题制图打印

对铁路沿线应急专题数据提供制图打印功能，包括铁路沿线救援人力组织分布专题图、救援设备专题图、救灾物资储备专题图、河流分布专题图、沿线路网分布专题图、主要村镇及医院分布专题图和山洪滑坡分布专题图等。

## 五、专业设备信息系统

### 1. 车务运营设备地理信息系统

(1) 系统概述

朔黄铁路车务运营设备地理信息系统建设的目标就是要利用地理信息技术实现对枢纽、车站、货场和专用线中车务设备基础信息的整合与共享，为车务运营设备的运用管理提供辅助决策支持功能。

(2) 功能

系统功能结构如图 6－21 所示。

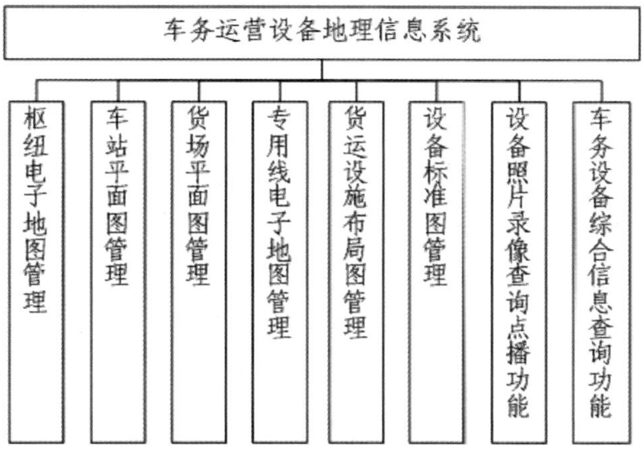


图 6－21　车务运营设备地理信息系统功能结构图

该系统是对枢纽电子地图、车站平面图、货场平面图、专用线电子地图、货运设施布局图和设备标准图等车务运营设备专题图进行管理的系统，并完成上述专题图的更新、修改、浏览、查询及打印等功能，设备照片影像的查询点播功能以及基于车务运营设备台账的综合信息查询功能。

### 2. 机务检修设备地理信息系统

(1) 系统概述

朔黄铁路机务检修设备地理信息系统建设的目标就是要利用地理信息技术实现对机务和折返段内机务检修设备基础信息的整合与共享，为机务设备的运用管理提供辅助决策支持功能。

(2)功能

系统功能结构如图 6－22 所示。

该系统是对站段关系图、机务平面地图、折返段平面图、段内各种管线(动力、蒸汽、水、风管等等)电子地图、段内机械设施设备综合布局图、设备标准图和检修设备原理图等机务检修设备专题图进行管理的系统,可完成上述专题图的更新、修改、浏览、查询及打印功能,设备照片影像的查询点播功能以及基于机务检修设备台账的综合信息查询功能。

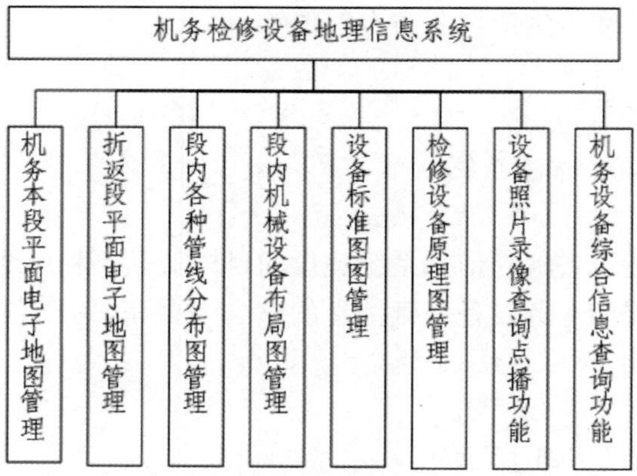


图 6－22　机务检修设备地理信息系统功能结构图

3. 工务地理信息系统

(1)系统概述

朔黄铁路工务设备地理信息系统建设的目标就是要利用地理信息技术实现对各种工务专题图信息、三维虚拟现实和照片影像基础等地形地貌信息、设备基础台账信息的整合与共享,实现工务设备的可视化管理和决策支持功能。

(2)功能

系统功能结构如图 6－23 所示。

① 工务地理信息发布功能:实现管界图、线路设备综合图、车站配线图、允许速度图、重点地段分布图、大桥略图、枢纽图、城市地图等专题电子地图的网上发布功能。

② 工务防洪地理信息查询:实现各种防洪信息专题电子地图和防洪预案信息的查询功能。

③ 设备照片、影像查询点播功能:实现车站道岔、股道、桥梁、涵渠、隧道、道口、立交等和重点地段的照片浏览功能,实现工务重点设备、重点地段的影像点播功能以及线路影像和线路设备综合图的两图联动功能。

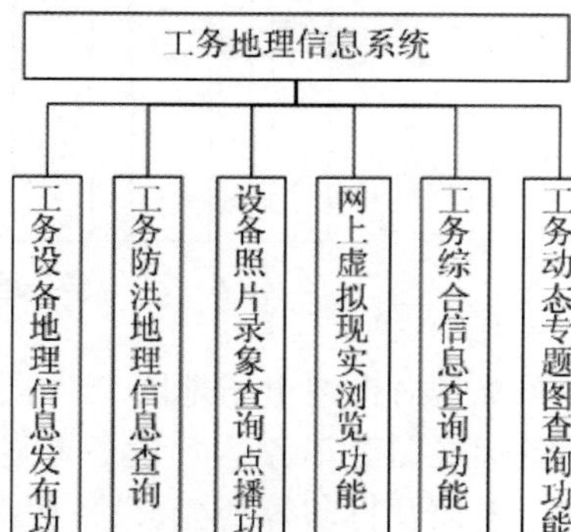


图 6－23　工务地理信息系统功能结构图

④ 网上虚拟现实浏览功能:在浏览器环境中实现铁路沿线三维数字模型的浏览和设

备属性信息的交互查询功能。

⑤ 工务动态专题图查询功能：与实时采集的数据信息结合，利用 WebGIS 技术在浏览器中绘制动态信息的专题图，实现动态信息的监测功能。

⑥ 工务综合信息查询功能：主要是对工务相关的线、桥隧设备的分类详细和统计查询，包括：车站、股道（站线）、道岔、曲线、钢轨、坡度、正线轨枕、站段岔特线轨枕、正线道床、站段特线道床、道口设备、立交设备、桥、隧、涵、通过总重、速度等。

4. 信号设备地理信息系统

（1）系统概述

朔黄铁路信号设备地理信息系统建设的目标就是要利用地理信息技术实现对信号技术资料、图表、设备属性信息的整合与共享，为信号设备的养护维修提供数据支持。

（2）功能

系统功能结构如图 6－24 所示。

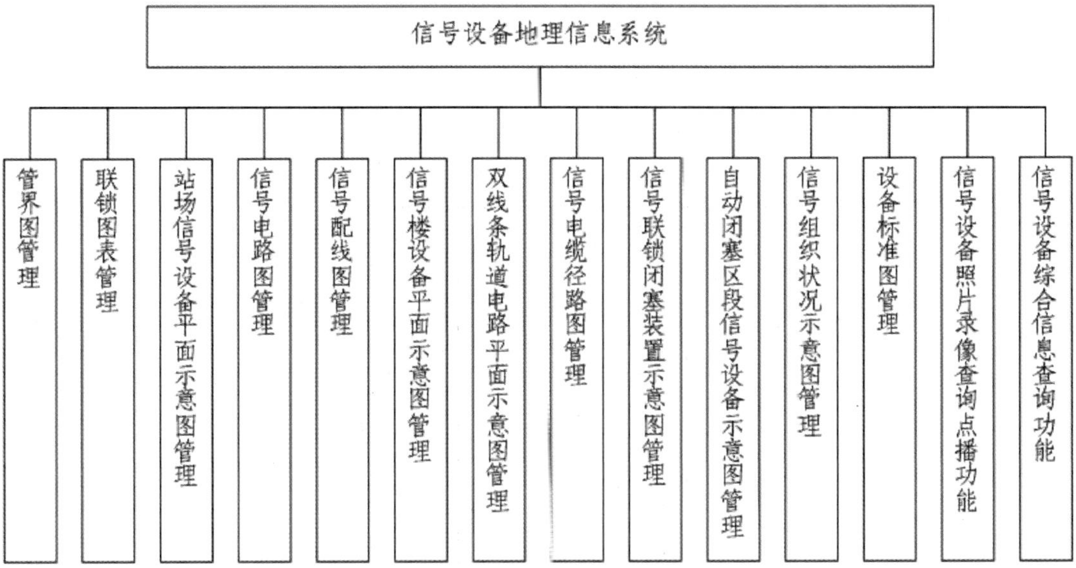


图 6－24　信号设备地理信息系统功能结构图

该系统能够实现对联锁图表、站场信号设备平面示意图、信号电路图、信号配线图、信号楼设备平面示意图、双线条轨道电路平面示意图、信号电缆径路图、信号联锁闭塞装置示意图、自动闭塞区段信号设备示意图、信号组织状况示意图、设备标准图等专题图表的管理工作，可完成上述专题图的更新、修改、浏览、查询和打印功能，信号设备照片影像查询点播功能以及基于信号设备台账的综合信息查询功能。

5. 通信设备地理信息系统

（1）系统概述

朔黄铁路通信设备地理信息系统建设的目标就是要利用地理信息技术实现对通信设备基础信息和通信资源的整合与共享，为通信设备的养护维修提供数据支持和为朔黄铁路运输生产管理提供便捷的服务。

(2)功能

系统功能结构如图 6－25 所示。

图 6－25　通信设备地理信息系统功能结构图

该系统是对区间通信设备分布图、通信电缆径路图、设备标准图等通信设备专题图进行管理的系统，可完成上述专题图的更新、修改、浏览、查询及打印功能，通信设备照片影像查询点播功能以及基于通信设备台账的综合信息查功能。

6. 车辆设备地理信息系统

(1)系统概述

朔黄铁路车辆设备地理信息系统建设的目标就是要利用地理信息技术实现对车辆检修设备专题图信息、设备照片影像信息和设备台账基础信息的整合与共享，为车辆设备的运用管理提供辅助决策支持功能。

(2)功能

系统功能结构如图 6－26 所示。

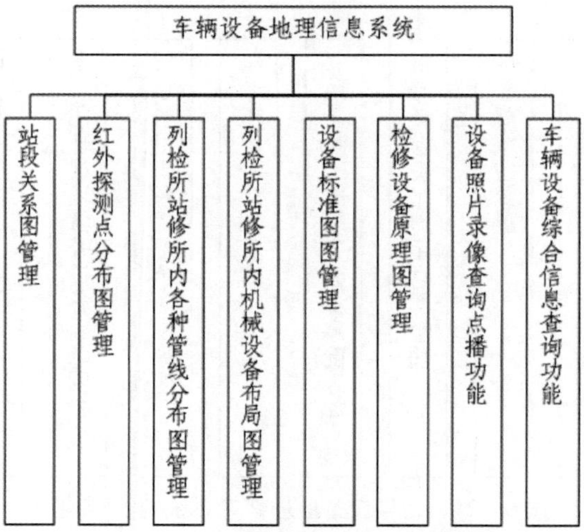


图 6－26　车辆设备地理信息系统功能结构图

该系统是对站段关系图、红外探测点分布图、列检所和站修所内各种管线(动力、蒸汽、水、风管等)分布图、列检所和站修所内机械设施设备综合布局图、设备标准图和检修设备原理图等专题图进行管理的系统，可完成上述专题图的更新、修改、浏览、查询及打印功能，设备照片、影像查询点播功能，基于检修设备台账的综合信息查询功能。

7. 供电设备地理信息系统

(1)系统概述

朔黄铁路供电设备地理信息系统建设的目标就是要利用地理信息技术实现对供电设备在铁路沿线分布专题图信息、设备的属性信息、设备照片、影像信息和设备台账等基础信息的整合与共享，为供电设备的运用管理提供辅助决策支持功能。

(2)功能

系统功能结构如图 6－27 所示。

该系统是对牵引变电所分布图、接触网分布图、电力变配电所分布图、电力线路分布图、设备标准图等专题图进行管理的系统,可完成上述专题图的更新、修改、浏览、查询及打印功能,设备照片、影像的查询点播功能,基于设备台账的综合信息查询功能。

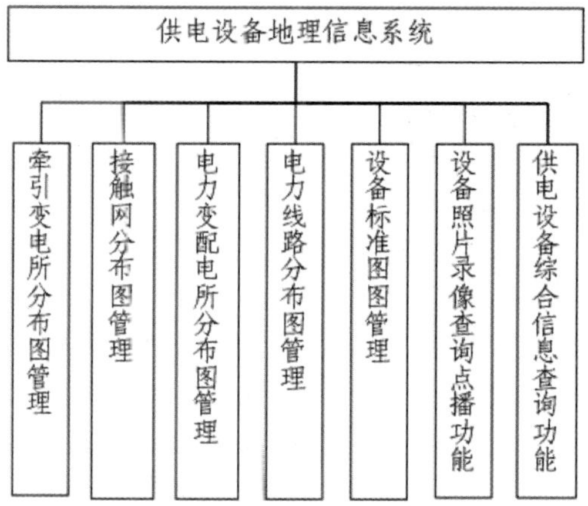


图 6－27　供电设备地理信息系统功能结构图

8. *房建管理地理信息系统*

(1)系统概述

朔黄铁路房建管理地理信息系统建设的目标就是要利用地理信息技术实现对房建相关的专题图信息、台账信息以及照片、影像信息的的整合与共享,为房建的业务管理提供决策支持功能。

(2)功能

系统功能结构如图 6－28 所示。

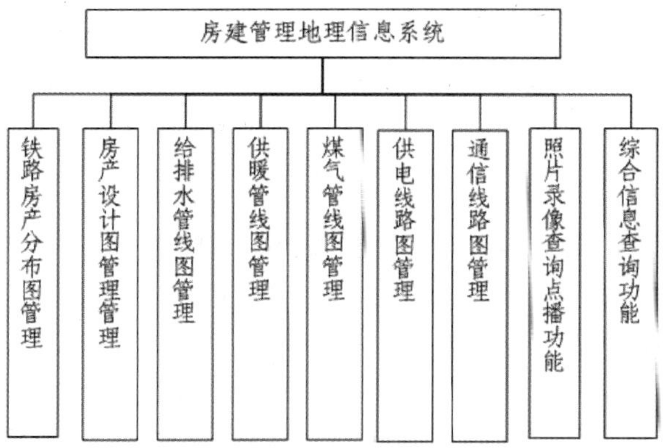


图 6－28　房建地理信息系统功能结构图

该系统是对铁路房产分布图、房产图、供水管线图、供暖管线图和煤气管线图等专题图进行加工和维护的系统,可完成上述专题图的更新、修改、浏览、查询及打印功能。

## 第九节　朔黄铁路重载运输资源配置信息技术实例

朔黄铁路资源配置(ERP)信息技术包括:机务系统、车辆系统、工务系统、工程管理系统、IT 管理系统、财务管理系统、人力资源管理系统、物资管理系统、数字铁路、资产管理系统、食堂核算系统、一卡通管理系统等系统。资源配置信息技术主要实例如下:

(1)ERP 系统。ERP 系统主要包括:财务管理、资产管理、人力资源管理、项目管理、招投标管理、电子商务和信息技术支持等内容,公司资源管理系统建立在信息网络基础之上，实现业务流程和知识管理的智能化，提高企业经营管理效率，它是企业经营管理的信息平台，是企业数据交换和共享的平台。系统目标是规范流程，优化结构，精细管理，提高效益。其内容以财务管理为核心，以资产管理为基础，以人力资源为依托，以信息技术为手段。资源管理应用范围是在公司、分公司、工队、班组四级全面应用。ERP 系统界面如图 6－27 所示。

（2）财务管理信息系统。2008 年开始建设，公司财务 ERP 系统体现了大集中的思路，公司建立财务部和外派财务中心的模式，实行两级管理，主要内容包括：风险管理、全面预算管理、资金管理、银行账户管理、固定资产管理、高价互换配件管理及核算、低值易耗品管理、工程价款结算及验工计价管理、基建及更改项目竣工决算编制、运输收入管理、其他收入管理、联合运输运费结算、专项资金管理及核算、费用开支标准及核算、机关经费管理、会计核算中心管理和核算、基础会计、财务内部稽核检查管理、档案等。

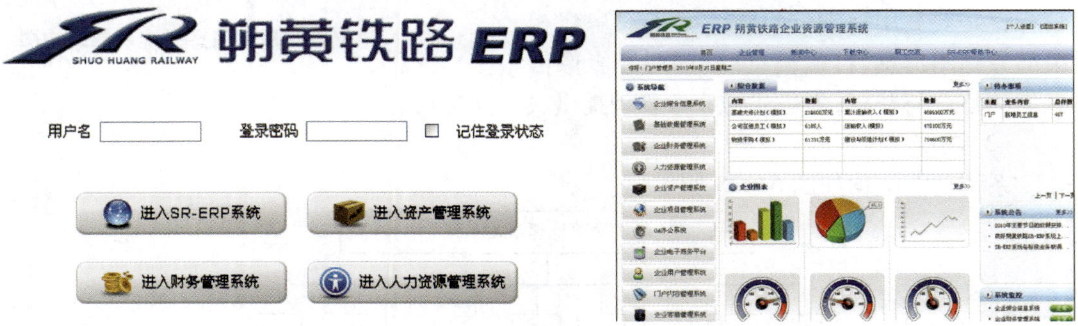


图 6－29　ERP 界面

（3）资产管理信息系统。2008 年开始建设，包括：物资管理、设备资产管理、工单维护管理三部分。从内容上划分为系统功能、用户名单、用户功能权限、流程、报表、综合查询等。按组织机构的结构分为公司、肃宁物资中心、分公司、工队或中心、班组。分别在企业化里按照不同岗位每个岗位登陆情况、所使用的权限、系统模块。主要由物资管理：采购计划、招标和询价、采购订单及合同、验收入库、退货、仓储管理、物料发放、成本核算。资产管理：前期管理、台账记录、技术文档管理、维修及移动历史记录、安全防护、停机记录、维修成本记录、设备监测记录；维修管理：生产/动力设备的维修计划、标准修程制订、作业计划的执行、故障修理、根据状态监测的维修、维修（维护）过程跟踪、故障信息统计分析；其他：维修员工管理、日历（人、机）、供应商管理组成。

（4）人力资源信息系统。2008 年开始建设，业务应用平台是人力资源管理信息系统的主要构成部分，其由信息处理、流程处理、战略处理和网上自助四部分构成。信息处理主要是基础档案信息的管理，如职能职务管理、员工基础信息管理、劳动合同管理、制度政策管理和薪资福利管理；流程处理主要是日常事务处理，如招聘甄选管理、培训开发管理、员工调配管理、员工离职管理、休假管理、出差管理、考勤管理和加班管理；战略管理主要是战略规划和绩效管理，同时支持对整个公司人力资源状况的综合查询和监管，包括人力资源规划、绩效管理和综合查询。其界面如图 6－30 所示。

（5）工程管理信息系统。工程管理信息系统目标为覆盖工程管理和控制的内容，提高项目管理水平和工作效率,对项目高效、有序和可预见性管理,吸取国际先进项目管理理念和方法,采用先进 IT 技术,建设适合朔黄铁路公司项目管理模式和方法、满足项目群管理的工程管理信息系统,最终实现整个公司的项目优化管理,为工程管理提供过程监控和决策支持。

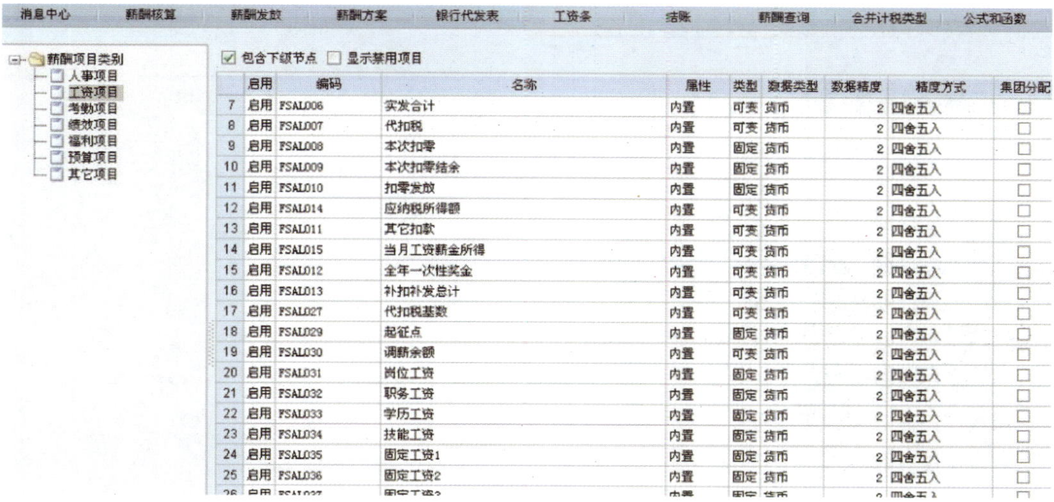


图 6－30　人力资源 ERP 系统界面

工程管理信息系统主要管理内容:基于业主建设(运营)单位工程管理,施工、监理单位工程管理。包括:公司工程部专业岗位管理、工程项目指挥部管理、分公司工程管理。功能范围包括是:项目前期管理、招投标管理、项目过程管理、项目后期管理、综合管理查询、工程计量管理,其中各子系统又分为不同的功能模块。其界面如图6－31所示。

图 6－31　工程管理系统界面

(6)铁路设备管理信息系统。铁路设备管理信息系统是终身寿命管理,为企业提供先进的技术装备,逐步提高企业的经济效益,保证企业经营目标的实现。设备管理信息系统实现对设备的选型、购置、使用、维修、更新、改造全过程综合管理。其界面如图 6-32 所示。

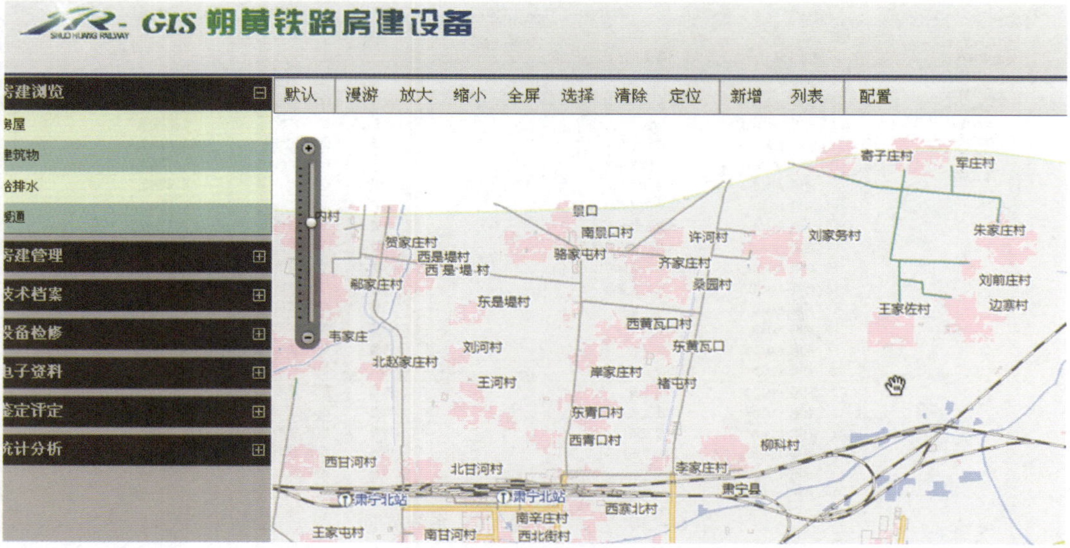


图 6-32　铁路设备管理界面

(7)企业一卡通与食堂核算信息系统。朔黄铁路分布在太行山两侧,铁路沿线 600 多公里,员工出差多,尤其是机车乘务员,多地食宿持有多种餐卡,很不方便。应用一卡通解决员工实际问题,便捷员工,并做好食堂核算,解决员工后顾之忧。实现电子金额自动结算,实现交易数据自动汇总,保证数据统计准确。其界面如图 6-33 所示。

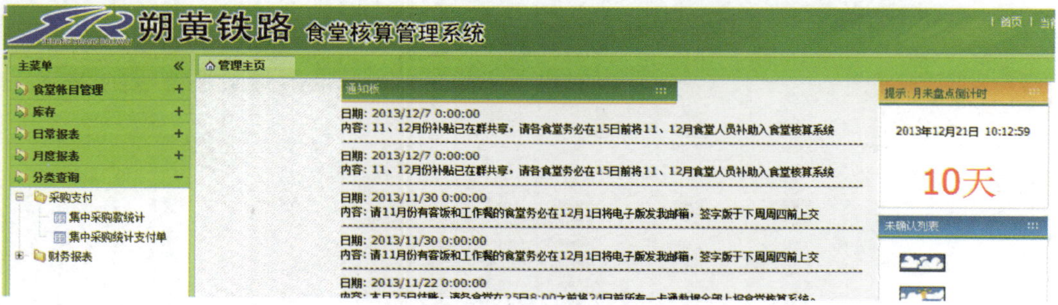


图 6-33　食堂核算管理系统界面

(8)3D 朔黄。数字朔黄的基础是地理空间信息,这是建设运力数字化的基础。建立数字铁路,实现面向公司各部门提供地图浏览、地名查询、专题信息加载、空间分析等地理信息服务,并向各专业部门提供信息服务,实现了朔黄铁路数字化。其界面如图 6-34 所示。建设内容主要包括:

① 铁路地理空间数据体系。建立铁路地理空间信息数据体系,主要开展与铁路业务

相关的地理空间信息的进行采集，并完成对应数据库的建设，为 SR－GIS 建设奠定坚实可靠的数据基础。就具体工作来说包括了基础地理数据、铁路设备设施数据、专业图纸数据以及其他专题数据的采集、生产、整理、加工、建库、管理。

图 6－34 数字朔黄界面

② 铁路专业应用系统。利用公司 ERP 系统基础信息，建设与多专业管理维护相结合的应用体系，如地亩管理系统、绿化管理系统、治安管理系统以及应急指挥系统等基础系统；建立铁路运输车务、机务、车辆、工务、信号、通信、房产等各专业设施设备的应用系统。

③ 铁路综合信息平台。建立铁路综合信息平台，实现面向公司各部门提供地图浏览、地名查询、专题信息加载、空间分析等地理信息服务，并向各专业部门提供标准服务接口，支持基于平台资源研发专业应用系统。按照面向服务构架的基本思想和方法，完成门户网站系统建设、研发支持系列互操作接口规范的地理信息服务基础软件、平台管理软件及二次研发接口库。

# 第七章　重载铁路综合管理信息技术

综合管理(EOM,Enterprise Office Management)信息技术的应用主要包括:办公自动化系统、企业综合管理信息系统、数字档案馆、党群管理信息系统、视频会议系统等。图7-1是综合管理(EOM)板块系统构成图。

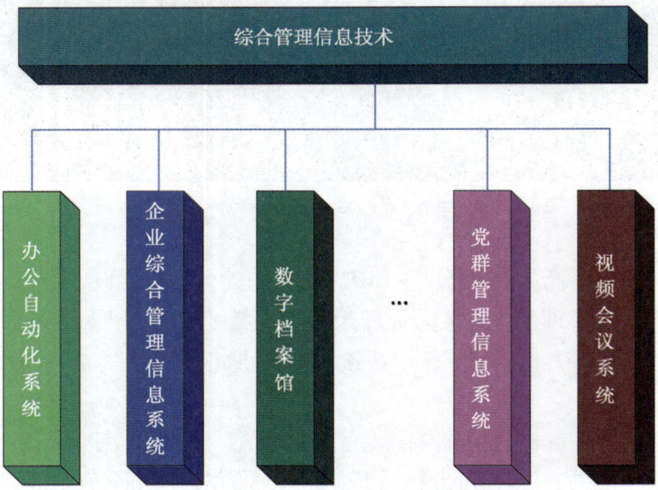


图7-1　综合管理板块系统构成图

## 第一节　企业办公自动化系统

办公自动化系统(OAS,Office Automation System)是利用技术的手段提高办公的效率,进而实现办公自动化处理的系统。它采用现代信息技术,基于工作流的概念,使企业内部人员方便快捷地共享信息,高效地协同工作,改变过去复杂、低效的手工办公方式,实现迅速、全方位的信息采集、信息处理,为企业的管理和决策提供科学的依据,深受众多企业的欢迎。

OA系统为企业单位的办公信息上传下达、信息采集汇总等需求提供的电子政务办公管理系统,可以将领导班子、相关部门及下属单位等相互相联,实现公文、通知、公告、请示的上传下达,基层数据的采集与汇总,形成一个涵盖数据采集、信息保存、信息处理、传输控制的信息系统,逐步将党政机关的日常办公管理规范化、标准化、科学化。

一个企业实现办公自动化的程度也是衡量其实现现代化管理的标准。OA从大规模采用复印机等办公设备为标志的初级阶段,发展到今天的以运用网络和计算机为标志的现阶段,对企业办公方式的改变和效率的提高起到了积极的促进作用。OA软件实现企业的日常管理规范化、增加企业的可控性、提高企业运转的效率,范围涉及日常行政管理、各种事项的审批、办公资源的管理、多人多部门的协同办公以及各种信息的沟通与传递。概括地说,OA 软件跨越了生产、销售、财务等具体的业务范畴,集中关注于企业日常办公的效率和可控性,是企业提高整体运转能力不可缺少的软件工具。

OA 系统提供信息化手段解决企事业单位、机关繁琐的日常事务处理所造成的人员成本、办公成本居高不下而办事效率低下等问题,实现单位内部各个岗位上的工作人员的协同交流,整合单位内、外各类信息系统和信息资源,实现通用日常办公流程的高效管理,同时用户通过系统提供的丰富的流程定制工具,可以迅速搭建起面向具体业务的办公环境。OA 系统真正实现了及企事业单位无纸化、无距离远程协同办公的新概念。

办公自动化系统主要面向组织中的业务管理层,为各种类型的文案工作提供支持,通过应用信息技术,支持办公室的各项信息处理工作,协调不同地域之间、各职能间和各信息工作者间的信息联系,提高办公活动的工作效率和质量。

不同组织中的办公业务是不同的,所以,不同办公系统有很大的区别,但一般情况下,办公自动化系统都具有通过文字处理、桌面印刷、电子化文档进行文档管理;通过数字化日历、备忘录进行计划和日程安排;通过桌面型数据库软件进行数据库管理;通过电子邮件、语音信箱、数字化传真和电视会议等形式进行信息联络与沟通的功能。

## 一、OA 系统结构

OA 系统以结构化组件方式,将主要的业务流程抽象出来,形成通用模块,具体如下:

(1)公共资源管理:对车辆、会议室、办公耗材、水电等资源进行总和管理。

(2)人事、档案管理:根据相关规范,实现档案建档、存档、销存、查询等功能。

(3)公共信息管理:对会议、通知通告、制度、经验知识、文档资料等进行分级管理。

(4)决策执行与协同应用:对资源消耗情况、个人绩效情况、收支情况对未来经营提供辅助决策,提供即时通讯、网络会议等形式实现协同办公功能。

(5)流程定制:实现办公流程图形化定制,办公流程实现自动优化。

办公自动化系统具有多种结构。它不仅单有计算机结构、局域网结构、广域网结构,还有利用互联网为基础的服务器、浏览器结构。

企业的办公自动化程度可以划分为以下四类:

(1)起步较慢,还停留在使用没有联网的计算机,使用 MSOffice 系列、WPS 系列应用软件以提高个人办公效率。

(2)已经建立了自己的 Intranet 网络,但没有好的应用系统支持协同工作,仍然是个人办公。网络处在闲置状态,企业的投资没有产生应有的效益。

(3)已经建立了自己的 Intranet 网络,企业内部员工通过电子邮件交流信息,实现了有限的协同工作,但产生的效益不明显。

(4)已经建立了自己的 Intranet 网络,使用经二次开发的通用办公自动化系统;能较好的支持信息共享和协同工作,与外界联系的信息渠道畅通;通过 Internet 发布、宣传企业的产品、技术、服务;Intranet 网络已经对企业的经营产生了积极的效益。正着手开发或已经在使用针对业务定制的综合办公自动化系统,实现科学的管理和决策,增强企业的竞争能力,使企业不断发展壮大。

办公自动化已经成为企业界的共识。众多企业认识到尽快进行办公自动化建设,并占据领先地位,将有助于保持竞争优势,使企业的发展形成良性循环。

办公自动化的实施应该考虑企业的实际情况,主要是企业的经济实力。按照上述分析,第一类企业进行办公自动化建设就需要较多投入,既要搭建企业 Intranet 网络,又要开发办公自动化系统,需要企业有较强的经济实力才能完成;而对于第二、第三类企业,由于企业 Intranet 网络已经存在,只是没有或没有好的办公应用系统,所以只需投入相对网络投资少得多的资金即可开发通用办公自动化系统,产生较高的投资回报。即便一步到位开发综合办公自动化系统其投资也要比网络投资少得多,而产生的经济效益更高;对于第四类企业,由于其办公自动化基础好,只需较少的投资即可达到目前办公自动化的最高水平。

### 二、企业应用

2004 年以前朔黄铁路信息化几乎为零。利用简单市话形成简易网络,面对现状,朔黄铁路公司成立了信息化领导组,从顶层设计做起,制定了"以管理为突破口,先试点,再全面推广,实现无纸化办公管理"的方针。2005 年建立了相关的公司、分公司、工队、班组、岗位 5 级综合管理信息系统,公司全员参加,实现企业管理办公自动化。公司企业办公自动化系统(OA)主要内容是公司自动化办公、移动办公、电子政务、企业网站、电子档案、社会信息等。公司研制适合公司特点的企业办公系统,将政府事业办公系统开发为符合企业特点的企业办公系统,基本实现了管理信息化,提高了全体员工作效率,增强了企业实力。本阶段信息化建设的主要内容是"1246"信息工程,即 1 个体系:通过公司信息化,全面持续创新,建立公司信息体系。2 个一流:利用信息手段使企业管理达到国内一流、信息化建设达到国内一流。4 个层次:信息化构成公司、分公司、车站(工队)、班组 4 个层次,建设运管理互联的信息平台。6 个应用:运输管理、安全保障、资源管理、工程管理、办公管理、物业管理。

## 第二节 企业综合管理信息系统

朔黄铁路企业综合管理信息系统是以办公自动化系统为核心,从全员企业办公自动化入手,通过企业管理、各级自动化办公、视频会议、数字档案等综合管理应用,做到信息公开,减少官僚作风,提高工作办事效率。主要内容是:公司自动化办公、移动办公、电子政务、电子档案、微博、企业外网等。实现了从固定办公、移动办公,3G 办公、第 4 代手机移动办公的发展。其主要特点有:

(1)个性化设计:提高个人办公效率,实现个性化,展示个人工作所有工作内容,相关信息集中体现;个人邮箱定期维护、超大邮箱服务。

(2)所有公文是多流程,一次处理;各部门业务办理流程规范化;信息发布多媒体包括文字、图片、视频等;主页信息:各专业、各级机构实现定制服务。

(3)网上办公自动评价,文件处理超时提醒警示;办公效率:自动统计展示个人、单位办公效率;网上考核部门、个人考核评测结果定期产生月季产生。

(4)网络学习培训:企业网学习,考试,讨论,自我提高。

(5)基层移动办公:工队长、关键人员移动办公管理;公司与联合运输单位形成信息沟通平台。

(6)一站式服务:外网、内网,全部几十个应用系统一站式服务。

## 一、系统构建

1. 背景分析

朔黄铁路办公系统和内网门户系统最早建于2005年。随着OA系统应用规模的逐步扩大,2007年对系统进行了一次升级和服务器拆分。目前,朔黄铁路OA系统基于IBMDomino7.0平台,已经开发实施了包括OA系统、门户系统、手机移动办公系统、党群信息系统等主要应用系统,应用范围包括公司总部以及下属分、子公司,支持了朔黄铁路的日常办公管理工作,提升了总部的管控能力。

随着朔黄铁路的快速发展,多年来存在的办公系统需要改进和升级。为了更好地适应朔黄铁路的管理与业务发展,同时更好地利用先进信息技术带来的管理提升支持,对朔黄铁路的办公系统进行第3次升级。

2. 系统整体思路

企业综合管理信息系统主要包括:办公自动化系统、规章管理系统、数字档案馆、党群管理系统、合同管理系统、贯标管理系统、网站管理系统等。朔黄铁路综合管理平台架构如图7-2所示。

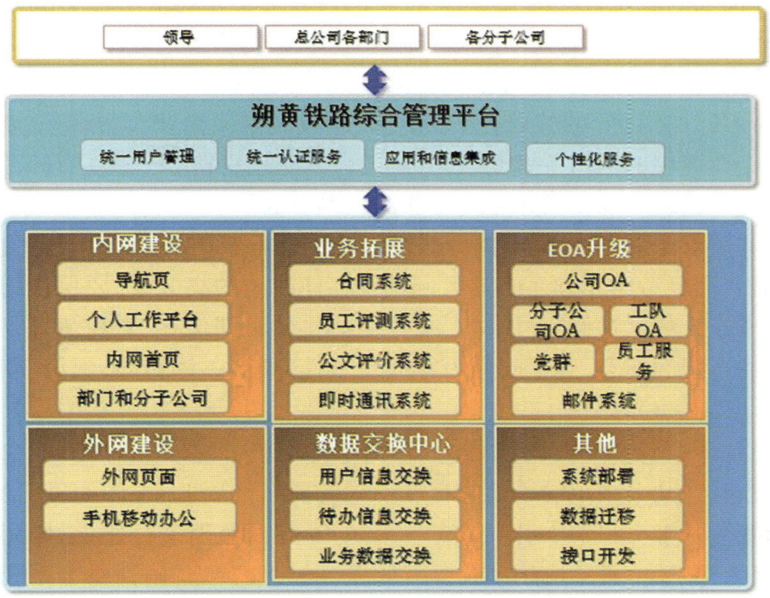


图7-2　朔黄铁路综合管理平台架构

首先,OA系统是在即有OA系统的基础上进行和改造,因此要尽可能借鉴即有系统已经比较成熟、稳定和易用的功能模块。具体来说，OA 系统的升级应该包括如下几个要点：

(1) Domino 平台的升级

从原来的 Domino7.0 到最新的 Domino8.5 版本。Domino8.5 版本进一步加强了系统的各项性能，降低了负载开销，运行更稳定，对硬件资源的消耗也有所降低，但最主要的还是在对关系型数据库的兼容方面得到了显著的加强，这样以来 OA 系统在与 ERP 等其他基于关系型数据库建立的系统进行数据集成方面将获得更好的效果。

(2) 即有功能模块的改进

原有 OA 系统涵盖了公文、个人事务、公共信息、行政办公等，这些在具体的使用当中暴露出一些缺陷或错误，比如：公文撤回问题、签名更改问题等。在这一次的改造中，这些问题都将得到彻底解决。

(3) 新功能的增加

随着对 OA 系统应用的不断深入，很多新的需求也不断涌现，需要考虑对这些新需求的响应，为此，需要新建几个新的应用，包括：公文评价管理、即时消息、合同管理等。这些新系统是对即有 OA 系统的有益补充，能够更好的帮助朔黄铁路完善企业管理的各项工作。

其次，朔黄铁路需要自己的外网门户。在信息技术已经深入生活每个角落的今天来说，很不利于企业形象的树立，也不符合现代企业管理发展的方向。因此，在建设外网门户时，应该充分考虑如何通过该门户体现朔黄铁路的实力、地位和在国民经济中发挥的重要价值。在页面上要表现大气的美感，在栏目的设置上要体现企业的核心能力和价值，在内容的选择和更新上要做到及时和丰富，这样才能使外网门户成为朔黄铁路的“门面”，推动企业的持续发展。另外，外网门户的建设也要考虑到与企业内部应用的结合，以适应朔黄铁路“路线长、站点多”的特点，使外网门户不仅是展示企业实力、彰显企业文化的窗口，同时也是企业应用的入口，从而发挥外网门户的实用价值。

最后，没有外网统一邮箱所带来的工作和联系方面的不便，这不仅影响到企业内部的交流与沟通，同时对企业与外部合作伙伴、的联络上也存在诸多影响。在建立企业的统一外部邮箱时需要充分考虑几方面的问题，包括：邮件系统的高效率，要保证邮件的即时发出和送达；邮件系统的大存储，确保员工邮件能够得到长期保存，避免清理邮箱所带来的安全隐患；邮件系统的安全，确保邮件内容的安全性，做到不误传、不泄露，同时要能够对重要邮件进行归档保存。

综上所述，OA 系统和外网门户系统、外网邮件系统的建设具有各自的特点，同时从业务角度来看，对这几个系统的建设也存在不同的要求。因此，总体的思路就是要“因地制宜、随需而变”，从业务、应用、用户、效率、安全等方面分别进行建设，做到在朔黄铁路整体信息系统架构之下，各个应用系统既有联系，又相对独立，确保每个系统充分发挥自身的作用与价值，同时又不会受到相关系统的影响。

## 二、主要内容

### 1. 主要功能（公司级办公系统模块功能见表 7－1）

**表 7－1　公司级办公系统功能模块列表**

| 模块名称 | 功能点 | 备注 |
| --- | --- | --- |
| 公文流转 | 收文管理 | 公司级的收文管理 |
|  | 发文管理 | 公司级的发文管理 |
|  | 公文统计 | 对公文按部门、类别、时间和处理人统计 |
|  | 其他审批 | 利用“通用审批”功能实现各种“各种申请”流程处理 |
|  | 公司合同 |  |
|  | 呈批件 |  |
|  | 行文说明 |  |
|  | 流程定制 | 公文流转流程配置 |
|  | 公文定制 | 公文格式定义 |
| 个人事务 | 待办事宜 | 与个人相关的待办业务提醒 |
|  | 记事本 | 个人文本记事本 |
|  | 收藏夹 | 常用地址收藏夹功能 |
|  | 综合查询 | 在各模块中分散实现对本模块信息的查询 |
| 部门管理 | 办公室 | 部门职能:职能、岗位、通信<br>部门管理:行业政策、法规、合同、检查考核<br>部门信息:简报、通知、信息<br>特征数据:反映部门生产经验管理指标<br>部门专区:部门专业功能信息<br>信息下载:专用表格等资料下载 |
|  | 人力资源部 |  |
|  | 运输部 |  |
|  | 财务部 |  |
|  | 安全监察室 |  |
|  | 党群工作部 |  |
|  | 物资设备部 |  |
|  | 企业策划部 |  |
|  | 保障部 |  |
|  | 工程技术部 |  |
|  | 科技管理部 |  |
|  | 信息中心 |  |
|  | 退休人员服务中心 |  |
| 公司信息 | 在线培训 |  |
|  | 电子公告 | 内部公告信息发布管理 |
|  | 网上调查 | 基于内部信息门户的网上调查管理及结果查询显示 |
|  | 图片新闻 | 图文结合的信息发布管理 |
|  | 滚动新闻 | 基于内部信息门户的滚动新闻发布管理 |
|  | 荣誉展示 | 荣誉图片展示 |
|  | 其他发布 | 通用信息发布模块,提供各类信息发布管理 |

续上表

| 模块名称 | 功能点 | 备注 |
| --- | --- | --- |
| 公司办公 | 出差管理 | |
| | 日程安排 | 领导日程发布管理功能,并通过考勤管理查看个人考勤情况 |
| | 会议安排 | 对会议室、会议通知、会议纪要 |
| | 考核通知单 | 人工对下级单位考核通知。通过流程完成。直达分公司、送达考核部门、留存本部门。<br>自动办公系统:直达本人、送达部门、系统留存。 |
| | 办公资产管理 | 办公固定资产管理 |
| | 资料管理 | 基于办公资料的管理 |
| 其他功能 | 手机短信 | 专用短信平台给责任人发送手机短消息实现催办督办的功能 |
| | 身份识别 | 基于 USBKEY 的用户身份管理 |

2. 开发功能

在朔黄 OA 系统应用过程中,根据朔黄铁路的个性化需求定制化开发了诸多功能模块,系统升级后,这些定制开发功能模块也需要做相应的升级,保证正常应用。

(1)公文评价管理

公文是企业管理的一项重要工具,随着协同办公系统应用的逐步深入,公文管理成为朔黄铁路公司与下属单位和部门之间的政令上传下达、各单位间业务沟通的主要渠道。为了进一步提高公文管理水平和效率,亟须建设公文评价管理体系,对公文书写、行文规范、处理效率进行全面的评价,促进各单位、各部门加强公文管理规范、提高公文效率。

公文评价体系旨在提升公文内部流转效率,提高下属单位来文质量,推动总部各项指令在下属各级单位的有效落实,形成持续改善的闭环管理体系。

① 下属单位来文评价

2010 年 3 月国资委下发了"关于印发《中央企业报送公文评价办法》的通知"(国资厅发〔2010〕32 号),文件对中央企业报送公文从规范和行文方面提出了 10 点评价要求,并明确了相关的考核办法。对于朔黄铁路公司而言,此文件既是对公司向集团报送公文的要求,也可借鉴使用到下属单位向公司总部报送的公文评价中。

a. 评价要求

在朔黄铁路公司公文评价管理体系中,评价主体是公司总部办公室,评价对象是下属单位办公室。主要的评价要求分为两个方面八点要求,一在写作规范方面要求主旨清晰、行文规范、附件容量不应过大、无明显文字错误。二在行文规范方面要求不越级行文、主送单位正确、文种使用正确、按时报送公文。

b. 评价办法

在收文管理模块中增加来文评价功能,公司总部办公室文书对收到的下属单位来文进行审阅，如果有上述规范中的问题则进行勾选，系统会记录被评价的公文都有哪些错误。

c. 评价报告

公司定期发布来文质量评价报告，评价报告以差错率作为排序的总指标，并根据错误出现的次数进行排序，明确重点要解决的问题。

差错率 = 本企业报送公文出错件数/报送公文总件数 × 100%

② 公文流转评价

在提升企业内部收发文流转效率方面主要分为两个部分，发文办理效率和收文办理效率。评价主体是公司总部办公室，评价对象是总部各部门。

影响发文办理效率的一般来说主要是涉及到需要进行会签的环节，通过建立会签效率指数指标来衡量和评价各部门的会签效率。

影响收文办理效率的环节一般来说主要是批办环节及承办环节，同会签效率指数来建立批办效率指数和承办效率指数。

(2) 即时消息

即时消息须实现与 OA 系统组织机构及用户的同步、集成，而不需要在即时消息中单独维护一套组织机构及用户信息。登录后即可清晰看到由树型目录表达的多层次企业组织架构，在即时消息中也可以像在 OA 系统中一样，通过企业组织机构树去查找相关人员并查看相关人员电话、邮件地址、手机号码等信息。其主要功能包括：

① 待办提醒

即时消息可实现与 OA 系统待办事宜的结合，当有新的待办公文、待审批事务等出现时，自动提醒用户进行处理，无需用户主动查看，可以有效地提升日常办公业务处理的及时性和处理效率。

② 消息提醒

发送者在公文系统待办中写好任务进行发送，OA 业务系统通过即时消息处理后，应会在接收者的客户端显示一个消息的提醒框，当接收者在线时能够立刻收到该信息提醒；当接受者离线时，则等其下次登录时显示。接收者离线并需要通过短信提醒时，发送者可以在发送任务时，选择通过短信提醒，这样就会在给接收者发送一个桌面提醒时，还发送一个短信提醒给用户。

③ 业务处理

即时消息必须使用户收到消息提醒后，能够通过点击这些消息直接处理已获提醒的业务。

用户点击某一个消息的链接地址后，系统能够直接打开该消息所出的业务系统无需再输入用户名和密码即可处理相应的待办事宜。

④ 多人交流与群发消息

即时消息可采用组发消息的方式允许用户在聊天窗口上临时加上几个需要沟通的对象，他们相互之间的沟通信息，所有人员都能够看到。还可以用这样的方式给一部分人或所有的人发送群发消息。群发消息经常用于不太正式，临时发起的一些通知、公告等。例如：一个部门的内部会议通知等。

⑤ 自定义分组

即时消息提供自定义分组的功能,用户能够按照需要把相应的人员集中分配到一个组中进行管理,再该组中进行交流,沟通工作。

(3)合同管理

① 建设目标

随着企业对风险管理与内部控制的理解逐渐深入,将视角聚焦到承载着企业经营核心的合同管理业务已经成为必然的趋势。如何帮助企业建立符合外部监管要求、满足自身管理需要的合同管理体系,有效覆盖合同订立前、订立中、履行中、履行后的合同管理全过程,是当前企业管理改善与提升的重中之重。其建设目标如下:

a. 建立一套符合朔黄铁路公司总部及企业合同管理工作要求,与内控制度相结合的信息系统平台,实现合同管理的网络化、信息化,有效降低管理成本,提高工作效率。

b. 统一合同起草、修改、审批、签订、履行的业务流程,强化总部及企业法律事务部门的监控力度,有效控制生产经营风险。

c. 提供及时、准确、全面的合同信息及执行情况,为各级管理者的决策服务。

② 整体架构

基于对合同管理的需求分析,为合同管理的构架做了整体的规划如图 7-3 所示。

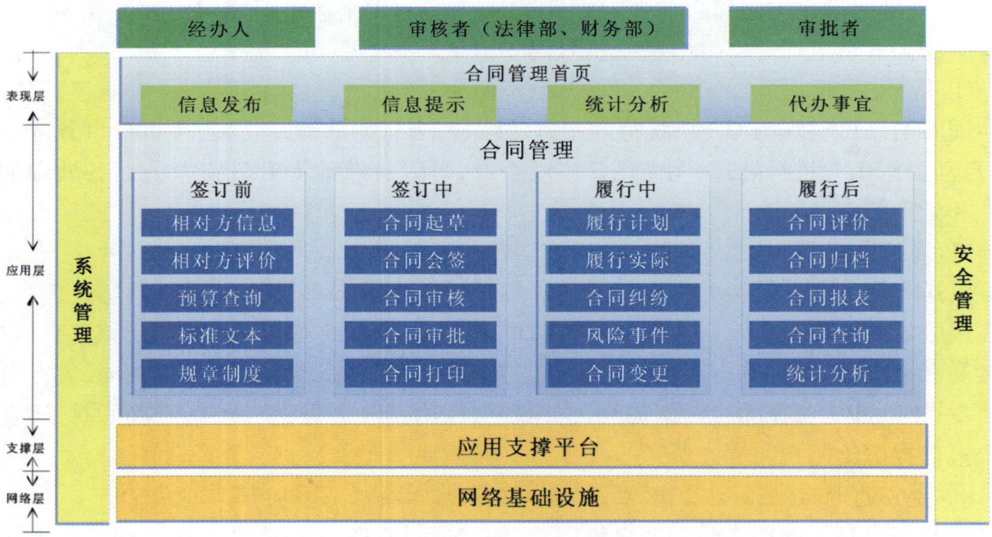


图 7-3 合同管理系统框图

从上到下的来看,整个系统构架分为六层:

a. 表现层:合同管理首页

合同管理应该有一个系统自己的首页面,合同管理首页是合同管理信息的首页和合同管理平台系统的唯一入口,以统一的用户界面提供给内部员工。该门户具有合同信息发布、合同信息查询等功能。由于该门户是一个完全基于 Web 的系统,因此它能向公司员工提供其所需的合同管理的信息导航和内容。

b. 应用层:合同管理

合同管理平台涉及的内容应该包括合同文本的管理,实现合同的动态管理,如:合同审批、支付审批等。这也是实现企业合同管理的重要辅助平台,能切实的提供强大的合同处理功能,并为企业实现科学化、高效率的合同管理提供帮助。

c. 应用支撑层

基础组件层为应用系统提供了众多的基本组件,用以组合、搭配形成各种应用系统,并且作为组件,还可以加入到现有的业务系统中,加强现有业务系统的功能。

d. 网络层:系统软件、硬件设备

指企业内部的局域网环境以及为本项目中应用系统运行而配备的服务器设备及操作系统,这将是合同管理平台的基础设施。网络基础设施层包含了计算机主机、服务器、存储设备、外设、网络设备及线路、网络系统安全设施等部分。

e. 安全管理

对于整个应用系统而言,安全管理将贯穿系统的始终。应用系统应该包括以下几个层面的安全管理:操作安全,方案中通过痕迹保留、流程跟踪和权限控制等机制来实现;传输安全,方案中通过加密传输手段予以实现。综合运用以上所提出的安全管理手段,可以充分的保障应用系统在其整个生命周期中的安全。

f. 系统管理

同安全管理相类似,系统管理也是贯穿整个系统的各个环节。为了使系统管理的效率更高、更方便,在方案中将系统管理的内容分为两个方面。一方面,对于系统初始信息设置、系统日常维护等管理内容,系统将提供专门的管理工具及维护界面供系统管理人员使用;另一方面,对于人员权限设置、人员部门划分等与实际业务紧密相连的管理内容,则交给系统管理员来控制。在这里系统管理员有两部分人员,一部分是对后台进行维护的管理员;另一部分是对信息进行维护的管理员。这样既能减轻系统管理人员的工作负担,也可以使各部门对该系统的使用更加方便灵活。

(4)贯标文件管理

通过的调研,了解到在企业经营过程中,出于外部监管要求以及企业内部管理规定,将会引入很多管理体系,例如:质量管理体系(ISO9000 等)、职业安全健康管理体系、环境管理体系、SA8000 等。但在这些管理体系应用方面,很多企业往往流于形式,众多管理体系手册存放在文件柜中用于各种审核和评定,并没有真正应用到企业生产经营中,发挥管理体系应有的管理价值,总结来看,企业在贯标管理体系方面存在以下几方面问题:

① 相关用户无法便捷的获取管理体系的相关内容。用户不清楚这些体系的内容、关系,不清楚这些管理体系对于自身工作的规范和要求。

② 由于管理体系繁多,各个管理体系的手册、版本都要分别修订、维护,每个体系都要单独审核,工作量巨大,体系管理效率较低。

③ 未发挥管理体系对企业管理的支持作用。公司运作不合规情况屡屡发生,整改不力,管控能力薄弱。

贯标文件管理平台系统能够高效、稳定的提供体系文件所需的各种服务功能,如管理体系文件的发布、勘误、作废和记录发布；体系的内外部审核、管理评审、日常检查等。另外，贯标文件管理主要应该具备如下功能点：

① 文件维护

文件维护功能主要是对系统中文件类型、存储库、体系分类、体系文件管理员等的维护。主要有功能包括文件维护、记录维护、分类维护、群组管理、历史文件存储、历史文件查询、文件管理员维护等。

文件维护主要实现直接创建体系指导文件，方便管理员对文件进行新建、删除等直接维护。

记录维护主要实现文档记录文件的版本维护，方便管理员对文件进行新建、删除等直接操作。

分类维护实现对体系系统中的文档的分类，可以将某一分类相同的文档归放在一个分类下，便于用户查看。

群组管理用于设置管理体系中的部门群组，便于文件的发布时选择的部门过多时，将性质相同的部门放在一起，便于选择。

历史文件存储主要是存放作废文件及历史版本文件的数据库，将作废的文件存储在历史文件库中，便于查看。

文件管理员维护实现设置体系中文件的系统管理员，以及文件处理到期提醒的日期数。

② 文件阅览

文件阅览是所发送体系范围内文件阅读的一种方式。

③ 文件处理

文件处理主要实现对体系中文件的发布、勘误、作废、记录等流转操作，用户可以在这看到自己要处理的文档和已经完成的文档。

a. 文件发布

用户可以自己新建体系文件，让审批人审批。

对于已经发布的文件，如果原来的体系文件需要进行版本更新，那么文件上的编号也要做相应的修改，系统提供版本更新的功能。

b. 文件勘误

文件勘误是对已经发布的文件进行不需要版本更新的细微修改（通常指部分笔误及措辞），为了对该修改的可控，需要领导对文件的修改部分进行确认。用户选择已经发布的文件，填写勘误单提交给相关审批人进行审批。

c. 文件作废

文件作废是用户对自己发布后无用的文件进行作废申请，填写作废单提交给相关审批人进行审批。

d. 记录发布

记录发布主要是审批记录格式文档的地方，方便用户在此查看自己要处理的文件。

(5) 内网门户

① 内网门户需求分析

根据现场调研，朔黄铁路早在2005年就建设了以Web Sphere Portal为基础架构的企业内网门户平台，经历了企业内网门户平台建设的第一个阶段——基础架构的搭建。朔黄铁路企业内网门户平台以公司内网门户、部门内网门户、领导决策为主体内容，并通过企业内网门户平台实现了朔黄铁路应用系统的单点登录集成。自该内网门户平台上线以来，朔黄铁路公司的信息化水平也在不断提高，先后建设了综合运输、调度指挥、机车管理、供电远动、工程建设、资产管理、财务管理、车辆管理、党群管理、人力资源、安全管理等几十套应用系统。当初所建设的企业内网门户平台已远不能满足朔黄铁路目前的需求，企业内网门户平台改造迫在眉睫。

以下是朔黄铁路在企业内网门户平台改造中的几个主要需求：

a. 信息聚合展现

随着朔黄铁路应用系统的不断增加，朔黄铁路内网门户对于应用系统信息资源的集成度在逐渐降低，企业出现了信息孤岛，无法很好实现信息资源的共享。各个应用系统缺乏统一的界面，没有相互连接的信息渠道，数据被沉淀在不同应用的数据库、主机或文件服务器上，只有少数授权用户能看到这些数据。用户一般要访问多个系统中才能查找到想要的数据，不同部门、不同系统之间也难以实现信息共享。这种分离式的信息系统使企业难以从单一的界面了解工作的全面信息，而建设一个完整高效的朔黄铁路企业门户平台，会给员工提供一个统一的信息服务功能入口，将不同的应用系统整合起来，实现信息数据的结构化和IT资源的充分共享，可以最大化的减少信息孤岛的存在。

b. 个性化服务

信息膨胀催生个性化服务。无论是社会信息还是朔黄铁路内部的信息都是大量膨胀并呈几何级增长趋势，以致企业员工被大量数据所淹没很难找到，或者需要花费大量的时间和精力才能找到有效的信息，这些导致了信息流通不畅，整体效率低下，业务效率无法提升等问题。通过朔黄铁路企业内网门户平台的建设，可以根据不同员工的关注重点获取相应的服务和信息；个性化的服务和信息使不同的角色在尽可能短的时间内获取他想要的信息，改变了当前企业信息化系统千人一面、被动式、大众化的信息提供方式，从而实现了个性化的信息存取。

② 内网门户目标

朔黄铁路企业内网门户平台建设的主要目标为：立足现在，着眼长远，构建一个信息聚合和个性化展现的平台，切实为员工日常办公提供便利的信息化服务，并为IT系统建设和规划提供标准和规范。

朔黄铁路统一内网门户作为单一的在线平台，简化员工获取各种信息，应用/工具，人员和其他员工有效地履行他们的工作角色和责任所需的资源，面对整个朔黄铁路，通过信息化，实现流程固化，满足提升管理水平和运营效率的目的。对员工而言，朔黄铁路统一内网门户改变员工的工作方式；对于管理者，朔黄铁路门户就是“朔黄铁路”，实现对业务、人员组织、资源的朔黄铁路全景可视化。

朔黄铁路内网门户通过前端统一灵活的工作平台和后端高度整合的集成平台来满足企业用户的多样化功能要求。其组织架构如图7－4所示。

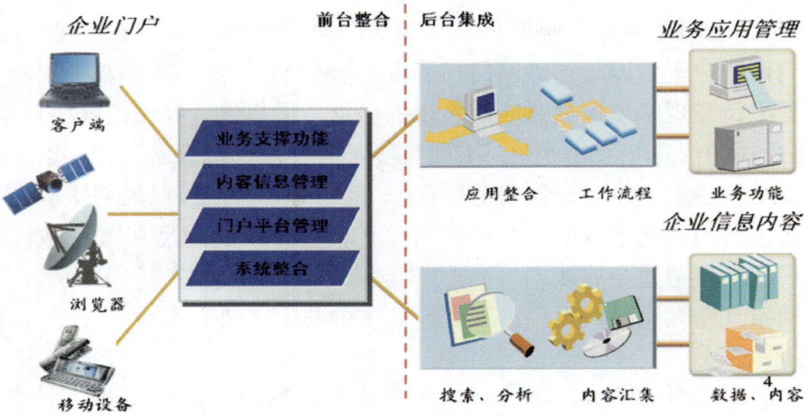


图7-4 门户框图

从功能上来说,朔黄铁路内网门户的发展趋势是成为朔黄铁路的统一内网门户,面向员工、下属单位,整合资源,提供端到端的服务;而从应用价值上来说,朔黄铁路统一内网门户将以信息、服务应用集成为基础,通过各种技术和工具的应用,管理方法和体系的融入,实现管理应用价值的持续提升。

③ 内网门户主要内容

朔黄铁路内网门户具体实施内容应该包括以下几项:

a. 对基于 IBM Web Sphere Portal 的朔黄铁路内网门户平台进行软件升级,使内网门户平台达到较新的稳定版本。

b. 朔黄铁路企业内网门户应该改版,重新内网门户 UI,优化内网门户结构。

c. 为不同类型用户群体构建个性化门户,为将来内网门户建设提供指导性。

d. 构建符合朔黄铁路业务需要的决策支持平台,为领导提供个性化的决策支持服务。

e. 优化硬件部署方案,使企业内网门户平台达到 24 * 7 的运行要求。

④ 内网门户整体架构

基于以上对朔黄铁路信息化建设现状的调研和分析,为朔黄铁路企业信息化管理系统的构架做了整体的规划如图 7-5 所示。

朔黄铁路内网门户的总体技术方案是基于 SOA 的 IT 架构原则,松耦合的面向服务的有利于动态整合关键的流程、应用和信息,并对未来变化的需求提供灵活快速的支撑能力。

a. 用户接入:是用户访问后台系统的前端工具,例如:浏览器等。

b. 朔黄铁路内网门户平台:包含基于朔黄铁路办公平台、统一用户身份认证平台、统一用户身份管理平台、决策支持平台等。

c. 应用层:通过 SOA 体系架构集成现有的应用系统,通过界面集成或者数据集成的方式进行集成。例如综合运输、调度指挥、机车管理、资产管理等。

因此在朔黄铁路办公自动化系统与ERP系统之间即可采用JDBC的连接方式来实现办公系统与ERP之间的集成，从而在办公系统中可以获取ERP系统中的数据，形成各种报表或者图表，供用户查看。

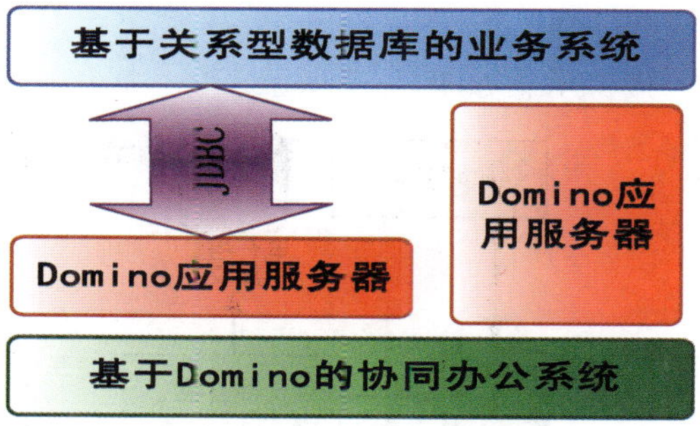


图7-6　JDBC数据集成方式

② 用户同步

为了减少朔黄铁路公司信息系统的维护工作量，避免朔黄铁路公司在未来需要管理多套系统的用户以及组织机构，必须实现办公自动化系统与朔黄铁路公司ERP系统之间的用户同步。

办公自动化系统与ERP系统之间的用户同步采取定时同步的方式来实现，即在每一天的某个时间点通过接口程序，由办公自动化系统读出ERP系统中的用户数据和组织结构数据，对办公自动化系统中的用户和组织结构数据进行替换、更新、新增和删除，从而保证办公自动化系统与ERP系统之间的用户和组织机构数据是一致的。

③ 接口功能

办公系统的后台支撑数据库为LotusNotes文档数据库，用户通过办公系统接口程序可以将办公自动化系统数据库中形成的文件数据信息转换到数字档案馆系统的数据库中，通过OA接口程序，用户可以避免数据的重新录入，文件的重新扫描；避免了数据和文件的重新挂接，从而减少了用户的工作量，达到了数据资源的共享使用，整个数据的转换工作包括两个方面：

a. 目录信息的转换

通过建立OA数据库与数字档案馆数据库表之间的著录对应关系，用户运用接口程序将目录信息转到数字档案馆系统对应的表中，并形成一些配置数据；与档案系统接口的具体功能如下：

(a)提供各种接口类别参数，包括：接口类别、接口标题、OA服务器名称、OA数据库名称、(表、视图)名称、年度标识名称、年度、标题标识名称、档案表、档案类别、FTP服务器地址、FTP路径、转换方式(重新转换、转换新数据等)。

(b)通过配置可以维护OA与档案字段之间的对应关系。

(c)接口程序能按照用户设定的时间自动进行数据的转换。

(d)使用人员能对OA数据进行选择性的转换。

(e)接口程序能列出某个接口类别中的OA数据，供用户检索。

(f)能对转换情况进行记载。

b. 文件信息的转换

文件信息的转换包括对扫描文件、WORD文件等一些OA系统通过嵌入、链接等方式挂接的文件，还有一些用户编辑文件的界面数据，例如：通过OA起草的文件格式，用户通过接口程序都能将其转换成一个单独的文件或者将其存放在档案系统的数据库中，以便数字档案馆系统中对数据的利用。

④ 接口

接口示意如图 7－7 所示。

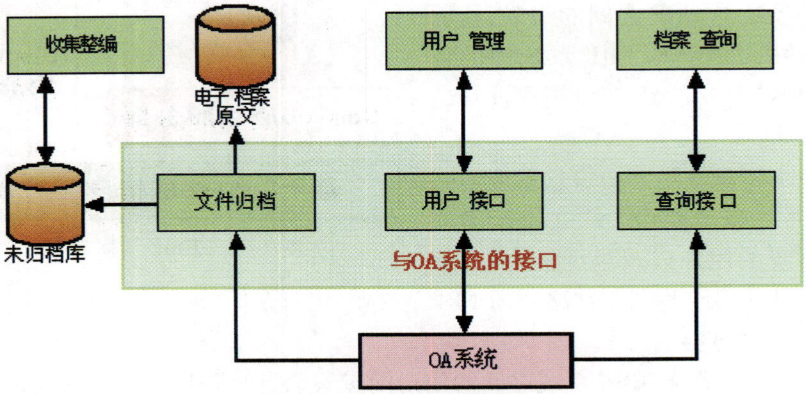


图 7－7　接口示意图

OA 系统与数字档案馆系统接口所完成的任务如上图所示包括了三个部分。一是将收发文的著录项转换至数字档案馆系统中，同时将收文单、发文单、正文内容、附件内容作为档案的“附件”或者全息信息而存在；第二部分是保证 OA 系统中的用户信息与档案系统中的用户信息一致和同步；第三部分是将档案查询功能嵌入 OA 系统中。

(8)外网统一邮件系统

针对朔黄铁路公司的用户，邮件系统的高可用性、高可扩展性是极其重要的。而 Java 在跨平台、开放性、扩展性方面具有先天优势，因此，基于 J2EE 构建大容量的邮件应用系统来满足朔黄铁路公司发展的需要。

邮件系统在当今社会，作为一种基础通讯平台，已经不单纯是简单收发邮件，而是作为互联网各种应用的核心，承载越来越重要的应用。朔黄铁路业务扩展迅速，员工逐年增加，使用邮件也日益频繁。邮件系统从建成的那一天起，就面临的压力。并且，朔黄铁路公司还缺少一个统一的面对外部人员的外网邮件系统，因此，建立一个具有较高稳定性、可靠性、结构良好的大容量邮件系统已经迫在眉睫。

① 系统架构

J2EE 系统架构如图 7－8 所示。

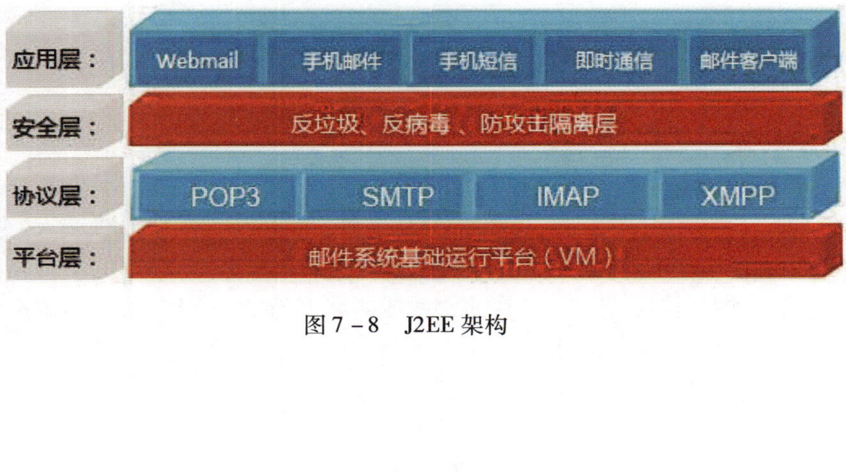


图 7－8　J2EE 架构

邮件系统 WEB 应用应采用 J2EE 技术架构，J2EE 架构具有许多优势，面对朔黄铁路的用户群体，邮件系统的高可用性、高可扩展性是极其重要的。Java 在跨平台、开放性、扩展性方面具有先天优势，因此，基于 J2EE 构建大容量的邮件应用系统也就成为很好的技术选择。

② 邮件系统网络拓扑

邮件系统网络拓扑结构如图 7 – 9 所示。

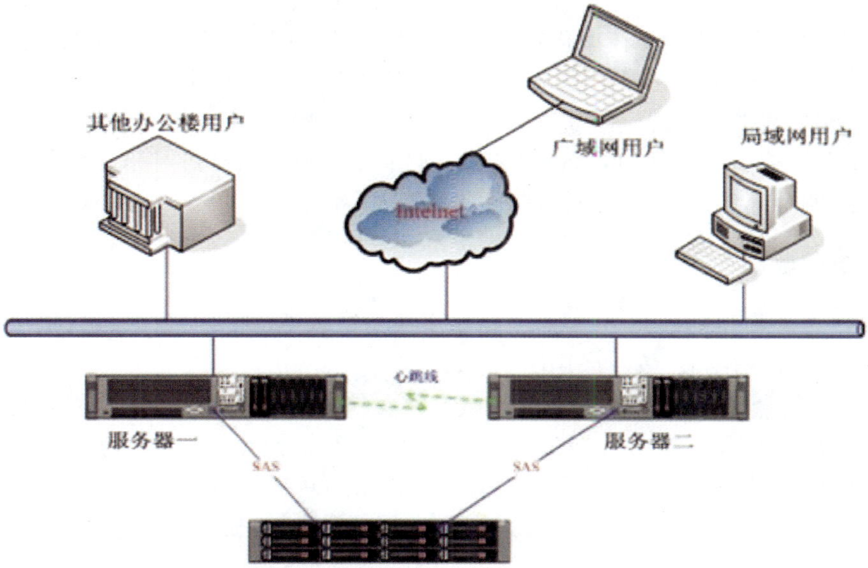


图 7 – 9　硬件部署

基于存储共享的双机热备是双机热备中最标准方案。对于这种方式，采用两台服务器（邮件系统同时运行在两台服务器上），使用共享的存储设备磁盘阵列（邮件系统的数据都存放在该磁盘阵列中）。两台服务器可以采用互备、主从、并行等不同的方式。在工作过程中，两台服务器将以一个虚拟的 IP 地址对外提供服务，依工作方式的不同，将服务请求发送给其中一台服务器承担。同时，服务器通过心跳线（目前往往采用建立私有网络的方式）侦测另一台服务器的工作状况。当一台服务器出现故障时，另一台服务器根据心跳侦测的情况做出判断，并进行切换，接管服务。对于用户而言，这一过程是全自动的，在很短时间内完成，从而对业务不会造成影响。由于使用共享的存储设备，因此两台服务器使用的实际上是一样的数据，由双机或集群软件对其进行管理。

## 第三节　企业数字档案馆

数字档案馆的建设以现代信息技术为基础，结合档案管理工作的实际需求并适当考虑系统未来的可扩展性，遵循“科学规划、分步实施、安全保密、切实可行”的原则，包括数字档案馆系统独有的档案超市、3D 库房、库房温湿度监控、纸质档案条码化管理、离线客户端软件等功能需求。在建设档案数字化基础设施的同时，逐步实现信息收集的网络化，业务的自动、馆藏档案的数字化电子文件归档和电子档案管理规范化,档案信息查询网络化,完成基础设施、基础资源、规范化体系、应用系统、安全保障体系和人才队伍的建设任务,最终全面建成面向企业的档案信息化平台。

企业拥有包括文书档案、会计档案、合同档案、照片档案、光盘档案、基建档案、设备档案、实物档案、科研档案、标准档案、民事案件、信息化建设档案、证照档案、知识档案、人事档案、运输档案、录音(像)带等17门类档案。通过企业档案室人员这些年来的科学管理,档案在企业的安全生产工作中正发挥着越来越大的作用,不仅是本企业的人员对档案利用的需求在不断增加,一些第三方的建设单位和施工单位对档案的管理和利用的需求也向企业数字档案馆系统的应用提出了更高的要求。通过对企业档案应用的现状分析,数字档案馆系统的功能应该包含数据信息管理、综合利用、对内利用和对外利用四大部分,以下是这四个部分具体需求的整理。

## 一、业务模型

在OAIS参考模型的框架下,结合企业数字档案馆软件建设的具体需求,提出系统的业务模型总体来说包括收、管、存、用四个阶段。

(1)收:即信息采集,该主要负责各种数字档案信息的采集并将其输入档案信息资源库,数字档案信息的来源包括电子文件接收、馆藏档案数字化、网络信息搜索三个部分。遵照系统性和规范性原则,对于采集来的数字化档案信息要经过三个步骤的操作才能进入档案信息资源数据库:第一,对其进行初步鉴别,去粗取精,去伪存真,以保证信息资源入库质量。手工著录数据以及离线软件导入的数据要严格遵守企业档案管理的相关规范;第二,对其进行标准化转换,包括电子文件元数据标准化和各专业单位信息格式标准化;根据预先设置好的填写方式以及归档方式保证数据在进入管理系统后数据被格式化保证数据质量;所有电子文件进入系统后将被统一进行转换,形成统一格式进行浏览和利用。第三,对其进行类别确定,即将其依类别放入系统的目录结构中,以便系统的管理利用。在与其他业务系统集成时充分调研,制定数据归档范围,保证归档文件不重复,归档数据真实有效。

(2)管:即信息管理,该主要负责对归档的档案信息进行整理、分类、维护等处理,使这些档案信息有序化、规范化。具体的工作包括:元数据著录,分类号、主题词标引、原始档案著录、目录管理、报表打印、信息统计、档案鉴定、数据管理等管理操作以及数据存储备份、光盘离线存储、缩微处理、数据迁移等保存操作。按照文件生命周期理论,对电子文件进行生命周期的管理。

(3)存:即信息存储,该主要负责对数字档案信息进行分类存储、安全存储与长期存储。数字信息可按不同类型存储在各类数据库和文件系统中,其中目录数据可存储在关系型数据库中,全文信息可采用文档数据库或文件系统存放,音频和视频信息可以采用对象数据方式存储。此外根据企业信息化建设的实际情况并按照企业信息部门要求对数字档案馆系统数据进行定期的数据异地备份,保证系统数据安全。

(4)用:即信息利用,该主要负责数字档案信息的有效利用,档案资源的信息发布并提供检索利用,通过各个网域面向不同用户提供各种档案信息服务。内部网与公众网的

图 7－21　视频会议现场

图 7－22　企业公安管理信息系统

（5）数字档案馆系统。数字档案馆系统是作为知识管理体系建设的重要组成部分，把分散于不同载体，不同地理位置的信息资源进行存储，以高度有序的管理方式为处理核心，为企业的生产、管理和决策提供可靠的档案信息服务的大规模、集中式信息系统。包括数字档案馆系统独有的档案超市、3D 库房、库房温湿度监控、纸质档案条码化管理、离线客户端软件等功能需求。

图 7－23　数字档案馆界面

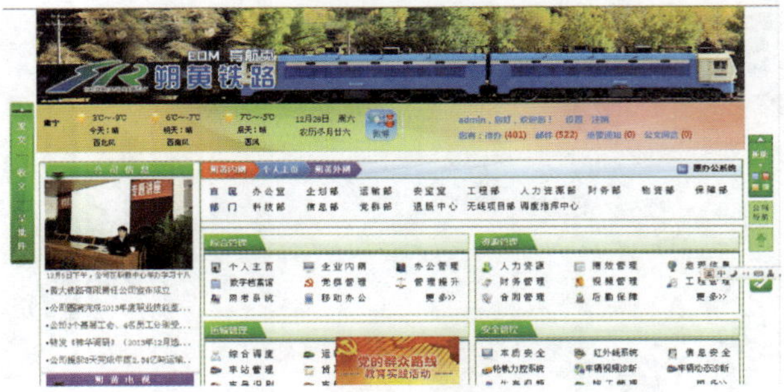


图 7－19　综合管理界面

(2)企业党群管理信息系统。2010 年建设完成。党群管理信息系统是以党、团、工会的基本信息管理为基础,集数据采集、计划执行与跟踪、事务提醒与预测、统计分析及汇总等功能为一体的管理信息系统。它主要针对企业各层党群管理工作而设计,为各级党群工作提供管理和统计分析等的数据。党群管理信息系统基于 B/S 架构,体现公司党委、分公司党委、支部、小组各级管理思想,抽象出各级需求的共性和特性,以“通用部件 + 专用部件 + 参数化配置”的方式,经济有效地满足各基层所各具特色的需求,在保证系统通用性的同时,功能更灵活,操作更便捷,简单实用。

图 7－20　党群管理界面

(3)朔黄铁路视频会议系统。2007 年朔黄铁路视频会议系统主要包括公司、分公司、站区 3 级网络,丰富了公司管理手段。主要音频控制系统和中控系统采用数字会议系统设备。安装调试音频、中控设备 235 台套。视频会议系统 MCU 设备采用电力供给为双电源输入方式,系统视频管理模块与三块媒体视频处理模块分别与交换机以太网络双绞线连接方式连接。安装调试核心 MCU 及相关设备 23 台套。

(4)企业公安管理信息系统。2009 年建设完成了朔黄公安网,主要包括:公安信息专网和视频会议网,部署 1 个石家庄指挥中心,12 个派出所。独立信息通道,独立网络资源,独立管理系统,联网北京铁路公安局,形成了完整的专业系统。

(4)电话接入网关

用户直接通过电话或手机在移动的情况下加入视频会议,这点对国内许多领导和出差多的人尤其重要。可以说今后将成为视频会议不可或缺的功能。

### 二、虚拟会议

虚拟会议又称终端服务。虚拟会议一般可以分为硬件性和软件性两大类。硬件型虚拟会议的主要使用人群是大型企业、政府等大客户;软件型虚拟会议主要面向大中型企业。在虚拟会议中视频会议、电话会议以其低廉的成本已愈来愈被广泛应用。

1. 虚拟会议的优缺点

(1)虚拟会议的优势

虚拟会议几乎拥有虚拟桌面系统架构的所有优势,另外,和虚拟桌面系统架构相比,虚拟会议架构在成本支出方面优势更为明显,其主要原因在于虚拟会议架构允许多用户分享同一个桌面,这就使得和虚拟桌面系统架构相比,虚拟会议架构可以支持的用户数量更大,也就是经常提及的虚拟会议拥有更高的"用户密度"优势。这样在实际工作中,企业用户为完成企业运营所需的服务器、硬件资源相对更低,所需支出的IT成本也就更少。

(2)虚拟会议的劣势

虚拟会议架构除了拥有虚拟桌面系统所有的劣势以外,还有另外几点其本身架构所独有的劣势。首先如果终端用户运行的桌面系统为服务器操作系统桌面,终端用户会发现一些可以在PC操作系统下运行的应用程序无法在服务器操作系统桌面下运行。其次在虚拟会议架构下,由于终端用户使用的是同一服务器操作系统桌面,IT部门无法对终端用户的链接进行授权管理。当然,也无法允许某位终端用户自行重启虚拟会议(也就是说,在虚拟会议架构下,所有终端用户用的为同一桌面系统,某位终端用户重启虚拟会议,将影响到其他员工的工作)。另外,虚拟架构同时对IT部门更改系统及应用程序配置具有限制性的负面影响。

## 第六节 朔黄铁路综合管理信息技术实例

朔黄铁路综合管理(EOM)信息技术的应用包括:办公自动化、企业综合管理、规章管理、数字档案馆、党群管理、合同管理、贯标管理、网站管理、治安管理、企业内控管理等系统。综合管理信息技术主要应用实例如下:

(1)办公自动化系统。2005公司信息化建设重点从全员企业办公自动化入手。通过企业自动化办公、视频会议和电子档案管理,减少官僚作风,提高工作办事效率。公司企业办公自动化主要内容是公司自动化办公、移动办公、电子政务、管理信息、电子档案、社会公网等。研制适合公司特点的企业办公系统,将原来5部分70项的政府事业办公系统开发为符合企业特点的28部分440项企业办公系统,软件具有自己的知识产权。于2007年和2012年两次升级为企业管理系统EOM,从固定办公、移动办公、3G办公发展到第4代手机移动办公。

得的商业助手，它改变了现场招聘、电话招聘等传统人才招聘模式，通过建立跨地域的沟通平台为企业带来全新的招聘体验，帮助企业实现高效人才招募，奠定优势人才基础。

企业进行招聘时，各地应聘人员无需到达公司总部，只需到就近的分支机构，通过视频会议系统参加总部人力资源部门或主管领导的面试即可。而部门主管领导出差时，也可在异地分支机构通过视频会议系统对总部或其他分支机构的应聘人员进行面试。

(4)异地合作

商场变化莫测，企业需要随时了解行业动态把握商机。视频会议正是值得信赖的战略伙伴，它改变了企业传统的异地合作模式，通过与长期合作的供应商、商业伙伴建立沟通平台，帮助企业轻松实现远程协调和交流，完善供应链管理、营销管理、对外合作机制，全面了解市场信息，快速制定贸易策略，轻松应对商场变化。

(5)远程审图

视频会议系统方案之远程审图，对于科研机构和设计团队来说，及时准确地对设计图纸进行精准的评判和改动一直是其工作中的重中之重。然而通过传统的纸质载体的审阅方式，不仅携带不方便而且极易磨损，并且需要人员上门服务，对双方造成了很大的困扰。通过以智能审图终端应用而成的视频会议系统，科技团队就可以通过网络对设计图纸进行审改，而且其超大的屏幕也可以让图纸的细节得到更加完整的体现。

3. 视频会议系统硬件构成

视频会议系统是通过网络通信技术来实现的虚拟会议，使在地理上分散的用户可以共聚一处，通过图形、声音等多种方式交流信息，支持人们远距离进行实时信息交流与共享、开展协同工作的应用系统。随着视频会议技术的日趋成熟，集音频、图形、图像、文字、数据共享、公文流转等为一体的视频会议，使越来越多的人开始享受到网上办公、远程医疗、远程通信、远程协作、远程培训等全新的工作模式。

(1)多点处理单元(MCU)

MCU 是视频会议系统的核心部分，为用户提供群组会议、多组会议的连接服务。目前主流厂商的 MCU 一般可以提供单机多达 64 个用户的接入服务，并且可以进行级联，可以基本满足用户的使用要求。MCU 的使用和管理不应该太复杂，要使客户方技术部甚至行政部的一般员工能够操作。

(2)终端

大中小型会议室终端产品是提供给用户的会议室使用的，设备自带摄像头和遥控键盘，可以通过电视机或者投影仪显示，用户可以根据会场的大小选择不同的设备。一般会议室设备专用摄像头，可以通过遥控方式前后左右转动从而覆盖参加会议的任何人和物。

(3)桌面型终端

直接在电脑上举行视频会议，一般配置费用比较低的 PC 摄像头，常规情况下只能一两个人使用。

数字档案馆系统的建设旨在加强对档案资源的收集和管理，促进档案资源的高效利用，以档案网络为基础，以档案信息资源建设为核心，以扩大档案信息资源高效开发利用为目的，实现以"用户为中心"、各种电子文件资料信息资源共享、提高服务效率、降低人员成本的目标。通过电子文件服务利用系统项目的建设以完善服务机制，改进服务方式，丰富服务手段，加强档案室的功能建设，全面增强档案室的社会服务能力，不断提高创新能力，探索整合档案资源的新模式，提高档案服务的深度和广度，使档案工作在为企业服务的过程中实现自身价值，促进档案信息的利用水平。鉴于档案管理的重要意义和价值，数字档案馆系统的建设将成为朔黄铁路信息化建设的重要组成部分，是推动朔黄铁路发展的一项重要工作，亦是朔黄铁路档案事业跨越式发展的一项系统工程。

(6)企业贯标管理信息系统。贯标文件管理系统提供体系文件所需的各种服务功能，主要内容板块：管理体系文件的发布、勘误、作废和记录发布；体系的内外部审核、管理评审、日常检查等。

图 7－24　铁路企业贯标管理信息系统

# 第八章　重载铁路基础建设信息技术

朔黄铁路基础建设(EFB,Enterprise Fundation Building)信息技术的应用包括:货车管理信息系统、机务管理信息系统、工务管理信息系统、供电管理信息系统、电务管理信息系统、IT运维管理系统、后勤保障信息系统、第一光缆传输SDH1、第二光缆传输SDH2、综合网络FNM、运输专网TNM、无线宽带网络WNM、网络安全NSM、4G专网管理4GM、机房管理系统CBC、IPTV网TVN、灾备中心PCC等。图8-1是基础建设(EFB)板块系统构成图。

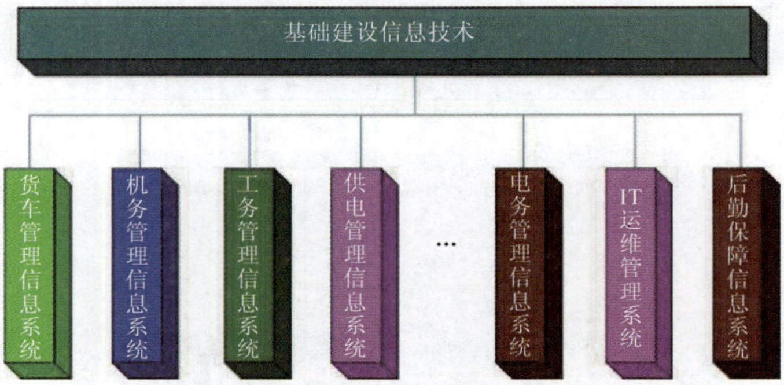


图8-1　基础建设板块系统构成图

## 第一节　铁路货车管理信息系统

### 一、业务概况

朔黄铁路公司机辆分公司,分管货车业务、资产租赁货车归属,管辖1个车辆检修中心、5个列检所、5个爱车点,负责车辆的安全管理、检修和运用工作。

1. 车辆系统业务管理模式

(1)朔黄铁路公司运输部及其调度指挥中心(调度所)

朔黄铁路公司运输部负责机车及车辆运输管理和车辆相关检修文件的发布,下设调度指挥中心(调度所),并设有专职车辆调度人员指挥列检所,根据公司内的检修能力组织段修、站修车辆的扣修。

(2)朔黄铁路公司机辆分公司及其技术部

朔黄铁路公司机辆分公司对朔黄线运行机车车辆及5T设备进行管理,负责车辆检修、相关管理文件的起草并报运输部审批、对货车检修、运用生产的指导及协助运输部调因此在朔黄铁路办公自动化系统与ERP系统之间即可采用JDBC的连接方式来实现办公系统与ERP之间的集成，从而在办公系统中可以获取ERP系统中的数据，形成各种报表或者图表，供用户查看。

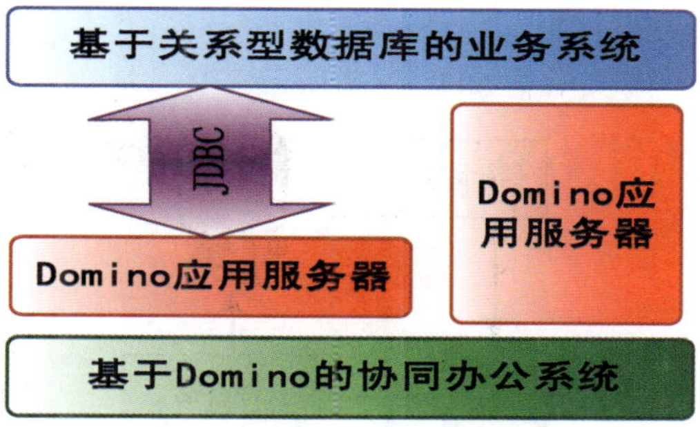

图7－6　JDBC数据集成方式

② 用户同步

为了减少朔黄铁路公司信息系统的维护工作量，避免朔黄铁路公司在未来需要管理多套系统的用户以及组织机构，必须实现办公自动化系统与朔黄铁路公司ERP系统之间的用户同步。

办公自动化系统与ERP系统之间的用户同步采取定时同步的方式来实现，即在每一天的某个时间点通过接口程序，由办公自动化系统读出ERP系统中的用户数据和组织结构数据，对办公自动化系统中的用户和组织结构数据进行替换、更新、新增和删除，从而保证办公自动化系统与ERP系统之间的用户和组织机构数据是一致的。

③ 接口功能

办公系统的后台支撑数据库为LotusNotes文档数据库，用户通过办公系统接口程序可以将办公自动化系统数据库中形成的文件数据信息转换到数字档案馆系统的数据库中，通过OA接口程序，用户可以避免数据的重新录入，文件的重新扫描；避免了数据和文件的重新挂接，从而减少了用户的工作量，达到了数据资源的共享使用，整个数据的转换工作包括两个方面：

a. 目录信息的转换

通过建立OA数据库与数字档案馆数据库表之间的著录对应关系，用户运用接口程序将目录信息转到数字档案馆系统对应的表中，并形成一些配置数据；与档案系统接口的具体功能如下：

(a)提供各种接口类别参数，包括：接口类别、接口标题、OA服务器名称、OA数据库名称、(表、视图)名称、年度标识名称、年度、标题标识名称、档案表、档案类别、FTP服务器地址、FTP路径、转换方式(重新转换、转换新数据等)。

(b)通过配置可以维护OA与档案字段之间的对应关系。

(c)接口程序能按照用户设定的时间自动进行数据的转换。

(d)使用人员能对OA数据进行选择性的转换。

(e)接口程序能列出某个接口类别中的OA数据，供用户检索。

(f)能对转换情况进行记载。

b. 文件信息的转换

文件信息的转换包括对扫描文件、WORD文件等一些OA系统通过嵌入、链接等方式挂接的文件，还有一些用户编辑文件的界面数据，例如：通过OA起草的文件格式，用户通过接口程序都能将其转换成一个单独的文件或者将其存放在档案系统的数据库中，以便数字档案馆系统中对数据的利用。

④ 接口

接口示意如图 7－7 所示。

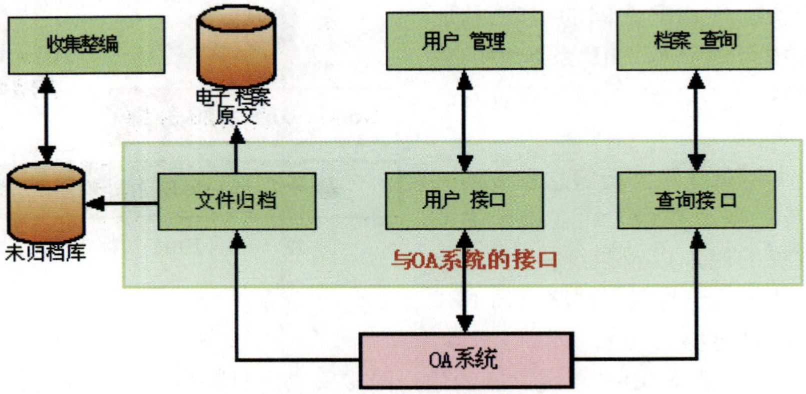


图 7－7　接口示意图

OA 系统与数字档案馆系统接口所完成的任务如上图所示包括了三个部分。一是将收发文的著录项转换至数字档案馆系统中，同时将收文单、发文单、正文内容、附件内容作为档案的“附件”或者全息信息而存在；第二部分是保证 OA 系统中的用户信息与档案系统中的用户信息一致和同步；第三部分是将档案查询功能嵌入 OA 系统中。

(8)外网统一邮件系统

针对朔黄铁路公司的用户，邮件系统的高可用性、高可扩展性是极其重要的。而 Java 在跨平台、开放性、扩展性方面具有先天优势，因此，基于 J2EE 构建大容量的邮件应用系统来满足朔黄铁路公司发展的需要。

邮件系统在当今社会，作为一种基础通讯平台，已经不单纯是简单收发邮件，而是作为互联网各种应用的核心，承载越来越重要的应用。朔黄铁路业务扩展迅速，员工逐年增加，使用邮件也日益频繁。邮件系统从建成的那一天起，就面临的压力。并且，朔黄铁路公司还缺少一个统一的面对外部人员的外网邮件系统，因此，建立一个具有较高稳定性、可靠性、结构良好的大容量邮件系统已经迫在眉睫。

① 系统架构

J2EE 系统架构如图 7－8 所示。

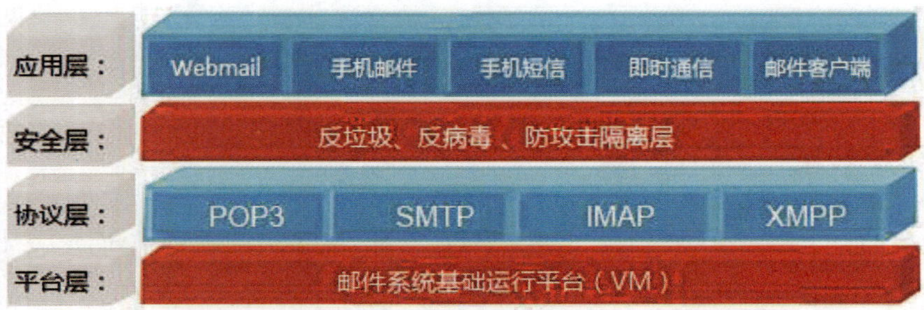


图 7－8　J2EE 架构

度部门对扣车进行管理。

(3)朔黄铁路公司机辆分公司货车检修中心

朔黄铁路公司机辆分公司车辆检修中心按要求完成各项生产任务和经济技术指标，贯彻执行有关货车检修和设备检修规章、命令、文件、技术标准、管理标准、工作标准及技术作业过程、检修工艺。

(4)朔黄铁路公司机辆分公司各列检所

朔黄铁路公司机辆分公司各列检所保障朔黄铁路辖区内运行货车的运行安全，同时按照运输部及其调度指挥中心(调度所)、机辆分公司及其技术部要求对过期车、到过期车、故障车组织扣车。

(5)朔黄铁路公司机辆分公司各爱车点

朔黄铁路公司机辆分公司各爱车点负责与沿线企业的货车使用交接技术检查。

(6)货车公司各站修所

货车公司各站修所按要求完成各项生产任务和经济技术指标，完成货车的辅修、临修和部分段修工作。

(7)朔黄铁路公司肃宁、原平公司各车站

朔黄铁路公司肃宁、原平公司各车站相应的列检所完成车统-23、车统-26和车统-36的交接。

2. 公司车辆调度

车辆调度主要根据红外线轴温智能检测系统、车号自动识别系统所采集的车辆信息，实时掌握车辆运行情况，根据日(班)计划、阶段计划，以及神华货车公司(以下简称货车公司)、站修所提供的可用车辆台数及车辆概况，合理运用车辆。

(1)编制车辆运用计划

根据计调下发的日(班)计划、列调下发的阶段计划，通过货车公司、车辆检修中心、站修所了解可用的车辆台数及车辆概况等，编制车辆运用日(班)计划，并以调度命令的形式下达给货车公司、站修所。

(2)实时监视车辆运行情况

根据安全监控系统、车号自动识别系统所采集的车辆信息，实时掌握车辆运行情况，依据管制规则及时对故障车作出相应处理措施，作为调度命令下发至前方技术作业站，并将相关信息及时提报列调台。同时还要具备车辆在车站长时间停留的预报功能，以提高车辆的使用效率。

(3)车辆运用、检修管理

根据车辆在货车公司、站修所、列检所的检查、检修等技术作业情况，对车辆运用、检修情况进行管理。

(4)日常统计分析

提供车辆运用、检修概况等统计分析报表的汇总、分析及上报，按指定时间段，统计任意分界口货车出入列数、车数，分车种的重空车辆级计信息和重车的去向信息。

(5)与相关系统交换信息

接收的信息有：计调的日(班)计划；列调的阶段计划；货车公司、站修所、列检所的车辆运用、检修概况。

发送的信息有:向计调度台及货车公司、站修所、列检所发送车辆运用计划。

3. 车辆检修管理

车辆检修中心的车辆信息化建设的数据源点,也是本次车辆检修信息化建设重点。检修中心按铁路相关货车检修标准进行车辆的检修,根据公司管理不同于国铁的专业化检修特点,在各检修部门存在个性化管理要求及统计需求。

车辆检修中心主要检修 $C_{64}$、$C_{64K}$ 车型,年生产任务达 6 500 辆,台位利用率 1.4% 。在技术标准上,认真贯彻落实和神华集团有限责任公司有关车辆段修的规章、文件、命令、指示,严格按照工艺要求的作业内容和作业范围施修;在生产内容上,车辆检修中心不开展轮对的拼修、轴承一般检修(段检)、闸调器检修、MT-3 缓冲器检修的生产,分别委外检修。该中心设置 8 条流水线:轮对检修工艺线、轴承压装工艺线、车钩检修工艺线、钩尾框检修工艺线、制动阀检修工艺线、构架检修工艺线、制动梁检修工艺线、转向架组装工艺线。相关的应用系统建设现状:目前朔黄铁路公司正常运行的软件仅有 OA 办公系统,暂时和 HMIS 系统无相关接口。

(1) THDS 系统

THDS(Trace Hotbox Detection System)即红外线轴温探测系统配套故障智能跟踪装置,目前朔黄线 THDS 设备有 30 余套,分别将数据上报到运输部及其调度指挥中心(调度所)检修调度,并复示给相应列检所(朔黄铁路公司 HMIS 系统轴承检修需接入 THDS 轴温检测信息)。

(2) TFDS 系统

TFDS(Trouble ot Moving Freightcar Detection System)即货车运行故障动态图像检测系统,目前朔黄线 TFDS 设备有 1 套,将数据传输到肃宁北列检 5T 楼(朔黄铁路公司 HMIS 需要接入 TFDS 探测车辆故障信息)。

(3) HMIS 系统

HMIS(Railway Wagon Technical Management Information System)即铁路货车技术管理信息系统,目前铁路数据库存有神华集团有限责任公司 20 000 余辆自备车的货车履历信息,朔黄铁路公司 HMIS 系统需接收铁路货车前次检修的整车及配件信息。

## 二、系统架构

1. 按业务性质划分

按业务类别划分系统架构如图 8-2 所示。

经过对朔黄铁路公司货车管理业务的分析,朔黄铁路公司货车管理信息系统从功能结构上可划分为四个主要分支,即:生产组织、技术管理、安全质量和综合(经营)管理。这四个主要分支囊括了朔黄铁路公司对于货车信息化管理的各个方面,分别在各级部门、各级应用系统中体现到具体的应用功能之中。

2. 按组织结构划分

按组织结构划分系统架构图如图 8-3 所示。

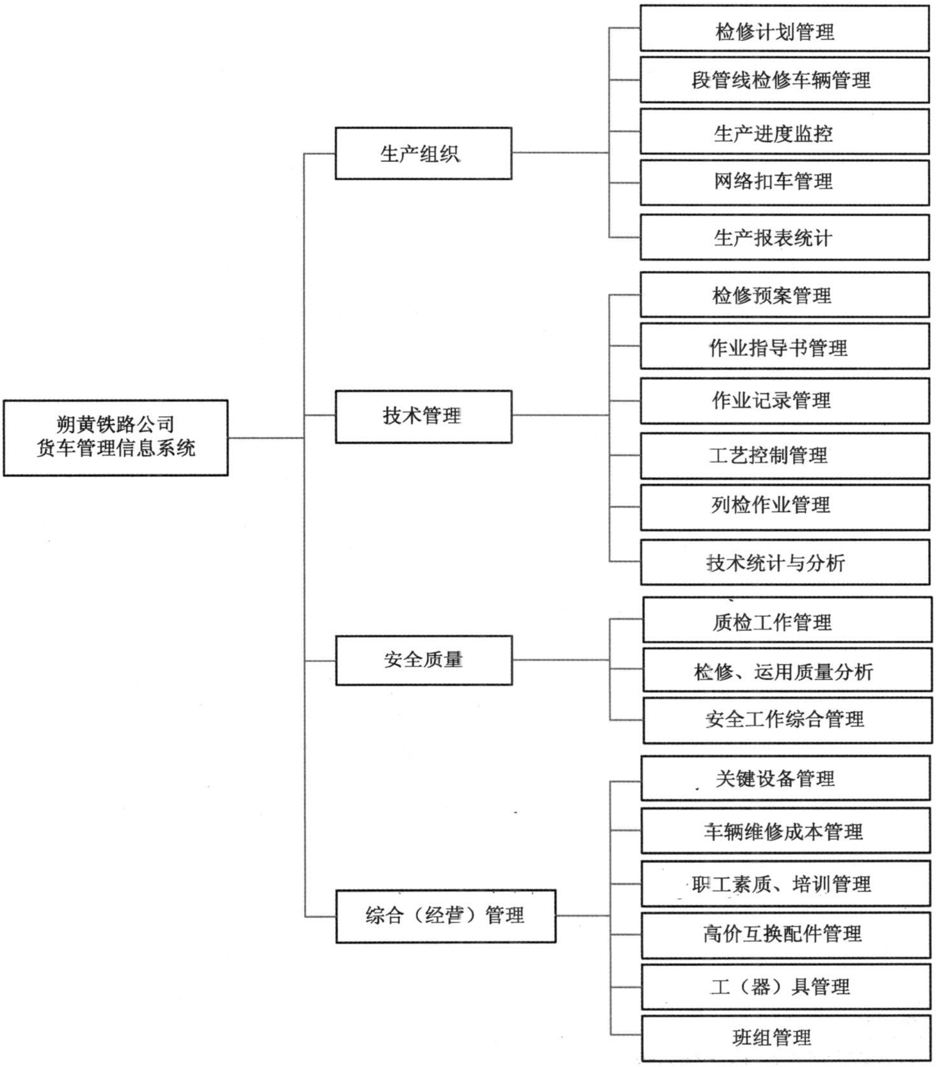


图8－2　按业务类别划分系统功能架构图

以朔黄铁路公司货车管理的各级部门为应用系统划分层级，将各部分管理功能应用在不同的层级上，根据各级管理部门的管理应用需求进行。

3. 技术选型

根据该货车管理信息系统的规模和应用模式，本方案采用 C/S 和 B/S 相结合的方式进行开发和实现。其中，对于交互性较强的现场生产管理部分的系统采用 C/S 方式进行开发和实现，包括现场的数据采集、技术管理等内容；对于管理、统计、分析等部分的功能采用 B/S 的方式进行开发和实现，包括综合管理、报表统计和分析等内容。

开发语言主要采用 Java、C；数据库采用 Oracle9i；应用服务器建议采用 WebLogic；报表工具采用润乾报表；数据同步中间件选用自行开发的 ETL 工具。

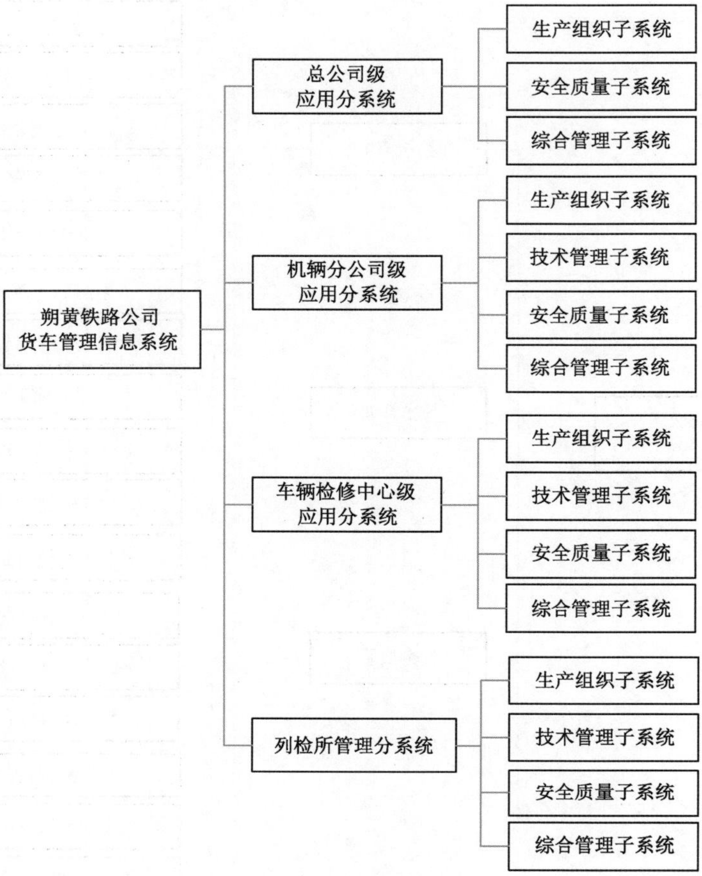


图 8－3　按组织结构划分系统架构图

数据库服务器、应用服务器均采用 IBM 企业级服务器，4G 以上内存，200G 以上存储，Windows 2003 操作系统；现场数据终端可采用移动式智能终端设备，如工业 PDA、智能手机等，Windows Mobile5 操作系统，实现数据的采集和查询。

管理终端采用商用主流 PC 机、Windows XP 操作系统作为管理终端；有线网络带宽 10 M 主干，1 000 M 交换，100 M 到桌面；无线网络采用 Wi－Fi、GSM、CDMA、GPRS 等标准协议。

4. 网络结构

下面介绍支持系统各级应用的方案，朔黄铁路公司网络结构如图 8－4 所示。

5. 系统部署

朔黄铁路公司货车管理信息系统部署如图 8－5 所示。

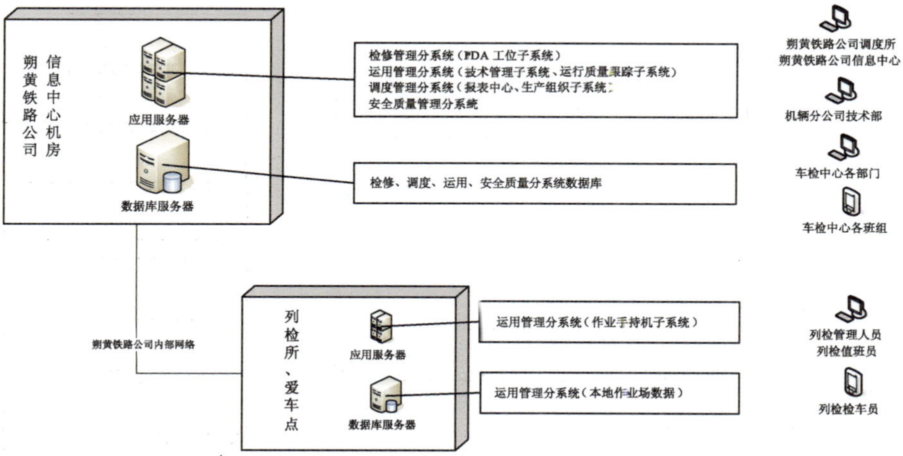


图 8－4　朔黄铁路公司网络结构

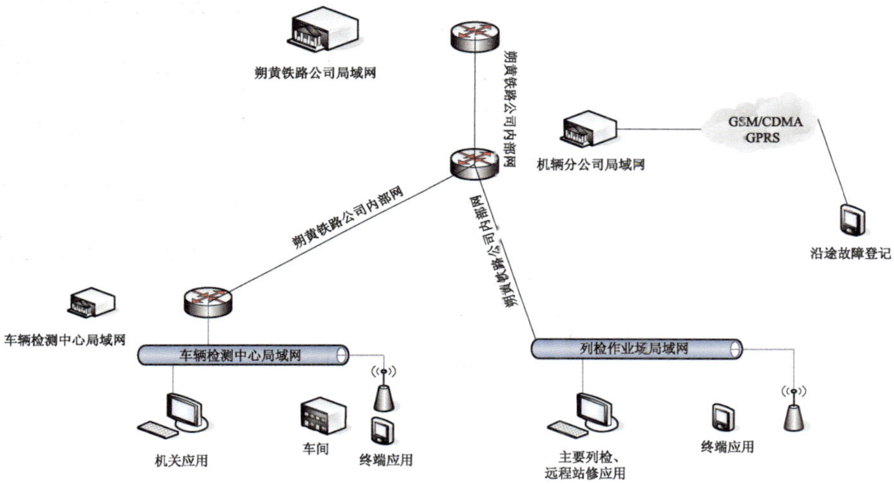


图 8－5　朔黄铁路公司货车管理信息系统部署

系统的总体部署分为两级部署，部署原则为在保证系统应用的前提下，易于维护、方便管理，兼顾系统扩展和集成的需求，采用集中部署的方式进行。

### 三、系统功能

根据朔黄铁路公司业务组织模式，对已建朔黄铁路公司货车管理信息系统划分为 4 个分系统，分别为调度管理、检修管理、运用管理、安全质量管理分系统。考虑到日后系统模块和功能的扩展，预留了“接口管理及扩展模块”，为以后系统功能的扩展及与其他信息系统的数据交换提供标准、通用的接口界面。总体功能结构划分如图 8－6 所示。

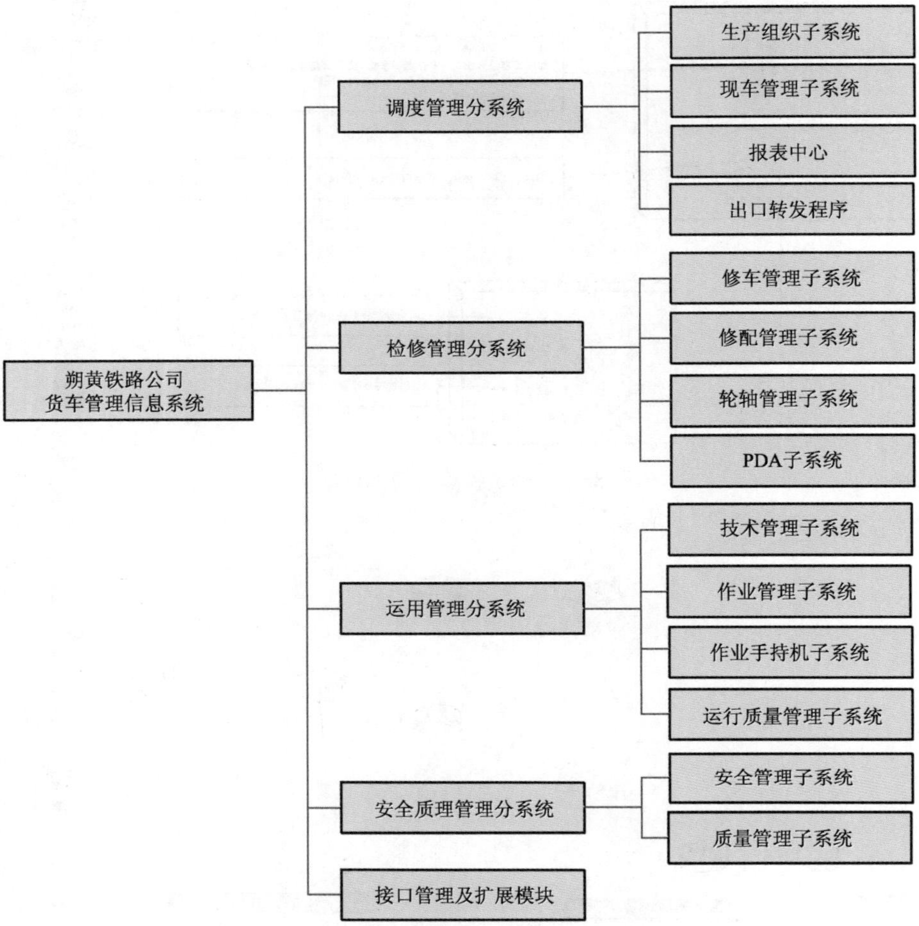


图 8－6　总体功能结构划分示意图

## 第二节　铁路机务管理信息系统

朔黄铁路公司机务管理信息系统主要包括调度智能化指挥系统、运安信息化系统、资源配置保障信息化系统、综合管理信息化体系、公共基础信息平台 5 部分，各部分中分别包含机车调度综合管理、机务运转楼信息综合管理、机车整备、机车检修、机车配件管理、机车质量综合控制管理、机车安全综合管理、运用管理、监控管理、机车入库检测、联运单位机务管理、机务设备管理、机务运力分析、机务能耗管理、机车统计管理、机车等级装备管理等 24 个模块及机务共享信息、机务专用基础数据、信息共享和数据交换 3 个基础平台。

1. 机车调度综合管理

调度综合管理综合涵盖了机车调度、机务运转楼信息综合（部分）、机车周转图管理、机车计划、人员计划、机车维修计划管理等方面的内容，构建机车运用管理综合信息平台，对机车运用计划、机车周转图、公寓管理、乘务员管理、机车维修计划管理进行复示、监督、指挥。系统功能如下：

一是建立朔黄铁路公司、分公司、中心（折返段）、班组四级体系信息化管理平台，实现对朔黄铁路公司各联运体机车运用计划管理、计划组织实施、机车运用状态进行复示、统计、监控；对肃宁机车调度室、神池南折返段派班室及外公寓指导室计划管理、出、退勤管理、待乘管理进行现场监控、指挥；对机车乘务员电子铭牌和公寓自动叫班、乘务员请销假管理进行复示、监督；对乘务员劳时自动统计、超劳提前预警提示。

二是结合股道自动化管理系统，将股道自动化管理系统与机车计划发送、接收系统接口，实现集中对机车出入库作业、整备作业、库内机车调转、停留车位置及手动道岔控制进行实时功能复示、跟踪、监控、指挥。

三是实现机辆分公司机车调度与朔黄铁路公司调度中心信息共享；实现机辆分公司机车调度计划与朔黄铁路公司调度中心机车计划同步复示。阶段计划下达或机车计划变更后，能随时向各机车调度员、派班室、公寓发送准确计划，进行网上传输、接收、审批，根据股道自动化显示的段内、整备场机车停放位置和整备状态，实时调整机车出库计划，并通过网络发送至计划调度员。

四是建立列车运行图和机车调度指挥系统复示查询系统，随时掌握列车运行状况，实现运输生产组织集中指挥、统一管理，达到对生产现场随时监控、集中指挥、集中控制，确保安全生产控制有力、有序、高效、可控。

(1) 机车调度的功能

朔黄铁路公司机车调度既是运输指挥体系重要的组成部分，同时也是运输调度组织部门相对独立业务的一部分，因此机车调度系统中的各模块既要相对独立，又要紧密地衔接。朔黄铁路公司机车调度应能够读取列车开行计划，根据列车开行计划自动推算机车交路、正确编制和执行日计划机车周转图；与行车调度紧密配合、组织均衡开车，保证各联运单位机车供应均衡，经济合理地使用机车，提高机车运用效率，及时处理日常运输中的有关问题；自动勾画机车周转图，并下达到肃宁、神池南机车调度室。

机车调度与列车调度指挥系统进行实时的数据交换，取得列车实际运行信息（包括列车运行信息、机车运用信息），铺画机车实际周转图，对现有机车的状态进行转换，机车调度命令下达，机车运用转非运用、非运用转运用、机车短备、解备等调度的命令下达、接收和回执等。

(2) 机车调度主要结构及组成

机车调度系统分为机车周转图、机车动态管理、运用分析统计、乘务员超劳管理、救援列车动态、机车乘务员动态、调度命令七个模块，并能通过网络实现朔黄铁路公司、机辆分公司、中心（折返段）、班组四级信息共享。机车调度系统结构如图 8－7 所示。

(3) 调度命令管理

① 机车调度命令

在日常调度指挥中，上级调度对下级调度下达的调度命令分为口头命令和文字命令。日常生产指挥中，凡是上级调度要求下级调度执行的指示，都是调度命令。文字命令有命令号、发令人、收令人、时间等。机车调度遇下列情况之一时，发布命令：

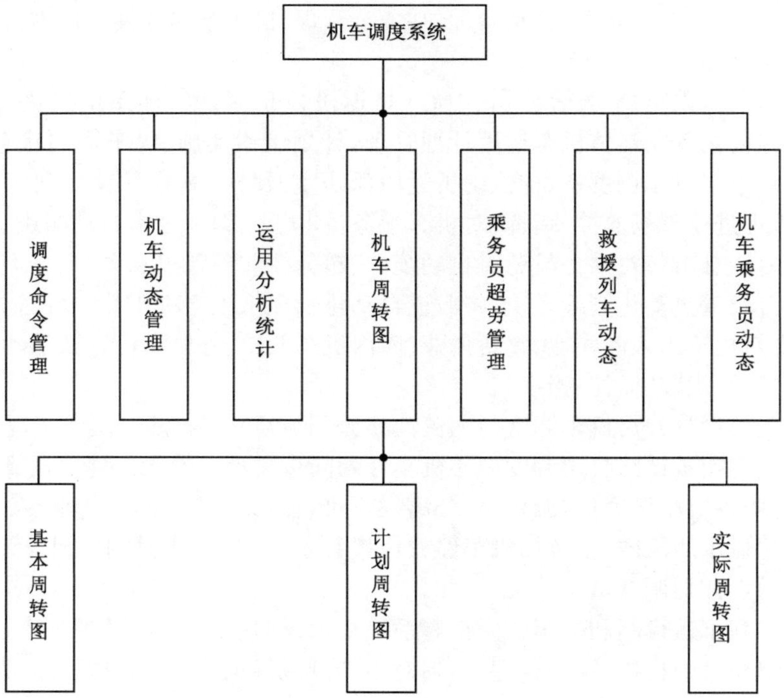


图 8－7　机车调度系统结构

a. 机车及救援轨道起重机调动、回送、助勤、出租、报废及过区段和变更机车工作种别。

b. 机车代固。备用机车的加入和解除。

c. 动用救援列车或救援轨道起重机承担非救援工作。

d. 布置日计划机车周转图。

e. 发布事故通报。

根据领导指示,布置其他有关机车运用等工作。

② 机车检修计划

制订检修计划应用在机车预防修中,按其检修范围:大修(厂修)、中修、小修和辅修。

检修计划是预防修的基础,机车检修计划制订根据年度运量、各联运单位机车配属,参考机车检修机车修后走行公里数,自动形成年度、月度的机车检修计划。

当机车累计辅修后公里数达到辅修公里范围时,生成该机车的辅修计划,机车按计划正常修理,修竣落成时辅修后公里设为零,辅修后公里数重新开始记。同理,生成小修计划、中修计划和大修计划。当机车同时进入辅修和小修修程计划时,以修程范围大的计划(即小修)为准,小修修竣落成,其辅修后公里数和小修后公里数均清零。同理,机车中修后,中修后公里数、小修后公里数、辅修后公里数均为零。机车大修后,各修程修后公里数均为零。

③ 主要组成

a. 计划编制/调整管理:根据机车的走行公里数,以及机车检修标准自动或手动生成检修计划。

b. 计划上报/下达管理:检修计划确认后上报到生产调度管理系统,等待调度中心下达日生产计划。

c. 计划查询/统计管理:根据作业工单完成情况,生成计划日兑现率、月兑现率等报表,为检修质量管理系统提供数据支持。

2. 机务运转楼信息综合管理

机务运转楼信息综合管理是机务运用安全管理的核心,涵盖了机车调度管理、安全管理、人员管理、乘务员标准化作业卡控等方面的内容,系统通过机车周转图、计划管理、人员(铭牌)管理、待乘管理、出勤管理、退勤管理、施工明示图管理实现运输生产组织集中指挥、统一管理的目标。

根据对现场情况的具体调研、管理人员访谈,结合朔黄铁路公司的生产关系组织结构。运转楼综合管理的总体业务需求可以归纳为调度室自动化、综合信息查询、信息发布等方面的内容。

3. 机车整备

机车整备管理系统对机车入段的停放位置、排列顺序、高效作业、故障检修、出入段控制等进行了智能化的管理,结合现代化的网络通信和股道自动化设备,使数据资源的采集、加工、处理、分析、发布都基本依靠网络和信息技术实现,并在此基础上优化管理规范,从而为机车运用提供更准确、更及时、更全面的机车数据信息服务。

4. 机车检修

(1)机车检修管理

机车检修中心依据运输生产部下达给本部门的生产计划,结合作业人员在岗情况和目前的生产能力,完成具体作业任务安排和分配,使各作业岗位人员及时了解工作内容和技术标准,进行工作进度控制和工作质量管理;管理人员对出勤情况和作业活动进行汇总和统计分析,实现作业任务的量化管理和作业质量的管控,为作业人员绩效考核和业务能力评估,以及检修工艺流程的改进提供依据。联合运输单位机车通过机车配属单位进行区分。

(2)主要结构及组成

检修管理功能框架如图 8-8 所示。

① 检修进度监控。通过在调度室设置大屏幕,实时显示库内台位信息、检修作业过程进度网络图及个人作业超时提示。

② 作业工单编制/下达。各生产调度根据机辆分公司运输生产部下达的生产计划,结合生产工艺、作业人员在岗、关键设备技术状态、机车故障(机统-28、复检、重点活项等)等情况,编制各作业岗位/班组“作业工单”(此作业工单为作业任务类工单,不含材料、财务信息,与 ERP 不重复,最终与 ERP 作业工单合并形成完善的作业工单),并下达到各作业班组。同时根据机车履历中的零星检修登记情况对作业工单进行重点标注。

③ 作业工单管理。各作业组长接收本班组的“作业工单”,同时根据 ERP 作业工单领用相应的生产原料,登记“作业工单”领用和回收情况。

④ 临时作业申请。检修调度根据临时作业的需要,填报“临时作业工单”,如果有需要还需填写“临时配件配送申请”,并将临时作业下达班组。

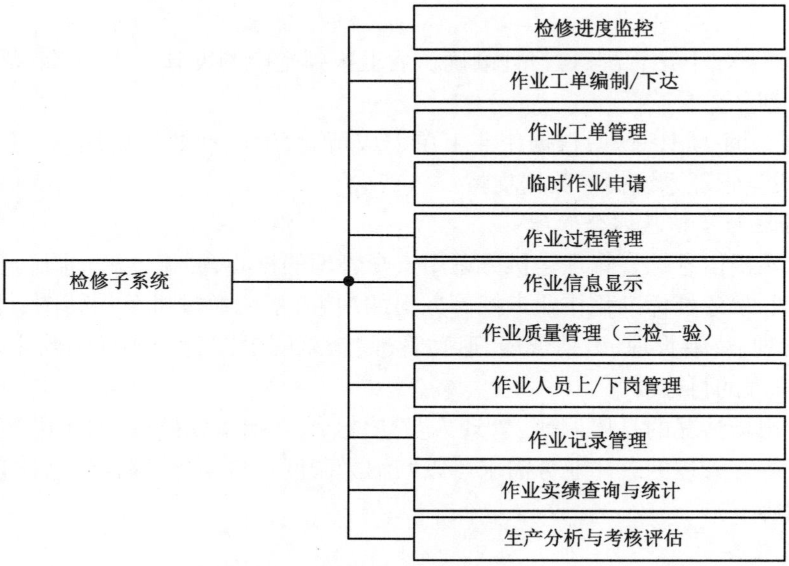


图 8－8　检修管理功能框架图

⑤ 作业过程管理。通过作业过程中在工序技术交接时，在工位终端进行作业活动的刷卡登记，安全岗位作业人员在作业前后通过工位终端刷卡，系统记录作业开工、完工时间，以及作业人员在上岗和离岗前进行刷卡登记，实现对作业过程中关键环节的卡控。

⑥ 作业信息显示。在检修库内设置大屏幕，实时显示检修计划、待检查及验收工序、作业返工修、重要通知通告等信息。

⑦ 作业质量管理(三检一验)。在关键工序完成后，由工长、质检员及验收员对整个工序过程及结果进行检查验收，填写作业质量的检查验收信息。其他一般工序则进行抽检抽查，同样需要填写作业质量结果记录。给工长、质检员、验收员配备手持机，可于手持机上完成工作的检查及工序的验收工作。

⑧ 作业人员上/下岗管理。工班长根据近期生产计划和员工休假申请等编制和调整“员工出勤计划”，系统对员工出、退勤和作业活动情况刷卡记录进行自动汇总；工班长和生产管理人员可查询员工出、退勤和作业活动的记录和统计信息。

⑨ 作业记录管理。各班组作业人员在工序技术交接和作业结束时，通过终端设备录入相关作业记录信息或由工班长依据回收的“作业工单”作业实绩记录数据项，录入相关作业记录信息。系统自动汇总统计各作业人员、班组的作业量；工班长可查询和修改本班组的作业记录，修改记录时需提供口令验证，系统要对修改情况记录日志。

⑩ 作业实绩查询与统计。提供作业实绩的查询、汇总和统计；提供个人工时的查询统计及与额定工时对比。

⑪ 生产分析与考核评估。工班长和生产管理人员利用作业人员、班组作业记录，进行班组的劳动力匹配等生产分析，以及作业班组和员工个人的绩效考核与能力评估。

5. 机车配件管理

配件的管理以机车的检修为源头，实现配件的质量、状态、寿命、库存的跟踪与管理，实现配件技术和质量信息在公司、分公司及与配件新造、大修厂之间的交互传递等。

（1）主要结构及组成

机车配件管理的管理范围有：朔黄铁路公司运输部、机辆分公司、中心、班组4级。机车配件管理主要功能结构如图8-9所示。

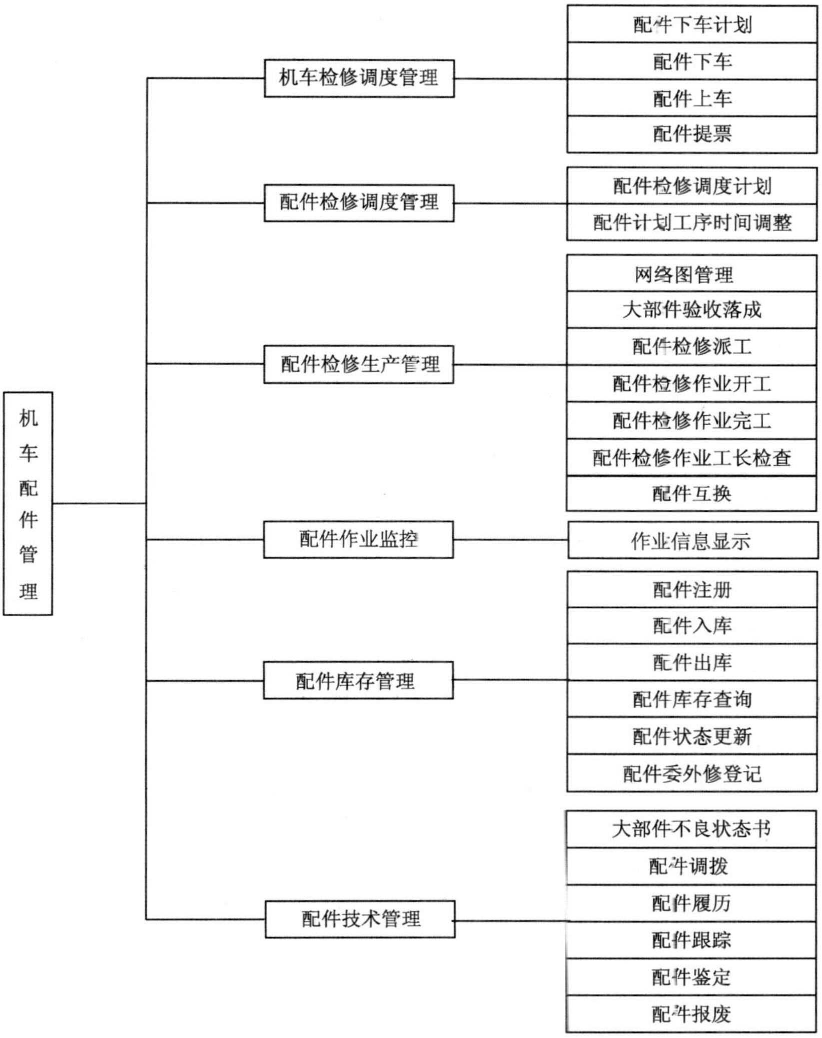


图8-9　机车配件管理主要功能结构图

① 机车检修调度管理。其主要功能包括配件下车计划、配件下车、配件上车、配件提票。

② 配件检修调度管理。其主要功能包括配件检修调度计划和配件计划工序时间调整。

③ 配件作业监控。在调度室设置大屏幕，实时显示配件台位信息、配件检修网络图。在配件检修区设置大屏幕，实时显示检修计划、待检查及验收工序、作业返工修、检修中心重要通知通告等信息。

④ 配件检修生产管理。其主要功能包括配件大修网络图、配件中修网络图、配件小

辅修网路图、大部件验收落成、配件检修派工、配件检修作业开工、配件检修作业完工、配件检修作业工长检查、配件互换。给工长、质检员配备手持机,可于手持机上完成工作的检查及工序的验收工作。

⑤ 配件库存管理。其主要功能包括配件注册、配件入库、配件出库、配件库存查询、配件状态更新、配件委外修登记。

⑥ 配件技术管理。其主要功能包括高价互换配件管理台账、配件周转记录、大部件不良状态书、配件调拨、配件履历、配件跟踪、配件鉴定、配件报废。

(2)配件的寿命分析

分析机车的走行、互换记录及产生的故障及检修情况,由下级职能部门审查上报数据,并上传到上级。

(3)配件履历

① 配件的状态。配件有运用、检修、库存三个大的状态,依据配件的三个不同状态查询配件分布情况。

② 配件走行。查询配件的配属情况、新造公里、新造时间、寿命、新造走行公里数、近期历经的修程、检修时间、走行公里数、修后走行公里数。

(4)配件申购

检修中心根据系统提示的配件保有情况(低储预警)进行配件申购填报。

6. 机车质量综合控制管理

对检修数据和故障数据进行集中管理和整合加工,为其他各模块提供完整的综合检修数据信息支持,构建系统运行和技术分析的基础数据平台。通过故障分析,为朔黄铁路公司运输部、机辆分公司内检修作业提供专业化技术决策和指导;通过检修数据分析,及时总结检修经验,持续对检修工艺加以改进;通过对机车检修作业验收数据的管理,强化对重点作业工序的质量监控,实现对重要部件进行寿命管理和质量控制,为机车质量管理提供考核依据。对联运体各单位机车,根据机车配属单位进行分类查询、统计。

(1)技术履历管理

① 机车基础履历管理。提供基础履历信息的录入、更新、查询和相关信息的统计功能。基础履历信息采取分层管理模式,划分为机车履历、主要配件履历两层信息内容,并可根据机车配属段信息进行分类统计及查询。

② 机车检修履历管理。集中管理归档后的机车检修历史信息和故障历史信息,提供机车检修历史信息和故障历史信息的更新、查询和统计功能。检修履历信息采取分层的管理模式,划分为机车检修、主要配件检修两层信息内容,并可根据机车配属段信息进行分类统计及查询。

③ 重要配件履历管理。对按编号进行管理的重要配件,建立与机车履历管理对接的重要配件履历库,包括配件的基本信息、技术参数、折旧时限、检修历史、子配件更换记录、检修故障、报废情况等信息,提供配件履历库的创建、维护功能配件档案信息的查询和分类汇总统计功能。

(2)检修数据综合管理

① 车载监测诊断数据采集。系统自动采集车载系统检测的机车运行故障信息及经专家系统分析得出的诊断结果。

② 地面设备检测数据采集。系统自动采集由轮对踏面诊断装置、受电弓故障检测装置、空心轴探伤设备等智能化故障诊断设施产生的检测信息。

③ 人工测量/试验数据的采集。接收从作业管理模块采集到的测量/试验数据或由系统自动采集和存储的检修作业后的部件试验和整车试验的结果数据，系统对这类结果数据进行管理，提供试验数据的查询和统计分析。

④ 检修数据的整合加工。提取作业管理模块所记录的数据，并与故障诊断信息和试验数据等进行整合、汇总，为其他应用模块提供全面的机车检修数据视图。

(3)机车技术分析

① 故障隐患分析。技术部定期分析机车各类检修数据和系统保存的机车故障信息（主要来源于车载故障诊断系统和地面故障诊断设备采集的故障数据，以及人工检查故障记录），分析机车惯性故障（重复故障、故障排行），生成"故障隐患分析报告"及相应的"故障排查申请单"，并提交计划调度员。

② 机车可靠性分析。技术部利用系统存储的各种故障相关数据，对本所检修的各种机车进行可靠性分析，定期生成"机车可靠性分析报告"。

③ 检修工艺改进分析。检修工程师通过机车和配件可靠性的分析、故障规律的发现及检修经验的及时总结，提出"检修工艺改进建议"。

(4)检修质量管理

① 检修质量查询与分析。系统自动汇总由作业管理模块采集的各作业工序的检查验收信息，提供不同力度生产单位（作业人员/作业班组/检修中心）的检修质量查询和统计分析。

② 检修作业质量考核。系统自动汇总由作业管理模块采集的各作业工序的检查验收信息，生成各作业班组和关键检修作业岗位人员的检修作业质量考核报告。

③ 技术改造管理。对技改的作业过程及作业结果进行管理，生成技改报告。

④ 大修管理。对大修过程进行跟踪管理及评价，并形成大修报告及厂家评价。

(5)配件质量管理

① 配件寿命管理。根据配件履历信息和配件寿命周期，系统自动分析并提供配件报废到限告警；根据配件静态放置、使用及检修情况等因素，调整配件的报废时限；统计和分析配件检修、应用的总体情况，总结配件应用、检修的相关规律，作为调整配件检修周期的参考。

② 配件质量管理。对采购的新配件和修竣返库的利旧配件进行质量检查和验收登记；结合配件运用情况，统计和分析不同采购来源和生产批次的配件质量总体情况，总结配件应用、检修的相关规律，作为配件采购和供应商评估的依据。

7. 机车安全综合管理

机车安全综合管理系统功能结构如图 8－10 所示。

(1)机车动态管理

机车动态管理利用计算机将机车（运行中的机车和段内停留的机车）、人员（出勤的人员和待班的人员）相互关联，形成统一的查询管理系统。该系统多数数据来自于其他各个领域内不同信息管理系统，同时将本身的数据以统一接口方式向外共享。

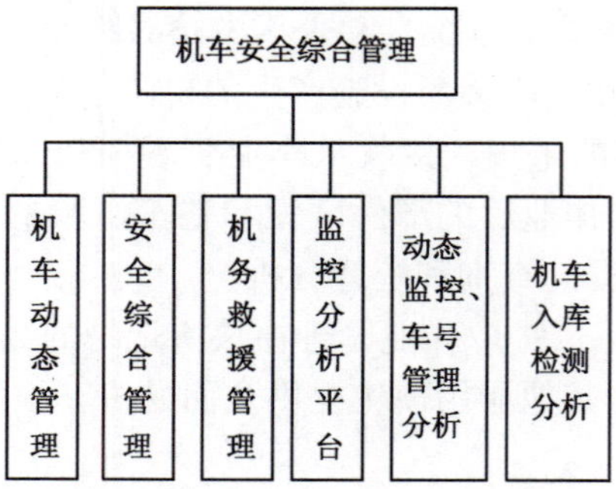


图8－10　安全管理系统功能结构图

机车动态管理采用地理信息系统(GIS)动态显示机车及人员位置信息。GIS是集计算机图形和数据库于一体,把地理位置和相关属性有机结合起来,并根据实际需要将信息准确、真实、图文并茂的输出给用户,为管理者提供直观的决策支持方式。它表达的是空间位置及所有与位置相关的信息。在系统中车站、铁路及段厂平面图信息为人工维护或将其他格式文件导入产生。基本操作都集中在电子地图上,这样不仅能更直观地展现数据且能使用户操作更为简单。

机务数据整合平台信息系统由运行机车分布图、段内调车、地图维护和系统管理4个主要功能模块组成。系统功能基本模块框架如图8－11所示。

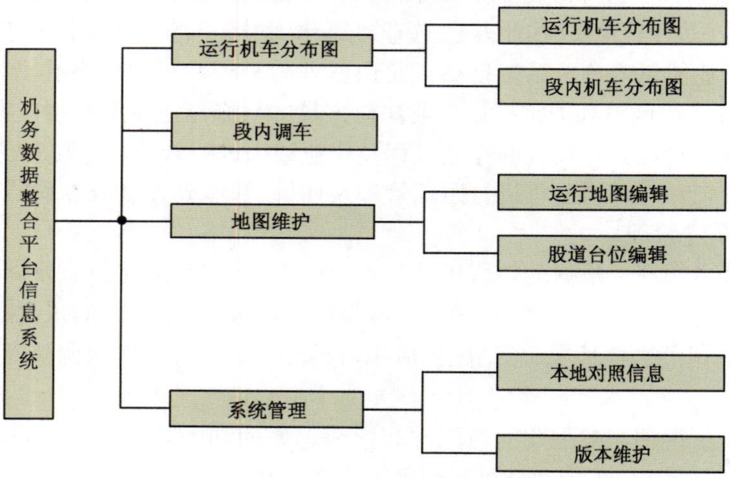


图8－11　系统功能基本模块框架

(2)安全综合管理

机务安全管理工作是整个铁路安全管理工作中的重要一环,秉承一贯对安全的高度重视,作为行车部门,机务安全管理工作具有非常严格的体系。但应该看到,缺乏信息化的管理工具,影响了管理效果。这主要表现在,由于多为纸质作业,管理人员忙于日常事务,如各类报表的汇总填写,对过程的持续改进的支持较少。为将以人为本的管理思想进一步落到实处,让领导能够迅速了解安全状况,加强安全管理力度,将机务安全管理作为机务信息化建设的一环是有必要的。

在施工管理方面，目前安装在机车上的列车运行监控装置均为采用地面数据车载方式的 LKJ 型监控，列车运行时装置适时调用存储在设备中的地面线路数据，按照行车命令对列车实行速度监控，因此，地面线路数据是 LKJ 型监控装置中的核心与灵魂。由于线路施工而临时改变的列车运行状态及区段限速的揭示命令则是监控装置中的临时动态数据文件。依据运行调度命令，将运行揭示按照一定的数据格式编辑后写入 IC 卡内，由乘务员出乘时带上车并写入监控，使监控装置按照揭示命令适时对列车运行实施减速控制或改变行车方式。

机务安全管理涵盖日常安全信息、安全预警、不安全因素控制、安全生产问题库、外部环境安全信息、劳动人身安全管理、事故信息管理和路外伤亡管理、车机联控管理、施工调度命令管理，并建立反馈闭环控制和汇总统计查询功能。

① 日常安全信息，由各基层部门将相关的安全信息进行登记和传达，主要包含机车乘务员和检修人员发现的、列车运行监控记录装置记录的、轴温报警、走行部检测等装置记录的，以及其他每天发现的各类安全信息。

② 安全预警就是针对各类安全信息，确定安全预警级别及相应的处理措施和预案，发送到相关责任人。

③ 不安全因素控制就是对不安全因素的处理情况的跟踪。与日常安全信息和安全预警形成闭环控制。

④ 安全生产问题库就是对于规定时间仍没有明显改善的安全隐患或需要跨部门处理的问题，进入安全生产问题库，由负责人专门处理，并根据需要上报和联系其他部门，达到逐级负责的效果。

⑤ 外部环境安全信息管理包含天气信息、相关路况、特殊情况等的采集、筛选和传达。

⑥ 劳动人身安全管理就是相关情况的检查和问题登记。

⑦ 事故信息管理和路外伤亡管理就是对事故信息和路外伤亡情况的登记、汇总和查询。

⑧ 车机联控管理就是对车机联控情况问题的记录和汇总。

⑨ 施工调度命令管理就是运用计算机信息智能处理技术，将调度命令中与机务行车安全相关的关键要素（如线路、车站、公里标、时间、限速等）提取出来，实现对调度命令的自动解析。在调度命令解析的同时对命令自身进行审核，通过将新下发调令与以前调令对比，发现调度命令的下发是否规范与完整，实现对调度命令的变化情况实时记录，包括新增、撤销及命令分解、编辑、校验比对、揭示写卡、揭示验卡等的全过程操作情况，并能够按照管理需求生成各种统计报表。

(3) 机务救援管理

机务救援管理是基于地理信息系统，以电子地图为基础，结合线路录像、救援对象（机车车辆等）、事故地点地形地貌、事故现场情况，以及丰富的救援预案，实现多信息的可视化管理方式，在行车事故救援工作中提供决策支持。

当发生行车事故需要救援时，行车指挥部门、救援列车及有关部门，通过使用该系统，为快速进行救援组织指挥和选择救援作业方法提供有效的决策。

救援系统支持主要包括：地形地貌、救援对象、救援预案、救援装备、吊具模拟、电话通信、教育培训、现场视频、与其他系统接口、系统帮助等功能。为适应地面和救援列车的不同应用需要，建立功能完全相同的网络版和单机版。

(4)监控分析平台

监控分析平台包含监控数据自动分析、退勤分析、日常分析、各级干部逐级分析、专题分析、分析数据统计汇总等功能。系统实现了监控记录装置记录数据的自动分析、各类操纵违章的分类查询和汇总，并为用户提供了多种多样的分析考核手段。

(5)动态监控、车号管理分析

动态监控、车号管理分析模块通过构建车—地无线传输网络并利用朔黄铁路公司运输生产网络，形成“地对车、车对地、地对地”安全监控体系信息传输网络的基础平台，可以完成朔黄铁路公司、机辆分公司、运管中心(折返段)三级网络范围内的数据信息传递，及时向相关人员通告报警、预警信息，收集现场检查和处理情况及其他反馈信息，实现全面、全程的综合安全监控、预警。

① 自动检测与监测信息采集。自动检测并采集机车运行状态信息，并通过车载信息平台及车—地无线传输网络向地面提供在途列车安全运行状态信息，为实现在途机车的运行安全监视、预警提供数据支持。

② 列车运行状态实时查询。实时传输列车运行车次、位置、速度、前方信号等列车运行状况信息，通过电子地图和数据列表方式实时显示，为行车调度指挥和机车调度部门组织、调度列车高效、安全运行提供信息支持。

③ 机车运行安全监测信息的集中监控、预警。通过对机车安全设备的实时监测、动态分析，根据报警门限值和各种智能分析模型，判断各种安全隐患、设备故障和类型、级别，生成报警、预警信息集中显示，并根据相关业务处理流程，向各级行车指挥、机车管理和设备维护部门及时提供机车在途运行的报警，预警信息，为机车乘务员途中故障处理提供远程技术支持。

④ 处理信息反馈。现场作业人员及时报告报警、预警事件的处理情况，相关管理人员可在报警解除或事故恢复后及时获得通知，以建立闭环控制机制。必要时可在线跟踪安全报警事件从发生到处理结束的全过程，实施全面、实时地安全监控。

⑤ 无线转储。机车入段后利用无线网络将车载设备的全程检测记录文档进行自动转储下载、分析处理，为设备检修、质量管理、统计分析等生产管理过程网络化提供信息支持。

⑥ 应急指挥。实现地面行车调度与机车执乘司机点对点的应急通话，为车—地协同处理机车运行突发情况、缩短故障延时和应付自然灾害等提供通信保障。

(6)机车入库检测分析

① 监控文件地面处理

自动识别各种型号的监控装置记录的机车运行数据，同时对机车运行数据进行处理和分析，提供详细的运用安全信息和设备检测信息，以表格和运行曲线形式直观显示列车的运行情况。

② 监控文件分析

机车入座检测分析的主要功能有：文件分析、文件查询、排序统计、项点统计、修正信息、分析结果统计、按分数段统计、违章频率跟踪、乘务员档案资料管理、触摸屏插销分析、大屏幕排序等，还包括检索、干部分析意见签署，以及根据检索分析结果控制乘务员是否准许退勤等。

文件分析功能的自动处理程序通过自动检索指定目录下地面处理软件生成的格式

码文件,将文件区分为正常行车文件和检测文件,分别调用不同的模块进行处理。前者分析行车过程中机车监控装置的工作状态,并通过调用参数设置程序设定的参数进行分析,判断监控装置是否出现故障;后者主要考核检测人员是否按照检测操作规范作业,并进行打分,同时进行个人和班组成绩的排序,程序最后将分析结果存入数据库,供查询程序调用。

质量模块读取自动处理程序存入数据库中的信息,用户可以通过多种文件查询方式查询文件中监控装置的具体故障信息,并可以直接定位到全程记录。程序同时提供打印功能,检测查询软件对检测人员及检测班组作业成绩进行各种查询和排序操作,并生成各种报表,

8. 运用管理

运用管理功能结构如图 8－12 所示。

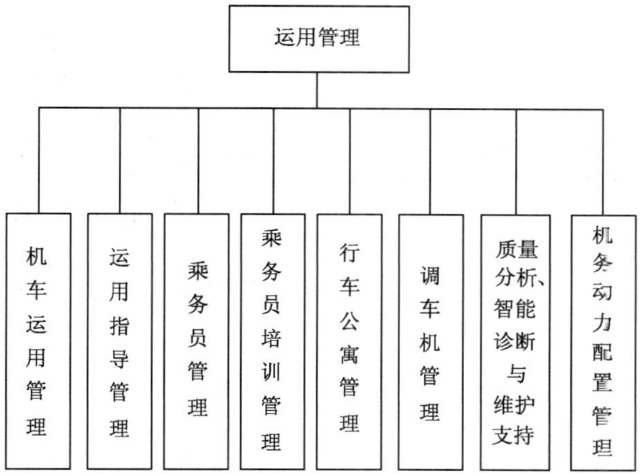


图 8－12　运用管理功能结构图

(1)机车运用管理

朔黄铁路公司机车运用管理是在确保安全的前提下,实行竞争"上网运输"的运营模式,并统一指挥、分级管理。各级行使管理的主体分别是朔黄铁路公司运输部、机辆分公司、运管中心、联合运输体。

机车运用管理工作的主要职责是制订合理的机车工作计划,据朔黄铁路公司运行图确定机车配属台数,各联运单位准入机车备案,定期进行运用分析,完成机车和人员的组织工作;对机车乘务员一次标准化作业的全过程进行管理,加强各级干部的管理力度,提高管理水平;制订和落实机车乘务员日常培训计划,加强提升机车乘务员业务素质。

各级机车运用管理部门除了行使日常的管理职责外,更主要的是及时、准确、全面地获取基层的生产信息,正确把握工作的重点,作出正确的决策。

机车运用管理主要功能及组成如图 8－13 所示。

(2)运用指导管理

运用指导管理主要包括人员、机车基本信息、日常台账管理、职工素质管理、干部动态管理、工作计划与总结、综合评分、各类报表等功能。

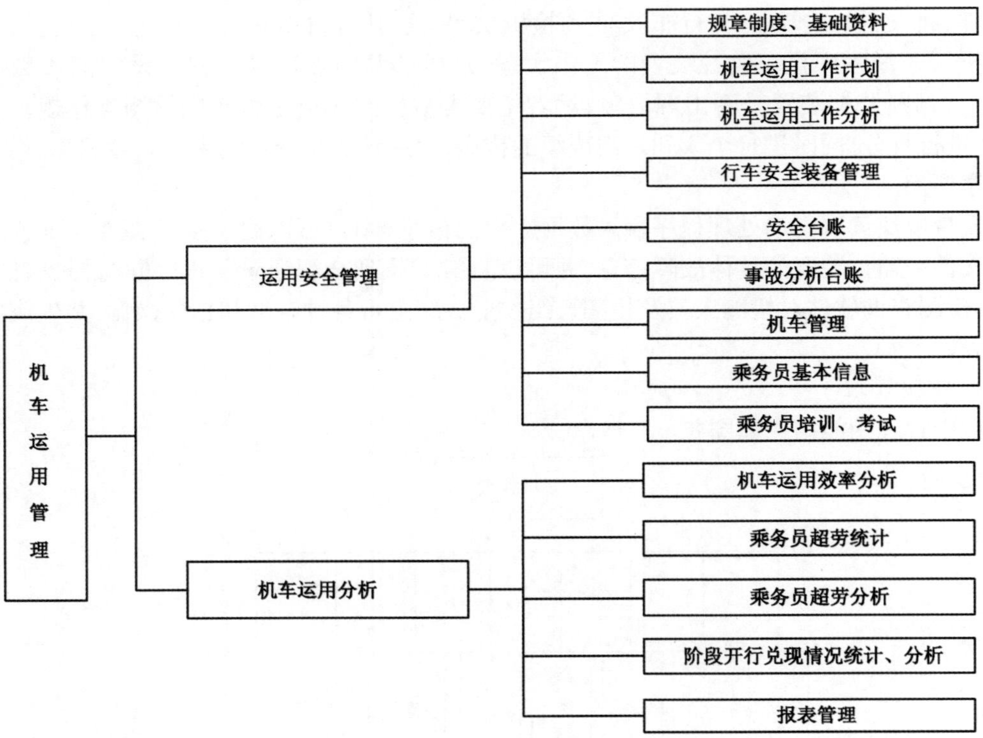


图 8－13 机车运用管理主要功能及组成

① 人员、机车基本信息。查询人员自然情况、业务素质情况、机车配属情况、机车保养情况等。

② 日常台账管理。好人好事登记、职工两违登记、关键人车登记、机车质量登记、乘务员学习缺勤登记、考试考核登记、防止事故登记、机破临修登记、事故苗子登记、各类事故登记、路外伤亡登记、路风问题登记；

③ 职工素质管理。职工素质台账登记包括职工素质累积分、百安赛成绩、个人安全公里数、个人走行公里数、个人安全天数、职工素质基本情况。数据自动更新及累加。

④ 干部动态管理。干部动态登记、记录，如添乘、检索分析、抽查、参加小辅修、关键点工作等，自动生成干部添乘交路图（动态表），可打印。

⑤ 工作计划与总结。指导司机（车队长）工作月报；指导司机（车队长）月季工作情况统计、主要工作动态（如添乘）统计；指导组（车队）违章违纪、防止事故、好人好事、事故苗子、机故临修、考勤等数据统计。

⑥ 综合评分。机车保养评分、干部考核评分、指导司机安全天数等内容。

⑦ 各类报表。指导司机工作考核记录簿（安全关键管理、事故违章违纪记录、防止事故及好人好事记录、机车质量登记、机破临修记录、乘务员标准化验收记录、工作小结）、添乘信息单、干部考核评分月报、机车保养评分月报。

（3）乘务员管理

乘务员管理系统是一套功能齐备的动态报表软件，包括系统安全模块、人员数据录入模

⑩ 网络调度

a. 动态监控在机辆分公司调度的应用

机辆分公司运转中心是基层网络和数据中心，可以实时监控列车移动情况，通过大屏幕（电视墙、LED）的电子地图形象地动态显示追踪机车情况。紧急情况使用机车110，实现调度与运行机车零距离管理。

b. 动态监控在车站调度的应用

各车站跟踪区间列车，监控列车通过情况。如果发生司机睡觉或因其他意外造成的列车冒进、放扬恶性事故，车站可通过遥控加密信息强行列车紧急停车，防止恶性事故发生。

c. 动态监控在调度指挥中心的应用

公司调度指挥中心利用网络管理权限分享列车追踪的信息资源。调度指挥中心可以与机车通话和查询网络有关信息，构成运输网络调度。

10. 机车入库检测

（1）检测人员操作分析

根据检测转储数据，对机车检测人员的机车检测过程进行分析和统计，及时统计出检测统计报表。

（2）出入库检测、检修管理（含修程）和维修管理

① 新开检查证填写

根据系统记录的检查证编码，自动产生一个检查证编码，并将当前登录的操作人员作为开证人进行填写。

② 入库检查证填写

检测人员对一台入库机车检测作业、文件转储完成后，通过该项功能，完成检查证的填写工作。检查证填写完整且各项设备正常后，可直接启动新开检查证的功能，并自动生成机车号等基础信息。

③ 出入库检测记录生成

根据检查证自动生成出入库检测记录。

④ 落修记录表填写

当发生设备或板件有故障需要落修时，检测人员通过该项功能来完成落修记录的填写。

11. 联运单位机务管理

朔黄铁路公司联运单位机务管理是在以确保安全为前提且实行竞争"上网运输"的运营模式下，实行统一指挥、分级管理且一个牵引区段多家机车混跑的形式。由朔黄铁路公司运管中心、中铁一局、中铁三局、中铁四局、中铁十五局、北京局保定、天津北、天津地铁共同承担列车牵引任务，其中肃宁—神池南、肃宁—黄骅港区段的列车牵引任务由朔黄铁路公司运管中心和运输联合单位共同完成，黄万线（黄骅港—神港）区段由天津地铁公司担当。列车牵引任务各级行使管理的主体分别是朔黄铁路公司运输部、机辆分公司、运管中心、联合运输体。

目前联运单位机务管理信息化建设处于相对滞后的现状，如各联运单位机务管理信

息化尚未纳入朔黄铁路公司信息化建设体系、各单位信息化管理相对独立、应用系统各自独立、资源不能共享、缺乏统一规划、整体设计与统一管理、统一调度的要求不相适应等。

联运单位机务管理按照“统一规划、分步实施、统一管理”的建设方针，依托朔黄铁路公司运输生产网络体系，结合朔黄铁路公司生产管理模式，符合朔黄铁路公司机务管理信息系统总体方案，形成对联运单位机务业务的信息采集、数据统计、数据处理、状态报告的支持，从而实现联运机务管理和决策的支持系统。

该系统涉及机车管理、人员培训管理、计划、铭牌管理、机车统计管理、机车检修管理、机车配件管理、机车质量分析、安全综合管理等模块，实现了运输生产组织集中指挥、统一管理的功能。联运单位机务管理组成如图 8－16 所示。

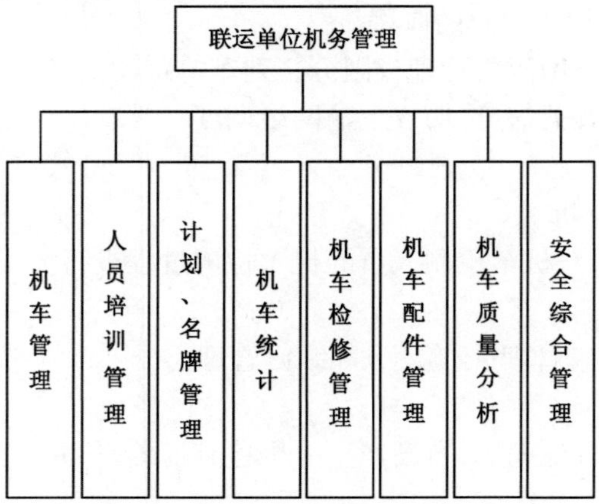


图 8－16　联运单位机务管理组成框图

联运单位机务管理信息分为生产管理信息和安全信息两大类。

(1)生产管理信息

机车管理、人员培训管理、机车配件管理、机车检修管理、机车统计等基本信息，来源于机务生产过程。

(2)安全信息

① 安全信息来源机车监控装置记录的数据。

② 安全信息来自车—地无线传输安全数据。

所有生产管理信息要在联运体进行分析处理，汇总后逐级上报，从而建立决策支持系统。安全数据要具有实时性且设置查询权限。

12. 机务设备管理

(1)设备管理

机务设备集中管理机辆分公司内各种运用、整备、检修、检测设备设施及配套设备设施(如厂房、股道台位设施、传导设备、机械动力设备、工装测试实验设备等)和工具的相关基础信息，支持设备设施的使用、维护、更新改造，确保各类关键设备设施保持良好工作状态，提高有效工作时间，减少设备停机时间，增加设备使用效率，提高设备可利用率及可靠性，满足先进的生产设备对现代生产组织保障的要求。

充分利用 GIS 地理信息系统、图形处理和多媒体技术，在实现对机务设备技术档案、

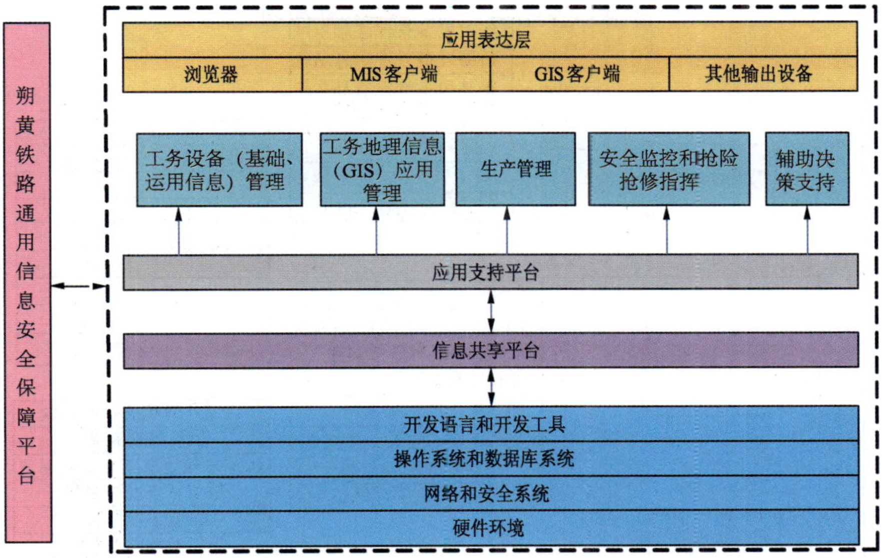


图 8－19　朔黄铁路工务管理信息化体系结构

根据朔黄铁路工务管理信息化体系结构定义，结合中央数据库 2006 年 10 月批准的工务信息化规划内容，设计朔黄铁路工务管理信息化的信息系统，包括工务设备（基础、运用信息）管理、工务地理信息应用管理、生产管理、安全监控和抢险抢修指挥、辅助决策支持系统。这五大管理系统均下设若干子系统，朔黄铁路工务管理信息系统构成如图 8－20所示。

上图中 17 个浅绿色标注的（其中运行图工务资料编制系统为速度图绘制部分）为中央数据库 2006 年开始实施推广的全系统工务信息管理系统所包含的功能。经过几年的实际应用，目前中央数据库信息技术中心又着手进行了工务系统新的功能应用的进一步开发研究，将工务信息系统应用推向基层班组，扩展并丰富了综合生产管理系统，同时，将其扩展为 8 个新的密切结合铁路工务日常生产的应用。8 个中一些新的功能也已在昆明、武汉等局试点应用。

朔黄铁路工务管理信息系统构成从朔黄铁路的实际出发，综合考虑了中央数据库工务信息化专项规划、全系统工务信息系统的实施应用及全系统工务信息系统应用的新的发展趋势，设计实现了朔黄铁路工务管理信息系统应用包括朔黄铁路工务管理信息系统构成图中浅绿色部分和浅黄色部分的应用功能。

朔黄铁路工务管理系统采用分布式结构，四级管理模式，即朔黄铁路公司总部、分公司、工队、班组四级。在朔黄铁路公司总部设置工务信息技术应用和数据库服务器，通过朔黄铁路公司计算机网络，连接公司总部、分公司、工队和班组四级。分公司、工队和班组不设置服务器。

系统依据各级用户的业务需求及访问权限提供相应的信息服务。

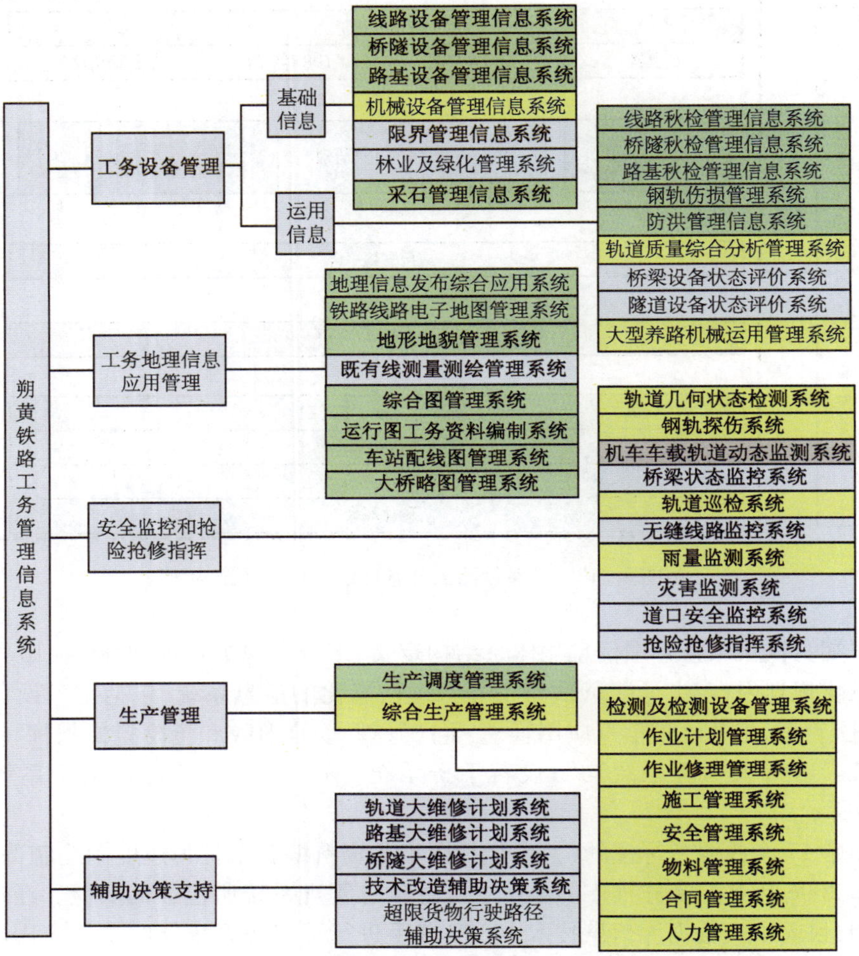


图 8－20　朔黄铁路工务管理信息系统构成图

## 二、功能描述

在工务系统功能设计实现时，为提升信息服务的质量，考虑将工务设备管理与工务地理信息应用管理结合，进行统一规划设计，使其成为一个大而全面的能够实现可视化管理的设备管理平台，作为工务系统实现精细化管理的数据基础和实施保证。

工务设备管理是工务系统实现精细化管理的数据基础，将设备基础属性数据、视频录像、照片等综合数据与地理信息系统有机地结合起来，立足于现有相关数据库，利用 GIS 展示各类专题图。在相关的数据支持下，系统利用 GIS 给各级管理者提供其关注的专题图，例如管界图、线路设备综合图、防洪专题图、两图联动、三维模型、车站专用线、重点桥隧和旧轨料信息等。

工务设备管理包括设备基础信息和设备运用信息管理，以及设备在地理信息系统中展示查询功能，包括线路设备管理、线路秋检管理、桥隧设备管理、桥隧秋检管理、路基设备管理、路基秋检管理、采石管理、防洪水害管理、工务地理信息发布/查询、铁路线路电子地图管理、地形地貌、线路综合图管理、线路速度图管理、车站配线图、大桥略图管理等，实现对线路、桥梁、路基等生产设备信息的编辑、查询、统计和汇总等。设备在地理信息系统中的展示查询功能利用工务系统中线路、桥梁、路基设备数据，自动生成线路设备综合图、配线图、速度图、大桥略图等日常生产所需图形，并且提供设备台账信息 GIS 查询、关联数据库查询，以及根据生产需要各种 GIS 专题图信息等，如线路综合图的自动生成及维护。它可以利用设备数据库灵活地自动生成综合图，生成用于查询的里程连续的综合图或用于打印的分页式综合图，可分步创建综合图中各元素（线路设备），并进行综合图的标注、编辑、打印和保存等工作。车站配线图的管理及维护可实现车站配线图的缩放、移动、鹰眼功能，实现分图层浏览车站配线图，进行车站配线图的打印、保存、标注、编辑等工作，为用户提供工务设备的可视化管理。在设备管理功能中，对应建立各种规范标准的工务设备字典、病害字典。下面分别对线路设备管理、线路秋检管理、桥隧设备管理、桥隧秋检管理、路基设备管理、路基秋检管理、采石管理、防洪水害管理等进行详细介绍。

1. 线路设备管理

线路设备管理是工务管理的核心之一，它管理工务的全部线路设备信息，根据线路设备的实际情况和有关技术资料，工务部门按照设备的变化情况，填写或修改线路设备信息；按照当前线路设备管理的要求，整合旧线路设备管理系统。新的线路设备管理系统采用数据共享的方式，供朔黄铁路公司、分公司、工队、班组四级使用。

线路设备提供数据增加、修改（批量修改）、删除、查询、汇总、数据转换、数据转储、数据校验、运营情况计算、报表制作（生成、浏览、打印）、查询统计、沿线线桥设备概况统计等功能。系统涵盖线路坡度、曲线、钢轨、股道、轨枕、道岔、道床、道口、大修、中修、无缝线路、专用线、运营情况等 33 个业务数据表、111 个字典表、23 类报表。

（1）系统维护

线路设备具有使用对象设置、修改用户密码、字典表维护、数据转换、数据转储、线路简介等维护功能。

字典表维护涉及线别、行别、钢种、轨型等 111 个字典表，提供了对字典表数据增加、修改、删除、查询等编辑功能。转换数据涉及转换线路名称、钢轨、坡度、曲线等 24 个数据表。数据转储将线路设备数据表中无年度字段的数据转储到相应历史数据表中。线路简介可以实现线路（或合并线路）沿线线桥设备概况统计，并将线桥设备概况输出，便于保存、再编辑使用。

（2）数据维护

线路设备数据维护中包含数据编辑、数据校验、数据获取、计算运营情况等部分。

数据编辑提供了对钢轨、曲线、运营情况等 33 个有关业务数据表，进行数据增加、修改、批量修改、删除、查询等操作功能。业务数据表包含：单位管界、股道、股道道岔、股道轨型、道岔、坡度、曲线、钢轨、正线轨枕、站段岔特线轨枕、正线道床、站段岔特线道床、车站、道口设备、专用线、专用线轨型、专用线辙叉、人员机构、立交设备、管界标、水准基点、道口事故、无缝线路主库、无缝线路次库、大修、中修表、起讫里程、路基、机报 6、机报 7、总重区间、机务区段总重区间拆分、机务区段运量、总重区间运量、钢轨运营情况、运营情况。

数据校验提供了如下校验功能：

① 里程校验（钢轨表、坡度表、正线道床表、正线轨枕表）

钢轨表和坡度表之间、钢轨表和正线道床表之间、钢轨表和正线轨枕表之间的检查项目：按照线编号、行别，终点里程减起点里程之和、最小起点里程、最大终点里程。

② 岔枕数量校验（道岔表、正线轨枕表、道岔表、站段岔特线轨枕表）

a. 道岔表和正线轨枕表之间木岔枕数量一致性；b. 道岔表和正线轨枕表之间混凝土岔枕数量一致性；c. 道岔表和站段岔特线轨枕表之间木岔枕数量一致性；d. 道岔表和站段岔特线轨枕表之间混凝土岔枕数量一致性。其中普枕根数的计法，根据木岔枕根数和混凝土岔枕根数是否为零，确定普枕加在土岔枕或混凝土岔枕内。如果土岔枕根数不为零，则普枕根数加在土岔枕根数内；如果混凝土岔根数不为零，则普枕根数加在混凝土岔根数内。

③ 数据表中字典性字段的一致性校验

提供利用机务部门的机报 6 和机报 7 数据，通过拆分、计算、合并等，计算钢轨的累计通过总重和运营情况。

(3) 查询

查询部分分为详细查询、统计查询、SQL 查询。业务数据表中的所有字段均可设置为查询条件，便于用户快捷地查询所需线路设备有关信息。各种查询结果可以随时输出，便于用户保存、再编辑使用。

① 详细查询。按照用户选定的数据范围，对各查询项目的数据库内容进行详细查询。

② 统计查询。对各项查询项目的统计指标，按照业务计算规则，在选定的数据范围内进行统计汇总，并输出统计查询结果。

从线路的数据库结构设计来看，各查询项目的数据库主要有两种方式。第一种为查询项目对应单个数据库表格。除字典表、系统表（主要包括车站表、管界标、线名表、公司表单位编号表）外，这种查询只需要在对应的数据库表中查询结果，并不需要其他业务基础表参与操作。第二种为查询项目对应于多个数据库表格。除字典表、系统表（主要包括车站表、管界标、线名表、单位编号表）外，这种查询需要在项目的主表和对应的子表（可能存在多个子表）之间联合查询。

根据数据库的组织方式不同，项目查询分为两种模式，单表项目查询和多表项目查询。

2. 线路秋检管理

线路秋检是根据线路秋检数据，建立线路秋检数据库，并对钢轨、股道、零配件、轨枕、道床、道岔、曲线设备状态等进行评定，记录完成秋检调查工作的工区信息，提供了线路秋检调查数据增加、修改（批量修改）、删除、数据校验、数据汇总、数据替换、转换 DBF 数据、制作和打印线路秋检报表（生成、浏览、打印），以及数据查询等功能。系统涵盖了 10 个字典表、3 个业务数据表、8 大类报表。

(1) 系统维护

系统维护具有使用对象设置、修改用户密码、字典表维护等功能。字典表涉及工区名、正线名、线路秋检违规参数、伤损辙叉字典、伤损尖轨字典、伤损基本轨字典、伤损导轨字典、伤损零配件字典等10个。系统提供了对字典表数据增加、修改、删除、查询等编辑功能。

(2)数据维护

线路秋检数据维护中包含数据编辑、数据替换/检查、按条件批量修改等部分。

数据编辑就是对正线线路调查、站线线路调查、道岔调查等秋检业务信息表进行数据增加、修改、删除、查询等。

数据替换/检查包含数据替换、数据检查、转换DBF数据等功能。数据替换根据线路设备库的设备情况自动生成当年的线路秋检记录,然后再录入调查伤损情况。数据检查提供两种级别的数据校验:录入的同时进行校验,对数据的类型长度及字段之间合理性进行校验;完整的数据校验,该校验在秋检数据录入完成之后,数据汇总之前进行校验,除对数据类型长度和字段间合理性进行检查之外,还对各记录间的关系及与相关表之间的关系进行校验。数据检查结果记录到文件中并自动打开供用户参考。转换DBF数据功能是将既有系统的DBF线路秋检数据转入系统对应的数据表中。

(3)数据汇总

数据汇总分级进行,上级用户可以进行下级用户的汇总工作,但下级用户不能进行上级用户的汇总工作,同时提供条件汇总功能。

3. 桥隧设备管理

桥隧设备管理向用户提供一个管理桥梁、隧道、涵渠和其他桥隧建筑物设备数据的计算机应用软件。

系统提供了设备数据增加、修改、删除、查询、汇总、设备基础数据的维护、各种报表的制作(生成、浏览、打印)、数据转换、数据逻辑检查等功能,查询结果和报表可以输出到Excel之中。系统涵盖78个字典表、18个设备属性数据表、21类报表。作为铁路工务管理信息系统的一个系统,充分考虑了与其他相关公用信息共享的问题,比如公用字典表信息(单位、线路、行别等),并增加了长短链标记、运营状态等字段,规范了数据库结构,使桥隧系统与线路系统有机地结合起来了。

(1)系统维护

系统维护具有使用对象设置、修改用户密码、字典表维护、下载设备基础数据、数据逻辑检查、转换老数据等功能。

字典表维护涉及桥梁墩式样、桥梁墩材料等78个,提供了对字典表数据增加、修改、删除等数据编辑功能。转换老数据涉及转换桥梁主区、次区等10个设备属性数据表。

(2)数据维护

数据维护是对设备属性数据进行增加、修改、删除、查找等操作,用于维护桥隧设备属性数据,共涉及桥梁主区、次区等18个设备属性数据表。

① 桥梁部分

桥梁主区、桥梁次区、桥梁照片库、桥梁大修、桥梁维修、铁铁立交、铁公立交、桥上出岔、生成桥梁主区孔跨式样。

② 隧道部分

隧道主区、隧道次区、隧道大修、隧道维修、隧道排水设备。

③ 涵渠部分

涵渠、涵渠接长、涵渠大修。

④ 其他

桥隧长期慢行、其他桥隧建筑物。

4. 桥隧秋检管理

桥隧秋检管理面向用户提供一个管理桥梁、隧道和涵渠设备病害、存梁信息、消除劣化情况等秋检信息的计算机应用软件。

系统利用桥隧设备管理中的设备基础信息，提供了对桥隧设备秋检病害信息增加、修改、删除、查询、汇总、上年秋检信息、各种报表的制作（生成、浏览、打印）等功能，查询结果和报表可以输出到 Excel 之中。根据《铁路桥隧建筑物状态评定标准》文件，系统规范了劣化项目，涵盖了桥梁劣化项目 6 大类、119 项；隧道劣化项目 5 大类 14 项；涵渠劣化项目 6 类。系统涵盖 9 个字典表、5 个秋检信息表、14 大类汇总报表（每大类报表含有按照单位、线路、轨距、劣化等级等多种组合的详细分类报表）。

（1）系统维护

系统维护具有使用对象设置、修改用户密码、字典表维护等功能。字典表包含桥梁秋检标准、隧道秋检标准、涵渠秋检标准、劣化等级、存梁表中钢梁的可用程度、增减变动表中涉及的消除劣化方式、主要线路设置、主要线路合并等。系统提供对字典表数据编辑维护的功能，可以增加、修改、删除、查询等。

根据《铁路桥隧建筑物状态评定标准》文件，桥梁劣化项目有 6 大类、119 项；隧道劣化项目有 5 大类 14 项；涵渠劣化项目有 6 类，劣化项目对应的劣化等级可分为 AA、A1、B、C、D。

（2）数据维护

数据维护是利用桥隧设备管理中的设备基础信息，提供了对设备秋检病害信息进行增加、修改、删除、查询等操作，用于维护桥隧设备病害数据，共涉及桥梁秋检、隧道秋检等 5 个秋检数据表。同时，提供利用上年秋检信息的功能。

秋检数据表有：桥梁秋检、隧道秋检、涵渠秋检、存梁信息、增减变动等。

（3）数据汇总

数据汇总包含：桥隧建筑物劣化情况汇总、劣化桥隧涵增减变动分析汇总、桥隧秋检明细比较汇总、桥隧秋检结果汇总、桥隧秋检结果比较计算、存梁汇总、桥隧建筑物劣化情况条件汇总与查询等七部分。汇总内容灵活，各单位根据自己关心秋检内容不同，可以选择相关劣化等级的汇总内容。涉及劣化等级的汇总均具有各种劣化等级组合及单个情形的汇总。汇总方式具有按照单位汇总（是否分正站线、岔特段线）、主要线路汇总（含一些主要线路合并的汇总内容）。条件汇总可以选择按照单位（含是否分正站线、岔特段线）、主要线路（含公里段）、劣化等级、年度等进行汇总，并提供打印条件汇总结果报表、查询显示条件汇总结果等功能。

5. 路基设备管理

路基设备管理包括路基本体设备、路基防护加固设备、路基排水设备、路基基床加强设备和路基其他设备等五个组成部分，提供数据编辑、汇总、统计、查询、报表和绘图等功能。

路基设备基础数据由班组负责收集，通过手持机或手工方式采集原始数据，班组负责检查复核。

可利用 MapInfo 地理信息平台，绘制路基设备综合图，并具有分页打印功能。

6. 路基秋检管理

该系统记录了各单位正（站）线路基病害，建立路基秋检数据库。根据中央数据库统一评定标准评定路基设备状态，产生路基设备状态评定扣分明细表和路基设备重点病害明细表，为路基大修、维修提供决策依据。

7. 采石管理

该系统主要完成对铁路工务系统采石业务的管理，包括采石生产与供应管理、采石机械设备统计、人员统计、采石场状态登记等内容，分为采石生产供应计划、采石生产情况、采石供应情况、采石场库存、采石场登记簿、人员统计、机械设备、采石场经济效益、道砟产品质量检查等内容。

8. 防洪水害管理

防洪水害是对水害发生信息、水害漫行信息、暴雨封锁区间、水害直接损失、防洪预抢工程名件、危险地点、看守地点、雨量计信息、沿线水库、防洪准备、雨量警戒值、防洪备料机具及战备梁等信息进行收集整理，建立相关数据库，提供数据分析、统计、查询、报表功能，查询结果和报表可以输出到 Excel 之中。利用防洪水害信息管理系统，及时地掌握防洪、水害信息，以及对防洪、水害历史信息进行分析，发挥各类信息资源的优势，为铁路科学防洪提供依据。涵盖 37 个字典表、12 个防洪水害信息业务表、13 类标准报表、各种类型的统计报表（含图形输出）、防洪简况文字报告等。

（1）系统维护

系统维护具有使用对象设置、修改用户密码、字典表维护、数据转换等功能。字典表包含水害分类、设备分类、水害项目等 37 个字典表，系统提供对字典表数据编辑维护的功能，可以增加、修改、删除、查询等。数据转换功能是对新旧系统对应数据结构变更不大的数据表进行转换，实现了对水害发生信息、水害慢行信息、水害直接损失、危险地点、看守地点、雨量计信息、沿线水库、防洪准备信息、防洪备料机具及战备梁等 9 个防洪水害信息表数据转换工作。

（2）数据维护

数据维护是对防洪水害信息进行增加、修改、删除、查询等操作，并提供了生成未开通的记录摘要报告功能，便于通知用户及时修改已经开通的水害信息记录。

防洪水害信息数据表有 12 个，分别是：水害发生信息、水害慢行信息、暴雨封锁区间、水害直接损失、防洪预抢工程名件、危险地点、看守地点、雨量计信息、沿线水库、防洪准备、雨量警戒值、防洪备料机具及战备梁等。

（3）数据汇总

数据汇总是对防洪基础资料之一按照年度进行汇总，汇总从防洪工程件名表中汇总的项目、从雨量计表中汇总的项目、从危险地点表中汇总的项目、从防洪准备表中汇总的项目等。

## 三、检测管理

检测管理的目的是管理各类动态检测数据的完整性，管理各类动态检测方式的检测次数是否完整，综合分析各类检测方式数据的有效性、合理性。

检测管理包括线路检测、桥隧涵检测、路基检测、养路机械检测。

线路检测包括动态检测管理和静态检测管理，其中动态检测管理包括对轨检车、机车动态检测仪、管理人员添乘、添乘仪、晃车仪和钢轨探伤车检测数据进行管理和分析；静态检测管理包括对轨检仪、人工线路检测和小型探伤仪钢轨检测数据管理。各种数据都要在班组、工队（设备检测中心）、分公司和公司管理中体现，要对各种历史数据进行对比分析。

检测管理主要提供对轨检车、晃车仪（机车线路动态检测仪）、轨检仪、人工线路检测、探伤车、小型探伤仪器、人工钢轨伤损的检测情况进行管理，为用户管理线路动、静态检测完成情况及检测数据是否及时入库进行联动提供可靠的数据基础。

在线路检测管理模块的主页面中，为用户提供了对本单位的动、静态检测情况，可以为用户显示当前时间上个月的动、静态检测不达标单位。单击不达标单位的链接可查询该单位不达标的详细信息。

### 1. 动态检测管理

动态监测管理主要是对各单位各种动态检测方式在日常安全生产过程中的落实情况进行细化管理，为各级管理者方便了解各自管内各项动态检测工作的落实情况。下面对前4种的检测数据并行管理和分析。

（1）轨检车检测管理

轨检车检测管理主要是对轨检车数据是否入库、数据是否完整（包括GEO和IIC数据）进行检测。该模块可以对轨检车每月、季度、年的检测次数、检测数据入库是否完整、检测完成情况等进行查询和统计。

（2）机车动态检测仪检测管理

机车动态检测仪检测管理主要是对机车动态检测仪检测的落实情况进行细化的管理，总结机车动态检测仪的使用规律，以此提高各单位机车动态检测仪的使用效果。本模块对机车动态检测仪的检测情况进行统计，并自动生成年度和月度统计报表，用户可以查询月度的检测详细记录及月度检测不达标的单位。

（3）管理人员添乘管理

管理人员添乘管理主要是对各单位关键管理岗位人员对线路的日常添乘的人员、时间、车次、区段及发现的重点问题进行数据化的管理，并依据这些数据对关键岗位的管理人员日常线路添乘情况形成月度、季度、年度检测，完成工作情况的报告。

（4）添乘仪检测管理

添乘仪检测管理是对各单位利用添乘仪对线路的日常添乘的人员、时间、车次、区段进行数据化的管理，并依据这些数据对日常添乘仪检测线路情况形成月度、季度、年度检测，完成工作情况的报告。

### 2. 静态检测管理

本模块的主要功能是对各单位、各种静态检测方式在日常安全生产过程中的落实情况进行细化管理，方便各级管理者了解各自管内静态检测工作的落实情况。

（1）轨检仪检测管理

轨检仪检测管理是对各单位日常采用轨检仪检测线路的检测完成情况进行数据化管理，并依据这些数据形成各单位轨检仪线路检测的月度、季度、年度检测工作，完成工作情况的报告。

（2）人工线路检测管理

人工线路检测管理是对各单位日常人工线路的检测完成情况（检测单位、检测时间、检测里程、检测人员、数据单传情况）进行数据化管理，并依据这些数据形成各单位人工线路检测的月度、季度、年度检测工作，完成工作情况的报告。

（3）小型探伤仪钢轨检测管理

小型探伤仪钢轨检测管理是对各单位采用小型探伤仪进行钢轨伤损检测情况（检测时间、区段、执机人员、发现问题等）进行数据化管理，并依据这些数据形成各单位小型探伤仪钢轨伤损检测的月度、季度、年度检测工作，完成工作情况的报告。

## 四、状态分析

设备的状态分析是依据工务部门日常对设备的所有检测数据进细化分析与评定的综合展现，是通过对各种检测当前及历史数据进行对照分析，参照现行的管理标准把当前需要重点控制的严重问题和历史状态对比情况的分析在系统中进行全面的展现，共分为线路状态分析、桥隧状态分析、路基状态分析、养路机械设备状态分析四部分。其主要实现线路设备状态分析中的线路检测报告、线路检测分析、综合检测分析的相关功能。

1. 线路检测报告

线路检测报告展示和统计各种动、静态检测方式的检测数据中的各种超限数据，使用户能够实时掌握线路的病害处所和线路修理重点地段，为日常线路临修、经常保养管理重点提供依据，并能够查看历史检测数据和各类专题分析结果，以掌握线路历史情况，同时也能反映各级单位管辖范围内的线路质量基本情况。该功能是编制维修临修计划和辅助经常保养计划编制的数据基础，为其他功能模块提供基于超限数据支持。

（1）线路动态检测报告

① 轨检车检测报告

轨检车报告提供：轨检车统计报表、年度质量报告、轨检车检测三四级病害处所报告、轨检车各单位历史 TQI 对照表、临修病害整改通知书、线路经常保养整修通知书、里程小结、轨检车区段总结、各单位轨检车超限统计。

② 机车动态检测仪检测报告

机车动态检测仪检测报告提供：车载式检查仪各单位超限项目变化对照表、车载式检查仪线路检测信息、车载式检查仪临修病害整治通知书、车载式检查仪经常保养整修通知书、各单位车载式检查仪超限统计。

③ 添乘仪检测报告

添乘仪检测报告提供：添乘仪各单位超限项目分布对照表、添乘仪线路检测信息、添乘仪临修病害整治通知书、添乘仪经常保养整修通知书、各单位添乘仪超限统计。

④ 钢轨探伤车检测报告

钢轨探伤车检测报告提供:钢轨探伤车统计报表、钢轨探伤车检测伤损更多信息、钢轨重伤折断通知书、钢轨伤损跟踪监控报告、分线别做钢轨伤损统计月报、钢轨伤损分段按季度统计。

(2)线路静态检测报告

① 轨检仪检测报告

轨检仪检测报告提供:轨检仪检测统计报表、轨检仪检测超临修处更多信息、轨检仪临修病害整治通知书、轨检仪经常保养整修通知书、各单位轨检仪超限统计。

② 人工线路检测报告

人工线路检测报告提供:人工线路检查临修病害整治通知书、人工线路检查经常保养整修通知书、各单位人工线路检查超限统计。

③ 小型探伤仪钢轨检测报告

小型探伤仪钢轨检测报告提供:人工探伤车统计报表、仪器探伤伤损钢轨数量对照表、人工钢轨探伤检测报告、最近时间各单位人工小型探伤仪检测发现重伤钢轨信息、最近时间各单位人工小型探伤仪检测发现轻伤钢轨信息、最近时间各单位手工钢轨伤损检测发现重伤钢轨信息、最近时间各单位手工钢轨伤损检测发现轻伤钢轨信息、年度、月度各单位小型探伤仪和手工检查轻伤、重伤钢轨数量统计信息、各单位重伤、轻伤钢轨数量分布、任意时间范围内按单位统计小型探伤仪和手工检查轻伤、重伤钢轨数量信息。

2. 线路检测分析

线路检测分析主要是根据《铁路线路修理规则》的标准,通过结合多年研究的实际分析算法模型和形成的线路检测报告,对各级单位管辖范围内的线路质量全面分析评定,通过历次评定数据、列车通过总重数据来探索线路变化的规律。该功能是编制维修计划和大中修计划的数据基础之一,为其他功能模块提供数据支持。

## 五、生产管理

生产管理紧密结合日常生产作业过程,包括技术管理、检测管理、设备修理、养路机械设备、探伤管理等系统,其中检测管理和设备修理涵盖了线路、桥隧、路基等设备的检测、计划、修理、评价整个生产闭环管理作业过程。探伤管理由于在生产中比较重要,单独设立探伤管理专题。

1. 设备状态分析

设备状态分析依据设备动、静态检测监测数据,完善和细化设备技术管理资料,实现对设备的跟踪(如对每根钢轨的技术履历的建立)及设备劣化状态分析和状态发展变化趋势分析,提出养护修理建议计划。通过对各种检测的当前及历史数据进行对照分析,参照现行的管理标准把当前需要重点控制的问题,以及和历史状态对比情况的分析进行综合、全面地展现,实现设备病害发现、跟踪、消号、质量评价的闭环质量控制。

2. 大型养路机械管理

考虑到朔黄铁路设有大机养护和救援中心,将机械设备管理和大型机械运用管理两个结合为大型养路机械管理。

朔黄铁路公司目前有10台大型养路机械,分别为清筛机、捣固机。大型养路机械管理功能实现对大型养路机械设备及作业的动态化管理,包括大型作业机械设备基础台账管理、大型作业机械作业标准、作业追踪、运用统计分析等运用内容管理。因大机养护委外,故不考虑对大型养路机械本身的检修计划、检修标准、检修过程、检修验收的检修管理。

大机设备管理记录机械设备的基本履历信息,为每一设备对象定义其相关联的部件,收集设备移装、封存、启封、闲置、报废,以及设备运行过程中的技术状态、检修、保养、作业里程情况等信息;跟踪设备的配属变动、历史记录和故障状况。

3. 检测及检测设备

检测及检测设备管理满足朔黄铁路对工务检测设备管理的需求,实现检测设备履历管理,即记录检测设备的基本履历信息,为设备对象定义其相关联的部件,收集设备移装、封存、启封、闲置、报废及设备运行过程中的技术状态、检修、保养、检测里程情况等信息;跟踪设备的配属变动、历史记录和故障状况,确保设备保持有效使用状态,减少设备故障停时;适时安排检测设备和车载监测仪器的维修、改造,满足检测要求,保障生产稳定、有效进行,为检测设备制定周期性检测计划管理、检测计划兑现管理和检测数据上传、下达管理。

4. 作业计划

作业计划包括施工阶段计划、月计划、月度给点计划、日计划、卸车计划等与施工相关的计划的编制、流程申报和查询功能。

5. 修理作业

修理作业对修理的计划(前期)、修理的调度和实施情况(中期)及修理后的跟踪(后期)等进行全方位跟踪管理,实现对修理作业的控制和掌握,完成各种修理计划的制订。一部分根据检测结果自动生成,可以人工干预;一部分由系统提供界面进行录入。对于计划产生的申请到最后审批的流程进行管理,形成公文流转,最后形成正式的施工日计划。生产调度信息提取,反映到系统中,对作业的进度、作业的用工用料、作业前后的设备检测数据进行管理等。

本系统的主要功能是对日常检测、月度、年度检测和日常管理中发现的病害安排维修年度、月度、日修理计划;对维修情况进行跟踪和管理,掌握维修兑现情况和对维修质量分析。例如线路维修的主要内容是临时补修、经常保养、综合维修和大中修的辅助计划的编制、实施兑现和质量分析。修理计划编制的依据主要是对线路动、静态检测情况的状态分析及设备问题库。修理兑现主要管理和查看修理计划的实施兑现情况,通过对比已下达的修理计划和修理任务完成情况,考核线路修理工作量,为编制和调整修理计划提供必要的数据资料,做到各级管理人员能够实时查看管内每日各项修理计划安排及完成情况。修理质量分析是对各项修理完成质量进行评定和分析,实时掌握每一项修理的质量情况,为线路修理的管理提供依据。

临修兑现管理功能管理和查看维修计划的实施兑现情况,对比下达的维修计划和维修任务完成情况,用来作为考核线路维修工作量完成情况的重要依据,为制订维修计划和调整维修工作计划提供必要的数据和资料。

数据主要来自于上级或本级单位制订的维修计划中的数据、各类维修进度，以及维修完成后验收人员录入的数据。

## 六、生产调度管理

生产调度管理的主要功能是把工务维修调度日常的工作电子化，包括调度通知、施工完成情况管理、限速地点、生产任务、故障处理、大型设备的运行管理、人员动态和日报等功能。下面对前6种功能介绍如下。

调度通知功能主要显示调度每日发布的调度信息情况。调度通知的数据来源于分公司或上级部门的各项通知。调度日报功能主要实现管内每日安全信息、生产任务完成情况、施工作业进度、天窗计划及兑现情况的掌握，同时生成月报。

施工完成情况管理功能主要体现施工计划的汇总、协调、审批，并对施工计划与兑现自动形成月、季、年的统计与分析。施工计划在施工项目管理模块中由各工队提前上报，经过分公司汇总、公司审核批准后，再下达到各个工队、班组执行施工计划。

限速地点功能将管内每日限速慢行的地点进行汇总、统计和发布，以图表和电子地图的形式显示出来。限速地点的数据主要根据管内上报的各类施工及限速情况汇总形成。

生产任务功能完成对管内每日的生产任务的计划和兑现情况的管理。生产任务的数据来源于管内各个单位生产数据，包括作业内容、负责人姓名、工作量等信息。

故障处理功能主要统计各工队每日生产过程中出现的各类不确定故障，并实时显示其处理情况（包括处理方法、处理时间、责任人等）。

大机设备的运行管理功能可实时掌握维修基地管内各类大机设备的运行情况，同时自动形成月、季、年的统计与分析。

## 七、其他管理

### 1. 人力管理

人力管理主要包括职工技能管理、考勤管理和教育培训管理。与公司人力资源系统进行资源共享。

人员动态管理功能展示管内生产和管理人员的动态信息。人员动态管理的数据来源是管内各单位的工作和施工安排，在这些安排中应包含人员动态的详细信息。

### 2. 物料管理

物料管理包括采购管理、入库管理、出库管理、报废管理、调库管理和盘点管理等。

### 3. 合同管理

合同管理提供从合同起草、合同审批、合同签订、文本管理、结算安排、执行进展、合同变更，到实际结款及对合同结款情况统计分析。支持委外维修项目合同的起草、审批、签订、执行、变更、结款等全过程管理。

### 4. 技术管理

技术管理统一管理有关技术资源，形成技术知识管理库，从而为各级人员提供全面的技术资料，实现对涉及工务专线管理的技术标准、维修标准、技能培训课件、劳动组织和作业标准、流程、检测维修规章制度、标准、维修经验知识，以及其他技术文档等的分类管理，从而形成相应的知识管理库。

5. 施工管理

对施工项目进行管理，包括施工项目台账、施工组织设计、施工计划管理、施工过程管理、竣工质量验收管理、施工绩效分析、施工报表等。下面对前5种管理进行介绍。

施工项目台账实现工程项目台账的编辑、查询、开工、完工管理功能。

施工组织设计和计划管理提供施工组织设计文档管理，实现施工年度轮廓计划、施工阶段推进计划、施工月计划的编制查询；实现施工日计划的申报审批和施工命令的下达；实现与调度系统的协调功能。

施工过程管理为实时掌控施工进度状况提供数据，实现施工过程信息的采集、上报、汇总、查询等。

竣工质量验收管理实现施工项目质量验收数据的查询、质量问题追踪管理、施工项目质量考核评分。

6. 安全管理

安全管理的根本目的是保证列车的安全运行。安全管理主要是把握日常工作中的安全重点问题，为各级管理人员掌握管内各单位存在的重点安全问题及整改情况提供依据。安全管理应结合铁路的管理现状，并满足公司、分公司、工队和班组不同层次的管理需求，为各级管理人员提供辅助决策支持。

安全管理满足朔黄铁路安全管理需要，建立问题车、安全问题从产生到消除的生命周期，管理闭环，为公司、分公司、工队、班组安全管理提供技术保障。安全管理包括全问题自动提醒、根据检测和分析结果自动产生问题库中的问题记录、建立问题库、问题处理状态显示查询、反馈及后评价等功能，应建立规范标准的安全问题字典。

安全管理提供把各级超限数据通过GIS方式动态的显示出来，让各级管理者能够准确掌握管内的重点病害及病害的整治处理情况信息，为实时动态掌握病害及其处理情况提供管理信息，为工务部门实现安全生产的目标提供管理手段。

7. 辅助决策

随着朔黄铁路工务信息化的设计、建设和实施，会积累大量详实而又有价值的一手数据，这些数据是后期开展辅助决策支持应用的基础。后期辅助决策包括：病害综合分析、伤损综合分析、病害统计、伤损统计、轨检车分析、轨检仪分析、添乘仪分析、晃车仪分析、专题管理、辅助决策等。

8. 专题管理

专题管理主要对安全生产管理中的重点问题进行深层次挖掘和分析，对相关生产和管理环节进行细化和重点卡控。主要是为方便公司管理部门和从整个公司的角度对于重点问题的实时掌控，其内容主要是打破横向界限从其他模块中抽取，整合到一起，方便从整体上进行统一管理。专题管理应包括六部分的内容，分别是：调度管理、施工专题、探伤管理、灾害预防、巡检专题和交通专题。

9. 钢轨伤损管理

钢轨伤损管理是对钢轨的伤损检测和维修方面进行分析，强化各级对钢轨伤损的管理，可以为各级掌握管内钢轨的伤损情况提供专题的管理功能。

钢轨伤损管理主要体现了各级单位管内钢轨伤损检测工作,包括动态的钢轨探伤车和静态的小型探伤仪的检测管理,探伤管理工作流程如图 8-21 所示。该部分主要从钢轨探伤车和小型探伤仪两个角度对管内钢轨进行检测,从轻伤、轻伤有发展、重伤和折断四个程度对钢轨现状进行探测、管理和分析。探伤分析的结果可以用各种图表的形式来展现。

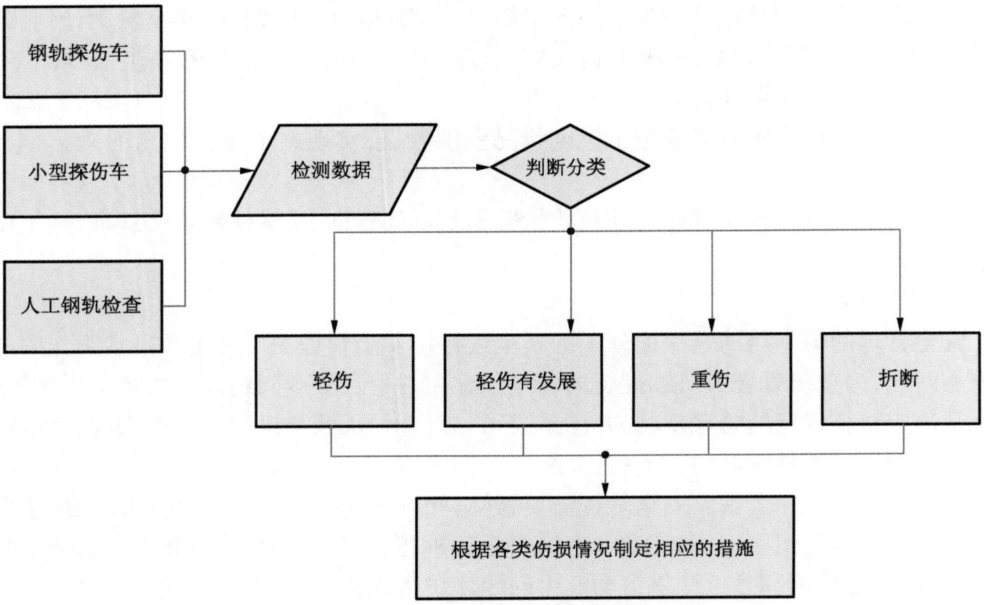


图 8-21　探伤管理工作流程图

钢轨伤损管理分析要综合考虑钢轨探伤车、小型探伤仪、人工钢轨检查、焊修、通过总重等多种因素,因此,探伤管理需要建立一个信息共享的平台,把钢轨探伤相关的信息集合到一起,便于对钢轨伤损情况进行综合分析。在此基础上,可以对钢轨的伤损情况进行详细统计,并监测和管理钢轨轻伤发展情况。钢轨伤损分析管理流程如图 8-22 所示。

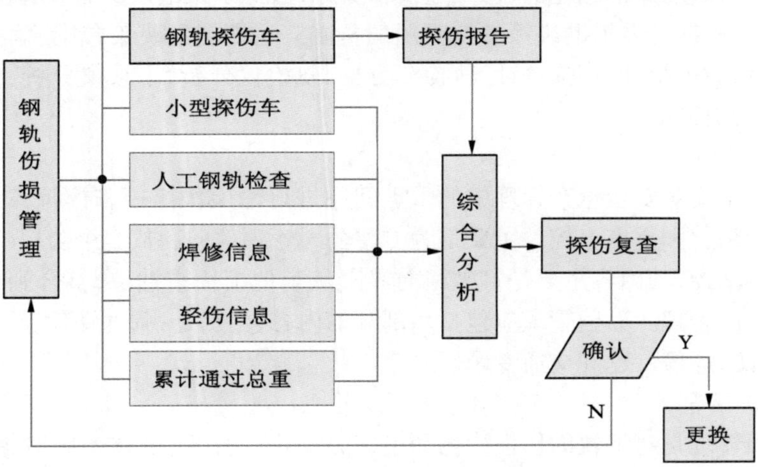


图 8-22　钢轨伤损分析管理流程图

通过无线网络使用手持机可实现数据无线适时传输，传输时间间隔和流量的大小可根据具体使用和无线网络情况，由用户进行适当控制。

在探伤仪厂家提供数据接口的情况下，系统可实现或嵌入探伤数据回放自动功能，在将采集的数据输入系统后，实现钢轨伤损的统计分析和自动判别，通过数据回放实现适时监控与沟通判断。数据回放实现一机多控，多屏显示。

# 第四节　传输网

传输网是将信息信号通过具体物理媒介传输的全部设备和设施的集合，而传送网是指在不同地点之间传递用户信息的全部功能集合，包括传送功能和控制功能。

## 一、同步数字传输网

朔黄铁路采用两条独立的 10 G 光纤通信网。朔黄铁路传输网示意如图 8－23 所示。

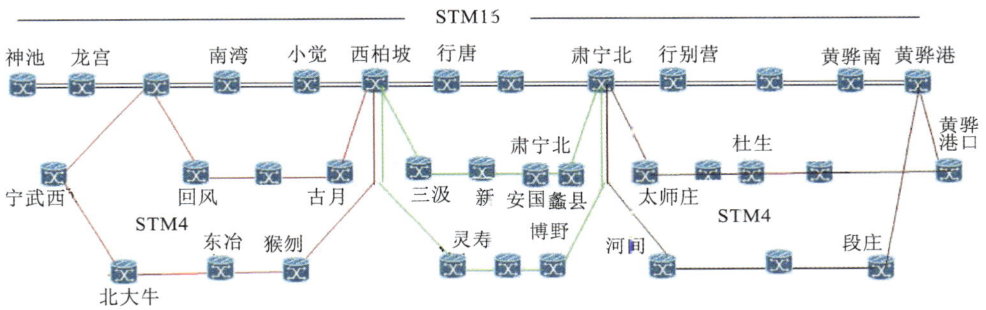


图 8－23　朔黄铁路传输网示意图

1. SDH 网

SDH 网是指由一些 SDH 网元（NE）组成的，在光纤上进行同步信息传输、复用分插和交叉连接的网络。国际电信联盟标准部（ITU－T）对 SDH 的比特率、网络节点接口、复用结构、复用设备、网络管理、线路系统和光接口、信息模型、网络结构和抖动性能、误码性能和网络保护等制定相关标准。

2. SDH 的网络节点接口、速率和帧结构

传输网是由传输设备和网络节点两种基本设备构成的。传输设备可以是光缆线路系统或微波接力系统，而网络节点种类则很多，要规范一个统一的 NNI，首先要统一接口速率等级和帧结构安排。

（1）同步数字体系的速率

STM－1 是同步数字体系信号最基本、最重要的模块信号，其速率为 155. 520 Mbit/s，STM－1 信号经扰码后的电/光转换变为相应的光接口线路信号，其速率不会改变，更高等级的 STM－$N$ 信号速率是 STM－1 速率的整数倍。目前的 SDH 只能支持一定的 $N$ 值，即 $N$ 可取 1、2、4、16、64 和 256，相应各 STM－$N$ 等级速率为：STM－1 155. 520 Mbit/s；STM－2 622. 080 Mbit/s；STM－4 2 488. 320 Mbit/s；STM－64 9 953. 280 Mbit/s；STM－256 39 813. 12 Mbit/s。

(2)帧结构

SDH传输网是由不同类型的网元设备通过光缆路线组成的,这些网元设备可以实现SDH体系的同步复用、交叉连接、网络故障自愈等功能。

## 二、波分复用技术

波分复用(WDM)技术的基本原理是在一芯光纤中同时传输多个不同光波波长信道的技术,应用此技术可以使不同波长的信道成倍、十倍、百倍地增长。

波分复用(WDM)是将两种或多种不同波长的光载波信号(携带各种信息)在发送端经复用器(亦称合波器,Multiplexer)汇合在一起,并耦合到光线路的同一根光纤中进行传输的技术。在接收端,经解复用器(亦称分波器或去复用器,Demultiplexer)将各种波长的光载波分离,然后由光接收机作进一步处理,以恢复原信号。这种在同一根光纤中同时传输两个或众多不同波长光信号的技术,称为波分复用。使用WDM技术就可以在原有传输速率的基础上,成倍地扩大光纤的传输能力,对通信网络进行容量的扩展。

通信系统的不同,每个波长之间的间隔宽度也有不同。按照通道间隔的不同,WDM可以细分为CWDM(稀疏波分复用)和DWDM(密集波分复用)。CWDM的信道间隔为20 nm,而DWDM的信道间隔为0.2~1.2 nm,所以相对于DWDM,CWDM称为稀疏波分复用技术。CWDM和DWDM的区别主要有两点:一是CWDM载波通道间距较宽,因此,同一根光纤上只能复用到6个左右波长的光波,“稀疏”与“密集”称谓的差别就由此而来;二是CWDM调制激光采用非冷却激光,而DWDM采用的是冷却激光。冷却激光采用温度调谐,非冷却激光采用电子调谐。由于在一个很宽的波长区段内温度分布很不均匀,因此温度调谐实现起来难度很大,成本也很高。CWDM避开了这一难点,因而大幅降低了成本,整个CWDM系统成本只有DWDM的30%。CWDM是通过利用光复用器将在不同光纤中传输的波长结合到一根光纤中传输来实现。在链路的接收端,利用解复用器将分解后的波长分别送到不同的光纤,接到不同的接收机。

光纤的容量是极其巨大的,而传统的光纤通信系统都是在一根光纤中传输一路光信号,这样的方法实际上只使用了光纤丰富带宽的很少一部分。为了充分利用光纤的巨大带宽资源,增加光纤的传输容量,以密集WDM(DWDM)技术为核心的新一代光纤通信技术已经产生。

### 1. 波分复用技术特点

(1)超大容量

目前使用的普通光纤可传输的带宽是很宽的,但其利用率还很低。使用DWDM技术可以使一根光纤的传输容量比单波长传输容量增加几倍、几十倍乃至几百倍。

(2)对数据的“透明”传输

由于DWDM系统按光波长的不同进行复用和解复用,而与信号的速率和电调制方式无关,即对数据是“透明”的。一个WDM系统的业务可以承载多种格式的“业务”信号,如ATM、IP或将来有可能出现的信号。WDM系统完成的是“透明”传输,对于“业务”信号来说,WDM系统中的各个光波长通道就像“虚拟”的光纤一样。

(3)系统升级时能最大限度地保护已有投资

在网络扩充和发展中,无需对光缆线路进行改造,只需更换光发射机和光接收机即可实现，是理想的扩容手段，也是引入宽带业务（例如 CATV、HDTV 和 B－ISDN 等）的方便手段，而且利用增加一个波长即可引入任意想要的新业务或新容量。

（4）高度的组网灵活性、经济性和可靠性

利用 WDM 技术构成的新型通信网络比用传统的电时分复用技术组成的网络结构要大大简化，而且网络层次分明，各种业务的调度只需调整相应光信号的波长即可实现。由于网络结构简化、层次分明及业务调度方便，由此而带来的网络的灵活性、经济性和可靠性是显而易见的。

（5）可兼容全光交换

可以预见，在未来可望实现的全光网络中，各种电信业务的上/下、交叉连接等都是在光上通过对光信号波长的改变和调整来实现的。因此，WDM 技术将是实现全光网的关键技术之一，而且 WDM 系统能与未来的全光网兼容，将来可能会在已经建成的 WDM 系统的基础上实现透明的、具有高度生存性的全光网络。

不言而喻，WDM 技术是克服电路限制、扩大通信带宽及在光纤通信网络中实现光波长路由和信道重复使用的关键技术，是有效利用光纤带宽资源的重要手段。现在主要密集波分技术。

2. *波分复用关键技术和设备*

实现光波分复用和传输的设备种类很多，各个功能模块都有多种实现方法，具体采用何种设备应根据现场条件和系统性能的侧重点来决定。总体上看，在 DWDM 系统当中有光发送/接收器、波分复用器、光放大器、光监控信道和光纤五个模块。

（1）光发送/接收器

光发送/接收器主要产生和接收光信号，主要要求具有较高的波长精度控制技术和较为精确的输出功率控制技术。两种技术都有两种实现方法，常用控制波长的方式包括：温度控制，使激光器工作在恒定的温度条件下来达到控制精度的要求；波长反馈技术，采用波长敏感器件监控和比较激光器的输出波长，并通过激光器控制电路对输出波长进行精确控制。

（2）波分复用器

波分复用器（OMD）包括合波器和分波器。光合波器用于传输系统发送端，是一种具有多个输入端口和一个输出端口的器件，它的每一个输入端口输入一个预选波长的光信号，输入的不同波长的光波由同一个输出端口输出。光分波器用于传输系统接收端，正好与光合波器相反，它具有一个输入端口和多个输出端口，将多个不同波长的光信号分离开来。光合波器一般有耦合器型、介质膜滤波器型和集成光波导型等种类。光分波器主要有介质膜滤波器型、集成光波导型、布拉格光栅型等种类。其中，集成光波导技术使用最为广泛，它利用光平面波导构成 $N \times M$ 个端口传输分配器件，可以接收多个支路输入并产生多个支路输出，利用不同通道的置换，可用作合波器，也可用作分波器。它具有集成化程度高的特点，但是对环境较为敏感。

（3）光放大器

光放大器可以作为前置放大器、线路放大器、功率放大器，是光纤通信中的关键部件之一。目前使用的光放大器分为光纤放大器（OFA）和半导体光放大器（SOA）两大类。光纤放大器又有掺铒光纤放大器(EDFA)、掺镨光纤放大器(PDFA)、掺铌光纤放大器(NDFA)。其中,掺铒光纤放大器(EDFA)的性能优越,已经在波分复用实验系统、商用系统中广泛应用,成为现阶段光放大器的主流。对 EDFA 的基本要求是高增益且在通带内增益平坦、高输出、宽频带、低噪声、增益特性与偏振不相关等。半导体光放大器(SOA)早期受噪声、偏振相关性等因素的影响,性能不达到实用要求,后来在应变量子阱材料的 SOA 研制成功后,再度引起人们的关注。SOA 结构简单、适于批量生产、成本低、寿命长、功耗小,还能与其他配件一块集成及使用波长范围可望覆盖 EDFA 和 PDFA 的应用。

(4)光监控通道

根据 ITU－TG.692 建议要求,DWDM 系统要利用 EDFA 工作频带以外的一个波长对 EDFA 进行监控和管理。目前在这个技术上的差异主要体现在光监控通道(OSC)波长选择、监控信号速率、监控信号格式等方面。

## 三、多业务传输平台 MSTP

随着不断增长的 IP 数据、话音、图像等多种业务传送需求,使得用户接入及驻地网的宽带化技术迅速普及起来,同时也促进了传输骨干网的大规模建设。由于业务的传送环境发生了巨大变化,原先以承载话音为主要目的的城域网在容量及接口能力上都已经无法满足业务传输与汇聚的要求。于是,多业务传送平台(MSTP,Multi-Service Transmission Platform)技术应运而生。

1. MSTP 概念

MSTP 在基于 SDH 平台的同时,实现 TDM、ATM、以太网等业务的接入、处理和传送,提供统一网管的多业务节点。基于 SDH 的多业务传送节点除应具有标准 SDH 传送节点所具有的功能外,还具有以下主要功能特征:

(1)具有 TDM、ATM 或以太网业务的接入功能。

(2)具有 TDM、ATM 或以太网业务传送功能,包括点到点的透明传送功能。

(3)具有 ATM 或以太网业务的带宽统计复用功能。

(4)具有 ATM 或以太网业务映射到 SDH 虚容器的指配功能。

2. MSTP 工作原理

MSTP 可以将传统的 SDH 复用器、数字交叉链接器(DXC)、WDM 终端、网络二层交换机和 IP 边缘路由器等多个独立的设备集成为一个网络设备,即基于 SDH 技术的多业务传送平台(MSTP),进行统一控制和管理。基于 SDH 的 MSTP 最适合作为网络边缘的融合节点支持混合型业务,特别是以 TDM 业务为主的混合业务。它不仅适合缺乏网络基础设施的新运营商,应用于局间或 POP 间,还适合于大企事业用户驻地,而且即便对于已敷设了大量 SDH 网的运营公司,以 SDH 为基础的多业务平台可以更有效地支持分组数据业务,有助于实现从电路交换网向分组网的过渡。所以,它将成为城域网近期的主流技术之一。

这就要求 SDH 必须从传送网转变为传送网和业务网一体化的多业务平台,即融合的多业务节点。MSTP 的实现基础是充分利用 SDH 技术对传输业务数据流提供保护恢复能力和较小的延时性能,并对网络业务支撑层加以改造,以适应多业务应用,实现对二层、三层的数据智能支持,即将传送节点与各种业务节点融合在一起,构成业务层和传送层一体化的 SDH 业务节点,称为融合的网络节点或多业务节点,主要定位于网络边缘。

3. MSTP 特点

(1)业务的带宽灵活配置,MSTP 上提供的 10 Mbit/s、100 Mbit/s、1 000 Mbit/s 系列接口,通过 VC 的捆绑可以满足各种用户的需求。

(2)可以根据业务的需要,工作在端口组方式和 VLAN 方式,其中,VLAN 方式可以分为接入模式和干线模式。

① 端口组方式。单板上全部的系统和用户端口均在一个端口组内。这种方式只能应用于点对点对开的业务,也就是说任何一个用户端口和任何一个系统端口(因为只有一个方向,所以没有必要启动所有的系统端口,一个就足够了)被启用了,网线插在任何一个启用的用户端口上,那个用户口就享有了所有带宽,业务就可以开通。

② VLAN 方式。VLAN 方式分为接入模式和干线模式。其接入模式,如果不设定 VLAN ID,则端口处于端口组的工作方式下,单板上全部的系统和用户端口均在一个端口组内。如果设定了 VLAN ID,需要设定“端口 VLAN 标记”。这是因为交换芯片会为收到的数据包增加 VLAN ID,然后通过系统端口走光纤发到对端同样的 VLAN ID 的端口上。比如某个用户口 VLAN ID 为 2,则对应站点的用户端口的 VLAN ID 也应该设定为 2。这种模式可以应用于多个方向的 MSTP 业务,这时每个方向的端口都要设置不同的 VLAN ID,然后把该方向的用户端口和系统端口放置到一个虚拟网桥中(该虚拟网桥的 VLAN ID 必须与“端口 VLAN 标记”一样)。

(3)可以工作在全双工、半双工和自适应模式下,具备 MAC 地址自学习功能。

(4)QoS 设置。QoS 实际上限制端口的发送,原理是发送端口根据业务优先级上有许多发送队列,根据 QoS 的配置和一定的算法完成各类优先级业务的发送。因此,当一个端口可能发送来自多个来源的业务,而且总的流量可能超过发送端口的发送带宽时,可以设置端口的 QoS 能力,并相应地设置各种业务的优先级配置。当 QoS 不作配置时,带宽平均分配,多个来源的业务尽力传输。QoS 的配置就是规定各端口在共享同一带宽时的优先级及所占用带宽的额度。

(5)对每个客户独立运行生成树协议。

4. MSTP 的优势

(1)现阶段大量用户的需求还是固定带宽专线,主要是 2 Mbit/s、10 Mbit/s/100 Mbit/s、34 Mbit/s、155 Mbit/s。对于这些专线业务,大致可以划分为固定带宽业务和可变带宽业务。对于固定带宽业务,MSTP 设备从 SDH 那里集成了优秀的承载、调度能力,对于可变带宽业务,可以直接在 MSTP 设备上提供端到端透明传输通道,充分保证服务质量,可以充分利用 MSTP 的二层交换和统计复用功能共享带宽,节约成本,同时使用其中的 VLAN 划分功能隔离数据,用不同的业务质量等级(QoS)来保障重点用户的服务质量。

(2)在城域汇聚层,实现企业网络边缘节点到中心节点的业务汇聚,具有节点多、端口种类多、用户连接分散和较多端口数量等特点。采用 MSTP 组网,可以实现 IP 路由设备 10 M/100 M/1 000 M POS 和 2 M/FR 业务的汇聚或直接接入,支持业务汇聚调度,综合承载,具有良好的生存性。根据不同的网络容量需求,可以选择不同速率等级的 MSTP 设备。

5. MSTP 的应用

MSTP 技术在现有城域传输网络中备受关注,得到了相当规模的应用,并且即将作为业界的一项行业标准而发布。它的技术优势与其他技术相比在于:解决了 SDH 技术对于数据业务承载效率不高的问题;解决了 ATM/IP 对于 TDM 业务承载效率低、成本高的问题;解决了 IP QoS 不高的问题;解决了 RPR 技术组网限制问题,实现双重保护,提高业务安全系数;增强数据业务的网络概念,提高网络监测、维护能力;降低业务选型风险;实现降低投资、统一建网、按需建设的组网优势;适应全业务竞争需求,快速提供业务。

MSTP 使传输网络由配套网络发展为具有独立运营价值的带宽运营网络,利用自身成熟的技术优势提供质高价廉的带宽资源,满足城域带宽需求。由于自身多业务的特性,利用 B-ADM 设备构建的城域传输网可以根据用户的要求提供种类丰富的带宽服务内容,MSTP 技术体制下的 B-ADM 设备在网络调度、设备等一些方面融入运营理念、智能特性,实现业务的方便、快捷的建立,从而进一步保证带宽运营的可实施性,满足市场对于城域传输网络的需求。

## 第五节　综合接入系统

信息化基础网络技术中数字化、综合化、智能化、宽带化和个人化是五大战略发展方向。其中,综合化包含了技术综合和业务综合双重含义。以前技术综合是指无论传输、交换,还是通信处理功能都采用数字技术,实现网络技术一体化,使网络充分发挥数字技术的优点和带来的巨大经济效益;业务综合是指把来自各种信息源的业务(如话音、传真、数据、图像等)综合在同一个网内传送和处理。实际上,这也就是综合业务数字网(ISDN)所追求的目标之一。不言而喻,业务的综合要以技术的综合为基础。所以,要完成综合化必须在技术上解决多种业务综合接入和综合传送的问题。在 ISDN 中,是依靠在用户线上实现"2B + D"双向传输,在业务节点上利用 ISDN 交换机作平台来解决综合接入问题的。可以说,综合接入是节省网络建设投资和便于网络运行维护管理的需要,是向用户提供更方便服务的需要,也是通信公司更好开展运营和有利于新兴公司参与竞争的需要。因此,虽然后来的技术几经变迁,但不管是 B - ISDN、全业务网或近年来在接入网中出现的 xDSL、电缆调制解调器及光纤接入系统也好,解决综合接入问题仍是一个主要课题。总体上来看,目前全球范围内接入网的发展趋势是宽带化和无线化。采用不同媒介的接入技术仍"八仙过海、各显神通",如铜线上的 xDSL 技术、同轴电缆上的电缆调制解调器加混合光纤/同轴电缆网(HFC)、光纤上的无源光网络(PON)等。在应用上则首先解决 IP 高速接入,然后再解决综合接入。

为了适应以 IP 业务为代表的数据业务迅猛发展,在 21 世纪初其业务量将超过或大大超过话音的趋势;为了适应客户/服务器应用方式引起的网络流量分布大变化及 IP 业务特有的自相似性和收发不对称性,目前世界各国都在探索与试验可持续发展的新一代公用网。新一代公用网最基本的特征是对 IP 业务优化的宽带分组网,因此,电信网现在正从传统的电路交换网向对 IP 业务优化的宽带分组网过渡,但这一过渡是一个长期的过程,在此漫长的过程中将出现多个业务网并存与混合的局面。为了适应这一局面,一方面保护已有的网络投资,另一方面要方便用户和充分利用高速接入线路,势必要解决让各网支持的业务综合接入,接入后又分别流向最适宜每种业务的网络的问题,将来再逐步走向融合。

接入网是连接用户终端设备和某种业务网业务节点(SN)之间的网络设施。在单一业务网的情况下,接入网比较简单,只有一种业务节点接口(SNI),用户终端可以单独接入业务节点,也可通过集中或复用再接入业务节点。例如,电话网的接入网是连接用户电话机和交换局之间的用户线,它是使用最早、历史最久的单业务接入网。在同时存在多个业务网的情况下,就不那么简单了。如果每一种业务网都单独建设连接业务节点与用户终端的接入线路,不仅不经济,而且还给运营维护管理带来诸多不便,更重要的是用户不希望在自己居住地分别引入各种属性不同的业务网的传输线路。因此,人们自然要设法寻找能够在一条接入线路上综合传送多种业务,并通过一个综合接入平台(如能够面向多个业务网的业务节点)接至相应业务网的技术。

宽带接入网是一种能够支持多业务综合接入的技术,它满足各种业务网与用户终端设备之间传送信息的要求,或者说它是与业务无关的传送网络。为了引导和促进接入网向综合接入的方向发展,国家规定不含数据、DDN、出租专线业务的,不予发放进网许可证。

## 一、综合接入方式

要完成综合接入必须在接入网的边缘布有接入节点(AN),由它把载有各种业务的接入线路集中到一条或少量馈送线路上完成一些集中或复用的功能。例如数字环路载波系统、蜂窝系统的基站、PBX、AD－SL 的用户端设备、综合接入设备(IAD)与光网络单元(ONU)等都是接入节点。接入节点一般都分远端单元和局端单元,前者主要用作各种业务的集中和分配中心,后者主要用作各业务网与远端用户之间的桥梁。接入节点的集中/复用功能有时还可分为两级来实现。要完成综合接入,还必须在接入网与业务网之间或在接入节点与业务节点之间引入一个接入服务功能层来完成业务的识别与分流以及各种形式的协议转换。这一接入服务功能层既可以放在业务节点内,也可放在接入节点内,或单独提出放在接入网与业务节点之间。不同综合接入方式的差别主要在于业务节点的融合程度和所用技术、接入节点的融合程度和所用技术,以及接入服务功能层的设置。

随着技术的进步、网络的演进,通过接入网实现综合接入的方案基本上可分为以下几种:一种是综合程度比较小的,它的综合靠所用的接入技术来完成,没有统一的综合接入平台。换句话说,在这种情况下,各业务网的 SNI 仅支持一种接入类型,并提供单一接入承载能力,接入网用户网络接口(UNI)装置向用户同时提供多个业务网的 UNI(包括物理电气接口和规程),每个 UNI 连接到相应的终端设备。服务器需要建立面向每个用户网络接口设备的包括电路交换和分组交换的透明传输电路。可以同时处理信元和 IP 分组,支持各种业务。该方式易于管理,不需更换交换机,但是接入网传送功能模块的资源利用率较低,因为它没有远端集中功能。引入远端集中功能的一种方法是设置超脱于任何业务网的“多业务集中/复用服务器”,相当于从接入服务器分出一个远端模块。

实际上,采用接入服务器的思路源自于新的网络功能模型分层概念。新的网络功能模型分为4层,其中接入层包括有线和无线接入节点,保留了现有的物理用户接口,并支持接入技术的演进;媒体层处理不同形式传输媒体的互通,并将数据传送到目的地,媒体层中包含各种网关并负责边缘和核心的交换/选路;控制层管理和控制建立端到端连接所需要的媒体资源;网络服务层在网络顶端提供业务执行部分和管理功能,网管系统和智能网是该层的一部分。按这种概念分层的网络结构的各种功能可以有不同程度的集成,非常适用于从话音网向多业务多媒体网的演进。接入服务器的引入实际就是在网络边缘把业务节点分成由接入服务器构成的控制层和包含交换、选路及传输的媒体层。

第三种是把各个业务网的业务节点集成在一起,以同时支持电路交换、ATM交换和IP交换,它又有如下两种做法:

一种是混合法,即在原来电路交换机的基础上,增加ATM和IP等独立的交换矩阵,实行统一管理和控制。由于这种方式在技术上并没有真正的融合,所以称之为混合交换机或混合业务节点。最典型的例子是日本NEC公司的NEAX61系统,它的特点是以现存电话网及其业务节点为核心,把电话网的业务节点接口(SNI)与其他业务网的业务节点接口相连接,并一起放在NEAX61的交换平台上。用户到任何业务网的接入呼叫均通过电话网的业务节点接口,由它识别呼叫的业务网,并向用户和相应的业务网及交换矩阵发出指令,建立用户和相应业务网的连接。混合交换机考虑了现存业务网状态和用户近期业务需求,似乎是一种比较现实的方案,但从长远看,是不利于网络演进的。

另一种是融合法,即采用单一的信元或分组交换矩阵,在业务节点内部从技术上做到了融合,对外也同时支持PSTN、FR网、ATM网和IP网。由于内部是统一的交换平台,故在灵活快速的业务部署及今后向分组化网过渡方面,融合法有很大的优势。另外,在这种情况下,接入节点也可演变成基于ATM或IP分组的综合接入节点,光纤接入系统都可接至综合接入节点,更有效地利用了网络资源。

ION的接入方式主要是环形宽带城域网(BMAN)、xDSL和固定无线系统,不排除另外的接入方式。通过ION,Sprint公司将连接70%的美国大企业,渗透到本地市场。ION将逐步用ATM取代4号长途交换机。

ION网包括4种设备,第一种是从Cisco和Nortel处购得的综合接入设备(IAD),它们由Sprint公司负责管理,安装在用户驻地,可以为不同的应用分配所需的带宽,并且具备管理、业务激活、配置、记账等功能;第二种是“最后一公里”的接入部分,包括Sprint公司的本地光纤环或宽带城域网(BMAN),这些光纤把业务传到中心局的汇接点POP上;第三种是在中心局处理业务用的Cisco的MGX8800边缘交换机;第四种是电路交换话音网和ATM之间进行转换的专用技术,它把Sprint公司的用户连到其他运营公司电路交换长途话音网。

在融合法中,基于ATM的网络现面临着新兴运营公司的基于IP网络的挑战,例如,新兴公司Leve13正在演示业务,并计划推出包括IP话音在内的综合业务。GTE公司也计划在其约 27 358 km 的 IP 网上传送话音与综合信息服务。

其中,第四种是发展方向,接入节点、业务节点和业务网都是基于同一种技术全业务综合的。目前来看,IP 技术成为全业务综合的“黏合剂”。在朝这一目标前进的过渡期中,在综合接入方面可以看到的趋势是:接入节点逐渐演变成可接纳 xDSL、IS－DN、CableModem、LMDS、光纤接入系统等多种接入技术的多业务或全业务综合接入节点,各种业务网的业务节点将融合在一起,并按新的分层模型来构成多业务或全业务综合业务节点。在过渡期中,有些集中/复用功能可以灵活放置,例如 ADSL 接入复用器(ADSL　AM)既可放在用户侧把几条 ADSL 线路复用在一起,也可放在局侧,在业务分流以后使用。总之,融合是综合接入的发展大方向。当然,用户对综合接入目前也不是完全放心,因为既然是综合接入,一坏就都坏,甚至连电话都打不成了。所以,网络的安全、可靠对综合接入的推广使用也是十分重要的。

## 二、综合接入网

NGN 骨干网在中国的应用仍属于网络型业务,而非用户型业务。在 NGN 的四层网络架构中,接入层最靠近用户。在向 NGN 演进中所体现出的网络融合与业务融合及宽带化的趋势,将充分反映在接入层设备的发展上。NGN 的发展只有延伸到本地业务网之后才能真正用于发展终端用户,为用户提供丰富的业务。

### 1. 端局改造应考虑的因素

端局的改造是为最终用户提供 NGN 业务的关键环节,而其应从保护现有投资和提高资源利用率的角度出发,同时满足网络发展、用户的业务需求,因此综合接入网设备应具备以下四大能力:

(1)综合业务的承载能力。用户的需求正在发生着翻天覆地的变化,从以语音业务为主同时具有增值业务及宽带业务的需求向话音/宽带/视频三重播放业务需求方向发展。尤其是高附加值的大客户,需要为其提供包括语音、数据和多媒体应用的“一站式”服务。

(2)三重播放业务的支持能力/线速的业务提供能力。三重播放业务是宽带业务持续发展的主要动力,是电信行业的下一个亮点。HeavyReading 对全球 250 家顶级电信的市场调查显示,有 65% 的电信已经部署或计划部署 TriplePlay 业务。

(3)向 NGN 网络演进的能力。综合接入网设备应满足平滑向 NGN 网络演进的能力,满足网络的发展趋势。

(4)保护现有投资的能力。PSTN 依然是固网当前的立身之本,传统语音依然是目前电信最主要的业务收入来源。面对庞大的 PSTN 网络资源,如何保护固网目前的网络资产也是固网要考虑的一个很重要的环节。

### 2. 综合接入网应用

综合接入系列产品正是在这样的市场背景下应运而生,它不仅支持传统的 PSTN 语音业务,支持向 NGN 的演进能力,而且能够提供强大的宽带功能,为顺利部署业务提供强大的设备硬件支持能力,同时可以最大限度地保护已有投资。针对用户不同的网络状况提供具有针对性的综合接入网优化方案。

(1)改造原有综合接入网

面向PSTN网络改造,提出低成本的向NGN网络演进优化解决方案。在传统的PSTN网络交换节点中增加网关板卡,实现网关功能,完成现有电话用户向NGN的平滑演进,保护的系统资源可以继续保留使用。

(2)语音业务为主的综合接入网

充分利用现网的宽窄带接入网系统资源,建设电信级的智能综合业务接入网络,快速提供窄带语音和宽带三重播放业务。系统可充分利用广泛使用的S12板卡和相关功能板,充分保护现有投资无阻塞的系统体系架构、模块化的体系架构,能够最大限度地满足用户需求,宽窄带比例可根据用户实际需求作任意比例调整平滑、灵活的NGN演进方式。

(3)三重播放业务为主的综合接入网

提供的下一代综合业务接入平台,为部署三重播放业务提供带宽支撑。下一代综合业务系统可为用户提供多种业务服务:窄带语音POTS业务、ISDN业务、Multi - ADSL业务、LAN业务,将来还将扩展PON和WiMAX业务。

### 三、以太无源光网络EPON(Ethernet PON)

无源光网络(PON)的概念由来已久,它具有节省光纤资源、对网络协议透明的的特点,在光接入网中扮演着越来越重要的角色。同时,以太网(Ethernet)技术经过20年的发展,以其简便实用、价格低廉的特性,几乎已经完全统治了局域网,并在事实上被证明是承载IP数据包的最佳载体。随着IP业务在城域和干线传输中所占的比例不断攀升,以太网也在通过传输速率、可管理性等方面的改进,逐渐向接入、城域甚至骨干网上渗透。而以太网与PON的结合,便产生了以太网无源光网络(EPON),它同时具备了以太网和PON的优点,正成为光接入网领域中的热门技术。

EPON就是一种新兴的宽带接入技术,它通过一个单一的光纤接入系统,实现数据、语音及视频的综合业务接入,并具有良好的经济性。业内人士普遍认为,FTTH是宽带接入的最终解决方式,而EPON也将成为一种主流宽带接入技术。由于EPON网络结构的特点,宽带入户的特殊优越性,以及与计算机网络天然的有机结合,使得全世界的专家都一致认为,无源光网络是实现"三网合一"和解决信息高速公路"最后一公里"的最佳传输媒介。

1. EPON接入系统的特点

(1)局端与用户之间仅有光纤、光分路器等光无源器件,无需租用机房、无需配备电源、无需有源设备维护人员,因此,可有效节省建设和运营维护成本。

(2)EPON采用以太网的传输格式,同时也是用户局域网/驻地网的主流技术,二者具有天然的融合性,消除了复杂的传输协议转换带来的成本因素。

(3)采用单纤波分复用技术(下行1 490 nm,上行1 310 nm),仅需一根主干光纤和一个OLT,传输距离可达20 km。在ONU侧通过光分路器分送给最多32个用户,因此可大大降低OLT和主干光纤的成本压力。

(4)上、下行均为千兆速率,下行采用针对不同用户加密广播传输的方式共享带宽,上行利用时分复用(TDMA)共享带宽。高速宽带充分满足接入网客户的带宽需求,并可方便灵活地根据用户需求的变化动态分配带宽。

(5)点对多点的结构,只需增加 ONU 数量和少量用户侧光纤即可方便地对系统进行扩容升级。

(6)EPON 具有同时传输 TDM、IP 数据和视频广播的能力,其中 TDM 和 IP 数据采用 IEEE 802.3 以太网的格式进行传输,辅以电信级的网管系统,足以保证传输质量。通过扩展第三个波长(通常为 1550 nm)即可实现视频业务广播传输。

综上所述,EPON(以太无源光网络)是一种新型的光纤接入网技术,它采用点到多点结构、无源光纤传输,在以太网之上提供多种业务。它在物理层采用了 PON 技术,在链路层使用以太网协议,利用 PON 的拓扑结构实现了以太网的接入。因此,它综合了 PON 技术和以太网技术的优点:低成本;高带宽;扩展性强,灵活快速的服务重组;与现有以太网的兼容性;方便的管理等。

由于 EPON 的众多优点,将成为宽带接入网一种最有效的通信方法。为了保证 EPON 网络能够稳定、高效、准确地运行,为 EPON 提供一个有效的网络管理系统显得尤为重要。

在网络管理领域,随着基于 TCP/IP 体系的网络管理技术的不断发展,SNMP 已经成为事实上的标准。基于 SNMP 的 EPON 网络管理系统是指采用 SNMP 管理协议框架,对 EPON 网络实体的资源实现有效管理的系统。

2. 简单网络管理协议(SNMP)

SNMP 是一种基于 TCP/IP 的网络管理协议,它使用 UDP 作为传输层协议,能管理支持代理进程的网络设备。SNMP 主要包括 SMI(管理信息结构)、MIB(管理信息库)和 SNMP 协议几部分。SMI 给出了管理对象定义的一般框架;MIB 是设备所维护的全部被管理对象的结构集合。SNMP 协议包括 SNMP 操作、SNMP 信息的格式,以及如何在应用程序和设备间交换消息。SNMP 采用代理/管理站模型进行网络管理,有 5 种消息类型,分别为 Get - Request、Get - Response、Get - Next - Request、Set - Request 和 Trap。代理和管理站之间通过这几种消息报文进行相互通信,以获取网络设备的各种信息,从而控制网络设备的正常运行。

3. EPON 网管系统结构

EPON 系统的管理对象为 1 个 OLT(光线路终端)和 32 个 ONU(光网络单元)。EMS 网管系统安装在工作站,与 OLT 设备之间通过带外网管接口(F 接口)相连,其和 OLT、ONU 设备之间采用 SNMP 协议进行通信,实现在 EMS 中对 OLT、ONU 的统一管理。通信的方式有如下两种:

(1)轮询。管理站每隔一段时间对所有 OLT 和 ONU 代理站的 MIB 进行主动查询,各代理站返回被查询的结点值。

(2)告警(Trap)。当某些指定事件发生时,代理进程向管理站发送 Trap 报文。管理站接收、显示告警事件,并做相应处理。

OLT 设备和 ONU 设备具备本地 CONSOLE 接口,可以实现本地操作管理维护。

4. EPON 网管系统

EPON 网管系统按照网管功能分为四大模块:配置管理、性能管理、故障管理和安全管理。

(1)配置管理

配置管理主要是:组织 EPON 网内运转所需要的资源和数据;构造和维护网络系统的配置;识别各网元;保证网元的基本配置;监控当前配置和按照具体情况改变配置;设置系统参数;收集并存储各参数;报告与基本配置值的偏差;启动和关闭资源等。

EPON 配置管理包括系统初次启动时的配置管理和系统正常运行时的配置管理。启动时,针对 EPON 网络,可自动或手动生成 OLT、ONU 设备拓扑图,显示当前网络中各 OLT、ONU 设备的状态。在网络拓扑图生成后,SNMP 管理进程采用轮询的方式定期查询 SNMP 代理进程,收集设备信息用于更新数据库,以实现配置信息的实时性。系统正常运行后,网管可根据需要随时手动设置其各项配置参数,如可以设置各 OLT、ONU 代理的标识信息和系统信息、启用、禁用某个端口、配置各端口的工作状态、配置网桥的工作参数、配置 VLAN、重启设备等,还提供基于用户的动态带宽管理。

(2)性能管理

性能管理是对 EPON 网络性能进行监视、检测,采集相关性能统计数据,进行分析、诊断,从而为网络进一步规划与调整提供依据,以保证网络的业务质量。

EPON 的性能管理功能分为性能监测、性能管理控制和性能统计分析。性能监测是连续的收集 OLT、ONU 上与性能相关的数据,根据性能数据确定网元的性能,从而掌握设备单元因不太频繁或间断的差错导致业务质量变差的性能情况。性能管理控制的目的是支持管理人员发出控制命令或网管软件自动发出控制命令,以改善 OLT、ONU 性能,它可以设置性能管理数据采集周期、设置性能监测数据存储过滤条件,并对门限值进行管理。性能统计分析是对收集到的性能数据做进一步的处理,以分析表或分析图的形式报告分析结果,如计算接口利用率、接口的输入错误率、接口输出错误率、吞吐率等。

(3)故障管理

故障管理功能提供对 EPON 网络故障监测、故障定位,保护切换与恢复,并存储故障信息供以后查询。对来自硬件设备或路径结点的报警进行监控、报告和存储,对故障进行诊断、定位和处理,是故障管理的重要工作。

当监测到网络、设备故障或异常时,网管系统实时产生报警。一些故障、异常是由网管程序通过查询代理站 MIB 发现的,而另一些是代理站通过 Trap 通知管理站发现的。可以设置各种告警事件的告警等级。不同等级的告警事件采取不同的告警指示和处理措施。

网管系统收到告警信息后,进行分析和提示,然后针对不同等级的告警,进行不同的处理。对于严重影响网络运行的故障,需要进行故障定位和测试。启动故障定位过程,试图从这些过程中获取相关信息。进行故障定位后,网管系统会尽快做出响应,采取故障修复措施,使 EPON 网络恢复正常。告警信息被存储到本地数据库,可以按照告警时间、告警设备、告警等级等关键字查询历史告警信息。根据全部告警信息,进行告警统计分析,绘制出统计图表。

(4)安全管理

安全管理功能通过访问操作控制策略等方法保证管理应用程序和管理信息不被非法访问和破坏。用户标识和鉴定,是网管系统提供的最外层的安全保护措施。网管用户在

(1)客户层组件

J2EE 应用程序可以是基于 Web 方式的,也可以是基于传统方式的。

(2)Web 层组件

J2EE Web 层组件可以是 JSP 页面或 Servlet. 按照 J2EE 规范,静态的 HTML 页面和 Applets 不算是 Web 层组件。

## 二、SOA 架构

面向服务的体系结构(SOA)是一个组件模型,它将应用程序的不同功能单元(称为服务)通过这些服务之间定义良好的接口和契约联系起来。接口是采用中立的方式进行定义的,它应该独立于实现服务的硬件平台、操作系统和编程语言。这使得构建在各种这样的系统中的服务可以以一种统一和通用的方式进行交互。

SOA 应该能够将业务的商业流程与它们的技术流程联系起来,并且映射这两者之间的关系。SOA 服务具有平台独立的自描述 XML 文档。Web 服务描述语言(WSDL)是用于描述服务的标准语言。

SOA 服务用消息进行通信,该消息通常使用 XML Schema 来定义(也叫做 XSD)。消费者和提供者或消费者和服务者之间的通信多见于不知道提供者的环境中。服务间的通信也可以看作企业内部处理的关键商业文档。

在一个企业内部,SOA 服务通过一个扮演目录列表角色的登记处来进行维护。应用程序在登记处寻找并调用某项服务。统一描述、定义和集成(UDDI)是服务登记的标准。

每项 SOA 服务都有一个与之相关的服务品质(QoS),QoS 的关键元素有安全需求(如认证和授权)、可靠通信,以及谁能调用服务的策略。

1. SOA 应用

不同种类的操作系统,应用软件、系统软件和应用基础结构相互交织,这便是 IT 企业的现状。一些现存的应用程序被用来处理当前的业务流程,因此从头建立一个新的基础环境是不可能的。企业应该能对业务的变化做出快速的反应,利用对现有的应用程序和应用基础结构的投资来解决新的业务需求,为客户、商业伙伴及供应商提供新的互动渠道,并呈现一个可以支持有机业务的构架。SOA 凭借其松耦合的特性,使得企业可以按照模块化的方式来添加新服务或更新现有服务,以解决新的业务需要,提供选择从而可以通过不同的渠道提供服务,并可以把企业现有的或已有的应用作为服务,从而保护了现有的 IT 基础建设投资。

2. 服务架构

为了实现 SOA,企业需要一个服务架构,服务消费者可以通过发送消息来调用服务,这些消息由一个服务总线转换后发送给适当的服务实现。这种服务架构提供一个业务规则引擎,该引擎容许业务规则被合并在一个服务或多个服务里,也提供了一个服务管理基础,用来管理服务,类似审核、列表、日志等功能。此外,该架构还给企业提供了灵活的业务流程,更好地处理控制请求,并可以在不影响其他服务的情况下更改某项服务。

3. SOA 基础结构

要运行、管理 SOA 应用程序,企业需要 SOA 基础,这是 SOA 平台的一个部分。SOA

基础必须支持所有的相关标准和需要的运行时容器。

4. SOAP、WSDL、UDDI

WSDL、UDDI 和 SOAP 是 SOA 基础的基础部件。WSDL 用来描述服务;UDDI 用来注册和查找服务;SOAP 作为传输层,用来在消费者和服务提供者之间传送消息。SOAP 是 Web 服务的默认机制,其他的技术为可以服务实现其他类型的绑定。一个消费者可以在 UDDI 注册表查找服务,取得服务的 WSDL 描述,然后通过 SOAP 来调用服务。

5. WS - I BasicProfile

WS - I BasicProfile 由 Web 服务互用性组织提供,是 SOA 服务测试与互用性所需要的核心构件。服务提供者可以使用 BasicProfile 测试程序来测试服务在不同平台和技术上的互用性。

6. J2EE 和 . Net

尽管 J2EE 和 . NET 平台是开发 SOA 应用程序常用的平台,但 SOA 不仅限于此。像 J2EE 这类平台,不仅为开发者自然而然地参与到 SOA 中来提供了一个平台,还通过他们内在的特性,将可扩展性、可靠性、可用性及性能引入了 SOA 世界。新的规范,用来将 XML 文档定位到 Java 类;用来规范对 UDDI 注册表的操作。XML - RPC 在 J2EE 1. 4 中用来调用远程服务,这使得开发和部署可移植于标准 J2EE 容器的 Web 服务变得容易,与此同时,实现了跨平台(如 . NET)的服务互用。

## 三、中间件技术

中间件是处于操作系统和应用程序之间的软件,有人认为它应该属于操作系统中的一部分。人们在使用中间件时,往往是一组中间件集成在一起,构成一个平台(包括开发平台和运行平台)。

中间件屏蔽了底层操作系统的复杂性,使程序开发人员面对的是一个简单而统一的开发环境,减少了程序的复杂性,将注意力集中在自己的业务上,不必再为程序在不同系统软件上的移植而重复工作,从而大大减少了技术上的负担。中间件带给应用系统的,不只是开发的简便、开发周期的缩短,也减少了系统的维护、运行和管理的工作量,还减少了计算机总体费用的投入。

1. 中间件

为解决分布异构问题,人们提出了中间件的概念。中间件是位于平台(硬件和操作系统)和应用之间的通用服务,这些服务具有标准的程序接口和协议。针对不同的操作系统和硬件平台,它们可以有符合接口和协议规范的多种实现。中间件应具有如下的一些特点:满足大量应用的需要,运行于多种硬件和 OS 平台,支持分布计算;提供跨网络、硬件和 OS 平台的透明性的应用或服务;可移植性和互操作性。对于应用软件开发,中间件远比操作系统和网络服务更为重要,中间件提供的程序接口定义了一个相对稳定的高层应用环境,不管底层的计算机硬件和系统软件怎样更新换代,只要将中间件升级更新,并保持中间件对外的接口定义不变,应用软件几乎不需任何修改,从而保护了企业在应用软件开发和维护中的重大投资。

2. 主要应用

中间件所包括的范围十分广泛,针对不同的应用需求涌现出多种各具特色的中间件产品，但至今中间件还没有一个比较精确的定义，因此，在不同的角度或不同的层次上，对中间件的分类也会有所不同。由于中间件需要屏蔽分布环境中异构的操作系统和网络协议，它必须能够提供分布环境下的通信服务，这种通信服务称之为平台。

远程过程调用是一种广泛使用的分布式应用程序处理方法。一个应用程序使用 RPC 来远程执行一个位于不同地址空间里的过程，并且从效果上看和执行本地调用相同。事实上，一个 RPC 应用分为两个部分：Server 和 Client。Server 提供一个或多个远程过程；Client 向 Server 发出远程调用。Server 和 Client 可以位于同一台计算机，也可以位于不同的计算机，甚至运行在不同的操作系统之上。它们通过网络进行通信，相应的 Stub 和运行支持提供数据转换和通信服务，从而屏蔽不同的操作系统和网络协议。在这里 RPC 通信是同步的，采用线程可以进行异步调用。

在 RPC 模型中，Client 和 Server 只要具备了相应的 RPC 接口，并且具有 RPC 运行支持，就可以完成相应的互操作，而不必限制于特定的 Server。因此，RPC 为 Client/Server 分布式计算提供了有力的支持。同时，远程过程调用 RPC 所提供的是基于过程的服务访问，Client 与 Server 进行直接连接，没有中间机构来处理请求，因此也具有一定的局限性。比如，RPC 通常需要一些网络细节以定位 Server；在 Client 发出请求的同时，要求 Server 必须是活动的等。

(1)面向消息的中间件

MOM 指的是利用高效可靠的消息传递机制进行平台无关的数据交流，并基于数据通信来进行分布式系统的集成。通过提供消息传递和消息排队模型，它可在分布环境下扩展进程间的通信，并支持多通信协议、语言、应用程序、硬件和软件平台。流行的 MOM 中间件产品有 IBM 的 MQSeries、BEA 的 MessageQ 等。消息传递和排队技术有以下三个主要特点：

通信程序可在不同的时间运行。程序不在网络上直接相互通话，而是间接地将消息放入消息队列，因为程序间没有直接的联系，所以它们不必同时运行。消息放入适当的队列时，目标程序甚至根本不需要正在运行，即使目标程序在运行，也不意味着要立即处理该消息。

对应用程序的结构没有约束。在复杂的应用场合中，通信程序之间不仅可以是一对一的关系，还可以进行一对多和多对一的方式，甚至是上述多种方式的组合。多种通信方式的构造并没有增加应用程序的复杂性。

程序与网络复杂性相隔离。程序将消息放入消息队列或从消息队列中取出来进行通信，与此关联的全部活动，比如维护消息队列、维护程序和队列之间的关系、处理网络的重新启动和在网络中移动消息等，是 MOM 的任务。程序不直接与其他程序通话，并且不涉及网络通信的复杂性。

(2)对象请求代理

随着对象技术与分布式计算技术的发展，两者相互结合形成了分布对象计算，并发展为当今软件技术的主流方向。它的作用在于提供一个通信框架，透明地在异构的分布计算环境中传递对象请求。对象请求代理(ORB)是对象总线，它在 CORBA 规范中处于核心地位，定义异构环境下对象透明地发送请求和接收响应的基本机制，是建立对象之间 Client/Server 关系的中间件。ORB 使得对象可以透明地向其他对象发出请求或接收其他对象的响应,这些对象可以位于本地也可以位于远程机器。ORB 拦截请求调用,并负责找到可以实现请求的对象、传送参数、调用相应的方法、返回结果等。Client 对象并不知道同 Server 对象通信、激活或存储 Server 对象的机制,也不必知道 Server 对象位于何处、它是用何种语言实现的、使用什么操作系统或其他不属于对象接口的系统成分。

(3)事务处理监控

事务处理监控最早出现在大型机上,为其提供支持大规模事务处理的可靠运行环境。随着分布计算技术的发展,分布应用系统对大规模的事务处理提出了需求,比如商业活动中大量的关键事务处理。事务处理监控界于 Client 和 Server 之间,进行事务管理与协调、负载平衡、失败恢复等,以提高系统的整体性能。它可以被看做是事务处理应用程序的"操作系统"。总体上来说,事务处理监控有以下功能:

① 进程管理,包括启动 Server 进程、为其分配任务、监控其执行并对负载进行平衡。

② 事务管理,即保证在其监控下的事务处理的原子性、一致性、独立性和持久性。

③ 通信管理,为 Client 和 Server 之间提供了多种通信机制,包括请求响应、会话、排队、订阅发布和广播等。

事务处理监控能够为大量的 Client 提供服务,如飞机订票系统。如果 Server 为每一个 Client 都分配其所需要的资源,那 Server 将不堪重负。但实际上,在同一时刻并不是所有的 Client 都需要请求服务,而一旦某个 Client 请求了服务,它希望得到快速的响应。事务处理监控在操作系统之上提供一组服务,对 Client 请求进行管理并为其分配相应的服务进程,使 Server 在有限的系统资源下能够高效地为大规模的客户提供服务。

## 四、管理驾驶舱

管理驾驶舱是基于高层的决策支持系统,通过详尽指标体系,实时反映企业的运行状态,将采集的数据形象化、直观化、具体化。管理驾驶舱充分融合了人脑科学、管理科学和信息科学的精华,以人为产品的核心,从管理者的决策环境、企业管理综合指标的定义,以及信息的表述,围绕激发人的智能、有利于思维连贯和有效思维判断的目的。

1. 组成

(1)墙面显示系统

当企业高层管理人员步入管理驾驶舱,所有与企业营运绩效相关的绩效指标(KPIs)都将以图形方式显示在四周的墙壁上。管理驾驶舱把各项指标按重要性程度显示在不同颜色的墙上:

① 黑墙显示主要的成功因素和财务指标。

② 红墙显示外部市场信息。

③ 蓝墙显示内部运作和员工的表现。

④ 白墙显示战略项目的状况。

所有指标在每面墙上被分为 6 组,每组由 6 个指标图构成,因此整个墙面系统可显示 144 个指标。

(2)驾驶台

如同飞机的驾驶台,管理驾驶舱的驾驶台也是企业信息的核心所在。管理驾驶舱通过驾驶台对公司的业务信息进行收集处理。它由6个PC显示终端和两把椅子构成。决策者可通过飞行驾驶台查询企业的实时信息,并可进行决策模拟。

(3)内部

管理驾驶舱是企业的会议室,它与传统的会议室不同,完全按照人体工程学原理进行,最大限度地考虑了人在该环境中的信息接收能力,其目标是建立一个能进行有效沟通、提高管理层会议效率的环境。为达到这一目标,关键的绩效指标(KPIs)及其他一些非常重要的信息都以图表形式显示。管理驾驶舱使最高决策人员能把注意力集中在关键点上。这种像驾驶舱一样的设备面板和显示器布局,使高层经理能及时判断公司的组织结构是否需要改变,同时也能快速了解公司内部结构存在的问题。

2. 构成

(1)业务指挥部

要建立管理驾驶舱首要的是要有房间。该房间不同于传统意义上的办公室,是一个高度智能化的管理指挥部,没有豪华的装饰,足够大的空间有益于思维的发散,企业的各种信息展示于四壁,干净的会议桌上没有成捆的报告,深远的思绪萦绕着整合空间,而瞬间所有的思维又转化为一个个有效而又明确的决断。

(2)墙面显示系统

管理驾驶舱四壁的一个个综合记分牌显示着企业的信息,描述的是企业的综合信息。正面的墙上,可以看到企业的财务状况,关键的资源因素和它们的发展趋势;右边的墙上,市场、客户和竞争对手的信息呈现在眼前;左侧的墙面,不断地告诉有关供应市场、企业内部的业务(生产、库存、商场等)和质量体系的资讯。如果有一些亘大的项目正在实施,那么身后的墙面会源源不断地提供出它们的状况。

(3)管理指标

管理指标是管理驾驶舱的主题,所有的企业业务信息如何表示,将以管理指标为标准。在管理驾驶舱中,管理指标将覆盖企业过去的信息、将来的信息、内部的信息和外部的信息。管理者根据这些指标判断企业业务状况的优劣,及时地调整企业的业务战术。

(4)思维的“飞行甲板”

对于某一信息对象,需要有一个工作面进行思维和判断,一个由六个信息源构成的思维“飞行甲板”将是最为有效的。因为根据研究,人的大脑对于六个信息源的连贯思维是一个最佳状态。

(5)管理仪表盘

如前所述,信息将以图形化仪表的方式展示给管理者,如反映企业流动资金的信息,就像汽车的油料表,管理者根据仪表的指针,了解企业的流动资金所处的状态,从而进行决策,以保证其处于安全区域。

(6)逻辑的视图

在管理上,不可能用一个数据来反映一个管理指标,如企业的获利状况,只看销售收入或只看利润值是不够的，可能需要销售收入和利润的两维综合，反映出企业的获利处于最佳状态、一般状态还是危险状态。因此在管理驾驶舱中，每个管理的指标都会由六个有逻辑关联的视图来表述。

(7)管理模型

管理模型包含行业的管理模型、产品的市场模型、企业现在和将来的经营模型，是管理者进行判断与决策的参照。

(8)管理会议

如何开会是管理驾驶舱的内容之一。不需要冗长而没有主题的“流水账”会议，也不需要任何吵闹而没有决策的会议。基于实时的信息、明确的目标和最佳的业务模型，在管理驾驶舱中的会议将是最有效率的。

(9)管理驾驶舱网络

如何让业务信息于第一时间在管理驾驶舱中反馈，如何将每次管理会议的结果及时有效地在业务中实现，管理驾驶舱的网络承担了这一工作。如同人的神经系统，管理驾驶舱网络是企业的电子神经系统。

(10)管理驾驶舱导航图

管理驾驶舱不是一个迷宫，所有在管理驾驶舱中工作的人都知道怎么去工作，他们所依据的就是管理驾驶舱的导航图，它告诉“该知道什么”、“怎么去知道”。

3. 特点

(1)直观性

进入驾驶舱页面就像进入汽车驾驶舱一样，展现在面前的将是各种各样的图形界面，如压力表盘等。与汽车驾驶舱不同的是这些图形所反映出来的不再是汽车性能及油量的情况，而是企业中各种经济指标的具体数据，如成本、产值等，这样管理者就能够更直观、全面地了解到企业中所有指标的具体情况，从而方便快速地做出下一步决策。

(2)可配置性

管理驾驶舱可以灵活配置，根据用户习惯，选择合适的图形来显示想要了解的具体指标，它实现了一个图形可以反映多种指标，一种指标可以由多个图形显示的交叉实现模式，使配置更加灵活。

(3)方便性

在管理驾驶舱进行完配置后，用户可以把这些配置进行保存，要想查看这种配置下的各种指标显示情况，只需进行一步操作就可以实现，真正实现了让用户的操作更加方便的思想。

(4)全面性

管理驾驶舱充分考虑到了人们对图形的最佳接受数目，在第一层最多可配置六个图形，并且在每一个图形的基础上都可以形成相同指标、不同条件、不同图形的第二层显示，确保了用户能够更全面地对公司中的各个指标进行掌握。

(5)多维性

管理驾驶舱真正实现了多用户、不同权限的不同操作，每个有权限的用户都能够配置适合自己的图形，从而能够让各个管理层都能够查看到自己所关心的经济指标，从技术和实现上达到了多用户、多权限、多图形、多指标的多维操作的目的。

(6)可展示性

管理驾驶舱充分考虑了如何最大程度地利用和拓展人的智能。例如,考虑到人对图像信息的最佳接收数量为6幅,因此所有的指标都以6幅为一组呈现在决策者面前。类似的研究成果体现在管理驾驶舱的各个方面。

管理驾驶舱是综合评估体系理论的优秀载体。企业建立管理驾驶舱的过程本身就是一个按综合评估体系建立企业战略管理模型的过程。按照该理论建立的绩效指标(KPIs)被以最佳接收方式显示在管理驾驶舱中,供决策者分析。

管理驾驶舱的出现,标志着一个更简便、更有效的信息工具时代的到来,标志着在未来的企业管理系统中,信息产品会更多地考虑人的主体因素。如何更好地发挥人的智能,是新一代信息产品的核心思想。

## 五、数据库

数据库(Database)是按照数据结构来组织、存储和管理数据的仓库,它产生于50年前。随着信息技术和市场的发展,特别是20世纪90年代以后,数据管理不再仅仅是存储和管理数据,而转变成用户所需要的各种数据管理的方式。数据库有很多种类型,从最简单的存储有各种数据的表格,到能够进行海量数据存储的大型数据库系统,都在各个方面得到了广泛的应用。

### 1. 结构语言

(1)对象数据

随着信息技术和市场的发展,人们发现关系型数据库系统虽然技术很成熟,但其局限性也是显而易见的。它能很好地处理所谓的表格型数据,却对技术界出现的越来越多的复杂类型的数据无能为力。然而,数年的发展表明,面向对象的关系型数据库系统产品的市场发展的情况并不理想。理论上的完美性并没有带来市场的热烈反应。其不成功的主要原因在于,这种数据库产品的主要思想是企图用新型数据库系统来取代现有的数据库系统。这对许多已经运用数据库系统多年并积累了大量工作数据的客户,尤其是大客户来说,是无法承受新旧数据间的转换而带来的巨大工作量及巨额开支的。另外,面向对象的关系型数据库系统使查询语言变得极其复杂,从而使得无论是数据库的开发商家,还是应用客户都视其复杂的应用技术为畏途。

(2)数据库

简单来说是数据库可视为电子化的文件柜,即存储电子文件的处所,用户可以对文件中的数据运行新增、截取、更新、删除等操作。

数据库指的是以一定方式储存在一起、能为多个用户共享、具有尽可能小的冗余度、与应用程序彼此独立的数据集合。

在经济管理的日常工作中,常常需要把某些相关的数据放进这样的"仓库",并根据管理的需要进行相应的处理。例如,企业或事业单位的人事部门常常要把本单位职工的基本情况(职工号、姓名、年龄、性别、籍贯、工资、简历等)存放在表中,这张表就可以看成是一个数据库。有了这个"数据仓库"就可以根据需要随时查询某职工的基本情况,也可以查询工资在某个范围内的职工人数等。这些工作如果都能在计算机上自动进行,那人事管理就可以达到极高的水平。此外,在财务管理、仓库管理、生产管理中也需要建立众多的这种“数据库”,使其可以利用计算机实现财务、仓库、生产的自动化管理。

(3)数据整体

数据库是一个单位或一个应用领域的通用数据处理系统,它存储的是属于企业和事业部门、团体和个人的有关数据的集合。数据库中的数据是从全局观点出发建立的,按一定的数据模型进行组织、描述和存储,其结构基于数据间的自然联系,从而可提供一切必要的存取路径且数据不再针对某一应用,而是面向全组织,具有整体的结构化特征。

(4)数据共享

数据库中的数据是为众多用户所共享其信息而建立的,已经摆脱了具体程序的限制和制约。不同的用户可以按各自的用法使用数据库中的数据;多个用户可以同时共享数据库中的数据资源,即不同的用户可以同时存取数据库中的同一个数据。数据共享性不仅满足了各用户对信息内容的要求,同时也满足了各用户之间信息通信的要求。

2. 基本结构

数据库的基本结构分三个层次,反映了观察数据库的三种不同角度。以内模式为框架所组成的数据库叫做物理数据层;以概念模式为框架所组成的数据库叫概念数据层;以外模式为框架所组成的数据库叫逻辑数据层。

(1)物理数据层

它是数据库的最内层,是物理存储设备上实际存储的数据的集合。这些数据是原始数据,是用户加工的对象,由内部模式描述的指令操作处理的位串、字符和字组成。

(2)概念数据层

它是数据库的中间一层,是数据库的整体逻辑表示。指出了每个数据的逻辑定义及数据间的逻辑联系,是存储记录的集合。它所涉及的是数据库所有对象的逻辑关系,而不是它们的物理情况,是数据库管理员概念下的数据库。

(3)逻辑数据层

它是用户所看到和使用的数据库,表示了一个或一些特定用户使用的数据集合,即逻辑记录的集合。

数据库不同层次之间的联系是通过映射进行转换的。

(4)主要特点

① 实现数据共享。数据共享包含所有用户可同时存取数据库中的数据,也包括用户可以用各种方式通过接口使用数据库,并提供数据共享。

② 减少数据的冗余度。同文件系统相比,由于数据库实现了数据共享,从而避免了用户各自建立应用文件,减少了大量重复数据,减少了数据冗余,维护了数据的一致性。

③ 数据的独立性。数据的独立性包括逻辑独立性(数据库中数据库的逻辑结构和应用程序相互独立)和物理独立性(数据物理结构的变化不影响数据的逻辑结构)。

④ 数据实现集中控制。文件管理方式中,数据处于一种分散的状态,不同的用户或同一用户在不同处理中其文件之间毫无关系。利用数据库可对数据进行集中控制和管

## 第九节　朔黄铁路重载基础建设信息技术实例

朔黄铁路信息化基础建设主要包括：IT 亘载信息规划、信息化标准、编码技术等管理应用，搭建网络技术、无线接入技术、网络安全体系，云技术、数据库技术、中间件技术、系统软件等应用，实现核心大集中、虚拟化。主要应用实例介绍如下。

1. 机务管理信息系统

机务管理信息系统主要包括调度智能化指挥系统、运安信息化系统、资源配置保障信息化系统、综合管理信息化体系、公共基础信息平台 5 部分，各部分中分别包含机车调度综合管理、机务运转楼信息综合管理、机车整备、机车检修、机车配件管理、机车质量综合控制管理、机车安全综合管理、运用管理、监控管理、机车入库检测、联运单位机务管理、机务设备管理、机务运力分析、机务能耗管理、机车统计管理、机车等级装备管理等 24 个模块及机务共享信息、机务专用基础数据、信息共享和数据交换 3 个基础平台。机务管理信息系统主界面如图 8－27 所示。

图 8－27　机务管理信息系统主界面

2. 工务管理系统

铁路工务管理采用状态指导修理念，提出工务设备是行车的安全基础，工务部门承担着铁路线路、桥梁、涵洞、隧道等大多数基础设施的日常管理、维修养护任务，为提高朔黄铁路工务系统现代化管理水平，实现工务基础设施的科学管理，合理、有效地分配资金、材料、人力和作业时间，保持工务设备的良好使用状态，保障运输生产安全，施行“检修养分开、行车不作业、作业不行车”，提高作业效率的有效手段。状态指导修的关键在于加强了对检查数据的分析，有针对性地安排维修作业，区分轻重缓急，注重数据说话，接近客观实际。朔黄铁路工务管理系统界面如图 8－28 所示。

图 8-28 朔黄铁路工务管理系统界面

3. 朔黄铁路绿化管理系统

朔黄铁路绿化管理系统是企业目标“绿色、高效、数字化”的具体体现，绿化管理构建和谐环境，从空间、卫片、航片、平面、街景、电子沙盘等 6 个维度展现，系统包括绿植覆盖面积、植被寿命管理、防风防沙林带建设、树木品种、承包人管理等。朔黄铁路绿化管理系统界面如图 8-29 所示。

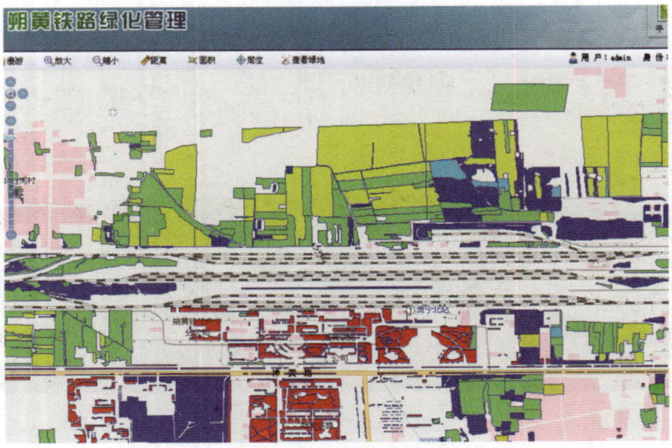


图 8-29 朔黄铁路绿化管理系统界面

4. 货车管理信息系统

货车管理信息系统从功能结构上可划分为生产组织、技术管理、安全质量和综合（经营）管理，包括朔黄铁路对于货车信息化管理的各个方面，分别在各级部门、各级应用系统中体现到具体的应用功能之中。其实现的功能有：

（1）生产任务计划制定：根据年检修车生产任务计划、加装改造计划等，按车种、修程分类制定月生产任务计划。

（2）生产组织信息：掌握当日检修车扣车情况，各主要生产车间车辆入线、作业、修竣等生产情况。在 18：00 前完成车辆调度日报（货车）汇总。

（3）技术数据的应用：调度日常工作要求分析、汇总、管理各种统计分析报表，及时解决系统中生产组织管理信息存在的问题，确保系统中生产组织管理信息的全面、准确、适时、动态。

（4）技术管理基础数据上报：按照数据生成及上报时间规定，按时生成系统需要上报的各种基础数据。

(5)调车管理:实现调度的线路存车和摆车管理,并实时地显示到大屏上。

5. 朔黄铁路用地管理系统

朔黄铁路用地管理结合地理空间数据,构建可视化管理。从空间、卫片、航片、平面、街景、电子沙盘等6个维度展现,主要内容包括:概况管理、地籍管理、档案管理、日常管理、地表使用、地界管理、控制点管理、购地租地管理等。GIS 朔黄铁路用地管理系统如图 8-30所示。

图 8-30　GIS 朔黄铁路用地管理系统界面

6. 机车等级整备管理

朔黄铁路机车等级整备管理系统,传统上机车每次出库后,不管运用时间、运用环境,进库必须整备。虽然管理简单,但这样势必造成人力、物力、财力浪费。根据机车走行公里数和循环趟数确定机车整备次数。由于机车运用环境、走行公里数、整备状况不同。公司节约创效过数亿元。

7. 数据传输网

2006 年建设数据传输网,公司总部和各分公司局域网及沿线各车站的计算机网络平台,构建一个集数据、语音、视频为一体的高带宽、高可靠的综合性信息网络。采用 MSTP 设备新建一条光传输网络,同时承载 2 M 和以太网数据业务。在神池南、原平南、滴流磴、西柏坡、定州西、肃宁北、沧州西、黄骅南、黄骅港各配置 1 台 MSTP 传输设备,组成整个传输系统的骨干部分,骨干链路为 2.5 G,其他中间站各设置一台 MSTP 传输设备来组成支路部分,支路链路为 622 M。在肃宁北通信站配置网管一套,对设备进行维护管理。朔黄铁路公司门户界面如图 8-31 所示。

图 8-31　朔黄铁路公司门户界面

8. 朔黄铁路信息化综合管理网络

2006 朔黄铁路公司建成 24 芯光缆、640 皮长公里、干线传输 2.5 G、核心 10 G 交换的综合网络。为了使信息网得到可靠保障，拟建设第二光纤通信系统，形成互备信息网络。朔黄铁路信息网络有公司局域网、车站局域网、链接两类网的广域网，以及链接集团和友邻的广域网，干线千兆到桌面、支线百兆到用户，目前公司用户数 10 000 户，支持 30 000 户。朔黄铁路信息化综合管理网管监控界面如图 8－32 所示。

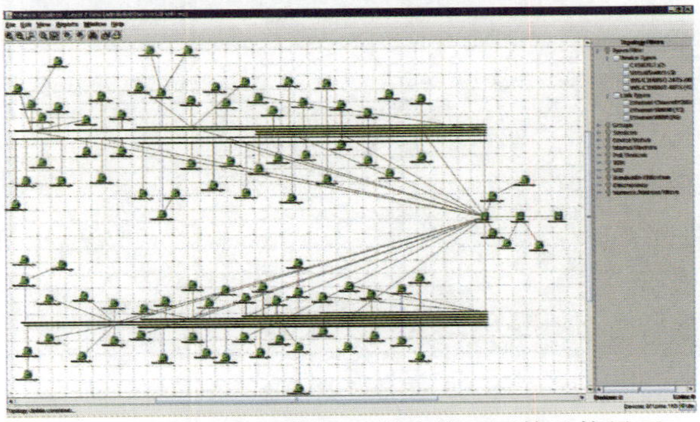

图 8－32 朔黄铁路信息化综合管理网管监控界面

9. 信息化机房系统

该机层系统于 2006 年完成。计算机场地(房)技术是一门综合高技术性集成，是计算机网络核心，它涉及供、配电技术、空调技术、自动检测与控制技术、抗干扰技术，集净化、结构化布线、消防、建筑和装修等多种专业为一体，包括公司中心机房、5 个分子公司和 34 个车站机房监。中心机房装修，其他机房建立远程监控系统终端。朔黄铁路公司综合楼为八层框架楼，主机房设在大楼六层，总面积约为 400 $m^2$，其中，主机房 1、主机房 2 面积均约为 160 $m^2$，参观走廊、值班/监控室面积均约为 50 $m^2$。信息监控中心和网络监控分别如图 8－33 和图 8－34 所示。

图 8－33 网管中心

图 8－34 网络监控

10. 重载运输专网系统

该系统于 2010 年 8 月运输专网完成。朔黄铁路信息系统逐渐增多，将运行多个系统，为了保证安全、提高效率，根据行业规定建立运输专网，主要承担运输生产信息。采用三层架构：核心层、汇聚层、接入层。4 台核心 6509 通过万兆链路组成全网核心交换；肃宁分公司、车辆检修中心、机辆分公司、机辆检修中心、运管中心、肃北站分别双路(光纤方式)上联至公司两台核心 6509。

11. 网络安全系统

2008年建立了网络安全系统,保证公司运输网与神华集团其他单位之间、运输网与外联网之间、运输网与办公网之间等方面的安全互联,主要功能有:

(1)运输专网外部访问:为外部访问应用系统提供准入、用户登记、审计、跟踪、全程记录。

(2)运输专网内部访问:为内部访问应用系统提供认证(用户名、密码或指纹识别),个别账户实现单点登录(如公司领导,即需要使用多个系统的人员)。

客户端实现安全可控,安装防病毒软件。网络设备使用AAA认证登录、授权和审计。朔黄铁路综合运输信息系统(SR-EST)网络安全监控中心界面如图8-35所示。

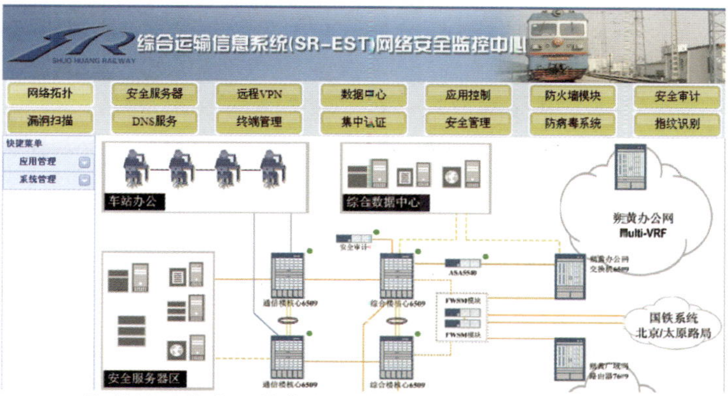


图8-35 朔黄铁路综合运输信息系统(SR-EST)网络安全监控中心界面图

12. 网络环境综合监测系统

2008年投入使用综合监测设备,具有遥信、遥测、遥控、遥视等功能,对全线41个车站通信机房现有的智能设备、低压配电设备、蓄电池组、空调及环境、图像实行监控,实时监视通信网络设备的运行状态。

13. 外网审计

VPN审计平台能够详细记录用户使用单点登录平台的情况,包括登录时间、登录用户名称、登录的应用系统、登录时使用的客户机IP地址、计算机名和MAC地址等。同时,还提供图形化的日志查询工具,方便管理员进行统计分析和审计员进行监督审计,达到安全性控制。单点登录平台采用了128 bit密钥加密算法和散列算法,采用安全认证协议,能够保证用户认证的安全。朔黄铁路综合运输信息系统VPN审计平台如图8-36所示。

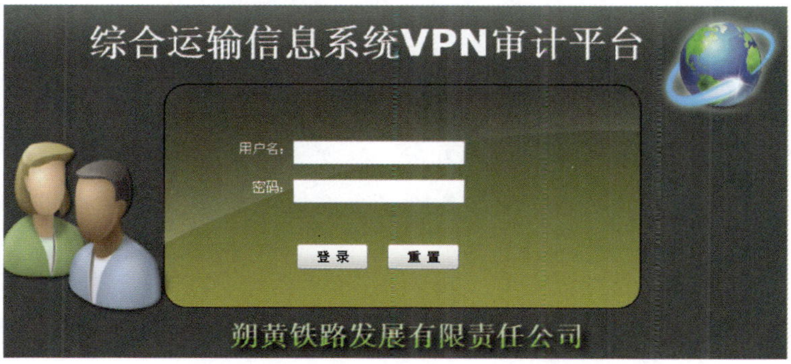


图8-36 朔黄铁路综合运输信息系统VPN审计平台

# 第九章　重载铁路信息技术展望

## 第一节　重载铁路技术探索

目前,朔黄铁路重载运输创造了连续13年安全运营新纪录,运输生产、经营管理、信息技术突破传统模式取得了可喜的成绩。但对照“国内领先,世界一流”的目标,我们清醒地看到重载铁路发展参差不齐,与国际、国内铁路新技术的发展及与国内同行和发达国家重载铁路相比还有很大发展空间。

### 一、重载信息化支撑的铁路新技术发展

1. 铁路重载运输技术

根据资料,国际重载铁路运输与传统铁路运输同规模试验比较:燃油消耗下降43%,每百万吨矿石运输所需人力从30人下降到5人,机车车辆利用率提高36%,车轮、钢轨寿命提高3~5倍,运输成本下降65%。重载运输技术三大要素:列车速度、密度、质量。国际重载运输特点:行车速度较低、轴重大。重载货物列车速度为60~80 km/h,车辆轴重为23~26 t。国际开展重载运输目标:提高劳动生产率,提高铁路线路运输能力,降低运输消耗,节约运输成本。开展重载运输是提高运输经济效益的重要手段。

2. 铁路装备信息技术发展

(1)机车6A技术

近几年,我国铁路机车不断发展进步,有代表性的技术发展是机车6A技术:机车空气制动安全监测(AB)、机车防火监控(AF)、机车高压绝缘检测(AG)、机车列车供电监测(AP)、机车走行部故障监测(AT)、机车自动视频监控及记录(AV)。

(2)供电6C技术

6C技术主要内容是:弓网综合检测(CPC)、便携式接触网检测(CCV)、车载接触网动态检测(CCL)、高精度接触网运行检测(CCH)、接触网与受电弓滑板监测(CPV)、接触网与供电设备地面监测(CCG)。

(3)车辆5T技术

5T技术包括铁路红外线轴温探测(TH)、车辆故障视频检测(TF)、铁路车辆声学故障诊断(TA)、车辆运行状态检测(TP)、车辆走行部故障检测(TW)。5T技术正在我国铁路车辆应用中不断深化、综合完善。

3. 铁路线路维护技术

国际上铁路通行的“状态修”具备两个基本条件:诊断手段和维修能力。目前国际铁路普遍运用综合检测列车诊断和大型机械化养护结合技术,发达国家铁路已成功实现铁

路“状态修”。

德国、法国、日本等发达国家的综合检测列车能对线路上可见和不可见部分进行全数字化测量、采集和分析，列车检测速度高于100 km/h。国际综合检测列车主要功能包括地质勘察（最深探测深度达4 m）、隧道检测、线路和环境检测、轨道检测、轨枕和无砟轨道检测、卫星定位。另外，列车前部安装摄像装置，可以随时监视轨道及周边结构物的情况。其他检测装置包括横向加速度检测器、转向架检测装置、激光陀螺仪、噪声计、接触导线间隔测定装置、冲击检测器、受电弓检测器、接触导线磨耗检测器等。检测列车的检测项目近百项。

4. 铁路安全管理技术

国际上安全管理经验比较多，但是被世界上广泛认可的科学完善的安全管理体系不多，普遍认同的主要是劳氏体系和诺萨体系。

诺萨体系即企业安全、健康、环保管理体系。该体系以风险管理为基础，强调人性化管理和持续改进的理念，目标是实现安全、健康、环保的综合风险管理。体系理念是针对员工的安全健康，在贯彻落实过程要求全体员工参与，强调的是过程。因此在操作上更具有人性化，以风险管理为基础，侧重于对未遂事件的预防和控制。在风险评估的基础上，针对班组等生产作业单元工作前的安全评估等安全管理方式。国际上2 000多个公司推行管理方法后，在减少人员伤亡、减少职业病和其他损失等方面是非常有效和成功的，为企业在风险因素控制上提供了一个优良的平台。现在中国也成为采用诺萨体系国家之一，在全国电力行业和矿山企业广泛开展。

劳氏体系即质量、安全、健康、环保管理体系。该体系以质量管理为基础，安全第一，强调人性化管理和持续改进的理念，目标是实现安全、健康、环保的综合安全管理。国际上交通、航运、物流企业应用较多。中国铁路现在没有应用。

5. 铁路信息技术

铁路信息技术是20世纪60年代在西方发达国家兴起的重载铁路信息化管理技术。经过多年的发展，尤其是近年来，重载和高速铁路信息技术已经成为铁路主要的技术支撑手段。铁路信息技术应用于铁路的各个专业、各个角落，包括综合运输、路网管理、安全管理、灾害救援、基础网络、经营资源、工程建设、企业办公、综合管理等，形成了提升重载铁路综合能力的主要手段，现在铁路信息技术已经由MIS管理技术发展为应用系统与GIS系统结合数字化技术，随着云技术的成熟正在向智慧化技术进军。

## 二、朔黄重载铁路现状与分析

1. 重载铁路规模、结构和素质

目前，建设一流重载铁路的任务非常艰巨。与国内和发达国家重载铁路相比，朔黄重载铁路无论是规模，还是结构和素质，都还存在差距。

（1）从规模看。发达国家重载铁路在20世纪初就建成了完善的货运专线，国内的大秦铁路已具备规模，而其他重载铁路正处在规模建设时期，按照规划到还需几年时间建成完善的重载货运专线。

（2）从结构看。一些发达国家企业已经拥有几十年货运铁路运营的历史，而朔黄重载铁路建设规模才刚刚起步，初步形成自己的模式，建设成为发达完善的货运铁路，还需要做出不懈的努力。

(3)从素质看。一些发达国家重载铁路已经形成完善的技术体系,企业和员工素质已经固化,朔黄重载铁路企业文化还没形成,还需要不断摸索和创新,需要做出不懈的努力。

2. 运能技术

铁路能力由质量、速度、密度三个因素决定。由于重载运输的运量需求大,为了达到提高输送能力目的,既采用大牵引质量列车,也采用较高的行车密度。

铁路列车牵引质量在2万吨,采用各种质量列车组合的运输形式、合理密度和适当的运行速度综合输送能力可达到最高的水平。

3. 重载装备

技术装备现代化决定公司运输实力。主要体现在:

一是在机辆装备方面。国内生产的和谐系列大功率机车,朔黄铁路正在装备,但配套检修技术设备还不完善,技术人才严重不足,大功率机车、$C_{80}$、$C_{90}$等大轴重车辆应用技术方面还缺少经验。

二是在重载列车控制系统方面。美洲和澳洲列车控制技术已经相当成熟,实现了无线宽带等无线传输控车技术,朔黄铁路处于初级研究和应用阶段,应用经验和模式还没有研究透,需要探索。

三是在货运专线系统技术集成方面。在线路养护、货车运用、重载专控网、牵引供电、调度指挥、信息智能化等方面的系统集成技术难度,还需要下力量掌握探索这些技术。

4. 铁路线路维护体制

国际铁路综合检测列车等新技术应用表明,国际铁路长大无缝钢轨、线路综合检测等方面的技术都很成熟,形成定式。主要体现:

一是在铁路的安全检测和养护维修方面。国际采用综合检测列车,对轨道、接触网、通信、信号等基础设施进行定期检测、综合检测和高速检测,这方面还处在初级阶段。

二是发达国家铁路已实现铁路智能综合检测、维修计划、施工作业一体化,设备养护维修的质量和效率很高,而这方面朔黄公司刚起步。

三是朔黄公司根据"状态修"理念提出"立体养护,一体化作业"模式,尽管配备了大型机械化养护系统,向设备设施"状态修"迈出了第一步,可是铁路综合检测列车和相关配套技术还要持续完善,与国际发达国家重载铁路有差距。

5. 本质安全管理体系

铁路是铁路企业,安全管理不同于行业管理,需引进国际先进水平安全管理系统,在企业加强质量管理,减少人员伤亡、减少职业病和其他损失等方面将为企业在风险因素控制上提供了一个优良的平台,目前重载铁路还需要科学规范,依据国际成功的安全体系,国内没有成功经验借鉴,只有大胆创新,探索重载铁路安全管理体系,走出一个前人没有走过的路,实现本质安全。

6. 重载铁路信息化建设

信息化是重载铁路发展的目标。数字铁路是重载铁路信息化工作的初级阶段,智慧铁路是重载铁路信息化建设的终极目标。

应当按照数字铁路定义,空间地理信息数据与铁路应用信息化系统结合应用,深化机、车、工、电、辆、运等专业信息化管理。

目前,数字铁路模式在朔黄铁路已初步建成,形成安全管控、运输生产、基础建设、资源配置、综合管理系统5大板块,涉及80多个应用系统,这是朔黄铁路信息化企业的基础,但距离实现智能铁路目标还有一定差距。

## 三、重载铁路信息技术展望

### 1. 以信息技术保障状态修

重载铁路状态修势在必行,这是维修体制的变革,是"行车不作业、作业不行车"条件下提高作业效率的有效手段。状态修之关键在于加强了检测,对检查数据的分析,有针对性地到现场进行工作调查,安排维修作业,区分轻重缓急,接近客观实际。

通过信息技术贯彻状态修,体现"检重于养,养重于修"的原则,及时发现病害并指导消灭病害是其前提,通过高质量、高密度的设备检查,确保线路质量。对于检查出的病害,根据对行车的影响,将有碍行车安全的施工全部纳入"天窗"作业,加快发展大中型养路机械,不断提高设备维修养护质量。

朔黄铁路状态修原则上施行"检、修、养分开"。检测工队以检测为主,维修工队以综合维修、选择性保养和重点工作为主,检修以大型养路机械化为主。对于重点伤损设备等工作成立专业的施工队伍,保证作业质量与水平。

### 2. 发展重载信息与智能技术

(1)岗位手持终端(PDA)是现代物联网发展的新兴技术,可实现岗位员工安全作业GPS监控,满足铁路运输各系统专业各岗位的企业应用细胞技术.主要有:办公系统终端、材料收发、GIS巡检、一卡通等。

(2)三网合一。结合国家三网合一发展战略,制定技术政策将各公司独立的通信网、信息网、电视网三网合一,实现资源应用最大化。

(3)重载铁路云计算。信息化提升以企业云计算为核心的企业信息化应用目标。信息化建设第一阶段是数字化,第二阶段是智能化。深入发展铁路信息技术,重点实现企业云计算,节能提效,实现智能铁路。

### 3. 重载控车网发展

目前国际列车控制技术已经成熟,实现了无线宽带等无线传输控车技术。朔黄铁路研制应用LTE处于初级应用,各环节结合技术应用,创新技术,加大应用经验研究,需要多项专题攻关。

### 4. 重载运输安全监控信息体系

重载运输立体监控体系见表9-1。

**表9-1　重载运输立体监控体系**

| 序号 | 重点技术 | 采　取　措　施 |
|---|---|---|
| 1 | 车对车 | 列车动态监控装置;GPS定位系统实现列车移动闭塞;列车作业实时视频监控系统 |
| 2 | 车对地 | 综合检测诊断列车;列车宽带无线平台;大机养护一体化系统 |
| 3 | 地对车 | 车号识别、"5T"系统;重载监控系统;调车作业安全监控系统;列车调度智能化 |
| 4 | 地对地 | 综合视频监控系统;防灾应急监测系统 |

目前朔黄铁路卫星技术应用主要在三个方面，如图 9 - 1 所示。

(1) GIS 资源卫星：天空地综合地理信息应用，地貌险情监控。

(2) 海事通信卫星：应急救援服务、远程指挥。

(3) GPS 定位卫星：列车追踪、调度指挥、系统时钟服务等。

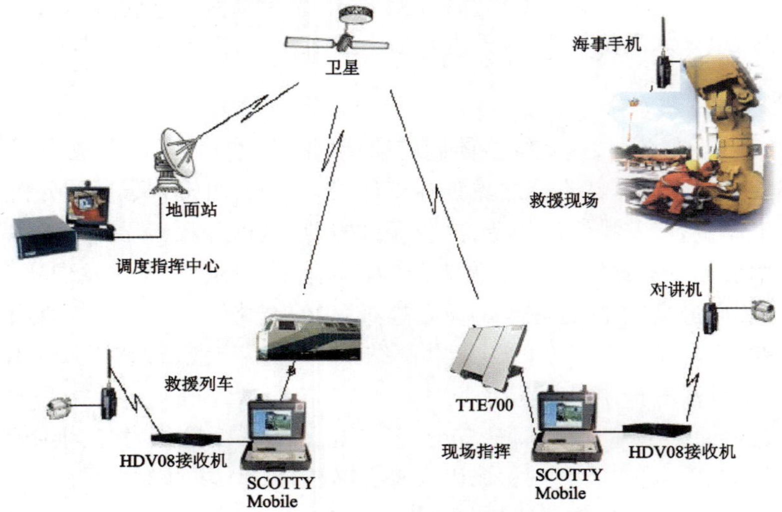


图 9 - 1　卫星技术应用

5. 铁路 6E 技术的发展

6E 技术就是采用成熟的智能视频图像识别技术，模拟巡道员、网电工、检车员、司机、商检员、保安的作业要求，对线路、机车、车辆、货物、供电网、防护进行动态检测的 6 个独立工种形成独立智能系统，包括电子巡道员（ER）、电子网电工（EN）、电子检车员（EC）、电子保养员（EL）、电子商检员（EG）、电子警察（EP），如图 9 - 2 所示。

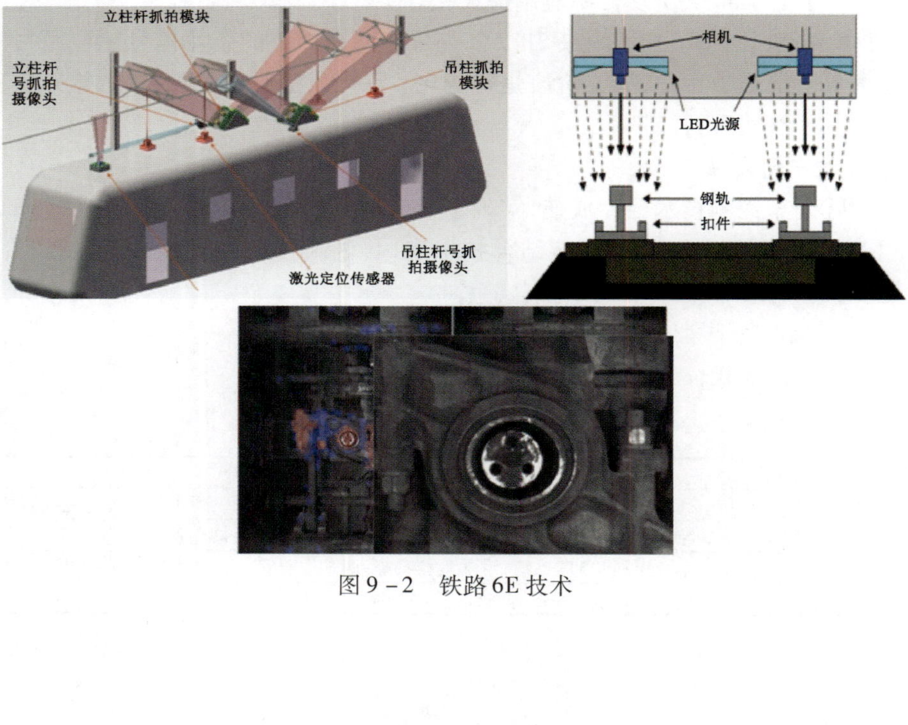


图 9 - 2　铁路 6E 技术

6. 铁路三基班组建设应用

通过信息技术强化三基（基础、基层、基本功）建设。目前的管理模式是“两级管理三级核算”，即公司、分公司两级管理，公司、分公司、工队三级核算。基础重点落实在工队，随着精细化管理，重载管理需要向纵深发展。结合信息化深入普及，探索基础班组（作业组）管理模式——三级管理四级核算（公司、分公司、工队、班组），适应新形势发展的需要。

班组是企业的细胞，是企业生产和经营的基本单位，是各项管理工作的落脚点。改变传统班组管理理念、方式、方法，推行班组管理标准化、规范化、科学化、系统化、信息化，是现代企业班组建设的必然选择。企业的所有生产活动都在班组中进行，所以班组工作的好坏直接关系着企业经营的成败，只有班组充满了勃勃生机，企业才会有旺盛的活力。班组就像人体上的一个个细胞，只有人体的所有细胞全都健康，人的身体才有可能健康，才能充满了旺盛的活力和生命力。

7. 安全管理体系发展

我国铁路运输安全管理历来是运输生产工作的重点，几十年常抓不懈，取得了可喜的成绩。但是铁路行业现行的安全管理体系与国际先进水平还有一定差距。

朔黄重载铁路引进国际先进水平安全管理理念，采用以质量风险健康环保为基础的安全管理模式，在企业加强质量管理，减少人员伤亡、减少职业病和其他损失。

综上所述，建设重载铁路信息化基础，建立全方位的安全监控体系，建设多门类合成、多专业集中的高新技术企业，重载铁路要建设具有雄厚实力的企业链，形成产业化目标，任重道远。“国内领先，世界一流”是不懈努力的方向，“探索铁路新技术，打造新模式”是企业永恒主题。

## 第二节　5T 技术发展

5T 系统是车辆信息化检测技术的专业应用。随着业务深化，5T 信息集成应用随之发展起来，出现了 5T 硬件集成、软件融合、数据共享趋势。

### 一、5T 技术提升货车故障处理能力

5T 系统检测信息可以分为两类：一类是 5T 系统本身提供的自动故障报警监测信息，另一类是职工通过 5T 系统进行人工检查而发现的铁路货车故障检测信息。这两种信息，特别是后一类检测信息，是保证铁路货车行车安全的重要信息资源。将这些信息资源在各个运用车间进行共享，对于达到共同保证安全是十分必要的。同时，5T 检测信息包含了 TFDS、TPDS、TADS、TWDS、THDS 等几类信息，这为进行铁路货车故障的动态跟踪以及综合判断和正确处理提供了科学依据。因此，在人机分工的情况下，充分发挥动态检测的作用，将 5T 系统检测信息与现场作业进行共享，是保证行车安全的重要手段。铁路货车运用综合信息平台目的在于为铁路货车运用工作提供综合信息服务，通过此信息平台实现 5T 系统检测发现的铁路货车故障信息及现场鉴定处理信息、人工技检作业发现和处理的铁路货车故障信息和工作绩效信息以及其他与运用工作相关的信息的记录和共享。通

过5T系统之间检测数据的综合共享和各个运用车间等部门之间的数据共享，实现检测数据的综合分析，为安全生产提供决策支持。铁路货车运行故障质量跟踪系统的作用主要有以下几点：

(1)货车故障发现能力得到提升

通过整合5T预报信息、HMIS定检到过期车信息、铁路货车装用主要大部件的使用寿命信息、缺陷车网络布控信息、前方列检发现的状态不良车的跟踪信息等五种关键信息，形成了针对铁路货车运行的动态安全判别模型，加强了信息化系统数据的利用率和综合判断能力，辅助现场人员在有限的技检时间内，更有重点地检查铁路货车的安全状况，提升了整体运用货车的故障发现能力，确保了铁路货车的安全运输。

(2)货车故障现场处理更加有效

提前预报运用货车状态信息，有助于使现场检车员提前做好施修配件准备，有针对性地看车，合理利用有限的技检作业时间，初步实现"人机分工"，提高了直通货物列车终到作业效率和列车修理的针对性。

(3)货车综合安全保障能力得到加强

由于在列车到达之前已经将该货车的主要问题以及发现的故障锁定，因此可以提前应对故障情况做好相应的准备工作，将列检作业场的技检准备工作前移，处理列车故障更加主动、更加快速，在保证正常运输秩序的同时，也提升了对运用货车综合安全的保障能力。

(4)铁路货车作业质量和检修质量的螺旋式拉动提升

通过每个月、每个季度对管内货车运行质量的对比和分析，可以清晰地找到管内货车运行故障的规律，通过对不同车种、车型的常见故障发生原因和发生时机进行深入研究，协同铁路货车定检部门对检修工艺有重点地跟踪和优化，并通过现场实际检验，逐步改进铁路货车定检的检修质量。单车的检修信息又作为静态信息通过系统传递到各列检作业场，结合铁路货车运行的动态信息服务于各级运用部门，从而为提升铁路货车的运行安全水平打好基础。

(5)重复信息录入减少，直接作业人员生产力得以解放

在使用5T系统时，需要记录大量的检测数据、工作任务等基础信息(如故障预报记录、故障鉴定反馈记录等)。这些记录分散在不同的记录簿、电子表格中，有很多是重复性数据。例如，发现一个铁路货车大部件故障，那么在典型故障登记表、铁路货车大部件故障登记表、铁路货车故障预报表、鉴定反馈记录等记录簿中都要进行相应记录，用以作为统计分析的基础，在这些表格中有很多数据(如车次、编组、车号、车型、故障描述、铁路货车定检信息等)几乎在每个表中都进行填写，重复录入工作量大，增加了人力物力消耗。通过该系统可以有效地得到解决。由于，在系统的内部实现了信息高度共享。因此，系统预报信息实现在同一界面综合预报，反馈的信息可以通过数据接口直接回写到5T、HMIS等相应的系统中，避免了信息的重复录入和多次生成类似的报表、台账的问题。各级单位和部门的直接作业人员的生产力得以一定程度的解放。

(6)提供量化数据，支持领导决策

依据系统的统计分析功能和场际互控功能，可以积累大量的业务数据，通过现场信息

系统的平台化建设，极大提高了铁路货车技术信息利用率，增强了管理部门宏观数据的掌握、决策能力，解决了信息资源分散管理、应用单一的问题，为各级管理者提供量化的依据来管理5T动检值班员作业量和评判作业质量。同时，还可以以反馈的动态信息来判断5T设备工作状态，从而保证5T设备本身的运行质量，做好质量评价，收集5T设备运行及故障信息，向厂家进行反馈和沟通，不断拓展和完善5T系统功能。

(7)作业质量驱动员工提高业务能力

通过场际互控的功能收集并建立典型故障知识库，通过多媒体教学等手段以考核故障图片库和易漏检、误报的故障信息来帮助现场检车员和动态检车员进行自我学习和测试，提升其工作能力，从而不断提高铁路货车运用作业质量。

## 二、货车5T信息向造修预警

5T向造修预警技术的提出，就是将5T综合信息运用到货车定检和制造，有效地提示铁路货车造修工作，而不是将5T信息只局限于铁路货车技术检查。每日货车检修数据进行采集和上报，并实现了货车履历信息、5T动态检查信息、运用故障信息的全方位的数据共享，告别了以往检修单位看到现车才制定检修计划的被动检修形式，实现了检修单位在扣修铁路货车的同时共享铁路货车履历信息，预先知道铁路货车的车号、车型、装用配件信息以及该车在运行过程中5T系统发现、预报的运用故障信息，利用5T运用故障信息提示检修单位各工序检修的新型作业模式。5T向造修预警技术的应用，使各检修单位充分落实了“扁平化管理”的要求。对于没有应用“铁路货车段修安全质量智能化管理系统”的单位，可以通过“铁路货车检修履历管理子系统”实现对5T动态检测共享数据的统一展现和对单车运用、动态检测故障的汇总分析。各单位在接收数据后，可以打印并和现车核对、对重点部位进行检查，实现5T、段修、运用故障数据共享。

## 三、作业质量动态评价

目前，TFDS动态检车员已成为铁路系统的一个新生岗位，同时也是一个新的职业。为不断提高TFDS动态检查水平，科学地评价TFDS动态检车员的工作质量，依托TFDS联网的优势，搭建了TFDS工作质量动态评价系统，旨在提高TFDS动态检车员第一时间发现故障、第一时间处理故障的积极性。评价系统主要有以下几个指标：

(1)漏检率

将部署在局分界口两侧以及管内任意相邻的TFDS动态检查发现的故障进行对比，自动分析统计漏检件数，以所占检查辆数的比例确定漏检率。

(2)误报率

将联网系统中任意相邻两个TFDS对直通货物列车动态检查发现的故障进行对比，自动分析统计误报件数，以所占检查辆数的比例确定误报率。

(3)漏修率

利用TFDS动态检查发现的故障，对某一路网性、区域性编组站以及其他特定车站经技术检查后发出的列车故障件数进行统计，以所占检查辆数的比例确定漏修率。

### 四、远程诊断技术

列车在运行途中因各种偶发因素发生货车热轴、“抱闸”等疑似行车设备故障和车钩分离、配件脱落、切轴、脱线等行车事故时，为迅速开通线路，普遍做法是，在货车列检人员到达现场前，先行由机车乘务员或车站值班员对热轴、“抱闸”等较易处置的货车故障做出初步判断及处置，经处置后认定故障消除的，列车继续运行，否则，等待货车列检人员或救援人员到达现场后进行处置。无论是机车乘务员还是车站值班员，均未接受过车辆知识的系统培训，专业限制性很强，因此，当非车辆专业人员处理铁路货车故障时，如果判断处置失误错放故障货车，就会埋下列车安全运行的隐患；如果一味地坐等货车列检人员前往判断处置，就偏离了迅速开通线路的初衷，而且会造成由行车设备故障上升为行车事故。各级应急指挥人员在第一时间迅速掌握货物列车安全事故或铁路货车故障现场情况非常必要，不仅能够提高事故救援或故障处置效率，而且还能够为科学分析列车事故或铁路货车故障发生的原因提供直接依据。不仅非车辆专业人员存在着处置经验不足的问题，而且车辆专业人员，特别是铁路货车列检异地班组、战略装卸车点以及地方、合资铁路的检车员也同样存在这样的问题，如在列车队中更换闸瓦本是列检作业中常见的小件修故障，属于检车员的一项基本技能，但更换长大货车闸瓦时，由于采用制动梁悬挂装置，闸瓦托后加装了闸瓦间隙调整杆和调整弹簧，检车员很少遇到，更缺少相关的实作技能培训和演练，部分职工对如何拆卸和安装闸瓦并不十分清楚，从而影响货车故障的正确处置。不过，随着货物列车途中车辆故障远程诊断技术（TRDS，Trouble of Rolling stock Diagnosis System）的应用，这些问题都迎刃而解了。TRDS 是应用于机务、车辆、车务系统的跨专业联动保畅通的铁路货车故障诊断系统，相当于作业人员的“随身专家”，遇有疑难问题，作业人员随时可以向“随身专家”请教，以正确判断、快速处理铁路货车故障。

## 第三节 重载列车电控智能系统

我国信息化“十二五”规划目标是智慧城市和智能交通。铁路智能重载运输是发展的主要方向，而发展智能重载列车是智能铁路的关键。智能重载列车理论是以重载列车电控系统（ECP，Electrical Contral Pneumatic）技术为基础，以全息化列车状态感知为手段，以信息智能处理为支撑，实现物联网、传感网、控制网多网融合，具有自检测、自诊断、自决策能力。智能重载列车特征：

（1）在大轴重、长坡道、多山区的复杂运行条件下，通过智能化系统对走行、牵引、制动等直接影响行车安全的系统和部件动态监控、智能诊断、途中预警，实现事故主动预防与故障快速处置；

（2）实时掌握列车技术动态，提高列车使用和检修效率，压缩停运检修时间，通过车载数据处理中心实现对列车品质状态评估，实现“车对地、地对车、车对车”实时监测。

（3）提高服务品质，为用户提供服务资讯、无线宽带、电子报单等现代信息服务，满足用户在运输中与列车、与外界、与服务平台之间的信息交互需求。

## 一、重载列车主要问题分析

目前,朔黄铁路主要开行1万吨以下的重载列车、采用$SS_4$机车牵引$C_{64}$、$C_{70}$、$C_{80}$敞车,应用120型制动机,从反映列车安全品质的牵引、制动、钩缓等因素来看,尽管还有不少待解决的技术问题,但基本上还是适应的。但是朔黄铁路在明年运输能力提高到3亿吨以上的情况下,每列重载列车还是采用万吨牵引质量已不能满足朔黄线运输发展要求,开行2万吨重载列车已是当务之急。但开行2万吨重载列车与开行1万吨重载列车情况有较大差异,列车品质要求较高,也是公司关注的重点。

(1)朔黄线开行2万吨重载列车,采用25 t轴重的$C_{70}$、$C_{80}$型敞车,编组达210多辆,整列车长度为2 600 m。如果还是采用既有的空气制动系统来操纵列车,目前120型制动机在性能上已达到国际较先进水平,紧急制动波速已达250 m/s,但再先进也无法超过音速340 m/s。即使采用紧急制动,从机车将制动减压信号传到最后一辆车至少需要10 s,这导致重载列车在常用、紧急制动时发生列车前后部制动力不一致,产生巨大的车钩力和严重剧烈的列车纵向冲动,往往造成严重的断钩、脱轨事故。

(2)2万吨重载列车在12‰长大下坡道上,采用传统的空气制动系统,由于没有阶段缓解作用,和谐机车1+1牵引,牵引、制动冲击力大,列车制动后再充风时间过长,如果1台机车故障,容易造成司机对列车速度的失控,严重时会造成放飏,对安全产生严重威胁。

(3)2万吨重载列车采用和谐机车,同步性差,牵引、制动冲击惯性作用,司机操控复杂,无法精确控制;$C_{64}$、$C_{70}$、$C_{80}$、$C_{96}$型敞车制动力不均,制动故障频发,车辆磨损严重,列车存在空走时间,制动距离长,降低车流密度,并且$C_{64}$、$C_{70}$、$C_{80}$、$C_{96}$不能混编,影响铁路运能。

(4)2万吨重载列车传统空气制动,无电源,无智能诊断能力,隐患不可控,车站作业和列车技术检查等技检时间长,维修成本高。2万吨重载列车发生车站保留、途中停留,尤其是列车故障途中坡道停留危险更大。目前采用游击防溜队的方式,人工逐辆手工制动防溜,耗费人力巨大。

(5)2万吨重载列车,采用大马力8轴大功率机车牵引,控制采用800 m+400 kHz和4G-R两种机车无线同步遥控双频互补方式,仍然是传统的列车控制思路,没有改变列车品质,增加了危险因素,这导致重载列车在常用、紧急制动时发生列车前后部制动力不一致,产生巨大的车钩力和严重剧烈的列车纵向冲动,往往造成严重的擦伤、断钩,脱轨事故。

美国、加拿大、澳大利亚、南非自从20世纪90年代以来,普遍开行了以运输大宗货物为主的重载列车。从他们开行重载列车的经验看,当牵引质量在1.5万吨以上时,采用空气制动系统会频频发生断钩事故、脱轨事故。

1995年美国开始在重载列车上研究采用电控空气制动系统ECP,以解决上述的重大安全问题。1997年装车试验,1999年AAR制订了ECP规范标准,现在ECP系统已广泛在美国、加拿大、南非、澳大利亚等国的重载列车上采用,取得很好的运用效果。

## 二、国际、国内 ECP 系统情况

重载列车电控空气制动系统创始于 1991 年,分为有线和无线两种。有线方式是一根贯穿列车的光电缆,它既提供电源又提供网络通信。无线方式无贯通列车的光电缆,车辆独立供电。车辆控制单元(CCD)根据本车品质状况计算本车所需制动力,ECP 的制动指令由制动百分率给出。由司机给出操作指令,最小常用制动 0~10%,常用制动 10%~100%,紧急制动 120%。

南非煤运重载专线(窄轨)上采用有线 ECP 系统。线路全长 421km,最大坡度 18‰,煤年运量达 8 000 万吨,采用 4 台 11E 电力机车(6 轴)或 6 台 7E 型电力机车牵引 200 辆轴重为 26t 的敞车,总重达 2.080 万吨。

美国 CSX 铁路的煤运重载单元列车,采用有线 ECP 系统,从肯塔基州到佐治亚州,全长约 1 000 km,有 50 列单元列车运行,2 台交流传动内燃机车牵引轴重 31 t 的运煤敞车 95 辆,总重 1.2 万吨左右。

西澳大利亚 BHP 铁矿是全世界最大的铁矿产地之一,从纽曼铁矿到港口重载线路全长约 427 km,铁矿年运量约 7 000 万吨,采用无线 ECP 系统,由 3~4 台内燃机车(4 轴)牵引轴重 31 t 的敞车 120~150 辆,总重为 1.5~1.9 万吨。

加拿大魁北克省铁矿专运线上采用有线 ECP 系统,专运线全长 416 km,由 4 台内燃机车牵引 180 辆(轴重 31 t)铁矿石车,牵引总重达 2.23 万吨。最低运用温度达 -28 ℃。

我国电控空气制动系统于 2006 年 4 通过技术审查。该项目实现了系统集成、机车控制装置、车辆电控空气制动装置、列车尾部终端装置、网络系统等核心技术的突破,并完成了试验室的系统综合集成试验,是国内一种新型的网络控制列车制动系统,具备同步制动、同步缓解及阶段缓解等优越性能,能有效地避免长大重载列车因纵向力过大引发断钩、脱轨及在长大下坡道上再充风不足引起放飏等危险。但是目前没有装车应用经验。

## 三、ECP 系统作用原理

ECP 是电控空气制动系统,是一种微机系统控制的直通式制动系统。它是由本务机车产生电子信号,控制车辆的微机系统直接由副风缸向制动缸充风制动及制动缸排风缓解。空气是制动力产生的来源,但空气不作为制动指令的传递介质。列车管持续向副风缸充风,列车管在制动时不排风。ECP 是一种直通式电控制动,提供同步的制动命令,实现全列车的同步制动、缓解和再制动,它具有阶段制动、阶段缓解的特性。ECP 系统对列车管、电缆或制动软管的意外分离或故障能立即做出正确响应,使故障导向安全。ECP 系统工作原理如图 9-3 所示。

图中,AV 为制动电磁阀(常开,有电吸合,无电断开);RV 为缓解电磁阀(常闭,无电吸合,有电断开);CCD 为车辆控制单元,根据制动指令和车重计算本车所需制动力,控制 AV 或 RV 的开、断,调节制动缸的压力。其中基础制动装置和现有的货车相同。

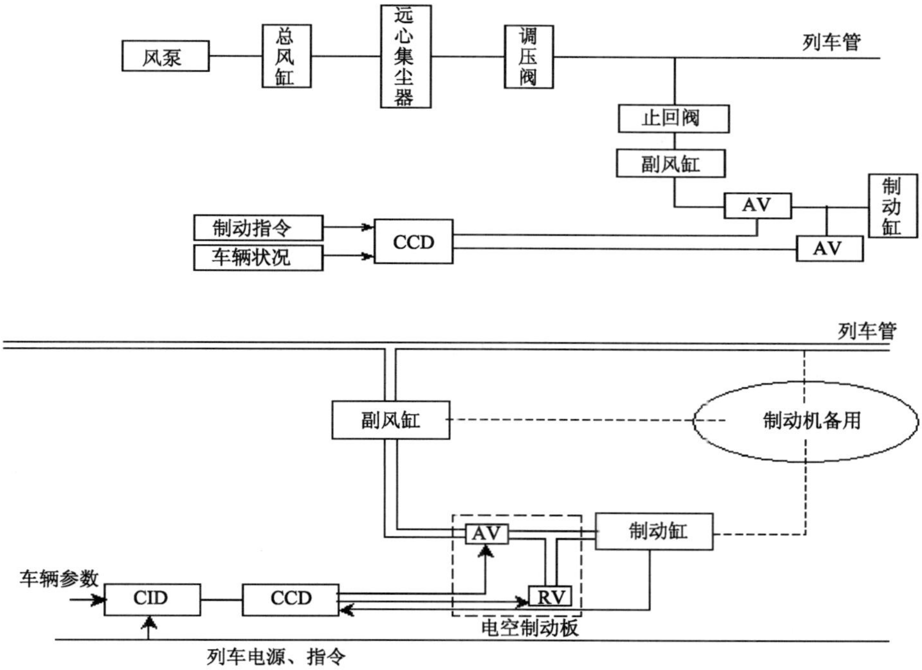


图 9-3　ECP 系统的工作原理

### 四、ECP 系统组成

1. 车辆控制单元(CCD)

采用微机控制的车辆制动控制单元能解译并确认由本务机车发出、通过网络传输的电信号,并控制电空执行装置,实现常用、紧急制动,如有故障能通过网络向机车发送警告信息。该单元内含一个充电电池,在电源不供电情况下至少可工作 4h。

2. 机车控制单元(HEU)

该单元在机车上实施控制 ECP 系统的微机装置。司机通过 HEU 人/机界面操纵 ECP,发布制动命令,检测网络及信号状态,并能在显示屏上显示。

3. 列尾装置(EOT)

装在最后一辆车尾端的列车管上,作为列车网络最后节点,每秒向 HEU 发一个信息,包含列车管压力,列车电源总线尾端电压(有线情况下)。

4. 车辆识别模块(CID)

该模块储存车辆特性数据并提供给 CCD。更换 CCD 时,CID 不需更换。车辆特性数据包含车辆编号、类型、全长、载重、自重、制动率、制动常数、空/重车类型等。

5. 机车识别模块(LID)

该模块储存机车的特性数据,并提供给 HEU。更换 HEU 时,LID 不需更换,机车特性数据与车辆类似。

6. 列车总线或天线

在有线类型 ECP 系统中需要有一根跨越列车全长的两芯电源线,通信网络信号重叠在电压上。在无线类型 ECP 系统中不需此电源线,但机车及车辆上均应具备天线与信号接发器。

7. ECP 直流电源

安装在机车上,在有线类型为 ECP 提供电源,额定电压 230 V(DC)及 24 V(DC)(网络专用)。由作为网络装置的电源控制器(PSC)控制电源的供给。

8. 电源控制器(PSC)

与列车总线通信网络接口,并按 HEU 命令控制列车总线电源供应。

9. 列车总线首部终端

在本务机车上的列车电源总线的一个电子终端,也是网络首部节点。

10. 空气制动备份

一般采用与既有空气制动机叠加使用的模式,空气制动机作备用,当 ECP 发生严重故障时,司机可切除 ECP,采用空气制动操作。也有一种模式是完全用 ECP 操作,但保留了空气紧急制动部作用。

11. 基础制动

仍采用既有的基础制动装置,一个有效制动单元指两个有基础制动的转向架。

12. 电防溜装置

电控列车防溜装置,可转手动防溜。

13. 地面处理中心

列车远程预报,列检技术站处理。

## 五、ECP 系统优点

(1)彻底改善列车品质,解决空气制动波速限制,电信号控制列车,列车牵引、制动力均匀平稳,保障列车安全。

(2)列车集中控制,司机操控简单,司机给出操作指令精确控制,惯性降低,解决多机车操控同步性。

(3)列车中每辆车按照装载状态提供 10% ~120% 的制动力,自动调整闸瓦间隙,减少车轮擦伤,降低车辆维修成本。

(4)列车长大坡道电控制动调速,阶段缓解,列车下坡安全,防止脱轨,消灭列车放飏。

(5)ECP 系统重载列车主管压缩空气只用作制动源,电控制动缓解,不排出大气,节约能源。

(6)由于 ECP 系统列车操控同步,不存在空走时间,制动距离短,停车制动控制准确,提高车流密度。

(7)电控防溜装置具有自动锁紧装置,特殊情况单车甩挂停留可人工锁紧,实现列车途中防溜,节省人力。

(8)ECP 系统克服列车制动启动、牵引、制动等因素影响,压缩时间,列车平均运行速度提高,运输能力提高。

(9)列车车载数据可远程提前预报列车技术状态,压缩列车技术检查时间,提高运输效率。

(10)列车根据运输要求和货物装载内容,可以任意混编,形成不同要求的组合列车。

(11)ECP系统集成应用,完善技术手段,可实现车辆防滑擦伤、列车防溜、钩缓防断、列车防超等。

(12)ECP系统形成智能化列车,达到动态监控、智能诊断、基地维护、质量可控。

(13)ECP系统扩展后,可最终实现"有人值守,无人值班"的车站;"有人检修,无人检查"的列检,"有人监控,无人驾驶"的机车,"智能控制,自动防溜"的列车。

## 六、技术经济效益与展望

世界各国重载铁路使用ECP技术的时间近20年,取得了重大的技术经济效益。归纳各国的总结,其优越性体现在以下几方面:

1. 保证重载列车品质,提高运行安全性

(1)平均牵引制动工况下的车钩力降低了25%,断钩事故大大减少,有的铁路已经消灭断钩。消除了制动工况下脱轨的危险。南非(窄轨)2万吨列车以64 km/h在15.2‰坡道上常用全制动,以往经常脱轨,现在已成为历史。

(2)采用直通制动,列车管不排风,副风缸充风快,具有阶段缓解功能,下坡安全。

(3)制动距离缩短了50%~70%。

(4)平交道口的事故率大大降低,美国有3 500个平交道口,以往每年200次以上平交道口事故,现在明显降低。

(5)消除了意外紧急制动现象,因为列车管已不再用于制动控制。

2. 列车平均运行速度增加,车辆平均周转时间缩短、运输能力增加

(1)实行ECP后列车平均运行速度增加10 km/h左右(制动距离缩短,阶段缓解,连续副风缸充风)。

(2)列车长度、牵引质量增加(加拿大QCM铁路已从150辆增加到180辆)15%~20%。

(3)编组场作业时间缩短,始发列车列检制动试验时间加快。

(4)车辆平均周转时间缩短9%。

3. 列车实现阶段缓解,机车的动力消耗减少,节约空气能

(1)列车实现阶段缓解性能,消除车轮过热现象,下坡时"几间几凉几停"的波段制动已不再使用,速度控制精确,允许以大重载度下坡。

(2)可以利用闯坡制动,降低动力消耗。

(3)空气消耗降低。

(4)平均节能达23%。

4. 车辆磨耗降低,维修费用降低

(1)车轮磨耗减少(加拿大统计减少了7%)。

(2)闸瓦磨耗减少(加拿大统计减少27%)。

(3)车轮过热现象消除(南非试验,车轮最高温度280 ℃降到139 ℃)。

(4)车轮踏面剥落大大减少。

(5)车体疲劳载荷降低。

(6)车辆维修费用降低,美国 AAR 分析每辆车维修成本节约4 000 元人民币。

世界各国铁路专家普遍认为,1825 年发明火车、1879 年美国威斯订豪斯发明自动制动机,为铁路技术进步作出了重大贡献,奠定了铁路空气自动制动系统的基础,而现在 ECP 技术的采用是 100 多年来货车制动系统最大的改革。国际铁路界一些权威人士认为,ECP 取代货车传统制动系统的意义就像内燃机车取代蒸汽机车一样。

美国是世界上最大的铁路货运国,目前有 140 万辆货车,而用于重载列车的车辆达 44 万辆,占全部货车的 32% ,但是完成的运量却占总量的 41% 。美国准备 2015 年在 44 万辆固定单元列车货车(包括新生产)上全部装备 ECP 系统。在推广数量不断扩大前提下,ECP 的成本将能与传统制动系统的成本相近。

## 第四节 数字铁路

### 一、数字地球

数字地球的概念是美国前副总统戈尔于 1998 年在加利福尼亚科学中心开幕典礼上发表的题为“数字地球——新世纪人类星球之认识”演说时提出的一个与 GIS、网络、虚拟现实等高新技术密切相关的概念。他将数字地球看成是“对地球的三维多分辨率表示、它能够放入大量的地理数据”。戈尔的数字地球是关于整个地球、全方位的 GIS 与虚拟现实技术、网络技术相结合的产物。显然,面对如此一个浩大的工程,任何一个政府组织、企业或学术机构,都是无法独立完成的,需要成千上万的个人、公司、研究机构和政府组织的共同努力。数字地球要解决的技术问题,包括计算机科学、海量数据存储、卫星遥感技术、互操作性、元数据等。

数字地球的核心内容是全球信息数字化,主要指应用地理信息系统、遥感、全球定位系统等技术,以数字的方式获取、处理和应用关于地球自然和人文因素的空间数据,并在此基础上解决全球各种问题。如今,信息技术革命席卷全球,使人类对地球空间数据进行处理、分析的技术手段和观念发生了翻天覆地的变化。在这种情况下,人们可以把地理坐标集成起来,形成一个数字地球。借助于这个数字地球,人们无论走到哪里,都可以按地球坐标了解地球上任何一处、任何方面的信息。数字地球是对真实地球及其相关现象统一性的数字化重视和认识,核心思想有两点:一是用数字化手段统一性处理地球问题;二是最大限度地利用信息资源。数字地球由下列体系构成:数据获取与更新体系、数据处理与存储体系、信息提取与分析体系、数据与信息传播体系、数据库体、网络体系、专用软件体系等。数字地球可以包容 80% 以上的人类信息资源,是未来信息资源的主体核心。

数字地球是对真实地球及其相关现象统一的数字化重现和认识。其核心思想是用数字化的手段来处理整个地球的自然和社会活动诸方面的问题,最大限度地利用资源,并使普通百姓能够通过一定方式方便地获得他们所想了解的有关地球的信息。其特点是嵌入海量地理数据,实现多分辨率、三维对地球的描述,即“虚拟地球”。通俗地讲,就是用数字的方法将地球、地球上的活动及整个地球环境的时空变化装入电脑中,实现在网络上的流通,并使之最大限度地为人类的生存、可持续发展和日常的工作、学习、生活、娱乐服务。

严格地讲,数字地球是以计算机技术、多媒体技术和大规模存储技术为基础,以宽带网络为纽带运用海量地球信息对地球进行多分辨率、多尺度、多时空和多种类的三维描述,并利用它作为工具来支持和改善人类活动和生活质量。数字地图是纸制地图的数字存在和数字表现形式,是在一定坐标系统内具有确定坐标和属性的地面要素和现象的离散数据,在计算机可识别的可存储介质上概括的、有序的集合。

在计算机技术和信息科学高度发展的当今,仅靠纸制的地图和一些零散的数字地图提供信息已无法满足需要,取而代之的是在飞机、舰船导航、新武器制导、卫星运行测控和部队快速反应、军事指挥自动化以及经济建设的各个行业中广泛应用的,基于区域性或全国性的数字地图及各种各样的地图数据库管理系统和地理信息系统。

这些系统共同的特点是:信息丰富多样,提供信息正确及时,修改、检索、传输信息方便快速,并可以对系统中的数据作进一步的分析操作,最后输出人们关注的专题信息。

数据库技术的应用和信息系统的建立使传统纸制地图的应用发生了质的飞跃,也为地图产品开辟了一个新的应用天地。地球自诞生以来就积累了大量自身的和与其相关的各种生命信息,这是客观存在的物质现象。因此,地球上的生物和非生物始终被地球庞大的信息场笼罩着,并记忆着这些信息。但地球上的生物和非生物又从来没有科学地、系统地、自然地和客观地表达这些信息,以致造成各种固有的误解和矛盾,不利于地球上的生物和非生物的持久生存和发展。

数字地球是人类以数字的形式再现的地球信息场,是信息化的地球。它包括地球信息的获取、处理、传输、存储管理、检索、决策分析和表达等内容。它外在表现为超大型并行、互连和智能的计算机管理信息系统。空间、地下和地面的各种传感器,计算机网络,计算机数据处理中心,生物和非生物的信息前端、终端及载体等是数字地球的基础设施。

从狭义的地学技术面来看,数字地球技术主要包括地理信息系统(GIS)、遥感(RS)和全球定位系统(GPS)等技术。戈尔认为,数字地球是指以地球坐标为依据的、具多分辨率的、由海量数据组成的、能立体表达的虚拟地球。

## 二、数字化

数字化就是将许多复杂多变的信息转变为可以度量的数字、数据,再以这些数字、数据建立起适当的数字化模型,把它们转变为一系列二进制代码,引入计算机内部,进行统一处理,这就是数字化的基本过程。

数字化将任何连续变化的输入(如图画的线条或声音信号)转化为一串分离的单元,在计算机中用 0 和 1 表示。通常用模数转换器执行这个转换。

当今时代是信息化时代,而信息的数字化也越来越为研究人员所重视。早在 20 世纪 40 年代,仙农证明了采样定理,即在一定条件下,用离散的序列可以完全代表一个连续函数。就实质而言,采样定理为数字化技术奠定了重要基础。

数字化技术的重要性至少可以体现在以下几个方面:

(1)数字化是数字计算机的基础

若没有数字化技术,就没有当今的计算机,因为数字计算机的一切运算和功能都是用数字来完成的。数字化是多媒体技术的基础:数字、文字、图像、语音,包括虚拟现实及可视世界的各种信息等,实际上通过采样定理都可以用 0 和 1 来表示,这样数字化以后的 0 和 1 就是各种信息最基本、最简单的表示。因此计算机不仅可以计算,利用它还可以、打电话、发传真、看电影,这就是因为 0 和 1 可以表示这种多媒体的形象。用 0 和 1 还可以产生虚拟的房子,因此用数字媒体就可以代表各种媒体,就可以描述千差万别的现实世界。

(2)数字化是软件技术的基础,是智能技术的基础

软件中的系统软件、工具软件、应用软件等,信号处理技术中的数字滤波、编码、加密、解压缩等等都是基于数字化实现的。例如图像的数据量很大,数字化后可以将数据压缩至 10 到几百倍;图像受到干扰变得模糊,可以用滤波技术使得变得清晰。这些都是经过数字化处理后所得到得结果。不过在声音处理方面就见仁见智了。有人认为对声音数字化就是把声音搞得支离破碎,破坏了声音的连续美。所以 CD 的音质即使使用电子管放大器也比不上黑胶唱片。

(3)数字化是信息社会的技术基础

数字化技术还正在引发一场范围广泛的产品革命,各种家用电器设备,信息处理设备都将向数字化方向变化,如数字电视、数字广播、数字电影、DVD 等等,现在通信网络也向数字化方向发展。数字化是信息社会的技术基础,有人把信息社会的经济说成是数字经济,这足以证明数字化对社会的影响有多么重大。

## 三、物 联 网

### 1. 概　　述

物联网是在互联网概念的基础上,将其用户端延伸和扩展到任何物品与物品之间,进行信息交换和通信的一种网络概念。其定义是:通过射频识别(RFID)、红外感应器、全球定位系统、激光扫描器等信息传感设备,按约定的协议,把任何物品与互联网相连接,进行信息交换和通信,以实现智能化识别、定位、跟踪、监控和管理的一种网络概念,是在计算机互联网的基础上,利用 RFID、无线数据通信等技术,构造一个覆盖世界上万事万物的网。在这个网络中,物品(商品)能够彼此进行“交流”,而无需人的干预。其实质是利用射频自动识别(RFID)技术,通过计算机互联网实现物品(商品)的自动识别和信息的互联与共享。物联网概念的问世,打破了之前的传统思维。过去的思路一直是将物理基础设施和 IT 基础设施分开,一方面是机场、公路、建筑物,另一方面是数据中心、个人电脑、宽带等。而在物联网时代,钢筋混凝土、电缆将与芯片、宽带整合为统一的基础设施,在此意义上,基础设施更像是一块新的地球。故也有业内人士认为物联网与智能电网均是智慧地球的有机构成部分。不过有观点认为,物联网迅速普及的可能性有多大,尚难以轻言判定。毕竟 RFID 早已为市场所熟知,但新大陆等拥有 RFID 业务的相关上市公司定期报告显示出业绩的高成长性尚未显现出来,所以,对物联网的普及速度存在着较大的分歧。可以肯定的是,在国家大力推动工业化与信息化两化融合的大背景下,物联网会是工业乃至更多行业信息化过程中,一个比较现实的突破口。而且,RFID 技术在多个领域多个行业所进行的一些闭环应用。在这些先行的成功案例中,物品的信息已经被自动采集并上

网,管理效率大幅提升,有些物联网的梦想已经部分的实现了。所以,物联网的雏形就像互联网早期的形态局域网一样,虽然发挥的作用有限,但昭示着的远大前景已经不容置疑。这几年推行的智能家居其实就是把家中的电器通过网络控制起来。可以预见,物联网发展到一定阶段,家中的电器可以和外网连接起来,通过传感器传达电器的信号。厂家在厂里就可以知道你家中电器的使用情况,也许在你之前就知道你家电器的故障。某一天突然有维修工上门告诉你家中空调有问题,你还惊异地不相信。物联网的发展,必然带动传感器的发展,传感器发展到一定程度,变形金刚会真的出现在的面前。

(1)物联网和互联网关系

任何事物和该事物在人们头脑中形成的概念的关系都是相互依存的关系。该事物的概念是该事物在人们头脑中的本质属性的反映。物联网也是一种事物。因此,物联网和物联网概念的关系也是相互依存的关系。物联网概念是在互联网概念的基础上,将其用户端延伸和扩展到任何物品与任何物品之间,进行信息交换和通信的一种网络概念。它也是互联网知识和研究的结果和总结。

(2)物联网发展

物联网不是科技狂想,而是又一场科技革命。物联网使物品和服务功能都发生了质的飞跃,这些新的功能将给使用者带来进一步的效率、便利和安全,由此形成基于这些功能的新兴产业。物联网需要信息高速公路的建立,移动互联网的高速发展以及固话宽带的普及是物联网海量信息传输交互的基础。依靠网络技术,物联网将生产要素和供应链进行深度重组,成为信息化带动工业化的现实载体。

2. 物联网构成

物联网是指通过各种信息传感设备,如传感器、射频识别(RFID)技术、全球定位系统、红外感应器、激光扫描器、气体感应器等各种装置与技术,实时采集任何需要监控、连接、互动的物体或过程,采集其声、光、热、电、力学、化学、生物、位置等各种需要的信息,与互联网结合形成的一个巨大网络。其目的是实现物与物、物与人、所有的物品与网络的连接,方便识别、管理和控制。

(1)物联网特征

首先,它是各种感知技术的广泛应用。物联网上部署了海量的多种类型传感器。每个传感器都是一个信息源,不同类别的传感器所捕获的信息内容和信息格式不同。传感器获得的数据具有实时性,按一定的频率周期性的采集环境信息,不断更新数据。

其次,它是一种建立在互联网上的泛在网络。物联网技术的重要基础和核心仍旧是互联网,通过各种有线和无线网络与互联网融合,将物体的信息实时准确地传递出去。在物联网上的传感器定时采集的信息需要通过网络传输,由于其数量极其庞大,形成了海量信息,在传输过程中,为了保障数据的正确性和及时性,必须适应各种异构网络和协议。还有,物联网不仅仅提供了传感器的连接,其本身也具有智能处理的能力,能够对物体实施智能控制。物联网将传感器和智能处理相结合,利用云计算、模式识别等各种智能技术,扩充其应用领域。从传感器获得的海量信息中分析、加工和处理出有意义的数据,以适应不同用户的不同需求,发现新的应用领域和应用模式。

(2)物联网必备条件

① 要有相应信息的接收器。

② 要有数据传输通路。

③ 要有一定的存储功能。

④ 要有 CPU。

⑤ 要有操作系统。

⑥ 要有专门的应用程序。

⑦ 要有数据发送器。

⑧ 遵循物联网的通信协议。

⑨ 在世界网络中有可被识别的唯一编号。

(3)物联网技术架构

从技术架构上来看,物联网可分为三层:感知层、网络层和应用层。

感知层由各种传感器以及传感器网关构成,包括二氧化碳浓度传感器、温度传感器、湿度传感器、二维码标签、RFID 标签和读写器、摄像头、GPS 等感知终端。感知层的作用相当于人的眼耳鼻喉和皮肤等神经末梢,它是物联网获识别物体,采集信息。

网络层由各种私有网络、互联网、有线和无线通信网、网络管理系统和云计算平台等组成,相当于人的神经中枢和大脑,负责传递和处理感知层获取的信息。

应用层是物联网和用户(包括人、组织和其他系统)的接口,它与行业需求结合,实现物联网的智能应用。

(4)物联网在物流的几个关键环节

基于物联网的物流体系可以对生产线的原材料、零部件半成品、产成品进行全程跟踪与识别,并实现多品种多规格多供应商的"多对多"网络式联通,自动形成详细的补货信息,促使整条产业链的实时连接,辅助流水线均衡稳步生产。

① 运输环节。在仓库、车辆、集装箱和货物上贴上 EPC 标签,运输线上的检查点接收转发装置,企业能实时了解货物目前所处的状态,实现运输货品、线路、时间的可视化跟踪管理,并提前预测和安排最优的行车路线,帮助智能化调度和多式联运的高效管理。

② 仓储物流环节。货物进到仓库,阅读器自动识别标签,完成盘点,并将信息自动录入数据库,命令机械手按规定进行货物的堆砌,同时由于 EPC 的唯一性,还可以与银行等开展业务往来,进行货物抵押等物流金融业务,同时避免冒抵等现象。

③ 销售环节。通过内嵌的 EPC 标签实现自动付款等操作(需要将供应商、物流商、金融机构之间信息进行有效地衔接)供应链协同,避免牛鞭效应,当顾客购买后,信息直接传达到供应商、生产商、直到原材料提供商,采购订单、生产排程、物流时点、库存等方面都能进行有效地协同安排。

3. 物联网系统

EPC 的基本思想是利用现有的计算机网络和当前的信息资源来存储数据,这样 EPC 便成了一个信息引用者,拥有最小的信息量。产品电子代码的首要作用是作为网络信息的参考。EPC 本质是在线数据的"指针"。在这种情况下,必须有方式来共享存储在 PML 服务器中的产品的详细信息和地址,就是网络信息的地址。代码翻译 IP 地址,IP 地址标识的后台就存储了相关的产品信息，然后由 IP 地址标识的主机发送存储产品的相关信息。ONS 本质上相当 EPC 编码和网络信息之间的“胶水”。因此编码的结构应能促进主机地址的查找，并且通过对象“黄页”来提高查找效率。由 EPC 标签中所含的信息，可以直接将 EPC 码翻译成 IP 地址，从而找到存储产品详细信息的服务器，这样就通过 EPC 技术实现了对分布在世界各地的产品的详细信息的共享。供应链物流智能化管理分析对该供应链物流管理的智能化主要从采购供应环节、生产环节、运输环节、仓储环节、销售环节、回收环节等六个环节来进行分析。

(1)采购供应环节

采购作为供应链物流的源头，对采购环节的管理显得尤为重要。EPC 物联网系统使整个供应链成为一个整体。该系统自动选择合适的供应商，然后发出物料采购需求。供应商将订单输入系统选出最佳选货路径，完成物料的分拣、出库以及信息采集，自动将物品的详细信息就输入网络，如果货物不足，系统会自动提示详细情况以及应对策略等。

该系统使信息迅速实现透明和共享。该系统能跟踪物品的位置，时时查看物料的状态。由于对物流从源头进行管理，产品的好坏直接可以追溯到供应商，避免了在以后的环节中出现的责任难以追究的问题。

(2)生产环节

在整个生产线上实现对原材料、零部件、半成品、产成品的识别和跟踪，减少人工识别成本和出错率，完成自动化生产线运作，提高效率和效益。采用 EPC 技术之后，通过对电子标签的识别，可以从品类繁多的库存中快速且准确地找出工位所需的原材料和零部件，极大地方便了准时制生产。EPC 技术还能帮助管理人员及时根据生产进度发出补货信息，实现流水线的均衡和稳步生产，同时加强了对产品质量的控制与追踪。

EPC 技术应用在生产流水线上，可以实现生产过程的自动控制、监视、提高生产率、改进生产方式、节约生产成本。如电脑装配流水线，在装配流水线上应用智能标签有利于大量地生产用户定制的电脑。根据用户提出的要求式样而生产定制的电脑，用户可以从上千种可选项中选定自己喜欢的电脑的颜色、屏幕大小、处理器等，实现客户个性化。如此一来，电脑装配流水线上就得装配上成百种式样的电脑，此时只有高度组织的、复杂的控制和监管系统才能完成这一庞大而复杂的任务。某电脑公司在其装配流水线上配有 EPC 系统，他们使用能够重复使用智能标签，该智能标签上带有详细的对特定电脑的所有要求，在每个工作点处都有读写器，这样可以保证电脑车在各个流水线位置处都能零差错地完成装配任务。

(3)运输环节

当给在途的货物以及车辆贴上 EPC 标签后，运输线上的检查点也装上 EPC 和接受转发装置，供应链各节点企业就能实时了解货物当前所处的位置和状态，实现可视化管理运输的货物。在商品出货运输的过程中，EPC 物联网系统能指导和跟踪货物一直到分类的地点，根据实时收集的货物信息，有效调度和分配运输工具的工作时间。它使得大大减少货物运输过程中人的工作量，以获取更正确的货物信息，实现有效的在途控制货物。同时，进一步减少了物流成本，提高生产效率。对管理而言，对全局的实时监控有利于他们更好的配置物力、人力、财力等。

(4)仓储环节

EPC 标签的货物进入仓储中心时,出入口处的阅读器将自动识读标签和完成盘点工作,同时将货物的信息输入网络的数据库,可以实现仓储中心内商品的自由放置,这样仓储中心的空间利用率得到提高,并能快速而准确了解自身仓库的库存水平,实现降低库存,保证出入库的准确性以及降低配送错误带来的损耗。仓储的智能化管理,能够帮助精确地监控产品的流动情况,实时控制库存状况,从而提高仓储管理的透明度和效率。

EPC 物联网系统的运用,能使通过无线射频收集信息从而直接完成商品的出入库工作。该系统能实时跟踪货物的位置和运动信息,仓库工作人员只需借助 EPC 系统,就能实现把货物的信息自动记录入库。该系统还能够根据货物标签中所记录的有关数量、价格、重量、体积等信息,自动指示出最合适的存取路径和位置,现仓储空间的最优化利用。而在货物清点的过程中,还可以通过自动跟踪 EPC 标签,提高物品清点工作的透明度和效率。

(5)销售环节

当把贴有 EPC 标签的货物放在装有自动扫描器的货架上以后,货物被顾客取走时,货架能自动识别并向系统报告该货物的移动情况。在大型超市中,EPC 技术可提供详细的货物管理信息。基于 EPC 技术的智能秤可以自动识别秤盘中的商品类型、数量,同时打出相应的单价和总体的价格。在顾客结账时,自动结账的付款台可以通过 EPC 系统快速而准确地读出客户购买的所有商品的详细信息,然后利用各种信用卡和银行卡来结账。这样可以减少顾客排队等待结账的麻烦。因为全程操作过程不需要人工的参与,从而节约大量的人工成本,实现服务的快捷性和动态性,同时提高了顾客的满意度。

(6)回收环节

由于物品的信息始终在该系统的管理和控制中,当产品的使用达到使用期限或者超出某个指标时,该产品能自动发出信号,然后传入网络,相关部门就会采取相应措施。例如修理或者是根据物品的可回收价值进行分类回收,实现废物的再利用和绿色供应链的管理。产品的回收后,就可以对产品的整个生命周期进行分析和总结,分析寿命周期内产品的使用状况及出现的问题,这样便于对供应链的各个环节进行分析找出问题的原因所在,从而为整个供应链物流管理的改进和创新提供可靠真实的信息。

## 四、数字铁路

1. 基本信息

"数字铁路"是指建立在铁路信息基础结构上,把铁路机、车、工、电、检、行政指挥决策、运营管理等部门的数据按统一的地理坐标集成起来,使各级决策层及管理、技术人员无论走到哪里,无论何时,都可以按优先级别得到铁路任何一个地方、任何部门的信息。这一信息以动静结合、具有高度沉浸感和临场感、交互方便的特性及表现方式展现在用户面前,使得遍布全国的庞大铁路系统真实地重现给各级决策者,为决策及生产指挥提供依据。

2. 数字铁路的关键技术

数字铁路的研究与构建不仅需要一个统一的框架结构和协同工作环境,更需要大量已经成熟的和有待于开发的新技术。这些技术包括计算机网络通信、卫星遥感、地理信息、全球定位及实时追踪、虚拟现实、图像处理、多媒体、空间数据仓库、人工智能、专家系统、数据挖掘和知识发现等。

## 第五节 云计算技术应用展望

### 一、大数据

1. 大数据时代

大数据是指无法在容许的时间内用常规软件工具对其内容进行抓取、管理和处理的数据集合。大数据规模的标准是持续变化的，其主要特点如下：

第一，数据体量巨大。从TB级别，跃升到PB级别。

第二，数据类型繁多，如前文提到的网络日志、视频、图片、地理位置信息，等等。

第三，价值密度低。以视频为例，连续不间断监控过程中有用数据仅仅有一两秒。

第四，处理速度快。在秒级时间范围内能得出分析结果，这是和传统的数据挖掘技术的很大不同。物联网、云计算、移动互联网、车联网、手机、平板电脑、PC以及遍布地球各个角落的各种各样的传感器，无一不是数据来源或者承载的方式。

大数据技术是指从各种各样类型的巨量数据中，快速获得有价值信息的技术。解决大数据问题的核心是大数据技术。目前所说的“大数据”不仅指数据本身的规模，也包括采集数据的工具、平台和数据分析系统。大数据研发目的是发展大数据技术并将其应用到相关领域，通过解决巨量数据处理问题促进其突破性发展。因此，大数据时代带来的挑战不仅体现在如何处理巨量数据从中获取有价值的信息，也体现在如何加强大数据技术研发，抢占时代发展的前沿。

2. 大数据应用

大数据技术可运用到各行各业。宏观经济方面，IBM日本公司建立经济指标预测系统，从互联网新闻中搜索影响制造业的480项经济数据，计算采购经理人指数的预测值。利用心情分析工具，从近千万条网民留言中归纳出六种心情，进而对道琼斯工业指数的变化进行预测，准确率达到87%。制造业方面，华尔街对冲基金依据购物网站的顾客评论，分析企业产品销售状况；一些企业利用大数据分析实现对采购和合理库存量的管理，通过分析网上数据了解客户需求、掌握市场动向。有资料显示，全球零售商因盲目进货导致的销售损失每年达1 000亿美元，这方面的数据分析大有作为。

在农业领域，硅谷有个气候公司，从美国气象局等数据库中获得几十年的天气数据，将各地降雨、气温、土壤状况与历年农作物产量的相关度做成精密图表，预测农场来年产量，向农户出售个性化保险。在商业领域，沃尔玛公司通过分析销售数据，了解顾客购物习惯，得出适合搭配在一起出售的商品，还可从中细分顾客群体，提供个性化服务。在金融领域，华尔街“德温特资本市场”公司分析3.4亿微博账户留言，判断民众情绪，依据人们高兴时买股票、焦虑时抛售股票的规律，决定公司股票的买入或卖出。在医疗保健领域，“谷歌流感趋势”项目依据网民搜索内容分析全球范围内流感等病疫传播状况，与美国疾病控制和预防中心提供的报告对比,追踪疾病的精确率达到97%。社交网络为许多慢性病患者提供临床症状交流和诊治经验分享平台,医生借此可获得在医院通常得不到的临床效果统计数据。基于对人体基因的大数据分析,可以实现对症下药的个性化治疗。在社会安全管理领域,通过对手机数据的挖掘,可以分析实时动态的流动人口来源、出行,实时交通客流信息及拥堵情况。利用短信、微博、微信和搜索引擎,可以收集热点事件,挖掘舆情,还可以追踪造谣信息的源头。在科学研究领域,基于密集数据分析的科学发现成为继实验科学、理论科学和计算科学之后的第四个范例,基于大数据分析的材料基因组学和合成生物学等正在兴起。

3. 大数据技术

目前,大数据技术的运用仍存在一些困难与挑战,体现在大数据挖掘的四个环节中。

首先在数据收集方面。要对来自网络包括物联网和机构信息系统的数据附上时空标志,去伪存真,尽可能收集异源甚至是异构的数据,必要时还可与历史数据对照,多角度验证数据的全面性和可信性。

其次是数据存储。要达到低成本、低能耗、高可靠性目标,通常要用到冗余配置、分布化和云计算技术,在存储时要按照一定规则对数据进行分类,通过过滤和去重,减少存储量,同时加入便于日后检索的标签。

第三是数据处理。有些行业的数据涉及上百个参数,其复杂性不仅体现在数据样本本身,更体现在多源异构、多实体和多空间之间的交互动态性,难以用传统的方法描述与度量,处理的复杂度很大,需要将高维图像等多媒体数据降维后度量与处理,利用上下文关联进行语义分析,从大量动态而且可能是模棱两可的数据中综合信息,并导出可理解的内容。

第四是结果的可视化呈现,使结果更直观以便于洞察。目前,尽管计算机智能化有了很大进步,但还只能针对小规模、有结构或类结构的数据进行分析,谈不上深层次的数据挖掘,现有的数据挖掘算法在不同行业中难以通用。

大数据技术的运用前景是十分光明的。当前,我国正处在全面建成小康社会征程中,工业化、信息化、城镇化、农业现代化任务很重,建设下一代信息基础设施,发展现代信息技术产业体系,健全信息安全保障体系,推进信息网络技术广泛运用,是实现四化同步发展的保证。大数据分析对深刻领会世情和国情,把握规律,实现科学发展,做出科学决策具有重要意义,必须重新认识数据的重要价值。

为了开发大数据这一金矿,要做的工作还很多。首先,大数据分析需要有大数据的技术与产品支持。发达国家一些信息技术(IT)企业已提前发力,通过加大开发力度和兼并等多种手段,努力向成为大数据解决方案提供商转型。国外一些企业打出免费承接大数据分析的招牌,既是为了练兵,也是为了获取情报。过分依赖国外的大数据分析技术与平台,难以回避信息泄密风险。有些日常生活信息看似无关紧要,其实从中也可摸到国家经济和社会脉搏。因此,需要有自主可控的大数据技术与产品。

中国人口居世界首位,将会成为产生数据量最多的国家,但对数据保存不够重视,对存储数据的利用率也不高。此外,我国一些部门和机构拥有大量数据却不愿与其他部门共享,导致信息不完整或重复投资。政府应通过体制机制改革打破数据割据与封锁,应注重公开信息，应重视数据挖掘。美国联邦政府建立统一数据开放门户网站，为社会提供信息服务并鼓励挖掘与利用。例如，提供各地天气与航班延误的关系，推动航空公司提升正点率。

大数据的挖掘与利用应当有法可依。全国人大通过的加强网络信息保护的决定是一个好的开始，当前要尽快制定“信息公开法”以适应大数据时代的到来。现在很多机构和企业拥有大量客户信息。应当既鼓励面向群体、服务社会的数据挖掘，又要防止侵犯个体隐私；既提倡数据共享，又要防止数据被滥用。此外，还需要界定数据挖掘、利用的权限和范围。大数据系统本身的安全性也是值得特别关注的，要注意技术安全性和管理制度安全性并重，防止信息被损坏、篡改、泄露或被窃，保护公民和国家的信息安全。

（1）大数据处理

大数据是规模非常巨大和复杂的数据集，传统数据库管理工具处理起来面临很多问题，比如说获取、存储、检索、共享、分析和可视化，数据量达到 PB、EB 或 ZB 的级别。大数据有三个特征，一是数据量持续快速增加；二是高速度的数据 I/O；三是多样化数据类型和来源。大数据引发了一些问题，如对数据库高并发读写要求、对海量数据的高效率存储和访问需求、对数据库高可扩展性和高可用性的需求，传统 SQL 主要性能没有用武之地。支撑大数据以及云计算的底层原则是一样的，即规模化、自动化、资源配置、自愈性、因此实际上大数据和云之间存在很多合力的地方，大数据应用是在云端跑的，非常典型的应用。关系型数据库上对大规模数据进行操作会造成系统性能严重下降，当数据集和索引变大时，传统关系型数据库如 Oracle、Sybase 在对大规模数据进行操作会造成系统性能严重下降，因为在处理数据时 SQL 请求会占用大量的 CPU 周期，并且会导致大量的磁盘读写，性能会变得让人无法忍受。该模块将重点让大家学习大数据的处理流程。

（2）大数据解决方案

大数据兴起，三大技术趋势正在重塑 IT 世界。云计算、社交计算和移动计算正在不断提供令人惊叹的新价值。为充分发挥大数据的业务价值，企业需要一个可扩展、灵活而可管理的数据基础架构。传统的 IT 厂商们也走到了新的十字路口：一边是机遇，一边是挑战。那么，IT 厂商该如何把握住新的 IT 时代脉搏，成功实现转型？目前从技术、成本结构和解决方案的角度来讲，仍然认为有很大一部分数据是处于休眠或者是半休眠状态，是不产生多价值的。非结构化和半结构化的数据怎么办？博客、微博、这些非结构化数据和半结构化数据怎么处理？一般认为，大数据的解决不是单一的一个产品能够解决的，它需要一整套的解决方案，它要融合很多传统的、新的技术。

## 二、云　计　算

云计算是一个新的商业计算模型，云计算颠覆软件产业，云计算的应用在网络上而不是本机上。这种转变将数据中心放在网络的核心位置，而所有的应用所需要的计算能力、存储和带宽都由数据中心提供。云计算不仅影响商业模式，还影响开发、部署、运行、交付应用的方式。简而言之，有了云计算之后，用户不再需要部署计算能力很强的客户端，而是可以直接从“云”里（服务器端）获得计算能力，并按照使用情况付费。这种特性经常被比喻为像水电一样使用硬件资源，按需购买和使用。

1. 云计算应用

云计算是一种资源交付和使用模式，指通过网络获得应用所需的资源（硬件、平台、软件）。提供资源的网络被称为“云”，“云”中的资源在使用者看来是可以无限扩展的，并且可以随时获取。云计算将计算从用户终端集中到“云端”，作为应用通过互联网提供给用户，计算通过分布式计算等技术由多台计算机共同完成。用户只关心应用的功能，而不关心应用的实现方式，应用的实现和维护只由其提供商完成，用户根据自己的需要选择相应的应用。云计算不是一个工具、平台或者架构，而是一种计算的方式。

云计算正成为行业中的热点概念。云计算集成了现有的虚拟化、网格计算和效用计算的技术，并基于此建立了云。为了更好地理解云计算的概念，有必要将与之关联的概念做阐述。

（1）效用计算

效用计算是一种提供计算资源的商业模式，用户从计算资源供应商获取和使用计算资源，并基于实际使用的资源付费。效用计算主要给用户带来经济效益，是一种分发应用所需资源的计费模式。相对而言，云计算是一种计算模式。它代表了在某种程度上共享资源进行设计、开发、部署、运行应用以及资源的可扩展收缩和对应用连续性的支持。

（2）分布式计算

分布式计算是指在一个松散或严格约束条件下使用一个硬件和软件系统处理任务，这个系统包含多个处理器单元或存储单元、多个并发的过程、多个程序。一个程序被分成多个部分，同时在通过网络连接起来的计算机上运行。分布式计算类似于并行计算，但并行计算通常指一个程序的多个部分同时运行于某台计算机上的多个处理器上。所以，分布式计算通常必须处理异构环境、多样化的网络连接、不可预知的网络或计算机错误。

（3）网格计算

网格计算是指分布式计算中两类比较广泛使用的子类型：一类是在分布式的计算资源支持下作为服务被提供的在线计算或存储；另一类是由一个松散连接的计算机网络构成的一个虚拟超级计算机，可以用来执行大规模任务。

网格计算强调资源共享，任何人都可以作为请求者使用其他节点的资源，任何人都需要贡献一定资源给其他节点。网格计算强调将工作量转移到远程的可用计算资源上；云计算强调专有，任何人都可以获取自己的专有资源，并且这些资源是由少数团体提供的，使用者不需要贡献自己的资源。在云计算中，计算资源被转换形式去适应工作负载，它支持网格类型应用，也支持非网格环境，比如运行传统或 Web2.0 应用的三层网络架构。网格计算侧重并行的计算集中性需求，并且难以自动扩展；云计算侧重事务性应用，大量的单独的请求，可以实现自动或半自动的扩展。

（4）服务器集群

服务器集群是指将一组服务器关联起来，使它们在外界从很多方面看起来如同一台服务器。集群内的服务器之间一般通过局域网连接，通常用来改善性能和可用性，但一般而言比具有同等性能/功能/可用性的单台主机具有更低的成本。网格通常更加松散连接、异构、地理位置分散，主机之间信任度更低。

（5）虚拟化

虚拟化指对计算资源进行抽象的一个广义概念。虚拟化对上层应用或用户隐藏了计算资源的底层属性，既包括将单个的资源（如一个服务器、一个操作系统、一个应用程序、一个存储设备）划分成多个虚拟资源，也包括将多个资源整合成一个虚拟资源。虚拟化是云的一个组成部分。云比虚拟化先进的是可以为最终用户在虚拟机上直接部署用户定制的 IT 环境。

2. 体系结构

云计算平台是一个强大的“云”网络，连接了大量并发的网络计算和服务，可利用虚拟化技术扩展每一个服务器的能力，将各自的资源通过云计算平台结合起来，提供超级计算和存储能力，具体如图 9－4 所示。

（1）云用户端

提供云用户请求服务的交互界面，也是用户使用云的入口，用户通过 Web 浏览器可以注册、登录及定制服务、配置和管理用户。打开应用实例与本地操作桌面系统一样。

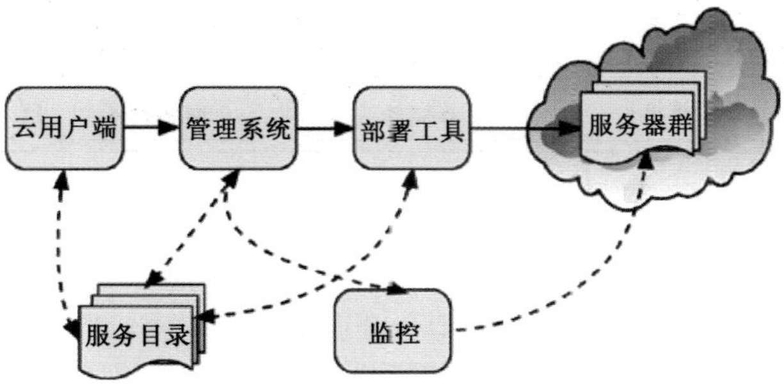


图 9－4　云计算体系结构示意图

（2）服务目录

云用户在取得相应权限（付费或其他限制）后可以选择或定制服务列表，也可以对已有服务进行退订操作，在云用户端界面生成相应的图标或列表来展示相关的服务。

（3）管理系统和部署工具

提供管理和服务，能管理云用户，能对用户的授权、认证和登录进行管理，并可以管理可用计算资源和服务，接收用户发送的请求，并根据用户请求转发到相应的应用程序，调度资源智能地部署资源和应用，动态地部署、配置和回收资源。

（4）监控

监控和计量云系统资源的使用情况，以便做出迅速反应，完成节点同步配置、负载均衡和资源监控，确保资源能顺利分配给合适的用户。

（5）服务器机群

虚拟的或物理的服务器，由管理系统管理，负责高并发量的用户请求处理、大运算量计算处理、用户 Web 应用服务，云数据存储时采用相应数据切割算法以并行方式上传和下载大容量数据。

用户可通过云用户端从列表中选择所需服务，其请求通过管理系统调度相应的资源，并通过部署工具分发请求、配置 Web 应用。

云计算技术体系结构和云计算体系结构不是一个概念，后者从服务的角度来划分云，主要突出了云服务能给用户带来什么。而云计算的技术体系结构主要从系统属性和设计思想角度来说明云,是对软硬件资源在云计算技术中所充当角色的说明,如图9－5所示。

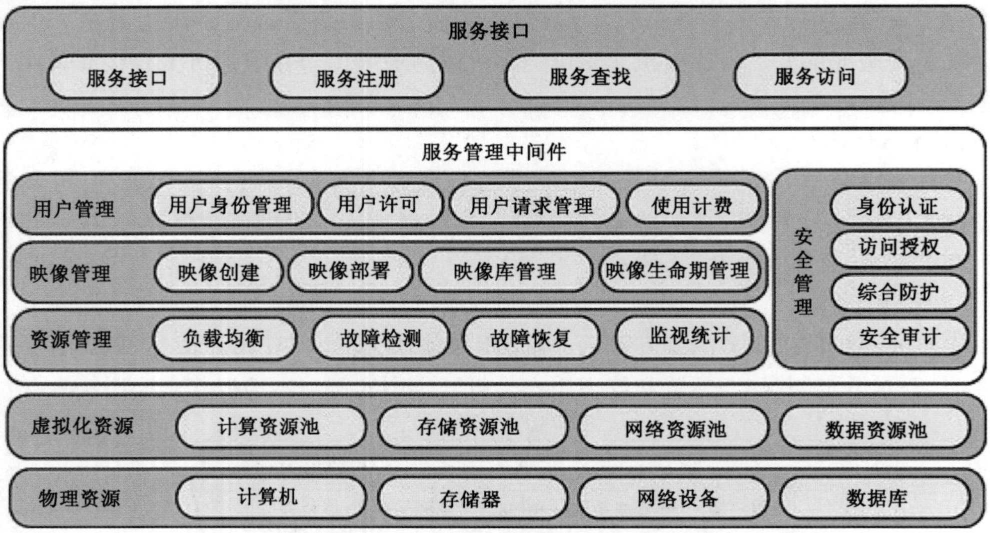


图9－5　云计算技术体系结构

3. 云计算特征

云计算是一种能够将动态伸缩的虚拟化资源通过互联网以服务的方式提供给用户的计算模式,是一种基于Web的服务,目的是让用户为自己需要的功能付钱,同时消除传统软件在硬件、软件和专业技能方面的投资。用户不需要知道如何管理那些支持云计算的基础设施。云计算系统应同时满足如下特征:

① 大规模。一个与计算系统由具备一定规模的多个节点组成的IT系统集群。

② 平滑扩展。系统集群规模具备灵活的扩展性和弹性。

③ 资源共享。提供一种或多种形式的资源池,包括物理服务器,虚拟服务器,事务和文件处理能力或任务进度,以及存储资源等。这些资源池可通过抽象化方式实现,并能够同时为多种应用提供服务。

④ 动态分配。实现资源的自动分配管理,包括资源即时监控和自动调度等。

云计算是网格计算、分布式计算、并行计算、效用计算、网络存储、虚拟化、负载均衡等传统计算机技术和网络技术发展融合的产物。它旨在通过网络把多个成本相对较低的计算实体整合成一个具有强大计算能力的完美系统,并借助SaaS、PaaS、IaaS、MSP等先进的商业模式把这强大的计算能力分布到终端用户手中。云计算的一个核心理念就是通过不断提高"云"的处理能力,进而减少用户终端的处理负担,最终使用户终端简化成一个单纯的输入输出设备,并能按需享受"云"的强大计算处理能力。

最简单的云计算技术在网络服务中已经随处可见,例如搜索引擎、网络信箱等,使用者只要输入简单指令即能得到大量信息。未来如手机、GPS等行动装置都可以透过云计算技术,发展出更多的应用服务。进一步的云计算不仅只做资料搜寻的功能,未来如DNA结构、基因图谱定序、解析癌症细胞等,都可以透过这项技术轻易达成。稍早之前的大规模分布式计算技术即为"云计算"的概念起源。

云计算时代,可以抛弃 U 盘等移动设备,例如可以利用云计算,直接进入 Word 页面、新建文档、编辑内容,然后直接将文档的 URL 分享给你的朋友或者上司,可以直接打开浏览器访问 URL,再也不用担心因 PC 硬盘的损坏而发生资料丢失事件。

(1)云计算形式

① SAAS

这种类型的云计算通过浏览器把程序传给成千上万的用户。在用户眼中看来,这样会省去在服务器和软件授权上的开支;从供应商角度来看,这样只需要维持一个程序就够了,这样能够减少成本。SAAS 在人力资源管理程序和 ERP 中比较常用。

② 实用计算

提供存储服务和虚拟服务器的公司中新生。这种云计算是为 IT 行业创造虚拟的数据中心使得其能够把内存、I/O 设备、存储和计算能力集中起来成为一个虚拟的资源池来为整个网络提供服务。

③ 网络服务

同 SAAS 关系密切,网络服务提供者们能够提供 API 让开发者能够开发更多基于互联网的应用,而不是提供单机程序。

④ 平台即服务

另一种 SAAS,这种形式的云计算把开发环境作为一种服务来提供。你可以使用中间商的设备来开发自己的程序并通过互联网和其服务器传到用户手中。

⑤ MSP(管理服务提供商)

最古老的云计算运用之一。这种应用更多的是面向 IT 行业而不是终端用户,常用于邮件病毒扫描、程序监控等等。

⑥ 商业服务平台

SAAS 和 MSP 的混合应用,该类云计算为用户和提供商之间的互动提供了一个平台。比如用户个人开支管理系统,能够根据用户的设置来管理其开支并协调其订购的各种服务。

⑦ 互联网整合

将互联网上提供类似服务的公司整合起来,以便用户能够更方便的比较和选择自己的服务供应商。

(2)云计算特点

① 超大规模

云具有相当的规模,云计算已经拥有几十万至一百多万台服务器,企业私有云一般拥有数百上千台服务器,"云"能赋予用户前所未有的计算能力。

② 虚拟化

云计算支持用户在任意位置、使用各种终端获取应用服务。所请求的资源来自"云",而不是固定的有形的实体。应用在"云"中某处运行,但实际上用户无需了解、也不用担心应用运行的具体位置。只需要一台笔记本或者一个手机,就可以通过网络服务来实现需要的一切,甚至包括超级计算这样的任务。

③ 高可靠性

“云”使用了数据多副本容错、计算节点同构可互换等措施来保障服务的高可靠性，使用云计算比使用本地计算机可靠。

④ 通用性

云计算不针对特定的应用，在“云”的支撑下可以构造出千变万化的应用，同一个“云”可以同时支撑不同的应用运行。

⑤ 高可扩展性

“云”的规模可以动态伸缩，满足应用和用户规模增长的需要。

⑥ 按需服务

“云”是一个庞大的资源池，你按需购买；云可以像自来水，电，煤气那样计费。

⑦ 极其廉价

由于“云”的特殊容错措施可以采用极其廉价的节点来构成云，“云”的自动化集中式管理使大量企业无需负担日益高昂的数据中心管理成本，“云”的通用性使资源的利用率较之传统系统大幅提升，因此用户可以充分享受“云”的低成本优势，经常只要花费几百美元、几天时间就能完成以前需要数万美元、数月时间才能完成的任务。

云计算可以彻底改变人们未来的生活，但同时也要重视环境问题，这样才能真正为人类进步作贡献，而不是简单的技术提升。

⑧ 潜在的危险性

云计算服务除了提供计算服务外，还必然提供了存储服务。但是云计算服务当前垄断在私人机构(企业)手中，而他们仅仅能够提供商业信用。对于政府机构、商业机构(特别像银行这样持有敏感数据的商业机构)对于选择云计算服务应保持足够的警惕。一旦商业用户大规模使用私人机构提供的云计算服务，无论其技术优势有多强，都不可避免地让这些私人机构以“数据(信息)”的重要性挟制整个社会。对于信息社会而言，“信息”是至关重要的。另一方面，云计算中的数据对于数据所有者以外的其他用户云计算用户是保密的，但是对于提供云计算的商业机构而言确实毫无秘密可言。所有这些潜在的危险，是商业机构和政府机构选择云计算服务、特别是国外机构提供的云计算服务时，不得不考虑的一个重要的前提。

(3)内部云发展

现有的三大类云计算包括：基础架构即服务 IaaS(包括计算、存储、网络等企业 IT 基础设施)、平台即服务 PaaS(包括中间件、数据库、平台等)和软件即服务 SaaS(提供按需应用的软件)。

(4)内部云的部署方案

企业在进行云计算平台解决方案引入时应注意：

① 云计算打破了传统的 IT 产业格局，尚未形成稳定的价值链分工。

② 传统设备提供商利用云计算广泛进入服务领域，但他们在云计算技术方面落后于新云计算提供商。

③ 云计算平台技术引入并不是简单的设备交付和服务提供，会涉及后期的根据贵企业情况进行的系统定制、软件开发、运营服务等诸多环节，需要在业务层面和战略层面统一，谨慎决策。

④ 云计算服务,本质上是互联网应用,与传统业务有很大区别,需要考虑系统的开放性、灵活性、扩展性。总体成本的考量和业务体验度的提高是业务成功的关键。

4. 云计算体系

(1)云存储

云存储是在云计算概念上延伸和发展出来的一个新的概念。

云存储是云计算的存储部分,即虚拟化的、易于扩展的存储资源池。用户通过云计算使用存储资源池,但不是所有的云计算的存储部分都是可以分离的。

云存储意味着存储可以作为一种服务,通过网络提供给用户。用户可以通过若干种方式来使用存储,并按使用(时间、空间或两者结合)付费。

(2)云存储模型

与传统的存储设备相比,云存储不仅仅是一个硬件,而是一个网络设备、存储设备、服务器、应用软件、公用访问接口、接入网、和客户端程序等多个部分组成的复杂系统。各部分以存储设备为核心,通过应用软件来对外提供数据存储和业务访问服务。

云存储系统的结构模型由四层组成。

① 存储层

存储层是云存储最基础的部分。存储设备可以是 FC 光纤通道存储设备,可以是 NAS 和 iSCSI 等 IP 存储设备,也可以是 SCSI 或 SAS 等 DAS 存储设备。云存储中的存储设备往往数量庞大且分布多不同地域,彼此之间通过广域网、互联网或者 FC 光纤通道网络连接在一起。

存储设备之上是一个统一存储设备管理系统,可以实现存储设备的逻辑虚拟化管理、多链路冗余管理,以及硬件设备的状态监控和故障维护。

② 基础管理层

基础管理层是云存储最核心的部分,也是云存储中最难以实现的部分。基础管理层通过集群、分布式文件系统和网格计算等技术,实现云存储中多个存储设备之间的协同工作,使多个的存储设备可以对外提供同一种服务,并提供更大更强更好的数据访问性能。

CDN 内容分发系统、数据加密技术保证云存储中的数据不会被未授权的用户所访问,同时,通过各种数据备份和容灾技术和措施可以保证云存储中的数据不会丢失,保证云存储自身的安全和稳定。

③ 应用接口层

应用接口层是云存储最灵活多变的部分。不同的云存储运营单位可以根据实际业务类型,开发不同的应用服务接口,提供不同的应用服务。比如视频监控应用平台、IPTV 和视频点播应用平台、网络硬盘引用平台,远程数据备份应用平台等。

④ 访问层

任何一个授权用户都可以通过标准的公用应用接口来登录云存储系统,享受云存储服务。云存储运营单位不同,云存储提供的访问类型和访问手段也不同。

(3)云存储构架

现在主要有两种云存储架构,分别是紧耦合对称架构和松弛耦合非对称架构。

① 紧耦合对称架构

构建TCS系统是为了解决单一文件性能所面临的挑战，这种挑战限制了传统NAS系统的发展。HPC系统所具有的优势迅速压倒了存储，因为它们需要的单一文件I/O操作要比单一设备的I/O操作多得多。业内对此的回应是创建利用TCS架构的产品，很多节点同时伴随着分布式锁管理（锁定文件不同部分的写操作）和缓存一致性功能。这种解决方案对于单文件吞吐量问题很有效，几个不同行业的很多HPC客户已经采用了这种解决方案。这种解决方案很先进，需要一定程度的技术经验才能安装和使用。

② 松弛耦合非对称架构

LCA系统采用不同的方法来向外扩展。它不是通过执行某个策略来使每个节点知道每个行动所执行的操作，而是利用一个数据过程之外的中央元数据控制服务器。集中控制提供了很多好处，允许进行新层次的扩展：

a. 存储节点可以将重点放在提供读写服务的要求上，而不需要来自网络节点的确认信息。

b. 节点可以利用不同的商品硬件CPU和存储配置，而且仍然在云存储中发挥作用。

c. 用户可以通过利用硬件性能或虚拟化实例来调整云存储。

d. 消除节点之间共享的大量状态开销也可以消除用户计算机互联的需要，从而进一步降低成本。

e. 异构硬件的混合和匹配使用户能够在需要的时候在当前经济规模的基础上扩大存储，同时还能提供永久的数据可用性。

f. 拥有集中元数据意味着，存储节点可以旋转地进行深层次应用程序归档，而且在控制节点上，元数据经常都是可用的。

(4)云安全

云安全计划是网络时代信息安全的最新体现，它融合了并行处理、网格计算、未知病毒行为判断等新兴技术和概念，通过网状的大量客户端对网络中软件行为的异常监测，获取互联网中木马、恶意程序的最新信息，传送到Server端进行自动和处理，再把病毒和木马的解决方案分发到每一个客户端。

中国企业创造的“云安全”概念，在国际云计算领域独树一帜。云安全通过网状的大量客户端对网络中软件行为的异常监测，获取互联网中木马、恶意程序的最新信息，推送到服务端进行自动和处理，再把病毒和木马的解决方案分发到每一个客户端。整个互联网，变成了一个超级大的杀毒软件，这就是云安全计划的宏伟目标。

未来杀毒软件将无法有效地处理日益增多的恶意程序。来自互联网的主要威胁正在由电脑病毒转向恶意程序及木马，在这样的情况下，采用的特征库判别法显然已经过时。云安全技术应用后，识别和查杀病毒不再仅仅依靠本地硬盘中的病毒库，而是依靠庞大的网络服务，实时进行采集以及处理。整个互联网就是一个巨大的“杀毒软件”，参与者越多，每个参与者就越安全，整个互联网就会更安全。

5. 关键技术

为了提高云环境中虚拟机的部署速度，需要考虑并行部署和协同部署。首先看一下并行部署，它是将虚拟机同时部署到多个物理机上，理想情况下，并行部署可以成倍地减少部署所需时间，但这种方式容易受网络带宽和云部署服务器读写能力的影响。例如，在网络带宽有限的情况下，云部署服务器同时运行多个部署任务，这些任务就会争抢网络带宽，当网络带宽被占满后，部署速度就不能再被进一步提高。在这种情况下，协同部署技术可以用来进一步提高部署速度。

协同部署的思想是将虚拟机镜像在多个目标物理机之间的网络中传输，而不是仅仅在部署服务器和目标物理机之间传输，从而提高部署速度。协同部署技术能够大大提高系统部署的速度，由于物理机之间存在大量的共享带宽，所以该方案不会受到竞争网络带宽的影响。

(1)资源调度

云计算的海量规模为资源调度带来了新的挑战。资源调度需要考虑到资源的实时使用情况，这就要求对云计算环境的资源进行实时监控和管理。云计算环境中资源的种类多、规模大，对资源的实时监控和管理就变大十分困难。此外，一个云计算环境可能有成千上万的计算任务，这对调度算法的复杂性和有效性提出了挑战。从调度的角度来看，虚拟机内部应用的调度是云计算用户更加关心的。如何调度资源满足虚拟机内部应用的服务级别协定也是目前待解决的一个难题。

(2)多租户技术

与传统的软件运行和维护模式相比，云计算要求硬件资源和软件资源能够更好的被共享，具有良好的伸缩性，任何一个企业用户都能够按照自己的需求对 SaaS 软件进行客户化配置而不影响其他用户的使用。多租户技术就是目前云计算环境中能够满足上述需求的关键技术。

目前，采用多租户技术的 SaaS 应该具有以下两项基本特征：第一点是 SaaS 应用是基于 Web 的，能够服务于大量的租户并且可以非常容易地伸缩；第二点要求 SaaS 平台提供附加的业务逻辑使得租户能够对 SaaS 平台本身进行扩展，从而满足更大型企业的需求。而多租户技术面临的技术难题包括数据隔离、客户化配置、架构扩展和性能定制。

数据隔离是指多个租户在使用一个系统时，租户的业务数据是相互隔离存储的，不同租户的业务数据不会相互干扰。对多租户的数据管理有三种方式：给每个租户创建单独的数据库；多个租户的数据存入同一个数据库，使用不同的 Schema 来区分；多个租户不仅存入同一个数据库，并且使用同一个 Schema，也就是说将数据保存在一个表通过租户的识别码来区分。

客户化配置是指 SaaS 应用能够支持不同客户对 SaaS 应用的配置进行定制。架构扩展是指多个租户服务能够提供灵活的，具备高可伸缩性的基础框架，从而保证在不同负载下多个租户平台的性能。性能定制是指对于一个 SaaS 应用来说，不同的客户对性能的要求可能是不同的，如何为不同客户在这一套共享资源上灵活地配置性能是多租户技术中的难点。

(3)海量数据处理

最流行的海量数据处理的编程模型是 Map Reduce 编程模型，将一个任务分成很多细粒度的子任务，这些子任务能够在空闲的处理节点之间调度，使得处理速度越快的节点处理越多的任务，从而避免处理数度慢的节点延长整个任务的完成时间。

# 第十章　朔黄铁路信息化贡献与效益评价

几年来,朔黄铁路公司通过信息化建设,完成基础建设、运输生产、安全管控、资源配置、综合管理等信息工程,信息化对企业做出了较大贡献。朔黄铁路信息化"让企业得到效益,让社会得到利益,让员工得到收益"这是朔黄信息化建设的理念。现在,朔黄铁路息化已实现了从"以建为主"到"建用结合、以用为主",从"重建设"到"建设与运维并重",从"要我用"到"我要用",从"重应用"到"重效益"的转变。几年来,朔黄铁路信息化成果获得国家级奖励4项,申报专利17项,获得软件著作权49项。信息化建设节约了投资,运营增加了收入,增强了员工素质,规范了管理流程,增强了企业综合实力,提高了企业运输生产效率,运输安全得到了保障,公司成立至今连续13年无重大事故,实现安全5 000天。朔黄铁路重载信息化探索和应用取得了经济效益,管理得到提升,社会责任顺利履行,回报了股东,员工受到洗礼,初步实现了重载铁路"绿色、高效、数字化"目标,正在向智能铁路迈进。

## 第一节　第三方企业绩效评估

2009年朔黄铁路开展对标管理,邀请国家发改委经济研究所对企业绩效进行第三方评估。对标管理是企业战略目标的重要管理手段,是企业持续与标杆企业相比较而不断持续改善绩效的过程。通过对标管理工具的引入,不断推动着企业寻求导致卓越业绩的行业最佳实践,对实现集团创世界领先企业的目标具有重大战略意义,也是朔黄铁路公司创国内乃至世界一流铁路运输企业的有效路径。经过十多年的发展,朔黄事业初具规模,正处于再上一个台阶的关键时期,开展对标管理有助于准确把握企业所处的行业地位,是持续提升企业经营绩效的有力工具,也是企业绩效评估的基本依据。

### 一、对标管理

在对标管理对象选择上,重点考虑以下几个因素:重载铁路、行业领先、信息可得和对象多元。朔黄铁路对标管理选择的国外标杆企业是美国的五大Ⅰ级铁路公司,分别为太平洋联合铁路公司(简称UPRR)、北伯灵顿－圣塔菲铁路公司(简称BNSF)、CSX公司(CSX)、诺福克南方铁路公司(简称NSR)、堪萨斯城市南方公司(简称KCS);国内标杆企业是大秦铁路股份有限公司。

在对标管理指标体系上,主要从基本信息、安全、效率、效益、财务状况、能耗、人力资源、科技创新、信息化、营销与服务等维度进行。朔黄铁路实施对标管理可以分为五个阶段、十四个步骤。阶段Ⅰ:选定对标管理项目,主要工作内容是分析企业现状,明确对标目标和方向、确定标杆对象、建立对标指标体系、制订资料和数据收集计划。阶段Ⅱ:指标比较与分析，主要工作内容是指标比较、差距分析、原因分析。阶段Ⅲ：实施改进计划，主要工作内容是与员工交流、拟定改进方案、激励与控制。阶段Ⅳ：对标管理评价，主要工作内容是对标管理综合评估、编制对标信息报告。阶段Ⅴ：持续对标，主要工作内容是建立对标管理数据库、对标管理的持续应用。

经过连续四年的对标工作，初步取得了以下成果：

一是先于其他铁路运输企业建立了朔黄铁路公司总体对标管理体系框架。这不仅对于改善朔黄铁路管理绩效具有重要作用，而且为铁路运输企业开展对标管理工作树立了典范，在行业内部具有引领作用，为其他铁路运输企业开展对标管理工作奠定了基础。

二是紧紧围绕“五型企业”要求，选取了安全、效率、效益、财务状况、能耗等对标维度，并在此指标维度下分别与不同的标杆企业建立了不同的对标指标体系。

三是明确了朔黄铁路在国内外铁路行业中的定位。与国内外铁路运输企业相比，朔黄铁路公司的经营效益处于行业领先地位，具有较强的盈利能力，并保持了较低的负债水平，财务状况较为稳健。

四是发现了企业存在的问题和差距。朔黄铁路公司虽然单位公里用人数远低于大秦铁路公司，但是与美国铁路公司相比，单位公里用人数明显偏高，还有在保障安全运营基础上进一步提高劳动生产率的空间。

五是初步建立了朔黄铁路对标管理的信息化方案框架，为朔黄铁路公司运用信息化手段实现动态跟踪对标，逐步实现对标管理与日常经营管理的有机衔接奠定了基础。

## 二、对标体系

朔黄铁路作为合资铁路的典型，一直在借鉴国际、国内经验的基础上进行投融资、管理体制和运行机制等方面的创新，不断改善管理水平，提高经营绩效。通过建立对标指标体系可看出朔黄铁路在哪些方面的指标领先，哪些方面的指标尚需通过进一步提高管理水平进行改善。考虑对标数据的可获得性和可比性，朔黄铁路与国铁的对标指标体系如图 10－1 所示，各指标计算公式见表 10－1。

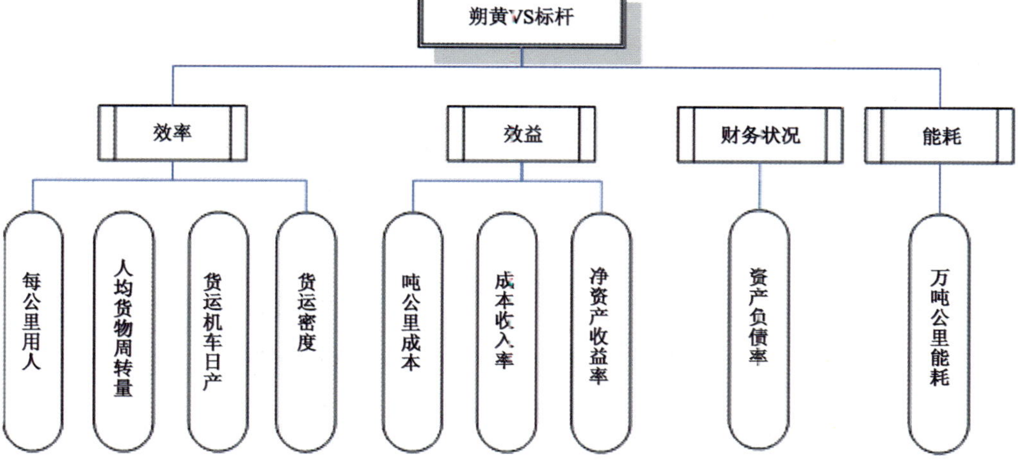


图 10－1　朔黄铁路对标指标体系

表 10－1　朔黄铁路对标指标计算公式

| 对标维度 | 指标名称 | 指标单位 | 计算公式 |
|---|---|---|---|
| 安全 | 亿吨公里安全事故率 | 起/(亿 t·km·年) | 年事故数量/货物周转量 |
| | 亿吨公里死亡率 | 个/(亿 t·km·年) | 年事故死亡人数/货物周转量 |
| 效率 | 每公里用人 | 人/km | 员工年中数/线路正线营业里程 |
| | 人均货物发送量 | 亿 t/人 | 年运量/员工年中数 |
| | 人均货物周转量 | 亿 t·km/人 | 年货运周转量/员工年中数 |
| | 亿吨公里周转量占用总资产 | 元/(亿 t·km) | 总资产年中数/年货运周转量 |
| | 货运机车日产 | 亿 t·km/台日 | 年货运周转量/机车台日数 |
| | 货运密度 | 亿 t·km/km | 货物周转量/线路正线营业里程 |
| | 机车平均牵引质量 | 万 t | |
| | 货运机车技术速度 | km/h | |
| | 货运机车旅行速度 | km/h | |
| | 货车综合周转时间 | d | 运用车数/工作量 |
| | 货车平均净载重 | t | 货物发送吨数/装车数 |
| 效益 | 成本收入率 | % | 年运营成本/年运营收入×100% |
| | EBIT/营业收入 | % | 息税前营业利润/运营收入×100% |
| | EBIT/期末净资产 | % | 息税前营业利润/期末净资产×100% |
| | 吨公里成本 | 万元/(t·km) | 年运营成本/年货运周转量 |
| | 吨公里可控成本 | 万元/(t·km) | 年可控运营成本/年货运周转量 |
| | 收入增长率 | % | (本年营业收入－上年营业收入)/上年营业收入×100% |
| | 净利润增长率 | % | (本年净利润－上年净利润)/上年净利润×100% |
| 财务状况 | 资产负债率 | % | 年末总负债/年末总资产×100% |
| | 资本支出/货运收入 | % | 资本支出/运营收入×100% |
| | 资本支出/总资产 | % | 资本支出/总资产×100% |
| 能耗 | 能耗效率 | t 标准煤/(万 t·km) | 综合能耗/年货运周转量 |
| | 单位增加值能耗 | t 标准煤/万元 | 综合能耗/EVA 经济增加值 |
| 人力资源 | 技术人才比例 | % | 中级以上职称人员/员工总数×100% |
| | 培训经费占工资总额比例 | % | 培训经费/年工资总额×100% |
| 科技创新 | 科研投入强度 | % | 科技开发投入/年运输收入×100% |
| | 研发投入增长率 | % | (本年研发投入－上年研发投入)/上年研发投入×100% |
| | 获得国家专利数量 | | |

续上表

| 对标维度 | 指标名称 | 指标单位 | 计算公式 |
|---|---|---|---|
| 信息化 | 信息化投入占总收入比重 | % | 信息化投入/营业收入 ×100% |
| | 信息化专职人员所占比重 | % | 信息化专职人员数量/员工数量 ×100% |
| | 信息技术应用贡献率 | % | 信息化贡献量/总贡献量 ×100% |
| | 获得国家软件著作权项数 | | |
| 货运服务 | 出发正点率 | % | 正点出发的列车数/出发列车总数 ×100% |
| | 运行正点率 | % | 正点运行的列车数/运行列车总数 ×100% |

朔黄铁路于2013年再次开展了新一阶段的对标管理工作，主要内容包括下面四大方面：

一是扩展了对标维度，增加了部分对标指标。在与美国5家Ⅰ级铁路货运公司的对标指标体系中，增加了安全维度的比较，将亿吨公里路外死亡率作为对标指标进行比较；在能耗维度下，计算出各美国Ⅰ级铁路货运公司的万吨公里能耗与朔黄铁路公司进行比较。在朔黄铁路纵向对标体系中，增加了EVA增加值的比较。

二是对以前年度各标杆对象的对标指标数据进行了进一步的查验、补充和修正。

三是与标杆企业（美国5家Ⅰ级铁路货运公司、大秦铁路公司）进行跟踪持续比较。

四是朔黄铁路细化指标体系的纵向对比分析。

### 三、对标结论及与国铁企业比较结论

1. 朔黄领先指标

从对标结果看，朔黄铁路公司主要在以下三方面处于行业领先地位：

（1）效益方面。朔黄铁路公司的吨公里成本、成本收入率和息税前营业利润均领先于其他标杆企业，并且一直处于领先地位。值得说明的是朔黄铁路的息税前利润/期末净资产指标2011年之前一直处于行业领先地位，2011年开始被CSX公司超越，这表明朔黄铁路公司具有较强的盈利能力，并保持了较低的负债水平，财务状况较为稳健。但考虑到效益指标与铁路管理体制、运价机制、运营模式等密切相关，不具有完全可比性。

（2）安全方面。朔黄铁路公司的亿吨公里路外死亡率远远低于美国各标杆企业，说明朔黄铁路一直狠抓安全管理，取得了较大的成就。

（3）能耗方面。朔黄铁路公司按照等价热值法计算的单位货运周转量电力机车能耗低于美国各铁路公司。

另外，在货运密度方面，朔黄铁路也于2010年超过大秦铁路取代其行业领先地位，这主要是由于朔黄铁路开行万吨列车，积极开展反向运输等。

2. 与标杆企业对标结论

（1）横向比较结论

① 效率方面，与国外铁路公司相比，朔黄铁路公司除每公里用人指标与国外差距较大、人均货运周转量低于UPRR、BNSF和CSX公司外，货运密度和货运机车日产高于美国铁路公司；与大秦相比，除货运机车日产（按收入吨公里计算）略低于大秦外，货运密度从

2010 年开始超过大秦,其他指标一直都优于大秦。

② 效益方面,朔黄铁路公司的效益指标均处于领先地位,表明朔黄铁路具有相对较强的盈利能力和较高的股东回报率。

③ 财务状况方面,朔黄铁路公司资产负债率低于美国各铁路公司,说明朔黄的财务杠杆利用空间较大。

④ 能耗方面,朔黄铁路公司单位周转量电力机车耗电低于美国各铁路公司单位周转量柴油机车耗油,单位周转量综合能耗也低于大秦铁路公司。

值得注意的有以下三方面:一是用人效率方面,美国各铁路公司的每公里用人呈现逐年递减的趋势,而朔黄铁路公司的每公里用人呈现逐年增加的态势;二是成本收入率方面,虽然朔黄铁路公司的成本收入率低于美国各铁路公司,但是美国各铁路公司的成本收入率无一例外基本呈逐年降低趋势,朔黄铁路公司的成本收入率除了 2010 年比 2009 年略有下降外,总体也呈递增趋势;三是能耗效率方面,美国各铁路公司的单位周转量机车能耗呈现逐年递减的趋势,而朔黄铁路公司的单位周转量机车能耗却在 2010 年前呈现逐年增加的态势,虽然 2010 年以来有所降低,也基本是维持 2008 年的能耗水平。

(2)纵向比较结论

① 效率方面。一是每公里用人。美国铁路公司除了 CSX 公司和 NSR 公司每公里用人呈逐年增加趋势外,其他 3 家铁路公司每公里用人都呈先增后减趋势。大秦铁路公司的每公里用人呈先降后升趋势,这主要是由于 2010 年大秦铁路公司收购太原局路网资产的缘故。朔黄铁路公司的每公里用人(含联运人员)基本呈逐年递增趋势。二是人均货运周转量。美国铁路公司的人均货运周转量变化不大且在小范围内上下波动,大秦铁路公司的人均货运周转量基本逐年递减 ,而朔黄铁路公司的人均货运周转量则逐年提高。三是货运密度。美国铁路公司的货运密度基本保持不变,大秦铁路公司的货运密度逐年降低,朔黄铁路公司的货运密度逐年提高。四是货运机车密度。美国各铁路公司的货运机车日产在 2009 有所下降,但是 2010 年至今都略有回升,大秦铁路公司的货运机车日产逐年降低,朔黄铁路公司的货运机车日产在 2009 年有所降低后开始呈逐年提高趋势。

② 效益方面。一是吨公里成本。大秦铁路公司的吨公里成本呈逐年递增趋势,朔黄铁路公司的吨公里成本处于波动状态,但是整体上还是呈递增趋势。二是成本收入率。虽然朔黄铁路公司的成本收入率低于美国各铁路公司,但是美国各铁路公司的成本收入率无一例外基本呈逐年降低趋势,大秦铁路公司的成本收入率则逐年提高,朔黄铁路公司的成本收入率除了 2010 年比 2009 年略有下降外,总体也呈递增趋势。三是息税前营业利润/运营收入。朔黄铁路公司的息税前营业利润/运营收入虽然高于美国各铁路公司,但是美国各铁路公司的息税前利润/运营收入基本呈逐年递增趋势,而大秦铁路公司基本呈逐年递减趋势,朔黄铁路公司处于波动状态,总体看盈利能力还是很强。四是息税前营业利润/期末净资产。美国各铁路公司的息税前利润/期末净资产变化趋势不一,其中 UPRR、CSX 和 KCS 公司基本呈逐年增加趋势,BNSF 基本呈现减少趋势。大秦铁路公司的息税前利润/期末净资产呈先增后减趋势,而朔黄铁路公司的息税前营业利润/期末净资产也处于波动状态。

③ 财务状况方面。一是资产负债率。美国各铁路公司的资产负债率基本处于降低

趋势，大秦铁路公司的资产负债率在2010年以前呈现逐年提高趋势，2010年后逐年降低，朔黄铁路公司的资产负债率在2010年前呈逐年降低趋势，而2010年后又开始呈增加趋势。二是资本性支出水平。2010年以前，美国铁路公司除了KCS公司外，其他公司资本性支出占运营收入的比重基本保持稳定；2010年后美国各铁路公司的资本性支出水平基本都有所增加。大秦铁路2009年和2010年连续两年的资本支出占运营收入比率大幅度提高，2010年后至今又大幅度下降，基本保持在8%左右。朔黄铁路公司的资本性支出水平在2006年至2009年呈逐年下降趋势，而2010年以来又大幅度增加。

④ 能耗方面。朔黄铁路公司的单位周转量机车电耗在2009年和2010年有所上升后，2011年和2012年又呈逐年递减趋势。

3. 与国铁比较结论

朔黄铁路不论在效率、效益、财务状况和能耗方面的指标均优于国铁，尤其是效益和财务状况方面的指标比国铁高出很多，当然这跟我国现行的铁路体制和价格政策等也有一定关系。但是须注意以下两方面：一是从每公里用人指标看，朔黄铁路与国铁相比的优势正在逐年降低，必须在提高人员效率上加强管理。二是国铁2008年至2012年的单位周转量能耗呈逐年降低趋势，而朔黄铁路的单位货运周转量综合能耗从2008年至2012年基本呈逐年递增态势，与国铁的差距在逐年缩小。

从2008年至2012年指标比较看：

(1)效率方面。朔黄铁路的人均货物周转量、货运密度和货运机车日产均高于国铁，人均货运周转量约是国铁的4～5倍，货运密度约是国铁的3～4倍，货运机车日产约是国铁的1.5倍。另外，朔黄铁路的每公里用人数低于国铁，说明朔黄铁路的用人效率高于国铁，但是与国铁的差距却在不断缩小。国铁的每公里用人数从2008年的24.01人下降到2010年的22.72人，之后又逐年提高到2012年的24.31人；朔黄铁路公司从2008年的15.29人逐年递增到2012年的16.49人。

(2)效益方面。朔黄铁路的吨公里成本和成本收入率都低于国铁，约是国铁的1/2；净资产收益率远远高于国铁。

(3)财务状况方面。朔黄铁路的资产负债率低于国铁，并且基本呈下降趋势，而国铁的资产负债率基本呈逐年递增趋势，2011年已经超过60%，并且2012年达到62.2%。这主要是由于这几年铁路处于大规模建设时期，国铁大规模举债投入建设所致。

(4)能耗方面。朔黄铁路公司的单位货运周转量能耗低于国铁，大约是国铁的50%～70%。但是国铁2008年至2012年的单位周转量能耗呈逐年降低趋势，而朔黄铁路的单位货运周转量综合能耗从2008年至2012年基本呈逐年递增态势，与国铁的差距在逐年缩小。

## 第二节 企业信息化收益评价

当今社会人们都感觉感受到信息化带来的便捷和益处。朔黄铁路通过信息工程建设和信息系统应用，根据对标管理的持续深入，探索了企业信息化评价问题。

## 一、基础建设收益

1. 建立信息技术体系

朔黄铁路依据企业管理模式构建了信息化“555”体系(5个板块;即安全管控信息技术、运输生产信息技术、资源配置信息技术、基础建设信息技术、综合管理信息技术;5个要素,即天、空、地、车、人;5层架构;即设备层、监控层、执行层、管理层、决策层),通过重载信息技术应用提升企业综合实力。朔黄铁路公司2006和2012年两次对基础网进行升级改造,本着“高起点,高标准,高质量,高效率”的原则,引进吸收消化成熟先进技术,结合企业特点在故障冗余技术、大集中技术、无人站监测技术、管理一体化技术等方面不断提升,建成以“万兆传输,万兆交换”为标志的企业专网,覆盖了朔黄铁路整个沿线,延伸到分(子)公司、车站、工队、班组和生活小区,并预留了发展的空间。

2. 建立互备企业高速网

朔黄铁路公司已经分别在铁路两侧建成两条万兆基础网光缆,运输和综合2个10G专用网络。为了使信息网得到可靠保障,10G传输光纤形成互备信息网络。朔黄铁路信息网络有公司局域网、车站局域网、联接两网形成广域网以及联接集团和友邻的广域网,做到“干线千兆到桌面,支线百兆到用户”。公司采用“大集中、扁平化”技术建设的企业虚拟化万兆网在国内同行业中首次应用,不仅使公司信息化基础设施能力得到大幅度提升,解决了多年束缚公司信息能力的瓶颈问题,而且为公司运用信息技术应用奠定了基础。公司信息基础网应用,包括公司沿线各站区、班组和个人应用系统接入骨干网,形成高速、高质、高效的信息网络。并作为铁路行业信息化网络建设模式。目前,朔黄铁路公司的用户数量已达到10 000户,所有员工均可享受到3G、Wi-Fi等服务。

3. 建立虚拟化平台

为满足朔黄铁路运输的要求,信息网络的建设选用高可靠性产品和合理网络构架,并制定策略,建设高稳定、安全、灵活网络。按照语音、数据、视频统一模式,实现在一个网络板块上开展多种网络业务,采用虚拟化技术多网合一,以提高全公司的工作效率。可视化运输实现了运输视频监控和铁路安防合一;铁路运输视频会议和安防视频会议系统结合,节约了大量资源。为保证信息互联互通,进行了10多家网络接口建设,包括建立与集团专线接口,建立互联网、网通和铁通专线接口,神朔铁路公司、黄骅港务公司专线接口,天津地方铁路公司、铁路沿线电厂接口等。

4. 创新研制4G宽带技术

LTE主要是4G宽带技术的创新应用,朔黄铁路LTE技术在铁路的创新应用主要有语音、数据、图像等业务,详细应用包括:调度通信、调度命令、进路预告信息、机车同步操作控制系统数据、列车控制系统数据、列车尾部风压信息、调车监控信息、平面调车信息传输、各专业生产移动信息等。

5. 建设数字铁路

数字铁路的基础是地理空间信息,这是建设企业数字化的基石。朔黄铁路首先建设铁路地理空间数据体系,开展与铁路业务相关的地理空间信息的进行采集,并完成对应数据库的建设,包括基础地理数据、铁路设备设施数据、专业图纸数据以及其他专题数据的采集、生产、整理、加工、建库、管理。其次，围绕铁路专业应用系统，建设与多专业管理维护相结合的应用体系，如地亩管理系统、绿化管理系统、治安管理系统以及应急指挥系统等基础系统，建立铁路运输车务、机务、车辆、工务、信号、通信、房产等各专业设施设备的应用系统，实现面向公司各部门提供地图浏览、地名查询、专题信息加载、空间分析等地理信息服务，并向各专业部门提供信息服务。

## 二、企业安全收益

1. 发挥5T重要作用，创车辆13年无切轴事故纪录

朔黄铁路安全管控信息化分期分阶段建设，特别是"5T"系统的红外线系统。红外线轴温探测与车号识别系统建设，实现红外线与车号系统两个平台结合，填补了国内空白，为运输提供实时动态基础信息源，消灭运输数据人为误差，为公司运输智能化打下坚实的基础。公司红外线系统共建设51探测站，73套车号识别站，2009年实现万吨重载运输，解决240辆超长能力升级改造，现在具备500辆探测能力。红外线与车号识别技术，解决关键技术4项，其中2项获得国家软件著作权，采用最新光电隔离防雷击术消灭了公司多年来红外设备雷击惯性故障，保证了运输安全。目前，创新的IP网络技术已经成为行业新标准，全国推广应用，公司实现安全运输13年无切轴事故历史纪录。

2. 打造可视化运输，实现关键环节透明可控

可视化运输系统是公司安全管控的重要组成部分，包括运输设施、生产区、流水线、治安防范和生活区安防，主要分布在站场、咽喉、运转室、重点桥梁、隧道、道口处等关键地点。视频监控分为中心控制和区域控制两种模式，监控中心设在公司所在地，区域控制室设沿线派出所和关键值班室设。共有41各车站，163个重点桥梁隧道道口，监控点共464处。可视化运输系统将运输运输、生产过程监控和铁路治安防范结合起来，减少重复投资，职责分明，共同关注，形成生产安防信息共用，从列车接入到交出整个运输过程透明，整个安全布控可视，整个生产过程可控。

3. 实现调度集中，消灭运输恶性事故

朔黄铁路调度集中模式以重载铁路运输指挥控制方式为中心，实现了安全核心管控。充分运用实时列车运行监视、车次号自动跟踪、到发点自动采集、实绩运行图自动生成、调度命令网络下达、车站行车日志自动生成等功能，实现了车站信号设备的集中控制、列车进路的按图排路，从根本上解决了列车冲突、列车相撞、向占用区间发出列车、向占用线接入列车、未准备好进路接发列车、未办或错办闭塞发出列车等铁路重大恶性事故的发生，极大地提升了运输生产安全保障能力。

4. 建设信息化应急救援保障，促进企业本质安全

朔黄铁路公司已将卫星技术应用运输安全保障和应急救援中，包括资源卫星应用综合地理信息，将铁路地貌险情监控和区域气象预报；GPS定位卫星应用与列车追踪、调度指挥、系统时钟服务；海事通信卫星应用于应急救援服务、远程通讯指挥；海事救援系统形成建立空地立体救援信息系统。海事救援系统主要由海事卫星设备、多媒体图像处理便携主机、无线数字图像传输设备（发射机、接收机）和摄像机组成，分别装设救援列车、公务列车中，肃宁、原平、机辆分公司安监室分别装备手持终端，形成了朔黄铁路天—空—

地—车—人的一体化系统。

5. 实现安全、生产、施工、管理一个平台

朔黄综合运输信息系统结合了公司实际情况,集成了铁路多年运输管理经验,总结了国内铁路传统应用的技术,综合了集体的智慧,实现公司运输生产、安全管控、路网维护、综合管理等方面一体化,形成动态监测、静态检修、天窗施工、一体化管理,将运输效益最大化。

6. 创建列车自动识别、自动统计,科学指挥

应用车号自动识别技术能够实时、准确地反映铁路车辆、列车、机车运行位置的原始信息。该系统与调度指挥系统、确报管理系统、货票系统的信息、运输清算相结合技术,为铁路的运输组织和管理现代化更有效地发挥作用。创新应用将传统的红外线轴温探测与车号识别技术集成,利用 IP 网络技术形成统一的平台,实现了红外线轴温探测与车号自动识别信息两个系统平台结合的目标,填补了国内空白,为朔黄铁路公司运输智能化打下坚实的基础。红外线轴温探测与车号自动识别技术采用最新光电隔离防雷击技术,消灭了多年来红外设备雷击惯性故障,保证了运输安全。目前,创新的 IP 网络技术已经成为铁路行业新标准,全国正式推广应用。

7. 实现企业本质安全管理,风险预控

本质安全管理信息系统是安全生产管理与先进的精细化信息技术密切相关的系统工程,管控公司、分公司、工队、作业组四级。通过本质安全管理信息系统的实施,规范了企业安全生产流程,统一安全生产数据,打造公司数字化管理基础。利用风险管理理念把危险源信息、隐患信息、事故信息与专业设备监测信息整合,为安全管理决策层提供数据平台,为公司各级多层面的高效管理提供信息手段。几年来,公司通过建设安全监控板块,完善 5T 系统、调度监督系统、风险管理系统 24 项,到 2013 年底实现安全天数 5000 天。

## 三、企业管理收益

1. 提高企业管理效率

朔黄铁路通过信息化企业综合管理,实现了公司、分公司、工队、班组、员工 5 级管理,覆盖 3 个分公司 2 个子公司,遍及每个员工。信息化推行前属于经验管理,开会多、文件多、报表多,文件传递时间长;推行信息化综合管理后,企业化在一个平台管理;固定办公、移动办公、手机办公三结合模式;实现无纸化办公,公司统一管理,信息统一上报;信息传递公司各角落时间 5 秒,提高信息传递效率 100 多倍。

2. 变盲目管理为可视管理,变经验指导为可控管理

朔黄铁路公司、分公司、工队、班组、个人 5 层信息技术应用,过去文件人工传递、管理环节多,落实人多、流程不透明、环节无监管,层级多、口头传达、甚至丢失;推行信息化综合管理后,管理环节透明、可控可监督,保证流程、责任明确,避免了灰色操作,利于监督。

3. 变信息工具为文化工具,将网络变成宣传阵地

过去公司传统方式文件宣传、环节多、僵硬化,各个单位(包括联合运输,多班制)难以覆盖,时效性不好、不灵活,点多线长、层级多;推行信息化指挥管理后,建立了网站、微博、短信、个人主页,内容丰富多彩、寓教于乐、积极主动,所有单位、员工网上浏览,和谐声

音贯彻企业精神，宣传文明向上文化，利于企业透明。

4. 让员工享受信息化生活，变娱乐信息为和谐纽带

朔黄铁路横穿太行山，点多线长，职工居住分散，沿线员工文化生活单调，员工利益难以顾及，难以覆盖。推行信息化综合管理后，通过在网上建立个人主页、企务公开，所有工队、个人设立用户，提供邮箱和超大邮箱服务，员工通过网络可以提意见和建议，网上查询工资、体检、保险、奖金，和谐声音贯彻企业精神，通过建设3G、Wi－Fi无线上网手段，丰富企业员工业余文化生活。

5. 办公无距离、无死角

为了解决各级管理者出差多、办公地点不确定、办公文件压时的问题，公司第二阶段开发了移动办公系统，将笔记本电脑终端配备到各部门管理者，满足了各级管理者出差开会移动办公的要求，实现了管理动态化。随着办公自动化的普及应用，朔黄铁路公司在3G这项技术尚未投入商用时就已经联合技术研发，进入第三个阶段移动办公，大幅度提高了办公速度，之后再接再厉，应用安卓技术，实现了第四代手机快速移动办公，达到办公无距离、无死角的目标。

6. 建立数字档案馆

在建设信息化管理的同时，应用数字档案馆技术为企业员工提供精神文化食粮，方便员工应用。以虚拟化的方式建立数字档案馆，将企业分散于不同载体、不同地理位置的资源进行信息存储，以高度有序的管理方式为企业的生产、管理和决策提供可靠的档案信息服务。数字档案馆系统的建设加强了对档案资源的收集和管理，促进了档案资源的高效利用。以数字档案虚拟技术为核心，实现了各种电子文件资料信息资源共享，提高了信息服务效率。

## 四、运输生产收益

1. 实现了公司调度集中，统一指挥，提高了效率

以“大运输”的理念实现了综合调度、车站全面管理、电子票据、网运清算、大专业协同，实现公司“运输生产、安全管控、资源配置、综合管理”一体化。综合运输信息系统建设结合了公司实际情况，集成了多年运输管理经验，吸取了TMIS、DMIS成功经验，发挥了集体的智慧，实现了运输生产飞跃越发展。公司获得了5项国家软件著作权，建设了铁路一流的调度指挥中心，创新应用了铁路重载运输调度集中的系统，实现了铁路综合调度指挥系统，完成了全专业协同的运输生产平台，把公司运输生产能力提高到一个崭新阶段。

2. 综合调度，通过大运输的模式，实现各专业协同、统一指挥

调度指挥中心建设总结了国内外行业应用新理念，采用了智能指挥技术、大集中技术、电子票据技术、综合管理技术等十几项新技术，使运输调度指挥进入了一个新时代。公司重载信息技术模式：以调度集中为核心，各专业调度联合协作，集成计划调度、列车调度、机车调度、车辆调度、施工调度、供电调度、统计分析、救援指挥等专业为一体，通过大运输的模式，实现各专业协同，统一指挥。根据运营管理的需要，实现信息共享、预测分析、实时监控、应变调整、科学决策。

3. 车站综合管理,实现"调车为核心,计划为指导,生产为基础,管理为手段"模式

"以车站调车为核心,运输计划为指导,站内生产为基础,综合管理为手段",实现了信息化车站全面管理。将传统的车站调度、生产作业、调度监督、车号识别、无线调车单、机车定位等六大项功能集成,自动完成接车任务、自动加载站间到达车辆信息、自动记录到达及发出时间,自动对装卸车信息进行存储、对货物信息进行统计,实时显示轨道信号状态、机车在站场内位置,实现了车站信息化。

4. 生产、控制、管理一体化

朔黄铁路综合运输包含几十个业务应用,结合了公司实际情况,集成了铁路多年运输管理经验,总结了国内传统应用的技术,综合了集体的智慧,实现朔黄铁路公司运输生产、安全管控、路网维护、综合管理等方面的一体化。运输票据电子化,实现命令、报单、运单、货票、扣车单电子化,根据"地对车,车对地,车对地"的信息化技术思路,公司将传统的手工传递单据方式电子化,实现电子调度命令、电子报单、电子运单、电子货票、电子扣车单等,达到等运输票证无纸化。创新应用电子票据技术,消灭运输单据人工传递,降低劳动强度和人身安全危险,安全生产的管理能力得到了全面提升。

5. 网运分离,实现联合运输网上工作量电子化清算

朔黄铁路实施网运分离联合运输体制,多家公司机车上线竞争。原来联合运输网上清算传统方式是利用人工统计完成的,工作量大、要求准确。利用车号自动识别信息与运输清算相结合技术,人工统计财务清算实现了自动化,铁路运营的移动设备在铁路各区段的位移自动统计,对机车、车辆、轨道车等移动设备实现路权占用清算管理。

## 五、经营管理收益

企业实施 ERP,精细化管理,经营水平和整体素质大幅提高。

1. 变财务多级核算为集中核算,变多个账套为一个账套

朔黄铁路原来实行企业三级核算,多账套管理,会计科目上报报表多账套、多报表,核算层级多,工作量繁重,财务数据反馈滞后。推行 ERP 后,企业财务一个账套、集中核算,会计科目全部集中、公司统一管理、统一上报,全面实现统一纳税,公司内部核算简便,年节约数千万材料费用。

2. 变多级物资采购为集中采购,变多级储备为集中储备

过去公司物资管理体制为多级管理、多级采购;物资分散储备,库存利用率低;物资管理、供应业务流程不统一,手工统计、经验管理。推行 ERP 后,物资管理体制为集中管理、集中采购,降低了采购成本,物资集中储备,零库存结构,减少资金占用;企业物资管理业务流程统一,强化了公司集中管理力度,实现了企业信息化物资管理。

3. 变劳动用工分散管理为集中管理,支撑公司人力资源动态管理和监督

原来公司基层人力资源独自管理、分散使用、各自制定策略,尤其是零散用工,标准管理不统一;人力资源管理靠月、季报表管理,基本情况 1 个月后掌握,管理滞后;无绩效管理,靠感觉经验评价;人、财、物各自独立,公司无法共享,各类资源无法共享,信息利用率较低。推行 ERP 后,公司通过 ERP 系统统一人员信息,劳动用工统一管理,解决了企业零散用工盲区,提高了整体管理优势,人员动态信息掌握到天,信息化绩效管理用数据说

话，ERP 系统与企业系统自动集成，提高了工作效率和用户满意度。

4. 变班组管理事后统计为事前事中监控，加强了材料消耗管理

公司班组材料管理一直是个老大难问题。过去一直通过发文方式下达计划，通过下级单位上报统计报表了解计划执行情况，没有快速实时的反应机制，实际与消耗不符，账卡物难统一。推行 ERP 后，在线管理维护工单，强力执行，能确保信息即刻到位；在系统中管理计划，可有效掌握节奏，并通过系统及时了解执行情况；实现了系统每天动态掌握设备维护情况，保证了账物相符。

5. 工作方式、方法、习惯发生了转变，管理水平得到提升

财务、物资、人力资源等各个专业利用数据仓库开展日常管理，各级领导利用领导驾驶舱辅助开展日常经营管理决策；利用 ERP 数据和全面预算系统为公司经济活动分析提供数据支撑，实现对企业月度预算上报的汇总、审核和批复；数据的日分析，改变了以往按月季开展状况分析的工作方式，通过对信息的适时穿透查询，实现了对企业行为由事后分析到事中监督的转变。

6. 企业实现“3 个 1”管理

“3 个 1”即 1 人（人力资源部开展在线劳动用工审查，提高工作效率，降低成本）、1 物（物资部应用数据仓库对企业物资计划、采购、库存等关键业务进行监管）、1 本账（财务部每月利用数据仓库开展预算管理和互供产品价格管理），取消了 450 张企业手工报表，所有统计分析和经济活动分析数据均出自数据仓库，生产经营日报可随时查询。

7. 强化了对企业的日常监管，有效防范了企业经营风险和管理漏洞

物资中心利用数据仓库对实物库存等关键经营管理指标进行监控分析，建立了相对完善的经营管理监控指标，并依据系统开展日常经营管理；财务中心在线对材料计划与执行等方面进行多角度在线监察；分公司利用数据仓库实现对量、价、库存及收发等多方位信息查询和全过程监控管理；工队、班组对自管重点物资价格、收发存等进行监控。

8. 资金集中管理，公司经营管理能力显著增强

公司资金集中管理，实现了收支两条线，资金统一调度、集中管理，防范了财务风险，提高了资金利用率，节约了财务费用。实施“变手工编制为网上在线编制、变年度预算为月度预算、变财务预算为全面预算、变预算和执行‘两张皮’为预算和执行高度融合”的全面预算管理提升了公司经营管控能力。

9. 物资采购电子化，节约成本，提高效率

物资采购已实现了与 ERP 系统的业务集成。通过规范采购业务（在统一的平台上对内统一采购流程，对外统一采购渠道）打造阳光工程（采购业务关键环节全部公开，历史信息全程追溯，多方位多角度全程监控）、降低采购成本（建立了经营管理平台，使企业建立了经营管理数据统一，人力、物力、财力清晰）和全寿命管理（上报和实际“两张皮”高度融合）等手段全面提升了管理能力。

## 六、社会收益

1. 促进了和谐发展，企业发展与社会进步相协调

朔黄铁路位于京津唐三角区，运营在渤海湾经济区，有良好的发展前景。朔黄铁路是

国家西煤东运的第二通道,2013 年达 2.4 亿吨,2015 运量年将达 5 亿吨。随着环渤海湾区域发展,在建黄大、黄万铁路对地区经济发挥决定作用,重载信息化提升企业综合能力,企业对促进沿线经济发展将发挥更重要的作用。

朔黄铁路通过信息化手段完了成铁路大量新技术应用和新设备管理,对横穿太行山脉的大中桥梁、隧道等设备实现状态修、免维护、无人化管理,使之与环境相协调。

朔黄铁路的企业发展与河北、山西等沿线地方经济协调,通过信息化税务管理,建立企业纳税渠道,利用互联网与国税、地税分别联通,实现运输收入实时监控,保证企业及时合法纳税。

2. 促进了绿色发展,企业发展与环境相协调

朔黄铁路绿化管理,是将铁路两旁绿化植被、树种、寿命等通过信息化手段进行管理,是企业目标"绿色、高效、数字化"的具体体现。绿化管理构建和谐环境,从空间、卫片、航片、平面、街景、电子沙盘等六个维度展现,包括绿化规划、绿植覆盖面积,植被寿命管理,防风防沙林带建设,树木品种、承包人管理等。

3. 促进了企业文化发展,企业发展与员工关系相协调

"信息化为员工服务,是员工享受信息化的收益"是朔黄铁路信息化的建设理念。为了提倡薪酬分配向一线倾斜的政策,所有员工都有自己的用户名,可以随时查询个人信息,解决了过去纸条工资单的传统做法,由于广大员工长期工作在沿线,低工资条不能及时传递到手中,甚至传递丢失,影响员工工作情绪的问题。公司定期组织员工健康检查,并将员工健康检查情况通过网站随时查询。公司将员工"五险一金"(养老保险、医疗保险、失业保险、工伤保险、生育保险、住房公积金)保障体系纳入网站,公开透明,一目了然,促进了企业文化发展,企业发展与员工关系相协调。

## 第三节 经济效益分析

人们都感觉感受到信息化带来的便捷和益处。朔黄铁路通过信息工程建设和信息系统应用,利用对比法探索分析企业信息技术应用的社会和经济效益。

### 一、信息化基础建设

按照传统铁路行业规定,车、机、工、电、辆、供、办、财、公安等实施系统管理,需要建设 9~10 个业务专网。朔黄铁路按照管理模式"大集中、扁平化"需求,采用大集中技术建设了运输网和综合管理网两个专网,实际上将运输信息与管理信息分开,数据共享、信息互通、综合应用,节约购置网络设备 1 840 台套,节约投资 8 900 万元。

按照传统铁路行业规定,信息化核心设备必须"1+1"或"2N+1",朔黄铁路应用 70 多系统,将应用 140 多套核心设备。采用虚拟化技术后,应用 50 多套核心设备,节约购置服务器、交换机的核心设备和软件 320 台套,共减少 15 个专业重复建设,节约投资 4 600 多万元。

依据传统铁路行业模式,数据中心与管理采用"集中式+分布式"结合的模式。按朔黄信息化管理半径和维护范围,所有人员定编应 150~170 人,朔黄铁路采用大集中模式

建设网管中心，统一管理，现有配置25人，节约岗位155个，按人均成本20万/年计算，年节约3 100万元。

## 二、重载信息技术建设

公司对重载综合运输系统中间站进行“无人站”建设，形成“有人值守，无人值班”的模式。朔黄铁路一般车站运输人员由14人减少至5人，减员率60%，共实施9个车站，节约岗位81个，按人均成本20万/年计算，每年共节约1 620万元。

公司已经建设了电子货票系统，所有的运输结算均以货票为准，所有货票取消机车司机传递、取消人工抄车号，进行网上电子统计，节约岗位30个，按人均成本20万/年计算，年节约600万元。

公司调度指挥中心按“大集中、大专业、大运输”指挥，实行车、机、工、电、辆、供、统、货、施工等大运输调度，配置调度人员68人，指挥沿线42车站（按照行业规范配置，应当360～400人），按人均成本30万/年计算，年节约成本8 760万元。

## 三、运力资源信息技术应用

1. 供电远动系统“无人所”建设

朔黄铁路全线分区所已实现无人值班，减少134岗位，牵引变电所13座，人员由8人/座减至6人/座，共减少26岗位。运营管理模式实现了“三个合一”，即牵引供电与电力调度合一、变电所与配电所合一、接触网与电力检修工队合一，节约160个岗位，按人均成本20万/年计算，能节约3 200万元。

2. 机务管理信息系统“无人门”建设

朔黄铁路应用电子闸楼系统建设，取消折返段等签到点4处，减少岗位16个，按人均成本20万/年计算，年节约成本320万；闸楼处每台机车节约停时3 min，机辆分公司日节约机车1.04台，年节约381台日，按机车年成本480万计算，每台机车年节约800万元，每台机车年可增收0.8亿元，1.04台机车节约成本840万元，年增收0.832亿元。

3. 机车等级整备管理系统建设

按照机车走行公里和循环次数管理机车整备。朔黄铁路由每循环1次整备1次，变为2个循环整备1次，压缩库内整备时间1.5 h，入库往返过渡时间0.2 h，车站等待时间0.3 h，共2 h，现保有机车200台，每个循环共节约400 h，机车循环周期28 h，1次循环可节约14.2台日，现在一年循环100次，如果压缩50次，共节约700台日机车，共计年节约2台机车，机车年成本480万元，节约成本960万元，每台机车年可增收0.8亿元，年增收1.6亿元。

4. 铁路列检货车管理系统“无人列检”建设

朔黄铁路进行了列检“5T”系统建设，红外线累计减少维护岗位20个，TF、TP系统应用两个主要列检所，减少肃宁北、神池南列检检车员岗位600个，按人均成本20万/年，年节约1.24亿。

由于肃宁北列检所应用5T，取消列检作业，列检压缩技检时间，按每列35 min、每日120列计算，共节约4 200 min，节约70列车小时，列车周转时间28.5 h，每日节约2.46

列,每年节约896列,每列增收20万元,年增收1.8亿元。

5. 红外线探测系统建设

朔黄铁路创新将车号识别系统与红外线应用结合,将大车号与小车号结合,共减少41处探测站重复投资,节约投资2 200万元,创造公司连续13年铁路运输安全无切轴的历史纪录。

6. 可视化运输实现运输视频监控和铁路安防合一

公司将铁路运输视频会议和保安视频会议系统结合,公用540个监控点,26个会议室,节约投资2 200多万元。高清视频会议将运输生产与公安会议系统结合应用,节约投资1 200万元。

## 四、经营管理信息技术应用

1. ERP系统应用,实现精细化管理,经营管理综合创效

朔黄铁路将信息化与扩能改造技术结合,年运量由2.4亿吨提高至4.5亿吨,任务增加300%,定员由6 143人提高至18 400人,实际配置7 673人,每年累计节约工作岗位10 600个,按人均成本20万元/年计算,每年节约2.12亿元。

2. ERP资金集中管理

朔黄铁路公司资金集中管理系统实现了收支两条线,资金统一调度、集中管理,防范了财务风险,提高了资金利用率,节约了财务费用。通过测算,实行收支两条线、资金集中管理后,公司每年节约财务费用达2 000多万元。

3. 资源管理

朔黄铁路财务、物资、人力资源"大集中、大专业、大板块"管理,实行经营管理代理制。按照传统铁路行业规定应配置人员340人,负责沿线42车站经营管理,朔黄铁路实际配置120人,按人均成本20万元/年计算,减少岗位220个,年节约4 400万元。

## 五、信息技术集成应用

朔黄铁路按照设计1亿吨能力饱和,如果继续提高运能,必须扩能。决定载重铁路运能的因素有:质量、速度、密度。目前,列车速度80 km/h已经到极限,列车质量增加2万吨,车流密度下降50%,只有通过朔黄铁路扩能改造实现。朔黄铁路运能达到2.4亿吨后,7 min/列的车流密度,突破了列车调度人体生理极限,人工调度列车已经无法实现,必须信息化手段自动完成,人工监督。朔黄铁路未来实现年运输5亿吨目标,每天93对列车,有普通列车、1万吨列车、2万吨列车混合运输,每天运输140万吨,这样的重载运输指挥,列车调度员人工更无法完成,必须信息化手段完成。以2013年为例,2.4亿吨能力饱和运量到完成运量2.4亿吨,扣除单机重载运量0.249亿吨,信息化将朔黄铁路运能提高25.25%,运输增收近42.2亿元。

朔黄铁路生产经营管理渗透到各个环节,通过信息化实现"人人讲成本,各个包科目"。涉及经营管理的包括机务、车辆、工务、工程管理、IT管理、财务管理、人力资源管理、物资管理、数字铁路、资产管理、食堂核算、一卡通管理等18个系统。朔黄铁路将各个系统形成一个资源配置信息技术板块,资源共享,为生产服务、为安全服务、为员工生活服

务，提升了企业管理综合能力。2013 年创造利润 80 亿元。2014 年将跨向新的台阶——利润突破百亿。

## 第四节　信息化贡献

多年来，社会上一直存在“企业信息化是烧钱”的误区。一些企业信息技术应用难以做到科学规划、分步实施。企业信息化是不是烧钱，这一直是朔黄铁路探讨的问题。朔黄铁路信息化的主要贡献多大？信息化贡献率如何计算的？可以从朔黄铁路信息化成果得到答案。经过测算，2013 年朔黄铁路信息化主要项目贡献明细如下。

### 一、信息化建设节约投资贡献计算

根据国家统计局标准定义，贡献量是指产业部门贡献指产业部门增加值的增长所引起的国内生产总值增长率（即经济增长率）的增加额。

投资贡献公式如下：

投资节约总额 = 安全管控节约额 + 运输生产节约额 + 基础建设节约额 + …

$$G_{xt} = \sum S_i + \sum C_j + \sum Y_i + \sum G_j + \sum E_i + \sum Q_j$$

式中　$S$——安全贡献值；

$C$——基础贡献值；

$Y$——运输贡献值；

$G$——管理贡献值；

$E$——经营贡献值；

$Q$——其他贡献值。

朔黄铁路信息化建设节约投资的贡献见表 10－2。

表 10－2　朔黄铁路信息化建设节约投资的贡献表

| 序号 | 项目名称 | 节约投资（万元） | 备注 |
|---|---|---|---|
| 1 | 基础专网 | 8 900 | 2 个专网代替 15 个 |
| 2 | 核心设备 | 4 600 | 140 套减为 50 套虚拟化 |
| 3 | 数字铁路 | 3 200 | 减少 15 个专业 |
| 4 | 红外线 | 2 200 | 大小车号结合 |
| 5 | 高清会议 | 1 200 | 运输与公安结合 |
| 6 | 视频监控 | 2 200 | 运输、安防、生产集合 |
| 合计 | | 22 300 | |

### 二、信息化运营增收贡献计算

运营增收计算公式如下：

运营增收贡献 = 运输增收总量 － 牵引质量总增量 － 速度总增量 － 密度总增量

$$G_{xy} = \sum \Delta Y_i - \sum \Delta M_j - \sum \Delta V_i - \sum \Delta W_j$$

式中 $\Delta Y$——运输总增量；

$\Delta M$——列车密度总增量；

$\Delta V$——速度总增量；

$\Delta W$——牵引质量总增量。

朔黄铁路信息化运营增收贡献见表 10－3。

**表 10－3 朔黄铁路信息化建设运营增收贡献表**

| 序号 | 名称 | 节约岗位(个) | 节约(万元) | 增收(万元) |
|---|---|---|---|---|
| 1 | 基础网络 | 155 | 3 100 | |
| 2 | 综合运输 | 303 | 10 960 | |
| 3 | 机务系统 | 16 | 1 760 | 24 000 |
| 4 | 车辆系统 | 620 | 13 600 | 18 000 |
| 5 | 供电系统 | 160 | 3 200 | |
| 6 | 经营综合 | 14 330 | 28 660 | |
| 7 | ERP 系统 | 220 | 4 400 | 2 000 |
| 8 | 调度集中 | 292 | 5 840 | 422 000 |
| 合计 | | 16 096 | 71 520 | 466 000 |

### 三、信息化贡献率、投入产出率计算

产业部门贡献率指在经济增长率中各产业部门的贡献所占的份额。贡献率是分析经济效益的一个指标，也用于分析经济增长中各因素作用大小。它是指有效或有用成果数量与资源消耗及占用量之比，即产出量与投入量之比，或所得量与所费量之比。

贡献率计算公式如下：

贡献率(％)＝贡献量(产出量，所得量)/投入量(消耗量，占用量)×100%

产品累计产出总额占投入累计总额的份额称为投入产出率。

其计算公式如下：

投入产出率(％)＝产出量/投入量×100%

计算方法是：

贡献率(％)＝某因素贡献量(增量或增长程度)/总贡献量(总增量或增长程度)×100%

朔黄铁路设计能力为年运量 1 亿吨，设计定员 6143 人，饱和运量 1.5 亿吨，现员 9997 人，2009 年运力饱和；2010 年 1.87 亿吨，并扩能改造，同时构建数字铁路，2012 年运量达 1.98 亿吨，2013 完成 2.4 亿吨，2014 将完成 3.8 亿吨，2015 达到 5 亿吨。2013 年产值 168 亿元，机车投入 182 台，信息化累计投入 4.6 亿元。

通过上述表 10－2、表 10－3 统计，按照贡献率计算公式如下：

1. 信息化建设投资贡献率

信息化建设投资贡献率＝信息化某系统贡献量/信息化总贡献量

$$L_{gx} = \sum X_{ij} / (\sum S_i + \sum C_j + \sum Y_i + \sum G_j + \sum E_i + \sum Q_j) \times 100\%$$